Die Fraglichkeit der Offenbarung

ratio fidei
Beiträge zur philosophischen Rechenschaft der Theologie

Herausgegeben von
Klaus Müller und Thomas Pröpper

Band 2

Michael Bongardt

Die Fraglichkeit der Offenbarung

Ernst Cassirers Philosophie
als Orientierung im
Dialog der Religionen

Verlag Friedrich Pustet
Regensburg

Die Deutsche Bibliothek – CIP-Einheitsaufnahme
Ein Titeldatensatz für diese Publikation ist bei
Der Deutschen Bibliothek erhältlich

ISBN 3-7917-1694-8
© 2000 by Verlag Friedrich Pustet, Regensburg
Umschlaggestaltung: Martin Veicht. form fünf, Regensburg
Druck und Bindung: Weihert-Druck GmbH, Darmstadt
Printed in Germany 2000

VORWORT

Und wenn es nun wirklich gelungen sein sollte, ein – zumindest für die, deren Fach die Theologie ist – verständliches Buch zu schreiben: Es zu lesen, wird selbst dann nicht leicht sein. Denn sein Grund und Thema ist die Verunsicherung. Jener Gewißheitsverlust, dem nicht entkommt, wer als Christ, als Christin denen begegnet, welche den tragenden Grund ihres Lebens so ganz anders benennen als die biblische, als die christliche Tradition. Diesem Verlust nachzudenken, ist eine der Aufgaben, die er stellt – auch wenn und gerade weil das Denken nicht in der Lage ist, das Verlorene zurückzuerstatten, es vielmehr noch deutlicher erkennen läßt. Doch anders als in der Anerkennung der Fraglichkeit, die er stets in sich tragen wird, kann der Glaube sich nicht bewähren, nicht zu seiner Kraft und Wahrheit finden. Diese Überzeugung und Bescheidenheit, nicht der manchmal verführerische Wunsch, in den Chor derer einzustimmen, die jedem Anspruch auf Wahrheit und Geltung ein Abschiedslied singen, trugen die hier vorgelegten Gedanken und waren ihre Frucht.

Mein Dank gilt allen, die das Ringen der letzten Jahre, das nie nur ein Ringen um Worte und Gedanken war, begleitet und mitgetragen haben. Allen voran Herrn Prof. Dr. Thomas Pröpper. Seine Einweisung in Gedankenstrenge und Redlichkeit ließ eine Verbundenheit wachsen, die durch unsere theologische Auseinandersetzung stets bereichert, nie beschädigt wurde. Namentlich und stellvertretend seien außerdem genannt: Jutta und Werner Schlöpker, Dr. Sigrid und Dr. Magnus Striet, Dr. Lioba und Dr. Georg Essen, Dr. Georg Poell, Bärbel Combüchen, Dr. Richard Picker und Birgit Sonnen. Mit Freude denke ich zurück an die Begegnungen im Doktoranden- und im Habilitandenkolloquium; in den Ausbildungsgruppen des Instituts für Integrative Gestalttherapie in Würzburg; in der Gemeinde St. Erpho in Münster; im Theologischen Studienjahr in Jerusalem.

Der Katholisch-Theologischen Fakultät der Universität Münster danke ich, daß sie mir Wege in die theologische Lehre öffnete und die vorliegende Arbeit im Wintersemester 1998/99 als Habilitationsschrift annahm; Herrn Prof. Dr. Jürgen Werbick für viele Anregungen und die Mühe des Zweitgutachtens; dem Erzbistum Köln für die Freistellung zum Habilitationsstudium und einen großzügigen Druckkostenzuschuß; dem Pustet Verlag für die schnelle und sorgfältige Drucklegung. Von denen, die durch Korrekturlesen, bibliographische Recherchen und ähnliche Kärrnerarbeiten zur Fertigstellung des Manuskripts beitrugen, sei als einer für alle Andreas Deeken genannt, der die Druckvorbereitung besorgte.

Wenn bei denen, die nun die Lektüre wagen, durch die Verunsicherung hindurch die Wertschätzung des eigenen wie des fremden Weltverstehens und die Freude an der Vielfalt menschlicher Kultur wüchsen: dann wäre gelungen, das Wichtigste weiterzugeben, was ich von Ernst Cassirer lernen durfte.

Jerusalem, im Sommer 1999   Michael Bongardt

INHALT

> „Da Jesus nun wußte, daß sie kommen
> und ihn gewaltsam entführen wollten, .
> um ihn zum König zu machen,
> entwich er abermals auf den Berg –
> er allein."
> *(Joh 6,15)*

> „Laß uns das, was uns trennt,
> als Zeichen der wunderbaren
> Freiheit der Menschen ansehen."
> *(Seder hat-tefillot)*

EINLEITUNG

„Wir glauben doch alle an den gleichen Gott!" Ob man, wie der Verfasser der hier vorgelegten Studie, im rheinischen Katholizismus geboren und zuhause sein muß, um diesen Satz zu kennen? Vermutlich nicht. Er dürfte heute zum Grundbestand „faktisch gelebter Überzeugungen"[1] zu rechnen sein; und dies nicht nur auf seiten derer, die dem Christentum und seiner Tradition den Rücken kehrten oder in skeptischer Distanz gegenüberstehen, sondern auch bei denen, die sich ihrer christlichen und kirchlichen Identität verpflichtet wissen. Sein Entstehungshorizont war wohl die innerchristliche Ökumene. Hier wandte sich dieses Bekenntnis zu dem einen Gott, „an den alle glauben", gegen die Fülle kirchlicher Abgrenzungsvorschriften und ihre kontroverstheologischen Begründungen. Denn angesichts einer zunehmend einheitlichen Lebenswelt der Getrennten hatten diese ihre Glaubwürdigkeit eingebüßt. Heute ist jener Satz zu hören, wo immer das Verhältnis des Christentums zu anderen Religionen in Frage steht. Erneut veranlaßt die Auflösung lebensweltlicher Abgrenzungen eine Veränderung des religiösen Selbstverständnisses. Und wie im christlich-ökumenischen Dialog dürfte auch in der interreligiösen Auseinandersetzung die Überzeugung von der Einheit und Einzigkeit des Gottes, auf den Menschen sich glaubend beziehen, die Verständigung tragen und vorantreiben.

„Wir glauben doch alle an den gleichen Gott!" Die breite Akzeptanz dieses Satzes belegt, daß die Pluralität der christlichen Bekenntnisse, der Religionen

---

[1] KORFF, Norm 139. Korff spricht solchen faktisch gelebten Überzeugungen - anders als dem oft beschworenen rein Faktischen - eine normative Kraft zu.

und der Weltanschauungen im Bewußtsein heutiger Christinnen und Christen ihren selbstverständlichen Platz gefunden hat. Mehr noch: Offenbar ermöglicht die eigene Glaubensüberzeugung die positive Anerkennung dieser Pluralität – wenn sie sie nicht sogar fordert.

„Wir glauben doch alle an den gleichen Gott!" Versteht sich Philosophie als Bedenken dessen, was der Fall ist, und versteht sich Theologie als Reflexion gelebten Glaubens – dann haben sie auch der Überzeugung nachzudenken, die in diesem Satz zum Ausdruck kommt. Das heißt: Nicht allein die von außen kommende Infragestellung philosophischer wie religiöser Geltungsansprüche fordert die Verantwortung des eigenen Standpunkts in kritischer Anerkennung fremder Positionen. Eine derartige Bewährung ist bereits aufgetragen durch die im eigenen Traditionsraum gewachsene, wenngleich begründungsbedürftige Überzeugung von der Möglichkeit und Notwendigkeit solcher Anerkennung. Freilich würden Philosophie und Theologie ihrer kritischen Funktion nicht gerecht, stimmten sie jener Überzeugung fraglos zu. So werden sie die Berufung auf den ohnehin „stets gleichen Gott" immer dann zurückweisen, wenn sich hinter ihr die Verabschiedung aus jener Verbindlichkeit verbirgt, zu der sich die Menschen in ihrer philosophisch zu bedenkenden Freiheit fähig und verpflichtet, zu der sich die Glaubenden zudem von Gott gerufen wissen. Wo immer aber die genannte Überzeugung sich gerade auf jene Verbindlichkeit beruft und in ihr gründet, fordert sie die Reflexion heraus, ihr gerecht zu werden.

Darum also wird es gehen: Die Möglichkeit der Anerkennung von Pluralität zu denken und zugleich dem Wissen treu zu bleiben, daß auf die Frage nach der Wahrheit, der Geltung und der Verantwortung der eigenen Position nur um den Preis des Humanum, der Freiheit zu verzichten ist. Es gilt, um des Glaubens und um des Menschseins willen, einen Weg zu finden, Vielfalt anzuerkennen, ohne der Gleichgültigkeit zu verfallen.

Nur wenn dies gelingt, kann sich das philosophisch-theologische Nachdenken als angemessene Reflexion des sich mehr und mehr herausbildenden „sensus fidelium" verstehen.[2] Nur dann wird es auch den spirituellen Wurzeln jener Überzeugung gerecht, die im folgenden nicht entfaltet werden können und deshalb ihren Platz in den Andeutungen fanden, die der Anstrengung der Reflexion vorangestellt sind.[3] Aber auch nur dann kann die Überzeugung, daß doch „alle an den gleichen Gott glauben", die sich im Bedenken vermutlich modifizieren wird, mit dem Anspruch auftreten, eine begründete und verantwortete Ausformung des christlichen Offenbarungsglaubens darzustellen.

Die Aufgabenstellung ist damit klar. Doch eine Einleitung sollte nicht enden, ohne den Weg zu skizzieren, auf dem deren Lösung gesucht werden

---

[2] Vgl. RAHNER, Geschichtlichkeit 773f.; BEINERT, Rezeption.

[3] Das Zitat aus dem Johannesevangelium ist der Übersetzung des Neuen Testaments durch F. Stier entnommen. Das jüdische "Gebet bei interreligiösen Begegnungen", dem das zweite Zitat entstammt, findet sich bei MAGONET (Hrsg.), Seder hat-tefillot. Das jüdische Gebetbuch, I,573.

wird. Das philosophische und theologische Gelände, durch das der Weg zu bahnen sein wird, läßt sich leicht benennen. Es ist das Feld der Verhältnisbestimmung von Vernunft und Glaube. Denn hier entscheidet sich, ob und wie die Wahrheits- und Geltungsansprüche, die der christliche Glaube stellt, zu bewähren und zu verantworten sind. Hier entscheidet sich, ob und wo die Reflexion des Glaubens und die gläubige Reflexion Weichenstellungen vornehmen, die möglich, aber nicht notwendig sind. Die Entdeckung solcher Weichenstellungen aber eröffnet die Möglichkeit, konkurrierende religiöse Ansprüche als verantwortbare Lebens- und Sinnentwürfe anzuerkennen.

Weil christlicher Glaube sich wesentlich versteht als die angemessene Antwort auf die Selbstoffenbarung Gottes in Jesus Christus, läßt sich die Richtung des einzuschlagenden Weges noch genauer bestimmen: Zu erheben ist der präzise Status des Bekenntnisses, in Jesus Christus habe Gott selbst sich offenbart. Indem die verantwortbare Bestimmtheit und die unaufhebbare Fraglichkeit dieses Bekenntnisses erhellt werden, läßt sich das angestrebte Ziel erreichen: Das Bekenntnis als jene Überzeugung zu qualifizieren, die sich der Offenbarung verpflichtet weiß und zugleich fähig ist, andere Weisen solch unbedingten Verpflichtetseins anzuerkennen.

Die zu erwartende Länge des zu geforderten Denkweges läßt es ratsam erscheinen, ihn in Etappen einzuteilen. So wird es auf dem ersten Wegstück darum gehen, im Ausgang von den Geltungsansprüchen, die mit dem Bekenntnis zu Christus immer schon und offenbar notwendig verbunden sind, die spezifische Form ihrer aktuellen Bestreitung zu charakterisieren. Nicht nur diese Kritik steht auf dem Boden der europäisch-neuzeitlichen Verhältnisbestimmung von Vernunft, Glaube und Offenbarung, gegen die sie sich wendet. Auch die Auseinandersetzung mit ihr wird auf jene Tradition zurückgreifen müssen. Deshalb gilt es, die Entwicklung jener Bestimmung mit ihren Chancen und Gefährdungen in der Kürze nachzuzeichnen, die schon durch die unübersehbare Fülle ähnlicher Rekonstruktionen geboten ist. Doch wird, ist diese Aufgabe bewältigt, der erste Teil nicht mit einer Antwort, sondern mit einer Frage enden: Wenn sich in philosophischer Reflexion eine Offenbarung Gottes in der Geschichte als möglich und der Glaube an sie als verantwortbar erweisen läßt – welchen Status hat dann das Bekenntnis zur Wirklichkeit dieser Offenbarung? Mit welchem Anspruch auf Anerkennung, Wahrheit und gar Übernahme kann es anderen Bekenntnissen gegenübertreten?

Um hier zu genauen und weiterführenden Bestimmungen zu gelangen, wird auf dem zweiten Wegstück ein Dialog mit Ernst Cassirer geführt. Zweifellos gehört Cassirer *nicht* zu jenen, in deren Denken der Religionsdialog eine zentrale Rolle spielt. Nicht einmal ein ausgeprägtes Interesse für diese Fragestellung ist bei ihm zu erkennen. Aber sein Grundanliegen, das ihn zur kulturphilosophischen Erweiterung der Transzendentalphilosophie treibt, empfiehlt ihn als Gesprächspartner. Geht es doch auch ihm darum, die Möglichkeit von Pluralität zu denken und anzuerkennen, ohne Wahrheits- und Geltungsansprüche zu verabschieden, ohne der Beliebigkeit und Gleichgültigkeit anheimzufallen. In Auseinandersetzung mit Cassirers Philosophie wird im zweiten, dem zentralen Teil meiner Arbeit ihre Grundthese eingeführt, begründet und bewährt: Das Bekenntnis zu Jesus Christus als der Selbstoffenbarung Gottes stellt eine spezifische Verknüpfung von sinnlichem Zeichen und geistiger Bedeutung, eine „symbolische Form" im von Ernst Cassirer entfalteten Sinne dar. Als solche kann es begründete Ansprüche auf Geltung und Anerkennung erheben, steht aber zugleich neben anderen Formungen, die ihm strukturell entsprechen, inhaltlich jedoch widerstreiten. Daß und wie christlicher Glaube angesichts solch problematischer Pluralität sich treu bleiben kann, indem er in einen offenen Dialog tritt, wird in vier Schritten zu entfalten sein, die jeweils einer philosophischen Erarbeitung deren theologische Aneignung folgen lassen. Dabei führt das mit Cassirer zurückgelegte Wegstück nicht nur zur Klärung der eigenen Position. Auch die Philosophie Cassirers, ihre oft behauptete und beklagte Inkonsistenz wird nach der Auseinandersetzung mit ihr in verändertem Licht erscheinen.

Die These vom Christusbekenntnis als symbolischer Form allein im Dialog mit Cassirer zu vertreten, wäre zu wenig und könnte den Verdacht nicht ausräumen, in einem Argumentationszirkel gefangen zu bleiben. Ihre Berechtigung und Reichweite wird deshalb auf dem dritten Wegstück in jener Diskussion geprüft, von der die Untersuchung ihren Ausgang nahm: im Dialog der Religionen, genauer: in der Auseinandersetzung mit konträren christlichen Bewertungen dieses Dialogs. Positionen, die den Dialog nur nach Verabschiedung umfassender Wahrheitsansprüche für möglich halten, wird dabei genauso eine Absage erteilt wie jenen, die eine Anerkennung fremder Bekenntnisse für unvereinbar halten mit den eigenen Geltungsansprüchen. Die Grundthese, daß das Bekenntnis zur Offenbarung Gottes in Christus eine spezifische symbolische Form darstellt, erweist ihre orientierende Kraft, indem sie sich als philosophisch und theologisch verantwortbare Alternative zu den beiden kritisierten Lösungsversuchen zeigt. Diese kann beitragen zu einer differenzierten Sicht anderer Religionen, zu einem von Treue zur eigenen und Offenheit für die fremde Tradition geprägten Dialog.

Den Abschluß des Argumentationsgangs bildet schließlich die ebenso vorsichtige wie entschiedene Antwort auf die Frage, ob denn nun wirklich „alle an den gleichen Gott glauben".

Bevor es den Lesenden überlassen wird, sich auf den angezeigten Gedankenweg zu begeben, gilt es noch, den Charakter und Anspruch der vorgelegten Untersuchung zu klären. Denn nur wenn deren Begrenzung offengelegt wird, läßt sich die Enttäuschung zu weitreichender Erwartungen vermeiden. Cassirers

Philosophie will zweifellos gelesen werden als eine Theorie jedes möglichen menschlichen Weltverstehens. Aber seine Rede von den vielfältigen, perspektivischen, gleichwohl immer und notwendig symbolischen Zugängen des Menschen zur Wirklichkeit, vom Menschen als „animal symbolicum"[4] weiß auch um ihre eigene Perspektivität. Cassirers Philosophie der symbolischen Formen verdankt sich kulturellen Voraussetzungen, stellt keine Metatheorie dar, die von der unüberwindbaren Bedingtheit jedes Verstehens frei wäre. So sehr sie aus ihrer Perspektive auf die gesamte Welt menschlicher Kultur blickt und für ihren Blick Geltung beansprucht, so deutlich steht ihr vor Augen, daß nicht jede symbolische Form diese an sie herangetragene Deutung fraglos und unverändert als Selbstdeutung wird übernehmen wollen und können. Dieses Bewußtsein ist die unvermeidliche Konsequenz einer selbstreflexiven Rückwendung, zu der auch eine Kulturphilosophie als kulturelle Leistung noch einmal aufgefordert ist.

Diese Einsicht begrenzt und akzentuiert auch den an Cassirer orientierten Beitrag zum Dialog der Religionen. Es geht in ihm nicht um eine Religionstheorie mit Universalitätsanspruch, die für die eigenen Bedingungen – zu denen nicht zuletzt das Christusbekenntnis selbst gehört – blind wäre. Ziel ist es vielmehr, in der kritischen Reflexion auf das Offenbarungsbekenntnis in seiner im europäischen Kontext entwickelten und heute vorliegenden Gestalt die Möglichkeit, ja vielleicht sogar die Verpflichtung ausfindig zu machen, fremde Bekenntnisse anzuerkennen. Ob und wie solche fremden symbolischen Formen sich diese Perspektive zu eigen machen und als Grundlage des Dialogs akzeptieren können, läßt sich – und auch das ist nochmals eine in der Reflexion gewonnene Einsicht – nur im Dialog mit ihnen klären.

Diesen Dialog zu führen, liegt jenseits der Möglichkeiten und Absichten des nun zu beschreitenden Denkweges. Doch will er dieses Gespräch anstoßen, indem er dem eigenen Standpunkt Perspektiven öffnet. Wenn darüber hinaus die mit Cassirer zu gewinnenden Einsichten in den fraglichen Status der Offenbarung und des Offenbarungsbekenntnisses dem Dialog zur Orientierung helfen können, wenn so die Möglichkeit ansichtig wird, in verantworteter Treue zum Christusbekenntnis ein offenes Ringen um die Wahrheit zu wagen, dann haben die folgenden Gedankengänge ihr Ziel erreicht.

---

[4] VM 51. Zur Zitation der Werke Cassirers s. die Hinweise am Beginn des Literaturverzeichnisses.

A. Die Frage: Offenbarung?

Ob es je Zeiten gab, in denen göttliche Offenbarungen fraglos anerkannt wurden? Genauer gefragt: Ob jemals Menschen, die mit dem Verweis auf göttliche Mitteilungen für ihre eigene Botschaft Gehorsam forderten, allgemein und unbefragt Zustimmung fanden? Das darf, auch wenn sich kein lückenloser Beweis führen läßt, mit Fug und Recht bezweifelt werden. Fest steht, daß der christliche Anspruch, Gott habe in Christus endgültig und universal verbindlich seine Wahrheit geoffenbart, von Anfang an hinterfragt und bestritten wurde. Wenn auch Intention und Form solcher Kritik nicht einheitlich waren, historischen Wandlungen unterlagen: verstummt ist sie nie. Heute findet sie einen bevorzugten Ort im interreligiösen Dialog und der damit nicht selten verbundenen Ablehnung der europäischen Neuzeit, ihrer philosophischen Grundlagen wie ihrer technischen und politischen Entwicklungen. Ohne einen orientierenden Blick auf diese aktuelle Diskussionslage und ihren geistesgeschichtlichen Hintergrund kann das Ziel nicht erreicht werden, auf das der geplante Dialog mit Cassirer ausgerichtet ist: dem christlichen Bekenntnis Perspektiven für den Dialog mit anderen Religionen zu öffnen.

I. Der aktuelle Horizont: Hinterfragte Ansprüche

1. Der Wahrheit verpflichtet: Glaube und Zeugnis

„Wir können unmöglich schweigen über das, was wir gesehen und gehört haben." (Apg 4,20) Wovon sie keinesfalls schweigen können – von Lehre und Leben Jesu, von seinem Tod, von dem Gott, der den Gekreuzigten auferweckte – davon zeugen die Autoren des Neuen Testaments in ganz unterschiedlicher Weise. Die Gleichnissprache der Synoptiker und die Logos-Spekulationen des Johannesevangeliums, die Kreuzestheologie des Paulus und die Visionen der Apokalypse: Die Vielfalt der Adressaten, der Sprachformen, der theologischen Horizonte zu überschauen ist schwer.[1] Unmöglich ist es, sie zu harmonisieren,

---

[1] Vgl. im Blick auf das „viergestaltige Evangelium" (Irenäus v. Lyon) SCHNACKENBURG, Person 24f. Diese bemerkenswerte Studie zeichnet sich vor allem dadurch aus, daß sie sich in reflektiertem Bewußtsein von der problematischen Verschränkung von Glaube und Geschichte auf die ganz unterschiedlich geprägten und prägenden Glaubenssichten der Evangelisten einläßt, von ihnen her das Geheimnis der Person Jesu zu erfassen sucht.

ohne sie ihrer Individualität und damit ihrer Aussagekraft zu berauben.[2] Doch ungeachtet all dieser Unterschiede sind sich die biblischen Schriftsteller in mindestens einer Hinsicht einig: Das glaubende Bekenntnis zum auferweckten Gekreuzigten kann sich nicht damit begnügen, sich in ein je individuelles Verhältnis zu Gott und seinem Christus zu setzen. Es hat eine unverzichtbare Außenseite, will verkündet werden. Es ist unmöglich, davon zu schweigen.[3]

In der biblischen Begründung dieser Verknüpfung wird eine Struktur sichtbar, die, wie sich zeigen wird, für jede tragfähige Legitimation christlicher Verkündigung maßgebend bleibt.[4] Der Anspruch, verkündet, gehört, als die bedeutsame Wahrheit anerkannt zu werden, wird nicht von außen an das Glaubensbekenntnis herangetragen.[5] Vielmehr gründet er in dem Ereigniszusammenhang selbst, der im Bekenntnis glaubend festgehalten und überliefert wird. In Leben und Geschick Jesu hat Gott auf eine Weise gehandelt, die für jeden Menschen bedeutsam ist. Ob man diese Bedeutsamkeit mit den Synoptikern als Anbruch der eschatologischen Herrschaft Gottes,[6] mit Johannes als die sich selbst bezeugende Wahrheit,[7] mit Paulus als Geschehen der umfassenden Rechtfertigung[8] qualifiziert: in jedem Fall wird deutlich, daß dem in der Verkündigung überlieferten Geschehen universale Relevanz zukommt, die unbedingte und lebensverändernde Anerkennung fordert.[9] Und dieser Forderung tut es keinen Abbruch, daß sie nicht anders als in stets mißverständlicher, der verpflichtenden Bedeutung immer nur bedingt angemessener menschlicher Sprache ausgedrückt werden kann.

---

[2] Vgl. BLANK, Jesus 33; THÜSING, Theologien 21f. Thüsing geht auf der Suche nach der maßgeblichen Einheit des neutestamentlichen Christuszeugnisses einen m.E. noch zu wenig rezipierten Weg: Statt nach einer übergreifenden Formulierung der Einheit sucht er in exegetisch-systematischer Anstrengung nach – aus dem NT selbst zu erhebenden – Kriterien für eine angemessene Rede von Christus.

[3] Vgl. KASPER, Gott 98.

[4] Zu Reichweite und Implikationen des neutestamentlichen Begriffs „Verkündigung" (Kerygma) vgl. RAHNER, Kerygma, bes. 622-634, wo die notwendige Einheit von Bekenntnis und Kerygma herausgestellt wird.

[5] Die verbreitete Rede vom „Absolutheitsanspruch des Christentums" hat ihren Ursprung und ihren philosophischen Ort im deutschen Idealismus, vor allem in der Religionsphilosophie Hegels, der das Christentum im Rahmen seiner spekulativen Geschichtsrekonstruktion als die „absolute Religion" bezeichnet (vgl. HEGEL, Religion II,185.189 und dazu WALDENFELS, Absolutheitsanspruch 80, BERNHARDT, Absolutheitsanspruch 14-23). Auch wenn der Begriff „Absolutheitsanspruch" heute oft außerhalb dieses speziellen Kontextes gebraucht wird, um die Wahrheitsansprüche des christlichen Glaubens zu benennen, wird er im folgenden – zur Vermeidung von Mißverständnissen – nur verwendet, wenn das genannte philosophische Konzept zur Diskussion steht.

[6] Vgl. Mk 1,15 par.

[7] Vgl. Joh 18,37 in Verbindung mit Joh 5,31-36.

[8] Vgl. Röm 3,21-26.

[9] Vgl. SCHNACKENBURG, Person 344f. „Mission hat es mit der Kundgabe und Vermittlung ... [der] der Menschheit schlechthin geltenden Zuwendung Gottes zu tun. Seinem universalen Heilswillen gemäß ist Mission ein Entsprechungshandeln im Nachvollzug des so Geschehenen" (BÜRKLE, Mission 59).

Die Überzeugung, daß das Christusbekenntnis aufgrund seiner universalen Bedeutsamkeit nicht verschwiegen werden darf, treibt jene Bewegung an, in der sich die christliche Verkündigung von Jerusalem über Galiläa bis an die Grenzen der Erde ausbreitet.[10] Sie weiß sich darin als Fortführung jenes Impulses, der schon bei den Propheten erkennbar ist, wenn sie im Glauben an die Einzigkeit des Gottes Israels dessen Bedeutung für die Völker aufdecken.[11] In diese Tradition stellt das Neue Testament auch die Botschaft Jesu von der Herrschaft Gottes. Gerade indem diese zunächst auf die Sammlung Israels ausgerichtet war, sollte Israel befähigt werden, zum Licht für die Völker zu werden.[12] Allerdings zieht die Kirche in Aufnahme dieser Tradition eine Konsequenz, die im biblischen Israel wie im späteren Judentum höchst umstritten und deshalb nie einflußreich war: Sie wendet sich mit ihrer zur Umkehr und zum Glauben rufenden Verkündigung an die Menge der Völker.[13] Dieser Schritt ist dem Judentum, das sich nicht oder zumindest nicht in erster Linie als Bekenntnisreligion versteht, sondern aus dem Glauben an den Bund lebt, den Gott mit seinem Volk geschlossen hat, weitgehend fremd. Deshalb blieb sein Verhältnis zu den Menschen, die sich, fasziniert von einem überzeugend gelebten Monotheismus, dem jüdischen Glauben zuwenden, stets ambivalent.[14] Im starken, oft erlittenen Bewußtsein der eigenen, unübertragbaren Erwählung sieht sich Israel ausgegrenzt aus den Völkern, die es zugleich in ebenfalls eigener Weise dem einzigen Gott, dem Gott Israels zugeordnet weiß.[15] Indem Paulus im Christusereignis die von Gott allen Menschen eröffnete

---

[10] Zu diesem, vor allem im lukanischen Doppelwerk entfalteten heilsgeschichtlichen Konzept vgl. Apg 1,8; dazu WEISER, Apostelgeschichte 26-28; SCHNEIDER, Apostelgeschichte 134-139.
[11] Vgl. Jes 2,2-4; 49,6; 56,1-8; 60,9.11f. u.ö. Dazu RENDTORFF, Israel 130-134.
[12] Vgl. SCHNACKENBURG, Herrschaft 65-67; BETZ, Mission 26.
[13] Vgl. Mt 28,19. Umstritten bleibt die Frage, ob und in welcher Form die christliche Verkündigung auch die Anerkennung des Christusbekenntnisses durch Israel zum Ziel haben soll. Vor dem Hintergrund der schuldbeladenen Geschichte christlicher „Judenmission" bekommt sie besonderes Gewicht. Vom neutestamentlichen Befund her bleibt festzuhalten, daß der matthäische Taufbefehl ausdrücklich auf die „Völker", also nicht auf Israel verweist (Mt 28,19; einem mündlichen Hinweis von W. Feneberg verdanke ich die Einsicht, daß die in der deutschen Einheitsübersetzung eingefügte Ergänzung „alle Menschen", die die Juden einschlösse, im Urtext nicht belegt ist). Und auch Röm 9-11 muß wohl, trotz seiner christozentrischen Perspektive, als Anerkennung eines spezifisch jüdischen Gottesverhältnisses gelesen werden. Vgl. THOMA, Judenmission (Lit.); LAPIDE, Judentum 15-17; GOLLINGER, Heil (zu Mt); KELLERMANN, Jesus (zu Lk); THEOBALD, Kirche, bes.14, und HOFIUS, Evangelium (beide zu Paulus). Zu den systematisch-christologischen Aspekten der Frage vgl.u. S. 305f.
[14] Vgl. PETUCHOWSKI, Absolutheitsanspruch. Bei PERELMUTER, Mission, finden sich zwar zahlreiche Hinweise auf bedeutende Konversionsbewegungen hin zum Judentum. Doch auch er resümiert, aaO.23: „Nie aber hat das Judentum einen Propagandaapparat zur Missionierung aufgezogen wie das Christentum. Seine Werbung geschah vielmehr im Stillen, wurde von Vorsichtsmaßnahmen gesteuert und war ein In-Empfang-Nehmen von Menschen, die bereits unterwegs zum Judentum waren." Die bei HOMOLKA, Geburt, zusammengefaßten Beiträge geben Einblick in den aktuellen Stand der extrem kontroversen jüdischen Diskussion.
[15] „Nach jüdischer Ansicht braucht man nicht Jude zu sein, um das ewige Heil zu erlangen" (PETUCHOWSKI, Gebote 267). Zu entsprechenden jüdischen Versuchen, das eigene Verhältnis zu den anderen Religionen genauer zu bestimmen vgl.u. S. 306.

Gerechtigkeit und im Glauben an Christus die aneignende Antwort des Menschen auf diese Zusage sieht, überschreitet er die Grenzen eines an eine Volkszugehörigkeit gebundenen Gottesverhältnisses.[16] So öffnet er den Weg für jene Christusverkündigung, die unter den Völkern mit dem Anspruch auftritt, als Fülle der Wahrheit gehört und angenommen zu werden.

Angesichts dieser weitgreifenden Ansprüche kann es nicht verwundern, daß die Botschaft des Christentums auf zahlreiche Widerstände stieß und stößt. Wo sie auf gewaltsame Ablehnung treffen, können Christen zu Zeugen ihrer Botschaft werden, indem sie deren Inhalt treu bleiben und auf jede Gegengewalt verzichten, darin eine hervorgehobene Weise der Christusnachfolge sehen.[17] Daß die Kirche in Zeiten, in denen ihr selbst äußere Machtmittel zur Verfügung standen, diese Treue nicht selten aufkündigte, gewalttätig auf ihre Ausbreitung bedacht war, zählt zu den schweren Hypotheken, von denen ihr heutiges Eintreten für die Wahrheit belastet bleibt.

Doch der Widerstand gegen die Geltungsansprüche des Christentums trägt nicht allein ein machtpolitisches Gesicht. Es kommt zur Auseinandersetzung mit anderslautenden Wahrheitsbehauptungen, mit Denkformen und Weltdeutungen, die den eigenen nicht oder zumindest nicht ohne weiteres kompatibel sind. Hier hat christliche Theologie stets ihre Aufgabe darin gesehen, das Christusbekenntnis zu bewähren, indem sie in der Kritik, aber auch der Adaption fremder Positionen den Dialog mit ihnen suchte. Die Art und Weise, wie von dem, worüber man nicht schweigen kann, gesprochen wurde, blieb von all diesen Auseinandersetzungen nicht unberührt.[18] Die Theologie hat deshalb neben dem Versuch, ihren Inhalt verstehbar, d.h. unter den Rezeptionsbedingungen der jeweiligen Zeit zu vermitteln, stets auch die Pflicht, die Kontinuität dieser Aktualisierungen mit der sie gründenden Tradition zu erweisen.[19]

All diese, nicht selten dramatischen Auseinandersetzungen aber waren in der Theologie- und Geistesgeschichte getragen von einer umfassenden Grundüberzeugung, die allenfalls durch die stets begleitende Seitenlinie philosophischer Skepsis gelegentlich irritiert wurde: von der Überzeugung, daß es die Wahrheit gibt und daß um die angemessenste Form, sie zu erfassen, zu streiten lohnt.[20]

---

[16] Vgl. Gal 3,28.

[17] Vgl. Joh 15,20.

[18] Am ausführlichsten wird diese Wechselbeziehung im Streit um das Recht und die Problematik der sog. „Hellenisierung des Christentums" diskutiert. Vgl. dazu SCHAEFFLER, Ent-Europäisierung, und ESSEN, Aneignungsprobleme 168-170. Auch wenn die erhellende Untersuchung von BERNHARDT, Absolutheitsanspruch, in erster Linie um eine systematische Kategorisierung der verschiedenen Konzepte zur Begründung christlicher Geltungsansprüche bemüht ist, finden sich in ihr immer wieder erhellende Hinweise zu den geistesgeschichtlichen Bedingungen sich wandelnder Verstehensversuche. Zur Ausweitung der Frage in der aktuellen Debatte um die kontextuelle Theologie vgl.u. S. 106ff.

[19] Zu den hier skizzierten Aufgabenstellungen der Theologie vgl. SECKLER, Theologie, zum letztgenannten Problem bes. 215-230.

[20] Wie die Offenbarungskritik der Aufklärung „ihre Kriterien aus dem Axiom der *vernünftigen Verantwortung des sittlichen Subjektes* ableitete, so gewann sie ihre bewegende Kraft aus der Vision

Daran hat auch die geistesgeschichtliche Revolution der europäischen Neuzeit zunächst nichts geändert. Zwar war nun der Weg, die Wahrheit durch den Machtspruch äußerer Autorität für verbürgt halten zu dürfen, versperrt, war das mühsame Geschäft einer Vernunftkritik unvermeidbar geworden, die nach den Bedingungen der Möglichkeit von Erkenntnis und Wahrheit fragt. Doch der Überzeugung, Gewißheit erlangen, der Wahrheit ansichtig werden zu können, war damit nicht abgeschworen.[21] Und so findet auch das Christentum in kritischer Auseinandersetzung mit der europäischen Moderne neue, dem biblischen Zeugnis sogar besonders angemessene Formen, seinen Wahrheits- und Geltungsanspruch zu begründen und zu vertreten. Worum der Streit zu führen war und daß es Erfolg verspricht, sich auf ihn einzulassen: Das blieb noch lange nach dem Beginn der Neuzeit weitgehend unbestritten.

Auf diesen Konsens nicht mehr bauen zu können, darin besteht das Spezifikum und die Herausforderung der aktuellen Situation, in der nach Möglichkeiten gefragt werden soll, für den Wahrheitsanspruch des Christentums verantwortet einzutreten. Daß zu diesem epochalen Bruch Nietzsches wirkungsvolle Radikalisierung der Skepsis, Marx' Einsichten in die ökonomisch-materielle Bedingtheit jedes Denkens, Freuds Hinweis auf die unauslotbaren Tiefen des Unter- und Unbewußten beitrugen, muß hier nicht erneut belegt und entfaltet werden. Hilfreicher für den Fortgang der Untersuchung wird ein kurzer, problemorientierter Blick auf zwei beispielhafte Gestalten sein, in denen nicht eine bestimmte Wahrheitsbehauptung, sondern der Diskurs über die Wahrheit selbst in Frage gestellt wird. Die transpersonale Psychologie steht dabei für Positionen, die die abendländische Rationalität für prinzipiell unfähig halten, die aus ihr gewachsenen Bedrohungen zu überwinden, der Wahrheit des Menschen und der Welt gerecht zu werden. Sie zeugt des weiteren dafür – und vor allem deshalb wird sie hier als Paradigma herangezogen –, daß die Suche nach anderen Weisen des Denkens längst nicht mehr beschränkt ist auf philosophische Fachzirkel.[22]

Wird hier noch für eine, wenn auch vollkommen andere Weise der Wahrheitssuche plädiert, gehen andere Konzepte – etwa im Bereich der pluralistischen Religionstheologie – noch weiter: Sie sehen sich berechtigt, wenn nicht gar genötigt, Ansprüche auf die Einsicht in eine universal geltende Wahrheit grundsätzlich zu verabschieden.

---

der *einen Wahrheit*" (SECKLER, Aufklärung 32). Zu den Veränderungen wie zur durchgängigen Aktualität der Wahrheitsfrage vgl. BAUMGARTNER, Wahrheit; CASSIRER, GuL 193-217; KREINER, Ende, bes.77-82.

[21] Vgl. die hohen Zielsetzungen bei DESCARTES, Meditationen II,1: „Und ich will so lange weiter vordringen, bis ich irgend etwas Gewisses, oder, wenn nichts anderes, so doch wenigstens das für gewiß erkenne, daß es nichts Gewisses gibt".

[22] Zu entsprechenden philosophischen Entwürfen vgl. MÜLLER, Studien 123-171; KREINER, Ende 77-297; TOULMIN, Kosmopolis.

2. Die transpersonale Psychologie: Alternative Rationalität?

Am Anfang der transpersonalen Psychologie[23] stand die Konfrontation mit zwei Problemkomplexen, denen sich die psychologische Forschung wie die therapeutische Arbeit gegenüber sahen. Das war – und ist – zum einen die Einsicht in die bedrohliche Ambivalenz der technischen und gesellschaftlichen Entwicklungen, von denen die Neuzeit zumindest in der westlichen Hemisphäre geprägt ist. Zwar setzt dieser Fortschritt bisher ungeahnte Möglichkeiten menschlicher Unabhängigkeit und Selbstbestimmung frei, denen nicht zuletzt die psychotherapeutische Arbeit ihre Grundlage und ihr Ziel verdankt; doch die ökonomischen, ökologischen und psychischen Kosten dieser Veränderungen sind gleichfalls unübersehbar. Die therapeutische Praxis wird ihrer vor allem gewahr angesichts der zahllosen Klienten, die Opfer brutaler Herrschaftsausübung wurden oder den hohen Anforderungen, vor die eine individualisierte und pluralisierte Umwelt die einzelnen stellt, nicht gewachsen sind. Das war zum anderen das Phänomen, daß Menschen offenbar zu Bewußtseinszuständen fähig sind, die sich von der als normal angesehenen Weise der Erfahrung wesentlich unterscheiden. Die Erfahrungen und Experimente mit psychodelischen Drogen, die in der Protestbewegung der sechziger und siebziger Jahre viel Aufmerksamkeit fanden, aber auch Berichte über Meditationserfahrungen im Raum der großen spirituellen Traditionen ließen sich mit den Kategorien der herkömmlichen Psychologie nicht angemessen erfassen. Bestenfalls als unverständlich bezeichnet, wurden sie in der Regel dem Bereich der Pathologie zugeordnet.[24]

Die transpersonale Psychologie geht von der These aus, daß zwischen beiden Problemen ein ursächlicher Zusammenhang besteht: Weil die gewohnte Psychologie und alle anderen Wissenschaften, die auf dem Boden des neuzeitlichen Wissenschaftsverständnisses wuchsen, nicht in der Lage sind, Erfahrungen und Einsichten, wie sie etwa in veränderten Bewußtseinszuständen zu erreichen sind, zu integrieren, muß ihre Anwendung jene Folgen zeitigen, die nicht nur die Freiheit, sondern sämtliche Lebensgrundlagen des Menschen zu vernichten drohen.

---

[23] Zu den Begründern der transpersonalen Psychologie gehört wesentlich A. Maslow mit seinem Werk „Die Psychologie des Seins" (deutsch erst München 1973). Ende der 60er Jahre in Amerika entwickelt, gewinnt diese Richtung der Psychologie erst in den letzten Jahren in Deutschland höhere Aufmerksamkeit – ohne jedoch die psychologische Fachdiskussion entscheidend zu prägen. Den aktuellen Stand der Diskussion dokumentiert die seit 1995 in Deutschland erscheinende Zeitschrift „Transpersonale Psychologie und Psychotherapie". Vgl. auch die Beiträge bei ZUNDEL, Wege.
[24] Zu dieser doppelten Ausgangsproblematik vgl. TART, Einführung 12f. Zur Analyse der verschiedenen Bewußtseinszustände vgl. WALSH, Bewegung 7-17.

Als „vierte Kraft der Psychologie"[25] will die transpersonale Psychologie hier Auswege weisen. Suchte sie zunächst nach Wegen, die Form wissenschaftlicher Wahrnehmung und Forschung so zu erweitern, daß diese fähig werden, auch ihnen zunächst fremde Erfahrungen und Erfahrungsweisen zu erfassen,[26] so entwickelte sie sich mehr und mehr zu einer grundsätzlichen Kritik neuzeitlicher Wissenschaft. Die Diastase zwischen Mensch und Natur, Individuum und Gesellschaft, Herrschenden und Beherrschtem scheint ihr mit der europäischneuzeitlichen Rationalität so notwendig verbunden, daß nur ein alternatives Rationalitätskonzept zur Überwindung dieser Brüche in der Lage sein könne.

Im Zentrum dieses Konzepts steht ein spezifischer Begriff des Selbst.[27] Dieses wird verstanden als jene transmundane, transhistorische, transpersonale (daher der Name dieser psychologischen Richtung) Wirklichkeit, für die zahlreiche spirituelle Traditionen zeugen, die aber in veränderten Bewußtseinszuständen auch unmittelbar erfahrbar ist. Dieses Selbst liegt allen Trennungen zwischen Subjekt und Objekt, auch zwischen verschiedenen Individuen voraus und umfaßt sie. Die transpersonale Psychologie geht von der erhofften Möglichkeit – nicht von der Notwendigkeit – aus, daß sich das Bewußtsein der Menschen zur Einsicht in jene universale Einheit weiterentwickelt, daß sich das individuelle Selbstbewußtsein aufhebt und überwindet im Bewußtsein des eigentlichen, transpersonalen Selbst.[28] In diesem Bewußtsein findet auch die Ethik eine neue Grundlage. War in den Anfängen der transpersonalen Psychologie noch sehr vage von der „empirischen Suche nach Werten"[29] die Rede, liegen mittlerweile ethische Konzeptionen vor, die aus dem Bewußtsein der umfassenden Einheit die auch individuelle Verantwortung für die Welt und ihre Zukunft ableiten.[30]

Unübersehbar sind die Anlehnungen dieses Denkens an fernöstliche Philosophien und Religionen, auch wenn es sich ausdrücklich nicht als religiöse Position versteht.[31] Das Verhältnis zur eigenen, d.h. christlich-europäischen Tradition bleibt zwiespältig. Einerseits gibt es zahlreiche Versuche, die eigenen

---

[25] Maslow, vgl. BICK, Psychologie 215f. Zur Definition und Verhältnisbestimmung der drei „ersten Kräfte" der Psychologie – der Psychoanalyse, der Verhaltenstherapie und der humanistischen Psychologie – vgl. BICK, aaO.215f., und BONGARDT, Widerstand 51-57.

[26] Vgl. TART, Wissenschaft, bes.25.

[27] Vgl. zum folgenden GALUSKA, Ich.

[28] Ob und inwieweit das Grundkonzept der transpersonalen Psychologie mit der Philosophie Hegels in Verbindung steht, ist für mich bisher nicht erkennbar. Auch wenn die spekulativ-philosophische Rahmentheorie dies mitunter vermuten läßt, bleibt als wesentlicher Unterschied festzuhalten, daß die transpersonale Psychologie sich nicht als Spekulation, sondern als empirische Wissenschaft versteht, die von transpersonalen Erfahrungen ausgeht. Eindeutiger als Hegels Philosophie gehört zu ihren philosophischen Wurzeln S. Friedlaenders Philosophie der „schöpferischen Indifferenz" (vgl. FRAMBACH, Identität 41-49).

[29] Sutich, zit. bei TART, Psychologie 9.

[30] Vgl. SEIFERT, Handeln.

[31] Vgl. die Abgrenzung bei TART, Wissenschaft 25. In TART, Psychologie 227-526, findet sich eine ausführliche Darstellung verschiedener religiös-spiritueller Zugänge zu einer transpersonalen Psychologie.

Thesen an die christliche Mystik und deren Erfahrungen anzuknüpfen.[32] Andererseits wird das Christentum um so radikaler kritisiert, je enger man es mit der problematischen Entwicklung der europäischen Neuzeit verwoben sieht. Eindeutig aber ist: Wenn das christliche Bekenntnis Anerkennung findet, dann nur als ein, nicht als der einzige Weg zu jener Befreiung aus den Polaritäten, in denen die Welt erlitten wird. Und gemessen wird es nicht an den Vorstellungen von Subjektivität und Freiheit, die in seinem eigenen Kontext entstanden, sondern an seiner Fähigkeit, die angezielte Befreiung vom individuellen Selbst zu befördern.

In ihrer Kritik der neuzeitlichen Fortschrittsgeschichte kann die transpersonale Psychologie keine Originalität für sich beanspruchen. Die Dialektik und Ambivalenz dieser Entwicklung wurden bereits vor und werden auch parallel zu diesem Ansatz mindestens ebenso eindrücklich herausgestellt. Auch die Verwicklung des Christentums in sie wird deutlich gesehen, und das nicht nur außerhalb der christlichen Tradition.[33] Zur Kennzeichnung der aktuellen Diskussionslage wurde die transpersonale Psychologie hier herangezogen aufgrund der besonderen Konsequenzen, die sie aus den über ihre Grenzen hinaus verbreiteten Einsichten zieht. Denn sie sucht weder nach Möglichkeiten, die Krise des Fortschrittsdenkens von ihren Wurzeln her, dem neuzeitlichen Freiheitsbewußtsein, zu problematisieren und zu überwinden, noch verfällt sie jenen verbreiteten Bewältigungsstrategien, die als Rückfall hinter erreichte Rationalitätsanforderungen oft genug nur Anlaß zu ratlosem Staunen geben können. Vielmehr tritt sie mit einem eigenen, hoch reflektierten Konzept von Rationalität auf, dessen Wahrheit sie zu erweisen sucht und anerkannt wissen will.[34] Mit ihrem grundlegend von der europäischen Aufklärung abweichenden Verständnis der Subjektivität und des Selbst stellt sie sich damit in klaren und bewußten Gegensatz zu dieser, und damit auch zu wesentlichen Aspekten der christlichen Tradition. Damit aber steht nicht mehr allein die Frage im Raum, was als Wahrheit gelten kann, sondern, fundamentaler, in welcher Weise Kriterien für die Wahrheitsfähigkeit einer Aussage, eines Geltungsanspruchs erhoben werden können und müssen.

Um hier einer Antwort näherzukommen, wäre es wenig hilfreich, den – in anderer Hinsicht höchst bedeutsamen – inhaltlichen Übereinstimmungen und Differenzen zwischen der christlichen Tradition und den Positionen der transpersonalen Psychologie nachzugehen. Hier ließen sich Kongruenzen auf-

---

[32] Vgl. MCNAMARA, Tradition. Eine besonders ausführliche Auseinandersetzung mit der Mystik findet sich bei FRAMBACH, Identität 173-274. Frambachs Untersuchung steht zwar nicht direkt in Verbindung mit der transpersonalen Psychologie, kommt ihr aber in wesentlichen Intentionen nahe.
[33] Vgl. z.B. AMERY, Ende; DREWERMANN, Fortschritt.
[34] So bereits TART, Wissenschaft, und ders., Postulate, der mit Hilfe der neuzeitlichen Erkenntnistheorie nach Alternativen zu einer rein „materialistischen" Wissenschaft sucht. Vgl. vor allem aber die erkenntnistheoretische Reflexion bei WILBER, Gesichter.

zeigen hinsichtlich der eingesehenen Verantwortung für die Welt, der Notwendigkeit, einen subjektivistischen Standpunkt zu überwinden, der Offenheit für Erfahrungsbereiche, die dem naturwissenschaftlich-kausalen Denken nicht erschließbar sind. Unüberbrückbare Gräben würden sich vermutlich öffnen zwischen den spezifischen Vorstellungen von der Individualität, der Freiheit, dem Ziel und dem Weg der Erlösung des Menschen.[35]

Auch die durch die psychologische und vergleichbare Kritik angestoßene Selbstbesinnung des Christentums auf seinen zu lange ungebrochenen Fortschrittsglauben, auf seine Verstrickung in unmenschliche Herrschaftsverhältnisse, auf die theologische Verlegenheit angesichts vieler spiritueller Phänomene wäre ein lohnender, hier aber nicht weiterführender Weg.

Und schließlich würde die – zweifellos ebenfalls notwendige – kritische Anfrage an das Rationalitätskonzept der transpersonalen Psychologie, an seine Konsistenz, seine Verantwortbarkeit und sein Verhältnis zu alternativen Konzepten ebenfalls an der hier wesentlichen Frage vorbeizielen.

Diese zur angestrebten Standortbestimmung im interreligiösen Dialog unverzichtbare Frage richtet sich nämlich auf das Problem, das im Gegenüber mit der transpersonalen Psychologie bereits im eigenen Kulturkreis ansichtig wird und das selbst dann relevant bleibt, wenn sich deren spezifisches Konzept als inkonsistent erweisen ließe: Welche Möglichkeiten haben die christliche Tradition und das in enger Verbindung zu ihr entstandene neuzeitliche Freiheits- und Subjektivitätsdenken, sich zu einem ihnen fremden Rationalitätskonzept zu verhalten? Stehen sie allein vor der Alternative, es entweder im Blick auf die eigenen Wahrheitsansprüche zu verwerfen oder, um der Anerkennung der konkurrierenden Ansprüche willen, die eigenen zu verabschieden? Oder gibt es eine Möglichkeit zur Anerkennung der anderen unter Aufrechterhaltung der eigenen Geltungsbehauptung? Und wie müßte sich im letztgenannten Fall der Dialog gestalten? Wie könnten sich in ihm die verschiedenen Standpunkte vor sich selbst und voreinander verantworten? Wie läßt sich eine Pluralität denken, die nicht der Beliebigkeit verfällt?

3. Vorläufige Wahrheit: Die Grundintention der pluralistischen Religionstheologie

Die zerstörerischen Folgen unbegrenzter Herrschaftsansprüche, die Unfähigkeit, dem eigenen Horizont zunächst fremde Erfahrungen wahrzunehmen und zu würdigen: Diese Schattenseiten der europäischen Fortschrittsgeschichte bilden nicht nur für die transpersonale Psychologie die dunkle Folie, vor der das Licht eines anderen Weltverstehens zum Leuchten kommen soll. Auch der pluralistischen Religionstheologie[36] erscheint es vor diesem Hintergrund als

---

[35] Vgl. dazu die präzisen Hinweise bei BICK, Psychologie 219-227.
[36] Die ausführlichere Darstellung und Kritik der pluralistischen Religionstheologie ist dem dritten Teil meiner Arbeit vorbehalten. Hier geht es lediglich darum, den Wahrheitsbegriff der pluralisti-

Gebot der Stunde, das überkommene Konzept von Wahrheit und Geltung zu
revidieren und so nicht zuletzt das Selbstverständnis des Christentums in seinem
Verhältnis zu anderen Religionen zu verändern. Die in der Begegnung mit
Angehörigen fremder Religionen gewachsene Einsicht in deren Weisheit und
Tiefe motivieren dieses Bemühen mindestens ebenso stark wie das Erschrecken
angesichts der Greuel christlicher Missions- und Machtgeschichte.[37]

Der Weg, den die pluralistische Religionstheologie zur Erreichung dieses
Ziels geht, unterscheidet sich allerdings wesentlich von dem der transpersonalen
Psychologie. Denn ihr geht es nicht um die Suche nach einer neuen, umfassenden Wahrheit, die auch die kritisierte europäische Rationalität überwindet und
einordnet. Die pluralistische Religionstheologie sieht die Möglichkeit des
Dialogs, des Zusammenwirkens der verschiedenen Religionen und Weltanschauungen vielmehr nur dann gegeben, wenn alle Gesprächspartner auf den –
eventuell bisher erhobenen – Anspruch verzichten, im Besitz der für alle Menschen geltenden und normativen Wahrheit zu sein.[38] Einen solchen Verzicht
fordere bereits die philosophische Einsicht in die kulturelle und historische
Bedingtheit jeder menschlichen Erkenntnis.[39] Und auch die Ethik des Dialogs,
so die pluralistische Religionstheologie, erlaube nicht das Einbringen von
Wahrheitsansprüchen, weil sie das lernbereite Hören auf den anderen von
vornherein konterkarierten. Doch nicht allein von außen müsse der Aufruf zur
Selbstbeschränkung an die religiösen und theologischen Positionen herangetra-
gen werden. Wisse doch der Glaubende um die Unmöglichkeit, die Absolutheit
Gottes, dessen umfassende Wahrheit in adäquater Weise in menschlichem
Denken und Sprechen zu erfassen. Sogar die Bekenntnisaussagen des Neuen
Testaments und der kirchlichen Lehrtradition, die von einer Exklusivität und
Normativität Jesu Christi sprechen, müßten die angestrebte Veränderung des
christlichen Wahrheitsanspruchs nicht verhindern: Weise doch bereits das

---

schen Religionstheologie heranzuziehen zur exemplarischen Charakterisierung der Situation, in der
sich heute die Verantwortung des Glaubens zu vollziehen hat. Deshalb ist es auch legitim, die
vielgestaltigen Entwürfe, die sich unter dem Titel der pluralistischen Religionstheologie versammeln,
nicht näher zu differenzieren. Denn in ihrer Abwehr exklusivistischer oder inklusivistischer
Wahrheitsansprüche finden sie ihre verbindende Mitte. Einen ersten Überblick über dieses
Grundanliegen und die Positionen, die sich ihm verpflichtet wissen, bieten BERNHARDT,
Horizontüberschreitung; KNITTER, Dialog; SCHMIDT-LEUKEL, Modell; ders., Theologie.
[37] Vgl. KNITTER, Gott 41-47.
[38] Knitter legt besonderen Wert auf die wiederholte Feststellung, daß nicht die universale Bedeutung
jeder religiösen Tradition in Frage steht, sondern allein ihr exklusiver oder universal-normativer
Geltungsanspruch (vgl. KNITTER, Dialog 609f.; ders., Gott 101-103). Zu den folgenden vier
Begründungslinien der pluralistischen Option vgl. KNITTER, Absolutheitsfrage 89-98. Bei HICK,
Religion 254-404, finden sich sehr ähnliche Argumentationen.
[39] Auch wenn KUSCHEL, Christologie 143, zuzustimmen ist, wenn er davor warnt, die pluralistische
Religionstheologie mit den Positionen Troeltschs und Harnacks zu identifizieren, um sie damit zu
diskreditieren, läßt sich nicht übersehen, daß die pluralistische Religionstheologie ihre Einsicht in die
historische Bedingtheit aller Erkenntnis Troeltsch verdankt. Vgl. TROELTSCH, Stellung, und dazu
BERNHARDT, Absolutheitsanspruch 128-149. Zur Aufnahme dieser Position in der pluralistischen
Religionstheologie vgl. KNITTER, Gott 49-51.

neutestamentliche Zeugnis durch die Vielfalt seiner Ausdrucksformen auf die letztliche Unfaßbarkeit der Absolutheit Gottes hin und könne die Bekenntnissprache als Ausdruckssprache qualifiziert werden, die die Bedeutung Jesu für die Glaubenden, nicht aber ontologische oder metaphysische Gegebenheiten ins Wort bringen will.[40] Kurz gesagt: Den Verzicht auf exklusiv-normative Geltungsansprüche hält die pluralistische Religionstheologie im interreligiösen Dialog nicht nur für nötig, sondern selbst dem Christentum für möglich.

Ist die Entscheidung für eine solche Beschränkung erst einmal gefallen, liegt es nahe, die Wahrheitsfrage aus dem interreligiösen Dialog auszuklammern,[41] denn ihre Klärung ist ohnehin allenfalls im Eschaton zu erwarten.[42] Die Begegnung der Religionen erschöpfte sich dann im Austausch spiritueller Erfahrungen, im gemeinsamen Engagement für eine bessere Welt, in wohlmeinender Toleranz. Doch wenn auf die Auseinandersetzung darüber, welches Bild der Welt und des Menschen, welche moralischen Forderungen Geltung beanspruchen können, verzichtet wird, drohen einer solchen Verhältnisbestimmung zahlreiche Gefahren. Schon für die Einklagung des Dialogs fehlt der begründende Maßstab, das Gespräch kann dem interesselosen Nebeneinander weichen oder gar durch die gewaltsamen Herrschaftsansprüche anderer Meinungen unmöglich gemacht werden. Wo der Streit um Wahrheit und Geltung nicht mehr geführt wird, ist der Relativismus zwangsläufige Konsequenz.

Einen solchen abzuwehren, erklärt jedoch auch die pluralistische Religionstheologie zu einem ihrer wesentlichen Ziele.[43] Deshalb muß auch sie nach Kriterien suchen, die verhindern, daß der Verzicht auf exklusivistische Wahrheitsansprüche zur Gleichgültigkeit gegenüber der Gleich-Gültigkeit verschiedenster Normen und Anschauungen wird. Diese Suche kann mehr ethisch-soteriologisch oder mehr theoretisch-theologisch orientiert sein. Im ersten Fall haben sich die Religionen daran messen zu lassen, inwieweit sie dem Heil des Menschen und der Welt dienen. Dazu sind sie in der Lage, wenn und insofern sie zur „Transformation des menschlichen Daseins aus der Selbstzentriertheit in die *Wirklichkeits*zentriertheit"[44] helfen. Im zweiten Fall wird ein Verständnis

---

[40] Vgl. KNITTER, Gott 123-125.

[41] „Die [pluralistische, M.B.] Kritik besagt jedoch, daß ein Dialog niemals in Gang kommen wird, wenn jemand glaubt, seine Wahrheit sei von Gott als endgültig und für alle anderen normativ gegeben, denn man wird so niemals fähig sein, sich vom Dialogpartner herausfordern zu lassen" (KNITTER, Dialog 609). Solche und ähnliche Formulierungen wecken den – bei näherem Hinsehen nicht zu bestätigenden – Verdacht, Knitter strebe die Stillstellung der Wahrheitsfrage im interreligiösen Dialog an.

[42] HICK, Religion 197f., führt den Gedanken der „eschatologischen Verifikation" ein, die die Begrenztheit der menschlichen Erkenntnis überwinden und deren Ambivalenzen aufheben wird.

[43] Vgl. HICK, Religion 31.322f.; KNITTER, Gott 57: „Wenn wir die Relativität der Religionen überbetonen, können wir außerdem leicht in den Treibsand des *Relativismus* geraten, in dem wir nicht mehr sagen können, was gut oder böse ist in der Welt der Religionen."

[44] HICK, Religion 31. Dieses „soteriologische Kriterium" muß Hick einführen, weil er das „Problem der widersprüchlichen Wahrheitsansprüche" (aaO.388) unter historischen Bedingungen für unlösbar hält.

von Wahrheit gesucht, das von den überkommenen Wahrheitskriterien der
Einheit und Nicht-Widersprüchlichkeit Abschied nimmt.[45] Ein Weltverstehen
kann dann als um so wahrer gelten, je größere Fähigkeiten es aufweist, unterschiedliche Auffassungen der Welt zu integrieren. Wahrheit kann demnach nur
relational verstanden werden: als und im Verhältnis zu je anderen Auffassungen
und Ansprüchen von Wahrheit. Festzuhalten bleibt dabei die Defizienz jedes,
auch noch so integrationsfähigen menschlichen Verstehens. Deshalb spielt es für
dieses Wahrheitsverständnis auch keine entscheidende Rolle, ob die ohnehin
nicht erreichbare absolute Wahrheit selbst als Einheit oder als Pluralität zu
denken ist.[46]

Orientiert an den so definierten Kriterien, kann und soll der Dialog der
Religionen dazu führen, der Unfaßbarkeit des Absoluten dadurch gerecht zu
werden, daß jede Religion Aussagen über das Göttliche aufnimmt und
integriert, die den eigenen, traditionellen Auffassungen zunächst zu widersprechen scheinen.[47] Damit soll die Eigentümlichkeit der einzelnen Religionen nicht
aufgehoben, sondern nur zu je größerer Weite geöffnet werden. Ist solche
Offenheit einmal erreicht, kann dem Anspruch, von der Wahrheit Zeugnis zu
geben – etwa von der Wahrheit der für den Menschen entschiedenen Liebe
Gottes, deren Erscheinen der Glaube in Leben und Geschick Jesu bekennt – nur
das Recht zugesprochen werden, eine von den vielen Aussagen über Gott zu
sein. Deren Vielfalt abzuweisen, widerspräche der Einsicht in die Begrenztheit
des eigenen Erkennens und wäre deshalb illegitim.

Mehr als den Anspruch, *auch* wahr zu sein, kann nach diesen Bestimmungen
der pluralistischen Religionstheologie also keine religiöse oder theologische
Aussage erheben. Sie kann diesen Anspruch sogar um so glaubwürdiger
vertreten, je fähiger sie sich zeigt, auch andere Aussagen als wahr gelten zu
lassen. „Im neuen Modell der religiösen Wahrheit gibt es [...] eine weitere
Qualität der 'absoluten Wahrheit': [...] Je mehr mich die Wahrheit meiner
Religion für andere aufschließt, desto mehr kann ich sie absolut bejahen."[48] Die
Möglichkeit, ein inhaltlich bestimmtes Bekenntnis zu verantworten – sei es,

---

[45] Vgl. KNITTER, Gott 175-177.
[46] Während HICK, Religion 26f., das „Wirkliche an sich" offenbar als Einheit, die vielfältig bezeugt
wird, zu denken versucht, geht KNITTER, z.B. Dialog 608, von der Pluralität der Wahrheit selbst
aus.
[47] Es gibt „innerhalb der verschiedenen Traditionen bedeutsame Ideen, die an der Oberfläche
miteinander unverträgliche Alternativen darstellen, die aber eine tieferen Analyse unterschiedliche
Ausdrucksformen derselben grundlegenden Idee sind" (HICK, Religion 402). Während HICK,
aaO.401, davon ausgeht, daß die verschiedenen religiösen Traditionen in ihrer Unterschiedenheit
nur einem Außenblick als komplementär erscheinen können, der je persönlichen Entscheidung eine
solche Perspektive aber verschlossen bleibt, geht Knitter hier einen Schritt weiter. Er hält es für
möglich, die *dipolare* Natur aller religiösen Erfahrungen und Formen" (KNITTER, Gott 178) auch
als Angehöriger einer bestimmten Religion zu erfassen, in einem *passing over"* (aaO.168) an den
Vorstellungen anderer Religionen so teilzunehmen, daß ich als Christ auch Buddhist und Hinduist
sein kann.
[48] KNITTER, Gott 176f.

anthropologisch, vor dem Forum der menschlichen Vernunft, sei es, theologisch, vor dem Absoluten, auf das der Glaube sich bezogen weiß – wird in diesem Wahrheitsverständnis bestritten mit dem Hinweis auf die unhintergehbare Begrenztheit allen menschlichen Denkens und Sagens.[49] Gleiches gilt für das eingeführte ethische bzw. soteriologische Kriterium: Aus den ethischen Orientierungen der nach-axialen Religionen herausdestilliert, kommt ihm nicht nur eine inhaltlich völlig unbestimmte Abstraktheit zu, sondern es kann in seiner Geltung auch nicht begründet werden,[50] wenn und solange nicht Wege anerkannt werden, es in seiner Bedingtheit an einem Unbedingten zu messen. Theoretische und ethische Geltung, Wahrheit und Normativität gibt es für die pluralistische Religionstheologie nicht anders denn als relationale in der Wechselbeziehung pluraler, auch kontradiktorischer Ansprüche – und deshalb nur als relative.

Der Hinweis auf den Relativismus allein, dem die pluralistische Religionstheologie – entgegen ihren anderslautenden Beschwörungen – letztlich doch nicht entgehen kann, reicht allerdings nicht, um diese Positionen kritisch abzuweisen. Zuvor gälte es zu zeigen, ob und wie ein solcher Relativismus vermeidbar bzw. überwindbar ist, ohne die nicht zu leugnende Bedingtheit menschlichen Weltverstehens auszublenden, auf die die pluralistische Religionstheologie so nachdrücklich aufmerksam macht. Es stellt sich also angesichts der von ihr vorgetragenen Kritik an den Wahrheitsansprüchen des christlichen Offenbarungsbekenntnisses die Frage, ob und wie diese sich verantworten können; ob und wie unbedingt geltende Kriterien zu erheben sind, an denen sie sich – wie jede andere Weise menschlichen Weltverstehens – zu messen haben.

---

[49] So entbehrt auch die von KNITTER, Gott 187-189, eingeforderte „globale Fundamentaltheologie" zwangsläufig jeder inhaltlichen Bestimmtheit.
[50] Vgl. HICK, Religion 322-330, der, aaO.324, vielsagend bemerkt: Dieses Kriterium sei „natürlich eine Festsetzung, was allerdings auch für jede andere Definition des Begriffs gelten muß".

II. Der Hintergrund: Die neuzeitliche Verhältnisbestimmung von Vernunft, Glaube und Offenbarung

In Leben und Geschick Jesu hat Gott selbst sich als Liebe geoffenbart. Diese Wahrheit, die Christinnen und Christen im glaubenden Bekenntnis ergreifen und festhalten, zielt aus sich heraus auf universale Anerkennung. Soll die Verkündigung solche Anerkennung ermöglichen, muß sie den Glauben und seinen Inhalt verantworten in kritischer Aufnahme der Weisen menschlichen Welt- und Selbstverstehens, denen sie begegnet. Dessen war sich das Christentum von Anfang an bewußt,[51] diese Aufgabe hat es unter den Bedingungen wechselnder historischer und kultureller Kontexte zu erfüllen gesucht.

Das Eingangskapitel meiner Arbeit diente dazu, die Situation zu erhellen, in der die Verantwortung des Bekenntnisses heute geleistet werden muß. Sie ist gekennzeichnet einerseits durch die skeptische Einschränkung jeder Wahrheitsbehauptung, wie sie die pluralistische Religionstheologie einfordert, andererseits durch die Bestreitung jenes neuzeitlichen Rationalitätskonzepts, das die Freiheit und Subjektivität des Menschen als unhintergehbaren Ausgangspunkt allen Verstehens aufdeckt. Ihm setzen Entwürfe wie die transpersonale Psychologie mit dem Anspruch auf universale Geltung eine Form des Weltverstehens entgegen, in dem das subjektive Freiheitsbewußtsein als überwundene Vorstufe kritisiert und aufgehoben werden soll. Angesichts dieser Situation gilt es also, die Verantwortbarkeit der inhaltlich bestimmten Wahrheitsbehauptungen des christlichen Glaubens zu erweisen. Das aber kann nicht gelingen, ohne das Verhältnis der rationalen Kriterien, anhand derer die Verantwortung erfolgt, zu prinzipiell anderen Weisen der Behauptung und Verantwortung von Wahrheit zu bestimmen.

Beides soll in kritischer Aufnahme der europäisch-neuzeitlichen Diskussion über die Offenbarung im Spannungsverhältnis von Vernunft und Glaube geleistet werden. Dies bietet sich zunächst deshalb an, weil die exemplarisch vorgestellten Exponenten der aktuellen Diskussionslage den wesentlichen Motiven dieser Diskussion in deren Abwehr verpflichtet bleiben. Vor allem aber ist diese Entscheidung motiviert durch die Überzeugung, daß die zu Recht angeklagten katastrophischen Entwicklungen der Moderne keine zwangsläufigen Folgen des Freiheits- und Subjektivitätsbewußtseins sind, sondern sich von diesem her kritisieren und überwinden lassen; daß sich zudem im Raum dieses Denkens das christliche Offenbarungsbekenntnis so verantworten läßt, daß es die Anliegen der pluralistischen Religionstheologie aufnehmen kann, ohne deren Aporien zu verfallen; daß schließlich ein derart verantwortetes Bekenntnis zur kritischen Anerkennung anderer Rationalitätskonzepte in der Lage ist.

---

[51] 1 Petr 3,15 bleibt die Gründungsurkunde aller fundamentaltheologischen Bemühungen.

Dies soll gelingen durch eine präzise Bestimmung von Form und Status des Offenbarungsbekenntnisses. Sie wiederum ist nicht möglich ohne einen orientierenden Blick auf die genannte Offenbarungsdiskussion, ihre Intentionen, Gefährdungen und bisher vorliegenden Lösungsansätze.

1. *Gewißheitsverlust: Die neuzeitliche Herausforderung der Offenbarungstheologie*

Als die Universalisierung des Zweifels die europäische Neuzeit eröffnet hatte, fand sich auch die Verantwortung des Glaubens in einer grundlegend veränderten Situation. Richtete sich der Zweifel doch nicht allein gegen die Glaubwürdigkeit sinnlicher Eindrücke und äußerer Autoritäten, sondern auch gegen jene Verhältnisbestimmung von Denken und Sein, die seit der Antike das philosophische Selbstverständnis prägte.[52] Für die Theologie bedeutete das: Nicht nur die Selbstverständlichkeit, mit der man bisher die Rede von Gott für gehaltvoll und sinnvoll gehalten hatte, weil man sich in der Regel mit Philosophien auseinandersetzte, die selbst über einen entsprechend gesicherten Gottesbegriff verfügten, zerbrach in ihrer Infragestellung. Auch die Versuche, solche Sinnhaftigkeit philosophisch, d.h. unter Absehung von den Vorgaben der Offenbarung zu erweisen, mußten früher oder später dem Zweifel anheimfallen. So stand nicht nur die sich von der Theologie emanzipierende Philosophie, sondern mit ihr auch die theologische Reflexion vor der Aufgabe, einen Gewißheitsgrund zu finden, der eine sichere Erkenntnis bzw. einen verantwortbaren Glauben zu fundieren in der Lage wäre.[53]

Die neuzeitliche Philosophie sieht diesen Grund gegeben in der Selbstgewißheit dessen, der, wenn auch sonst alles, so doch zumindest sein Zweifeln nicht mehr zu bezweifeln vermag.[54] Diese Gewißheit, die sich allerdings selbst wiederum dem Entschluß verdankt, ihr zu trauen,[55] gilt in der Folgezeit als

---

[52] Seine prägnanteste und wirkungsvollste Formulierung fand dieser Zweifel fraglos in Descartes' erster Meditation. Doch soll darüber nicht vergessen werden, daß bereits der Nominalismus jenen Schritt vollzog, der die Behauptung der Einheit von Denken und Sein fraglich werden ließ. Und so wenig sich der philosophische Impuls der Neuzeit auf Descartes' Einsichten reduzieren läßt, so wenig darf ausgeblendet werden, daß die europäische Neuzeit ihre Gestalt einem Konglomerat technischer, ökonomischer, politischer und geistesgeschichtlicher Veränderungen verdankt. Vgl. EICHER, Theologien 7f.; ESSEN, Zeit 23f.

[53] Schon in der Glaubensanalyse der Spätscholastik, so EICHER, Theologien 21, „verschiebt sich die Wahrheitsfrage zur Frage nach der unfehlbaren Gewißheit".

[54] Vgl. DESCARTES, Meditationen II,16. Dazu EBELING, Subjekt 180-195.

[55] Daß es eines, von Descartes und auch Hegel nicht ausreichend reflektierten Entschlusses bedarf, den Zweifel stillzustellen, weist Kierkegaard in seiner unvollendeten Kleinschrift „Johannes Climacus oder De omnibus dubitandum est" (FZ 109-164) nach. „Er sah ein, daß im Zweifel ein Willensakt sein müsse; denn sonst würde Zweifel gleichsinnig werden mit ungewiß sein" (FZ 163). Mit dieser Reflexion bezieht Kierkegaard die in EO II,253 („Zweifel ist des Gedankens Verzweiflung, Verzweiflung ist der Persönlichkeit Zweifel.") noch unverbunden scheinenden Momente von theoretischem Zweifel und existentieller Verzweiflung aufeinander. Der Entschluß des Selbst zu sich selbst wird so als Grundlage erkannt, nicht nur die Verzweiflung, sondern auch den Zweifel überwinden zu können. Hier deutet sich eine Verhältnisbestimmung von praktischer und

jener Ausgangspunkt, vor dem sich Denken, Wissen und Glauben zu verantworten haben. Die kritische Rückfrage nach den Bedingungen der Möglichkeit
menschlichen Weltverstehens läßt den eigentümlichen Charakter des Selbstbewußtseins zunehmend deutlicher erkennen, führt zur Einsicht in die mögliche
Reichweite sowie die unüberwindbare Begrenztheit menschlichen Erkennens
und Wissen-Könnens.[56]

Bis zur Untrennbarkeit verbunden mit der Entwicklung neuzeitlicher
Selbstbewußtseins- und Erkenntnistheorie ist die Geschichte der Theologie als
Verantwortung des Offenbarungsbekenntnisses. Ihr lange zwiespältiges Verhält-
nis zu einem Denken, das den Menschen zugleich größer und begrenzter sieht
als die vorangegangene Tradition,[57] führt sie auf einen Weg, der an Umwegen
und Sackgassen reich ist.[58] Auch wenn angesichts der noch unabgeschlossenen
Geistesgeschichte nicht sinnvoll behauptet werden kann, am Ziel dieses Weges
angekommen zu sein, ist doch mittlerweile ein Punkt erreicht, von dem aus im
Rückblick zwei Einsichten gewonnen werden können: Zum einen sind die
Früchte der neuzeitlichen Glaubensverantwortung zu erkennen. Sie markieren
ein Niveau der Reflexion und ihrer Grundeinsichten, das jede Theologie, die im
aktuellen Diskurs auf Gehör hofft, zu erreichen suchen muß. Zum anderen aber
lassen sich auch die Gefahren nicht übersehen, denen zu erliegen bedeutet,
zentralen Elementen des biblisch gegründeten Glaubens nicht mehr gerecht
werden zu können. Diese Einsichten sollen im folgenden etwas genauer
dargestellt werden, weil nur so das hier gesteckte Ziel, die kritische Verantwortung des Offenbarungsglaubens im Interesse der Standortbestimmung im Dialog
der Religionen, in einer Weise verfolgt werden kann, die dem erreichten
Diskussionsstand entspricht.

2. Auslese: Früchte neuzeitlicher Offenbarungskritik

a) Verantwortungspflicht: Vernunft und Glaube

Christlicher Glaube versteht sich wesentlich als Antwort auf die Wahrheit, die
in Jesus Christus mit göttlicher Autorität erschienen ist.[59] Er vollzieht sich nicht

---

theoretischer Vernunft an, der im Verlauf meiner Arbeit noch zentrale Bedeutung zukommen wird.
Vgl. dazu unten B.IV.2.c, S. 234ff.
[56] Vgl. dazu die Aufgabenstellung bei KANT, KrV A XVII.
[57] Während die Möglichkeiten seines Erkennens deutlich reduziert erscheinen, spricht die
neuzeitliche Anthropologie dem Menschen eine Freiheit gegenüber Gott zu, die der Tradition in
dieser Reichweite fremd ist. Vgl. PRÖPPER, Freiheit 79f.
[58] Zur Geschichte der neuzeitlichen Offenbarungskritik, die hier nicht in historischer Perspektive
nachgezeichnet werden soll, vgl. SECKLER, Kritik; ders., Aufklärung 40-54; EICHER, Theologien;
ders., Offenbarung; SCHELLONG, Theologien; DIERSE, Offenbarung; SCHOLTZ, Offenbarung;
WALDENFELS, Lehre; ders., Einführung 83-143.
[59] Vgl. Röm 10,17, und dazu KNAUER, Glaube.

zuletzt in der Zustimmung zur Vermittlung dieses Anspruchs durch die Kirche, die ihre eigene Autorität von der göttlichen ableitet und dieser unterordnet.[60] Die Hinterfragung jeder äußeren Autorität aber bildete den Ausgangspunkt neuzeitlichen Denkens, das schließlich in der selbstreflexiven Vernunft des Menschen jenen notwendigen und unhintergehbaren Gewißheitsgrund entdeckte, auf den sich menschliches Erkennen und Handeln zu gründen hat. Ist mit dieser Gegenüberstellung aber nicht eine unüberbrückbare Diastase zwischen neuzeitlichem Selbstbewußtsein und christlichem Glauben etabliert? Muß nicht neuzeitlichem Denken ein Glaube, der sich auf eine Autorität bezieht, die nicht in der menschlichen Vernunft selbst gründet, als sacrificium intellectus, als selbst verschuldeter Rückfall in die gerade erst überwundene Unmündigkeit[61] erscheinen? Und muß, umgekehrt, christlicher Glaube den selbstbewußten Anspruch des neuzeitlichen Menschen, selbstverantwortliches Subjekt seines Verhaltens zur Welt und zur Offenbarung zu sein, nicht als sündige Selbstüberhebung, als Verkennung der Wahrheit über den Menschen brandmarken?

Ein erster Blick auf die Auseinandersetzung um das christliche Bekenntnis scheint diesen Verdacht zu bestätigen. Waren die ersten Kritiker angetreten mit dem Ziel, lediglich kirchlichen Autoritäts- und Gehorsamsansprüchen im Namen der autonomen Vernunft und Verantwortung des Menschen Widerstand zu leisten, mußte sie ihr eigener Ausgangspunkt schon bald weitertreiben.[62] Konnten sie doch, wollten sie ihm treu bleiben, die kirchlichen Forderungen nicht an einer als höherstehend gedachten Autorität der göttlichen Offenbarung messen. Denn auch diese war dem kritischen Zweifel ausgeliefert. Auch sie galt es deshalb dem Urteil der Vernunft zu unterwerfen. Die mögliche Wahrheit der göttlichen Offenbarungen an der Vernunft, nicht die menschliche Vernunft an der geoffenbarten göttlichen Wahrheit zu messen, war die unabweisbare Forderung einer ihrer Autonomie bewußten Vernunft.[63]

Die Theologie sah es lange Zeit nicht als ihre Aufgabe an, sich vor diesem „Gerichtshofe der Vernunft"[64] zu verantworten - vielmehr stellte sie dessen Legitimität prinzipiell in Frage.[65] Konfessionelle Unterschiede sind dabei nicht

---

[60] Vgl. II.Vat, DV 10.
[61] Vgl. KANT, Aufklärung A 481.
[62] Vgl. SECKLER, Aufklärung 30.
[63] Die Ausweitung der Kirchenkritik zur Offenbarungskritik wird in Tolands Bestimmung des kritisierten Gegners deutlich: „Eine Gottheit, die nur denen verständlich ist, die von ihr leben, ist ein Gewerbe." Seine Kritik will demgegenüber nachweisen, daß „im Evangelium nichts Widervernünftiges und nichts Übervernünftiges enthalten" ist (beide Zitate nach SECKLER, Kritik 39). Vgl. auch FICHTE, Kritik 120: „An keine *nur* durch Offenbarung mögliche Belehrung ist also vernünftigerweise ein Glaube möglich; und jede Anforderung von dieser Art würde der Möglichkeit des Fürwahrhaltens, das bei einer Offenbarung statt hat, folglich dem Begriffe der Offenbarung an sich, widersprechen" (Hervorh. von mir).
[64] KANT, Theodizee A 194.
[65] „Es gibt nichts in der sogenannten Neuzeit, was sich weniger ‚neuzeitlich' ausnimmt als die Verfassung und der Gehalt der kath. Kirche und ihrer Theologien." (EICHER, Theologien 7).

zu übersehen: Suchte die katholische Theologie im verfremdenden Rückgriff auf die scholastische Tradition die Möglichkeit, die göttliche und vor allem die kirchliche Autorität metaphysisch zu sichern, verwies evangelische Theologie regelmäßig auf die Einsicht in die sündige Korrumpiertheit der menschlichen Vernunft, um deren Geltungsansprüche zu beschneiden. So kann es nicht verwundern, daß Theologen, die sich um eine produktive Auseinandersetzung mit der Neuzeit mühten, sich entweder – wenn sie katholisch waren – den Restriktionen des kirchlichen Lehramtes ausgesetzt sahen, oder – als evangelische Theologen – bezichtigt wurden, zentrale Aussagen der Rechtfertigungslehre in ihrem Denken hintanzustellen.[66]

Doch würde dem mittlerweile erreichten Stand der Auseinandersetzung nicht gerecht, wer im Blick auf die tiefgreifenden Kontroversen christlichen Glauben und neuzeitliches Selbstbewußtsein dergestalt einander entgegensetzen wollte, daß dem Menschen nur die Entscheidung zwischen Vernunft und Glaube bliebe. Denn als ein erstes wegweisendes Ergebnis der neuzeitlichen Offenbarungsdiskussion ist die Einsicht festzuhalten, daß eine Vermittlung zwischen diesen scheinbar kontradiktorischen Positionen nicht nur notwendig wäre, sondern auch möglich ist. Aus der Perspektive philosophischer Vernunftkritik zeigt sich die Möglichkeit, den Glauben an die göttliche Offenbarung und ihre Wahrheit zu verantworten, d.h. ihn mit dem, was dem Menschen in kritischer Selbstreflexion als gewiß und gesichert gelten kann, zu vermitteln. Sie wird ergriffen, wenn die menschliche Vernunft der Grenzen ihrer Erkenntniskraft ansichtig wird und in deren Anerkennung – rational verantwortet – „dem Glauben Platz schafft".[67] Christliche Theologie aber kann, vom gläubigen Bekenntnis zur Offenbarung herkommend, die autonome Vernunft des Menschen als jene Bedingung der Möglichkeit anerkennen, auf die Offenbarung Gottes frei zu antworten und dabei glaubend zu bekennen, daß sie sich selbst diesem Gott verdankt.

Die genaue Fassung der so in ihrer Möglichkeit eröffneten Verhältnisbestimmung kann durchaus verschiedene Formen annehmen. Wird sie gefaßt als Nebeneinander von Glaube und Vernunft, die zwei Weisen menschlichen Welt- und Selbstverstehens darstellen, sich gegenseitig nicht bestreiten, aber auch nicht befruchten können, ist zwar der Glaube in seiner Eigenständigkeit gewahrt, jedoch vor einer Beliebigkeit seiner Inhalte kaum noch zu schützen.[68] Wird

---

SECKLER, Aufklärung 28–30, belegt die bis in die Gegenwart zu verfolgende Abwehrhaltung gegen die Aufklärung in theologischen Entwürfen. Ähnlich auch ESSEN, Zeit 32.
[66] So Barths fundamentaler Vorwurf gegen die Theologie des 19. Jahrhunderts, der auch noch in deren Darstellung bei SCHELLONG, Theologien, nachklingt.
[67] Vgl. KANT, KrV B XXX.
[68] So die Gefahr bei jedem supranaturalistischen Verständnis der Offenbarung. Vgl. dazu unten A.II.2.c, S. 38f. Einer solchen Gefahr weiß aber auch ein Ansatz, der sich so vehement gegen jede Verantwortbarkeit des Glaubens vor der menschlichen Vernunft wehrt wie Barths dialektische Theologie, letztlich nicht zu entgehen. Vgl. dazu KASPER, Gott 107; KÜNG, Gott 566–570.578–581.

dagegen das Verhältnis als Zuordnung bestimmt, indem der Mensch als für die Transzendenz offenes Wesen gedacht wird, der durch die Offenbarung jene Antwort geschenkt bekommt, die er sich selbst nicht zu geben vermag, lassen sich zwar die Inhalte des Bekenntnisses anthropologisch rückbinden und verantworten, doch wird es schwieriger, die Freiheit des Glaubens wie der Offenbarung zu denken.

Festzuhalten aber bleibt: Das christliche Offenbarungsbekenntnis kann und muß sich nicht verschließen gegenüber dem Bewußtsein der Autonomie menschlicher Vernunft, das in der Neuzeit aufbrach. Es hat sich vielmehr vor dieser zu verantworten, kann in ihr sogar jene unverzichtbare Möglichkeitsbedingung des Glaubens sehen, deren faktische Bewußtwerdung nicht zuletzt aus der Tradition des biblisch gegründeten Glaubens erwuchs. Die philosophische Reflexion ihrerseits wird nicht nur auf der Notwendigkeit und Unhintergehbarkeit der Frage nach den Möglichkeitsbedingungen menschlichen Erkennens und Handelns insistieren, sondern auch in kritischer Selbstbeschränkung die Möglichkeit verantworteten Glaubens offenhalten müssen.[69]

b) Beweisnot: Glaube und Freiheit

Das Spannungsverhältnis zwischen dem neuzeitlichen Autonomieanspruch der Vernunft und dem gläubigen Selbst- und Weltverstehen, aber auch der Gewinn einer angemessenen Verhältnisbestimmung zwischen ihnen werden in einem Feld der Auseinandersetzung besonders deutlich: Angesichts der Argumentationsfiguren, die unter dem unglücklichen, weil mißverständlichen Titel „Gottesbeweise" firmieren.[70]

Der spekulativen Vernunft des Menschen ist es nicht möglich, zu gesicherten Aussagen über die Existenz Gottes zu gelangen.[71] Denn, so Kant in seiner Maßstäbe setzenden Kritik der Gottesbeweise,[72] die Vernunft bringt zwar mit Notwendigkeit die Idee Gottes als Bedingung der Einheit und damit der Möglichkeit der Erfahrung hervor. Doch aus dieser Denknotwendigkeit auf eine notwendige Existenz zu schließen, ist selbst dann illegitim, wenn im Begriff Gottes Gott notwendig als notwendig existierende Vollkommenheit gedacht werden muß. Das Sein nämlich gehört grundsätzlich nicht zu den Prädikaten

---

[69] Zu dieser Verhältnisbestimmung von Vernunft und Glaube vgl. PRÖPPER, Erkenntnis 785f.; VERWEYEN, Wort 104-148; SECKLER, Aufklärung 62-67; ähnlich die Aufgabenstellung für die Theologie bei KASPER, Gott 24-28.
[70] Zur Problematik des Begriffs „Beweise" vgl. CLAYTON, Gottesbeweise 740f.; MUCK, Gottesbeweise 878-880.
Zur Auseinandersetzung mit der Geschichte und Argumentationsstruktur der Gottesbeweise in der Neuzeit vgl. PANNENBERG, Theologie I,73-132; KASPER, Gott 131-167; KÜNG, Gott 583-606; HENRICH, Begründung 13; Clayton und Muck aaO.
[71] Vgl. KrV A 644, B 672.
[72] Vgl. KrV A 583-642, B 611-670. Dazu BAUMGARTNER, Kritik 113-118; HÖFFE, Kant 151-163; CLAYTON, Gottesbeweise 743-758.

eines Subjekts, deshalb auch nicht zu den Implikaten des Begriffs eines vollkommenen Wesens.[73] Dieses Argument richtet Kant nicht nur gegen den sogenannten ontologischen Gottesbeweis, der aus dem Begriff Gottes auf dessen
Wirklichkeit schließen zu können glaubt. Insofern auch die nicht vom Begriff,
sondern von der Erfahrung der Welt – sei es von ihrer begründungsbedürftigen
Ordnung, sei es von ihrer Kontingenz, die nach dem Grund ihres Seins fragen
läßt – ausgehenden Argumentationslinien als Weisen menschlichen Weltverstehens auf einen Vernunftbegriff zulaufen, stehen sie vor dem gleichen Dilemma:[74] So notwendig der Begriff eines Welturhebers, einer prima causa oder eines
letzten Ziels auch sein mag – für die Existenz des Gedachten vermag er nicht
einzustehen.

Zweifellos trifft Kants Kritik all jene Denkbemühungen, die die Gewißheit
der Existenz Gottes in der Gewißheit der ihrer selbst bewußten menschlichen
Vernunft zu sichern suchen. Nur auf einer solchen Gewißheit, so die Überzeugung von Descartes über Leibniz bis hin zu Wolff,[75] kann ein Glaube gründen,
der sich nicht auf eine zweifelhafte Autorität berufen, nur vor ihr kann sich ein
Bekenntnis verantworten, das nicht dem Verdikt der Irrationalität verfallen
will. Um der Verantwortung des Glaubens willen, deren Möglichkeit diese
frühen Kirchen- und Offenbarungskritiker, anders als ihre religionskritischen
Nachfolger, aufweisen wollen,[76] muß der Glaube samt seiner Gottesgewißheit
zunächst von der Vernunft eingeklammert werden. Unter der Prämisse, daß nur
das in seiner Selbstgewißheit gründende Denken in Befolgung seiner Logik
Gewißheit zu gewährleisten vermag, ist eine solche methodische Zielsetzung in
der Tat zwingend – wenngleich zum Scheitern verurteilt. Denn die Logik, so
die überzeugende Einsicht Kants, bleibt in sich gefangen, ist zum Urteil über die
Wirklichkeit nicht berechtigt. So folgt: „Betrachtet man die Gottesbeweise
allein als rationale Versuche, Gottes Existenz schlüssig zu demonstrieren oder
auch innerhalb bestimmter Grenzen wahrscheinlich zu machen, dann können
sie in der Neuzeit insgesamt nur als gescheitert beurteilt werden."[77]

So eindeutig dieser Befund ist, so wenig darf das ausgesprochene Verdikt
unbesehen angewandt werden auf jene Denkfiguren der theologischen Tradition, auf die sich die rationalistischen Versuche, die Existenz Gottes zu beweisen, rückbeziehen – nicht ohne ihren Kontext tiefgreifend zu verändern und
damit ihre Sinnspitze umzubiegen. Denn die traditionellen Ansätze, den Gottes-
glauben rational zu verantworten, verstehen sich durchweg als Reflexionen

---

[73] Vgl. KrV A 598-602, B 626-629.
[74] Zur Rückführung des kosmologischen Beweises auf den ontologischen vgl. KrV A 613, B 641, des
physikotheologischen auf den ontologischen A 630, B 658.
[75] Zu den Aufnahmen und Wandlungen der Gottesbeweise bei den genannten Denkern vgl.
CLAYTON, Gottesbeweise 748-750.
[76] Vgl. WIEDENHOFER, Offenbarung 110.
[77] CLAYTON, Gottesbeweise 760.

einer gläubigen Vernunft.[78] Selbst wo aus methodischen Gründen von dem abgesehen wird, was man für allein durch Offenbarung mitteilbare Wahrheit hält,
greift man zurück auf die Gottesgewißheit, die der menschlichen Vernunft zu-
getraut wird.[79] Von ihr sind auch jene ersten Versuche geprägt, den Glauben
denkend zu verantworten, wie sie sich bei Thomas, vor allem aber bei Anselm
finden. Doch weil diese die dem Denken zugesprochene Gottesgewißheit nicht
noch einmal im Denken selbst begründen wollten, würde sie das Scheitern des
entsprechenden neuzeitlichen Bemühens vermutlich weder verwundern noch
irritieren.[80]

Doch kann jene Gewißheit nicht einfach nur aufs neue beschworen werden,
nachdem im Zweifel das neuzeitliche Denken aufbrach. Es gilt vielmehr, sie in
ihrer Eigentümlichkeit wie in ihrer Legitimität aufzuklären. Möglich ist dies
gerade im Ausgang von Kants kritischer Einsicht: Denn sie weist nicht nur den
Anspruch der Vernunft zurück, die Existenz Gottes beweisen zu können,
sondern auch den Versuch, die Nicht-Existenz Gottes zu begründen.[81] Damit
aber ist die Möglichkeit, sich glaubend auf die Wirklichkeit Gottes zu beziehen,
in jenen Raum gestellt, den Kant in der Auflösung der Antinomie von
Notwendigkeit und Freiheit öffnete – in den Raum menschlicher Freiheit.[82]
Kant selbst, der die in theoretischer Perspektive nicht beweisbare Freiheit durch
das Faktum des Gewissens verbürgt sah,[83] denkt diese Freiheit so, daß es für sie
notwendig ist, Gott als gerechten Welturheber zu postulieren. Denn nur so
kann jene Glückseligkeit gewährleistet sein, auf die moralisches Handeln
ausgerichtet ist, ohne ihrer mächtig zu sein.[84] Dieses dem moralischen Handeln
als Bedingung seiner Sinnhaftigkeit vorauszusetzende Postulat kann, so Kant,
nicht als Beweis für die Existenz Gottes herangezogen werden, doch gründet in
ihm die Gottesgewißheit, die dem verantworteten Vernunftglauben zu eigen ist.
Die Möglichkeit, daß die menschliche Freiheit eine „nutzlose Leidenschaft"[85]
sein könnte, hat Kant nicht ernsthaft in Erwägung gezogen. Doch selbst wenn
man, wie Pascal, den Menschen mit seiner Freiheit in einer Situation sieht, in

---

[78] Vgl. DIERSE, Offenbarung 1108-1113, und auch Anselms Charakterisierung seiner Argumentation
als „Glaube, der nach Einsicht ringt" (Proslogion, prooemium).
[79] Vgl. KASPER, Gott 148: „Die Gottesbeweise bringen also die Gottesidee nicht erst herbei, sie
erzeugen sie nicht, sondern explizieren, konkretisieren und bewähren sie auf dem Weg denkender
Weltbetrachtung".
[80] Vgl. CLAYTON, Gottesbeweise 760-762; PRÖPPER, Erkenntnis 783; ders., Prinzip 168.
[81] Vgl. KrV A 640f., B 668f.
[82] Vgl. KrV A 542-558, B 570-586. Auch die von Swinburne mit hohem formallogischen Aufwand
vorgetragenen Argumente für die Existenz Gottes bleiben Wahrscheinlichkeitsurteile und
suspendieren als solche nicht vom Glauben als der freien Entscheidung, auf die Wirklichkeit Gottes
zu setzen. Vgl. dazu HICK, Religion 120-125; CLAYTON, Gottesbeweise 751; PRÖPPER, Erkenntnis
785f.
[83] Vgl. KprV A 53.
[84] Vgl. KprV A 233-237.
[85] SARTRE, Sein 770.

der er nichts mehr zu verlieren hat, bleibt der Glaube eine Möglichkeit, die frei ergriffen werden kann in der Hoffnung, damit alles zu gewinnen.[86]

Solcher Glaube muß sich gleichwohl nicht als fideistisches Opfer der Vernunft vollziehen. Vielmehr kann er sich als Akt der Freiheit in doppelter Weise rational verantworten.[87] Zum einen stellt der Glaube ein eigenes Sehen und Verstehen von Welt dar, das mit den Mitteln auch der neuzeitlich aufgeklärten Vernunft seine innere Schlüssigkeit nachweisen kann.[88] Die Weite seines Horizonts, in der er Phänomene zu deuten und zu integrieren vermag, kann ihn sogar vor anderen Weisen des Weltverstehens auszeichnen und als eine besonders überzeugende Form menschlichen Vernunft- und Freiheitsgebrauchs erweisen. Gleichwohl kann er seine eigene Prämisse, die Wirklichkeit Gottes, auf die zu setzen sein Wesen ausmacht, dem Nicht-Glaubenden nicht zwingend einsichtig machen.[89] Doch wird er, und darin liegt die zweite Weise seiner Verantwortbarkeit, jede Bestreitung dieser Prämisse darauf behaften, daß sie sich, wie er selbst, einer Entscheidung verdankt, die von den begrenzten Erkenntnismöglichkeiten menschlicher Vernunft eröffnet, aber nicht präjudiziert wird.[90]

c) Begegnung: Freiheit und Offenbarung

Im Zweifel entdeckt der Mensch die ihm gegebene Möglichkeit, sich zu sich selbst und zur Welt zu verhalten. Wo er sich zu dieser Möglichkeit aktiv entschließt, wird er seiner Freiheit gewiß, in der sein Weltverstehen gründet. Doch Freiheit erschöpft sich nicht in solchem theoretischen Gebrauch der

---

[86] Vgl. PASCAL, Pensées 124 (Fragment 233): „Wägen wir Gewinn gegen Verlust für den Fall, daß wir auf Kreuz, daß wir darauf: daß Gott sei, setzten. Schätzen wir beide Möglichkeiten ab: gewinnen Sie, so gewinnen Sie alles, verlieren Sie, so verlieren Sie nichts."
[87] Vgl. KASPER, Gott 106.
[88] Die in der spanischen Barockscholastik aufkommende „analysis fidei" versucht gerade diese Rationalität zu erweisen und stellt sich mit der Suche nach den Gewißheitsgründen des Glaubens bereits auf die Problemlage der europäischen Neuzeit ein. Liegt darin ihr unbestreitbares Verdienst, wird sie problematisch, wo sie den Glauben nicht auf die von Gott eröffnete Freiheit, sondern auf äußere Glaubwürdigkeitsargumente, die dann bald der Kritik verfallen, zu stützen versucht. So bewegt sie sich wechselvoll zwischen den Extremen des Fideismus und des Rationalismus. Vgl. KUNZ, Glaubwürdigkeitserkenntnis 415-425; SECKLER, Glaube 269.
[89] Vgl. KASPER, Gott 105: „Der Aufweis der Vernünftigkeit des Glaubens setzt also den Glauben und seinen Verstehenshorizont voraus und kann ihn nicht erst erstellen wollen".
[90] Diese kritische Beschränkung des Vernunftvermögens scheint der Lehre des I. Vatikanums entgegenzustehen, „daß Gott, der Ursprung und das Ziel aller Dinge, mit dem natürlichen Licht der menschlichen Vernunft aus den geschaffenen Dingen gewiß erkannt werden kann" (Dei Filius 2, DH 3004). Doch muß dieser Text des Konzils, der sich gegen fideistisch-traditionalistische Entwürfe wendet, in Verbindung gesehen werden mit den nicht minder scharfen Verurteilungen des Rationalismus (z.B. DH 2901-2914). Vielmehr kann man mit KÜNG, Gott 560-566, die Intention des I. Vatikanums darin sehen, das gegenseitige Verweisungsverhältnis von Vernunft und Glaube zu bestimmen, auch wenn die neuscholastische, anti-aufklärerische Grundtendenz es erschwerte, dem Anliegen in einer angemessenen Begrifflichkeit gerecht zu werden. Vgl. dazu auch KASPER, Gott 96f.; WALDENFELS, Lehre 100.

Vernunft. Sie ist zugleich die Fähigkeit und die Verpflichtung zum Weltverhalten, zum handelnden Ausgriff und Zugriff auf alles außer ihr Liegende. Dabei bedingen und beeinflussen sich beide Weisen des Freiheitsgebrauchs wechselseitig: Das jeweilige Weltverstehen orientiert das konkrete Handeln, welches wiederum das Verstehen zu erweitern und zu modifizieren vermag.

Angewandt auf den Glauben hat diese Einsicht in die Struktur menschlicher Freiheit zwei weitreichende Konsequenzen. Zum einen öffnet sie den Blick für die Vieldimensionalität des Glaubensaktes selbst. Glaube erschöpft sich nicht im Für-wahr-Halten bestimmter religiöser Aussagen. Er vollzieht sich als existentiell bedeutsames Setzen auf die Wahrheit des Geglaubten, als Vertrauen auf den Gott, dessen Wirklichkeit der Glaube bekennt. Und solcher Glaube motiviert zu einer Lebenspraxis, die ihn selbst wiederum trägt und prägt. Als dieser umfassende Freiheitsakt versteht sich der Glaube als Antwort auf das ihm vorausliegende und ihn ermöglichende Wirken Gottes, auf dessen offenbarendes Handeln. Christlichem Glauben – und darin besteht die zweite Konsequenz der Analyse des Glaubens als eines Freiheitsaktes – ist Offenbarung dabei weit mehr als die außergewöhnliche Information über theoretische Gehalte oder praktische Normen. In Leben und Geschick Jesu erkennt der Glaube die dem Menschen unbedingt und frei zugewandte Liebe Gottes, die offenbar wird, indem sie sich in menschlicher Gestalt zu erkennen gibt. Gott, so betont die aus der neuzeitlichen Diskussion hervorgegangene Offenbarungstheologie, offenbart nicht etwas, sondern sich selbst.[91] Diese Zuwendung Gottes gilt dem freien Menschen, der kraft seiner Freiheit zur glaubenden Antwort fähig ist.

Der so weit gefaßte Offenbarungsbegriff bildet nicht nur das Zentrum zahlreicher theologischer Entwürfe der Gegenwart,[92] sondern überwindet auch das instruktionstheoretische Verständnis der Offenbarung, das die neuzeitliche Diskussion lange Zeit geprägt und belastet hat. Denn in dem Maße, in dem sich die Offenbarungskritik auf die Frage konzentrierte, zu welchem Wissen über Gott der Mensch kraft seiner Vernunft in der Lage ist, sah die kirchliche Apologetik ihre Aufgabe darin, auf die Offenbarung als jene Quelle zu verweisen, der das der Vernunft nicht erreichbare Wissen entspringt.[93] Dabei mußte jene Einheit aus dem Blick geraten, in der sich der rational verantwortete Glaube durch die Offenbarung ermöglicht weiß; jene Einheit, die in der Unterscheidung des Thomas zwischen natürlicher Theologie und Offenba-

---

[91] Pannenberg, der diese Einsicht gegenwärtiger Theologie vor Augen geführt hat, weist, Theologie I,244f., darauf hin, daß es gerade die Philosophie Hegels und Schellings war, die den Begriff der Selbstoffenbarung möglich machte, indem sie das Absolute als mit Selbstbewußtsein begabtes Subjekt zu denken begann. Zur Kritik am idealistischen Verständnis der Selbstoffenbarung, die sich auch bei Pannenberg selbst findet, vgl. WALDENFELS, Lehre 75-77. Zum Begriff und seiner Bestimmung vgl. auch u. S. 55f.

[92] EICHER, Offenbarung 48, spricht vom Offenbarungsbegriff als der „Schlüsselkategorie gegenwärtiger Theologie", womit die Vielgestaltigkeit des Offenbarungsbegriffs in den einzelnen theologischen Entwürfen nicht ausgeblendet, sondern erkennbar gemacht werden soll.

[93] Vgl. WIEDENHOFER, Offenbarung 109f.; ESSEN, Zeit 29.

rungswahrheit noch vorausgesetzt war.[94] Erneut war deshalb die terminologische Anknüpfung an die scholastische Tradition mit einer Bedeutungsverschiebung verbunden, die ihre Ursache im veränderten Rezeptionskontext hatte.
Dagegen bringt die Rede von der Selbstoffenbarung Gottes und dem Glauben,
in dem der Mensch ihr frei antwortet, jene Einheit erneut zur Sprache.[95] So
erweist sie ihre Treue zur Tradition – ungeachtet der Tatsache, daß dem
Offenbarungsbegriff in Patristik wie Scholastik ein weit begrenzterer Bedeu-
tungsumfang und deshalb eine eher marginale Bedeutung eignete.[96]

Die theologische Rede von der Selbstoffenbarung Gottes in Jesus Christus
stellt zugleich eine Reflexion auf Form und Inhalt des christlichen Bekenntnisses dar, die die Anfragen der neuzeitlichen Offenbarungskritik produktiv
aufnimmt. Sie weiß sich zur Verantwortung vor den Ansprüchen einer selbstbewußten Vernunft fähig und in der Lage; sie vermag zudem die in der freien
Glaubensentscheidung gründende Gewißheit über die Wirklichkeit Gottes in
ihrem Recht aufzuklären und wird schließlich mit ihrer Glaubensanalyse dem
biblischen Zeugnis gerecht. Nichtsdestotrotz bleibt ein solches Denken in
mehrfacher Hinsicht der Gefahr ausgesetzt, wesentliche Elemente des biblischen
Glaubens auszublenden oder zu verfehlen – und damit dessen Verantwortbarkeit erneut in Frage zu stellen. Um dieser Gefahr in der bevorstehenden
Reflexion auf das Offenbarungsbekenntnis nicht zu erliegen, empfiehlt es sich,
ihre wesentlichen Aspekte ins Auge zu fassen.

3. Sackgassen: Gefährdungen der neuzeitlichen Verantwortung des Glaubens

a) Geschichtsverlust: Die idealistische Aufhebung der Offenbarung

„Was die Erziehung bei dem einzeln Menschen ist, ist die Offenbarung bei dem
ganzen Menschengeschlechte. [...] Erziehung gibt dem Menschen nichts, was er

---

[94] Vgl. PANNENBERG, Theologie I,91-93; KASPER, Gott 100f. Bei beiden Autoren steht die
Beschäftigung mit Thomas im Kontext eines Überblicks über die wechselvolle Geschichte der
„natürlichen Theologie".
[95] Ihre lehramtliche Bestätigung findet diese Rede in der Offenbarungskonstitution des II.
Vatikanums: „Gott hat in seiner Güte und Weisheit beschlossen, sich selbst zu offenbaren und das
Geheimnis seines Willens kundzutun" (DV 2). Damit knüpft das Konzil an die Intentionen des I.
Vatikanums an (vgl. o. S. 38, Anm. 90), kann aber dessen Engführungen des Offenbarungsbegriffs
überwinden. Vgl. WALDENFELS, Lehre 141-143; ders., Offenbarungsverständnis 193-208. EICHER,
Offenbarung 483-543, stellt den Gewinn, aber auch die inneren Inkonsequenzen des in Dei Verbum
vertretenen Offenbarungsverständnisses heraus.
[96] So verweist in terminologischer Hinsicht ALTHAUS, Inflation 135, zu Recht auf die „Inflation des
Begriffs der Offenbarung in der gegenwärtigen Theologie". Allerdings übersieht er, daß die von ihm
zur Begrenzung des Offenbarungsbegriffs angeführten Aspekte der theologischen Tradition – die
Rechtfertigung, die Erlösung, das wirklichkeitsstiftende Handeln Gottes – durch die Überwindung
des instruktionstheoretischen Offenbarungsverständnisses als wesentliche Elemente des Offenbarungsgeschehens selbst erfaßt werden.

nicht auch aus sich selbst haben könnte: sie gibt ihm das, was er aus sich selber haben könnte, nur geschwinder und leichter. Also gibt auch die Offenbarung dem Menschengeschlechte nichts, worauf die menschliche Vernunft, sich selbst überlassen, nicht auch kommen würde: sondern sie gab und gibt ihm die wichtigsten dieser Dinge nur früher."[97] Die hier zum Ausdruck kommende Marginalisierung und pädagogische Verzweckung der Offenbarung ist Frucht der Offenbarungskritik Lessings und läßt prägnant die Hauptgefahr einer solchen Denkbewegung erkennen: die Abwertung oder Aufhebung alles historischen und kontingenten Geschehens im Namen einer von der Geschichte unabhängigen Vernunft. Sie steht in krassem Gegensatz zur christlichen Überzeugung, daß in Leben und Geschick Jesu, einem geschichtlichen Ereignis also, offenbar wurde, was sich menschliche Vernunft gerade nicht selber sagen kann; daß diesem Geschehen deshalb unaufhebbare und universale Bedeutung zukommt.

Nun kann es nicht ausreichen, beide Positionen einander entgegenzustellen, wobei die kritische Haltung den Glauben als unverantwortbar, der Glaube die Kritik als häretisch diskreditieren würde. Erneut gilt es, durch eine kritische Besinnung auf die Grenzen der Vernunft den Raum aufzuzeigen, in dem ein Offenbarungsglaube sich verantworten kann.

Mit dieser Aufgabenstellung ist die Grundlage der neuzeitlichen Offenbarungskritik anerkannt: die Notwendigkeit, die Glaubensentscheidung zu verantworten. Diese Verantwortung kann sich nicht beschränken auf den Erweis der prinzipiellen Legitimität von Religion und Glaube. Sie muß auch sicherstellen, daß die Glaubensinhalte der jeweiligen konkreten Religion den Maßstäben entsprechen, die in der Selbstreflexion der Vernunft ansichtig werden.[98] Lessing und die späteren Vertreter der idealistischen Religionsphilosophie gehen davon aus, daß der Maßstab einer solchen Verantwortung allein in der Wahrheit jenes Gottesbegriffs liegen kann, den die menschliche Vernunft zu denken in der Lage ist. Um hier den Boden unbezweifelbarer Gewißheit zu erreichen, muß, so ihre These, die Entwicklung dieses Gottesbegriffs unabhängig von allen kontingenten, d.h. geschichtlichen Ereignissen erfolgen. Denn „zufällige Geschichtswahrheiten können der Beweis von notwendigen Vernunftwahrheiten nie werden".[99] Damit ist den historisch gewachsenen Religionen und ihrem Offenbarungsverständnis nicht jedes Existenzrecht abgesprochen. Sie haben ihre Bedeutung darin, jene Vernunftwahrheit unter den Menschen zur Geltung zu bringen, müssen sich deshalb aber auch an dieser Vernunftwahrheit messen und alles, was ihr nicht wesentlich zugehört, mehr und mehr hinter sich lassen. Ganz gleich, ob man den Religionen eine solche pädagogische Funktion zuschreibt

---

[97] LESSING, Erziehung 490 (§§ 1 + 4).
[98] Diese Maßstäbe zu erheben, wird ein wesentliches Motiv der Auseinandersetzung mit Cassirer sein. Vgl. dazu unten B.IV.2, S. 227ff.
[99] LESSING, Beweis 12.

oder die ganze Religionsgeschichte als und aus der Entwicklung des (Gottes)-
Begriffs versteht: Die Bedeutung des Offenbarungsgeschehens wird in solchen
Entwürfen ebenso „aufgehoben" wie die konkrete geschichtliche Verfaßtheit
der Religionen und Kirchen. Denn maßgeblich ist allein der Gottesbegriff der
vom Menschen zu erreichenden Vernunftreligion.[100]

Bleibt dem biblisch gegründeten Offenbarungsglauben angesichts derartiger
Entwürfe anderes, als sich in einem solchen Religions- und Geschichtsverstehen
aufheben zu lassen? Vor einem solchen Schritt ist dieses zumindest kritisch auf
seinen Geltungsanspruch hin zu befragen.

Eine erste Anfrage muß sich an die geschichtlichen Bedingungen solchen
Denkens selbst richten.[101] Ein Blick auf die – keineswegs nur im Raum des
Christentums anzutreffenden[102] – vielfältigen Versuche, die Religion zu
rechtfertigen oder zu bestreiten, läßt erkennen, wie eng auch all diese kritischen
Entwürfe an die je vorgegebenen und gelebten Religionen, Gottes- und
Weltverständnisse gebunden sind. Diese Vielfalt nicht nur der Argumentations-
formen, sondern auch ihrer Ergebnisse läßt sich wohl – entgegen Hegels
kühnem Entwurf – nicht auf die Entwicklungslinie der fortschreitenden
Erfassung des wahren Begriffs vom Absoluten abbilden. Vielmehr kann sie gele-
sen werden als Hinweis auf die – zumindest hypothetisch offenzuhaltende –
Möglichkeit, bleibend unterschiedene und dennoch berechtigte Begriffe und
Denkformen für jenes Absolute zu finden, dem sich die Religionen verpflichtet
wissen. Es wird sich jedenfalls nie genau klären lassen, zu welchem Begriff von
Gott und seiner möglichen Offenbarung die Vernunft finden kann, ohne ihre
Vorstellungen dem je konkreten religiösen Kontext zu entnehmen.[103]

---

[100] Daß es, nach der Konzeption einer derartigen Vernunftreligion, eine naheliegende Möglichkeit
der menschlichen Freiheit ist, nicht mehr – mit Hegel – die menschliche Vernunft als Moment der
Selbstbewegung des absoluten Geistes, sondern die Idee des absoluten Geistes – mit Feuerbach – als
eine Projektion der menschlichen Vernunft zu deuten, sei an dieser Stelle nur angedeutet. Vgl.
KASPER, Gott 29-34.

[101] So der wiederholte, mit polemischer Schärfe vorgetragene Widerspruch Kierkegaards gegen
Hegel. Vgl. z.B. UN II,1-19, bes.17f.

[102] Vgl. die erhellenden, in der entsprechenden christlich-theologischen Literatur selten zu findenden
Hinweise bei CLAYTON, Gottesbeweise 762-769.

[103] „Die Religionsgeschichte zeigt, daß der Gott, dessen Existenz argumentativ bewiesen wird, der
Gott der Tradition ist, in der der jeweilige Denker steht. Das überrascht kaum, weil Gottesideen
niemals isoliert vorhanden sind. Sie sind kontextgebunden und bilden einen Teil eines umfassenderen Denkzusammenhangs, der wiederum Bestandteil einer spezifischen Lebensform ist. [...] Dabei
werden solche 'Beweise' bevorzugt, welche eine Stütze für die Vorstellung des Gottes bieten, an den
die Überlieferung bereits glaubt bzw. die einer solchen Stützfunktion dienstbar gemacht werden
können" (CLAYTON, Gottesbeweise 741).
Verweyen geht dagegen von sehr weitgehenden Möglichkeiten eines philosophischen
„Vernehmbarkeitserweises" aus, die bis zur denkerischen Erschließung des Sühnetodes Jesu reichen
(vgl. VERWEYEN, Wort 268-280). Doch muß bezweifelt werden, ob dabei nicht ausgeblendet wird,
wie weit dieser Versuch eines Vernunftaufweises „remoto Christo" (aaO.278 in Anknüpfung an
Anselm) bereits von einem Freiheitsbegriff getragen ist, der sich selbst der christlichen Tradition
verdankt. Vgl. zur Kritik an Verweyen auch PRÖPPER, Begriff.

Doch ausmachen läßt sich, an welchem Punkt die Vernunft ihre Reichweite mit Sicherheit überschritten hat: Wenn sie mit dem Anspruch auftritt, für die Wirklichkeit des von ihr Gedachten selbst einstehen zu können. Die Kritik der sogenannten Gottesbeweise hatte gezeigt, daß die Vernunft darauf angewiesen ist, daß sich ihr diese Wirklichkeit von außen erschließt. Endgültig sichtbar wird die unaufhebbare Bedeutsamkeit geschichtlicher Offenbarung, wenn eine Religion sich zur Selbstoffenbarung Gottes als Liebe bekennt. Denn Liebe ist nur wirklich, wenn und soweit sie sich zeigt und geschieht. Ort ihrer symbolischen Verwirklichung kann kein anderer sein als die durch Freiheit eröffnete und gestaltete Geschichte. Liebe, auch die Liebe Gottes, ist keine geschichtsunabhängige Vernunftwahrheit, sondern, so es sie denn gibt, geschichtlich vermittelte Wirklichkeit. Diese Wirklichkeit weder hervorbringen noch leugnen zu können, markiert die Grenze eines allein an der spekulativen Vernunftwahrheit orientierten Religionsbegriffs. Im Hinweis auf diese Grenze gewinnt der Glaube das Recht, in der ihm eigenen Freiheit ein historisches Geschehen als jenes unbedingt bedeutsame Ereignis zu bekennen, in dem Gott dem Menschen zuspricht, was dieser sich selbst nicht sagen kann: die Wirklichkeit seiner unbedingten, dem Menschen geltenden Liebe, die in der kirchlichen Tradierung ihre ebenso notwendige wie gebrochene Bezeugung sucht. In solchem verantworteten Bekenntnis kann und muß christlicher Glaube dem Geschichtsverlust entgegentreten, der im idealistischen Verstehen der Offenbarung droht.

b) Überschätzte Freiheit: Die Reduktion der Religion auf die Ethik

Wo immer im Bereich des Erkennens und Wissens, im theoretischen Gebrauch der Vernunft also, die Geschichte aufgehoben wird in eine ewige Vernunftwahrheit, hat dies weitreichende Folgen für das Verständnis von Offenbarung. Denn diese kann dann nur noch gedacht werden als mögliche, gar wünschenswerte Belehrung über die Wahrheit, die prinzipiell jedoch auch ohne eine geschichtliche Offenbarung gewußt werden könnte. Analoge Konsequenzen zeitigt die Aufhebung der Religion in die Ethik. Der Offenbarung wird in dieser Perspektive die Funktion zugestanden, dem Menschen das Sittengesetz und die Vorstellung eines höchsten Gesetzgebers zu vermitteln.[104] Auszuschließen ist die Möglichkeit einer solchen Offenbarung nie, weil die Vernunft nicht in der Lage ist, sie grundsätzlich zu bestreiten.[105] Wünschenswert oder gar notwendig würde sie, wenn in einer geschichtlichen Situation das Sittengesetz so vollständig in Vergessenheit geraten wäre, daß der Mensch von außen daran erinnert werden müßte.[106] Gleichwohl könnte die Offenbarung dem Gesetz, das die Freiheit in ihrer Autonomie sich selber ist, weder hinsichtlich seiner Inhalte noch

---

[104] Vgl. Kant, Rel A 215-222, B 229-236.
[105] Vgl. Rel A 218, B 232.
[106] Vgl. FICHTE, Kritik § 8 (84-106, bes.98). Zur Unterscheidung von Natur- und Offenbarungsreligion bei Fichte vgl. SECKLER, Aufklärung 50-52.

hinsichtlich seiner Geltungsbegründung etwas hinzufügen, was nicht ohnehin in
ihm liegt. „Die Moral, so fern sie auf dem Begriffe des Menschen, als eines
freien, eben darum aber auch sich selbst durch seine Vernunft an unbedingte
Gesetze bindenden Wesens, gegründet ist, bedarf weder der Idee eines anderen
Wesens über ihm, um seine Pflicht zu erkennen, noch einer andern Triebfeder
als des Gesetzes selbst, um sie zu beachten."[107] Dieses praktisch orientierte
Verständnis von Offenbarung scheint im offenen Widerspruch zur Überzeugung des biblischen Bekenntnisses zu stehen, daß der Mensch angewiesen ist auf
die erlösende Zuwendung Gottes in seiner Offenbarung.

Erneut kann es nicht darum gehen, beide Positionen in ein Verhältnis
gegenseitiger apodiktischer Bestreitung zu setzen, in der die Verantwortbarkeit
des Glaubens sich nicht mehr erweisen ließe. Wiederum geht es um eine
kritische Würdigung und Begrenzung des Anspruchs der Vernunft, damit der
Glaube seinen legitimen Platz finden kann.

Ihren Ausgang nimmt die hier in Frage stehende Offenbarungs- und
Religionskritik von der Einsicht in die Autonomiefreiheit des Menschen, d.h. in
die Freiheit, die sich selbst als Möglichkeitsbedingung und Maßstab ihrer
Verwirklichung versteht. Oberste Norm der Freiheit ist die Freiheit selbst, an
ihr hat sich jedes konkrete Handeln, aber auch jede einzelne Normsetzung zu
messen. Akte menschlicher Freiheit sind auch der Glaube an die Offenbarung
eines Gottes sowie die in einer spezifisch geformten Religion gelebte Antwort
auf diese Offenbarung. Deshalb haben auch sie sich vor dem Forum der
Autonomiefreiheit zu verantworten.[108] Im Namen menschlicher Freiheit ist es
legitim und zwingend, Einspruch zu erheben gegen jede Gesetzgebung, die der
Freiheit widerspricht, selbst wenn sie sich angeblich auf eine göttliche Offenbarung zurückführen läßt; Einspruch zu erheben auch gegen einen Gott, der
selber die Freiheit nicht achten würde. An einen solchen Gott zu glauben, wäre
moralisch nicht verantwortbar und müßte deshalb verweigert werden. Doch die
Kritik richtet sich nicht allein gegen bestimmte Vorstellungen von einem
offenbarenden Gott oder einzelne Inhalte sogenannter Offenbarung. Kritisiert
wird im Namen der praktischen Vernunft auch jede Religion, die zum Tun des
Guten mit anderen als moralischen Motiven bewegen will. Nicht wer in der
Hoffnung auf Belohnung oder aus Angst vor Strafe das Richtige tut, sondern
nur wer das Gute tut, allein weil es das Gute ist, handelt moralisch.[109]

Es kann und muß aufgrund solcher Ansprüche nicht abgestritten werden,
daß die geschichtlich gewachsenen Religionen zur Entdeckung der Autonomie-

---

[107] Rel BA III. Kant ordnet in diese Bestimmung auch die Christusoffenbarung als „personifizierte
Idee des guten Prinzips" (Rel A 67, B 73) ein.

[108] Auch die pluralistische Religionstheologie mit ihrer Rede vom ethischen Kriterium scheint einer
solchen Reduktion auf die Ethik nahezustehen. Doch hat deren dargestellte Argumentation (vgl.o. S.
27f.), weil sie auf eine Geltungsbegründung ethischer Normen verzichtet, eine wesentlich andere
Gestalt als die hier vorgestellten Entwürfe.

[109] Vgl. Kant, GMS BA 1.15f.

freiheit des Menschen Wesentliches beigetragen haben.[110] Doch ist diese erst einmal bewußt geworden, sind die Religionen selbst es sich schuldig, sich von allem zu reinigen, was mit jener Einsicht nicht zu vereinbaren ist. Darüber hinaus, so die Religionskritik im Anschluß an Kant, liegt es nahe, auch all das zu verabschieden, was zur Beförderung und Befolgung des Sittengesetzes nicht notwendig ist.[111] So wird die geschichtlich gewachsene und verfaßte Religion mehr und mehr zurücktreten und der Herrschaft und Verwirklichung des Sittengesetzes, der Autonomiefreiheit des Menschen Platz machen.[112] „Ich habe die methodische Konsequenz nicht gescheut, daß die Religion in Ethik sich auflösen müsse. Der Religion war damit nur ein scheinbarer Schaden zugefügt, vielmehr ein Ruhmestitel zugesprochen, und für ihre innerste Entwicklung die Losung ausgesprochen. Denn wie konnte die Religion mehr verherrlicht werden, als wenn ihre Auflösung in die Ethik ihr eigenes Ziel genannt wird?"[113]

Aus der Perspektive und im Interesse des biblischen Offenbarungsglaubens stellt sich die Frage, ob und wie ein solches Religions- und Offenbarungsverständnis jene Grenze überschreitet, die die Vernunft sich in kritischer Selbstbesinnung setzen muß. Das Recht, die sich ihrer selbst bewußt gewordene Freiheit als Geltungsgrund und Norm menschlichen Handelns und damit auch Glaubens zu benennen, kann nicht ernsthaft bestritten werden.[114] Denn nicht zuletzt hätte selbst eine solche Bestreitung nochmals die Freiheit, gegen die sie sich wendet, zur Voraussetzung. Die Notwendigkeit der moralischen Verantwortung des Glaubensinhalts wie der konkreten Form, in der der Glaube religiöse Gestalt gewinnt, kann und muß deshalb auch vom Glauben selbst anerkannt werden. Denn auch er ist als menschliches Verhalten und damit als Freiheitshandeln zu qualifizieren.

Die Grenze der praktischen Vernunft wird jedoch sichtbar beim Blick auf die Aporien, die im Vollzug der Freiheit unter den Bedingungen der Endlichkeit notwendig aufbrechen. Zwar muß der Mensch in seinem freien Handeln dessen Möglichkeit und Sinnhaftigkeit voraussetzen – diese Einsicht führte Kant

---

[110] Vgl. dazu die Einsichten Cassirers, unten B.IV.1.d, S. 224ff.

[111] Vgl. Rel A 150, B 158f.

[112] Vgl. Rel A 157-175, B 167-182.

[113] COHEN, Begriff 42. Cohen blickt mit dieser Definition der Religion auf die Position zurück, die er in seiner „Ethik des reinen Willens" eingenommen, in den Spätschriften aber revidiert hat. Vgl. u. S. 250, Anm. 751.

[114] Dieses in der Freiheit liegende Gesetz, das bei Kant noch aus dem Faktum des Gewissens abgeleitet wird, klären Fichte und Kierkegaard näher auf. Fichte in seiner Analyse der Tathandlung (vgl. dazu CASSIRER, EP III,133-136), in der das Ich sich ergreift, Kierkegaard in seiner Rede von der Selbstwahl, die zugleich Wahl des Guten ist (vgl. EO II,238). Diese transzendentale Erhellung des Aktes, in dem der Mensch als verantwortliches Subjekt sich übernimmt, ist nicht als Akt einsamer und in sich verschlossener Freiheit zu denken. Er wird angestoßen und getragen wesentlich von der Begegnung mit den anderen, die mir als unbedingte Forderung, ihnen gerecht zu werden, gegenübertreten. Darauf macht Levinas mit seiner Phänomenologie des Gewissens und der Subjektivität eindringlich aufmerksam. Vgl. LEVINAS, Sein 34-36.

zum Gottespostulat der praktischen Vernunft.[115] Ob aber die Vernunft, indem
sie die Wirklichkeit Gottes postuliert, nicht nur den Abgrund der Absurdität
menschlichen Daseins verdeckt, kann sie selbst nicht mehr wissen.[116] Zudem ist
die Freiheit in der Situation der Schuld zur ungebrochenen Verwirklichung
ihrer selbst nicht mehr fähig, sondern vielmehr auf Vergebung angewiesen, die
erst jenes Gleichgewicht wieder herstellt, in dem Freiheiten sich frei begegnen
können. Und solche Vergebung vermag sich der Schuldige nicht selbst
zuzusprechen.[117] So bleibt die Freiheit darauf angewiesen, daß Gott sich ihr als
lebendige, sinnverbürgende Wirklichkeit zeigt, daß ihr im Fall der Schuld Vergebung geschenkt wird. Angesichts dieser Grenzen der Freiheit läßt sich der
christliche Glaube verantworten, der der Aufhebung der Religion in die Ethik
widersteht, indem er Leben und Geschick Jesu als jenes Ereignis bekennt, in
dem Gottes Macht offenbar wurde, die Freiheit des Menschen zu befreien und
zu erfüllen.

c) Geschuldete Gnade: Die gefährdete Freiheit Gottes

Die sich ihrer selbst gewiß gewordene Vernunft des Menschen und die in der
christlichen Tradition bezeugte Offenbarung Gottes stehen nicht in Konkurrenz zueinander, sondern in einem Verhältnis gegenseitiger Verweisung. So läßt
sich der erreichte Stand der langen, an erhellenden wie problematischen
Entwicklungen reichen Diskussion zusammenfassen, die einen bedeutenden Teil
der europäischen Geistesgeschichte in der Neuzeit bildet.[118] Der Glaube kann
sich demnach verstehen als Bekenntnis zu jenem Ereignis, in dem Gott sich
selbst geoffenbart hat: In seiner Wirklichkeit, die die Vernunft nicht beweisen,
in seiner Güte und Gerechtigkeit, für die die Vernunft nicht einstehen kann.
Ein solcher Glaube ist vor der Gefahr des Rationalismus gefeit, weil er seinen
Platz gerade in der kritischen Selbstbegrenzung menschlicher Vernunft findet.
Doch damit erliegt er nicht der gegenteiligen Gefahr eines letztlich beliebig
bleibenden Fideismus, weiß er doch um seine Fähigkeit und Pflicht, sich
rational zu verantworten. Wird der Glaube dergestalt als vernünftiger Freiheitsakt verstanden, ist auch jene Trennung zwischen Natur und Übernatur

---

[115] Wieder aufgenommen in Rel AB V-VIII.

[116] Vgl. CAMUS, Mythos 98-101.

[117] Auf diese Unfähigkeit, aus eigener Kraft dem Zustand der Schuld zu entkommen, in dem die
„Freiheit in der Unfreiheit Dienst" (PB 15) steht, macht Kierkegaard aufmerksam. Als Sünder lebt
der Mensch in der Unwahrheit, im Unwissen über sich und seine wahre Situation. Der Lehrer, der
ihn die Wahrheit lehren könnte, kann deshalb den Menschen nicht einfach an eine in ihm liegende
Wahrheit erinnern, sondern muß ihm allererst die Bedingung, die Wahrheit anzunehmen, geben: die
Vergebung, in der der Mensch sich als Sünder erkennen und annehmen kann. Vgl. PB 11-20, dazu
BONGARDT, Widerstand 132-154.232-235.

[118] Mit dieser Einschätzung soll nicht geleugnet werden, daß die Frage möglicher oder wirklicher
Offenbarung spätestens seit der Mitte des 19. Jahrhunderts im philosophischen Diskurs allenfalls
noch eine marginale Rolle spielt. Vgl. SCHOLTZ, Offenbarung 1126f., mit Hinweisen auf säkulare
Aufnahmen des Offenbarungsmotivs etwa in der Ästhetik Adornos.

überwunden, von der die – vor allem katholische – Offenbarungstheologie über Jahrhunderte geprägt war. Denn in der neu gefundenen Zuordnung ist es nicht mehr nötig, zwischen einer Naturordnung, in der die Schöpfung ihr immanentes Ziel verfolgt und erreicht, und einer Gnadenordnung, innerhalb derer die durch Offenbarung ermöglichte Heilsgeschichte ihrer Vollendung entgegengeht, eine Differenz zu postulieren, die die Bezogenheit und Einheit dieser beiden „Stockwerke" aufeinander nicht mehr erkennen läßt.[119] Die Relevanz der Offenbarung für den Menschen sowie die Bedeutung des Menschen und der Welt für die Offenbarung aufzuzeigen, stellt nun ein Hauptinteresse theologischer Reflexion dar.

Und doch erwächst gerade aus dieser revidierten Verhältnisbestimmung eine weitere Gefahr, im denkenden Nachvollzug das biblische Bekenntnis zu verfehlen. Wenn, so muß kritisch gefragt werden, der Mensch in seiner Vernunft so notwendig auf die Offenbarung nicht nur hingeordnet, sondern sogar angewiesen ist – hat er dann nicht ein Recht, diese Offenbarung auch zu erhalten, dem auf seiten Gottes die Pflicht, sich zu zeigen, entspricht? Wird in einem solchen Denken, das eine notwendige Verwiesenheit des Menschen auf Gott und – in modifizierter Weise – Gottes auf den Menschen postuliert, nicht die Freiheit wieder aufgehoben, in deren Namen es antrat?[120] Wäre dies der Fall, stünden die entsprechenden Entwürfe in klarem Gegensatz zum biblischen Zeugnis, das die Souveränität und Freiheit Gottes betont und so die unverzichtbare Voraussetzung von Offenbarung und Erlösung festhält. Ist doch allein die liebende, gnädige Zuwendung Gottes zum Menschen fähig, jene Gemeinschaft zu stiften und wiederherzustellen, auf die die Schöpfung ausgerichtet ist. Geschuldete Gnade aber wäre keine Gnade, so wenig eine Liebe ohne Freiheit Liebe genannt zu werden verdiente.[121]

Genau diese Freiheit und Ungeschuldetheit der Gnade zu sichern, wurde der Begriff der reinen Natur, die von der Gnade vorausgesetzt und vollendet wird, eingeführt. Erst die spätere Aufnahme dieser Unterscheidung vergaß, daß es sich hier um eine begrifflich notwendige Differenzierung handelte, der keine existierenden oder gar substanzhaften Wesenheiten entsprechen müssen und können.[122] Wie aber läßt sich, wenn in der Rede von der auf Gott hingeordneten freien Natur die Folgen jenes Mißverständnisses überwunden worden sind, die ursprüngliche Intention der Unterscheidung von Natur und Gnade noch

---

[119] Zur problematischen Unterscheidung von Natur und Übernatur in der Neuscholastik und im I. Vatikanum vgl. EICHER, Offenbarung 124-141.

[120] Dieser Vorwurf richtete sich nicht erst in diesem Jahrhundert gegen den bahnbrechenden Entwurf de Lubacs, sondern bereits im Nominalismus gegen die scholastische Verbindung von Natur und Gnade. Vgl. WIEDENHOFER, Offenbarung 108f.

[121] Vgl. PRÖPPER, Freiheit Gottes. SECKLER, Aufklärung 55, sieht es als ein wesentliches Ergebnis der neuzeitlichen Diskussion, daß die Offenbarung selbst als Gnadengeschehen aufgefaßt wird.

[122] Vgl. zu dieser Entwicklung KASPER, Gott 101.

sichern?[123] Die Hinordnung der Natur auf Gott und seine Offenbarung selbst
bereits als Gnade zu verstehen, wie Rahner es mit der These vom „übernatür-
lichen Existential" vorschlug,[124] löst das Problem nicht, sondern verschiebt es
nur: Denn aus ihr ergibt sich die Frage, ob und wie die Freiheit Gottes in der
Begabung der Natur mit jener Hinordnung vereinbar zu denken ist.

Sollte die in der Auseinandersetzung mit dem neuzeitlichen Denken erreichte Verhältnisbestimmung von Vernunft und Offenbarung sich als unfähig erweisen, die Freiheit Gottes und des Menschen im Akt der Offenbarung und des
Glaubens zu erfassen, würde sie, ungeachtet ihrer bereits erwiesenen Erhel-
lungskraft, fragwürdig. Dann wäre erneut offen, ob sich aus der Perspektive
neuzeitlicher Vernunftkritik ein Glaube, der jene Freiheit zu bekennen sich
verpflichtet weiß, angemessen verstehen läßt. Und umgekehrt stünde die
Fähigkeit des Glaubens, sich rational zu verantworten, wieder prinzipiell auf
dem Spiel. Es hängt also für die Tragfähigkeit neuzeitlicher Entwürfe einer
Offenbarungstheologie alles daran, ob und wie es ihnen gelingt, die Freiheit des
Offenbarungsgeschehens zu sichern.

4. Offenbarung in Geschichte und Freiheit

Im folgenden soll ein theologischer Ansatz vorgestellt werden, der im Ausgang
von einer transzendentalen Freiheitsanalyse das christliche Offenbarungsbekenntnis zu erhellen und zu verantworten sucht.[125] Es wird zu zeigen sein, daß

---

[123] Angestoßen wurden diese Fragen in diesem Jahrhundert von de Lubac. Unter massiven
Einschränkungen von lehramtlicher Seite in der „nouvelle théologie" diskutiert, wurden sie im
deutschen Sprachraum vor allem durch Balthasar und Rahner bekannt. Vgl. dazu KÜNG, Gott 571-
575; WALDENFELS, Lehre 183-186.
[124] Vgl. RAHNER, Natur 229-236; ders., Grundkurs 132-139. Kritisch dazu PRÖPPER, Erlösungsglaube 123-137; EICHER, Offenbarung 395-398.
[125] Längst hat dieser Ansatz den Charakter einer „Skizze" – so die Selbstqualifikation im Untertitel
von PRÖPPER, Erlösungsglaube – hinter sich gelassen. In der Auseinandersetzung mit anderen
aktuellen Entwürfen, am ausführlichsten mit Pannenberg und Verweyen, hat er noch deutlichere
Kontur gewonnen (vgl. PRÖPPER, Faktum; ders., Begriff). In Anwendung auf vielfältige Problembe-
reiche der Theologie konnte er sich bewähren und material gefüllt werden: im Nachweis, daß die
Freiheit als Prinzip dogmatischen Denkens fungiert (vgl. PRÖPPER, Prinzip); in der Antwort auf die
Begründungsfragen sozialethischer Entwürfe (vgl. PRÖPPER, Autonomie); im Bedenken der
Theodizee-Frage (vgl. ders., Fragende); in der genaueren Bestimmung des Verhältnisses der in
Christus endgültig geschenkten Erlösung zu ihrer noch ausstehenden Vollendung (vgl. ders.,
Beitrag).
Die philosophischen Wurzeln des Ansatzes liegen in der Aufklärung und im deutschen Idealismus,
vor allem in Fichtes transzendentaler Freiheitslehre. Im heutigen philosophischen Diskurs steht er
vor allem in enger Verbindung zu Einsichten von H. Krings und J. Heinrichs, dann aber auch in
kritischer Auseinandersetzung mit Habermas, Apel, Henrich, Levinas u.a.
Studien, die sich dem Denken Pröppers verpflichtet wissen, konnten die Relevanz dieses Ansatzes
für das Verhältnis von Geschichtswissenschaft und Theologie (vgl. ESSEN, Vernunft, u.ö.), von
Naturwissenschaft und Theologie (erste Hinweise bei BONGARDT, Freiheit; Poells ausführliche
Auseinandersetzung mit der Evolutionären Erkenntnistheorie steht vor dem Abschluß) und für die
Anerkennung jüdischen Denkens (GRUNDEN, Freiheit) aufweisen. In Auseinandersetzung mit

dieser Entwurf die Früchte der neuzeitlichen Offenbarungskritik erntet und zugleich den Gefahren, die in manchen ihrer Denkansätze virulent wurden, zu entgehen weiß. Da aber auch er noch Fragen offenläßt, werden die hier vorgestellten Überlegungen mit dieser Darstellung nicht enden, sondern in eine letzte Präzisierung der Problemstellung münden, die den Ausgangspunkt für den Dialog mit Ernst Cassirers Philosophie bilden soll.

a) Möglichkeit und Maßstab: Die Freiheit

Die Relevanz, gar die universale, alle Menschen angehende Relevanz einer möglichen Offenbarung sowie die Verantwortbarkeit des Glaubens an ein Offenbarungsgeschehen können nicht mehr vorausgesetzt oder apodiktisch behauptet werden, nachdem sie einmal dem Zweifel anheimgefallen sind. Beide lassen sich nur erweisen, so eines der wesentlichen Ergebnisse der neuzeitlichen Offenbarungsdiskussion, indem zwischen dem Menschen und seiner Vernunft einerseits und dem Geschehen sowie dem Inhalt der geglaubten Offenbarung andererseits ein Verhältnis aufgezeigt wird, das deren gegenseitige Verwiesenheit erkennen läßt, ohne einem rationalistischen Reduktionismus zu verfallen.

Nun lassen sich – von individuell-konstitutionellen Einschränkungen über Situationen der Schuld bis hin zur Sterblichkeit des Menschen – zahlreiche Situationen benennen, in denen die Angewiesenheit des Menschen auf andere oder gar auf einen sich zeigenden Gott sichtbar wird. Doch wenn der Aufweis jenes Verweisungszusammenhangs den universalen Geltungsanspruch legitimieren soll, mit dem das christliche Offenbarungsbekenntnis auftritt, muß er für seine Argumentation einen Ausgangspunkt finden, der nicht von den Bedingungen einer konkreten Situation bestimmt ist. Andernfalls wäre er selbst durch diese Bedingungen eingeschränkt. Es gilt also, eine Unbedingtheit auszumachen, von der aus die unbedingte Bedeutung der christlichen Offenbarungsbotschaft der Vernunft so einleuchtet, daß der Glaube an sie als verantwortbar gelten kann.[126] Solche Unbedingtheit kann aber im Bedingungszusammenhang ge-

---

Nietzsche (STRIET, Sturz) und Kierkegaard (BONGARDT, Widerstand) ließen sich aus der Perspektive der Freiheitsanalytik weitergehende Einsichten gewinnen in die theologische Anthropologie und Erkenntnislehre. Und auch die hier vorliegende Studie verdankt diesem Denken wesentliche ihrer Orientierungen und Fragestellungen.

[126] „Denn ohne den Rekurs auf ein Unbedingtes, das im Menschen selbst angesetzt werden darf, wäre weder die jeden Menschen unbedingt angehende Bedeutung der Selbstoffenbarung Gottes vertretbar noch der Gottesgedanke überhaupt in autonomer Einsicht bestimmbar" (PRÖPPER, Hermeneutik 13).

Die Suche nach einer universalen anthropologischen Bestimmung, von der aus sich die Angewiesenheit des Menschen auf Gott erweisen läßt, ist der theologischen Tradition keineswegs fremd. Ihren wohl einflußreichsten Ausdruck fand sie durch die Erbsündentheologie des Augustinus. Um – gegen Pelagius – die universale Notwendigkeit der Begnadung und – im Blick auf die angezielte Prädestinationslehre – die universale Berechtigung Gottes, den Menschen zu verdammen, sichern zu können, greift Augustinus ein Motiv auf, daß sich bereits bei Paulus findet: „Es gibt keinen Unterschied: Alle haben gesündigt und die Herrlichkeit Gottes verloren" (Röm 4,23). Augustinus formt diese Argumentation des Paulus in die Lehre vom „peccatum originale" um, von der

schichtlicher Ereignisse nicht unmittelbar erscheinen. So vermögen auch nicht
eine historische Forschung oder Phänomenbeobachtung die Grundlage für die
gesuchte Verhältnisbestimmung zu erheben.[127] Sie kann allein gefunden werden
in der transzendentalen Reflexion auf die Bedingungen der Möglichkeit und
damit auch auf die letzte, selbst unbedingte Möglichkeitsbedingung jenes Verhaltens, das den Menschen als Menschen qualifiziert: seines Denkens, Handelns
und Urteilens. Jene – stets nur in ihrer Faktizität und ihrem Ergebnis beob-
achtbaren – Vollzüge nun haben zur Bedingung ihrer Möglichkeit eine
ursprüngliche Distanzierung zum je Begegnenden, jene Freiheit, die vorausgesetzt werden muß, soll sich der Mensch zu allem anderen sowie zu sich selbst
verhalten können. Insofern der Mensch sich nicht nur zu den Bedingungen
seines jeweiligen Verhaltens, sondern auch zu diesem Verhalten selbst nochmals
verhalten kann, kommt jener Freiheit, die jedem Verhalten als Möglichkeitsbedingung transzendental vorauszusetzen ist, selbst Unbedingtheit zu.[128] Sie ist als
solche jedoch nicht als eine Eigenschaft oder Fähigkeit des Menschen unter
anderen, sondern zunächst nur als reine Denknotwendigkeit und deshalb
ausschließlich formal zu fassen. Diese transzendentallogisch zu erhebende formale Freiheit in ihrer Unbedingtheit bildet den gesuchten Ausgangspunkt für
die Verhältnisbestimmung von Vernunft und Offenbarung, für die genauere
Analyse des christlichen Glaubensbekenntnisses.

Die Wirklichkeit menschlicher Freiheit ist mit dieser transzendentallogischen Reduktion noch nicht erreicht, denn Wirklichkeit kommt der Freiheit
erst zu, wenn und insofern sie sich realisiert in konkretem Verhalten, sie sich
auf Gehalte richtet, zu denen sie sich verhält.[129] Diese Gehalte kann sie nicht aus
sich selbst hervorbringen, sondern sie findet sie im ihr Begegnenden. Doch kann
die Reflexion auf die unbedingte Freiheit zur Orientierung jenes Verhaltens
dienen, weil sie zu erheben vermag, worin der ihr wirklich angemessene Gehalt
menschlicher Freiheit liegt: Nicht in der Beziehung zu Gegenständen beliebiger

---

Erbsünde, die so zur Grundbestimmung des Menschen wird (vgl. die genaue Rekonstruktion dieses
Argumentationsgangs durch HÄRING, Macht, zusammengefaßt 267-277). Auf die zahlreichen
Probleme der damit beginnenden Tradition – angefangen von den Schwierigkeiten, die Güte der
Schöpfungswirklichkeit noch denken zu können, über die Gefahr, die Endlichkeit selbst schon zur
Sünde zu erklären, bis zu den oft verhängnisvollen Folgen für die kirchliche Verkündigung – muß
hier nicht näher eingegangen werden. Der im folgenden darzustellende Entwurf versteht sich nicht
zuletzt als Versuch, die Angewiesenheit des Menschen auf Gott zu denken, ohne einer hamartolo-
gischen Engführung zu verfallen.
[127] Vgl. KRINGS, System 105, der zur angemessenen Erfassung der Freiheit den Übergang von der
deskriptiven zu einer reduktiven Analyse als notwendig erweist.
[128] Vgl.PRÖPPER, Erlösungsglaube 183f. „Der Ausdruck 'transzendentale Freiheit' bezeichnet nicht
nur das Problem der Freiheit aus der Perspektive der theoretischen Vernunft, sondern den Begriff
des Unbedingten schlechthin" (KRINGS, System 11).
[129] Vgl. PRÖPPER, Erlösungsglaube 185f.

Natur, sondern in der Anerkennung begegnender fremder Freiheit.[130] Hierin liegt ihre weitreichendste Möglichkeit und damit auch ihr Maß. Denn wo immer sie hinter dieser Möglichkeit zurückbleibt, bleibt die Freiheit hinter sich selbst zurück. Die in der neuzeitlichen Vernunftkritik bereits erreichte Einsicht in die Autonomie der Freiheit gewinnt auf diesem Wege der transzendentallogischen Erhellung also eine inhaltliche Ausrichtung, die ihr nicht von außen, heteronom zugeschrieben wird, sondern in ihr selbst begründet liegt.

Zur Eigenart der Freiheit gehört es jedoch auch, daß sie nicht bewiesen und deshalb ein Mensch auch nicht von außen auf sie verpflichtet werden kann. Erst und nur indem Freiheit frei ergriffen wird, indem der Mensch sich kraft seiner Freiheit frei als Freiheit bestimmt, wird sie ihm zum Maß, an dem dann auch sein je konkreter Freiheitsgebrauch zu messen ist.[131] Wo Freiheit sich verwirklicht, wird sie sich selbst zu dem Gesetz, das ihr die Orientierung gibt: die Ausrichtung auf jene Anerkennung fremder Freiheit, zu der sie, weil fähig, auch verpflichtet ist. Um ihrer selbst willen und frei will fremde Freiheit dabei anerkannt sein. Doch schließt das nicht aus, daß im konkreten Anerkennungsgeschehen die Hoffnung wurzelt, jene Anerkennung möge in eine Gegenseitigkeit münden, in der Menschen einander achten und freilassen. In solchem gelingenden Geschehen würden Freiheit und Subjektivität in der denkbar angemessensten Form real – fernab jedes solipsistischen Selbstverwirklichungs- oder monistischen Aufhebungsstrebens.

b) Begrenzte Möglichkeit: Freiheitswirklichkeit

Als formale Bedingung der Möglichkeit menschlichen Verhaltens ist die Freiheit unbedingt, aber nicht wirklich. Realität gewinnt sie erst im Ergreifen von Gehalt, im Verhalten zu anderem und anderen. Die Kommunikation mit dem Begegnenden, vor allem die Kommunikation mit fremder Freiheit ist jedoch nie unmittelbar möglich. Die Freiheit bedarf zu ihrer Äußerung, zu ihrer Vermittlung eines Zeichens, das sie sich zum Symbol ihres Ausdrucks wählt. Dieser bleibt ihr nicht notwendig äußerlich, denn sie kann sich selbst in ihm ausdrükken. Und doch ist diese Äußerung nicht schlechthin mit ihr selbst identisch, weil sie noch einmal Bedingung der Möglichkeit des jeweiligen Zeichens ist. Im Anerkennungsgeschehen zwischen Freiheiten kommt dem Symbol aber neben seiner Funktion, Ausdruck freier Anerkennung zu sein, noch eine zweite zu: Es sichert die Freiheit des Adressaten, in der dieser das Symbol deuten kann und muß. Diese Notwendigkeit ergibt sich aus der unüberwindlichen Mehrdeutigkeit jedes Symbols, sogar des gesprochenen Wortes mit eindeutigem propositionalem Gehalt. Der Adressat wird stets zu entscheiden haben, ob er dem, der das

---

[130] „Der Gehalt, durch den sich Freiheit erfüllt und durch den die Selbstvermittlung die volle Realität gewinnt, ist die Freiheit des anderen" (KRINGS, System 124). Vgl. auch PRÖPPER, Erlösungsglaube 186f.
[131] Vgl. PRÖPPER, Hermeneutik 13.

Symbol der Anerkennung wählte, traut oder ihn der Lüge und Täuschung bezichtigt.[132]

Die symbolische Vermittlung ist die eigentümliche Form der Kommunikation von Freiheiten. Eine solche kommt nur zustande, wenn angemessene, d.h. ausdrucksfähige und verständliche, symbolfähige Zeichen gefunden werden. Doch ist dies bei weitem nicht die einzige Bedingung, unter der die konkrete Verwirklichung von Freiheit steht. Zu diesen Bedingungen zählen bereits die geistigen und emotionalen Fähigkeiten des einzelnen. Wesentlich geprägt wird jedes menschliche Handeln zudem von seinen politischen, ökonomischen und sozialen Rahmenbedingungen. Und selbst wenn diese sich zunehmend optimieren lassen sollten, bleibt der menschlichen Anerkennung fremder Freiheit eine für sie unüberwindliche Grenze gesetzt: ihre Endlichkeit. Den Tod des anderen nicht verhindern zu können, über den eigenen Tod hinaus keine Treue versprechen zu können – dies bildet die massivste Einschränkung menschlichen Handelns. Sie steht in krassem Widerspruch zu jener Unbedingtheit, mit der der andere meine unbedingte Anerkennung einfordern kann, weil seiner unbedingten Freiheit eine solche Anerkennung gebührt.

Die Spannung, die zwischen der durch die formale Freiheit geforderten unbedingten Anerkennung und der nicht aufhebbaren materialen Bedingtheit jeder endlichen Freiheitsverwirklichung herrscht, läßt die Grundaporie menschlicher Freiheit erkennen: Die Freiheit kann für das Ziel, auf das sie ausgerichtet ist, nicht selbst einstehen. Zwar kann ihre jeweilige symbolische Vermittlung als Zeichen der Hoffnung auf eine künftige Erfüllung gedeutet werden – darin liegt ein weiterer Aspekt ihres symbolischen Charakters –, doch für die Erfüllung selbst kann der Mensch nicht mehr aufkommen.

Deutlicher als in den zuvor dargestellten Reflexionen über die menschliche Vernunft wird vor dem Hintergrund der transzendentalphilosophischen Freiheitsanalyse die Frage, die der Mensch sich selber ist, ohne sie beantworten zu können: Wird er die unbedingte Anerkennung, die seiner Freiheit wegen ihrer eigenen Unbedingtheit angemessen wäre, finden können? Und wenn ja: In welcher Weise könnte ihm diese Erfüllung zuteil werden?

c) Erhoffte Möglichkeit: Erfüllte Freiheit

Zumindest denkbar ist die Möglichkeit einer Antwort: Zu ihrer Erfüllung fände menschliche Freiheit, wenn ihr eine Freiheit begegnete, die nicht nur formal, sondern auch material unbedingt wäre; eine Freiheit, der die Grenzen menschlicher Freiheitsverwirklichung nicht gesetzt wären. Eine solche vollkommene Freiheit, die zur unbedingten Anerkennung fähig ist, kann mit Recht Gott

---

[132] Zur Einführung des hier verwendeten Symbolbegriffs vgl. PRÖPPER, Erlösungsglaube 188f., und dazu meine kritische Weiterführung in BONGARDT, Widerstand 104-106. Schon hier sei darauf hingewiesen, daß der Begriff des Symbols durch die Philosophie Cassirers eine wesentliche Ausweitung und Bedeutungsverschiebung erfahren wird. Vgl. dazu unten, S. 232, Anm. 710.

genannt werden, verbindet man mit diesem Begriff die wesentlichen Gehalte der biblischen Tradition.[133]

Doch auch ein solches „Denkprojekt"[134] darf nicht als Gottesbeweis verstanden werden. Denn zum einen kann aus der Aporetik menschlicher Freiheit nicht mit Notwendigkeit gefolgert werden, daß sie eine Auflösung finden müsse. Es läßt sich denken, daß die Widersprüchlichkeit das letzte Wort behält. Und zum anderen könnte, wie gezeigt, eine behauptete Denknotwendigkeit in keinem Fall für die notwendige Existenz des Gedachten einstehen.[135]

Doch die Möglichkeit, eine erfüllende Freiheit zu denken, öffnet eine andere Perspektive: Die Verantwortbarkeit eines Glaubens, der ein konkretes Geschehen als das Geschenk jener erhofften Erfüllung deutet, als Offenbarung eines Gottes, der sich dem freien Menschen frei zuwendet und diesen so zum Ziel bringt.[136] Mehr noch: Die aus der transzendentalen Freiheitsanalyse gewonnenen Einsichten lassen sich zu einer Kriteriologie eines Geschehens, das verantwortet als Offenbarung geglaubt werden kann, ausformen. Weil nur Freiheit die Anerkennung schenken kann, in der fremde Freiheit zu ihrem Ziel kommt, muß – erstens – Gott selbst sich als in Freiheit handelnder zeigen. Das Offenbarwerden eines umgreifenden, apersonalen Ordnungsprinzips etwa könnte der Freiheit des einzelnen keine Erfüllung schenken. Sodann würde der menschlichen Freiheit – zweitens – nur eine Offenbarung gerecht, die auf eine freie Anerkennung durch den Menschen zielt. Ein Offenbarungsgeschehen, das die Freiheit des Menschen außer Kraft setzte, könnte nicht als Erfüllungsgestalt dieser Freiheit angesehen und deshalb nicht verantwortbar als solche geglaubt werden. Daraus folgt – drittens – daß sich auch die Offenbarung Gottes nicht anders als symbolisch vollziehen kann: In konkreter Vermittlung, die dem Offenbarungsempfänger die Liebe Gottes so nahebringt, daß sie für ihn erst im freien Akt der Anerkennung Wirklichkeit wird.

Die nähere Bestimmung menschlicher Freiheit und ihres Ziels erlaubt es demnach, das in der neuzeitlichen Offenbarungsdiskussion immer wieder hervorgehobene Verweisungsverhältnis von Vernunft und Offenbarung inhaltlich genauer zu qualifizieren: Soll der Glaube an die Offenbarung verantwortbar sein, muß er die Offenbarung als Freiheitsgeschehen, als Begegnung menschlicher und göttlicher Freiheit verstehen. Freiheit aber, auch göttliche Freiheit ist nur wirklich und erkennbar, insofern sie sich zeigt. Die Möglichkeit eines solchen Sich-Zeigens mag die Vernunft denken können – dessen Wirklichkeit aber kann ihr nur begegnen. So bleibt die Vernunft notwendig angewiesen auf

---

[133] Vgl. KRINGS, System 177-182; PRÖPPER, Erlösungsglaube 190f.
[134] KIERKEGAARD, PB 7. Weil – bei aller inhaltlichen Unterschiedenheit – die Verhältnisbestimmung von philosophischem Denken und glaubendem Bekenntnis im hier vorgestellten Ansatz strukturelle Parallelen zu Kierkegaard aufweist, ist die Übernahme von Kierkegaards treffender Titulierung des eigenen Entwurfs angezeigt.
[135] Vgl. KRINGS, System 163f.
[136] Vgl. PRÖPPER, Prinzip 168-170.

den Selbsterweis Gottes, auf Offenbarung. Zweifellos ist es möglich, eine solche der menschlichen Freiheit angemessene und sie erfüllende Offenbarung nur als eschatologische zu erhoffen, die sich erst zeigt, wenn die begrenzenden Bedingungen menschlicher Existenz aufgehoben sind. Die biblische Tradition aber steht für die Möglichkeit und Wirklichkeit geschichtlicher Offenbarung ein – bekennt sie sich doch zu einem Gott, der sich in der Geschichte als der gezeigt hat, der menschliche Freiheit ermöglicht und zur Vollendung führt.[137] Eine solche Offenbarung als Geschehen zu erweisen, das der menschlichen Freiheit in höchstem Maße entspricht, an das zu glauben deshalb vernünftig verantwortet werden kann, ist die von einer transzendentalen Freiheitsanalyse ausgehende Theologie in besonderer Weise fähig.

d) Geschichtliche Möglichkeiten: Determination und Freiheit

Der dargestellte Argumentationsgang einer Theologie, die den Offenbarungsglauben transzendentalphilosophisch verantwortet, steht und fällt mit den in ihm notwendig implizierten Voraussetzungen, daß ein offenbarendes Handeln Gottes in der Geschichte zunächst überhaupt möglich ist, dann aber auch als solches erkannt werden kann. Genau dies jedoch erscheint nicht nur heutigem Alltagsbewußtsein fraglich, sondern wird von der Geschichtsphilosophie und dem Selbstverständnis historischer Wissenschaft nicht selten energisch bestritten, seit diese sich von der spekulativen Deutung der Geschichte abwandten, die in Hegels kühnem Entwurf ihren Höhepunkt fand.[138]

Um jener Aufhebung der Geschichte in die spekulative Vernunft wehren zu können, deren Grundintentionen bereits benannt wurden, sah sich die Geschichtswissenschaft gezwungen, jeder Metaphysik den Abschied zu geben und restriktive Kriterien zu benennen, wann und wie überhaupt von einem geschichtlichen Ereignis gesprochen werden kann. In der verwickelten Diskussion ging es immer wieder um die Frage, ob und wie die Geschichtswissenschaft sich am methodischen Ideal der Naturwissenschaft orientieren oder aber von ihm absetzen muß.[139] Ernst Troeltsch hat mit der Aufstellung seiner drei Kriterien für das Verstehen von Geschichte die Marksteine gesetzt, die zumindest für die Diskussion zwischen Theologie und Geschichtswissenschaft lange Zeit das Terrain absteckten.[140] Historische Forschung, so Troeltsch, hat zunächst die Aufgabe, in kritischer Analyse der Quellen und Zeugnisse so genau wie möglich das vergangene Faktum und den es bestimmenden Kontext zu erheben. Auch wenn die Forschung hier nie über Wahrscheinlichkeitsurteile

---

[137] Vgl. Hebr 1,1.
[138] Vgl. zum folgenden ESSEN, Vernunft; ders., Geschichtstheologie; ders., Geschichte.
[139] Vgl. dazu auch unten, B.I.1.d, S. 83ff. Cassirers Verständnis der Geschichte ist selbst aus der Auseinandersetzung mit dem neukantianischen Bemühen um einen angemessenen Begriff der historischen Wissenschaften entstanden.
[140] Vgl. TROELTSCH, Methode. Dazu MOLTMANN, Weg 251f.; ESSEN, Vernunft 286f. (Lit.).

hinausgelangen kann, bleibt ihr das Mühen um die höchstmögliche Bewährung ihrer Aussagen aufgetragen. Geschichte kann, so das zweite Kriterium, nur verstanden werden als umfassender Korrelationszusammenhang, in dem alles Geschehende in einem wechselseitigen Bedingungs- und Wirkungsgefüge steht. Und schließlich, so Troeltsch, verdankt sich historisches Erkennen, das Erkennen der Geschichte immer einem Analogieschluß. Geschehenes wird verstanden in Analogie zu bereits erkanntem Geschehen.

Wie aber soll, erkennt man diese Kriterien an, noch von einer Offenbarung in Geschichte die Rede sein können? Ein Verständnis, das – in der Nachfolge Hegels – die Geschichte in ihrem Gesamtzusammenhang als Offenbarung qualifizieren will, verfällt dem Verdikt, eine unausweisbare metaphysische These zu sein – ganz abgesehen von der Unfähigkeit eines solchen Denkmodells, dem biblischen Offenbarungszeugnis gerecht zu werden. Einem einzelnen Geschehen aber Offenbarungsqualität zuzusprechen, scheint unmöglich, weil es damit aus dem Gesamtgefüge des als Geschichte Verstandenen herausfallen würde.[141] Zwar verbietet es die Rede von der „Allmacht der Analogie"[142] nicht, gerade in der Vergleichung mit dem bereits Bekannten ein Ereignis in seiner Andersartigkeit und Unvergleichbarkeit zu erkennen;[143] doch die geforderte Einordnung jedes Ereignisses in den umfassenden Korrelationszusammenhang läßt ein Ereignis, das zwar Ursache von Wirkungen sein mag, aber selbst nicht als verursachte Wirkung verstanden werden kann, aus dem Bereich des Geschichtlichen herausfallen.

Will die Theologie diesem Verständnis der Geschichte ihr Offenbarungsbekenntnis nicht einfach nur apodiktisch entgegensetzen und so eine vom allgemeinen Bewußtsein unterschiedene „Sonntagskausalität" etablieren, muß sie sich auf einen kritischen Dialog mit der Geschichtswissenschaft einlassen. Ein solcher schließt nicht aus, sondern ein, daß in ihm die Geschichtswissenschaft nicht nur als kritische Instanz für die Theologie auftritt, sondern auch ihrerseits auf die Angemessenheit und Schlüssigkeit ihrer Kriterien befragt wird.[144] Solche Fragen müssen der Geschichtswissenschaft nicht einmal von der Theologie allein zugetragen werden. In ihren eigenen Reihen ist die Einsicht anzutreffen, daß die von Troeltsch eingeführten und weit über ihn hinaus wirksamen Kriterien keine befriedigende Möglichkeit bereitstellten, das Grundproblem geschichtlichen Verstehens zu lösen. Dieses besteht in der Vermittlung des Gesamtzusammenhangs, als der Geschichte gesehen werden muß, wenn sie

---

[141] Versteht man Geschichte als umfassendes und in sich geschlossenes Kausalgefüge, kann nicht nur von Offenbarung, sondern überhaupt von Freiheit in der Geschichte keine Rede mehr sein. Vgl. KRINGS, System 141, mit Rückgriff auf KANT, KrV B 473-479.
[142] TROELTSCH, Methode 732.
[143] ESSEN, Vernunft 292, hebt hervor, daß der „Allmacht der Analogie" vor allem eine *konstruktive Bedeutung* zukommt. Denn nur im Vergleich mit dem Bekannten kann das Neue als neu erkannt werden.
[144] Vgl. ESSEN, Geschichte 323f.

überhaupt als Geschichte erkannt werden soll, und der unaufhebbaren Individualität des einzelnen Ereignisses, das diesem Gesamtzusammenhang nicht schlichtweg subsumiert werden darf. Eine Möglichkeit zu finden, dieses Verhältnis von Allgemeinem und Besonderem, von Geschichtszusammenhang und einzelnem Faktum angemessen zu verstehen, heißt nicht zuletzt, die Möglichkeit eines Ereignisses offenzuhalten, das als geschichtliches Einzelgeschehen Bedeutung für die Geschichte als ganze haben kann, eines Ereignisses also, wie es im Offenbarungsbekenntnis festgehalten wird. Dann aber könnte sich dieses Bekenntnis auch vor der historischen Vernunft verantworten.

Erneut zeigt sich die transzendentalphilosophische Reflexion in besonderer Weise fähig, zur Lösung des anstehenden Problems beizutragen. In Gestalt der „transzendentalen Historik" fragt sie nach den Bedingungen der Möglichkeit von Geschichte.[145] Dabei wird mit dem Begriff „Geschichte" ein doppeltes bezeichnet: zum einen das je aktuelle Geschehen, soweit es sich dabei um humane Vollzüge handelt; zum anderen jener Zusammenhang, in dem das Geschehene sich dem Verstehen zeigt.[146] Bedingung der Möglichkeit des Geschehens, das in materialen Zeugnissen gleich welcher Art ansichtig und greifbar wird, Bedingung der Möglichkeit etwa aller geschichtlich sich herausbildender Institutionen, Kommunikations- und Handlungsmuster ist die transzendentale Freiheit.[147] Diese Freiheit aber, die, wie bereits ausgeführt wurde, erst real wird, indem sie sich zur Wahl konkreter Gehalte und des Verhaltens ihnen gegenüber entschließt, kann nicht anders als in zeitlicher Erstreckung, in Geschichte sich verwirklichen. Geschichte ist Geschehen, das nur durch Freiheit möglich wird und als solche „grundsätzlich bestimmbar als Freiheitsgeschehen".[148] Es zeigt sich also ein wechselseitiges Bedingungsverhältnis: Die Geschichte bildet jenen Raum, in dem sich Freiheit realisieren kann, wird aber selbst erst durch solche Freiheit gebildet. Ohne die Realisierung von Freiheit wäre Geschichte nicht real und historisches Verstehen nicht möglich. Geschichte ermöglicht die gegenseitige Anerkennung von Freiheiten, durch die sie allererst entsteht. Geschichte ist also Anerkennungsgeschehen: Wo immer symbolische Vermittlung als Ausdruck von Freiheit in Freiheit anerkannt wird, konstituiert Freiheit Geschichte.[149]

---

[145] Vgl. zum folgenden BAUMGARTNER, Thesen; ders., Freiheit. Baumgartner erarbeitet sein Geschichtsverständnis im expliziten Rückgriff auf die Freiheitsanalyse von Hermann Krings.
[146] Noch deutlicher als bei Baumgartner kommt diese Unterscheidung bei ESSEN, Vernunft 204-207, zum Tragen.
[147] Vgl. BAUMGARTNER, Freiheit 306f. ESSEN, Vernunft 208f., stellt heraus, daß sich die transzendentale Historik von einer historischen Transzendentalphilosophie dadurch unterscheidet, „daß sie in einem reduktiven Verfahren auf eine transzendentale Instanz apriori zurückgeht und also die etwa bei Droysen und Dilthey begegnende eigentümliche Verschränkung von transzendentalphilosophischer und geschichtsontologischer Reflexion grundsätzlich vermeidet" (208).
[148] BAUMGARTNER, Freiheit 315.
[149] „Wirkliche Geschichte ist jedoch erst konstituiert, wenn mindestens zwei reale Vernunftsubjekte existieren, die in ein konkretes Kommerzium der Freiheit(en) eingetreten sind" (BAUMGARTNER,

Sind diese transzendentalen Voraussetzungen von Geschichte erkannt, läßt sich das fragliche Verhältnis von Besonderem und Allgemeinem in angemessener Weise erfassen. Jedes Geschehen wird als konkrete Realisierung von Freiheit verstanden, die als solche Verwirklichung kontingent ist, zugleich aber als symbolischer Ausdruck jener Unbedingtheit erkannt werden will, die der transzendentalen Freiheit zukommt. Geschichte als ganze erscheint dann als jener Handlungs- und Wirkungszusammenhang, in dem Freiheit realisiert wird. Die angemessene, das heißt auf wechselseitige, universale und unbedingte Anerkennung zielende Verwirklichung von Freiheit gilt solcher Geschichtsbetrachtung als orientierende Idee, nicht aber als Endpunkt einer notwendigen Entwicklung. Geschichte ist Freiheitsgeschehen, aber nicht Geschichte der notwendig zu sich kommenden Freiheit.[150] Indem sie dies festhält, bleibt die transzendentale Historik von der spekulativen Geschichtsmetaphysik des Idealismus geschieden – so eng sie dessen Methodik und Freiheitsinteresse auch verbunden bleibt.

Diese transzendentalphilosophische Einsicht in die Bedingung der Möglichkeit von Geschichte sowie des Verstehens von Geschichte überwindet nicht nur die Engführungen einer historistischen oder einer an naturwissenschaftlichen Kausalgesetzen orientierten Geschichtswissenschaft. Sie bietet auch dem Offenbarungsglauben Möglichkeiten, sich vor einer derart aufgeklärten historischen Vernunft zu verantworten. Denn zunächst erscheint nun die Geschichte selbst als der Raum, in dem mit der Realisierung der menschlichen Freiheit auch deren aporetische Grundstruktur ansichtig wird. Bleibt doch jene universale und unbedingte Anerkennung, auf die die Freiheit zielt, innergeschichtlich ein Desiderat. Dies zeigt sich zum einen in der nicht auflösbaren Spannung zwischen der Freiheit und den geschichtlich gewachsenen Institutionen. Diese stellen eine notwendige Verwirklichungsform der Freiheit dar, beschränken diese Freiheit aber zugleich und werden so dauerhaft korrekturbedürftig bleiben.[151] Zum anderen und weit tragischer wird die genannte Aporetik sichtbar in der Unfähigkeit des Menschen, den zahllosen Opfern menschlicher Herrschaftsgeschichte die Gerechtigkeit widerfahren zu lassen, auf die sie wegen ihrer in der Freiheit wurzelnden Würde Anspruch haben.[152]

Freiheit 316). Das aber bedeutet, daß Geschichte nicht erst eine nachträgliche Rekonstruktion vergangenen Freiheitsgeschehens ist, sondern schon jedes konkrete Anerkennungshandeln geschichtliche Struktur aufweist: „Doch das Kommerzium der Freiheit geschieht nicht im geschichtslosen Raum einer totalen oder jenseitigen Welt, sondern im geschichtlichen Raum einer öffentlichen und allgemeinen Rechtsordnung, die die Freien ebenso schaffen wie sie ihrer bedürfen" (KRINGS, System 128).
[150] Vgl. BAUMGARTNER, Freiheit 316-318.
[151] Vgl. BAUMGARTNER, Freiheit 310-312; KRINGS, System 23-28, kommt nach einer Analyse dieser unlösbaren Aporie zu der Schlußfolgerung: „Reale Freiheit muß das System *und* den Widerspruch bejahen" (28).
[152] Vgl. dazu die Rede vom „Paradox der anamnetischen Solidarität" bei PEUKERT, Wissenschaftstheorie 308-310.

So bricht in der Geschichte, die als Freiheitsgeschehen verstanden wird, die Frage nach der Möglichkeit jener Erfüllung menschlicher Freiheit, jener unbedingten Anerkennung auf, die Menschen einander zu gewähren nicht in der Lage sind. Wenn aber – und dies darf als der für die Theologie entscheidende Beitrag der transzendentalen Historik angesehen werden – die Geschichte der Raum ist, in dem sich unbedingte, transzendentale Freiheit symbolisch vermittelt, dann ist prinzipiell auch ein Geschehen denkbar, in dem Gott selbst sich kraft seiner Freiheit zu erkennen gibt; und dies in der Hoffnung, daß der Mensch in der ihm eigenen Freiheit dieses Geschehen anerkennt. Offenbarung wird als mögliches und als in Freiheit erkennbares Geschehen denkbar.[153] Und so kann sich menschliche Freiheit der Geschichte zuwenden mit der hoffnungsvollen Frage, ob sich nicht in dieser Geschichte die Erfüllung bereits gezeigt hat, auf die sie selbst angewiesen bleibt. Welches Geschehen es verdient, als zumindest mögliche Offenbarung angesehen zu werden, kann anhand der Kriterien, die aus der transzendentalen Freiheitsanalyse erhoben wurden, eingegrenzt werden, ohne daß dieses Geschehen sich vorausdenken oder ins Denken aufheben ließe.

Der Mensch hat also auch vor dem Forum der historischen Vernunft das Recht, von einem geschichtlichen Ereignis zu erhoffen, was seine Vernunft ihm nicht zu verbürgen vermag: den Erweis von Gottes liebender Zuwendung, in der menschliche Freiheit zu ihrem Ziel kommt.

e) Befreiende Wirklichkeit: Die Offenbarung in Christus

Die Rede von Erfüllung ist ein zentraler Topos des Neuen Testaments.[154] Mit ihrer Hilfe wird das Christusgeschehen dargestellt als Einlösung der prophetischen Verheißungen, als bestätigende Verwirklichung dessen, worauf die Schriften seit jeher hinzeigten. Diese Deutung des Christusgeschehens prägt nicht zuletzt das neutestamentliche Zeitverständnis: Als erfüllte Zeit wird die mit Christus angebrochene Endzeit gedeutet.[155] Diese Rede von der in Christus erschienenen Erfüllung verstummt auch nicht, als sich die Einsicht durchsetzt, daß auch die Zeit Christi, die frühe Zeit der Kirche jene Gebrochenheit aufweist, aus der erlöst zu werden wesentlicher Inhalt biblischer Hoffnung ist. Und selbst das Ausbleiben der noch in der Gegenwart erhofften Parusie führt nicht zur Verabschiedung, sondern lediglich zur Modifikation der Erfüllungsgewißheit. Die Gebrochenheit und Schuldverfallenheit der Welt hat Gott, so die durchgehaltene Überzeugung, durch und in Christus überwunden und

---

[153] Ausführlich hergeleitet wird diese These bei ESSEN, Vernunft 412-426.
[154] Vgl. die zahlreichen Stellen, an denen das Christusgeschehen als Erfüllung prophetischer Verheißung – und damit als erfüllende Vollendung der Geschichte – gedeutet wird. Z.B. Mt 2,17; Lk 24,44; Joh 17,12.
[155] Vgl. Mk 1,15.

geheilt.[156] Die Geschichte nach Christus läuft demnach nicht auf die noch ausstehende Erlösung, sondern auf deren umfassendes Zutagetreten, auf die heilvolle Vollendung des definitiv Begonnenen zu.[157] In der Hoffnung auf diese Vollendung können sich die an Christus Glaubenden einig wissen mit denen aus dem Volk Israel, die sich nicht zu ihm bekennen. Gemeinsam warten sie auf das vollkommene Offenbarwerden des von Gott verheißenen Heils, auf die Erfüllung der menschlichen Geschichte.[158]

Selbstverständlich ist den neutestamentlichen Autoren die transzendental-philosophische Freiheitsanalyse und ihre theologische Rezeption fremd. Doch daß in beiden Weisen, das Christusereignis zu bedenken, die Rede von der Erfüllung einen zentralen Platz einnimmt, ist mehr als ein zufälliges Zusammentreffen. Denn nicht weniger als die philosophische Reflexion weiß das biblische Denken um die vielfache Begrenztheit des Menschen, um sein Unvermögen, aus eigener Kraft das sein Leben erfüllende Ziel zu erreichen, das nur als Geschenk empfangen und angenommen werden kann. Und die transzendentale Freiheitsanalyse vermag auf dem ihr eigenen Weg zu zeigen, wieso die biblische Rede von der Erfüllung dem Menschen und seiner Freiheit angemessen ist; inwiefern es sich verantworten läßt, im Christusgeschehen jene Offenbarung zu sehen, die als Antwort auf die Frage, die der Mensch sich selber ist, gelten darf.

In seiner mit dem Anspruch göttlicher Vollmacht verkündeten Botschaft sagt Jesus jene Anerkennung zu, die menschliches Leben zu erfüllen vermag: die liebende Zuwendung Gottes zu jedem und jeder einzelnen, in der selbst die schuldhafte Verschlossenheit des Menschen gegenüber Gott ihre Vergebung und Überwindung finden kann. In seiner Freiheit bleibt Gott so dem Bund treu, den er mit Israel geschlossen hat, und wendet sich in Person und Botschaft Jesu an die Menschen in der Hoffnung, daß seine Befreiung und Vergebung durch die glaubende Annahme für den Menschen zu Wirklichkeit wird.[159] In seinem Handeln steht Jesus für seine Botschaft in so umfassender Weise ein, daß in seinem Wirken der Anbruch des Reiches Gottes gegenwärtig erfahrbar wird. In seinem Tod bezeugt er nicht nur den Ernst und die Treue, mit denen er seine Sendung lebt, sondern auch in letzter Konsequenz die unbedingte Achtung, die Gott der menschlichen Freiheit schenkt. Selbst ihrer gewaltsamen Ablehnung setzt diese Achtung keinen Widerstand entgegen. In der Auferweckung Jesu aber wird sichtbar, daß er zu Recht beanspruchte, im Namen Gottes zu reden und zu handeln; vor allem aber zeigt sich Gott in dieser Tat mächtig, selbst die

---

[156] Vgl. Röm 5,11; 8,37.
[157] Vgl. 1 Kor 15,23–28.
[158] Vgl. Röm 11,26f.
[159] Vgl. Lk 11,20.

Grenze des Todes zu überwinden. Er ist in seiner liebenden Zuwendung zu den Menschen nicht an die Bedingungen irdischer Existenz gebunden.[160]

So wird im Bekenntnis, in Leben und Geschick Jesu habe Gott selbst gehandelt und sich gezeigt, Gott als der geglaubt, der, indem er sich selbst als Liebe offenbart,[161] dem Menschen jene Anerkennung schenkt, die von den Aporien menschlicher Freiheitsverwirklichung frei und deshalb auch material unbedingt ist; als Gott, der sich endgültig für den Menschen und dessen Heil entschieden hat und auf diese Entschiedenheit in Christus nicht nur hinwies, sondern sie Wirklichkeit werden ließ; als Gott, von dem die ausstehende Vollendung des Heils erhofft werden kann und darf.

Weil das christliche Offenbarungsbekenntnis Gott in dessen Freiheit als Subjekt wie als Inhalt seines Offenbarungshandelns anerkennt; weil es in Christus die symbolische, innergeschichtliche Vermittlungsgestalt von Gottes unbedingter Liebe sieht; weil es sich als Antwort auf die Offenbarung versteht, die den Menschen in seiner Freiheit zu Umkehr und Glaube auffordert: deshalb kann es sich vor der menschlichen Vernunft verantworten, die sich der sie gründenden Freiheit, ihrer Möglichkeiten und Grenzen, ihrer Verwiesenheit auf und ihrer materialen Bedingtheit durch die kontingente Geschichte bewußt ist.

Ein derart verantworteter Glaube aber verändert auch das Selbstverständnis des Menschen. Setzt er ihn doch in die Lage, die angstvolle Selbstverschlossenheit hinter sich zu lassen. Der Glaubende wird fähig, seine Freiheit zu ergreifen und zu verwirklichen in Verantwortung für all das, was zu tun in seiner Macht steht, und im Vertrauen darauf, nicht leisten zu müssen, was über seine Kraft geht. In solch engagierter Gelassenheit kann menschliches Freiheitshandeln in noch einem weiteren Sinne zum Symbol werden: zur ebenso realen wie vorausweisenden Darstellung jener Erfüllung, die in Christus endgültig zugesagt wurde und von Gott geschenkt werden wird.[162]

---

[160] „Ohne Jesu bestimmtes Menschsein wäre Gott nicht als Liebe, ohne seine Bereitschaft zum Tod nicht der unbedingte Ernst dieser Liebe und ohne seine Auferweckung nicht Gott als ihr wahrer Ursprung offenbar geworden" (PRÖPPER, Erlösungsglaube 197).

[161] Zum Begriff der Selbstoffenbarung vgl. PRÖPPER, Beitrag 307f.

[162] Der Begriff des „darstellenden Handelns" (PRÖPPER, Autonomie 104) ist geeignet, die problematische Verhältnisbestimmung zwischen menschlichem und göttlichem Handeln, wie sie besonders in der Reich-Gottes-Botschaft Jesu zum Ausdruck kommt, präzise zu erfassen. Denn das Reich Gottes gilt es als unverfügbares Geschenk Gottes zu denken, das aber menschlichem Handeln nicht einfach indifferent oder aufhebend gegenübersteht (vgl. SCHNACKENBURG, Herrschaft 71-73). Darstellendes Handeln nun kann verstanden werden als eine in der Freiheit des Menschen wurzelnde Aktivität, die jene Wirklichkeiten hervorbringt, die als Symbol der erhofften Vollendung erscheinen. Damit wird der reine Geschenkcharakter jener Vollendung genauso wenig geleugnet wie die Welt menschlichen Handelns, die sich selbst wiederum als durch die Zusage von Gottes Vergebung und Güte ermöglicht glauben kann (vgl. MERKLEIN, Gottesherrschaft 218-221).

III. Das Problem: Offenbarungswirklichkeit?

1. Verantworteter Glaube

Es wird sich nur schwer bestreiten lassen, daß es einer von der transzendental-philosophischen Freiheitsanalyse ausgehenden Offenbarungstheologie gelingt, das christliche Bekenntnis auf dem erreichten Niveau der neuzeitlichen Offenbarungsdiskussion zu verantworten.

Sie erntet deren Früchte, wenn sie entschieden die Pflicht übernimmt, Akt und Inhalt des Glaubens vor dem Forum menschlicher Vernunft, ihrer Selbst- und Freiheitsgewißheit zu verantworten; wenn sie im ausdrücklichen Verzicht darauf, einen Gottesbeweis zu führen, um die Grenzen menschlichen Denkens und Erkennens weiß; wenn sie, indem sie die Selbstoffenbarung Gottes als Begegnung göttlicher und menschlicher Freiheit zu deuten sucht, ein instruktionstheoretisches Offenbarungsverständnis überwindet.

Zugleich vermag eine solche Theologie den aufgezeigten Gefährdungen zu widerstehen. Denn der drohenden Aufhebung der Geschichte in eine allgemeine Vernunftwahrheit wehrt sie durch die Aufmerksamkeit auf die notwendig geschichtlich sich vollziehende Realisierung der Freiheit, durch das Mühen einer transzendentalen Historik, Individualität und Allgemeinheit im Zusammenhang der Geschichte angemessen aufeinander zu beziehen.[163] Die in der Freiheitsanalyse aufgedeckte Aporetik jedes menschlichen Handelns bewahrt sie davor, die Religion und die mögliche Bedeutung von Offenbarung auf das Gebiet der Ethik zu reduzieren. Und schließlich bietet die Einsicht, daß nur eine frei geschenkte Anerkennung die Freiheit zu ihrem Ziel zu bringen vermag, Schutz vor der Gefahr, durch den Nachweis der Angewiesenheit menschlicher Freiheit auf eine von außen kommende Erfüllung die Freiheit Gottes nicht mehr denken zu können. Sich selbst zur Treue entschließend, bleibt Gott frei, wenn er der von ihm geschaffenen menschlichen Freiheit im Akt seiner Zuwendung ihre Erfüllung schenkt.[164]

Nicht zuletzt kann die freiheitsanalytisch gegründete Theologie aufweisen, daß dem so gefaßten Verhältnis von Vernunft, Glaube und Offenbarung das Bekenntnis zur Selbstoffenbarung Gottes in Leben und Geschick Jesu in besonderer Weise entspricht.

---

[163] „Weil die Form der Vermittlung vom Inhalt nicht ablösbar und er zugleich das der Vernunft schlechthin Unverfügbare ist, über das sie im Denken nicht verfügen kann, kann die Offenbarungswahrheit nicht in Vernunftwahrheit überführt und in diese hinein aufgehoben werden" (ESSEN, Vernunft 424).
[164] Vgl. PRÖPPER, Freiheit Gottes 112f.

Folgt aber aus der so eindrucksvoll erwiesenen Verantwortbarkeit des Glaubens nicht letztlich eine Verpflichtung zum Glauben, namentlich zum christlichen Offenbarungsbekenntnis? Ist ein solches theologisches Denken – und mit ihm das von ihm bedachte Bekenntnis – noch in der Lage, andere Weisen religiösen Selbst- und Weltverstehens zu achten? Und erschöpft sich, sollte sie denn möglich sein, eine solche Achtung in der Anerkennung wahrer Elemente in insgesamt als defizient erkannten religiösen Anschauungen und Bekenntnissen? Oder läßt eine so bestimmte Offenbarungstheologie noch die Möglichkeit offen, daß auch eine prinzipiell andere Weise religiösen Verstehens der Wirlichkeit Gottes und dem Menschen gerecht werden kann und somit verantwortbar wäre?

Mit diesen Fragen kehrt meine Untersuchung nach der Erhellung ihres aktuellen Horizonts und ihres geistesgeschichtlichen Hintergrunds zu ihrem eigentlichen Interesse zurück. Bereichert ist sie nach diesem orientierenden Durchgang um den Nachweis der prinzipiellen Verantwortbarkeit des Glaubens und um die Einsicht in die Anforderungen, denen eine Offenbarungstheologie gerecht werden muß, will sie als angemessenes Verstehen des christlichen Bekenntnisses anerkannt werden. So ist es nun möglich, die Problemstellung, auf der die weitere Argumentation aufbauen wird, genau zu verorten. Zu fragen nämlich ist nach dem genauen Status des Bekenntnisses, das in Leben und Geschick Jesu die Selbstoffenbarung Gottes sieht. Allein im Blick auf diesen Status läßt sich der Umfang der Geltungsbehauptung, mit dem das Bekenntnis auftreten kann, bestimmen. Um ihn präzise erheben zu können, ist eine Differenzierung vonnöten, die in den dargestellten Entwürfen einer transzendentalphilosophisch verantworteten Offenbarungstheologie bisher zu wenig Beachtung findet.

2. Beweisbare Offenbarung?

„Aus der Prüfung nach den Kriterien ergiebt sich also das, was sich aus ihnen ergeben kann, nicht bloss als wahrscheinlich, sondern als gewiss, ob sie [die angekündigte Offenbarung, M.B.] nemlich göttlichen Ursprungs seyn *könne*; ob sie es aber *wirklich sey*, – darüber ergiebt sich aus ihr gar nichts, denn davon ist bei ihrer Uebernehmung gar nicht die Frage gewesen. ... Wir sehen am Endpuncte dieser Untersuchung mit völliger Sicherheit, dass über die Wirklichkeit einer Offenbarung schlechterdings kein Beweis weder für sie, noch wider sie stattfinde, noch je stattfinden werde, und dass, wie es mit der Sache an sich sey, nie irgend ein Wesen wissen werde, als Gott allein."[165]

Selbstverständlich kann dieses restriktive Ergebnis von Fichtes früher Offenbarungskritik nicht ungeprüft übertragen werden auf die soeben erreichten Einsichten aktueller Offenbarungstheologie. Denn es hängt von den Voraus-

---

[165] FICHTE, Kritik 147.151f. Vgl. zu Fichtes Offenbarungsschrift WERBICK, Auferweckung 88-90.117-120.

setzungen ab, von denen Fichtes Argumentation ausging. Und diese unterscheiden sich in wesentlichen Punkten von den Grundbestimmungen der transzendentaldialogischen Freiheitsanalyse.

Fichte steht mit seiner Offenbarungsschrift ganz in der Tradition von Kants Religionsbegriff und -kritik. So konnte der ursprünglich anonym veröffentlichte Text ja sogar den Verdacht entstehen lassen, er stamme aus der Feder des Königsbergers. Dessen Grundbestimmungen der Religion bilden denn auch den Ausgangspunkt von Fichtes Argumentation: Die Religion – und nur innerhalb dieser ist die Rede von Offenbarung sinnvoll[166] – und ihre Kritik fallen ganz in das Feld der praktischen Vernunft.[167] Denn wenn auch die theoretische Vernunft notwendig die Idee Gottes entwickelt, weiß sie doch über die Existenz Gottes keine Aussagen zu machen. Die praktische Vernunft ihrerseits steht ganz unter dem Gesetz, das Gute um des Guten willen zu tun – dem Gesetz, das sie sich in ihrer Freiheit selber ist und gibt, das der Vernunft demnach zugänglich ist. Doch die endliche Freiheit ist nicht in der Lage, die Naturkausalität so zu beeinflussen, daß sie dem, der das Gute tut, auch die Erreichung der Glückseligkeit verbürgen könnte.[168] Deshalb mündet die Kritik der praktischen Vernunft im Postulat Gottes als des obersten Gesetzgebers, dem die Kausalität der Natur genauso unterworfen ist wie die Kausalität aus Freiheit und der deshalb jene angemessene Glückseligkeit zu garantieren vermag. Die Religion schließlich erfüllt das Bedürfnis des Menschen, sich die Glückseligkeit und Gott, den sie gewährenden obersten Gesetzgeber, vorzustellen.[169] Sofern diese Vorstellung allein in der Vernunftnatur des Menschen gründet, kann die Religion als „Naturreligion" qualifiziert werden.

Kann dennoch, und mit dieser Frage erreicht Fichte das eigentliche Anliegen seiner Untersuchung, sinnvoll, d.h. so von einer möglichen Offenbarung gesprochen werden, daß diese Rede den Anfragen der Vernunftkritik standhält? Zwei auf den ersten Blick widersprüchliche Voraussetzungen lassen dies fraglich scheinen. Denn erstens würde die Vernunft keine Offenbarung anerkennen können, die sich nicht als vernünftig erweisen ließe. Weil aber die Vernunft, wie sich zeigte, für die Verpflichtung zur Moralität wie für den Gottesbegriff aus

---

[166] Vgl. FICHTE, Kritik 69.

[167] Vgl. FICHTE, Kritik 15.

[168] Fichte weiß die bei Kant unbefragt eingeführte Voraussetzung, daß der Moralität die Glückseligkeit angemessen ist, zu begründen: So wenig das Streben nach Glückseligkeit die moralische Handlung motivieren darf – sie würde dann nicht mehr allein um des Guten willen vollbracht –, so wenig kann die Verpflichtung zum Guten der Hoffnung auf die Glückseligkeit ihr Recht absprechen. Wegen der „Anforderung des Sittengesetzes, sich durch Aufhebung seiner Berechtigungen des sinnlichen Triebes [zur Glückseligkeit, M.B.] nicht zu widersprechen" (FICHTE, Kritik 39), läßt sich auf die Gesetzlichkeit dieses Triebes und damit die Angemessenheit der Glückseligkeit für den moralisch Handelnden vom Sittengesetz her schließen.

[169] Vgl. FICHTE, Kritik 55-58. „Die Religion überhaupt gründet sich auf das Bedürfniss der Sinnlichkeit" (64). Dabei bleibt jede religiöse Vorstellung kritisch zu befragen, ob der in ihr verkündete Wille Gottes wirklich dem Moralgesetz der Vernunft entspricht. Nur dann darf und kann die Vernunft ihr zustimmen, den Glauben verantworten.

eigener Kraft einzustehen vermag, kann Offenbarung nicht gedacht werden als
Mitteilung einer der Vernunft nicht auch selbst erreichbaren Einsicht.[170]
Zweitens aber kann von Offenbarung nur sinnvoll gesprochen werden, wenn
ein Offenbarer dem Empfänger etwas eröffnet, was dieser andernfalls nicht
würde erkannt haben.[171] Aus dieser Gegenüberstellung läßt sich, so Fichte,
jedoch zunächst lediglich folgern, daß der Begriff einer möglichen Offenbarung
kein „gegebener", d.h. der Vernunft a priori notwendiger, sondern lediglich ein
„gemachter"[172] ist, dessen möglicher Sinngehalt von weiteren Voraussetzungen
abhängt.

So muß gefragt werden, ob eine Offenbarung, wenn schon nicht ihre
grundsätzliche Notwendigkeit aufgezeigt werden kann, nicht in bestimmten
Situationen faktisch erforderlich ist.[173] Zwei solche Anlässe sind nach Fichte
denkbar: Eine so völlige Bestimmung des Menschen durch die Sinnlichkeit, daß
er um das Gute und dessen Heiligkeit gar nicht mehr weiß; oder eine so starke
Beeinflussung durch das Sinnliche, daß der Mensch, der um das Gute weiß,
einer Bestärkung von dessen Heiligkeit bedarf, um die Kraft zu finden, sein
Handeln von ihm bestimmen zu lassen.[174] In beiden Fällen scheint es sinnvoll,
im ersten sogar notwendig, dem Menschen über die Sinnlichkeit jene Einsicht in
das Gute zu schenken, die sein Handeln motivieren kann.[175] Eine solche über
die Sinnlichkeit vermittelte Einsicht aber ist die Offenbarung, deren einzig
angemessener Inhalt die Heiligkeit des Gesetzes sein kann, die mit der Heiligkeit
des obersten Gesetzgebers korrespondiert: „Seine Anforderung aber, ihm zu
gehorchen, kann sich auf nichts anderes, als auf seine Heiligkeit gründen, weil
sonst der Zweck aller Offenbarung, reine Moralität zu befördern, nicht erreicht
würde".[176]

Mit diesen Bestimmungen ist nicht nur die mögliche Notwendigkeit einer
Offenbarung erwiesen, sondern es lassen sich aus ihnen auch die formalen wie
inhaltlichen Kriterien ableiten, die das Urteil erlauben, ob ein bestimmtes
Ereignis als mögliche Offenbarung gelten kann oder nicht. Denn nur eine
Offenbarung, die inhaltlich die Aufforderung vermittelt, das Gute um des
Guten willen zu tun, und die formal die Freiheit achtet, die zu fördern und zu
orientieren ihr Ziel ist, kann verantwortet als Offenbarung geglaubt werden.[177]

---

170 Vgl. FICHTE, Kritik 52.
171 „Das Bekanntgemachte wird nur dadurch ein Bekannt*gemachtes*, dass ich es nicht schon vorher
wusste" (FICHTE, Kritik 66).
172 Vgl. FICHTE, Kritik 82.
173 Vgl. FICHTE, Kritik 84f.
174 Vgl. bereits FICHTE, Kritik 53f., vor der ausführlichen Erörterung in 84-106.
175 „Gott müsste sich also durch eine besondere, ausdrücklich dazu und für sie bestimmte
Erscheinung in der Sinnenwelt ihnen als Gesetzgeber ankündigen" (FICHTE, Kritik 80f., vgl. auch
94f.).
176 FICHTE, Kritik 99, vgl. auch 80f.
177 Vgl. FICHTE, Kritik 112-141. Die von Fichte angeführten Kriterien sind weitgehend deckungsgleich mit den aus der transzendentalen Freiheitsanalyse erhobenen (vgl.o. S. 53). Sie zielen darauf,

Die physische Möglichkeit einer Offenbarung schließlich, die es nach dem Erweis einer denkbaren Offenbarungs-Notwendigkeit auch noch aufzuzeigen gilt, sieht Fichte schon im Gottesbegriff der praktischen Vernunft gewährleistet.[178] Denn in ihm wird Gott ja gerade gedacht als derjenige, der in Freiheit Wirkungen im Bereich des Sinnlichen verursachen kann. Und diese Macht befähigt ihn, die Glückseligkeit zu gewähren und durch die Offenbarung seiner selbst als des obersten Gesetzgebers dem Menschen Einsicht in die Verpflichtung zum Guten zu schenken.

Mögen diese Anerkennungen religiöser Offenbarungsrede durch die philosophische Kritik zunächst sehr weitreichend scheinen, ergibt sich ein anderes Bild, wenn man nach den Möglichkeiten fragt, die Behauptung der Offenbarungsqualität eines bestimmten Ereignisses zu begründen. Denn „über die logische Möglichkeit dieses Begriffs [der Offenbarung, M.B.] kann kein Zweifel entstehen. [...] In der Anwendung dieses Begriffs auf ein Factum aber thun sich grosse Schwierigkeiten hervor".[179] Eine solche Offenbarungsbehauptung stößt, wie sich zeigte, bereits auf die Schwierigkeit, daß sie nicht von einem notwendigen Vernunftbegriff der Offenbarung ausgehen kann, weil die von Fichte vollzogene Verhältnisbestimmung von Vernunft und Offenbarung keine unbedingte Hinordnung menschlicher Freiheit und menschlichen Erkennens auf ein göttliches Sich-Zeigen zu denken erlaubt. Sie muß deshalb, um sich zu legitimieren, zunächst die Gegebenheit der empirischen Bedingungen nachweisen, die eine mögliche Offenbarung als sinnvoll erscheinen lassen, und sodann das von ihr behauptete Offenbarungsereignis an den genannten Kriterien einer möglichen Offenbarung messen lassen. Doch selbst wenn beides gelingt, bleibt es unmöglich, die Wirklichkeit der behaupteten Offenbarung zu beweisen. Dies ist auf apriorischem Wege nicht möglich, weil die Idee der Offenbarung, selbst wenn sie als Bedürfnis der praktischen Vernunft auftritt, für das wirkliche Gegebensein einer Offenbarung nicht aufkommen kann;[180] aposteriorisch nicht, weil sich nicht einmal wahrscheinlich machen läßt, daß das fragliche Ereignis sich einer Offenbarung als Ursache verdankt.[181] So muß Fichtes Offenbarungskritik mit den eingangs zitierten Begrenzungen möglicher Offenbarungsansprüche enden.

Ohne Zweifel verschiebt eine Offenbarungstheologie, die sich mit Hilfe einer transzendentaldialogischen Freiheitsanalyse zu verantworten sucht, gegenüber Fichte die Ausgangspunkte der Diskussion. Denn indem sie auf die unaufhebbare Aporetik menschlicher Freiheitsverwirklichung rekurriert, deckt sie auf, daß die Freiheit, soll ihr Sinnbedürfnis nicht unbeantwortet bleiben,

---

daß eine Offenbarung, an die verantwortet geglaubt werden können soll, formal wie inhaltlich dem Moralgesetz entsprechen muß.
[178] Vgl. FICHTE, Kritik 107.
[179] FICHTE, Kritik 71.
[180] Vgl. FICHTE, Kritik 148f.
[181] Vgl.FICHTE, Kritik 144-147.

nicht nur unter bestimmten Voraussetzungen, sondern unbedingt angewiesen ist auf eine ihr begegnende Offenbarung des sie erfüllenden Gottes. Demgemäß muß auch der mögliche Inhalt einer Offenbarung anders gefaßt werden als von Fichte: Es geht um mehr als um die Erinnerung an die unbedingte Verpflichtung auf das Gute. Der menschlichen Freiheit wirklich zu entsprechen vermag nur ein Gott, der sich selbst als ihr Gegenüber zeigt, sich ihr befreiend und vergebend offenbart. Daß mit diesen Neubestimmungen sowohl des Offenbarungsinhalts wie der Offenbarungsbedürftigkeit des Menschen das biblische Gottes- und Glaubensverständnis vollständiger erfaßt ist als in Fichtes Argumentation, braucht nicht erneut belegt zu werden. Fraglich jedoch ist, ob durch diese Veränderung auch die Ergebnisse der Kritik Fichtes hinfällig werden.

Als in geltungstheoretischer Hinsicht verzichtbar jedenfalls kann nun die Unterscheidung zwischen dem Gottespostulat der praktischen Vernunft und dem Begriff einer möglichen Offenbarungs-Notwendigkeit gelten: Die Angewiesenheit auf eine Offenbarung ist nun in ihrer Unbedingtheit deutlich geworden und muß nicht mit weiteren empirischen Bedingungen erwiesen werden. Doch der Zielpunkt von Fichtes Kritik wird davon nicht berührt: Denn selbst aus der erwiesenen Notwendigkeit, auf eine Offenbarung zu hoffen, kann nicht auf deren faktisches Ergehen oder Ergangensein geschlossen werden. Daß ein solcher Schluß die von der Erkenntniskritik aufgezeigten Grenzen überschritte, war auch in der transzendentalphilosophisch verantworteten Offenbarungstheologie stets betont worden. Nun aber wird deutlich, daß auch der Verweis auf ein geschichtliches Ereignis jene Grenzen nicht überschreiten kann. Denn selbst die Tatsache, daß ein als Offenbarung geglaubtes Ereignis allen durch die Vernunftkritik an eine solche Behauptung heranzutragenden Kriterien entspricht, kann nicht als Beleg für dessen faktische Offenbarungsqualität herangezogen werden.[182] Denn „alle diese Kriterien sind die moralischen Bedingungen, unter denen allein, und ausser welchen nicht, eine solche Erscheinung von Gott, dem Begriffe einer Offenbarung gemäss, bewirkt seyn könnte; aber gar nicht umgekehrt, – die Bedingungen einer Wirkung, die bloss durch Gott diesem Begriffe gemäss bewirkt seyn könnte.“[183]

Die Verantwortbarkeit eines Bekenntnisses, das ein bestimmtes Ereignis als Offenbarung Gottes glaubt, wird durch eine solche Bestimmung nicht bestritten, sondern gesichert. Und mit diesem Ziel war ja auch die neuzeitliche

---

[182] So betont auch ESSEN, Geschichte 324: „Nicht die Existenz Gottes und die Wirklichkeit seines Geschichtshandelns sollen und können bewiesen werden". In merkwürdiger Spannung zu dieser klar benannten Begrenzung steht allerdings die zusammenfassende Schlußfolgerung seiner Überlegungen: „Für die historische Vernunft, die sich als Vernunft der Freiheit begreift, darum beim Unbedingten menschlicher Freiheit einsetzt und mit der Feststellung ihrer geschichtlich unaufhebbaren Antinomie endet, bedeutet dies, daß sie ihre eigene historische Möglichkeit jener Freiheitsgeschichte Gottes mit den Menschen verdankt, deren theoretische Möglichkeit und anthropologische Bedeutung sie transzendentallogisch erschließt" (333).
[183] FICHTE, Kritik 146.

Offenbarungstheologie stets aufs neue angetreten. Ein solches Bekenntnis braucht unter den Bedingungen menschlichen Erkennens nicht einmal seine Widerlegung zu fürchten, denn „jede Widerlegung muss falsch seyn, das können wir *a priori* wissen":[184] Denn die Bestreitung kann keinen höheren Geltungsanspruch erheben als das Bekenntnis. Dem Beweis der Faktizität einer Offenbarung aber – und damit einem, wenn auch aposteriorischen Gottesbeweis – wird durch die Vernunftkritik eine endgültige Grenze gesetzt.[185]

Um so wichtiger ist es deshalb, das Christusbekenntnis in seinem Status genauer zu bestimmen. Denn dieses bekennt sich zu Christus nicht als einer möglichen, sondern als der wirklichen Offenbarung Gottes. Den Schritt, den die religiöse Offenbarungsbehauptung vollzieht, den Schritt von der *Erkenntnis* der *Möglichkeit* zum *Bekenntnis* der *Wirklichkeit* gilt es präzise zu qualifizieren. Diese Qualifizierung hat weitreichende Folgen für das Verhältnis des Christusbekenntnisses zu anderen Religionen. Sie soll deshalb erreicht werden im Dialog mit Ernst Cassirer, dem Dialog, dessen Ausgangsfrage nun erreicht ist.

---

[184] FICHTE, Kritik 171.
[185] Auch PRÖPPER, Beitrag 304, qualifiziert das christliche Offenbarungsbekenntnis als eine „Glaubensaussage [...], die sich im strengen Sinne nicht beweisen läßt".

B. Der Dialog:
Das Offenbarungsbekenntnis als symbolische Form

Das Christusbekenntnis und das von ihm eröffnete Weltverstehen lassen sich deuten als eigenständige symbolische Form. Diese These greift zurück auf Ernst Cassirers Verständnis des Symbolischen und der symbolischen Formen, das er in seinem einschlägigen Hauptwerk grundgelegt und im Verlauf seines weiteren Denkweges zunehmend differenzierter entfaltet hat. Sie soll in Auseinandersetzung mit Cassirer erläutert und begründet werden. Vor allem aber wird es um den Aufweis gehen, daß die hier vertretene Deutung des Christusbekenntnisses dem Selbstverständnis des christlichen Glaubens im Dialog der Religionen weiterführende Impulse und Orientierungen zu geben vermag. Insofern bilden die Argumentationen dieses zweiten Teils den systematischen Kern meiner gesamten Untersuchung.

Allerdings birgt die Anwendung der philosophischen Einsichten Cassirers auf eine spezifisch theologische Fragestellung Probleme. Deren Wahrnehmung führt zum dialogischen Charakter der folgenden Kapitel und gibt ihnen zugleich den Argumentationsgang vor.

Am Dialog der Religionen war Cassirer nicht erkennbar interessiert.[1] Auch das Selbstverständnis seiner eigenen jüdischen oder der christlichen Religion war für ihn nur insoweit von Belang, wie es den Rahmen seiner Philosophie des Mythos und der Religion zu bestätigen und zu füllen vermochte.[2] So sehr sich also die folgenden Überlegungen der erkenntnistheoretischen und kulturphilosophischen Perspektive Cassirers verbunden, ja in wesentlichen Punkten verpflichtet wissen, so muß doch deutlich bleiben, daß sie sich in ihrem erkenntnisleitenden Interesse von Cassirer unterscheiden. Aus diesem Grund wurde der kritische Dialog mit Cassirer, nicht aber die unmittelbare Übernahme seiner Ergebnisse als angemessene Form der Aneignung gewählt. Formal sichtbar wird diese Entscheidung darin, daß die jeweils ersten Abschnitte der folgenden vier Kapitel den Gedankengängen Cassirers gewidmet sind, die jeweils dritten aber der theologischen Aufnahme der erreichten Ergebnisse. Als Ver-

---

[1] So läßt er es in VM 118 mit dem Hinweis bewenden, daß die „Glaubensgrundsätze, die Dogmen, die theologischen Systeme [...] in einem endlosen Konflikt miteinander" liegen. Gleichwohl kann, wie gezeigt werden soll, sein Interesse für die einheitliche Symboltätigkeit in den Religionen (ebd.) deren Dialog befruchten.

[2] Vgl. das aufschlußreiche Kapitel „Aspekte von Cassirers Auseinandersetzung mit dem ʻJüdischenʼ" bei PAETZOLD, Marburg 127-147. Zu Cassirers spätestem Versuch über „Judaism and the Modern Political Myths" (SMC 233-241) vgl. HABERMAS, Kraft 103.

bindung stehen zwischen diesen Abschnitten stets kritische Klärungen und
Weiterführungen der Gedanken Cassirers.

Inhaltlich folgt der Aufbau des angezielten Dialogs der sich nahelegenden
Argumentationslogik. So läßt sich, nachdem der symbolische Charakter aller
möglichen Weltzugänge erwiesen ist (I.), die Frage nach deren Wirklichkeitsbezug und Wahrheitsanspruch nicht mehr abweisen (II.). Zeigt aber die darauf mit
Cassirer zu gebende Antwort, daß jedes spezifische Weltverstehen mit eigenen
Geltungsansprüchen auftritt, wird die Bestimmung des Verhältnisses zwischen
diesen zum Problem (III.). Letzteres verschärft sich im Blick auf Geltungsansprüche, die nicht nur nebeneinander, sondern sogar gegeneinander stehen – wie
dies etwa in der Begegnung verschiedener Religionen kaum zu vermeiden ist
(IV.). Die in der theologischen Aufnahme von Cassirers Denken erreichten
Ergebnisse werden sich dann im dritten Teil dieser Arbeit in Auseinandersetzung mit der pluralistischen Religionstheologie zu bewähren haben als eine
verantwortete Rahmentheorie, die eine Verhältnisbestimmung zwischen den
Religionen ermöglicht.

Ein solch systematisch-strenger Zugriff auf die Philosophie Cassirers mag all
jene verwundern, denen diese Philosophie bereits begegnete und Kopfzerbre-
chen bereitete. Läßt doch Cassirers Stil des Philosophierens – stets gelehrt und
geistreich, oft assoziativ, immer wieder ausschweifend, mitunter verwirrend –
eine stringente und genügend weit getriebene Systematik nur schwer erkennen.[3]
Es bleibt deshalb – auch im folgenden – unverzichtbar, Cassirers oft weit
auseinanderliegende Gedankengänge miteinander zu verbinden, in- und
gegeneinander zu lesen, um zu einem angemessenen Verstehen zu gelangen.[4]
Und doch verhilft der hier entfaltete systematische Durchgang zu einer
überraschenden Entdeckung: Die häufig festgestellten, mitunter als Brüche
deklarierten Veränderungen in Cassirers philosophischem Denken lassen sich
lesen als seine Versuche, genau die Fragen zu beantworten, die sich im Fortgang
der Analyse symbolischer Formen aufdrängen.[5] So wird eine innere Folgerichtigkeit des Gesamtwerks ansichtig, auf die Cassirer selbst kaum reflektierte, die
die Rezeption seines Denkens aber erleichtern kann.

---

[3] Cassirers von Orth gern zitierte Vorliebe für den „esprit systématique" gegenüber einem „esprit de
système" (vgl. ORTH, Erkenntnistheorie 44, Anm.1) kann diesen Mangel kaum entschuldigen.
[4] Vgl. TOMBERG, Begriff 18f.
[5] Dies gilt schon für den Begriff „symbolische Formen" selbst. Auf die gern erwähnte Anekdote,
nach der Cassirer den Schlüsselbegriff seiner Philosophie einer Intuition beim Einsteigen in eine
Straßenbahn verdankt, wird nicht selten in diskreditierender Absicht zurückgegriffen (so etwa
TOMBERG, Begriff 11). Doch läßt sich zeigen, daß auch diese Intuition Frucht langer Bemühungen
ist (so z.B. ORTH, Erkenntnistheorie 4-14; KNOPPE, Philosophie 5).
Daß sich manche Veränderungen im Denken Cassirers auch historisch-biographisch begründen
lassen, wird durch diese systematische Sicht nicht aus-, sondern eingeschlossen. TOMBERG, Begriff
176, spricht deshalb von der Notwendigkeit einer „vollzugstheoretischen" Deutung der Werke
Cassirers. KROIS, Cassirer X, sieht sich zur Wechselbeziehung zwischen historischem und syste-
matischem Interpretationsbemühen nicht zuletzt durch Cassirers eigentümliche, selbst zwischen
beiden Perspektiven oszillierende Form des Philosophierens berechtigt.

Mit dieser Behauptung einer in Cassirers Denken verborgenen Systematik soll allerdings dessen mangelnde Reichweite und Klarheit in entscheidenden Fragen nicht verdeckt werden. Das Subjekt der symbolischen Formungen, die genaue Bestimmung des zentralen Begriffs „Geist", die Geltungsbegründung ethischer Normen, das wechselseitige Verhältnis der symbolischen Formen zueinander – es sei vorerst dahingestellt, ob Cassirer für solche zentralen Probleme eine Klärung nicht für nötig hielt, nicht zu leisten wußte oder durch ebenso kurze wie prägnante Rückgriffe auf Kant erreicht zu haben glaubte: Fest steht, daß seine Auskünfte dazu selbst dann unbefriedigend bleiben, wenn man in der Offenhaltung jener Fragen nicht ein Defizit, sondern eine spezifische Leistung Cassirers entdecken zu können glaubt.

So hat sich eine Beschäftigung mit Cassirer zu entscheiden, ob sie sich aufgrund dieses Ungenügens schließlich von ihm abwendet oder durch den Versuch einer über Cassirer hinausgehenden Fundierung und Interpretation seiner Einsichten diese zu bewahren strebt. Der folgende Dialog hat sich letzterem Weg verschrieben. Er wird in seinem Verlauf zu erweisen haben, daß Cassirers Entwurf einer Philosophie der symbolischen Formen durch die – im jeweils zweiten Abschnitt jedes Kapitels – erarbeiteten Präzisierungen fruchtbar zu machen ist für das Selbstverständnis des christlichen Bekenntnisses im Kontext interreligiöser Auseinandersetzungen. Kurz: Er hat zu zeigen, daß die Qualifizierung des Christusbekenntnisses als symbolische Form den erhofften Gewinn zu bringen vermag.

I. Symbolische Form

1. Cassirers zentrale Einsicht

a) Erfahrung als Sinngebung

Wirkmächtiges Bild eines Schlangengottes? Sinuskurve? Ausdruck künstlerischer Aktivität? Physikalisches Meßergebnis? Anleitung einer Partitur? Oder nur eine beiläufig aufs Papier gekritzelte Linie?

Mit dem von ihm gern benutzten Beispiel des Linienzugs bringt Cassirer prägnant die Problemzusammenhänge zum Ausdruck, die er mit seiner Philosophie der symbolischen Formen zu erhellen hofft.[6] Wird doch hier die Fülle möglicher Weltdeutungen anschaulich, derer Cassirer bereits in seinen philosophie- und geistesgeschichtlichen Studien, erst recht während seiner Forschungen in der kulturanthropologischen Bibliothek Warburg ansichtig

---

[6] Am ausführlichsten entfaltet findet sich das Linien-Beispiel in STS 5-7 und PsF III,232-234.

wurde.[7] In einer Zeit, in der alte Sinngefüge und Gewißheiten zerbrochen waren, in der viele sich in die Scheinsicherheiten isolierter Milieus oder faschistoider Nationalismen zu flüchten suchten,[8] nimmt der weltoffene Blick Cassirers bereits eine weltanschauliche Pluralität wahr, von der das Alltagsbewußtsein erst zwei Generationen später herausgefordert und geprägt werden sollte. Zu fasziniert ist Cassirer von der sich ihm zeigenden menschlichen Kultur[9] in ihrer ganzen Vielfalt, als daß er bereit wäre, sie durch den Zwang eines logischen oder ideologischen Systems beschneiden zu lassen. Und doch verfällt er nicht einem beliebigkeitsfrohen Pluralismus, sondern bleibt dem Movens der philosophischen Tradition treu: Er fragt auch angesichts dieser veränderten Ausgangslage nach Einheit und Geltung, nach Objektivität und Wahrheit menschlichen Erkennens und Deutens.[10]

Das Linienbeispiel erweist seine demonstrative Kraft nicht zuletzt darin, daß es die Unmöglichkeit einer ontologischen Lösung des Geltungsproblems unmittelbar einsehen läßt. Die Frage, was denn der wahrgenommene Gegenstand „in Wirklichkeit" sei, um an dieser Wirklichkeit die vorgelegten Deutungen zu messen, ist müßig, weil keine der möglichen Antworten den Bereich der Deutungen verlassen könnte.[11]

Also muß, hierin ist sich Cassirer mit Kant einig, „der stolze Name einer Ontologie [...] einer bloßen Analytik des reinen Verstandes Platz machen".[12] Allerdings hat, so Cassirer in Weiterführung Kants, die Analyse über den – wissenschaftlich schlußfolgernden – Verstand hinaus auf das gesamte Feld menschlichen Weltverstehens auszugreifen.[13] Wir stehen also vor der Aufgabe, die so zahlreichen möglichen Deutungen der Welt auf die Bedingungen ihrer Möglichkeit hin zu prüfen und in ihrer Struktur zu erhellen.

Wie Cassirer diese Aufgabe bewältigt, wird die nähere Darstellung seiner Philosophie erkennen lassen. Dabei erlaubt, ja erfordert es der projektierte Untersuchungsgang, die hier zentral interessierende Frage nach dem wechselseitigen Verhältnis konfligierender Weltdeutungen vorerst zurückzustellen. Das Problem der Zuordnung mannigfaltiger Erfahrungsinhalte läßt sich erst dann in den Blick nehmen und einer Lösung zuführen, wenn die Struktur von Erfahrung überhaupt erfaßt ist.

---

[7] Vgl. PsF II,XIII. Dazu PAETZOLD, Marburg 68-85; KLIBANSKY, Grenzen.

[8] Den Widerstand Cassirers gegen eine solche „Lösung" der nach dem 1. Weltkrieg aufbrechenden Probleme bezeugt eindrucksvoll seine Rede zum Verfassungstag 1928: CASSIRER, Idee.

[9] Zum geistesgeschichtlichen Hintergrund des Kulturbegriffs vgl. PERPEET, Kulturphilosophie 254-259. Zu dessen Vieldeutigkeit bei Cassirer vgl. ORTH, Erkenntnistheorie 191-198.

[10] Vgl. PsF I,7f., und dazu STARK, Symbol 55f.

[11] Vgl. dazu ausführlicher unten II.1.a, S. 124ff.

[12] KrV A 274, B 303. KNOPPE, Philosophie 13-20, zeichnet nach, wie Cassirer in SF Kants Erkenntniskritik in der Tradition Cohens und Natorps aufnimmt. Cassirer selbst betont, daß seine „gesamte Arbeit im Gebiete der theoretischen Philosophie die methodische Grundlegung voraussetzt, die Kant in der 'Kritik der reinen Vernunft' gegeben hat" (EBK 202).

[13] Zu dieser Aufgabenbeschreibung vgl. WWS 228. Dazu auch ORTH, Erkenntnistheorie 203-213.

Der parallele Gebrauch der Begriffe „Erfahrung" und „Deutung" in den vorangegangenen Sätzen greift bereits zurück auf die Grundeinsicht Cassirers, mit deren Hilfe er die Analyse des Verstandes auf eine Analyse allen Weltverstehens ausdehnt: Jede Erfahrung, so Cassirer, der schon mit diesem Begriff sein über den engeren Bereich der (wissenschaftlichen) Erkenntnis hinausgehendes Interesse markiert,[14] hat die Struktur einer Sinngebung, einer Zuschreibung von Bedeutung. Außerhalb dieser Struktur ist kein Erfassen von Welt möglich. Diesen fundamentalen Akt der Sinngebung nennt Cassirer symbolische Form. „Unter einer 'symbolischen Form' soll jede Energie des Geistes verstanden werden, durch welche ein geistiger Bedeutungsgehalt an ein konkretes sinnliches Zeichen geknüpft und diesem Zeichen innerlich zugeeignet wird."[15] Der Begriff „Energie" dient Cassirer dabei zur Kennzeichnung der zielgerichteten, formgebenden Tätigkeit des Geistes. Diese „energia" ist – mit Humboldt – von ihrem Ergebnis, dem „ergon", und – mit Aristoteles – von einer reinen Potentialität abzugrenzen.[16]

Indem sie den konkreten Akt symbolischer Formung, den aktualen Erkenntnisvorgang beschreibt, richtet sich die angeführte Definition auf einen der drei Bedeutungsgehalte, zwischen denen der Begriff „symbolische Form" in Cassirers Werk oszilliert.[17] Zunächst wird die Aktualität jedes Erfahrens so benannt, dann aber auch in doppelter Hinsicht deren Ergebnis: Mitunter bezeichnet Cassirer jeden in einer Erfahrung erfaßten Gegenstand als symbolische Form, etwa die als Schlange wahrgenommene gekrümmte Linie. Im ausgezeichneten Sinne symbolische Formen greifen dagegen erheblich weiter: Unter ihnen versteht Cassirer umfassende Sinnhorizonte, unter denen sich die Mannigfaltigkeit einzelner Erfahrungen zusammenfassen läßt.[18] Zunächst gelten ihm nur der Mythos (samt der Religion), die Kunst, die Sprache und die Wissenschaft als solche symbolische Formen. In späteren Werken rechnet er mit deren nicht genau festzulegender Vielzahl, er nennt u.a. die Technik, die Geschichte, die Wirtschaft.[19]

Die nähere Bestimmung des Verhältnisses der drei genannten Bedeutungsgehalte zueinander läßt nicht nur einsehen, warum Cassirer auf deren klare

---

[14] Vgl. GRAESER, Cassirer 28-30.

[15] WWS 175. Vgl. zur Definition der symbolischen Formen, die sich unzählige Male in Cassirers Werk findet, neben dem zitierten Aufsatz in WWS 169-200, der übrigens die früheste systematische Fassung des philosophischen Grundkonzepts darstellt, die prägnanten Stellen in PsF I,8-11, und STS 7f.

[16] Humboldt bezeichnet die Sprache als „energia", nicht als „ergon" (vgl. PsF I,105; ECN I,15), um so der Wechselbeziehung von vorgegebener Sprachform und aktiver Sprachgestaltung Rechnung zu tragen. Cassirer weitet diese Einsicht auch auf andere symbolische Formen aus (vgl. PsF III,386; ECN I,190, und dazu PAETZOLD, Einführung 45). Zu Aristoteles vgl. PsF I,9f., und JACOBI, Möglichkeit 938f.

[17] Vgl. KNOPPE, Philosophie 175f.; ORTH, Erkenntnistheorie 83f.

[18] Vgl. zu den verschiedenen Ebenen der symbolischen Formung PsF I,28f., zum Begriff der umfassenden symbolischen Formung WWS 174f. und MS 49.

[19] Vgl. STS 42 und die von PsF abweichende Aufzählung in VM.

begriffliche Unterscheidung verzichtet, sondern gewährt auch einen tieferen Einblick in die Struktur von Erfahrungen. Die Verknüpfung eines sinnlichen Zeichens mit einer geistigen Bedeutung, jede konkrete Erfahrung also, ist als spezifischer Zusammenhang von Repräsentation und Präsenz zu verstehen.[20] Zum einen vollzieht sich Sinngebung als Einordnung des gegebenen sinnlichen Zeichens in einen größeren Sinnhorizont. Bedingung der Möglichkeit einer solchen Einordnung aber ist die Präsenz dieses Sinnganzen im Bewußtsein des jeweiligen Erfahrungssubjekts.[21] Wem etwa die Weltsicht des Mythos nicht bekannt, nicht präsent ist, der wird die gekrümmte Linie nie als beängstigende Manifestation eines Schlangengottes erfassen können. In umgekehrter Richtung repräsentiert das je konkrete sinnliche Zeichen den Horizont, dem es eingeordnet wird, der ohne solche Vergegenwärtigung gar nicht greifbar wäre: War eben von einem notwendigen Sinnhorizont des Bewußtseins die Rede, so kann dieser nicht anders vorgestellt werden denn als Vergegenwärtigung der Gegenstände vergangener Erfahrung, in denen z.B. das mythische Weltbild Anhalt fand. „Der Sinn, in jedweder Form, erfordert eine Darstellungsrelation, fixiert im Symbolbegriff, der [...] als eine Beziehung zwischen ‘Sinnlichem’ und ‘Sinn’ definierbar ist.“[22] „Denn kein Inhalt des Bewußtseins ist an sich bloß ‘präsent’, noch ist er an sich bloß ‘repräsentativ’; vielmehr faßt jedes aktuelle Erlebnis beide Momente in unlöslicher Einheit in sich. Alles Gegenwärtige fungiert im Sinne der Vergegenwärtigung, wie alle Vergegenwärtigung die Anknüpfung an ein dem Bewußtsein Gegenwärtiges verlangt.“[23]

Erst das Wechselverhältnis des auf einen repräsentierten Sinnhorizont angewiesenen konkreten sinnlichen Zeichens und des auf seine konkrete, sinnliche Repräsentierung angewiesenen Sinnhorizonts macht Erfahrung möglich, der aktuelle Vollzug dieses Wechselverhältnisses bildet ihre Grundstruktur. Dieses komplexe Gefüge will Cassirer mit dem bewußt mehrdeutigen Begriff der symbolischen Form erfassen.[24]

---

[20] Zum folgenden vgl. PsF I,32-36. SCHWEMMER, Cassirer 89-107, legt eine sehr genaue Analyse des Repräsentationszusammenhangs vor.

[21] „Denn jedes einzelne Sein des Bewußtseins hat eben nur dadurch seine Bestimmtheit, daß in ihm zugleich das Bewußtseinsganze in irgendeiner Form mitgesetzt und repräsentiert wird. Nur in dieser *Repräsentation* und durch sie wird auch dasjenige möglich, was wir die Gegebenheit und *'Präsenz'* des Inhalts nennen“ (PsF I,33).

[22] HAMBURG, Philosophiebegriff 35.

[23] PsF III,232. GRAESER, Cassirer 149, betont entsprechend, „daß ‘Sinn’ keine besondere Art von Objekten neben oder über den Sinnträgern bezeichnen kann“.

[24] Schon in seinen frühen, wissenschaftskritischen Schriften hat Cassirer mit Hilfe des Repräsentationsbegriffs deutlich machen können, daß für die Konstitution der Erkenntnisgegenstände die Korrelation zwischen den Teilen und dem Ganzen, zwischen den Reihen und ihren Elementen funktional notwendig ist (vgl. SF 373-378). In PsF findet sich dieser Zusammenhang bewußtseinstheoretisch reformuliert und über den engen Kreis wissenschaftlicher Begrifflichkeit hinaus ausgedehnt.
ORTH, Erkenntnistheorie 59-61.129-147, macht auf die temporale Verfaßtheit des Repräsentationszusammenhangs aufmerksam: Nur in der Zusammenschau von Vergangenheit und Zukunft ist gegenwärtige symbolische Formung möglich. Doch darf diese Analyse nicht den Blick verstellen auf

b) Die Dynamik der symbolischen Formen

Cassirers unverwechselbarer, die Enge von Kants Erkenntnisbegriff überwindender Denkstil zeigt sich vor allem in seinem Umgang mit kulturhistorischem und aktuellem wissenschaftlichen Material, das ihm in reichem Maße präsent ist. Er wendet die reine transzendentale Rückfrage nach der Bedingung der Möglichkeit kultureller Ausdrucksgestalten um und sucht im Durchgang durch die faktische Entwicklung menschlichen Weltverstehens seine erkenntnisleitende These von der symbolischen Formung zu bewähren. Dabei wiederum stößt er auf Phänomene, die zur Erweiterung und Präzisierung seiner philosophischen Erkenntnistheorie führen.[25]

Letzteres gilt in ausgezeichneter Weise für eine Entdeckung, die in der weiteren Ausfaltung der Philosophie der symbolischen Formen zunehmend in den Rang einer systematischen Grundperspektive rückt: die Entdeckung einer offenbar notwendigen Dynamik symbolischer Formen, die sich sowohl innerhalb jeder einzelnen Form wie auch im Verhältnis verschiedener Formen zueinander nachweisen läßt.[26] Cassirer stellt sie als Abfolge von drei Stufen dar. Sie unterscheiden sich voneinander durch den Grad, in dem im Akt der symbolischen Formung diese als solche bewußt ist.[27] Ihre „Erhellung wird dadurch möglich, daß der Charakter der 'Darstellung', der als solcher zum Wesen des 'Bewußtseins' überhaupt gehört, doch nicht in allen Gebilden des

---

die transzendentalphilosophische Fassung des Symbolproblems, in der nach der Bedingung der Möglichkeit des Bedeutens überhaupt gefragt wird. Vgl. dazu unten die Unterscheidung von natürlicher Symbolik und symbolischer Prägnanz (s.S. 126f.), die ORTH, aaO.173, m.E. nicht ausreichend berücksichtigt.

[25] Zu dieser methodischen Verschränkung vgl. WWS 171f. ORTH, Erkenntnistheorie 10-12, sieht in diesem doppelten Interesse Cassirers den Grund, daß neben Kants Transzendentalphilosophie Vicos Geschichtsverständnis für Cassirer prägend bleibt. Zu Cassirers eigentümlichem Verständnis einer „transzendentalen Genesis" vgl. ORTH, aaO.114-116. STARK, Symbol 151, spricht von der „strukturgenetischen Theorie" Cassirers. Dabei gibt er allerdings m.E. der Genese der Struktur insofern zu hohe Bedeutung, als nicht die symbolische Grundstruktur menschlichen Weltverstehens, sondern das Bewußtsein von ihr einer Genese unterliegt.

[26] Zu Recht sieht NEUMANN, Cassirer 110, einen Gegensatz zu Kant, wenn Cassirer betont, „daß der Gegenstand der Wissenschaft und die ihn 'erzeugende' Methode kein übergeschichtliches, feststehendes Faktum bilden; beide sind vielmehr selbst dem Prozeß geschichtlicher Entwicklung als unterworfen zu denken". GÖLLER, Cassirer 230-237, deckt auf, daß Cassirer zum einen in historischer, zum anderen in funktionaler Perspektive auf die Dynamik der symbolischen Formen schaut. Doch kann diese Doppeldeutigkeit nicht verwundern: Gründet sie doch darin, daß jedes Verstehen und damit auch jedes Selbstverstehen des Menschen auf den historisch je gewachsenen und vorliegenden Zeichengebrauch angewiesen ist, durch welchen die in ihrem Reflexionsstand und damit ihrer Funktionalität unterschiedenen Formen solchen Verstehens allererst möglich werden. Zu dieser doppelten Perspektive vgl. auch TOMBERG, Begriff 164f., der sich – anders als die hier vorgelegte Deutung – zwischen den Alternativen entscheiden zu müssen glaubt, statt sie in ihrer Bezogenheit zu sehen.

[27] Vgl. POMA, Cassirer 97; HAMBURG, Philosophiebegriff 45-50. Wenn die Differenzierung der verschiedenen Stufen am Grad des Bewußtseins von ihrem Formungscharakter gemessen wird, lassen sich die Aporien vermeiden, in die die häufig angestellten Versuche führen müssen, die Unterschiede zwischen den verschiedenen Stufen oder Funktionen an den jeweiligen Zeichen erheben zu wollen.

Bewußtseins in gleicher Prägnanz und Deutlichkeit hervortritt – und daß wir hierdurch ein Mittel gewinnen, ihn in verschiedene *Phasen* zu zerlegen, und den Übergang von der einen zur andern zu beobachten."[28] Die Prägnanz eines solchen Bewußtseins fehlt auf der Ebene der reinen Ausdrucksfunktion: Auf ihr kommt es zur spontanen Äußerung von Befindlichkeiten, die durch äußere Eindrücke hervorgerufen wurden; eine Trennung zwischen Außen- und Innenwelt ist noch nicht vollzogen. Auf der nächsten Stufe tritt diese Trennung zunehmend deutlicher ins Bewußtsein, doch bleibt es hier das Ziel menschlichen Weltgestaltens, die als Gegenüber empfundene Welt wenn auch deutend, so doch in der ihr eigenen Wirklichkeit darzustellen. Erst in der reinen Bedeutungsfunktion löst sich dieser Zusammenhang, ist die geistige Welt des Menschen als solche bewußt.

So verstand sich etwa die Kunst zunächst als Nachahmung ihres Gegenstandes, der Natur. „Auf der zweiten Stufe fällt diese Passivität gegenüber dem gegebenen Eindruck fort", der Künstler wird sich seiner gestaltenden Tätigkeit bewußt. Diese „Manier" mündet schließlich in den „Stil", in dem sich die künstlerische Tätigkeit ganz vom Eindruck ihres Objekts gelöst hat, rein zum Ausdruck des künstlerischen Bildens geworden ist.[29] Ähnliche Entwicklungen vermag Cassirer im Bereich der Sprache – die von der lautmalerischen Nachahmung zum reinen Bedeutungszeichen aufsteigt[30] –, der Wissenschaft – die ihren Substanzbegriff zugunsten des reinen Funktionsbegriffs überwindet[31] – und des Mythos – der sich zur Religion wandelt[32] – aufzuzeigen.

Zweifellos birgt Cassirers Versuch, diese Dynamik der symbolischen Formen in einer dreigestuften Systematik zu erfassen, zahlreiche Probleme.[33] Indiz dafür mag der lange Weg durch begriffliche Unklarheiten sein, den Cassirer gehen muß, bis er zur abschließenden Bestimmung der Abfolge in dem Schema „Ausdruck – Darstellung – reine Bedeutung"[34] gelangt. Die Schwierigkeiten zeigen sich bereits, wenn nach einer scharfen Grenzziehung zwischen den einzelnen Stufen gesucht wird. Auch bleibt fraglich, ob wirklich jede symbolische Form die gesamte Entwicklung durchlaufen kann. So wird zu einem späteren Zeitpunkt dieser Untersuchung noch zu prüfen sein, ob die Religion die Ebene der Darstellung überhaupt verlassen könnte, ohne sich selbst aufzuheben.[35] Ebenso kann bezweifelt werden, ob von Wissenschaft schon zu

---

[28] PsF III,149. Vgl. auch PsF III,109f.
[29] Vgl. WWS 182f. in enger Anlehnung an GOETHE, Nachahmung.
[30] Vgl. PsF I,124-300.
[31] So schon die zentrale Einsicht von SF, die zu den wesentlichen Wurzeln der Philosophie der symbolischen Formen zählt. Am differenziertesten ausgeführt findet sich der Nachweis der drei Bedeutungsfunktionen im Feld der Wissenschaft in PsF III,530-536.
[32] Vgl. dazu unten I.1.c, S. 77f.
[33] Zur Diskussion um diese Schwierigkeiten vgl. SCHWEMMER, Cassirer 65f.; KROIS, Problematik 20; FETZ, Cassirer 184f.; ORTH, Erkenntnistheorie 62-64.118-122; TOMBERG, Begriff 179-186.
[34] Vgl. STS 11.
[35] Vgl. unten S. 83.237-242.

reden ist, bevor die Ebene der Ausdruckswahrnehmung, der reinen Nachahmung verlassen wurde.

Dem Verdacht weiter nachzugehen, daß Cassirer mit der Einführung dieser Systematik mehr Probleme aufgeworfen als gelöst hat, würde den Rahmen meiner Untersuchung eher sprengen denn ihrem Ziel dienen. Um so erhellender aber kann der genauere Blick auf die von Cassirer aufgedeckte Dynamik menschlichen Welt- und Selbstverständnisses sein. Um sie näher zu qualifizieren, übernimmt Cassirer von Goethe den Begriff der „Metamorphose".[36] In ihm sieht er zwei Aspekte verbunden, die ihm hinsichtlich der symbolischen Formen wichtig sind. Der Begriff legt es nahe, die symbolischen Formen als wandelbare, organisch geordnete Gestalten zu verstehen. Und er macht deutlich, daß keine ihrer Wandlungen und Fortschritte schlechthin als Vernichtung des Vorangegangenen zu verstehen sind: Auch wenn es zu gelegentlichen Abweisungen überkommener Formelemente kommt, so vollzieht sich die Veränderung doch stets als Aufnahme und Weiterführung vorhandener Motive.[37] Dies gilt nicht nur innerhalb einzelner Formen, wenn sich etwa die Sprache mehr und mehr von ihrer Ausdrucksfunktion löst, sondern auch im Verhältnis zwischen verschiedenen Formen: In ihrer Herausbildung reiner Funktionsbegriffe setzt z.B. die Wissenschaft eine in der Sprache liegende Bewegung fort.[38] So treten Anfangs- und Zielpunkt der Entwicklung symbolischer Formen auch nicht vollkommen auseinander oder gar gegeneinander. Verbunden bleiben sie in ihrem gemeinsamen Charakter, symbolische Form zu sein. Selbst der unbewußteste Nachahmungsakt enthält eine Zuschreibung von Bedeutung, wie auch der abstrakteste Funktionszusammenhang seiner Repräsentierung im sinnlichen Zeichen – und sei es der aufgeschriebenen Formel – notwendig bedarf.

Die Einsicht in diesen Zusammenhang der Gestaltwandlungen erlaubt es Cassirer, der so vielfältig differenzierten Welt menschlicher Deutungen und Sinngebungen einen zusammenfassenden Namen zu geben: Es ist die Welt der symbolischen Formen, die sich in ihrer Struktur gleichen, in ihrer Pluralität aber teils aufeinander folgen, teils nebeneinander stehen.

c) Vom Mythos zur Religion I: Durchschaute Götterbilder

Aus der Fülle des kulturhistorischen und aktuellen wissenschaftlichen Materials, an dem Cassirer sein philosophisches Konzept zu bewähren sucht, soll im folgenden Abschnitt seine Analyse des Mythos und der aus ihm sich entwickelnden Religion herausgegriffen und genauer rekonstruiert werden.[39] Schon

---

[36] Zur Einführung des dann häufig verwendeten Begriffs vgl. WWS 41-43.97f.
[37] Vgl. PsF II,281, erneut aufgenommen in PsF III,384.
[38] Vgl. PsF III,385f.
[39] Vgl. zu dieser wie zu den folgenden Rekonstruktionen der Entwicklung vom Mythos zur Religion STARK, Symbol 423-511. Gerade wo meine Untersuchung wegen ihres speziellen Interesses Fragen

ihre besondere Bedeutung für die Frage nach dem Status religiöser Aussagen und möglichen Kriterien im interreligiösen Dialog legt eine solche Heraushebung nahe. Doch auch Cassirer selbst wendet seine philosophische Aufmerksamkeit besonders dem Mythos zu, sucht dessen Struktur und Entwicklung kritisch nachzuzeichnen.[40] Denn im Mythos hofft er nicht nur die innere Dynamik symbolischer Formungen besonders prägnant aufweisen zu können,[41] sondern er sieht ihn auch als historischen Wurzelgrund aller menschlichen Kulturleistungen.[42] Im Blick auf den Gang meiner Untersuchung bietet es sich an, hier zunächst lediglich die im zweiten Band der „Philosophie der symbolischen Formen" erreichten Ergebnisse aufzunehmen.

Oft wird das mythische Weltbild dem wissenschaftlichen Denken als dessen irrationale Vorstufe und bleibende Gefährdung entgegengestellt. Entsprechend diskreditierend fallen die Deutungen des Mythos aus, die diese Perspektive einnehmen. Cassirer stellt – in der Tradition von Herders und Schellings Forderung nach einer tautegorischen Deutung des Mythos[43] – dieser verbreiteten Sicht sein Anliegen entgegen, den Mythos in seiner eigenen Logik und Objektivität zu erkennen.[44]

Doch läßt sich angesichts der unüberschaubaren Fülle der Mythen überhaupt von „dem Mythos" sprechen? Die zahlreichen Versuche, ein alle Mythen verbindendes inhaltliches Motiv zu eruieren, weist Cassirer – nicht nur wegen ihrer erweisbaren Vergeblichkeit – zurück. Seinem Grundkonzept treu bleibend, sieht er, um eine mögliche Einheit erkennen zu können, die Reflexion wiederum auf die Aufdeckung einer einheitlichen Struktur der mythischen Weltsicht und ihrer Möglichkeitsbedingungen verwiesen.[45] Zu diesem Zweck

---

offen lassen muß, kann der Rückgriff auf Starks ausführliche Analysen hilfreich sein. Zur grundsätzlichen Kritik an dessen Interpretation vgl.u. S. 240, Anm. 732.

[40] Cassirers Auseinandersetzung mit dem Mythos beschränkt sich keineswegs auf den einschlägigen zweiten Band der PsF. Immer wieder dient ihm der Blick auf das mythische Weltbild zur Akzentuierung seiner kultur- und erkenntnistheoretischen Thesen. Noch „Der Mythus des Staates", sein letztes abgeschlossenes Werk, belegt dies.

[41] So vor allem PsF II,281-311.

[42] Vgl. PsF II,VIIIf.

[43] Vgl. PsF II,7; zum Mythosbegriff Schellings insgesamt aaO.7-14.

[44] Vgl. PsF II,IX.

[45] „Mehr und mehr befestigte sich daher die Einsicht, daß die bloß *faktische* Einheit der mythischen Grundgebilde, selbst wenn es gelänge, sie über allen Zweifel zu erheben, solange ein bloßes Rätsel bleiben muß, als sie nicht auf eine tiefere *Strukturform* der mythischen Phantasie und des mythischen Denkens zurückgeführt wird" (PsF II,25). Aufgenommen wird diese Einsicht in VM 117f.; MS 52f. Vgl. ETTELT, Mythos 63-65, der Cassirer gegen die in der empirischen Mythos-Forschung wurzelnden Einwände Kerényis und anderer verteidigt. Zur Geschichte der philosophischen Mythosdeutungen, auf die Cassirer sich kritisch bezieht, vgl. ausführlich STARK, Symbol 155-219. GRAESER, Cassirer 64f., macht an der Mythos-Deutung Cassirers ein Grundproblem der Philosophie der symbolischen Formen deutlich: Bezieht sich doch die Deutung auf ein Material, auf Fakten, die sich selbst bereits dieser Deutung verdanken. Dieser hermeneutische Zirkel ist in der Tat nicht vermeidbar, wenn man Cassirers Begriff des Weltverstehens teilt. Inwieweit eine entsprechende Analyse dennoch Anspruch auf Geltung erheben kann, wird deshalb noch genauer zu prüfen sein. Vgl.u. S. 244.

gilt es, den Mythos als Funktion des Geistes aufzufassen, ihn unter Absehung von metaphysischen oder anthropologischen Voraussetzungen in der Bildung seiner spezifischen Vorstellungen zu beobachten und zu analysieren. Denn der Mythos ist, letztlich nicht anders als etwa das naturwissenschaftliche Weltbild, „eine Welt 'bloßer Vorstellungen'".[46] So erscheint einer kritisch-transzendentalen Betrachtungsweise der Mythos näherhin als symbolische Form: als eine spezifische Weise des Weltverstehens, der Verknüpfung sinnlicher Zeichen mit geistiger Bedeutung. Jedoch weiß der Mythos in seinen Ausdrucksgestalten noch nicht von der in ihnen sich ausdrückenden formenden Kraft des Geistes.

Den Mythos prägt das Gefühl einer umfassenden Einheit der Welt, in deren vielfältige Wechselbeziehungen auch der Mensch eingebunden ist.[47] Die ursprünglichen mythischen Vorstellungen kennen kein Gegenüber von Mensch und Welt. Deshalb können sie den Menschen noch nicht als einen die Welt verstehenden erkennen, die Frage nach dem Verhältnis zwischen dem menschlichen Verstehen und der Wirklichkeit können sie noch nicht stellen. So „muß die neue Welt des Zeichens dem Bewußtsein selbst als eine durchaus 'objektive' Wirklichkeit erscheinen."[48] Dieser Glaube „an die objektive Wesenheit und an die objektive Kraft des Zeichens" bildet die Grundlage für alle magischen Versuche der Weltbeherrschung, in denen der Teil mit dem Ganzen, das Zeichen mit Bezeichneten fraglos identifiziert wird.[49] Auch die Unmöglichkeit, die mythische Kult- und Lebenspraxis vom mythischen Denken zu trennen, wurzelt in diesem auf die Ausdrucksfunktion beschränkten Charakter des Mythos. Nur als Einheit von Denk- und Lebensform läßt er sich adäquat beschreiben.[50] Die magische Praxis weist allerdings bereits eine eigentümliche Ambivalenz auf. Einerseits muß sie die sympathetische Einheit der Welt voraussetzen, weil in dieser die Funktionsfähigkeit magischer Riten wurzelt, andererseits zerbricht diese Einheit, sobald der Mensch der Welt handelnd gegenübertritt.[51] Doch solange diese Gegenüberstellung nicht wirklich ins Bewußtsein getreten ist, verharrt der Mythos auf der Ebene der Ausdrucksfunktion, in der der Mensch seinen Ausdruck als reaktive Nachbildung passiver Eindrücke, als Mimesis der einheitlichen, objektiven Ganzheit der Welt versteht.

Die Befangenheit des Mythos im Ausdrucksgeschehen läßt verständlich werden, wieso in ihm keine beständigen Begriffe und Bilder zu finden sind.

---

[46] PsF II,19.

[47] Zu dieser mythischen Einheitsvorstellung vgl. die präzisen Rekonstruktionen bei STARK, Symbol 469-482.

[48] PsF II,31. Vgl. auch PsF III,79: „Das mythische Bewußtsein *schließt* nicht von der Erscheinung auf das Wesen, sondern es besitzt, es *hat* in ihr das Wesen."

[49] Vgl. PsF II,56f.

[50] Vgl. ECN I,39, mit den entsprechenden Rückverweisen auf PsF.

[51] Der Ort, an dem diese Entwicklung sich manifestiert, ist für Cassirer das Opfer und der Kult. Vgl. PsF II,262-279, und dazu die überzeugende Interpretation bei BOESCH, Ursprung 493-499. Zur Fortführung dieser Entwicklung im Entstehen der Technik vgl. STS 53-64.

Denn zu deren Bildung wäre eine Distanz zwischen sinnlichen Eindrücken und dem geistigen Ausdrucksmoment vonnöten, die der Mythos gerade nicht aufbringt.[52] So können in ihm Namen und Begriffe in scheinbar beliebiger Weise Sinneseindrücke verbinden und zusammenfassen, aber auch ihre sinnlichen Bezugspunkte völlig verändern. Aus dieser, einem entwickelten sprachlichen oder naturwissenschaftlichen Denken befremdlichen Beobachtung zu schließen, dem Mythos käme keine Ordnungsfunktion zu, würde seiner Leistung aber keineswegs gerecht.[53] Denn eine dem Mythos eigene Ordnung der Welt vermag Cassirer durchaus zu erheben: Mythisches Denken, gleich welcher konkreten Gestalt, sucht die Welt nach der Direktive der mythischen Ur-Teilung zwischen dem Sakralen und dem Profanen zu ordnen.[54] Diese Ordnung folgt einer spezifischen Kausalität, auch wenn Bedingungsverhältnisse im Mythos anders vorgestellt werden als etwa in der Wissenschaft.[55] So sind räumliche Nähe oder äußere Ähnlichkeiten für den Mythos Indizien für kausale Zusammenhänge, mittels derer beispielsweise Tabuvorschriften aufgestellt und kontrolliert werden. Neben seinem spezifischen Kausalitätsverständnis weist das mythische Denken auch eigene Anschauungen von Raum[56] und Zeit[57] auf. Schließlich fehlen auch nicht die für jedes Weltbild notwendigen Vorstellungen vom Menschen, von der Welt und ihrem Zusammenhang. Selbstverständlich treten sie in ebenso spezifischer Weise auf – wird doch etwa die Welt nach dem Vorbild des menschlichen Körpers gegliedert,[58] der Mensch umgekehrt als abhängiger Teil dieser Welt vorgestellt. Indem Cassirer anhand dieser Rekonstruktionen die ordnende Kraft des Mythos belegt, bestätigt er seine These vom Mythos als symbolischer Form.

Zugleich aber sind in dieser Analyse die Aspekte des mythischen Weltbildes aufgedeckt, die dessen Entwicklung vorantreiben bis zu dem Punkt, an dem es sich selbst aufheben muß.[59] Die fließende Gestalt des mythischen Ausdrucks bedingt die unaufhaltsame Produktion neuer Bilder, Riten und Namen. „Aber je weiter er [der Mythos, M.B.] fortschreitet, um so mehr beginnt für ihn diese Äußerung selbst zu etwas 'Äußerlichem' zu werden, das seinem eigentlichen Ausdruckswillen nicht völlig adäquat ist."[60] Damit aber zerbricht die den

---

[52] Vgl. PsF III,385f.
[53] Vgl. Cassirers Kritik an entsprechenden Positionen in PsF II,28-30.
[54] Vgl. PsF II,90.95f., WWS 129-131 und dazu KAEGI, Cassirer 186-193. Zur Fundierung dieser Ur-Teilung in einem intuitiven Staunen vgl. STARK, Symbol 456f. Allerdings muß auch hier festgehalten werden, daß nach Cassirer dieses Staunen zur Symbolbildung führt, diese nicht ersetzt.
[55] Vgl. zur Gegenüberstellung mythischer und wissenschaftlicher Kausalität PsF II,61-69.
[56] Vgl. PsF II,104-116.
[57] Vgl. PsF II,127-169.
[58] Vgl. PsF II,112-115.
[59] Zur Dialektik des Mythos vgl. PsF II,279-286, und dazu PAETZOLD, Einführung 63f., dessen Hinweis auf den Dialektik-Begriff in Kants „Kritik der reinen Vernunft" allerdings den von Cassirer hier eingeführten m.E. nicht trifft.
[60] PsF II,282.

Mythos auszeichnende Identifikation von eigenem Ausdruck und äußerer Wirklichkeit. Der Mythos gelangt so kraft der in ihm selbst liegenden Bewegung zu dem Bewußtsein, daß sich seine Bilder der Welt und der Götter der formenden Kraft des Geistes verdanken. Damit aber ist, so Cassirer, die Ausdruckswelt des Mythos verlassen, der Schritt in die Religion getan. „Die Religion vollzieht den Schnitt, der dem Mythos als solchem fremd ist: indem sie sich der sinnlichen Bilder und Zeichen bedient, *weiß* sie sie zugleich als solche, – als Ausdrucksmittel, die, wenn sie einen bestimmten Sinn offenbaren, notwendig hinter ihm zurückbleiben, die auf diesen Sinn 'hinweisen', ohne ihn jemals vollständig zu erfassen und auszuschöpfen."[61] Diese Bestimmung aber belegt nicht nur den Bruch zwischen Mythos und Religion, sondern auch die Kontinuität zwischen beiden: Die Ur-Teilung zwischen dem Heiligen und dem Profanen steht auch im Zentrum des religiösen Denkens, wenngleich dieses die Grenzscheide in der Regel nicht mehr räumlich oder materiell aufrichtet.[62] Auch die Religion bleibt verwiesen auf einen Sinn, der von jedem anderen Sinn als heilig unterschieden wird, der der übrigen, profanen Welt gegenüberstehend vorgestellt wird. Doch dieser Sinn wird nun, nach der Trennung der mythischen Einheit von Zeichen und Bedeutung, als transzendenter Sinn erfaßt. Die Sakralität hat nun wesentlich außer- oder überweltlichen Charakter, so sehr sie auch auf symbolische, d.h. sinnliche Repräsentation angewiesen bleibt.[63]

Zweifellos fällt es auch nach dieser begrifflich klaren Trennung schwer, in der Religionsgeschichte den Schritt vom Mythos in die Religion präzise zu verorten. Zu zahlreich sind die Übergangsphänomene und Mischformen.[64] Zwar sieht Cassirer im Bilderverbot der alttestamentlichen Prophetie den Bruch vollzogen.[65] Aber „andererseits bleibt auch die höchste 'Wahrheit' des Religiösen dem sinnlichen Dasein – dem Dasein der Bilder wie dem der Dinge – verhaftet. Sie muß in dieses Dasein, das sie ihrem letzten 'intelligiblen' Ziele nach von sich abzustoßen und auszustoßen strebt, ständig von neuem ein- und untertauchen, weil sie nur an ihm ihre Äußerungsform und somit ihre konkrete Wirklichkeit und Wirksamkeit besitzt."[66] Um so einfacher ist es aber, die aufgewiesene Differenz zwischen Mythos und Religion in das – für eine historische Phänomenologie bereits als zu abstrakt erwiesene – dreigeteilte Entwicklungsschema symbolischer Formen einzuschreiben.[67] Sobald der Mythos den Bereich der unmittelbaren Ausdrucksfunktion verläßt, sich die Darstellungsfunktion zu eigen macht, wandelt er sich zur Religion.

---

[61] PsF II,286. Vgl. auch WWS 189.
[62] Vgl. PsF II,103; WWS 130f.
[63] Vgl. STARK, Symbol 483-487.
[64] Zu dieser Schwierigkeit vgl. VM 139.
[65] Vgl. PsF II,287f. Eine ähnliche Entwicklung weist Cassirer in der persischen Religion nach, aaO.288-291.
[66] PsF II,310.
[67] So auch Cassirer selbst: PsF II,284f.

Der Weg von den ersten mythischen Ausdruckshandlungen zur Religion ist
für Cassirer eine Bestätigung seiner These von der notwendigen Entwicklung
symbolischer Formen. Die so konstatierte Notwendigkeit darf jedoch nicht als
spekulative Aufhebung der geschichtlichen Kontingenz, die auch die Religionsgeschichte prägt, aufgefaßt werden. Cassirer weiß um die Kulturen, die
das mythische Denken nie überwunden haben. Er wird sich in seinem Spätwerk
gar mit der Rückkehr des Mythos als einer bestimmenden Kraft unter den
Bedingungen der Neuzeit auseinandersetzen.[68] Wenn Cassirer dennoch von
einer notwendigen Entwicklung des Mythos zur Religion spricht, folgt er
deshalb nicht dem Optimismus Hegels, den dieser aus einer metaphysischen
Geschichtsbetrachtung schöpfte.[69] Die von Cassirer in den Blick genommene
Entwicklung vollzieht sich nur, aber auch immer dann, wenn die Bedingung der
Möglichkeit menschlicher Weltformung hinterfragt wird. Diese transzendentalphilosophisch orientierte Frage aber wird sich, da sie nicht an den Prozeß
symbolischer Formung herangetragen werden muß, sondern in ihm selbst
aufbricht, auf Dauer nicht abweisen lassen. Und sie wird die symbolischen
Formungen weitertreiben.[70] Eröffnet aber die so aufgedeckte Stringenz der
mythen- und religionsgeschichtlichen Entwicklung nicht Möglichkeiten, sich
selbst und andere im interreligiösen Dialog auf die von Cassirer angestoßene
Reflexion zu verpflichten – auf eine Reflexion der Möglichkeitsbedingungen
sowie der Struktur der je eigenen religiösen Überzeugung? Darauf wird
zurückzukommen sein.

Eine zweite Frage bricht schon hier auf, ohne bereits beantwortet werden
zu können: Wenn in der symbolischen Form, der Mythos und Religion
offenbar gemeinsam angehören, der Übergang von der Ausdruckswahrnehmung
zur Darstellung mit der Überwindung des Mythos durch die Religion einher-

---

[68] Vgl. die prägnante Zusammenfassung MS 390f. Vgl. dazu u. IV.1.a, S. 217ff.

[69] Vgl. HEGEL, Religion I,195-202. Der Geschichtsauffassung Hegels, mit dessen phänomenologi-
schem Interesse er sich durchaus verbunden weiß, hat Cassirer bereits in EP III,362-377, dann in PsF
I,15f., eine Absage erteilt, weil er in deren spekulativer Logik keinen Platz sah für die Eigenständigkeit der mannigfaltigen Formen menschlicher Kultur. Zur Ablehnung Hegels im Bereich der
Mythosforschung vgl. PsF II,Xf. Ähnlich wird die spekulative Geschichtsauffassung Comtes
zurückgewiesen: Vgl. PsF II,XIf.282f.
Daß Cassirers Phänomenologie-Verständnis weit mehr von Husserl und Natorp als von Hegel
bestimmt ist, kann ORTH, Phänomenologie 654, belegen. Wenn dagegen STARK, Symbol 242-260,
im Blick auf die dialektische Entwicklung des Geistes Cassirer vor allem Hegel verpflichtet sieht,
blendet er Cassirers Hegel-Kritik zu stark aus. Vgl., gerade bezüglich der sich dialektisch
realisierenden Freiheit, auf die Stark abhebt, die Hegelkritik Cassirers in EBK 244f.254. Cassirer
betont hier, daß er nach der Freiheit nicht des absoluten, sondern des endlichen Subjekts fragt.

[70] Das „Telos geistiger Entwicklung" ist nicht, wie KNOPPE, Philosophie 159, postuliert, „die
Fähigkeit des Geistes, sich seine Welt durch eine ins Grenzenlose fortschreitende Arbeit autonom zu
erzeugen und zu gestalten". Denn eine solche Gestaltung liegt ja bereits im Anfang, im Mythos vor.
Die Stufen der Entwicklung unterscheiden sich eben nicht in der Tatsache, symbolische Formung zu
sein, sondern allein im Bewußtsein davon. Nur wenn die Differenz zwischen ihnen so gefaßt wird,
läßt sich der von KNOPPE, aaO., erhobene Vorwurf abweisen, Cassirer führe ein metaphysisches
Konzept inkonsistent durch.

geht, wie sähe bzw. sieht in ihr die mögliche dritte Stufe aus? Sie ist der allgemeinen Theorie zufolge dadurch gekennzeichnet, daß der Bezug der Darstellung auf eine von ihr dargestellte, der Darstellung aber äußerlich bleibende Wirklichkeit aufgegeben wird zugunsten eines rein funktionalen Bedeutungsgefüges. Cassirer deutet für die Religion zwei mögliche Formen dieses Übergangs an: den Schritt in die Kunst, die die Spannung zwischen Darstellung und Dargestelltem in Richtung der Darstellung auflöst;[71] und den Schritt in eine buddhistische Mystik, in der die Spannung überwunden wird, indem der einzelne mit dem in der religiösen Darstellung angezielten Gegenüber verschmilzt.[72] Beide Hinweise lassen vermuten, daß die Religion sich in einem solchen Schritt als Religion auflöst. Auch diese Problematik gilt es im Fortgang der Untersuchung kritisch bewußt zu halten.

d) Kultur und Geschichte: Die Formung des Geformten

War in der bisherigen Annäherung an Cassirers philosophisches Grundkonzept von sinnlichen Zeichen die Rede, die im Akt der symbolischen Formung mit einem spezifischen geistigen Bedeutungsgehalt verknüpft werden, so haftete diesem Begriff noch eine weitgehend unbestimmte Offenheit an: Sinnliches Zeichen war der vom Blitz getroffene Baum, den der mythisch erlebende Mensch als göttliche Offenbarung versteht, ebenso wie die abstrakte Formel des neuzeitlichen Mathematikers, der behauene Marmor einer antiken Statue ebenso wie der Klang eines mehr oder weniger entwickelten sprachlichen Begriffs. Diese Mannigfaltigkeit der Zeichen steht in Cassirers grundlegendem Hauptwerk denn auch weitgehend ungeschieden da.[73]

Erst während der weiteren Klärung der Philosophie der symbolischen Formen führt Cassirer hier die bedeutsame Differenzierung ein zwischen Wahrnehmungsgegenständen, die sich in der natürlichen Umgebung finden, und solchen, die sich selbst bereits einem Formungsakt verdanken. Für letztere stehen in ausgezeichneter Weise Kunstwerke und historische Zeugnisse wie Dokumente oder Denkmäler.[74] Welche Struktur aber muß ein Verstehensakt aufweisen, in dem solche Zeichen als Produkte menschlicher Formung erkannt werden können, wie sind sie angemessen zu begreifen?

Am ausführlichsten hat Cassirer sich diesem Problem im Blick auf historisches Erkennen und Wissen gewidmet,[75] doch lassen sich seine Einsichten

---

[71] Vgl. PsF II,311.

[72] Vgl. PsF II,269; die christliche Mystik dagegen verweigert nach Cassirer diesen letzten Schritt der Aufhebung des Ich in das Göttliche: Vgl. PsF II,298f.

[73] Eine erste Unterscheidung zwischen naturwissenschaftlicher und historischer „Tatsächlichkeit" findet sich allerdings bereits in PsF III,477f.508.

[74] Vgl. VM 268.

[75] So vor allem SMC 121-141 und VM 262-314. Schon GÖLLER, Cassirer 226, macht deutlich, daß Cassirer zwischen geschehender Geschichte und betrachtender Geschichtswissenschaft nicht hinreichend unterscheidet. ORTH, Erkenntnistheorie 53-61, spezifiziert genauer die vielfältigen

in die Logik der Kulturwissenschaften leicht übertragen auf andere Kulturphä-
nomene.[76] Geschichtliches Verstehen, so Cassirer, vollzieht sich anhand
historischer Zeugnisse als Erinnern.[77] Die Erinnerung aber ist als Doppelbewegung zu fassen: Einerseits kehrt sie den Prozeß der symbolischen Formung
um.[78] Denn sie versucht, ihn anhand des Geformten, das ihr vorliegt, zu
rekonstruieren und so auf den Menschen zu stoßen, der Subjekt der damaligen
Formung war. Andererseits aber stellt die Rekonstruktion selbst wieder einen
Formungsakt dar, der geprägt ist von den aktuellen Eingebundenheiten und
Interessen des sich in die Vergangenheit Wendenden.[79] Allerdings wird nur ein
Mensch, der sich der formenden Tätigkeit des Menschen und damit seiner selbst
bewußt ist, zu solchem hermeneutischen Verstehen in der Lage sein.[80] „Wenn
ich das Licht meiner eigenen Erfahrung ausschalte, kann ich die Erfahrungen
anderer nicht erkennen und nicht beurteilen."[81] Geschichtliches Erkennen, die
aneignende Anschauung eines Kunstwerks, die Übernahme einer religiösen
Tradition: Solche und vergleichbare Handlungen bilden das kulturelle Leben
und Erleben des Menschen. Sie stellen eine je eigene Formung in Gestalt des
Hineintretens in vorgefundene Formen dar.[82] Deshalb erfassen wir „die
Formwelten in ihrem vollen Sinngehalt – und d.h. für Cassirer: in ihrem Sinn
auch als Ausdruck von Personen – nur dann, wenn wir in ihnen das gestaltende

---

Bedeutungen des Begriffs „Geschichte" bei Cassirer. Darauf sei ausdrücklich hingewiesen, weil hier
nur der fünfte von Orth benannte Aspekt, „Geschichte als wissenschaftliche Betrachtung und
Strukturierung des Kulturprozesses oder seiner Momente" (aaO.59), betrachtet werden kann. Wenn
KROIS, Cassirer XI, die These aufstellt: „Cassirer's systematic writtings and his historical works are
different aspects of one project of thought: *to philosophically understand historical life*" (Hervorh. v.
mir), reduziert er Cassirers Denken nicht auf eine Geschichtsphilosophie. Vielmehr trifft er damit
genau Cassirers Anliegen, die Vielfalt menschlichen Weltverstehens in seinen historischen
Erscheinungsformen und Entwicklungen philosophisch zu erheben. Und die explizite Geschichtswissenschaft ist wiederum nur eine dieser Verstehensweisen.
[76] In VM 282f. zieht Cassirer z.B. die Parallele zwischen Kunstverstehen und historischem
Verstehen.
[77] Vgl. VM 282f.; GuL 207.
[78] Vgl. VM 281.
[79] Diese Doppelbewegung wird ausführlich dargestellt bei GÖLLER, Cassirer 241-244.
[80] Auch wenn Cassirer den Begriff „Hermeneutik" in VM 297 positiv als Qualifizierung des
historischen Verstehens aufgreift, verschreibt er sich damit nicht einer von Dilthey propagierten
Weltsicht. Denn auch sein hermeneutischer Blick auf die Geschichte kann nicht der transzendentalen Fragestellung entbehren, die sich auf die begründeten Kriterien des Verstehens richtet und
deshalb mehr an der Entstehung eines Werkes als an seiner Fixierung interessiert ist (vgl. EP I,15f.;
ECN I,160f. Dazu ORTH, Erkenntnistheorie 63.123, und KNOPPE, Philosophie 54f.). Wenn
MAKKREEL, Cassirer, die Hermeneutik Diltheys im Gegensatz zur Philosophie Cassirers von einem
offeneren Blick für die Vielfalt menschlicher Weltdeutungen geprägt sieht, bleibt er in einer Cassirer-
Deutung gefangen, die die Philosophie der symbolischen Formen von den Kategorien des
wissenschaftlichen Denkens bestimmt sieht.
[81] VM 286. Vgl. die ähnlich lautenden Formulierungen in GuL 205f., LKw 77 und ECN I,161, dort
in Anlehnung an Dilthey.
[82] Als solche eigene Formung kann, wie noch genauer zu zeigen sein wird, auch das Kultur-
Verstehen seine eigene Objektivität beanspruchen (vgl. GÖLLER, Cassirer 245f.). Nur weil er das
deutende Verstehen von Kunstwerken nicht als derartigen Formungsakt auffaßt, kann GRAESER,
Cassirer 121f., dem Kunstverstehen die von Cassirer betonte Objektivität absprechen.

Tun der Menschen, die an ihnen mitgewirkt haben, erkennen, und zwar dadurch, daß sich dieses Erkennen zu einer Begegnung zwischen den gestalteten Formen und unserem gestaltenden Erfassen entwickelt".[83]

Eine solche Weise hermeneutischen Kulturverstehens wäre, so Cassirer, nicht möglich, wenn sie nicht in einer ursprünglichen Weise menschlicher Wahrnehmung wurzelte. In einer an Martin Buber erinnernden Typologie, ja sogar Terminologie, spricht Cassirer vom „doppelten Antlitz" der Wahrnehmung, von der „doppelten Weise", in der der Mensch die Wirklichkeit erlebt. Der jeweilige Bezug des Erlebens auf seinen Gegenstand „stellt sich uns in einer zweifachen Richtung dar, die wir, kurz und schematisch, als die Richtung auf das 'Es' und als Richtung auf das 'Du' bezeichnen können. Immer besteht in der Wahrnehmung eine Auseinanderhaltung des Ich-Poles vom Gegenstands-Pol. Aber die Welt, die dem Ich gegenübertritt, ist in dem einen Falle eine Ding-Welt, in dem anderen Falle eine Welt von Personen."[84] Diese Differenzierung zwischen der Ding- und der – von ihm für ursprünglicher gehaltenen[85] – Ausdruckswahrnehmung nutzt Cassirer zu einer Verhältnisbestimmung zwischen Natur- und Kulturwissenschaften.[86] Indem er deren Eigenständigkeit, aber auch gegenseitige Verwiesenheit aufdeckt, erreicht er sein Ziel, den auf die Naturwissenschaften fokussierten Blick Kants auf die Geisteswissenschaften auszuweiten, die als eigenständige Wissenschaften Kant noch fremd waren.[87]

Beide Weisen des Denkens und Verstehens haben als Wissenschaften den entsprechenden formalen Anforderungen Genüge zu tun: Sie haben ihrer spezifischen Logik zu folgen, kausale Verknüpfungen zu formen und so jene Vermittlung des je besonderen, individuellen Phänomens mit einem Allgemeinen zu leisten, die den Akt des Verstehens ausmacht.[88] Doch in Verfolgung dieser Aufgabe zeigen beide Wissenschaftsweisen ihre Unterschiedenheit. Ziel naturwissenschaftlicher Forschung ist die Aufstellung von Gesetzen, von Funktionszusammenhängen, die die Ableitung auch künftiger Ereignisse aus dem erhobenen Allgemeinen erlauben. „Auch wo der Physiker einen einzelnen Vorgang beschreibt, [...] ist es nicht die Einzelheit als solche, die er sucht;

---

[83] SCHWEMMER, Cassirer 45.

[84] LKw 39. In seinem Fragment über Basisphänomene (ECN I,111-195) geht Cassirer der Unterscheidung zwischen dem „Phänomen des Ich, des Du, des Es" (137) als der Differenzierung zwischen dem Ich, seinem Wirken und seinem Werk genauer nach. Zu Bubers ähnlich lautenden Unterscheidungen vgl. BUBER, Prinzip 7-10.

[85] Vgl. LKw 45f. Vgl. GRAESER, Cassirer 76f., der die Ausdruckswahrnehmung als „theoretisches Korrelat der mythischen Weltsicht" versteht und damit die Schwierigkeiten löst, die entstehen, wenn man die Ausdruckswahrnehmung als historisches Prius gegenüber der mythischen Weltsicht versteht. Näheres zur Ursprünglichkeit der Ausdruckswahrnehmung s. S. 137ff.

[86] Zum Auseinandertreten beider Wissenschaftsformen in der Neuzeit vgl. LKw 87-90 und dazu GRAESER, Cassirer 115-124. FERRARI, Problem 114-122, beleuchtet den neukantianischen Hintergrund, von dem sich Cassirer auch in seinem Wissenschaftsverständnis zunehmend absetzt.

[87] Vgl. WWS 278.

[88] Vgl. LKw 76f.; VM 294f.; WWS 7. „Folglich läßt sich, formallogisch gesehen, kein Unterschied zwischen den beiden Wissenschaftstypen etablieren" (GÖLLER, Cassirer 240).

sondern er betrachtet sie *sub specie* ihrer Wiederholbarkeit."[89] Um dieses Ziel zu erreichen, muß der Naturwissenschaftler von der Ausdruckswahrnehmung absehen, die Gegenstände seiner Deutung ausschließlich als Dinge betrachten, um sie seinem Kausalitätskonzept einordnen zu können. Deshalb stößt solches Verstehen nach Cassirer auf eine eindeutige Grenze: Sinn- und Bedeutungsphänomene lassen sich in dieser Perspektive nicht erfassen, ein angemessenes Verstehen der künstlerisch und historisch geformten, stets individuellen Lebenskontexte des Menschen ist so nicht mehr möglich.[90] Für die an der Ausdruckswahrnehmung orientierte Kulturwissenschaft dagegen gilt diese Grenze nicht. Die Sinnbegriffe, mit deren Hilfe sie die sinnlichen Zeichen zu deuten versucht, *„charakterisieren* zwar, aber sie *determinieren* nicht: das Besondere, was unter sie fällt, läßt sich aus ihnen nicht ableiten".[91] In solchem Verstehen wird der spontanen, formenden Aktivität des Geistes Raum gelassen.

Doch trotz dieser Unterschiede bleiben beide Wissenschaftsformen aufeinander bezogen. Die Naturwissenschaften bedürfen der Kulturwissenschaften, um dem auch in der Natur begegnenden Phänomen der Form und Formung gerecht werden zu können.[92] Und zugleich schwebt die der Dingwahrnehmung verschlossene Welt der Kultur, jenes „symbolische Universum"[93], in dem der Mensch im Gegensatz zum Tier lebt, nicht jenseits der Dingwelt, bedarf ihrer, um Sinn und Bedeutung auszudrücken, an sinnliche Zeichen zu knüpfen. „Dieses Erscheinen eines 'Sinnes', der nicht vom Physischen abgelöst ist, sondern an ihm und in ihm verkörpert ist, ist das gemeinsame Moment aller jener Inhalte, die wir mit dem Namen 'Kultur' bezeichnen."[94] Zur Konstituierung und Erfassung der menschlichen Welt sind also Ding- und Ausdruckswahrnehmung aufeinander angewiesen.

In dieser Verhältnisbestimmung wird erneut deutlich, daß Cassirer sich der kritischen Philosophie verpflichtet weiß: Er sieht den Unterschied zwischen Natur- und Kulturwissenschaften nicht durch ihre jeweiligen, voneinander getrennten sinnlichen Zeichen konstituiert, sondern allein durch die Weise der symbolischen Formung, der Deutung, die diesen Zeichen zuteil wird.[95]

Die Kulturwissenschaft nun verfügt über die Weise des Verstehens, in der die Formungsakte des Geistes als solche erkannt werden können. Sie erreicht darüber hinaus die Einsicht in die intersubjektive Verfaßtheit menschlichen

---

[89] PsF III,478.
[90] Vgl. LKw 42f.
[91] LKw 73. Vgl. kritisch dazu GRAESER, Cassirer 126f. Zu Cassirers Kritik an deterministischen Kulturtheorien vgl. GUTMANN, Zug 322-327.
[92] Zur Entdeckung des Formbegriffs als eines Problems der Naturwissenschaften vgl. LKw 91-96.
[93] VM 50.
[94] LKw 43.
[95] „Seit Kants *Kritik der reinen Vernunft* begreifen wir den Dualismus zwischen Sein und Werden nicht mehr als metaphysischen, sondern als logischen Dualismus. [...] Wir betrachten Substanz und Wandel nicht mehr als zwei verschiedene Seinssphären, sondern als Kategorien – als Bedingungen und Voraussetzungen unserer empirischen Erkenntnis." (VM 263); vgl. auch LKw 24f.

Lebens und Erlebens.[96] Der symbolisch vermittelte Ausdruck wird erkannt als das Medium, in dem Menschen miteinander kommunizieren können und so ihr „symbolisches Universum" erst entstehen lassen. „In Frage und Antwort müssen 'Ich' und 'Du' sich teilen, um damit nicht nur einander, sondern auch sich selbst zu verstehen. [...] Das Denken des einen Partners entzündet sich an dem des andern, und kraft dieser Wechselwirkung bauen sie beide, im Medium der Sprache, eine 'gemeinsame Welt' des Sinnes für sich auf. Wo uns dieses Medium fehlt, da wird auch unser eigener Besitz unsicher und fragwürdig."[97] Auch wenn er um die Ambivalenz jedes kulturellen Phänomens weiß, das Freiheit stets nicht nur ausdrückt, sondern auch einengt[98], weigert sich Cassirer, deshalb in kulturpessimistische Klagen einzustimmen. Denn allein in kultureller Vermittlung kann der Mensch sich seinem Ziel, der Freiheit, nähern.[99] Und auch wenn er im Namen der Freiheit den begrenzenden Formen dieser Vermittlung Widerstand leisten muß, wird dieser Widerstand selbst allein in kultureller Formung Gestalt gewinnen.[100]

Aus dieser Perspektive erhält auch die Verhältnisbestimmung von Kultur- und Naturwissenschaft noch einen neuen Akzent: Die Naturwissenschaften selbst werden nun als kulturelle Formungen erkannt. Sie bilden einen Teil der von der Freiheit geprägten Welt des Menschen.[101] Denn „richtig geschrieben und gelesen, erhebt uns die Historik [und jede Kulturwissenschaft, M.B.] in diese Sphäre der Freiheit inmitten all der Notwendigkeiten unseres materiellen, politischen, sozialen und ökonomischen Daseins."[102] Jedes Verstehen ereignet sich in diesem durch die Freiheit eröffneten Raum, stellt die Verwirklichung

---

[96] Vgl. zum folgenden LKw 53f.

[97] LKw 53f., vgl. auch WWS 126. Die Frage nach der Möglichkeit, fremde Subjektivität als solche wahrzunehmen, die bereits in PsF III,73.93-95, dann in LKw 44f. problematisiert wird, verbindet Cassirer und Husserl. Cassirer hält den „Beweis" fremder Subjektivität für unmöglich, greift aber in seiner Argumentation früher als Husserl auf die Kultur als Raum der symbolischen Vermittlung von Freiheiten zurück. Vgl. ORTH, Erkenntnistheorie 319; STARK, Symbol 442-453, und zur Wahrnehmung fremder Subjektivität bei Husserl THEUNISSEN, Der Andere 129-135. Auch die von BOESCH, Pluralität, in kritischer Auseinandersetzung mit Cassirers Theorie von der sprachlichen Genese des Ich-Begriffs erhobene Forderung, die Subjektivität in einer pluralen Selbstreferenz, also im Erkennen des Wir, gegründet zu sehen, könnte von hier aus weiter verfolgt werden.

[98] „Das fertige Werk ist, sobald es einmal vor ihnen steht, niemals allein Erfüllung, sondern es ist zugleich Enttäuschung" (LKw 110). Cassirers frühe Einsicht in die Ambivalenz der Technik, die Befreiung und Entfremdung zugleich bedeutet, findet sich in zahlreichen Abhandlungen, z.B. STS 67-78.

[99] Zum Freiheitsbegriff, der hier noch dem Formbegriff untergeordnet ist, vgl. LKw 24f.104. Zu dessen genauerer Fassung vgl.u. S. 234ff.

[100] In LKw 123-125 verdeutlicht Cassirer diese Dialektik am Beispiel religiöser Umbrüche und Reformbemühungen.

[101] So lassen sich die Naturwissenschaften einem weitgefaßten Begriff der Kulturwissenschaften subsumieren. Vgl. LKw 30-32. Dazu NEUMANN, Cassirer 106f. KAEGI, Cassirer 169, sieht eine entscheidende Abwendung Cassirers von der neukantianischen Kulturwissenschaft in der Prämisse, daß er – genau umgekehrt wie jene – „die Erkenntnis vom Begriff der Kultur und nicht die Kultur vom Begriff der Erkenntnis her denkt" (im Original hervorgeh.).

[102] VM 313.

von Freiheit im Kontext bereits verwirklichter Freiheit dar – einem Kontext, der in den sinnlichen Zeichen greifbar wird, die von der formenden Aktivität des menschlichen Geistes zeugen und als solche Zeugnisse verstanden sein wollen.

2. Klärung oder Unklarheit?

Die Fülle der theoretisch belangvollen Voraussetzungen, Bestimmungen und Folgerungen von Cassirers Philosophie ist mit den bisherigen Annäherungen noch längst nicht ausgeschöpft, der materiale Reichtum seiner Werke erst recht nicht. Deshalb mögen die kritischen Rückfragen an dieser Stelle verfrüht erscheinen. Doch sie sollen dazu beitragen, Cassirers Ansatz zu akzentuieren und den Fortgang meiner Untersuchung zu orientieren.

a) Der Gehalt des Symbolbegriffs

Schon bald nach dem Bekanntwerden seines Konzepts einer Philosophie der symbolischen Formen sieht Cassirer sich mit einer Kritik konfrontiert, die auch heute noch der Klärung seines Denkens dienen kann. Weitet, so lautet der Einwand, Cassirer den Symbolbegriff nicht derart aus, daß er völlig unbestimmt und damit nichtssagend wird?[103] In der Tat läßt Cassirer alle Definitionen, die das Symbolische von anderen Formen des Darstellens, Bedeutens und Handelns unterscheiden, hinter sich, indem er jedes menschliche Weltverstehen als symbolische Form qualifiziert.[104] Und auch innerhalb seines eigenen Entwurfs kommt dem Symbolbegriff scheinbar keine gliedernde Kraft zu: Selbst wenn mitunter die dritte Stufe der Ausdrucksfunktionen als „symbolischer Ausdruck"[105], als „Symbolismus der Prinzipien"[106] bezeichnet wird, tut dies der Universalität keinen Abbruch, mit der auch solche Formen symbolische genannt werden, die sich dieses ihres Charakters selber nicht bewußt sind.

Will man aus diesen Beobachtungen nicht den naheliegenden Schluß ziehen, man könne auf einen derart offenen Symbolbegriff getrost verzichten, gilt es den Hintergrund zu erhellen, vor dem ihn Cassirer entwickelt hat und seine Bedeutung ansichtig wird. Schon in dem Werk, mit dem er erstmals aus dem Kreis philosohiegeschichtlicher Forschung heraustritt, in „Substanzbegriff und Funktionsbegriff", fragt Cassirer nach der Eigenart von Begriffen und Urteilen.[107] Zu deren Klärung setzt er mit einer doppelten Aporetisierung der

---

[103] Vgl. die Diskussionsbeiträge von Moog und Schmied-Kowarzik in STS 25-30. Cassirers Erwiderung, aaO.32-35, läßt die tragfähige Begründung seines Ansatzes hinter ihrem gewohnt konzilianten Ton nur schwer entdecken.
[104] Vgl. WWS 174 und dazu GRAESER, Cassirer 33f.38f.
[105] Z.B. WWS 182.
[106] PsF III,547.
[107] Vgl. SF VII, dazu PAETZOLD, Marburg 24-28, ders., Begriffslehre 101. Auf die hier erarbeiteten Grundbestimmungen greift Cassirer nicht nur in PsF häufiger als auf jedes andere seiner eigenen

aristotelischen Logik ein.[108] Zum einen hat die logische Regel, derzufolge Art- und Gattungsbegriffe zu bilden sind, indem man zunehmend von den „differentiae specificae" der einzelnen Erscheinungen absieht, eine widersprüchliche Folge: „Dem weiten *Umfang* (des Begriffs, M.B.) entspricht [...] eine fortschreitende Beschränkung des *Inhalts*, so daß schließlich die allgemeinsten Begriffe, zu denen wir gelangen können, keinerlei auszeichnende Eigenart und Bestimmtheit mehr besitzen."[109] Cassirer richtet hier also einen Vorwurf an Aristoteles, der zwei Jahrzehnte später seine eigene Begriffsbildung treffen wird. Um so bedeutsamer ist die Frage, ob sein philosophisches Konzept den Maßstäben gerecht wird, die er mit seiner alternativ entwickelten Begriffstheorie setzt. Sie hebt an bei einem zweiten, noch tiefer liegenden Widerspruch der aristotelischen Logik. Eine dieser folgende Begriffsbildung kann nur gelingen, wenn es eine Regel der Vergleichung zwischen verschiedenen Sinnesdaten gibt, anhand derer „genus proximum" und „differentia specifica" allererst zu erheben sind. Der Ausfall solcher Relationsbestimmungen in der herkömmlichen Logik ist, Cassirer zufolge, kein Zufall: Denn er wäre nur auf dem Wege einer petitio principii zu beheben, indem die Ordnung, die doch erst aus der Vergleichung hervorgehen soll, selbst als deren Regel erhoben würde.[110]

Aus der Einsicht in diese Aporie zieht Cassirer die Konsequenz, die sein gesamtes philosophisches Denken prägen wird: Die Begriffe gehen nicht aus uneingesehenen Regeln hervor, sondern bilden selbst diese Regeln.[111] An die Vielfalt der Sinneseindrücke herangetragen, stellen sie die Relationen her, kraft derer jene zu gliedern und zu verstehen sind. Diese Bestimmung bewährt sich in der Schlichtung des Streits zwischen induktiven und deduktiven Methoden der Naturwissenschaft. Denn sie läßt erkennen, daß beide korrelativ aufeinander bezogen sind. Experimentell erhobene Daten fordern eine differenziertere Begriffsbildung, aus der die Konzeption weiterer Experimente hervorgeht. Mathematische Regeln können auf diesem Wege den empirischen Wissenschaften Wege weisen sowie von ihnen gefordert werden.[112]

Selbstverständlich unterscheiden sich auch die so erhobenen Begriffe nicht zuletzt durch ihren jeweiligen Umfang.[113] Doch anders als in der aristotelischen Logik führt hier eine Erweiterung seines Umfangs nicht zur Entleerung,

---

Werke zurück. Es liegt jedoch nicht im Interesse der folgenden Darstellung, die Fülle der entsprechenden Verweisungszusammenhänge aufzuzeigen. Vermerkt sei ausdrücklich die besonders prägnante spätere Aufnahme und Ausdehnung der Einsichten in EBK 155-165.
[108] Zur Kritik der klassischen Logik vgl. neben im folgenden angegebenen Kapiteln von SF auch WWS 204-208.
[109] SF 7.
[110] Vgl. SF 18-24.
[111] Vgl. SF 25. In dieser Neufassung der Logik steht Cassirer, wie KROIS, Transformation, zeigt, Peirce nahe – ebenso wie in der Entwicklung einer als semiotische Theorie lesbaren Philosophie der symbolischen Formen.
[112] Vgl. SF 313f.334-345.
[113] Vgl. SF 356f., ausführlicher in PsF III,504f.

sondern zur zunehmenden Bestimmtheit des Begriffs. Denn seine Funktion als Relationsbegriff besteht gerade darin, mit zunehmender Genauigkeit die Prinzipien anzugeben, mit Hilfe derer die einzelnen Erfahrungen bestimmt werden können.[114]

Wenn aber die Begriffe ihre Funktion allein darin haben, Relationen herzustellen zwischen den Gegebenheiten sinnlicher Eindrücke, können sie selbst kein Gegenstand von Erfahrung sein. „Der Gefahr, den reinen Begriff zu verdinglichen, ihm eine selbständige *Wirklichkeit* neben den Einzeldingen anzuweisen, kann diese Auffassung nicht unterliegen."[115] Die Begriffe sind reine Funktions-, keine Substanzbegriffe.[116] So ist schließlich auch der Bestandteil der aristotelischen Logik überwunden, der schon viel früher als die fehlenden Relationsbestimmungen der Kritik anheimgefallen war: die Substanzmetaphysik, die dort zwecks der anders nicht einsehbaren Verknüpfung der Erscheinungen eingeführt worden war.[117]

In „Substanzbegriff und Funktionsbegriff" beschränkt sich Cassirer auf das Problem mathematisch-naturwissenschaftlicher Begriffsbildung. Er weist nach, wie in den Naturwissenschaften selbst die Einsicht in den rein funktionalen Charakter ihrer Begriffe wuchs, was sich nicht zuletzt im Mühen um eine funktionale Begrifflichkeit zeigt.[118] Doch auch hier gilt: Unabhängig vom Wissen darum haben naturwissenschaftliche Begriffe immer schon rein funktionalen Charakter. In der Philosophie der symbolischen Formen wird diese Einsicht ausgeweitet auf jede mögliche Denkform. Die moderne Naturwissenschaft erscheint in dieser Perspektive, wie bereits gezeigt, deshalb nicht als etwas grundsätzlich Neues, sondern als Fortsetzung und Erfüllung in allen symbolischen Formen wirksamer Motive.[119]

Diese Ausweitung führt aber zwangsläufig auch dazu, daß ein schon bezüglich der naturwissenschaftlichen Begriffsbildung virulentes Problem an Gewicht gewinnt: Kann zwischen der Welt sinnlicher Eindrücke und dem System begrifflich konstruierter Relationen, geistiger Bedeutungen überhaupt noch eine Verbindung gedacht werden? Klar ist, daß das Verstehen nicht aus

---

[114] Vgl. SF 25f.338.
[115] SF 34.
[116] Vgl. SF 27.
[117] Vgl. SF 8-11.
[118] Vor diesem Hintergrund ist es nicht verwunderlich, daß Cassirer als einer der ersten Philosophen die Bedeutung der allgemeinen Relativitätstheorie erfaßte, in der die Naturwissenschaften ihrem Ziel einer durchgängigen Prinzipienbildung einen entscheidenden Schritt näherkamen (vgl. ZmP 3-125, zusammengefaßt in PsF III,554-556). Vgl. dazu LANGER, Philosophie 264-266.
[119] Vgl. dazu o. S. 76. An der Frage, ob und inwieweit Cassirer diese Wendung zu einer umfassenden Kulturtheorie gelungen ist (so etwa Paetzold, Krois, Orth) oder er alles Weltverstehen einer naturwissenschaftlich orientierten Erkenntnistheorie einverleibt hat (so z.B. Knoppe, Makkreel, Stephens), scheiden sich die Geister der Cassirer-Interpreten. Vgl. dazu die differenzierte Sicht von BLUMENBERG, Entgegennahme 166f. Cassirer selbst will seine Philosophie nicht auf die naturwissenschaftliche Theoriebildung eingeschränkt sehen (vgl. EBK 156). Meine Interpretation will zeigen, daß er diesen Anspruch zu Recht erhebt.

den sinnlichen Eindrücken hervorgehen oder abgeleitet werden kann.[120] Die Verknüpfung von Zeichen und Bedeutung gilt es vielmehr als Bewußtseinstatsache vorauszusetzen, was ihre weitergehende Herleitung, nicht aber ihre genauere Analyse ausschließt.[121] Zum Zweck dieser Analyse setzt Cassirer den Symbolbegriff ein:[122] Indem der Begriff der „symbolischen Form" zur Kennzeichnung der ebenso fraglichen wie notwendigen Verbindung von geistiger Bedeutung und sinnlichen Zeichen eingeführt wird, gewinnt er seine eindeutige Stellung innerhalb der Erkenntnistheorie.[123] Auch wird damit klar, warum Cassirer ihm die eingangs kritisierte universale Fassung geben mußte, tritt doch das durch ihn bezeichnete Problem tatsächlich in jedem menschlichen Weltverstehen auf.[124] Und schließlich kann der Vorwurf seiner nichtssagenden Unbestimmtheit entkräftet werden, indem und insoweit der Begriff der „symbolischen Form" sich geeignet zeigt, die Vielfalt faktischer Formungen, denen dann auch die im klassischen Sinne symbolischen Vollzüge angehören, verstehen zu lassen.[125]

b) Gottesrede und Vernunftkritik

Neben dem Symbolbegriff gilt es in Cassirers Konzept einer Philosophie symbolischer Formen noch einen zweiten Aspekt hinsichtlich des Vorwurfs mangelnder Differenziertheit zu überprüfen, zumal er besonders für deren theologische Rezeption von Bedeutung ist: Vor dem Hintergrund der Vernunft- und Religionskritik Kants[126] muß es erstaunen, wie scheinbar fraglos Cassirer das wissenschaftliche und das religiöse Weltverstehen parallelisiert. Hatte Kant doch in seiner Kritik der theoretischen Vernunft die Begriffe und Urteile des Verstandes streng geschieden von den regulativen Ideen der Vernunft, zu denen die Idee „Gott" zählt. Bleiben die synthetischen Urteile der Naturwissenschaften stets verbunden mit dem Feld der Anschauung, der experimentellen Erprobung,[127] so erweist die Vernunftkritik die Idee Gottes als prinzipiell jeder

---

[120] Die Abwehr des Empirismus, die weite Teile der PsF füllt, findet ihre Anfänge bereits in SF 11-27, hier in Parallelisierung zum Relationsproblem der aristotelischen Logik.

[121] Zur Vorbereitung dieser Einsicht vgl. SF 33.412. Zu ihrer weiteren Entfaltung in PsF vgl.u. II.1.b, S. 128ff.

[122] Zur Herkunft des Symbolbegriffs bei Cassirer vgl. SEIDENGART, Korrelation 134-137. Seidengart geht nicht nur auf die – von Cassirer wie von der Sekundärliteratur oft erwähnten – Quellen bei Humboldt, Helmholtz, Vischer, Duhem und Poincaré ein, sondern auch auf die unverkennbaren inhaltlichen Rückgriffe auf Kants „Kritik der Urteilskraft".

[123] Auch hierfür findet sich in SF bereits die Grundlage: „Jetzt ist die Abstraktion nicht mehr ein gleichförmiges und unterschiedsloses *Bemerken* gegebener Inhalte, sondern sie bezeichnet den einsichtigen Vollzug der verschiedenartigsten, selbständigen Denkakte, deren jeder eine besondere Art der *Deutung* des Inhalts, eine eigene Richtung der Gegenstandsbeziehung in sich schließt" (SF 32f.).

[124] Vgl. STS 33.

[125] Vgl. die entsprechende Zielbestimmung in PsF I,52f.

[126] Vgl. dazu ausführlicher o. S. 37f.

[127] Vgl. KrV B XIV.

Erfahrung entzogen.[128] Folge dieser Einsicht ist bei Kant die Einweisung der Religion in den Bereich der praktischen Vernunft,[129] ja sogar ihre Reduzierung auf ein mit dem Gottespostulat verbundenes ethisches Handeln, nachdem alle darüber hinausgehenden religiösen Anschauungen der Kritik anheimgefallen sind.[130]

Indem Cassirer diese Unterscheidung nicht übernimmt, verändert er die – nicht zuletzt durch sie begründete – Architektonik der Vernunftkritik Kants, dessen Anliegen er sich nach wie vor verpflichtet weiß. Warum er auf diese Veränderung, soweit ich sehe, nicht reflektierend eingeht,[131] muß offenbleiben. Jedenfalls ist sie nicht zu erklären aus seinem begrenzten Interesse an explizit theologischen Fragen.[132] Mit gutem Grund hätte er sie jedoch durch seine erkenntnistheoretischen Prämissen für legitimiert halten können, eröffnen diese doch die Einsicht in den rein funktionalen Charakter jeden Weltverstehens. Auch wenn die verschiedenen symbolischen Formen ihr Ziel in je eigener Weise verfolgen: Sie alle streben in ihren ordnenden Sinngebungen die Verstehbarkeit der Welt an.[133] Die von Cassirer immer wieder betonten Gegensätze zwischen der Welt des mythischen Ausdrucks und dem System naturwissenschaftlicher Bedeutung verlieren durch diese funktionale Gemeinsamkeit an Gewicht; und dies um so mehr, sobald im Übergang vom Mythos zur Religion das Bewußtsein von der Formung auch aller religiösen Begriffe und Zeichen erwacht. So sehr auch nach diesem Übergang Naturwissenschaft und Religion unterschieden bleiben, weil sie die ihnen begegnenden sinnlichen Zeichen verschiedenen Sinngefügen zugeordnet sehen,[134] stimmen sie nichtsdestotrotz in einem wesentlichen Punkt überein: Die Begriffe beider entbehren der unmittelbaren Überprüfbarkeit in der sinnlichen Anschauung. Nicht nur die Gesetzesbegriffe der Naturwissenschaften, auch der Gottesbegriff der Religion ist ein funktionaler, wird angewandt, das Weltverstehen zu ordnen und zu orientieren.[135] Cassirers Verzicht auf die Unterscheidung von Verstandesbegriffen und Ver-

---

[128] Vgl. KrV A 621, B 549: „Wie kann jemals Erfahrung gegeben werden, die einer Idee angemessen sein sollte?"

[129] Vgl. KrV A 814f., B 842f.

[130] Vgl. Rel A 157f., B 167f.

[131] Anders als bei seiner Einziehung der Unterscheidung von Anschauung und Erfahrung, vgl.u. S. 151.

[132] Vgl. SMITH, Comments 476, der Cassirers Interesse an Religion und Mythos zu Recht von der Frage nach der primären Begriffsbildung geleitet sieht.

[133] Vgl. WWS 79.

[134] Vgl. PsF II,299-309.

[135] Vgl. ECN I,99f. Cassirer übernimmt hier den *„Primat der Kategorie der Bedeutung vor der Kategorie der Existenz*, wie es von Fichte als der transcendentale Leitsatz und Grundsatz seiner Religionsphilosophie aufgestellt wird". Weil die Kategorie der Bedeutung der symbolischen Formung aber, wie noch ausführlicher zu zeigen sein wird, als Handlung begriffen werden muß, spricht STARK, Symbol 268, hier zutreffend von der „pragmatische(n) Transformation der transzendentalen Ideen".

nunftideen[136] führt also nicht zurück zu einer vorkritischen Annahme möglicher Gotteserfahrung, sondern zieht die Grenzen des sinnlich Erfaßbaren noch enger als Kant. Als Bedingung der Möglichkeit von Erfahrung sind alle Begriffe – naturwissenschaftliche wie religiöse – selbst der Erfahrung entzogen.[137] Überprüfen und erweisen läßt sich einzig und allein ihre funktionale Wirksamkeit für die Ordnung der sinnlichen Zeichen. Als solche Funktionen aber erheben die symbolischen Formen mit Entschiedenheit Wahrheits- und Geltungsansprüche.[138] Deren Recht und Reichweite wird es noch ebenso kritisch zu prüfen gelten wie die möglichen Folgen, die die dargestellte architektonische Verschiebung für das Verhältnis von theoretischer und praktischer Vernunft hat.[139]

Zwei für den Fortgang meiner Untersuchung förderliche Konsequenzen deuten sich aber schon hier an: Ungeachtet ihres rein formalen Charakters, der die Eigenart einzelner Religionen noch nicht sichtbar werden läßt, wird die Philosophie der symbolischen Formen einem religiösen Selbstverständnis und seinen Wahrheitsansprüchen weit eher gerecht als die restriktiven Begrenzungen, in die Kants Vernunftkritik die Religion verweist.[140] Denn weit mehr als diese vermag sie die religiöse Gottesrede und deren konkrete Ausdrucksformen anzuerkennen und philosophisch zu würdigen. Außerdem kann sie der Religion zur Aufklärung helfen, sobald diese nach dem Status ihrer Aussagen zu fragen beginnt, deckt sie doch deren symbolischen Charakter auf.

Zugleich aber darf nicht das Problem übersehen werden, mit dem Cassirer diese größere Nähe zum Phänomen der Religion erkauft. Ist doch für Kant der Übergang von der transzendentalen Analytik des Verstandes zur transzendentalen Dialektik der Vernunft keineswegs willkürlich. Angetrieben ist er durch den in der Vernunft liegenden Grundsatz, „zu dem bedingten Erkenntnisse des Verstandes das Unbedingte zu finden, womit die Einheit desselben vollendet wird."[141] Auch wenn dieses Unbedingte als Bedingung der Möglichkeit der Einheit aller Erfahrung und damit der Erfahrung überhaupt selbst nie Gegenstand der Erfahrung werden kann,[142] liegt es gleichwohl im Vermögen der Vernunft, dieses Unbedingte in den Ideen zu erfassen. Und mehr noch: Indem diese Ideen in ihrem regulativen Charakter zur Anwendung kommen, dienen sie

---

[136] Eine kritische Bemerkung zu Kant aus der Perspektive der Philosophie der symbolischen Formen weist in die Richtung der hier herausgestellten architektonischen Verschiebung: „Die ‚Vernunfterkenntnis' scheidet sich auch bei Kant noch streng und scharf von der bloßen ‚Verstandeserkenntnis'." (LKw 19).

[137] Vgl. SF 34.

[138] Vgl. STS 19f.; ECN I,191-193.

[139] Vgl.u. II.2.b, S. 151ff., bzw. IV.2.c, S. 234ff.

[140] Vgl. die entprechende Kritik VM 51, dann auch bei SMITH, Comments 484f.

[141] KrV A 307, B 364.

[142] Vgl. KrV A 311, B 367.

der Orientierung aller Erfahrung und bieten die Möglichkeit, den transzendentalen Schein sowie die Antinomien der Vernunft aufzulösen.[143]

Es wird also aufmerksam zu prüfen sein, ob und wie Cassirer in seinem philosophischen Entwurf die Frage nach dem Unbedingten stellt und beantwortet. Sollte sie vernachlässigt oder gar negativ beantwortet werden, könnten die differierenden symbolischen Formen nurmehr in ihrem letztlich beliebigen Nebeneinander beschrieben, aber nicht mehr auf ihre Einheit und Geltung befragt werden. Damit aber verfehlte die Philosophie der symbolischen Formen nicht nur ihr selbstgestecktes Ziel,[144] sondern könnte auch in der vorliegenden Untersuchung die von ihr erhoffte Orientierungsfunktion nicht ausfüllen. Zudem würde die hier zunächst konstatierte Nähe von Cassirers philosophischer Reflexion zum Phänomen religiöser Rede wieder fraglich: Ist diese Rede doch geprägt von dem Zeugnis, sich von der Wahrheit Gottes und seinen Geboten unbedingt eingefordert zu wissen.

c) Transzendentale Historik und symbolische Formung der Geschichte

Legte sich der Verdacht mangelnder Differenzierung in Cassirers Symbolbegriff und seiner Analyse religiöser Rede zumindest einem ersten Blick nahe, kann er bezüglich seiner Theorie geschichtlichen und kulturellen Verstehens gar nicht erst aufkommen. Hier gelangt Cassirer zu Bestimmungen, die weit über Kant hinausgehen. Er kann die Aporien einer positivistischen[145] wie einer rein hermeneutischen[146] Geschichtsbetrachtung nicht nur erklären, sondern auch überwinden. So nimmt er Einsichten der später entwickelten „transzendentalen Historik" vorweg, empfiehlt sich ihr sogar als anregend kritischer Gesprächspartner. Wegen der schon erwiesenen Bedeutung der Geschichtstheorie für eine verantwortete Offenbarungstheologie gilt es im folgenden, Cassirers entsprechende Beiträge zu sichern und zu akzentuieren.[147]

Die transzendentale Historik versteht die Geschichte als den Ort, der die Realisierung von Freiheit ermöglicht und durch sie allererst konstituiert wird. Insofern Freiheit nur real wird, indem sie sich einen Gehalt wählt, erscheinen Geschichte und Freiheit als gegenseitig aufeinander verwiesene Bedingungen ihrer Möglichkeit.[148] Bei Cassirer findet sich dieser Zusammenhang ausgedrückt, wenn er die Zeugnisse, die der Geschichtswissenschaft vorliegen, als Produkte vergangener symbolischer Formung, als Medien vergangener Kommunikation

---

[143] Vgl. KrV A 642-668, B 670-696. Dazu BAUMGARTNER, Kritik 99-119.

[144] Vgl. PsF I,16f.

[145] Vgl. LKw 78-86 in Auseinandersetzung mit Taine; VM 266-268.

[146] Vgl. LKw 97-99. Zur gleichwohl bleibenden Nähe Cassirers zu Dilthey vgl. GuL 202-204; ECN I,160-162. Sie wird auch von KNOPPE, Philosophie 91-94, betont.

[147] Vgl.o.S. 56ff. Dort wurden auch die Grundthesen der transzendentalen Historik bereits entfaltet.

[148] Das autobiographische Roman-Fragment Albert Camus' trägt den Titel „Der erste Mensch", weil Camus sich als den ersten Menschen in seiner Familie erkennt, der nach seiner Geschichte fragt. Vgl. CAMUS, Mensch 233-236.

versteht. Deutlicher noch als im vorgestellten Entwurf transzendentaler Historik tritt bei Cassirer zutage, daß auch die Deutung der Geschichte sich selbst wieder als ein Akt symbolischer Formung vollzieht.[149] In dieser Akzentsetzung kommt eine Verhältnisbestimmung zum Tragen, die in den Grundbestimmungen der Philosophie der symbolischen Formen wurzelt. So wenig wir ein Faktum wahrnehmen können, ohne ihm eine Bedeutung zuzusprechen, es als Repräsentant eines Sinnhorizonts zu sehen, so wenig gibt es ein Faktum, das eine Bedeutung eindeutig an sich tragen würde und damit erzwingen würde. Wieder kann zur Verdeutlichung Cassirers Linien-Beispiel herangezogen werden: Ob der Betrachter dem Zeichen die Bedeutung gibt, die ihm der Zeichner zusprach, liegt in seiner – nicht zuletzt durch den eigenen kulturellen Kontext geprägten – Freiheit. Die Offenheit solcher erneuten Formung nimmt zu, wenn zwischen der Entstehung des Zeichens und seiner erneuten Deutung der Abgrund zeitlicher Entfernung oder kultureller Unterschiede klafft, wenn die Intention des damals Handelnden gar nicht mehr erhebbar ist. Als „Sinnesdata" bleiben, das wird in Cassirers Analysen deutlich, geschichtliche Zeugnisse ambivalent. Es bleibt Aufgabe ihrer Aneignung, ihnen durch die Zuordnung zu einem Sinnzusammenhang die je mögliche Objektivität zu verleihen.[150]

Die Freiheit, aus der Geschichte nicht nur entsteht, sondern der es auch zur verstehenden Deutung der Vergangenheit bedarf, wird von Cassirer, wie aufgezeigt wurde, als Freiheit gefaßt, die notwendig selbst unter den kontingenten Bedingungen der jeweiligen Situation steht und allein deshalb zum Verstehen in der Lage ist. Damit stellt sich Cassirer mit seiner Geschichtstheorie in einen deutlichen Gegensatz zu Hegel, der der spekulativen Vernunft die Fähigkeit zuspricht, als Akt des zu sich kommenden absoluten Geistes ihre geschichtliche Bedingtheit begreifend zu überwinden.[151] Angesichts dieser prinzipiellen Distanzierung stellt sich den Interpreten Cassirers die Aufgabe, der mitunter naheliegenden Gefahr zu wehren, die historischen Teile der Philosophie der symbolischen Formen im Licht der Geschichtsmetaphysik Hegels zu

---

[149] Vgl. VM 272. Bei ESSEN, Vernunft 204-212, findet sich ein vergleichbarer Hinweis auf den „konstruktive[n] Charakter historischer Erkenntnis".

[150] Zum Verhältnis von Subjektivität und Objektivität historischen Verstehens vgl. VM 286. Zur theologischen Bedeutung des fraglichen Verhältnisses von Faktum und Bedeutung vgl.u. S. 203ff.

[151] Zur Ablehnung der Geschichtsmetaphysik Hegels vgl. ECN I,158; LKw 12. Insofern diese Kritik nicht allein in der grundsätzlichen Abwehr substanzmetaphysischen Denkens, sondern auch im Wissen um die unüberwindbare Geschichtlichkeit jedes Denkens wurzelt (und dies ist den Argumentationen in VM durchaus zu entnehmen), steht Cassirer Kierkegaard näher, als er es selbst wahrnimmt. Denn Kierkegaards Geschichtsverständnis ist keineswegs ein rein existentiell-subjektives (so Cassirer, ECN I,221). Das Beharren auf der unhintergehbaren Subjektivität des Existierenden hindert Kierkegaard nicht, in vor allem heilsgeschichtlichem Interesse von einer objektiven Geschichte zu sprechen, auch wenn ihm die gedanklichen Mittel fehlen, beide Perspektiven miteinander zu verbinden. Vgl. KIERKEGAARD, Entweder/Oder II, 184-187, und dazu BONGARDT, Widerstand 66f.

deuten. Statt dessen gilt es, die Geschichte und ihre Deutung als bleibende Aufgabe der Freiheit zur symbolischen Formung aufzufassen.[152]

3. Der Glaube als Formung

Das bisher gezeichnete Bild von Cassirers Philosophie kann nicht mehr sein als eine grobe Skizze. Wesentliche Aspekte seines Entwurfes, Fragen, die sich in ihm und an ihn aufdrängen, kamen noch nicht in den Blick. Doch nachdem immerhin die Bedeutung sichtbar wurde, die Cassirer seinem zentralen Begriff der „symbolischen Form" gibt, kann und soll es im folgenden um eine erste theologische Aufnahme der bisher gewonnenen Einsichten gehen. Es gilt, meine Grundthese einzuführen und zu erläutern, daß das Bekenntnis zu Jesus Christus als der Selbstoffenbarung Gottes eine symbolische Form im Sinne Ernst Cassirers darstellt.

Legt man ihr den allgemeinsten Begriff der symbolischen Form zugrunde, ist diese These genauso wenig bestreitbar wie aussagekräftig. Wird doch im Bekenntnis zu Christus dem Leben und Geschick Jesu, die zumindest für seine Zeitgenossen sinnlich wahrnehmbar waren, die Bedeutung zugesprochen, in ihnen offenbare sich Gott.[153] Als solche spezifische Verbindung von sinnlichem Zeichen und geistiger Bedeutung unterscheidet es sich strukturell nicht von allen anderen Erkenntnis- und Verstehensakten. Um aber aufzeigen zu können, und darum geht es in den folgenden Argumentationen, daß das Christusbekenntnis auch im von Cassirer enger gefaßten Sinne eine symbolische Form ist, daß es also eine eigene Weise universalen Welt- und Selbstverstehens eröffnet und impliziert, gilt es weiter auszuholen.

Zunächst soll jener Prozeß analysiert werden, in dem das christliche Bekenntnis entstand und bis heute wurzelt: Die Entstehung des neutestamentlichen Christuszeugnisses (a). Von diesem Prozeß zu unterscheiden und zugleich auf ihn zu beziehen ist das Bekenntnis der „Jünger zweiter Hand",[154] der Menschen, die an die Offenbarung Gottes in Christus glauben, obwohl ihnen die unmittelbare Begegnung, die sinnliche Wahrnehmung des Jesus von Nazareth verwehrt blieb (b). In der Analyse wird sich zeigen, daß Cassirers Erhellung menschlichen Weltverstehens in besonderer Weise geeignet ist, die Struktur des christlichen Bekenntnisses und seiner Tradition aufzudecken. Sie wird zu dem Ergebnis führen, daß es in der Tat - auch ohne expliziten Beleg in Cassirers Werken - möglich und naheliegend ist, das Offenbarungsbekenntnis als spezifische symbolische Form, d.h. als eigenständige Weise des Weltverste-

---

[152] Vgl. VM 313 und unten IV.2.c, S. 234ff.

[153] „'Jesus Christus' ist der Bekenntnissatz der frühen Gemeinde, der von einem geschichtlich bestimmbaren Menschen aussagt, daß in ihm letztgültiges Handeln Gottes Wirklichkeit wurde" (SCHWEIZER, Jesus 671). Mit dieser Grundbestimmung beginnt Schweizer seine erhellenden Ausführungen zur Hermeneutik christologischer Aussagen.

[154] KIERKEGAARD, PB 85.

hens, näherhin eines religiösen Weltverstehens, zu kennzeichnen (c). Religion aber unterscheidet sich, so Cassirer, vom Mythos durch ihr Wissen um ihren eigenen Charakter, um die Möglichkeiten und Grenzen ihrer Begriffe und Bilder. Daß sich, an diesem Kriterium gemessen, das Christusbekenntnis als Religion verstehen darf, läßt sich in einem Blick auf die christliche Adaption des jüdischen Bilderverbots und auf die negative Theologie leicht erweisen (d). Doch bricht gerade dort, wo diese Selbstbeschränkung religiöser wie theologischer Rede ernstgenommen wird, die Frage auf, die zur erneuten Rückfrage an Cassirer führt: die Frage nach der Wirklichkeit der im Bekenntnis behaupteten Offenbarung, die in letzter Zuspitzung die Frage nach der Wirklichkeit des sich offenbarenden Gottes ist.

Schon dieser Überblick über den ersten Versuch, Cassirers Einsichten theologisch fruchtbar werden zu lassen, zeigt dessen Begrenzung, die der Begrenzung des ersten Zugangs zu Cassirers Denken entspricht. Genauso wie es dort allein um die Aufdeckung der inneren Struktur und Dynamik einzelner symbolischer Formen ging, bleibt hier das Interesse ganz auf die interne Erhellung des Christusbekenntnisses gerichtet. Genauso wie dort ausgeblendet wurde, daß die gekrümmte Linie zum Gegenstand ganz unterschiedlicher symbolischer Formungen werden kann, bleibt hier unberücksichtigt, daß Jesus von Nazareth auch ganz anders denn als Selbstoffenbarung Gottes verstanden werden kann und verstanden wird.[155] Doch geschieht diese Einschränkung um der späteren Ausweitung willen: Sollen mit ihrer Hilfe doch die Einsichten gewonnen werden, die es dann erlauben, zu einer verantworteten Verhältnisbestimmung zwischen den verschiedenen symbolischen Formen, zwischen den unterschiedlichen Religionen zu gelangen.

a) Horizontveränderung: Das Christusereignis vor dem Hintergrund alttestamentlich-frühjüdischen Weltverstehens

Wie jeder Mensch stellt auch Jesus von Nazareth für die, denen er begegnet, eine Herausforderung dar: Er will verstanden werden. Die anderen sollen verstehen, was sie sehen und hören, verstehen, wer er ist. Und diese Herausforderung ist um so dringlicher, als Jesus bewußt an die Öffentlichkeit tritt, Zustimmung zu seiner Botschaft fordert – eine Zustimmung, die sich nicht auf intellektuelles Einverständnis beschränken, sondern weitreichende Konsequenzen haben soll. Er will von seinen Zeitgenossen so verstanden werden, daß Glaube und Umkehr die Folge dieses Verstehens sind.[156]

---

[155] „Faktisch, historisch ist die Gestalt des Menschen Jesus vieldeutig" (SCHILLEBEECKX, Glaubensinterpretation 52). Vgl. dazu des näheren u. S. 196f.
[156] Vgl. Mk 1,15b. Um diese Ausrichtung des Wirkens Jesu deutlich werden zu lassen, spricht GNILKA, Jesus 251, im Rückgriff auf eine Formulierung von Hahn statt vom „Selbstbewußtsein" von der „Sendungsautorität Jesu". Schließlich seien, so Gnilka, die Evangelien „am Sein, nicht am Bewußtsein interessiert, das heißt, gegebenenfalls am Messiassein Jesu, nicht seinem messianischen

Wie die, die mit ihm lebten und ihm begegneten, ihn verstanden, ist für uns
heutige nur begrenzt rekonstruierbar. Und auch das Selbstverständnis Jesu ist
uns nur mittelbar und begrenzt zugänglich.[157] Die historisch noch authentisch-
ste Wiedergabe dürften in den uns zur Verfügung stehenden Texten des Neuen
Testament jene finden, die seiner Person und Botschaft verständnislos und
ablehnend gegenüberstanden, die den Prediger aus Nazareth für verrückt,
anmaßend oder ausschweifend hielten.[158] Weit schwerer zu fassen ist das
vorösterliche Bild, das die Jüngerinnen und Jünger Jesu von ihrem Lehrer
hatten. Zwar verdankt sich ihnen die spätere Erzähl- und Bekenntnistradition,
doch stehen ihre Berichte ganz im Zeichen der Ostererfahrung. Wie diese
Erfahrung selbst zu verstehen und zu bewerten ist, wird noch der näheren
Erörterung bedürfen.[159] An dieser Stelle genügt der Hinweis, daß der Osterglau-
be das Leben und die Botschaft Jesu für die Zeuginnen und Zeugen in neuem
Licht erscheinen ließ.[160] Die von diesem Licht gefärbten Evangelien und anderen
neutestamentlichen Texte sind nicht nur die ältesten uns unmittelbar zugänglichen Zeugnisse über Leben und Geschick Jesu; sie entwickeln und dokumentie-
ren auch jene Weise, Jesus zu verstehen, die sich die Kirche zur Norm ihres
Bekenntnisses und ihres Glaubens gewählt hat.[161] Deshalb ist es unverzichtbar,
sich nicht nur, wie so häufig, über den Inhalt, sondern auch, wie es im
folgenden angestrebt ist, über die Struktur dieser Verstehensweisen Rechenschaft zu geben.

Verstehen – symbolische Formung – vollzieht sich, wie Cassirer zu zeigen
wußte, im wechselseitigen Bedingungsgefüge von Repräsentation und Präsenz.
Nur durch die Präsenz des Bewußtseinsganzen, des Sinnzusammenhangs einer
umfassenden symbolischen Form, wird das Verstehen des einzelnen, sinnlich
gegebenen Gegenstandes möglich. In diesem wird zugleich jenes Ganze
repräsentiert.

Selbstbewußtsein". Wenn auch diese krasse Entgegensetzung wenig überzeugend ist, denn
Selbstbewußtsein und Sendungsautorität wird man eher in Korrelation als in Konkurrenz zu sehen
haben, kann die Rede von der Sendungsautorität Jesu die Rückfrage nach seinem Selbstbewußtsein
davor schützen, psychologistischen Engführungen zu verfallen.
[157] Zur Notwendigkeit wie zur strukturellen Schwierigkeit, sich auf das Selbstverständnis Jesu
zurückzuziehen, vgl.u. S. 112.
[158] Vgl. Mk 3,21; Mt 11,19; Joh 6,42. Diese Hinweise wollen nicht übersehen lassen, daß die in den
Evangelien geschilderten Konflikte Jesu mit seinen Gegnern oft einen Reflex auf die Schwierigkeiten
darstellen, die zwischen den frühchristlichen Gemeinden und ihren jüdischen Gegnern aufbrachen
(vgl. z.B. THEOBALD, Gott 53-59; GNILKA, Jesus 269). Doch lagen solche abwertenden Stellungnahmen zur Person Jesu für seine Zeitgenossen vermutlich näher als das Bekenntnis zu ihm als dem
„Messias, dem Sohn des lebendigen Gottes" (Mt 16,16).
[159] Vgl.u. S. 203.
[160] „Es läßt sich zeigen, daß die Auferstehung Jesu nicht nur das auslösende Moment für den
Christusglauben der Jünger war, sondern auch zum Quellgrund der Christologie wurde, das heißt
der Durchdringung jenes Glaubens mit dem Licht gläubiger Vernunft" (SCHNACKENBURG,
Christologie 238). Zu den Möglichkeiten, unter Berücksichtigung dieser Voraussetzung zu einer
Hermeneutik der Christologie des Neuen Testaments zu gelangen, vgl. aaO.230-247.
[161] Zum damit verbundenen Problem der Kanonbildung vgl. BLANK, Jesus 21-39.

Dieser Prozeß des Verstehens hat in den neutestamentlichen Texten seine deutlichen Spuren hinterlassen. Um Leben und Geschick Jesu zu verstehen, stellen seine Zeitgenossen das Geschehen vor allem, wenn auch nicht ausschließlich in den Horizont des ihnen vorgegebenen Glaubens an das geschichtliche Wirken Gottes, der in den Schriften des Alten Testaments seine Form und seinen Ausdruck fand.[162] Beredtes Zeugnis davon geben nicht nur die zahlreichen expliziten Schriftverweise. Texte wie die Erzählung von den Brotvermehrungen,[163] von einzelnen Heilungswundern,[164] vor allem aber die Passionsberichte[165] sind in so enger Anlehnung an alttestamentliche Vorlagen gestaltet, daß den kundigen Lesenden deutlich werden muß, vor welchem Horizont das Leben Jesu verstehbar wird.

Waren diese Bezüge der christlichen Auslegung des Neuen Testament immer bewußt, verstellte das Bemühen, die Einzigartigkeit Jesu dezidiert festzuhalten, den Blick auf weitere Horizonte, mit deren Hilfe die ersten Christinnen und Christen Jesus zu verstehen suchten.[166] Die Entdeckung dieser Zusammenhänge wurde angestoßen durch die Untersuchung der sogenannten Hoheitstitel. Jene dem historischen Jesus zugesprochenen und nicht selten in den Mund gelegten Prädikationen ließen die enge Verbindung zwischen frühchristlichem und frühjüdischem Gottes- und Weltbild erahnen.[167] In dem Maße, in dem das Frühjudentum deutlicher ins Blickfeld der Forschung rückte,[168] wurde erkennbar, wie stark die frühe Christologie von ihm geprägt

---

[162] „Es ist nicht zu übersehen, daß auf Grundaussagen der atl. Offenbarungsgeschichte zurückgegriffen wird. [...] Der Gott des Evangeliums ist der Gott der Bibel, der Gott Israels." Dieser Hinweis bei GNILKA, Gottesgedanken 151, bezieht sich zunächst nur auf das Markusevangelium; doch ist er, wie Gnilka aufweist, auch für die übrigen neutestamentlichen Schriften gültig. Vgl. auch SCHNACKENBURG, Christologie 246f. (Lit.).

[163] Vgl. Mk 6,30-44 mit 2 Kön 4,42-44. Dazu GNILKA, Evangelium I,256f.

[164] Vgl. z.B. Mk 5,21-23.35-43 (Auferweckung der Tochter des Jairus) mit den Erzählungen aus dem Elija-Elischa-Zyklus (1 Kön 17,17-24; 2 Kön 4,25-37). Dazu GNILKA, Evangelium I,212.

[165] „Denn nicht nur das Ganze des Geschehens [der Passion Jesu, M.B.] steht im Licht der alttestamentlichen Verheißung, die sich jetzt erfüllt, auch in den Einzelheiten erwachen Aussagen der Propheten und Psalmisten" (SCHLIER, Markuspassion 72). Die enge Anlehnung des Passionsberichts an Psalm 22 wird immer wieder hervorgehoben, z.B. GNILKA, Evangelium II,310-314; KESSLER, Bedeutung 242-244.

[166] Der Blick auf diese Horizonte geht z.B. verloren, wenn man das „Unähnlichkeitskriterium", das Käsemann in die Diskussion um den historischen Jesus eingeführt hat (vgl. KÄSEMANN, Problem 205), zur Ausblendung dessen benutzt, was in der neutestamentlichen Tradition „aus dem Judentum abgeleitet [oder, M.B.] der Urchristenheit zugeschrieben werden kann" (aaO.). Dieses Kriterium kann nur mit Hilfe seiner „kritischen Ausweitung" Grundlage einer angemessenen historisch-kritischen Forschung sein. Vgl. SCHWEIZER, Jesus 426-434; GNILKA, Jesus 30f. DREWERMANN, Strukturen III,516-533, macht auf einen Zusammenhang aufmerksam, der dem hier zu betrachtenden Problem nicht inhaltlich, aber strukturell vergleichbar ist: Die apodiktische Abwertung mythischer Bilder und Vorstellungen in der christlichen Tradition war blind dafür, daß die kritische Aufnahme mythischer Motive wesentlich zum Wachstum des biblischen Welt- und Gottesverständnisses beigetragen hat und noch heute beitragen kann.

[167] Vgl. dazu die bis heute wegweisende Studie HAHN, Hoheitstitel.

[168] Diese Veränderung verdankt sich wohl vor allem zwei Anstößen: Zum einen der intensiven Beschäftigung jüdischer Autoren mit der Gestalt Jesu. Sie deckten die enge Einbindung Jesu und der

ist. Das Mühen der Pharisäer um die Thora;[169] das Weltbild der Apokalyptik;[170] weisheitliche Spekulationen über das Verhältnis Gottes zu Welt und Geschichte;[171] hellenistische Versuche, den biblischen Glauben mit dem philosophischen Monotheismus Griechenlands zu verbinden:[172] ohne die hier vorgeprägten Weisen des Weltverstehens wäre den ersten Christinnen und Christen Jesus von Nazareth schlichtweg unverständlich geblieben. Denn, so ihr einhelliges Zeugnis: Das Geheimnis der Person Jesu erfassen kann nur, wer um Gottes Handeln in der Geschichte, wer um seine Weisungen und Verheißungen, wer um den Glauben Israels weiß.[173]

In solchem Glauben aber wird nun auch sichtbar, worin die besondere Bedeutung Jesu liegt: In seinem Sprechen und Handeln, in seinem Geschick wird Gott selbst gegenwärtig. „Wer mich gesehen hat, hat den Vater gesehen."[174] In solchen Bekenntnissätzen wird sichtbar, daß das glaubende Verstehen nicht nur Jesus in den Horizont des Geschichtshandelns Gottes stellt, sondern dieses Handeln in ihm in unvergleichbarer Weise Wirklichkeit werden sieht. Für die Autoren des Neuen Testaments besteht kein Zweifel: „Gottesherrschaft und Jesus sind jetzt so eng miteinander verknüpft, daß man Gottes Wirken nur wahrnimmt, wenn man begreift, wer Jesus ist. Gottesherrschaft und Gottessohn gehören zusammen."[175]

Der hier analysierte Verstehensprozeß erfüllt, so wird bei genauerer Betrachtung deutlich, eine doppelte Funktion: Die Einordnung der sinnlich wahrgenommenen Begegnungen mit Jesus von Nazareth in den Zusammenhang des frühjüdischen Gottes- und Weltverstehens stellt einerseits die Bedingung der Möglichkeit dafür dar, daß die frühen Christen seinem Leben und Geschick die Bedeutung zuschreiben können, Offenbarung Gottes zu sein. Nur im Rückgriff auf diese vorgegebenen Zusammenhänge können sie zum Glauben an die besondere, unvergleichbare Bedeutung Jesu kommen.[176] Andererseits aber wird

---

frühen Christen in die frühjüdische Welt auf. Vgl. z.B. KLAUSNER, Jesus; BUBER, Glaubensweisen; FLUSSER, Jesus; BEN-CHORIN, Bruder. Einen systematischen Überblick über diese Deutungen vermittelt GRUNDEN, Freiheit 5-96. Zum anderen waren es die Funde von Qumran, die eine neues Interesse am Frühjudentum weckten und zu wegweisenden Einsichten führten (vgl. BLANK, Jesus 83-88; eine Übersicht über die für die Christologie relevanten frühjüdischen Schriften findet sich bei HAHN, Verwurzelung 172-189).

[169] Vgl. KLAUSNER, Jesus 503-523. Klausners strikte Trennung zwischen dem „reinen Judentum" und seiner griechischen Umformung (505) läßt sich auf dem Stand heutiger Forschung so nicht mehr halten.

[170] Vgl. MÜLLER, Apokalyptik; KESSLER, Auferstehung 54-77; PANNENBERG, Grundzüge 69-85.

[171] Vgl. LÖNING, Erinnerung 83f. Die weisheitliche Tradition wird vor allem von der feministischen Exegese hervorgehoben, weil sie in ihr Ansatzpunkte entdeckt, ein androzentrisches Welt-, Gottes- und Christusbild zu überwinden. Vgl. WÖLLER, Weisheit; SCHROER, Jesus.

[172] Vgl. SELLIN, Gotteserkenntnis.

[173] GNILKA, Gottesgedanken 144-150, weist im einzelnen nach, wie die Begrifflichkeit, mit der die synoptischen Evangelien vom Handeln Gottes sprechen, auf das Handeln Jesu übertragen wird.

[174] Joh 14,9.

[175] GNILKA, Gottesgedanken 154. Ähnlich THEOBALD, Gott 64.

[176] Vgl. SCHNACKENBURG, Christologie 228; BALTHASAR, Schau 30.

jene Einordnung, vor allem in ihrer erzählerischen, literarischen Form zum wesentlichen Medium der Verkündigung dieses Glaubens. Dem Bedingungszusammenhang von Repräsentation und Präsenz kommen demnach gleichzeitig eine Entdeckungs- und eine Ausdrucksfunktion zu. Indem Jesus durch seine Hinordnung auf die Glaubenstradition der zunächst jüdischen Hörerinnen und Hörer als der Christus verkündigt wird, beginnen ihn die Verkündiger als den zu verstehen, der er für sie ist – als Christus.

Doch sind die hier relevanten Prozesse noch nicht ausreichend durchschaut, solange die Aufmerksamkeit nicht auch auf die Veränderungen gerichtet wird, die den Verstehenshorizonten selbst widerfahren.[177] Dem am Kreuz gestorbenen Verkünder der Reich-Gottes-Botschaft lassen sich die überkommenen Hoheitstitel nicht zuschreiben, ohne in dieser Zuschreibung wesentlich verändert zu werden.[178] Die apokalyptischen Weltuntergangs-Szenarien finden in Tod und Auferstehung Jesu nicht ihre historische Verwirklichung.[179] Weder die Spekulationen über die göttliche Weisheit noch die neuplatonische Vorstellung des Logos in seiner Schöpfungsmittlerschaft waren von vornherein auf eine Inkarnationstheologie ausgerichtet.[180] Die Erfahrung, die Paulus mit der Botschaft von Jesus als dem am Kreuz hingerichteten und von Gott auferweckten Messias macht, hat deshalb ihre Gültigkeit auch im Blick auf die – ebenso unverzichtbaren wie problematischen – Horizonte, in denen Jesus allererst als dieser Messias erkannt werden konnte: Sie bleibt „für Juden ein empörendes Ärgernis, für Heiden eine Torheit".[181]

Keine der bisher genannten Modifikationen, die der alttestamentlich-frühjüdische Verstehenshorizont durch das frühe Christusbekenntnis erfährt, stellt jedoch eine so grundsätzliche Umformung dar, daß sie nicht integrierbar wäre in das Verstehen, aus dem sie erwächst.[182] Zum Bruch zwischen der jungen Kirche und ihrem jüdischen Ursprung kommt es an einer anderen Stelle.[183]

---

[177] „Es geht um die *grundsätzliche Feststellung* einer weitreichenden Bindung [des Neuen Testaments, M.B.] an die alttestamentlich-jüdische Tradition bei gleichzeitiger Adaption und Neuinterpretation" (HAHN, Verwurzelung 189). Ähnlich auch KESSLER, Partikularität 120-123.

[178] Vgl. HAHN, Hoheitstitel; SCHNACKENBURG, Christologie 242-246; BLANK, Jesus 56; GNILKA, Jesus Christus 813f. Zum Hintergrund und zur Modifizierung des Messiastitels vgl. ZENGER, Jesus, vor allem 75-78. Ein Niederschlag des Wissens, daß die übernommenen Hoheitstitel die Wirklichkeit Jesu ebenso verstellen wie enthüllen können, findet sich im Motiv des Messiasgeheimnisses bei Markus. Vgl. SCHNACKENBURG, Person 83f. (der eine sehr differenzierte Deutung dieses Motivs vorlegt) und HAHN, Hoheitstitel 196.

[179] So kennen z.B. die frühjüdischen Traditionen nicht die Vorstellung, daß der allgemeinen Totenerweckung die Auferweckung eines einzelnen begründend vorausgeht. Vgl. MOLTMANN, Weg 245; PANNENBERG, Grundzüge 93f. Zur Problematik auch LÖNING, Auferweckung.

[180] Vgl. THEOBALD, Gott 83.

[181] 1 Kor 1,23b.

[182] So finden sich bei den in Anm. 168 genannten jüdischen Autoren viele Hinweise, daß und wie Theologumena der frühen christlichen Tradition dem jüdischen Verstehen kompatibel sind.

[183] Vgl. zu den folgenden Ausführungen über die Trinitätslehre vor allem THEOBALD, Gott. Seine These, daß sich diese Lehre aus der Gebetspraxis entwickelt hat, stützt Theobald auf eine entsprechende Untersuchung von L.W. Hurtado (vgl. aaO.46-49). Zu den biblischen Anfängen der

Schon früh erwächst aus dem Bekenntnis zu Jesus als dem Christus, in dem Gott selbst sich gezeigt hat, eine folgenreiche Praxis. Gebete werden an Christus gerichtet. Jesus, der Sohn Gottes, sein himmlischer Vater und der sie verbindende Geist werden gemeinsam angebetet. Für die so Betenden besteht kein Zweifel, daß sie sich weiterhin auf dem Boden des biblischen Monotheismus befinden.[184] Als Versuch, diese das Gebet begleitende Überzeugung auch in der theologischen Reflexion einzuholen, muß die sich entwickelnde Trinitätslehre verstanden werden – einschließlich all ihrer späteren Ausformungen.[185] Beide – das trinitarisch geformte Gebet wie die begleitende theologische Reflexion – stoßen in den breiten Kreisen nicht nur des frühen, sondern auch des heutigen Judentums, die das Christusbekenntnis nicht teilen, auf erbitterte Kritik. Sie sehen den Monotheismus, den Kern ihrer Tradition, gefährdet, wenn nicht bereits verraten.[186]

Betrachtet man diesen Konflikt und den Prozeß der Trennung von Frühjudentum und früher Kirche, der durch ihn angestoßen wurde, aus einer von Cassirers Philosophie geleiteten Perspektive, wird sichtbar, zu welch tiefgreifendem Ergebnis er führt: An seinem Ende stehen zwei verschiedene Weisen des Weltverstehens. Sie unterscheiden sich in der Ausprägung jenes „Bewußtseinsganzen", das repräsentiert wird und werden muß, um das je Begegnende zu verstehen. Für das Christentum bildet das Bekenntnis, in Jesus Christus habe Gott selbst sich in definitiver Weise geoffenbart, jenes Zentrum, von dem her sich die Totalität der Welt – einschließlich der alttestamentlichen und jüdischen Glaubensgeschichte – verstehen läßt. Deshalb kann und muß es den Monotheismus in die Form des Trinitätsglaubens gießen. Dem Judentum dagegen bleiben Leben und Geschick Jesu ein mehr oder weniger bedeutendes Ereignis, das aus der eigenen Perspektive, dem durch die Thora und die Geschichte Gottes mit Israel eröffneten Horizont, gedeutet werden kann. Für die Veränderung der monotheistischen Tradition, wie sie das Christentum vollzieht, sieht es deswegen keine Notwendigkeit, nicht einmal die Möglichkeit.[187]

Daß diese Trennung in eine jahrtausendelange Verfolgungs- und Verfeindungsgeschichte mündete; daß die christliche Seite lange Zeit nicht wahrnahm,

---

Trinitätstheologie vgl. auch WERBICK, Trinitätslehre 487-490; GRESHAKE, Gott 48-51; HAHN, Verwurzelung 20-33.

[184] „Dieses Bekenntnis zur heilsgeschichtlichen (ökonomischen) Trinität wurde von den Christen weder als Einschränkung oder gar Preisgabe des strikten Monotheismus verstanden, noch als eine Art 'nachträglicher' Spezifikation eines vorausgesetzten Glaubens an den einen Gott" (GRESHAKE, Gott 51; ähnlich THEOBALD, Gott 43f.; SCHWÖBEL, Monotheismus 259-261).

[185] „Trinitätstheologie als transzendentale Möglichkeitsbedingung des Christusbekenntnisses und Christologie als gnoseologische Eröffnung des Trinitätsglaubens sind wechselseitig (konstitutiv!) aufeinander bezogen" (HILBERATH, Jesus 27).

[186] Vgl. dazu unten S. 302.

[187] „Daß der Christ alle Zuwendung und Selbstbeteiligung Gottes an der menschlichen Geschichte auf diese eine, – weil alles enthaltende – unüberbietbare Zuwendung bezogen sieht, markiert den gegenwärtig zwischen Juden und Christen unausgleichbaren Unterschied" (BREUNING, Dogmatik 86; ähnlich KLAUCK, Einführung 16).

wie umfassend und notwendig sie auf die Verbindung zu ihren jüdischen Wurzeln angewiesen bleibt;[188] daß beide Seiten erst in einem mühsamen Ringen ihrer Verwiesenheit aufeinander ansichtig wurden:[189] all dies muß heute mit Schrecken erkannt werden. Doch verkennt die Tragweite der Trennung, wer jene prinzipielle Unterschiedenheit der Weisen des Weltverstehens nivelliert. Die Forderung zu einer Reduktion christologischer Aussagen wird dem christlichen Weltverstehen genauso wenig gerecht,[190] wie die Abmilderung des jüdischen Nein zur Christologie dessen Überzeugung ernstnehmen würde.[191] Wie eine angemessene Verhältnisbestimmung zwischen Judentum und Christentum aussehen könnte, wird noch zu betrachten sein.[192] Wie sich das Auseinandertreten beider zu zwei Religionen mit Cassirers Rede von *der* Religion als einer symbolischen Form in Verbindung bringen läßt, bedarf ebenfalls noch der genaueren Reflexion.[193] Hier soll, im Sinne der eingangs auferlegten vorläufigen Beschränkung des Fragehorizontes, zunächst dem Christusbekenntnis als eigener symbolischer Formung weiter nachgegangen werden. Zu untersuchen sind deshalb Struktur und Möglichkeitsbedingungen seiner nachbiblischen Tradition.

b) Umformung: Geschichte des Glaubens

Der vorangegangene Abschnitt diente der Rekonstruktion jenes Prozesses symbolischer Formung, aus dem das Christusbekenntnis hervorging, indem dem sinnlich wahrnehmbaren Menschen Jesus von Nazareth die Bedeutung zugesprochen wurde, Offenbarung Gottes zu sein.[194] Wenn dabei, ohne eigens auf die Ergebnisse der exegetischen Traditions- und Redaktionsgeschichte einzugehen, auf Texte des Neuen Testament zurückgegriffen wurde, lag diesem Verfahren eine Vereinfachung zugrunde, die es nun näher aufzuklären gilt. Mögen auch Menschen, die Jesus von Nazareth als Zeitgenossen direkt begegneten, an der Entstehung von Texten, derer sich die neutestamentlichen Autoren bedienten, beteiligt gewesen sein, so ist es doch äußerst fraglich, ob auch nur

---

[188] Vgl. HAHN, Verwurzelung 1-19.

[189] Zu diesem Gedanken Bubers vgl. GRUNDEN, Freiheit 69-73; WOHLMUTH, Geheimnis 38f.

[190] So etwa KOSCH, Jesus 80. Zur ebenso behutsamen wie entschiedenen Abwehr solcher Integrationsversuche vgl. BREUNING, Dogmatik 81-100. Vgl. auch u. S. 285.

[191] WOHLMUTH, Geheimnis 15-23, nimmt dieses jüdische Nein gerade darin ernst, daß er einzelne Vorbehalte jüdischen Denkens gegen die Christologie und Trinitätslehre zu entkräften versucht, indem er aufweist, daß und wie die christliche Tradition dem jüdischen Monotheismus und Transzendenzgedanken verpflichtet bleibt.

[192] Vgl.u. C.II.3.c, S. 300ff.

[193] Vgl.u. B.I.3.c, S. 114ff.

[194] Jesus von Nazareth als Subjekt seiner sichtbaren Handlungen, als Ursache verschiedenster sinnlicher Wahrnehmungen zu identifizieren, ihn als Menschen, gar als Person zu verstehen – schon das ist, wie Cassirer aufwies, Ergebnis eines voraussetzungsreichen Prozesses symbolischer Formung. Doch würde es im Rahmen der hier geforderten Argumentation nicht weiterführen, dem prinzipiellen Phänomen der Fremdwahrnehmung nachzugehen. Vgl. dazu die kurzen Hinweise o. S. 87, Anm. 97.

einer der genannten Autoren zu jenen Augenzeugen gehörte.[195] Demnach sind
bereits die Schriftsteller, denen wir die Texte des Neuen Testaments verdanken,
in einer wesentlichen Hinsicht allen später Glaubenden verbunden: Die ihnen
zugänglichen „sinnlichen Zeichen" sind nicht die gehörten Worte oder gesehe-
nen Taten Jesu, sondern Erzählungen, Bekenntnistexte, liturgische Formen und
eine Lebenspraxis, in denen das Bekenntnis zu Christus wuchs und seinen
Ausdruck fand. Das dergestalt Vorgegebene, selbst bereits Frucht eines
Deutungsprozesses, wird zum Gegenstand ihres Verstehens und Deutens.

Zur genaueren Erhellung dieses Prozesses bietet sich ein Rückgriff auf
Cassirers Einsichten in die Eigenart kulturellen, historischen Verstehens an.
Konnte doch Cassirer verdeutlichen, daß und wie das Verstehen vorgegebener
Formungen selbst wiederum einen Akt eigenständiger Formung darstellt.[196]

Nun gab und gibt es zahlreiche und auch einander widersprechende
Möglichkeiten, die Zeugnisse über Jesus von Nazareth zu deuten. Erneut ist
deshalb an die vorläufige Begrenzung der Aufgabenstellung zu erinnern. In den
Blick genommen werden im folgenden allein jene Aneignungen der ersten
Christusbekenntnisse, die mit dem Anspruch auftreten, selbst in deren
Tradition zu stehen, also christlich zu sein. Sie unterscheiden sich von allen
anderen Deutungen jenes von der christlich-kirchlichen Tradition geformten
und weitergegebenen Bekenntnisses darin, daß sie ihm zustimmen, die Weise
des in ihm sich eröffnenden Weltverstehens übernehmen.

Auch eine solche affirmative Übernahme kann sich ausschließlich in einem
Verstehensprozeß vollziehen, in dem nicht nur der Verstehende, sondern auch
das zu Verstehende der Veränderung, nicht selten der tiefgreifenden Wandlung
unterliegt. Wer aus einer anderen Weise des Selbst-, Welt- und Gottverstehens
in ein am Christusbekenntnis orientiertes Verstehen eintritt, wird einer – je
nach Ausgangspunkt – mehr oder weniger umfassenden Revision seines bisherigen Verstehens nicht ausweichen können. Doch zugleich wird er in der
Aneignung des Christusbekenntnisses auch dessen Verstehensweise modifizieren, wird Aspekte und Entfaltungsmöglichkeiten des Bekenntnisses aufdecken,
die bisher verborgen waren, und so zur je umfassenderen Entfaltung der
Tradition beitragen.[197] Dieses Wechselverhältnis prägt jene Rezeptionsgeschich-
te, die auch innerhalb des Christentums nie zum Stillstand kommt.

Diese hier zunächst ganz abstrakt angedeuteten Wechselverhältnisse werden
konkret in mindestens drei Problemfeldern der Glaubens- und Theologiege-

---

[195] Die hohe Bedeutung, die in frühkirchlicher Zeit der Augenzeugenschaft beigemessen wird, belegt
der Bericht von der Wahl des Apostels Matthias, Apg 1,21f. Erst als die Weitergabe des Evangeliums
durch solche Augenzeugen nicht mehr zu sichern ist, gewinnt die Verschriftlichung der Tradition
durch spätere Autoren ihr Gewicht. Zur unaufhebbaren „Differenz zwischen apostolischen
Urzeugen und späteren Jüngern", die in der Einmaligkeit der Ostererfahrung gründet, vgl. KESSLER,
Auferstehung 254-258.
[196] Vgl.o. I.1.d, S. 83ff.
[197] Vgl. RAHNER, Geschichtlichkeit 731.

schichte. Zunächst treten die mit einer Rezeption der vorgegebenen Tradition verbundenen Schwierigkeiten auf, sobald das Christentum in einen ihm bisher fremden Kulturraum eintritt. Bis heute steht die Theologie vor dem Problem, den Prozeß der sogenannten Inkulturation angemessen zu beschreiben.[198] Ein zweites Problemfeld, das mit dem erstgenannten verbunden, aber nicht deckungsgleich ist, stellt die innerchristliche Glaubens- und Lehrentwicklung dar.[199] Daß die Tradition auch innerhalb eines Kulturkreises nur in geschichtlichen und deshalb sich wandelnden Formen angeeignet werden kann, zeigt sich am unübersehbaren Faktum der Theologie- und Dogmengeschichte, aber auch an den zahlreichen Veränderungen liturgischer, sozialer und politischer Praxis. Und schließlich bleibt auch das individuelle Gottes-, Welt- und Selbstverständnis nicht unberührt von den Entwicklungen und möglichen Brüchen der je eigenen Biographie.[200]

Innerhalb eines jeden der drei genannten Felder ließe sich anhand einer schier unüberschaubaren Materialfülle verfolgen, zu welchen inhaltlichen Präzisierungen, Wandlungen und auch Verformungen das Christusbekenntnis im Lauf seiner Tradierung fand. Doch an dieser Stelle interessiert allein die zugrundeliegende Struktur dieses Prozesses. Die Rezeption einer Tradition zeigt sich als je neues Verstehen von Verstandenem, als Versuch, „alle diese 'disjecta membra', die verstreuten Glieder der Vergangenheit, zu verschmelzen, zu synthetisieren und in eine neue Form zu gießen".[201] Die dazu nötigen leitenden Fragen aber „stellt und diktiert die Gegenwart – sie ergeben sich aus unseren gegenwärtigen geistigen Interessen und unseren gegenwärtigen sittlichen und

---

[198] Die Reflexion auf diesen Problemzusammenhang war in den vergangenen Jahrzehnten erheblichen Wandlungen unterworfen und rückte dabei zunehmend ins Zentrum fundamentaltheologischer Bemühungen. Zunächst im scheinbaren Randgebiet „Missionstheologie" beheimatet, weiten sich die Fragen in der Inkulturationsdebatte aus, um in den heutigen Entwürfen kontextueller Theologie ihr ganzes Gewicht zu zeigen. Zur Entwicklung der Missiontheologie vgl. KOLLBRUNNER, Mission; WIEDENMANN, Missionswissenschaft; COLLET, Rechthaberei; BÜRKLE, Mission; BALZ, Mission. Zu Geschichte und wesentlichem Inhalt der Inkulturationsdebatte vgl. FRIEDLI, Inkulturation; WALDENFELS, Wort; HILPERT, Inkulturation; FREI, Inkulturation; PANNENBERG, Notwendigkeit; SCHREITER, Inkulturation; METZ, Einheit; PETER, Inkulturation. Zur kontextuellen Theologie vgl. vor allem SCHREITER, Abschied, und ders., Catholicity; WALDENFELS, Fundamentaltheologie, ders., Theologie; KESSLER, Partikularität; BONGARDT, Glaubenseinheit (Lit.), sowie die Hinweise in den folgenden Anmerkungen.
[199] Vgl. dazu als Standardwerk SÖLL, Dogma. Weitere Hinweise unten, S. 107, Anm. 208.
[200] Von solchen mitunter dramatischen Veränderungen geben zahlreiche Autobiographien ein beeindruckendes Zeugnis. Vgl. z.B. MERTON, Berg, und PICKER, Priester. Einen erhellenden Versuch, solche Autobiographien theologisch zu reflektieren, stellt KULD, Glaube, dar.
[201] VM 272. Auch im Hintergrund dieses Zitats wird ein gewisses Defizit an Cassirers Bestimmung des Geschichtlichen deutlich. Weil er mehr an der Metamorphose einzelner symbolischer Formungen, an ihrer inneren Dynamik interessiert ist, berücksichtigt er die für die Entwicklung der einzelnen Formen sehr bedeutsamen Interferenzen zwischen verschiedenen Formungen und Kulturen nur am Rande. Hinweise darauf finden sich aber sowohl bei seinen Überlegungen zur Interdependenz von Technik und Mythos sowie im Nachweis der gegenseitigen Verwiesenheit von Natur- und Kulturwissenschaften.

sozialen Bedürfnissen".[202] Damit aber ist eine weitere Einsicht unvermeidlich: Kein Verstehen in der Vergangenheit war, kein Verstehen in der Gegenwart ist unabhängig von seinen je aktuellen Bedingungen, von seinem geistesgeschichtlichen, gesellschaftlichen und politischen Kontext.[203] Weil dies synchron wie diachron gilt, bleibt festzuhalten: Tradition vollzieht sich nicht anders denn als Transformation.[204]

Soll solche Transformation jedoch zur Möglichkeit eines konsistenten Weltverstehens führen, wird sie – darauf hat Cassirer eindringlich hingewiesen – jene Vielfalt des ihr Vorgegebenen in der Tat „in eine neue Form zu gießen" haben. Mit diesem Ziel wird sie die ihr vorliegenden Zeichen vergangener Formungen deuten, d.h. in einen umfassenden Sinnzusammenhang einschreiben, innerhalb dessen sich auch die eigene Gegenwart und Zukunft verstehen lassen. Doch gerade weil solches Verstehen, anders als das naturwissenschaftliche Postulat von Gesetzmäßigkeiten, das je einzelne Begegnende charakterisiert, aber nicht determiniert,[205] wird es selbst wiederum zum möglichen Gegenstand anderer oder späterer Formung und Charakterisierung. Das Verstehen von Geschichte bewegt sich seinerseits innerhalb der Geschichte, kann sich, selbst im Akt des Verstehens, aus diesem Fluß nicht lösen.[206]

Einer solchen Aufdeckung der historischen Bedingtheit allen Verstehens von Geschichte kommt zweifellos eine hohe ideologiekritische Bedeutung zu. Verweist sie doch jedes totalitäre Weltverstehen, das die eigene Deutung des Geschichtsverlaufs zur Legitimation seines Herrschaftsanspruchs heranzieht, in die engen Schranken der auch ihm nur möglichen Erkenntnis.

Doch muß bezweifelt werden, ob damit jedes Fragen zum Stillstand kommt. Die transzendentale Historik ließ erkennen, daß gerade die Einsicht in die Bedingtheit jedes konkreten Verstehens als Bedingung ihrer Möglichkeit zumindest die Frage nach einem umfassenden Sinn dieser vielfältigen Verstehensweisen bei sich trägt. Und das christliche Bekenntnis verschärft das Problem noch: Versteht es sich doch als Überlieferung eines Ereignisses, in dem dieser Sinn geschichtlich erschienen ist; eines Ereignisses, das deshalb die Anerkennung seiner universalen Bedeutung beansprucht; seiner Bedeutung, die weiter reicht als alle biographisch, regional oder historisch begrenzten Verstehensversuche. Dieser unbedingte Anspruch aber kann seinen konkreten

---

[202] VM 273.
[203] Diese Einsicht bildet den gemeinsamen Kern der ansonsten vielfältigen, nicht selten inkompatiblen Entwürfe einer „kontextuellen Theologie". Vgl. WALDENFELS, Fundamentaltheologie; BEER, Bausteine (Lit.). Mit seiner Rede von den „local theologies" ist es Schreiter gelungen, die strukturelle Verwandtschaft aller oben genannten Problemfelder aufzudecken. Denn sie ermöglicht es ihm, nicht nur die aktuelle Verschiedenheit von Ausdrucksgestalten des Glaubens, sondern auch deren geschichtliche Wandlung begrifflich zu erfassen. Vgl. die genauere Entfaltung dieses Konzepts bei SCHREITER, Abschied 44-69.
[204] Vgl. PRÖPPER, Prinzip 181.
[205] Vgl. LKw 73.
[206] Vgl. LEHMANN, Gegenwart 38-41, dort in Rückgriff auf die Hermeneutik Gadamers.

Ausdruck nur finden in den je bedingten Formen des gläubigen Bekenntnisses, der liturgischen Feier, der vom Glauben motivierten Praxis. Will die Theologie dieser dem Bekenntnis innewohnenden Spannungseinheit gerecht werden, darf sie keinen der beiden Pole leugnen oder ausblenden.[207] Sie wird deshalb zum einen nach der theologischen Deutung der geschichtlichen Verfaßtheit des Glaubens,[208] zum anderen nach der Möglichkeit zu fragen zu haben, in der Vielfalt der Gestaltungen, in die das Christusbekenntnis sich entfaltet, dessen bleibende Einheit festzuhalten und nachzuweisen.[209]

Den Weg zu einer positiven Anerkennung der historischen Verfaßtheit des Glaubens wie seines unbedingten Wahrheitsanspruchs ebnet wohl am ehesten ein Verständnis, das vom geschichtlichen Charakter der Offenbarung selbst seinen Ausgang nimmt.[210] Ihm nämlich erscheint Gottes Offenbarungshandeln als jenes geschichtliche Ereignis, das auf seine freie Anerkennung durch den Menschen zielt. Die Antworten, die die Glaubenden im Lauf der Geschichte auf dieses von ihnen als Offenbarung geglaubte Ereignis geben, gehören in einer solchen Sicht dem Geschehen der Offenbarung notwendig an. Die Vielgestaltigkeit und Bedingtheit, d.h. die Kontextualität all dieser Antworten erscheint dann nicht mehr länger als unvermeidlicher Mangel christlicher Tradition, sondern als ihr angemessene, weil ihre Freiheit bezeugende und verbürgende Gestalt.[211]

Hat aber nicht eine so weitgehende Affirmation der aufgrund seiner Freiheit pluralen Gestalten, in denen das Bekenntnis auf die Offenbarung antwortet, zur

---

[207] Solche – einander inhaltlich entgegengesetzten – Ausblendungen finden sich im Modernismus, der aus der Geschichtlichkeit des Dogmas dessen prinzipielle Infragestellung ableitet, und in der katholischen Lehrtradition, die lange Zeit den „Sinn für die innere Geschichtlichkeit des Dogmas, für das Verstehen seines Wachstums und des Zuwachses an Bedeutung unter den Bedingungen der allgemeinen Geistesbewegungen" nicht erreichte (SCHEFFCZYK, Dogmengeschichtserforschung 132); vgl. auch RAHNER, Geschichtlichkeit 734.

[208] Zur Deutung der Dogmengeschichte, die selbst wieder zur theologischen Disziplin avancierte, vgl. SCHEFFCZYK, Dogmengeschichtserforschung; KASPER, Dogma; RAHNER, Geschichtlichkeit; LEHMANN, Gegenwart 35-53; SCHILLEBEECKX, Glaubensinterpretation 48-82; DRUMM, Dogmenentwicklung; HAUSCHILD, Dogmengeschichtsschreibung; ESSEN, Aneignungsprobleme.

[209] In der Notwendigkeit, diese Einheit aufzuzeigen, besteht wohl der von RAHNER, Geschichtlichkeit 733, konstatierte „Unterschied und Abstand zwischen den Gestalten der Geistesgeschichte im allgemeinen und der Geschichte religiöser Aussagen im besonderen". Denn erstere ist zwar auf die jeweilige, nicht aber auf die zeitübergreifende Einheit ihres Verstehens angewiesen.

[210] Während bei Scheffczyk die Forderung, nicht nur in systematischer, sondern auch in historischer Perspektive auf die geschichtliche Entwicklung des Dogmas und der Theologie zu blicken, weitgehend ein Postulat bleibt (vgl. zur genannten Forderung SCHEFFCZYK, Dogmengeschichtserforschung 136, zu ihrer unbefriedigenden, weil in einem unhistorischen Verständnis der Wahrheit verharrenden Einlösung ebd.142), finden sich bei RAHNER, Geschichtlichkeit 766-776, bereits die für eine Neufassung nötigen Elemente. Ihre konsequente Anwendung finden diese bei KASPER, Dogma 299f.304; LEHMANN, Gegenwart 48-53; und vor allem bei ESSEN, Aneignungsprobleme 176-178.

[211] „Die Einmaligkeit und Unvorhersehbarkeit aller Geschichte waltet auch in der Dogmengeschichte, weil die Offenbarung nicht nur darum eine Geschichte hat, weil der Redende (Gott) in seiner Freiheit geschichtlich handeln kann, sondern weil auch der Adressat dieser Rede (der Mensch) ein geschichtliches Wesen ist" (RAHNER, Geschichtlichkeit 767). Ganz ähnlich KASPER, Dogma 299f.

Folge, daß die Einheit dieses Bekenntnisses weder gedacht noch erwiesen werden kann? Wenn jeder theologische Versuch, dem Christusgeschehen denkend gerecht zu werden, wenn jede kulturell gewachsene Ausdrucksgestalt des Glaubens, wenn jedes individuelle Glaubensverständnis sich einem je eigenen Formungsakt verdankt, der sich unter einer Vielzahl von Bedingungen vollzieht und deshalb immer von seinem Kontext geprägt bleiben wird: verliert dann das Bekenntnis nicht seine Identifizierbarkeit im nie stillstehenden Fluß je aktuell neuen Verstehens? Läßt sich dann überhaupt noch unterscheiden, ob die je vorliegende Gestalt ein spezifischer Ausdruck des christlichen Glaubens oder aber die Etablierung einer neuen, anderen symbolischen Form ist?

Daß ein Verstehensprozeß, die Verknüpfung sinnlicher Zeichen mit einer geistigen Bedeutung, zu einer solchen Etablierung einer neuen symbolischen Form führen kann, ließ sich im Auseinandertreten von Frühjudentum und junger Kirche beobachten. Doch wurde genau in diesem Trennungsprozeß auch sichtbar, was die symbolische Form des christlichen Bekenntnisses auszeichnet und von allen anderen Formen abgrenzt: Das Verstehen von Leben und Geschick Jesu als jener Selbstoffenbarung Gottes, das als der Horizont anerkannt wird, der jede christliche Deutung von Gott, Welt und Mensch ermöglicht und prägt.

Daraus aber folgt: Sich als Christin, als Christ zu bekennen, das eigene Verstehen als christlich zu proklamieren, das impliziert die Bereitschaft und die Verpflichtung, die eigene Ausdrucksgestalt des Glaubens als legitime Konkretisierung jener Grundentscheidung zu erweisen.[212]

Wie aber kann und soll ein solcher Erweis erbracht werden? Klar ist zum einen, daß es nicht um eine rein logische Deduktion gehen kann. Die Botschaft Jesu und des Neuen Testaments zielt auf ein Handeln, das sich von der liebenden Zuwendung Gottes bestimmen läßt und sie darstellt. So wird sich jede Ausdrucksgestalt des Glaubens nicht zuletzt auf die von ihm angestoßene und orientierte Praxis hin befragen lassen müssen.[213] Klar ist des weiteren die Unmöglichkeit, eine Formulierung des Bekenntnisses zu finden, die selbst unbedingt, also nicht kontextuell geprägt wäre und deshalb als Maßstab aller

---

[212] Auf diese Forderung einer inhaltlichen Verantwortung der je eigenen Glaubensgestalt kann nicht verzichtet werden, weil das christliche Bekenntnis wesentlich ein inhaltlich bestimmtes ist. Im Verzicht auf diese inhaltliche Bestimmtheit liegt der Mangel der rein formal orientierten Kriteriologie, die SCHREITER, Abschied 182-187, erstellt. Die dort genannten Kriterien behalten gleichwohl eine große Bedeutung für die Erhebung der geforderten inhaltlichen Angemessenheit einer spezifischen Ausdrucksgestalt des Glaubens.

[213] Zum Kriterium der Praxis vgl. SCHREITER, Abschied 185f.; SCHILLEBEECKX, Glaubensinterpretation 68-75. Es kann dabei nicht um eine Entgegensetzung von Theorie und Praxis mit dem Ziel eines dann als maßgeblich behaupteten Primats der Orthopraxie gehen. Daß es, wie RATZINGER, Lage 363f., zu Recht betont, eine theorielose Praxis ebensowenig wie eine praxisfreie Theorie geben kann, läßt sich gerade im Rückgriff auf Cassirer einsichtig machen: Beschränken sich doch die symbolischen Formen als Weisen des Weltverstehens nicht auf theoretische Konstrukte, sondern stellen sie als umfassende Einheit von Denk- und Lebensform dar. Vgl. dazu auch SCHILLEBEECKX, aaO.63f.; RAHNER, Geschichtlichkeit 758.

anderen Ausdrucksgestalten dienen könnte. Und schließlich ist klar, daß auch der geforderte Erweis wiederum nur eine spezifische symbolische Formung darstellt – ein Verstehen, das an seine Voraussetzungen gebunden bleibt.

Angesichts dieser Bedingungen, unter denen alle Versuche stehen, eine bestimmte Ausdrucksgestalt des Glaubens als Entfaltung des christlichen Bekenntnisses zu erweisen, wird darauf zu verzichten sein, für die fragliche Angemessenheit einen unwiderlegbaren Beweis finden zu wollen. Möglich und notwendig ist allein ein Prozeß der Bewährung, in dem sich die Angemessenheit einer konkreten Ausgestaltung wie die umfassende Einheit des Bekenntnisses zugleich erweisen. Auch dieser Prozeß läßt sich, da es in ihm um ein Verstehen wahrnehmbarer Ausdrucksgestalten geht, mit den von Cassirer eingeführten Kategorien strukturell aufhellen. Werden in ihm doch die vielen Gestalten, die das Bekenntnis in seiner Geschichte bereits fand, jene Totalität bilden, die präsent sein muß, soll die konkret fragliche Gestalt als christliche verstanden werden können; jene Totalität aber auch, die in der aktuellen, individuellen Gestalt erneut und erneuert repräsentiert wird.[214] Konkret vollzieht sich diese Bewährung in mindestens drei Diskursen: Die fragliche Gestalt des Bekenntnisses gilt es zu verantworten in Auseinandersetzung mit dem neutestamentlichen Zeugnis, mit seiner kirchlichen Tradierung und mit den im jeweiligen Kontext vorgegebenen Verstehensweisen.[215]

„Die Schrift gibt ein authentisches Zeugnis von einer historischen Gegebenheit und dem Sinn derselben; die Gläubigen verstehen dieses Geschehen in der Tat als solches, sie unterwerfen sich dieser Sinndeutung und erkennen damit die Autorität der Schrift an.“[216] Das Neue Testament ist der Entstehungsort und die von der Kirche als Norm anerkannte Ausdrucksform des Christusbekenntnisses. Im Rückbezug auf seine Texte sind die unverzichtbaren inhaltlichen Vorgaben für jedes spätere Verständnis der Person Jesu zu erheben. So würde etwa, wer Leben und Geschick Jesu nicht als die in Liebe richtende Zuwendung Gottes zur Welt verstünde, sich nicht in die Tradition des neutestamentlichen Zeugnisses stellen können. Zugleich aber lassen die strukturellen Orientierungen, die das Neue Testament für die angemessenen Gestalten des heutigen Bekenntnisses gibt, die Offenheit erkennen, die ihnen durch das Zeugnis der Bibel gewährt wird. Die Schrift läßt nämlich bereits in der Vielgestaltigkeit ihres eigenen Zeugnisses die Möglichkeit und Notwendigkeit auch späterer Pluralität

---

[214] „Wenigstens für das kirchliche *Gesamt*glaubensbewußtsein muß ein neuer dogmatischer Satz mit den begrifflich formulierten Sätzen früherer Zeit feststellbar in Zusammenhang stehen; dabei genügt nicht nur eine Entsprechung oder eine Verträglichkeit; der alte Satz (im Ganzen der Offenbarung) oder die Reihe der vorausgehenden Sätze der vielgestaltigen Entwicklung trägt Inhalt und Antrieb der Entwicklung zu neuen Sätzen notwendig in sich“ (RAHNER, Geschichtlichkeit 763).

[215] Vgl. die prägnante Erhellung dieser drei Bewährungsfelder bei LEHMANN, Gegenwart 44-48.

[216] SCHILLEBEECKX, Glaubensinterpretation 78. Ganz ähnlich BLANK, Jesus 38: „Die Kirche hat sich im Kanon an das paradigmatische Zeugnis der Urkirche von Jesus Christus gebunden, und an dieser Bindung hängt nichts Geringeres als ihre ‚christliche Identität‘“.

erkennen und bietet selbst vielfältige Anknüpfungspunkte für die Weiterentwicklung des Christusbekenntnisses.[217] Dabei findet sie für die drängende Frage nach der Einheit des vielgestaltigen Bekenntnisses eine wegweisende Antwort: Diese Einheit kann, so die Überzeugung der Schrift, durch keine seiner Formulierungen, sondern allein durch das Ereignis gewährleistet werden, auf das sich das Bekenntnis bezieht: Durch jene den Menschen unbedingt angehende Offenbarung Gottes, die dem glaubenden Verstehen in Jesu Leben und Geschick ansichtig wird.[218] Die Gewißheit dieses Einheitsgrundes legitimiert und ermöglicht die verschiedenen Aneignungsversuche, die sich in der Hoffnung entfalten, im Eschaton schließlich zu der Einheit zu finden, die unter den Bedingungen der irdischen Existenz unerreichbar bleibt.[219] Das bedeutet: In Auseinandersetzung mit dem biblischen Christuszeugnis können die pluralen heutigen Ausdrucksgestalten nicht nur ihr inhaltliches Maß, sondern auch die Berechtigung finden, sich als angemessene Gestalt des christlichen Bekenntnisses zu verstehen.

So eindeutig nach kirchlicher Überzeugung mit dem Tod des letzten Apostels die Offenbarung abgeschlossen ist, so wenig endet damit die geschichtliche Entfaltung des Offenbarungsbekenntnisses.[220] Dieses Bekenntnis zu bewahren und zu bewähren ist Aufgabe der kirchlichen Tradition, aus der die vielgestaltigen Ausdrucksformen dieses Bekenntnisses erwachsen. Auch mit ihnen hat sich – zweitens – jedes aktuelle Glaubensverständnis auseinanderzusetzen. Denn in den positiven Formulierungen und mehr noch in den negativen Abgrenzungen, zu denen die Theologie und das Lehramt fanden, gewinnt das durch den Glauben eröffnete Weltverstehen eine zunehmend bestimmtere Gestalt.[221] Nicht um die fraglose und erst recht nicht um die auf einzelnen

---

[217] BLANK, Jesus 16, sieht mit der historisch-kritischen Methode und ihren Ergebnissen *„ein umfassendes neues Wahrheitsverständnis"* in die Theologie eingeführt. Wenn er dieses, aaO.12-17.39-41, kontradiktorisch dem Wahrheitsverständnis der Dogmatik entgegenstellt, bleiben entsprechende hermeneutische Reflexionen der systematischen Theologie ausgeblendet.

[218] Vgl. BLANK, Jesus 26-30.

[219] Biblisch bezeugt ist diese Hoffnung nicht nur in der Rede des Johannesevangeliums vom Geist, der in die Wahrheit einführen wird (vgl. Joh 16,13), sondern vor allem bei Paulus in 1 Kor 13,12. Insofern hat die Rede von der erst eschatologisch möglichen Verifizierung des Bekenntnisses ihr Recht (vgl. SCHILLEBEECKX, Glaubensinterpretation 63, unter Rückgriff auf Hick; HICK, Religion 197, dazu oben S. 27, Anm. 42). Sie darf allerdings nicht übersehen lassen, daß jener eschatologische Vorbehalt das Neue Testament nicht dazu führt, die Bestimmtheit des schon jetzt möglichen Bekenntnisses zu reduzieren. Gerade im Kontext von 1 Kor 13 wird deutlich, daß Paulus keinen Zweifel daran läßt, daß jene in der eschatologischen Enthüllung als die Liebe zeigen wird, deren Erschienensein der Hymnus auf Christus besingt.

[220] *„Theologisch* ist deutlich geworden, daß der Abschluß des einmaligen Offenbarungsgeschehens einen wahrhaft gesch[ichtlichen] Prozeß des Christlichen nach Christus nicht aus-, sondern vielmehr aufschließt" (DRUMM, Dogmenentwicklung 297, in enger Anlehnung an RAHNER, Geschichtlichkeit 767).

[221] In der Bedeutung, die der lehramtlichen Tradition für die Entwicklung des Glaubensverständnisses und auch für die Auslegung der Schrift zugemessen wird, unterscheiden sich evangelische und katholische Dogmengeschichtsdeutung bei allen Annäherungen bis heute. Vgl. SCHEFFCZYK, Dogmengeschichtserforschung 144f.; HAUSCHILD, Dogmengeschichtsschreibung 118-121.

Formulierungen beharrende Übernahme dieses Weltverstehens kann es in der nötigen Auseinandersetzung gehen. Erforderlich ist vielmehr jene wechselseitige kritische Anerkennung, die im Gesamt der kirchlichen Tradition den normativen Sinnhorizont, in den einzelnen Ausdrucksgestalten aber die lebendige Präsenz des christlichen Glaubens zu erkennen sucht.[222] Ziel wird sein, die vielfältigen Ausdrucksgestalten als je eigene, in ihrer Ausrichtung auf das Christusbekenntnis aber einige Weisen des Glaubens zu bewähren.[223]

Das Mühen um ein angemessenes Verstehen des Christusereignisses, ebenso die Verantwortung dieses Verstehens vor der Schrift und der kirchlichen Tradition können sich – drittens – nur konkretisieren im Kontext vorgegebener symbolischer Formungen. Denn ohne solche ist ein Verstehen schlechthin unmöglich. Wie die ersten Christen das frühjüdische Weltverstehen, die alte Kirche die hellenistische Philosophie, die Scholastik den Aristotelismus als Rahmen nutzten, in dem sie das überkommene Bekenntnis zu verstehen suchten, so will heute die Tradition eingeschrieben werden in das von Technik und Naturwissenschaft geprägte westliche Welt- und Selbstverstehen wie in die vielgestaltigen Kontexte außereuropäischer Kulturen, in denen sie Fuß zu fassen sucht. Dabei zeigt sich jedoch, wie prekär dieser Prozeß ist, aus dem die je neuen Ausdrucksgestalten des Glaubens wachsen. Birgt er einerseits die Chance, das Christusbekenntnis zu einem noch umfassenderen Verstehen der Welt und der Offenbarung zu führen, steht er andererseits stets in der Gefahr, die Tradition des Bekenntnisses zu verdunkeln oder gar zu verlieren.[224] Denn die verschiedenen Weisen des Weltverstehens sind nicht schlechthin kompatibel. Nicht jede hält Möglichkeiten bereit, das Christusereignis angemessen zu deuten.[225] Nur aus einer kritischen Distanz heraus wird zu entscheiden sein, welche von einem zunächst fremden Weltverstehen bereitgestellten symbolischen Möglichkeiten sich das Christentum aneignen kann und welche es entschieden zurückweisen muß. Nicht zuletzt um dieser Distanz willen ist der komplexe Prozeß der Verantwortung vor dem Gesamt der vielgestaltigen christlichen Tradition unverzichtbar.[226]

---

[222] Zur Kirchlichkeit der Theologie vgl. PRÖPPER, Prinzip 166; SECKLER, Theologie 215-230.

[223] SCHILLEBEECKX, Glaubensinterpretation 63-67, spricht in diesem Zusammenhang treffend von der „proportionale[n] Beziehung zwischen den Interpretationsmodellen und dem 'interpretandum'" als einer „proportionale[n] Norm" für die Verantwortung einzelner Gestalten des Glaubens.

[224] „Solche [kulturell bereitliegenden, M.B.] Vorstellungen konnten allerdings das Geheimnis Jesu nur dann einigermaßen angemessen explizieren, wenn sie von der Jesusgeschichte (mit Kenose, Kreuz, Erhöhung) und dem mit ihr gegebenen eschatologischen Anspruch her umgeprägt wurden. Nur dann konnte *ihre kulturell ungewohnte, ihre christliche Aussagespitze* hervortreten" (KESSLER, Partikularität 123).

[225] Vgl. PRÖPPER, Prinzip 173f.; ESSEN, Aneignungsprobleme 173. Einen Versuch, Minimalanforderungen an eine Verstehensweise zu formulieren, die das Christusbekenntnis angemessen zu erfassen und auszudrücken in der Lage sein soll, habe ich unternommen in BONGARDT, Glaubenseinheit 256f. Zu einer solchen Kriteriologie vgl. auch KESSLER, Partikularität 127-155.

[226] Von hier aus kann auch die unverzichtbare Funktion des Lehramtes ansichtig werden: Sie dürfte weniger in der Festlegung bestimmter positiver Formulierungen des Bekenntnisses liegen, die wegen

Integraler Bestandteil dieses Prozesses ist schließlich auch die historische Rückfrage nach Jesus und seinem Selbstverständnis.[227] Schon aus historischen Gründen legt sich ein solcher Rekurs nahe, weil zu vermuten steht, daß die frühesten nachösterlichen Bekenntnisse noch einen unmittelbaren Rückhalt im Selbstverständnis Jesu hatten.[228] Bedeutender sind die theologischen Motivationen der Rückfrage. Das christliche Bekenntnis versteht sich als Antwort auf ein ihm gegebenes Wort. Indem die biblischen Autoren, vor allem die Synoptiker, am Geschick Jesu besonderes Interesse zeigen, wollen sie „das *extra nos* des Heiles als Vorgegebenheit des Glaubens herausstellen".[229] Und auch die Tatsache, daß diese Vorgegebenheit in historischer Gestalt sich zu erkennen gibt, ist von theologischer Bedeutung. Denn „die Kontingenz der Offenbarung, die sich in ihrer Bindung an eine konkrete Historie bekundet, spiegelt die Freiheit des handelnden Gottes und begründet die Möglichkeit unserer Entscheidung".[230] Gerade weil das christliche Bekenntnis sich als Deutung des Lebens und Geschicks Jesu versteht, kann es also nicht darauf verzichten, auf die Geschichte dieses Menschen zu rekurrieren. Diese Geschichte in ihrer inhaltlichen Bestimmtheit, nicht nur in ihrem bloßen Gegebensein, wird zum Anlaß und Gegenstand des nachösterlichen Bekenntnisses, das die Identität des Auferweckten und Erhöhten mit dem Gekreuzigten nachdrücklich festhält.[231]

---

ihrer unaufhebbaren Kontingenz stets problematisch bleiben, sondern weit mehr in der Verpflichtung aller Ausdrucksgestalten des Glaubens auf die Verantwortung vor jener Tradition, die das Lehramt in ihrer Vielgestaltigkeit repräsentiert. Vgl. RAHNER, Geschichtlichkeit 770f.; SCHILLEBEECKX, Glaubensinterpretation 78-82.

[227] Zu Geschichte und Bedeutung der Leben-Jesu-Forschung können hier nicht mehr als einige kurze Hinweise gegeben werden. Für die kritische Würdigung ihrer ersten Phase bleibt wegweisend SCHWEITZER, Geschichte. Zu den späteren Entwicklungen vgl. z.B. SCHÜRMANN, Jesus 364-379; KASPER, Jesus 27-44; HÜNERMANN, Jesus 9-14; PANNENBERG, Theologie II,316-336.

[228] Vgl. dazu vor allem die ausführlichen Forschungen Schürmanns, zusammengestellt in SCHÜRMANN, Jesus. Besondere Beachtung fanden seine Untersuchung zum Todesverständnis Jesu, vgl. aaO.202-240.

[229] KÄSEMANN, Problem 202.

[230] KÄSEMANN, Problem 201. Beide Zitate entstammen dem Text, mit dem Käsemann die Rückfrage nach dem historischen Jesus erneut einforderte, nachdem Bultmanns These, „daß man über das Daß [der Existenz des irdischen Jesus, M.B.] nicht hinauszukommen *braucht*" (BULTMANN, Verhältnis 9, in unübersehbarer Parallele zu Kierkegaards Rede von jenem ausreichenden „weltgeschichliche[n] N.B." in PB 101), diese Frage endgültig verabschiedet zu haben schien. So entscheidend Käsemanns neuer Anstoß auch für die weitere Entwicklung war, so sehr bedurfte er der weiteren Entfaltung. Erst in der nachfolgenden Diskussion wurde zunehmend deutlich, daß und wie die inhaltliche Bestimmtheit der Verkündigung und des Selbstverständnisses Jesu für das Bekenntnis zu ihm fundamentale Bedeutung besitzen.

[231] Es erweisen sich „im Grundriß derselben 'Überlieferungsgeschichte' die historische Figur Jesu von Nazaret und ihre 'Wirkungsgeschichte' als so eng zusammengehörig, daß letztere nicht bloß deshalb von der geschichtlichen Person Jesu erfaßt werden muß, weil der historische Jesus ihr eindeutiger Ausgangspunkt ist. Sondern es gilt ebenso umgekehrt, daß Jesus von Nazareth in seiner geschichtlichen Individualität solange noch nicht in seiner Bedeutsamkeit erkannt ist, als er nicht auch als der sinntragende Anfang jener gesamten 'Wirkungsgeschichte' kritisch verständlich gemacht werden kann" (MÜLLER, Exegese 39). Vgl. auch PANNENBERG, Hermeneutik 131f.

Die Notwendigkeit dieser Rückfrage wird auch nicht durch die Tatsache geschmälert, daß ihr inhaltlicher Ertrag eher gering ist. Es erweist sich nämlich als unmöglich, die materialen Einzelheiten des nachösterlich-biblisch oder gar theologiegeschichtlich entfalteten Christusbekenntnisses als Selbstverständnis Jesu aufzuzeigen. Ebensowenig jedoch vermag die historische Rückfrage jene spätere Bekenntnisgeschichte als schlechthin illegitim zu erweisen. Diese läßt sich vielmehr verstehen als durch die Ostererfahrung eröffnete Explikation des Persongeheimnisses Jesu, die den irdischen Jesus als die Offenbarungsgestalt Gottes erkennt und sich dabei nicht zuletzt auf die Implikationen seiner Sendungsautorität rückbeziehen kann.[232] So kommt dem erhebbaren Selbstverständnis Jesu eine fundierende, aber nicht eine streng limitierende Funktion für die Entfaltung des Bekenntnisses zu: Es öffnet sich auf den Raum künftigen Verstehens und Deutens hin, das in ihm seinen Ursprung hat.

Doch nicht nur inhaltlich, sondern auch strukturell ist die Reichweite der Rückfrage nach dem irdischen Jesus eng begrenzt. Denn trügerisch wäre die Hoffnung, auf diesem Wege die Verbindung von Zeichen und Bedeutung, als die mit Cassirer das Verstehen analysiert wurde, lösen, das Gefangensein im Geflecht verschiedener Verstehensweisen aufbrechen zu können. Auch die Rückfrage in historischem Interesse fördert nicht ein „sinnliches Zeichen" zutage, das mit einer spezifischen Deutung so eindeutig verknüpft wäre, daß es jedem weiteren und verändernden Verstehen sich verschlösse. Vielmehr läßt sie das Selbstverständnis Jesu als eine wiederum spezifische, von ihm geleistete Verknüpfung seiner sinnlichen Wahrnehmung mit einer geistigen Bedeutung erkennen, die sich im übrigen selbst da, wo sie ihn verläßt, ganz dem Horizont alttestamentlich-frühjüdischen Weltverstehens verdankt.[233]

Deshalb weist die Verantwortung des späteren Bekenntnisses vor dem Selbstverständnis Jesu, von so hervorgehobener Bedeutung sie theologisch auch sein mag, die gleiche Struktur auf wie die Auseinandersetzung mit den neutestamentlichen, den theologiegeschichtlichen wie den aktuellen Verstehensweisen: Stets geht es um das Verstehen eines Verstehens, um die Formung von bereits Geformtem. Und diese Formung steht unhintergehbar unter den Bedingungen des Kontextes, in dem sie sich vollzieht, und zugleich unter dem Anspruch, ihrem Gegenstand gerecht zu werden.[234] Dies aber kann ihr nur in verantworteter Aneignung gelingen, nicht im vergeblichen Bemühen um starre Konservierung.

---

[232] Zu dieser Verhältnisbestimmung von impliziter und expliziter Christologie vgl. z.B. KASPER, Jesus 118-122; KESSLER, Christologie 273-279.292f.

[233] Wenn KESSLER, Christologie 266, zusammenfassend feststellt: „So nimmt der Jude Jesus – von einem noch zu klärenden Zentrum her und mit souveräner Freiheit – eklektisch aus dem Geflecht alttestamentlicher Traditionen bestimmte Inhalte auf und entwickelt – teils in Anlehnung an sie, teils in Antithese zu ihnen – seine eigene Botschaft von Israels Gott mit ihrem unverwechselbaren Klang", wird zu wenig deutlich, daß das alttestamentlich-frühjüdische Weltverstehen die Totalität bleibt, die das Selbstverständnis Jesu ermöglicht und auf Dauer trägt.

[234] „Dieses nicht übersteigbare, gleichursprüngliche, wenn auch nicht in jeder Hinsicht gleichrangige Ineinanderspiel von 'normativer' Überlieferung und der Bewegung des Verstehenden selbst ist der

c) Die Formen der Form: Eine Begriffsklärung

An dieser Stelle muß der erste Versuch, Cassirers Philosophie theologisch fruchtbar werden zu lassen, unterbrochen werden, um eine bei ihrer Einführung nicht ausreichend reflektierte Sprachregelung im Rückgriff auf Cassirer zu überprüfen und zu legitimieren.

Cassirer weiß um die Vielfalt der Mythen und der Religionen.[235] Aber nie spricht er von Mythen und Religionen als symbolischen Formen, sondern immer nur im Singular von dem Mythos, der Religion als symbolischer Form. Dagegen war in den vorangegangenen Ausführungen vom Christusbekenntnis als symbolischer Form die Rede und dies nicht zuletzt in der Absicht, dieses von anderen Religionen als wiederum eigenen symbolischen Formen abzugrenzen. So wurde von dem frühen Christentum mit seinem Bekenntnis und dem Judentum als von zwei unterschiedenen symbolischen Formen gesprochen.

Um einen solchen, von Cassirers Terminologie eindeutig abweichenden Begriffsgebrauch rechtfertigen zu können, ist nochmals ein Blick zu werfen auf Anlage und Interesse seiner Philosophie. Deren Grundfrage richtet sich, wie gezeigt, auf die Bedingung der Möglichkeit menschlichen Verstehens und Erfahrens. Als diese Möglichkeitsbedingung wurde die symbolische Form erhoben, jene Verknüpfung von sinnlichem Zeichen und geistiger Bedeutung, die jedem Inhalt der Erfahrung logisch vorausliegt. Der Begriff „symbolische Form", hier zunächst in seiner inhaltlich am wenigsten bestimmten Bedeutung verwandt, zeigt sich demnach als Bezeichnung für das Ergebnis einer transzendentalen Reflexion.

Weil sein besonderes Augenmerk aber auf der faktischen Vielfalt der Weisen menschlichen Weltverstehens liegt, fragt Cassirer noch genauer nach: Er will die Möglichkeitsbedingung nicht nur des Verstehens überhaupt, sondern auch der Vielfalt dieses Verstehens erheben.[236] In die transzendentale Reflexion auf diese Pluralität dürfen selbstverständlich nicht die konkreten Inhalte des jeweiligen Verstehens eingetragen werden, denn gefragt wird ja gerade nach den Möglichkeitsbedingungen der Konstituierung unterschiedener Inhalte.[237] Sie entdeckt Cassirer, wie im folgenden Kapitel meiner Arbeit noch ausführlich darzustellen sein wird, darin, daß die Gesetze der symbolischen Formung, die jedem Verstehen vorausgesetzt werden müssen, in unterschiedlicher Modalität zur Anwendung kommen können.[238] Diese Modalität wiederum ist abhängig von jener

---

wahre Ort der dogmatischen Denkform als eines hermeneutischen Problems" (LEHMANN, Gegenwart 48).
[235] Vgl. PsF II,23f.; VM 117f.
[236] Vgl. PsF I,9-11.
[237] Vgl. PsF II,26.
[238] Vgl. PsF I,29-31, dazu ausführlich unten S. 124ff.

Ur-Teilung, die den einzelnen Weisen des Weltverstehens zugrunde liegt:[239] Wie
der Mythos zwischen Heiligkeit und Profanität unterscheidet, setzt die Wissenschaft sich die Unterscheidung von Wirklichkeit und Schein, die Kunst sich die
Differenz von Schönheit und fehlender Schönheit voraus. In jener Ur-Teilung
und der an ihr orientierten Modalität der Formung sieht Cassirer die gesuchte
Bedingung der Möglichkeit für die verschiedenen Weisen des umfassenden
Weltverstehens gegeben, die er mit dem Begriff der „symbolischen Formen" in
seiner engeren Bedeutung bezeichnet. Eine dieser Formen ist der Mythos, der
sich, wie schon aufgezeigt, auf dem Weg der zunehmend deutlichen Selbstreflexion zur Religion entwickelt.

Der Begriff der „symbolischen Form" verdankt sich also auch in seiner
spezifischeren Fassung einer transzendentalen Reflexion. Das aber bedeutet: Es
„gibt" die symbolische Form „Religion" nicht als Faktum an sich, sondern nur
als leitende Idee.[240] Jedes faktische, z.B. mythische oder religiöse Weltverstehen
dagegen kann als je eigene Verwirklichung jener durch die transzendentale
Reflexion erhobenen Möglichkeit verstanden werden. Als solche Verwirklichung kann und wird das Christentum – wie die anderen Religionen – in
meiner theologischen Aufnahme der Einsichten Cassirers als „symbolische
Form" bezeichnet.

Daß dabei der spezifische und nicht nur der allgemeine, auf die Möglichkeitsbedingung des Verstehens überhaupt gerichtete Gebrauch des Wortes
angemessen ist, läßt sich leicht erweisen. Liegt doch dem Christentum in der
Tat eine spezifische Ur-Teilung zugrunde, die sich im Christusbekenntnis
konkretisiert. An der Offenbarung in Christus wird deutlich, wie das Gegenüber von Gott und Welt, wie die Unterscheidung von Gott und Götzen zu
bestimmen ist. Und jene Grundbestimmung eröffnet die Möglichkeit, die
gesamte Welt, d.h. die Totalität möglicher sinnlicher Zeichen in eigener, vom
Christusbekenntnis geprägter Weise zu verstehen.[241]

Das Spannungsverhältnis, das zwischen der Idee der symbolischen Form
„Religion" und dem Christentum als konkreter religiöser Formung besteht,
tritt, wie die vorangegangenen Überlegungen bereits erkennen ließen, innerhalb
des Christentums in analoger Weise nochmals auf. Denn jene umfassende
symbolische Form, jenes christliche Weltverstehen gibt es wiederum nicht anders als in seinen je konkreten, dabei stets kontingenten und bedingten

---

[239] Vgl. PsF II,93-103.

[240] In seinem Spätwerk reflektiert Cassirer selbst auf den idealen Charakter seines Kultur- und
Symbolbegriffs. Vgl. ECN I,106-109.264f. Dazu näheres unten, S. 185ff.

[241] Zu diesem Totalitätsanspruch des Offenbarungsglaubens vgl. EICHER, Offenbarung 50f.: „Die
'Offenbarung' bezeichnet [...] generell nicht nur einen partikularen Bereich des Wißbaren oder des
durch Glaube, durch Hoffnung oder in der Liebe Ergriffenen; vielmehr beansprucht die christliche
Botschaft als Offenbarung gerade eine – wie immer gedacht – *Totalität* von Sinn und Wahrheit. [...]
'Totalität' meint nicht eine Summe von Einzelmomenten, sondern eine umgreifende Erhellung, die
keinen Bereich der Wirklichkeit im Schatten läßt, sondern auf das Ganze der Erfahrung ihr Licht
wirft". Vgl. auch BALTHASAR, Schau 123.

Gestalten. Jede dieser Gestalten verdankt sich, wie sich zeigte, einem je neuen
Akt aneignender Formung. Um diese verschiedenen Ebenen der Formung auch
begrifflich nicht zu nivellieren, wird in der vorliegenden Untersuchung
durchgängig unterschieden zwischen (symbolischen) Formen, womit die modal
unterschiedenen Weisen des Weltverstehens benannt werden, wie sie etwa die
Religionen darstellen, und den (Ausdrucks-)Gestalten, in denen jene konkret
werden.

Das formulierte Bekenntnis, die gefeierte Liturgie, die gelebte Zuwendung
zur Welt und zu den Menschen sind solche Ausdrucksgestalten des Christusbekenntnisses als einer symbolischen Form. In dieser Realisierung ist das
christliche Bekenntnis eine der Formen, ohne die der von Cassirer aufgedeckten
symbolischen Form „Religion" keine Wirklichkeit zukäme.

d) Bilderverbot: Vom Wissen um die Kontingenz der Formung

Der vorangegangene Versuch, das Christusbekenntnis, angeleitet von den
Fragestellungen und Einsichten Cassirers, in seinen Möglichkeitsbedingungen
und Strukturen zu erhellen, ließ dieses als symbolische Form erkennen.
Eingedenk des von Cassirer erbrachten Nachweises, daß jedes Verstehen sich
einer symbolischen Formung verdankt, kann dieses Ergebnis nicht sonderlich
überraschen. Und auch die Möglichkeit, das Christusbekenntnis als Zentrum
einer eigenen symbolischen Form im engeren Sinne des Wortes, als Mittelpunkt
einer Weise umfassenden Weltverstehens zu qualifizieren, lag vor dem Hintergrund von Cassirers Philosophie nah.

Doch ist mit diesen Analysen die Frage noch nicht beantwortet, ob sich das
Christusbekenntnis auch als solche Formung weiß. Nur dann nämlich könnte
es, folgt man Cassirers Definition, als Religion bezeichnet werden, die die Welt
des Mythos hinter sich gelassen hat.[242] Cassirer sieht in der Tradition des
prophetischen Bilderverbots ein Indiz dafür, daß die biblischen Religionen um
die Eigenart und Problematik ihrer Gottesrede, um den Formungscharakter all
ihres Verstehens wissen.[243]

Und in der Tat beziehen sich die Traditionen innerhalb des Christentums,
die sich kritisch mit den Möglichkeiten religiösen Vorstellens und theologischen
Redens befassen, immer wieder auf das im Alten Testament mehrfach bezeugte
Verbot, sich von Gott ein Bild zu machen.[244]

---

[242] Vgl. PsF II,286. Ausführlich dazu o.S. 77ff. Blickt man auf die lange Tradition der Vorwürfe, die
das Christentum in einer zu überwindenden Mythologie gefangen sehen (nicht erst, aber in
besonderer Schärfe bei D.F.Strauß und L.Feuerbach), wird deutlich, von welch hoher Bedeutung ein
entsprechender Nachweis auch für das Christentum selbst ist.
[243] Vgl. PsF II,287f.
[244] Zu den verschiedenen und keineswegs einheitlichen Fassungen dieses Verbots im Alten Testament
vgl. DOHMEN, Bilderverbot 30-33. Nachweise für den Rückbezug späterer Traditionen auf dieses
Verbot finden sich für die alte Kirche bei THÜMMEL, Bilder 525; für die östliche Patristik THÜM-
MEL, aaO.536; für den Westen LOEWENICH, Bilder 541; für die Reformation LOEWENICH, aaO.547.

Dieser Rückbezug verliert seine Legitimität nicht durch die Entdeckung der modernen Exegese, daß sich das biblische Bilderverbot nicht einer solchen philosophisch-kritischen Reflexion verdankt. Vermutlich zunächst eingeführt, um die nomadische Kulttradition Israels, die keine Kultbilder kannte, vor Überfremdungen durch die Stadtreligionen und ihre – von Bildern begleiteten – Kulte zu schützen, verbindet es sich bald mit dem Fremdgötterverbot. Nicht die Einsicht in die Unmöglichkeit, Gott darzustellen, treibt die frühe prophetische Kritik an, sondern die unaufhebbare Vieldeutigkeit jedes Bildes und damit die Gefahr, ein mögliches Bild nicht mehr als Bild des Gottes Israels, sondern eines fremden Götzen zu verstehen und zu verehren.[245] Und doch wird nicht zuletzt dieses aus ursprünglich anderen Motiven gewachsene Verbot jene Reflexion angestoßen haben, die zunächst die Trennung zwischen dem Bild und dem Dasein Gottes betont, um dann die Unangemessenheit jedes Gottesbildes einzuschärfen.[246] Und nicht nur als dieser Anstoß eignete sich das Bilderverbot, sondern auch als adäquater Ausdruck der gewonnenen Einsicht.

Diese Auffassung teilten auch die Stimmen in der christlichen Tradition, die der Ausbreitung von Darstellungen Christi und der Heiligen ablehnend oder zumindest kritisch gegenüberstanden.[247] Sie sahen in solchen Bildern die Transzendenz Gottes mißachtet,[248] dem Götzendienst die Wege bereitet[249] und die Gefahr eines Rückfalls in eine Werkgerechtigkeit, die sich durch die Verehrung von Bildern der Gnade vergewissern zu können hoffte.[250]

Noch weiter reicht das kritische Bewußtsein der sogenannten negativen Theologie: Sie stellt nicht nur Angemessenheit künstlerischer Darstellung in Abrede, sondern insistiert auf der prinzipiellen Unmöglichkeit, Vorstellungen und Begriffe zu finden, mit denen man der Wirklichkeit Gottes gerecht werden könnte.[251]

Die in diesen Traditionen aufbrechenden Fragen lassen sich auch nicht christologisch stillstellen. Zwar sieht schon die biblische Tradition in Christus „das Bild des unsichtbaren Gottes".[252] Und Johannes von Damaskus, der als

---

[245] Zu dieser Entwicklung vgl. DOHMEN, Bilderverbot 236-277.

[246] „Der heidnischen Antike stand – von einigen Kritikern abgesehen – der Zusammenhang von Götterbild und Gottheit fest. Zwischen unreflektierter Identifizierung und vergeistigter Auffassung gab es viele Übergänge" (THÜMMEL, Bilder 525). Religionsgeschichtlich ist der präzise Übergang zu dem Bewußtsein, daß sich die Götterbilder menschlicher Formung verdanken, schwerer auszumachen, als dies Cassirers erkenntnistheoretische Unterscheidung vermuten läßt. Zumindest hinsichtlich der Religionen in der Umwelt Israels geht man heute davon aus, daß sie diese Differenzierung bereits vollzogen haben. Vgl. DOHMEN, Bilderverbot 28; WELTEN, Bilder 520.

[247] Zur Geschichte des Bilderstreits vgl. THÜMMEL, Bilder 527-529.534-538; STOCK, Kunst 22-44.

[248] Zur entsprechenden Position des Eusebius vgl. THÜMMEL, Bilder 527f.

[249] Vgl. THÜMMEL, Bilder 525.

[250] So vor allem Luther, vgl. LOEWENICH, Bilder 546-551.

[251] Systematisch ausgeführt finden sich diese Einsichten erstmals bei Dionysios Areopagita, um dann vor allem in der Scholastik entfaltet zu werden. Vgl. WERBICK, Prolegomena 24f. Zur Verbindung von negativer Theologie und der Tradition des Bilderverbots vgl. NORDHOFEN, Engel, bes.24-30.

[252] Kol 1,15; ähnlich 2 Kor 4,4.

erster den Bildgegnern eine ausführliche theologische Erwiderung entgegenhält, führt die Inkarnation, in der Gott selbst sich in die sinnliche Wahrnehmbarkeit erniedrigt hat, als Legitimation für Bilder von Christus und den Heiligen an – und nimmt damit weiterführend eine einflußreiche Argumentationslinie auf.[253] Ganz ähnlich schließlich spricht die Bibel vom Wort Gottes, das in Christus Fleisch und durch Christus hörbar wurde. Und doch: Gerade als dieses Bild, als dieses verbindliche Wort, in dem Gott sich selbst bestimmt und offenbart, bleibt die Person Jesu jenes Geheimnis, das menschliches Verstehen und Kunstschaffen nie umfassend werden zur Darstellung bringen können.[254]

Muß aus diesen Einsichten nicht die Konsequenz gezogen werden, daß es angesichts der Wirklichkeit Gottes nur eine angemessene Antwort des Menschen geben kann: den Verzicht auf Bilder, auf Vorstellungen, auf Begriffe? Bleibt anderes als das bildlose Schweigen?

Zwar wäre es eine illegitime Einschränkung der dem menschlichen Bewußtsein gegebenen Möglichkeiten, wollte man die vielgestaltige Gegebenheit vorreflexiver Gewißheiten, präverbalen Einsehens leugnen.[255] Alle Versuche, solche Gewißheit, der für den Glauben eines Menschen tragende Bedeutung zukommt, ins Wort oder Bild zu bringen, bleiben begleitet von dem Wissen um die Unzulänglichkeit und Gebrochenheit jeder solchen Darstellung. Gleichwohl bleibt die begriffliche Fassung, die geformte Vorstellung auch dieser Gewißheit aus mehreren Gründen unverzichtbar. Das vollkommene Schweigen, der Verzicht auf Vorstellung und Begriff führte – noch mehr als jedes Bild – in eine Vieldeutigkeit, die der Bestimmtheit der im Glauben festgehaltenen Offenbarung widerspräche. Das Wort der Offenbarung, dem sich der Glaube verpflichtet weiß, fordert die bestimmte und geäußerte Antwort. Anders wäre auch das Bekenntnis nicht möglich zu jenem Ereignis, von dem zu schweigen unmöglich ist. Und ein noch grundsätzlicherer Einwand erhebt sich gegen die Verdammung jedes Zeichens, jedes Begriffs: Weil, wie Cassirer festhält, Verstehen nur möglich ist in jener Verknüpfung von geistiger Bedeutung und sinnlichem Zeichen, hieße auf jene Zeichen zu verzichten, sich der Möglichkeit eines gläubigen Verstehens der Offenbarung, der Welt und seiner selbst grundsätzlich zu entledigen.[256] „Wenn Gott aus dem Gebiet der vernünftigen Einsicht, der notwendigen, substantiellen Subjektivität ausgeschlossen ist, so bleibt allerdings nichts übrig, als ihm das Gebiet der zufälligen Subjektivität, das des Gefühls

---

[253] Vgl. THÜMMEL, Bilder 536. Den Inkarnationsglauben zog schon Epiphanius zur Legitimierung bildlicher Darstellungen heran: vgl. THÜMMEL, aaO.527.

[254] Bezüglich der theologischen Rede legt ihre bereits ausführlich dargestellte und unhintergehbare Vielgestaltigkeit Zeugnis davon ab. Nicht weniger vielfältig sind die Versuche, dem Christusbekenntnis eine ästhetisch-sinnliche Form zu geben. Vgl. dazu die außerordentlich erhellenden Einblicke in die zweitausendjährige Geschichte dieser Versuche bei STOCK, Christologie.

[255] Vgl. RAHNER, Geschichtlichkeit 761.

[256] Cassirer selbst macht in PsF II,298f., darauf aufmerksam, daß der völlige Verzicht auf verstehende Aneignung in eine Auflösung der Subjekt-Objekt-Differenz münden muß.

anzuweisen, und man muß sich dabei nur darüber wundern, daß Gott überhaupt noch *Objektivität* zugesprochen wird".[257]

So ist es weder ein Zufall noch ein Abfall von der Wahrheit, daß der Glaube und die ihn bedenkende Theologie die Suche nach möglichst adäquaten Bildern und Begriffen weitergetrieben haben – im beständigen Bewußtsein um die Problematik solchen Mühens.[258]

Die jeweiligen Vermittlungsversuche zwischen der Unmöglichkeit und der Legitimität künstlerischer Darstellungen waren selbstverständlich geprägt von den jeweils gegebenen philosophischen Denkmöglichkeiten. So fand die Patristik in der platonisch-neuplatonischen Unterscheidung von Urbild und Abbild eine Hilfe, den von Menschen gemachten Bildnissen einen verantworteten Platz zuzuweisen. Vor diesem Hintergrund wird es möglich, von der Anbetung des Urbilds in der Verehrung des Abbilds zu sprechen.[259] Die neuzeitliche Ästhetik stellt, indem sie die Kunst als reinen Ausdruck des Menschen versteht, ganz neue Denkmöglichkeiten zur Verfügung.[260] Das Bild wird zur Gestalt der Antwort des Menschen auf das an ihn ergangene Wort, als diese Gestalt gewordene Antwort aber zugleich auch zum Gegenüber des Menschen. Dieses Gegenüber kann, sofern es nicht als Vergegenständlichung der nie zu vergegenständlichenden Transzendenz mißverstanden wird, zum Ort werden, an dem das Geheimnis im Modus seines sich Entziehens gegenwärtig ist.[261]

---

[257] HEGEL, Religion I,57.

[258] Das religiöse Bewußtsein bleibt „dadurch gekennzeichnet, daß in ihm der Konflikt zwischen dem reinen Sinngehalt, den es in sich faßt, und zwischen dem bildlichen Ausdruck eben dieses Gehalts niemals zur Ruhe kommt, sondern daß er in allen Phasen seiner Entwicklung stets aufs neue hervorbricht" (PsF II,300f.). Sprache und Religion „sind nichts anderes als verschiedene Vermögen des Gemüts, das Übersinnliche sinnlich, das Sinnliche übersinnlich zu fassen" (PsF II,303).

[259] Auf die christologische Vermittlung des Urbild-Abbild-Schemas, die im Hintergrund seiner Aufnahme im Bilderstreit steht, muß hier nicht ausführlich eingegangen werden. Die Unterscheidung von Verehrung und Anbetung, die das Nicaenum II seiner bilderfreundlichen Haltung zugrundelegte, bleibt in der Folgezeit eine Grundvoraussetzung für eine positive Wertung der Bilder. In den „Libri Carolingi", einer grundsätzlich bilderkritischen Streitschrift gegen die Ergebnisse des Nicaenum II, findet sich eine vor dem Hintergrund der Philosophie Cassirers bemerkenswerte Argumentation: Hier wird den Bildern die bedeutsame Funktion zugeschrieben, an die vergangenen Ereignisse zu erinnern, d.h. jene sinnlichen Zeichen zu präsentieren, denen die Bedeutung zugeschrieben wird, Offenbarung Gottes zu sein. Vgl. dazu STOCK, Kunst 31-35. Zur Wiederkehr des Motivs bei Luther vgl. LOEWENICH, Bilder 549.

[260] Ausführlich geht Cassirer der Entwicklung der neuzeitlichen Ästhetik nach. Vgl. zu den Anfängen dieses Wandels seine Darstellung der Ästhetik Baumgartners, FF 74-81. Dazu auch RECKERMANN, Kunst; FRANKE, Kunst.

[261] NORDHOFEN, Engel 26, spricht zur Kennzeichnung dieses Kunstverständnisses von einer „starken Ästhetik". Diese „ist eine Ästhetik der Bestreitung. Sie weiß, daß das, was sie markieren will, nicht wie ein Ding besessen werden kann." Einen bemerkenswerten Ansatz zum Verstehen des Bildes aus dem Ort der Gegenwart des sich Entziehenden legt – dabei Einsichten von Levinas aufnehmend – MARION, Prototyp, vor. Indem er die Bedeutung der Präsenz der Ikone an das Kreuzesgeschehen zurückbindet, gelingt es ihm, klassische Argumentationen aus dem frühen Bilderstreit auf dem Niveau neuzeitlicher Ästhetik zu reformulieren. Vgl. dazu WOHLMUTH, Geheimnis 211-231; WOHLMUTH, Bild; HABBEL, Antlitz. Kritisch zu diesen Versuchen WENDEL,

Die negative Theologie findet die gesuchte Vermittlung zwischen der Unangemessenheit jeder Rede und Vorstellung von Gott und der Unmöglichkeit des bildlosen Schweigens in der Ausarbeitung der Analogielehre. Im Bewußtsein der je größeren Unähnlichkeit in aller durch die Begriffe angezielten und gewährleisteten Ähnlichkeit wagt sie die Rede von Gott. Und so bleibt sie der Unangemessenheit der notwendigen Rede eingedenk.[262]

Zwei Versuche, die Bestimmtheit des biblischen Gottesbekenntnisses und damit auch des Christusbekenntnisses nicht zu verlieren, verdienen im bisher entfalteten Kontext besondere Beachtung: die personale Umformung des Bildgedankens und eine ihm entsprechende Verantwortung des Glaubens.

Schon früh griff christliche Theologie in ihrer Suche nach Formen des Verstehens und Ausdrucks, die ihrem Bekenntnis angemessen sind, auf eine alttestamentliche Tradition zurück: auf die Rede vom Menschen als Ebenbild Gottes.[263] Zunächst vornehmlich in christologischer Vermittlung aufgenommen, d.h. im Blick auf den Menschen Jesus als das wahre Bild Gottes, wurde sie spätestens bei Augustinus auch anthropologisch und trinitätstheologisch bedeutsam. Augustinus wurde mit seiner Bestimmung von Erinnerung, Erkenntnis und Liebe als dem Bild der Dreieinigkeit zum einflußreichsten Vertreter einer Tradition, die im Wesen des Menschen jene Elemente auszumachen bemüht war, denen die Ebenbildlichkeit zuzusprechen wäre.[264] Ganz neue Bedeutung gewinnt die Rede von der Gottebenbildlichkeit des Menschen jedoch nach der anthropozentrischen Wende des Weltverstehens. Nun wird es möglich, den Menschen in seiner Freiheit und der darin gründenden Befähigung, in Beziehung zu fremder Freiheit zu treten, als das Bild zu verstehen, das dem freien und liebenden Gott entspricht.[265] In der Realisierung seiner Freiheit,

Absenz, die, aaO.155, an vergleichbare Argumentationen Lyotards die Frage stellt, „ob solch ein Konzept [...] eine wirkliche Alternative zu einem unverbindlichen Relativismus sein kann – oder besser: sein sollte".

Hinzuweisen ist hier schließlich auf einen bemerkenswerten Ansatz innerhalb der evangelischen Theologie, der Ästhetik wieder zu theologischer Anerkennung zu verhelfen: In Übernahme der von Kierkegaard entfalteten Kategorie der Aneignung findet ERNE, Lebenskunst, einen Weg, das Ästhetische vom Verdikt des nicht Eigentlichen zu befreien, es als Schau der Wahrheit und des Ethischen zu würdigen. Vgl. zur Problematik der Ästhetik in der protestantischen Theologie auch BALTHASAR, Schau 42-66.

[262] Vgl. KLUXEN, Analogie; WERBICK, Prolegomena 23-28; SATTLER, Gotteslehre 85-87. Eine zur strengen Analogie alternative Form religiöser Rede stellt der essayistische Stil jüdischen Denkens dar. „Jüdisches Denken weiß sich dem zweiten Gebot verpflichtet und ist schon der Form nach seine Einlösung und Kommentierung" (GRUNDEN, Denken 165; vgl. auch dies., Freiheit 163-165; SALMANN, Logos 214-232).

[263] Gen 1,26f. Im Alten Testament werden die Tradition des Bilderverbots und die – dort ohnehin wenig bedeutsame – Rede von der Gottebenbildlichkeit des Menschen nicht in Zusammenhang gebracht. Schon die Unterschiedenheit der Begriffe, die erst in der Übersetzung als „Bild" zusammengefaßt werden, verhindert eine solche Zusammenschau (vgl. DOHMEN, Bilderverbot 281-286). Zur altkirchlichen Ausformung des Bild-Gottes-Motivs vgl. CROUZEL, Bild.

[264] Vgl. WERBICK, Trinitätslehre 503.

[265] Den Anstoß für dieses neue Verstehen gibt Herder mit seiner evolutiven Anthropologie. Zur Geschichte und aktuellen Ausformung der am Bild-Gottes-Gedanken orientierten theologischen

in der er Bild Gottes ist, jenes Bildsein zur entfalteten und lebensbestimmenden Wirklichkeit werden zu lassen, kann nun als Ziel des Menschen erkannt werden[266] – als Ziel, das in Christus in endgültiger und unvergleichbarer Weise offenbar wurde. Diese Fassung des Bildgedankens überwindet die Statik, die der Fixierung auf die gegenständlichen Bilder notwendig innewohnt. Zugleich ermöglicht sie es, diesen Bildern ihre begrenzte Funktion zuzuweisen: Sie können als ein sinnlicher Ausdruck, als ein Symbol jenes intersubjektiven Freiheitsgeschehens verstanden werden, in dem der Mensch seine Gottebenbildlichkeit realisiert. Indem sie so in Freiheit gedeutet werden, verlieren sie für die, die sich ihrer in gegenseitigem Einverständnis bedienen, ihre Vieldeutigkeit.

Doch ist damit die Relevanz jener Bestimmung des Menschen als des Ebenbilds Gottes bei weitem nicht ausgeschöpft. Bildet sie doch einen möglichen Ausgangspunkt, auch den Gottesbegriff in eine neue Bestimmtheit zu überführen. Wenn nämlich vor dem Hintergrund der Ergebnisse, die eine transzendentale anthropologische Reflexion zutage fördert,[267] der Mensch in seiner auf diesem Wege aufgedeckten Freiheit als Bild Gottes geglaubt wird, ist damit theologisch ein doppeltes erreicht. Zum einen wird Gott selbst als Freiheit geglaubt; als Freiheit näherhin, die sich zwar in ihrer auch materialen Unbedingtheit von der Freiheit des Menschen unterscheidet, der endlichen Freiheit aber insofern gleich ist, als auch sie als Gesetz ihrer selbst verstanden werden muß. Zum anderen wird deutlich, daß an einen anderen Gott zu glauben vor der menschlichen Freiheit nicht verantwortbar wäre.

Solche Reflexionen auf das biblische Gottesbekenntnis und seine christliche Ausformung begrenzen die Unbestimmtheit, die einer rein formalen Fassung des Analogieprinzips bzw. der Bilderfreundlichkeit anhaftet. Und doch: Nicht weil das christliche Bekenntnis unentschieden wäre, auf welchen Gott es setzt, sondern weil es darum weiß, diesem Gott und seiner Selbstoffenbarung in Christus in der menschlichen Antwort nie umfassend gerecht werden zu können,[268] entkommt christliche Theologie nicht ihrer paradoxen Aufgabenstellung: *„Wir sollen als Theologen von Gott reden. Wir sind aber Menschen und*

Anthropologie vgl. PETERS, Bilder; PANNENBERG, Anthropologie 40-76; MOLTMANN, Schöpfung 223-250; PESCH, Frei sein 376-381. In der bis auf Luthers Auseinandersetzung mit der Scholastik zurückgehenden Frage, ob und wie der Mensch auch im Zustand der Sünde als Ebenbild Gottes gelten kann, divergieren bis heute katholische und evangelische Ansätze zur Anthropologie. Legen erstere den Akzent auf die auch beim Sünder gegebene Freiheit als Bedingung der Möglichkeit einer Ansprechbarkeit von Gott, sehen letztere schon diese Ansprechbarkeit als einen nur durch die rechtfertigende Gnade erreichbaren Zustand.

[266] Zur freiheitsphilosophischen Durchdringung des Bildgedankens bei Fichte vgl. VERWEYEN, Wort 244-255.

[267] Zu Gang und Ergebnis dieser Reflexion vgl.o. A.II.4, S. 48ff.

[268] „Freilich, wenn Gott in seinem Gottsein offenbar werden soll, dann gewiss auch in seiner ewigen Unfassbarkeit: si comprehendis, non est Deus. Aber Unerfassbarkeit nicht als negative Bestimmung dessen, was man nicht kennt, sondern als positive und geradezu gesehene und verstandene Eigenschaft dessen, den man kennt" (BALTHASAR, Schau 179, ähnlich auch 445).

können als solche nicht von Gott reden. Wir sollen Beides, unser Sollen und unser Nicht-Können, *wissen und eben damit Gott die Ehre geben*".[269]

Durch dieses Wissen qualifizieren sich das Christusbekenntnis und das in ihm gründende Weltverstehen, qualifiziert sich diese eigenständige symbolische Form als Religion – und unterscheidet sich so von der Unaufgeklärtheit des Mythos über seinen Formcharakter.

4. Die offene Frage: Wirklichkeit?

Im Rückblick zeigt sich, daß bereits dieser erste Schritt, Cassirers Einsichten theologisch aufzunehmen, durchaus weiterführende Ergebnisse zeitigte. Möglichkeit und Struktur des Christusbekenntnisses ließen sich in einer Weise erhellen, die nicht nur die Rahmenbedingungen von dessen Entstehung, sondern auch die Eigenart seiner Tradierung erkennen ließ. Es wurde deutlich, daß das Bekenntnis, in Leben und Geschick Jesu habe Gott selbst sich offenbart, eine eigenständige symbolische Formung darstellt, ein eigenes Weltverstehen eröffnet. Und insofern die theologische Rede sich ihres Formungscharakters durchaus bewußt ist, darf sie, an den von Cassirer gesetzten Kriterien gemessen, das Christusbekenntnis als eine symbolische Form verstehen, die den Schritt vom Mythos zur Religion vollzogen hat.

Doch was ist mit diesen Ergebnissen hinsichtlich der Frage erreicht, die zu dem Dialog mit Cassirer den Anlaß gab? Gefragt wurde nach dem Schritt von der Erkenntnis der Möglichkeit zum Bekenntnis der Wirklichkeit, daß sich in Christus Gott selbst geoffenbart habe. Indem das Wirklichkeitsbekenntnis als eine, aber keineswegs als die einzige mögliche symbolische Formung erscheint, die das sinnliche Zeichen des Geschicks Jesu mit einer spezifischen Bedeutung verknüpft, scheint die Ausgangsfrage nicht gelöst, sondern nur verschoben. Mehr noch: Genauerem Zusehen muß sie sogar noch zugespitzt erscheinen. Wurde doch sowohl in der philosophischen Theorie wie in ihrer theologischen Aneignung immer wieder die Unmöglichkeit deutlich, einen Standpunkt jenseits jeder Formung, eine Wirklichkeit außerhalb jeder Deutung zu erfassen. Wie aber soll dann noch in sinnvoller Weise von einem Wirklichkeitsbezug des Verstehens gesprochen werden können? Ist es angesichts solcher Schwierigkeiten nicht naheliegend, ja zwingend, auf die Frage nach der Objektivität des Verstehens, nach der Wirklichkeit seines Gehalts ganz zu verzichten? Bleibt überhaupt anderes, als die verschiedenen Weisen des Weltverstehens – und damit auch die verschiedenen Religionen – als nicht weiter überprüfbar und deshalb prinzipiell gleichberechtigt anzuerkennen, als Formungen eines sinnlichen Materials, das keine Bedeutung in sich trägt oder diese zumindest nicht offenbart?

---

[269] BARTH, Wort 199.

Cassirer hat deutlich gesehen: Mag einem Künstler, der seine Kunst als eine mögliche, aber nicht zwingende Weise der Formung von Wirklichkeit versteht, ein solcher Verzicht auf die Rückfrage nach der Wirklichkeit auch möglich sein – dem Gläubigen ist dieser Weg verwehrt. Denn die Religion sieht „sich immer wieder an einen Punkt geführt, an dem die Frage nach ihrem Sinn- und Wahrheitsgehalt in die Frage nach Wirklichkeit ihrer Gegenstände umschlägt, an dem sich, hart und schroff, das Problem der 'Existenz' vor ihr aufrichtet".[270] Dem ist nichts hinzuzufügen. In der Tat steht und fällt der Glaube, die Religion mit der Gewißheit, daß sie sich nicht nur auf ihr eigenes Verstehen und die von ihr hervorgebrachten Formen, sondern auf eine außerhalb ihrer liegende Wirklichkeit bezieht. Wie aber ist ein solcher Wirklichkeitsbezug denkbar und möglich? Mit welchem Geltungsanspruch kann seine Behauptung auftreten?

Zu zeigen, daß sich diese Fragen mit Hilfe der Erkenntnisse Cassirers beantworten und zu wegweisenden Lösungen führen lassen, ist Ziel des zweiten Dialogabschnitts. Er muß beginnen mit der Frage nach der Wirklichkeit des symbolisch Geformten.

---

[270] PsF II,311.

II. Wirklichkeit

1. Cassirers transzendentalphilosophisch orientierte Kulturtheorie

a) Die Wirklichkeit der Erkenntnis: Objektivität als Ganzheit

Wirkmächtiges Symbol eines Schlangengottes? Sinuskurve? Ausdruck künstlerischer Kreativität? Physikalisches Meßergebnis? Anleitung einer Partitur? Oder nur eine beiläufig aufs Papier gekritzelte Linie?

Sind der rein funktionale Charakter jedes menschlichen Verstehens und die notwendig symbolische Gestalt jedes Wirklichkeitsbezuges erst einmal erkannt, scheint jede Rede von der Objektivität oder Wahrheit einer symbolischen Form unmöglich geworden zu sein. Denn wie, wenn nicht durch den Nachweis der „adaequatio rei et intellectus" sollte die Wahrheit einer Aussage überprüft werden? Gerade eine solche Vergleichung aber belegt Cassirers Erkenntnistheorie mit einem prinzipiellen Verdikt.[271] Daß seine Philosophie der symbolischen Formen das Problem des Wirklichkeitsbezugs menschlicher Erkenntnis verschiebt, konstatiert Cassirer selbst mit seinem Hinweis, daß sich „das Erkenntnisproblem und das Wahrheitsproblem" nicht mehr anders denn „als Sonderfälle des allgemeinen Bedeutungsproblems begreifen" lassen.[272] Verabschiedet aber werden sie damit nicht. Vielmehr sucht Cassirer nach einer neuen Möglichkeit, sie zu lösen.[273]

In seinem Grundansatz bleibt er dabei Kant verpflichtet.[274] Wie für diesen, liegt auch für Cassirer der Schlüssel zur Lösung des Problems darin, „von der kopeilichen Betrachtung des Physischen der Weltordnung zu der architektonischen Verknüpfung derselben nach Zwecken [...] aufzusteigen".[275] Eine solche

---

[271] „Wenn es wahr ist, daß alle Objektivität, alles, was wir gegenständliches Anschauen und Wissen nennen, uns immer nur in bestimmten Formen gegeben und nur durch diese zugänglich ist, so können wir aus dem Umkreis dieser Formen niemals heraustreten – so ist jeder Versuch, sie gewissermaßen 'von außen' zu betrachten, von Anfang an hoffnungslos." (WWS 209).

[272] EBK 81. Vgl. GRAESER, Cassirer 159-161, mit zahlreichen weiteren Belegen aus Cassirers Schriften.

[273] Vgl. schon SF 359-432 und immer noch ECN I,270f. Die entscheidende Auseinandersetzung mit dem Problem aber findet sich in GuL 193-217.

[274] Vgl. Cassirers frühe Rekonstruktion der Kantischen Vernunftkritik in FF 156-170; EP II,648-762; EP III,1-16, und bes. in KLL. Auffällig ist, daß bereits hier, also noch vor der Entwicklung der Philosophie der symbolischen Formen, Cassirer das Formproblem, das bei Kant eine wichtige, aber keine zentrale Rolle spielt, zur leitenden Perspektive seiner Kant-Interpretation wählt. Zur Einordnung von Cassirers Denken in zeitgenössische und heutige Wahrheits- und Wirklichkeitstheorien ist hier nicht der Ort. Sie wird in überzeugender Weise geleistet von GRAESER, Cassirer 159-183.

[275] KrV A 318, B 375. Bei Cassirer zitiert z.B. STS 20.

Verknüpfung aber liegt nicht in und mit den sinnlichen Zeichen vor, sondern muß – auch das schärfte schon Kant ein – vom Verstand an sie herangetragen werden. Sie ist deshalb kein anschauliches Phänomen, sondern eine Bewußtseinstatsache. Die Objektivität einer Erkenntnis ist demgemäß für Kant immer und nur dann verbürgt, wenn die in der Anschauung gegebenen Inhalte nach den Regeln des Verstandes verknüpft werden: „Daher sind Urteile [...] objektiv, wenn sie in einem Bewußtsein überhaupt, d.i. darin notwendig vereinigt werden“.[276] Die Objektivität sichernden Regeln entfaltet Kant, zunächst ausschließlich im Interesse an einer Begründung der Möglichkeit naturwissenschaftlicher Erkenntnis, in seiner Kategorienlehre.

Auf das von Kant so gefaßte Objektivitätsverständnis greift Cassirer zurück, um das Wahrheitsproblem zu bearbeiten, „das sich bei der Analyse jeder symbolischen Form aufdrängt. [...] Das Symbol wäre nicht Symbol, wenn es nicht irgend eine Art der Wahrheit für sich in Anspruch nähme.“[277] Denn nur indem es sich auf eine Bedeutung bezieht, ist das Zeichen Symbol. In diesem Bezug findet es seine Wahrheit und Objektivität. Um die Wahrheitsfrage beantworten zu können, gilt es also, diesen Bezug des einzelnen Zeichens auf den umfassenden Sinnzusammenhang näher zu beleuchten, den Bezug, der bereits als Repräsentationsgeschehen charakterisiert wurde. Bisher war allerdings noch unklar, wie sich die umfassenden Bedeutungs- und Sinnzusammenhänge konstituieren und ordnen. Cassirer spricht hier von Qualitäten der Verknüpfung, unter denen er die von Kant erhobenen Anschauungsformen und Kategorien zusammenfaßt.

Nach Cassirers Urteil ist Kant mit seiner „Kritik der Urteilskraft“ bereits die ersten Schritte auf dem Weg gegangen, der dieses Verständnis von Objektivität über den Kreis der strengen Naturwissenschaften hinaus auf die anderen Weisen des Weltverständnisses überträgt.[278] Diesen Weg zu Ende zu gehen, ist das bereits herausgestellte Hauptziel der symbolphilosophischen Bemühungen Cassirers. Um es zu erreichen, muß man, so Cassirers Überzeugung, Philosophie genau in der Verschränkung der Perspektiven treiben, die sein Werk auszeichnet. Der historische Durchgang durch die mythischen, sprachlichen, künstlerischen und wissenschaftlichen Weltentwürfe erweist sich als notwendig, weil nur so die konkrete Vielfalt symbolischer Formen ansichtig werden kann. Denn die Formen, in denen sich das Weltverstehen faktisch entfaltet, lassen sich mit Hilfe der transzendentallogischen Erhebung des Symbolbegriffs als der Bedingung ihrer Möglichkeit nicht deduzieren, sondern nur post factum

---

[276] Prol. § 22; ganz ähnlich Cassirer, EBK 203.

[277] STS 19. Die Parallelität dieser Einsicht zur Philosophie Quines stellt PRECHTL, Philosophie 208f., heraus.

[278] Indem er, deutlicher als die meisten Interpreten, auf die Bedeutung von Kants „Kritik der Urteilskraft“ für Cassirer aufmerksam gemacht hat, konnte Orth Wesentliches zu einer angemessenen Verhältnisbestimmung von Kant und Cassirer beitragen. Vgl. z.B. ORTH, Erkenntnistheorie 13-16.36f.176-189.

analysieren.[279] In dem deshalb unverzichtbaren historischen wie interdisziplinä-
ren Durchgang aber ist zugleich transzendentalphilosophisch nachzuweisen, daß
und wie die einzelnen Formen Anspruch auf Objektivität erheben können, daß
und wie ihnen also eine auffindbare Ordnung zugrundeliegt.[280]

So wird der Wert verständlich, den Cassirer vor allem auf die Herausarbei-
tung der jeweiligen Zeit-, Raum- und Kausalitätsbegriffe legt, bilden sie doch
stets die Grundlage der gesuchten Ordnung.[281] „Die Verknüpfungsweisen, die
beide [das empirisch-wissenschaftliche und das mythische Weltbild, M.B.]
gebrauchen, um dem sinnlich-Mannigfaltigen die Form der Einheit zu geben,
um das Auseinanderfließende zur Gestalt zu zwingen, zeigen eine durchgehende
Analogie und Entsprechung.“[282] Allerdings erweist es sich als unmöglich, in
allen Formen des Weltverstehens die gleiche Ordnung zu entdecken. Vielmehr
weist jede konkrete Anwendung der ordnenden Prinzipien eine je spezifische
Färbung, eine unterscheidbare „Modalität" auf.[283] Was etwa den Mythos von der
modernen Wissenschaft trennt, ist nicht dessen vermeintliche Ungeordnetheit,
sondern die spezifische Gestalt seiner Ordnung. Er zeigt sich an der Entstehung
der Welt, an den Ursachen jedes einzelnen Geschehens nicht weniger interessiert als die Wissenschaft – auch er sucht und findet kausale Zusammenhänge.
Doch gilt ihm anderes als Indiz kausaler Verknüpfung als der Wissenschaft.[284]
Unter Berücksichtigung dieses ihm eigenen Gefüges ist dem Mythos, wenn er
die Linie als Gegenwart des Schlangengottes versteht, eine analoge Objektivität
zuzugestehen wie der Wissenschaft, die sie als Meßkurve sieht.[285] Denn für die
Objektivität des jeweiligen Weltbegriffs ist allein dessen Geschlossenheit und
umfassende Erklärungskraft von Belang.[286] Deshalb muß „die Frage bezüglich
der Beziehung von Symbolen zu Tatsachen durch eine andere ersetzt werden:

---

[279] Vgl. KNOPPE, Philosophie 184f.
[280] Vgl. PsF I,21.
[281] Vgl. für den Mythos PsF II,57-65; für die Sprache VM 199-211. Dazu KROIS, Cassirer 93, der,
aaO.113-115, die von Cassirer an Kant herangetragenen Differenzierungen herausarbeitet.
[282] PsF II,78.
[283] Vgl. PsF I,29-31, dazu STEPHENS, Theorie 104.
[284] Vgl. dazu ausführlicher o. S. 80f. Nicht die der Wissenschaft eigene Zergliederung, sondern die
Auffassung der kontinuierlichen Einheit der Welt prägt den Mythos. Vgl. die pointierte Entgegensetzung STS 62-64. Der Vorwurf, Cassirer bleibe bei seinem Versuch, die auf die Wissenschaft
konzentrierte Transzendentalphilosophie zur Kulturphilosophie zu transformieren, in der
naturwissenschaftlichen Invariantentheorie gefangen (vgl.o. S. 90, Anm. 119), verkennt m.E. die
zentrale Bedeutung, die Cassirer den unterschiedlichen Modalitäten gibt, in denen die Kategorien zur
Anwendung kommen: Auch die naturwissenschaftliche Invariantentheorie ist nicht mehr als eine,
wenn auch herausragende Modalität symbolischer Formung. Zum genannten Vorwurf vgl. z.B.
STEPHENS, Theorie 93-105; MARX, Philosophie 79f. Zuzustimmen ist dagegen dem Deutungsver-
such von TOMBERG, Begriff 175-179.
[285] Vgl. PsF III,233f. In STS 20f. verdeutlicht Cassirer seine These, indem er auf die spezifische
Wahrheit von Kunstwerken verweist.
[286] Vgl. SF 365-367; PsF II,18f.47f. Dann auch EBK 208f., wo Cassirer objektive und subjektive
Erkenntnis als korrelative Begriffe bestimmt, deren ersterer für die nicht zu realisierende Idee einer
insgesamt beständigen und geordneten Weltsicht steht.

nämlich wie theoretische Symbolzusammenhänge durch den Symbolzusammenhang von Wahrnehmungsbedeutungen 'bestätigt' werden".[287]

Wie eng Cassirer in seinem philosophischen Grundkonzept Kant verbunden bleibt, zeigt sich in besonderer Deutlichkeit, wenn die Frage nach der Objektivität der Erkenntnis noch weiter verschärft wird: wenn nicht nur nach der inneren Geschlossenheit der jeweiligen symbolischen Form gefragt wird, die deren Wahrheit und Objektivität verbürgt, sondern nach deren möglichem Wirklichkeitsbezug. Gibt es irgendeine Gewähr, daß die im Bewußtsein geformten Begriffe den Gegenständen außerhalb des Bewußtseins entsprechen? Kant wußte zu zeigen, daß „die Bedingungen der Möglichkeit der Erfahrung überhaupt [...] zugleich die Bedingungen der Möglichkeit der Gegenstände der Erfahrung"[288] sind. Und Cassirer übernimmt auch diese Einsicht: Insofern die symbolischen Formen Bedingungen der Möglichkeit von Gegenstandserkenntnis überhaupt sind, wird allein durch sie Wirklichkeit greifbar, d.h. geformt und begrenzt.[289] „Wirklichkeit [...] ist damit ein Sinngebilde."[290] Für den Mythos etwa ist die Offenbarung des Schlangengottes Wirklichkeit, insofern er als symbolische Form die Erfahrung dieser Wirklichkeit ermöglicht. Mit dieser Antwort auf die Wirklichkeitsfrage ziehen Cassirer wie Kant eine weitere Konsequenz aus der Wendung von der „kopeilichen Betrachtung" zur „architektonischen Verknüpfung". Zugleich wird verständlich, wieso Cassirer der wissenschaftlichen Erkenntnisweise immer wieder einen herausragenden Stellenwert zuspricht: Im Wissen um die rein symbolische Funktion all ihrer Konstrukte ist die wissenschaftliche Weltsicht mehr als jede andere vor der Gefahr gefeit, anläßlich der Frage nach dem Wirklichkeitsbezug ihrer Formung in die Auffassung zurückzufallen, ihr Denken bilde die Gegenstände der Erfahrung unmittelbar ab. Die notwendige sinnliche Repräsentation auch ihrer Funktionsbegriffe hat – etwa in den Gleichungen der Physik des elektrischen Feldes[291] – stets eine Abstraktheit, die ein vorkritisches Mißverständnis gar nicht erst entstehen läßt.[292]

Ob und wie aber ein religiöses Bekenntnis sich mit diesen Auskünften über Möglichkeiten und Grenzen menschlicher Erkenntnis zufriedengeben kann, wird noch Gegenstand einer konsequenzenreichen Prüfung sein müssen.

Und auf eine zweite kritische Rückfrage kann nicht verzichtet werden: Auch wenn Cassirer sich bei dieser Hinwendung zu einer Kulturphilosophie dem transzendental-kritischen Ansatz Kants verbunden glaubt – verliert er den Ertrag von Kants Einsichten nicht gerade, indem er ihn zu sichern versucht?

---

[287] HAMBURG, Philosophiebegriff 31.
[288] KrV A 158, B 197.
[289] Vgl. SF 427; PsF I,48; ECN I,261f.
[290] ORTH, Erkenntnistheorie 35.
[291] Vgl. PsF III,544f.; STS 16f.
[292] Vgl. SF 34. Zum Prozeß der Ablösung wissenschaftlicher Begriffe von der Darstellungsfunktion vgl. PsF III,390-395.

Verbürgte für Kant doch gerade der Nachweis einer einheitlichen Bezugnahme
auf die Kategorien des Verstandes die Allgemeingültigkeit der so gefällten
Urteile. Eine solche Allgemeingültigkeit kann keine der symbolischen Formen
für sich in Anspruch nehmen.[293] In welcher Weise vermag Cassirer angesichts
dessen noch eine Einheit menschlichen Weltverstehens zu denken, auf die doch
im Interesse einer Objektivität im Vollsinn des Wortes nicht wird verzichtet
werden können?[294] Eine Antwort darauf wird erst möglich sein, wenn nicht
nur, wie bisher, nach der Struktur symbolischer Formung gefragt wird, sondern
auch nach der Bedingung ihrer Möglichkeit. Doch schon jetzt bleibt festzuhalten, daß Cassirers Hinwendung zur kulturellen Vielfalt nicht als Verabschiedung des transzendentalphilosophischen Grundinteresses, sondern als dessen
Ausweitung gedeutet werden muß.[295] Die Frage nach der Bedingung der
Möglichkeit von wissenschaftlicher Erkenntnis wandelt sich in die Frage nach
der Bedingung der Möglichkeit von Kultur, von Sinngebung. Gerade deshalb
wird um so kritischer zu fragen sein, inwieweit es ihm gelungen ist, auf die aus
veränderter Perspektive gestellten Fragen nach Geltung und Einheit der
Erkenntnis eine ausreichende Antwort zu finden.

b) Die Möglichkeit der Erkenntnis: Symbolische Prägnanz

„Wie ist nun [...] die *Anwendung* der Kategorie auf Erscheinungen möglich, da
doch niemand sagen wird: diese, z.B. die Kausalität, könne auch durch die Sinne
angeschauet werden und sei in der Erscheinung enthalten?"[296] Wie – so läßt sich
das gleiche Problem in der Begrifflichkeit Cassirers formulieren – können
sinnliches Zeichen und geistige Bedeutung überhaupt verknüpft werden,
gehören sie doch zweifellos völlig verschiedenen Welten an – Welten, die in der
philosophischen Tradition als „Stoff" und „Form", als „ule" und „morphe"
unterschieden wurden. Nicht zuletzt im Blick auf das Linienbeispiel scheint es
nicht nur naheliegend, sondern gar zwingend, dieser klassischen Differenzierung
zuzustimmen: Wie anders sollte erklärbar sein, daß beide Seiten „in weitem

---

[293] PRECHTL, Philosophie 206, faßt die Ausweitung des Objektivitätskriteriums bei Cassirer
gegenüber Kant sehr genau, wenn er sagt: „Von Erkenntnis (in einem nicht auf Wissenschaft
beschränkten Sinne) und damit von Objektivität kann nur da die Rede sein, wo ein Erfahrungsinhalt
in ein System von Relationen einbezogen ist. Die Unterscheidung von Wirklichkeit und Schein ist
selbst nur im System der Erfahrung und unter seinen Bedingungen möglich".
[294] Das Problem der Einheit der Vernunft stellt sich allerdings nicht erst angesichts der Philosophie
der symbolischen Formen. Schon bei Kant bricht es spätestens in der Auflösung der dritten
Antinomie der reinen Vernunft auf, wenn dort durch den Aufweis der Möglichkeit von Freiheit die
praktische Vernunft ansichtig wird.
[295] Vgl. PsF III,67. Dazu, bestätigend, STARK, Symbol 52f.; GRAESER, Cassirer 47-50; KROIS, Cassirer
38-44. Interpreten, die von einem Abschied Cassirers von der Transzendentalphilosophie sprechen,
gehen in der Regel von einem Verständnis dieser Philosophie aus, das diese so eng mit der These von
der subjektiven Konstitution der Wirklichkeit verknüpft sieht, daß Cassirers symboltheoretische,
„semiotische" Wendung nicht mehr als transzendentalphilosophisch orientierte bezeichnet werden
kann. So etwa SCHWEMMER, Vielfalt 5.
[296] KrV A 137f., B 176f.

Ausmaß voneinander *unabhängig variabel* sind"[297], gleiche Zeichen mit unterschiedlicher Bedeutung, verschiedene Zeichen mit gleicher Bedeutung verknüpft werden können? Aber der Hinweis auf die Notwendigkeit, zwischen Form und Geformtem zu unterscheiden, löst das Problem der Verbindung beider nicht, sondern läßt es erst entstehen.

Kant antwortete darauf mit der These vom „transzendentalen Schematismus".[298] Ihr zufolge nimmt die Einbildungskraft eine vermittelnde Stellung ein, indem sie die Kategorie der Kausalität in das Schema des transzendentalen Zeitbegriffs umformt, mittels dessen die Kategorien auf die Anschauung anwendbar werden. Denn wie die Kategorien auf der Ebene des Verstandes die Mannigfaltigkeit der Erfahrungsinhalte wie deren Einheit zu sichern vermögen, stellt die Zeit auf der Ebene der Anschauungen diese Möglichkeitsbedingung von Vielheit und Einheit dar. Indem die Einbildungskraft nun z.B. die kausalen Verhältnisse als zeitliche vorzustellen erlaubt, indem sie logische Begründungsverhältnisse als temporale Folgeverhältnisse zu sehen lehrt, errichtet sie in diesem Schema die von Kant gesuchte Brücke zwischen den Kategorien und den Anschauungen.[299]

Daß weder dieser Erklärungsversuch Kants noch die entsprechenden Bemühungen Husserls die Diskussion um das Problem beendet haben, sieht Cassirer darin begründet, daß sie die Gegenüberstellung von Form und Inhalt zum Ausgangspunkt nehmen, um von dort aus zu deren Verbindung zu gelangen. Damit aber konstruieren sie einen Gegensatz, der sich einer Auflösung prinzipiell entzieht.[300] Mit seiner eigenen Lösung läßt Cassirer diese Aporien hinter sich, indem er die Verknüpfung von sinnlichem Zeichen und geistiger Bedeutung nicht als problematisches Ziel, sondern als grundsätzlich unhintergehbaren Ausgangspunkt jeder Erfahrung überhaupt bestimmt.[301]

---

[297] PsF III,232.
[298] Vgl. zum folgenden KrV A 138-147, B 177-187.
[299] Vgl. PsF I,173f.
[300] Vgl. PsF III,224-230, aber auch bereits PsF I,40.
[301] Bei Cassirer selbst findet sich ein indirekter Hinweis auf die hier behauptete strukturelle Entsprechung zwischen seiner Rede von der symbolischen Prägnanz und Kants Schematismus-Theorie: Vgl. CASSIRER, Kant 8f., wo Cassirer seine Zustimmung zu Heideggers These von der zentralen Bedeutung der Schematismus-Lehre bei Kant belegt mit einem Hinweis auf den zweiten Teil von PsF III, in dem sich auch das Kapitel über die symbolische Prägnanz befindet – eine Zustimmung allerdings, die „unter völlig anderen Gesichtspunkten" (als denen Kants) steht. Rotenstreich ist m.W. der einzige Cassirer-Interpret, der sich mit dieser Parallele beschäftigt. Er allerdings bezeichnet die von Cassirer angedeutete Parallelität als gefälscht („spurious", ROTENSTREICH, Schematism 467), weil das Konzept der symbolischen Prägnanz „nicht Kants Einsicht in die leitende Funktion des Verstandes im Akt der Wahrnehmung aufnähme, sondern von einer symmetrischen Komposition von Verstand und Sinnlichkeit ausgehe (vgl. aaO.468). Diese – aus der Perspektive der Vernunftkritik Kants in der Tat unvermeidliche – Kritik an Cassirer verkennt gerade den Kernpunkt und den Ertrag des Konzepts der symbolischen Prägnanz: Überwindet es doch durch die Voraussetzung einer vorgängigen Verbindung von Verstand und Sinnlichkeit, geistiger Bedeutung und sinnlichem Zeichen, die Aporien, in die sich Kants Bemühen, hier zu einer nachträglichen Verbindung zu gelangen, verstricken mußte. Die Parallelen zwischen

„Geht man von dem 'Gegenüber', [...] von Leben und Idee aus, so ist nicht
mehr verständlich zu machen, wie beide sich nichtsdestoweniger wechselseitig
bestimmen, wie sie zu einander korrelativ werden sollen. Und doch ist eben
diese Korrelation das primär-Gewisse und primär-Gegebene, während die
Sonderung ein bloß-Nachträgliches, eine Konstruktion des Denkens ist."[302]
Einen „formlosen Stoff" gibt es für die menschliche Erfahrung genausowenig
wie eine „stofflose Form".[303] Im menschlichen Bewußtsein findet sich diese
Verbindung von Stoff und Form – anders als beim Tier – als Tatsache vor.[304]

Diese Einsicht formuliert Cassirer in zwei verschiedenen Kontexten mit je
unterschiedlicher Begrifflichkeit. Zum einen unterscheidet er zwischen der
willkürlichen, künstlichen Symbolik und einer natürlichen Symbolik, die jener
vorausgeht.[305] Zum anderen spricht er von „symbolischer Prägnanz".[306] So
deutlich es ist, daß mit der künstlichen Symbolik alles menschliche Symbolisie-
ren gemeint ist, dem die natürliche Symbolik bzw. die symbolische Prägnanz
vorauszusetzen sind, so schwer lassen sich die Zuordnung von natürlicher
Symbolik und symbolischer Prägnanz sowie ihre genauen Funktionen klar
bestimmen.

Als natürliche Symbolik benannt wird „jene Darstellung im Bewußtseinsganzen, die schon in jedem einzelnen Moment und Fragment des Bewußtseins
notwendig enthalten oder mindestens angelegt ist", ein „ursprüngliche(s), im
Wesen des Bewußtseins selbst gegründete(s) geistige(s) Verfahren". „Daß ein
sinnlich-Einzelnes, wie es z.B. der physische Sprachlaut ist, zum Träger einer
rein geistigen Bedeutung werden kann – dies wird zuletzt nur dadurch
verständlich, daß die Grundfunktion des Bedeutens selbst schon vor der Setzung
des einzelnen Zeichens vorhanden und wirksam ist, so daß sie in dieser Setzung
nicht erst geschaffen, sondern nur fixiert, nur auf einen Einzelfall angewandt
wird."[307]

Daneben: „Unter 'symbolischer Prägnanz' soll also die Art verstanden
werden, in der ein Wahrnehmungserlebnis, als 'sinnliches' Erlebnis, zugleich
einen bestimmten nicht-anschaulichen 'Sinn' in sich faßt und ihn zur unmittelbaren konkreten Darstellung bringt. Hier handelt es sich nicht um bloß
'perzeptive' Gegebenheiten, denen später irgendwelche 'apperzeptive' Akte

---

Kants Schematismus- und Cassirers Prägnanz-Theorie sind also nicht inhaltlicher – auf dieser Ebene
ist Rotenstreichs Distanzaufweisen zuzustimmen -, sondern rein struktureller Natur.

[302] ECN I,14. Zu den Veränderungen, die sich dadurch für die Architektonik der Vernunftkritik
Kants ergeben, vgl. die erhellenden Ausführungen bei KAEGI, Cassirer 176-180.

[303] Vgl. PsF III,231.

[304] Vgl. ECN I,40-44; VM 47-51. Auf die hirnphysiologischen Voraussetzungen zur symbolischen
Formung macht Cassirer in seiner „Pathologie des Symbolbewußtseins", PsF III,238-325,
aufmerksam.

[305] Vgl. PsF I,41-45.

[306] Vgl. PsF III,222-237.

[307] PsF I,41f. Vgl. dazu auch die Ausführungen zur Ausdruckswahrnehmung, in der Zeichen und
Bedeutung verbunden, aber noch nicht analytisch geschieden sind: PsF III,108f.

aufgepfropft wären, durch die sie gedeutet, beurteilt und umgebildet würden. Vielmehr ist es die Wahrnehmung selbst, die kraft ihrer eigenen immanenten Gliederung eine Art von geistiger 'Artikulation' gewinnt – die, als in sich gefügte, auch einer bestimmten Sinnfügung angehört. In ihrer vollen Aktualität, in ihrer Ganzheit und Lebendigkeit, ist sie zugleich ein Leben 'im' Sinn."[308]

Diese beiden Definitionen geben offensichtlich keine Hinweise auf wesentliche Bedeutungsunterschiede zwischen den definierten Begriffen. Auch die jeweils unmittelbar folgenden näheren Bestimmungen sind einander zum Verwechseln ähnlich: Wird im Zusammenhang mit der natürlichen Symbolik von einem „Netzwerk mannigfacher Beziehungen" gesprochen, kraft dessen der Einzelfall im Bewußtsein zugleich „den *Hinweis* auf andere und wieder andere Inhalte in sich schließt"[309], erfassen wir laut Cassirer in der symbolischen Prägnanz „den eigentlichen Pendelschlag des Bewußtseins, dessen Geheimnis eben darin besteht, daß in ihm ein Schlag tausend Verbindungen schlägt".[310] Angesichts dieser Ununterscheidbarkeit muß angenommen werden, daß Cassirer mit beiden Begriffen auf den gleichen Sachverhalt zielt – auf das dem Akt symbolischer Formung je schon Vorauszusetzende.

Unterschieden sind allerdings die Hinsichten, unter denen dieser Sachverhalt ins Auge gefaßt wird. Dies wird aus dem jeweiligen Kontext der beiden Definitionen deutlich: Im ersten Band der symbolischen Formen – dort ist von der natürlichen Symbolik die Rede – geht es ihm um die historische Entwicklung der verschiedenen symbolischen Formen aus ihrem gemeinsamen Grund. Im für die Definition der symbolischen Prägnanz entscheidenden Kapitel des dritten Bandes steht dagegen die Auseinandersetzung mit den – oben bereits aufgezeigten – Aporien der transzendentalphilosophischen Erkenntnistheorie im Vordergrund. Unter Berücksichtigung dieser Zusammenhänge bietet sich folgender Verstehensversuch an: Die natürliche Symbolik geht den ausdrücklichen menschlichen Symbolbildungen genetisch je schon voraus. Mit der symbolischen Prägnanz dagegen ist das 'Bedeuten überhaupt' als transzendental vorauszusetzende Bedingung der Möglichkeit aller Deutungsakte benannt.[311]

---

[308] PsF III,235.

[309] PsF I,42.

[310] PsF III,236.

[311] Vgl. KROIS, Cassirer 44.52-57; ders., Problematik 23: Die symbolische Prägnanz „ist das Transzendentale in Cassirers Philosophie". Geteilt wird diese Deutung des Prägnanzbegriffs von PAETZOLD, Einführung 43-45; PRECHTL, Philosophie 208; ORTH, Erkenntnistheorie 82f. Auch STARK, Symbol 67, sieht in Cassirers Rede von der symbolischen Prägnanz die systematische Mitte von dessen Philosophie, doch hindert ihn die Entgegensetzung von Transzendentalphilosophie und Semiotik (62), die zweifellos bei Cassirer zentralen semiotischen Gedankengänge auf ihre transzendentalphilosophische Fundierung zu befragen.
Eine eindeutige Gegenposition zur hier vorgelegten Deutung des Prägnanzbegriffs nimmt SCHWEMMER, Cassirer 69-125, ein, wenn er die symbolische Prägnanz als einen im Wahrnehmungsgegenstand liegenden genetischen Ausgangspunkt aller Formungsprozesse, als „Prinzip für die Entstehung und Weiterentwicklung von Gestaltsetzungen" (aaO.122) versteht. Zwar ist Cassirer zweifellos an der historischen Genese des Formvermögens interessiert, doch das Ergebnis seiner

Bestätigt wird diese Interpretation, wenn Cassirer den Übergang von der natürlichen zur künstlichen Symbolik als den Übergang von den Zeichen, die auf ein anderes ihrer selbst hinweisen, zu den symbolischen Zeichen, deren „Gehalt rein und vollständig in der Funktion des Bedeutens" aufgeht, definiert;[312] und wenn er andererseits im Umfeld seiner Prägnanz-Definition die Relation zwischen sinnlichem Erlebnis und Sinn – und für diese steht der Prägnanzbegriff –, „die den Aufbau des Bewußtseins beherrscht", als „echtes 'Apriori', als wesensmäßig-Erstes"[313] bezeichnet.

Eine phänomenologische Trennung zwischen dem mit den Begriffen „natürliche Symbolik" und „symbolische Prägnanz" Angezielten ist also nicht möglich. Denn „natürliche Symbolik und symbolische Prägnanz sind aufeinander irreduzibel und zugleich komplementäre Fassungen eines identischen Sachverhalts".[314] Für eine historisch-genetische Betrachtung werden die

Forschungen besteht ja gerade – gegen den Sensualismus wie gegen Kants bleibende Verhaftung im Empirismus (vgl. PsF III,222-227) – in der Feststellung, daß sich die im Bewußtsein immer schon gegebene Verknüpfung von Zeichen und Bedeutung nicht genetisch rekonstruieren, sondern allein als transzendentale Bedingung der Möglichkeit von Formung erheben läßt. „Niemals kann es uns gelingen, die *Funktion*, die hier waltet, sozusagen unmittelbar zubetreffen [sic]" (PsF III,142, vgl. auch ECN I,52f.).

Den entschiedensten und am besten begründeten Widerspruch hat die hier vertretene These durch DUBACH, Prägnanz, gefunden. Das auch von Dubach als solches eingesehene (81) schwächste Argument ist der Hinweis auf die seltene Verwendung des Prägnanzbegriffs durch Cassirer: Nicht die Häufigkeit seiner Nennung, sondern seine Funktion bestimmt seinen systematischen Stellenwert. Zuzugeben ist Dubach (71) ferner, daß Cassirer den Prägnanzbegriff nicht eindeutig als transzendentalen einführt, sondern die Möglichkeit, ihn als Phänomenbenennung zu lesen, offenläßt. Doch für die erstgenannte Bedeutung spricht erneut ihre höhere Erklärungskraft. Die weiteren Einwände Dubachs zielen an einer transzendentalphilosophischen Interpretation des Prägnanzbegriffs vorbei: Ist dessen Stellung als transzendentales Apriori aufgezeigt, muß er sowohl der Unterscheidung von Ausdrucks- und Darstellungssinn (56-66, dagegen auch KAEGI, Cassirer 179), wie der Differenzierung von natürlicher und künstlicher Symbolik (72f.) transzendentallogisch vorausliegend gedacht werden. Und auch die von Dubach (82) als zentraler erachteten Begriffe „Repräsentation", „Ausdruck" und „reine Bedeutung" weisen auf ihn als die Bedingung ihrer Möglichkeit zurück.

[312] In späteren Werken, in denen das Interesse an der Unterscheidung zwischen tierischer und menschlicher Wahrnehmung und die Entwicklung von der ersteren zur letzteren immer mehr Cassirers Interesse weckt, gesteht Cassirer auch Tieren die Fähigkeit zum Zeichengebrauch zu. Ob er sie auch als „natürliche Symbolik" bezeichnen würde, mag dahingestellt bleiben. Vgl. ECN I,60-69; VM 57-60.

SCHWEMMER, Cassirer 50-57, unterscheidet in einer präzisen Analyse die natürliche und die künstliche Symbolik als Urphänomene des Ausdrucks und der Repräsentation, macht aber zugleich klar, daß beide nur „Momente einer konkreten Einheit" (aaO.56), des „Geistes" sind. Nach KAEGI, Formen 77, bildet die „'natürliche Symbolik' der Anschauung [...] jenes 'neutrale' 'Etwas' unterhalb der symbolischen Formen, das ihren 'gemeinsamen Stoff' abgibt".

[313] PsF III,236. Weil STEPHENS, Theorie, diese gegenüber SF 365f. veränderte und offenere Fassung des Apriori nicht berücksichtigt, kann er die These vertreten, daß der „Apriori-Begriff Cassirers als Fundament einer Erfahrungswissenschaft, die Anspruch auf allgemeine Gültigkeit ihrer Aussagen erhebt, unzulänglich ist" (aaO.108).

[314] TOMBERG, Begriff 29. Auch Tomberg sieht den Unterschied allein in der Betrachtungsweise dieses Sachverhalts gegründet. Allerdings unterscheidet er – anders als ich – die Perspektiven „vom Objektiven her sowie vom Subjektiven her" (ebd.). Diese Unterscheidung scheint mir nicht möglich, weil in beiden betrachteten Texten Cassirers jede dieser Perspektiven eingenommen wird.

frühesten – oder auch alltäglichsten[315] – Formen des Zeichengebrauchs von besonderem Interesse sein. Die transzendentalphilosophische Sicht dagegen wird auch die natürliche Symbolik noch einmal auf die Bedingung ihrer Möglichkeit befragen müssen und so auf die symbolische Prägnanz stoßen. In beiden Perspektiven aber werden die symbolischen Formen im engeren Sinne des Wortes als Konkretisierung bzw. Aktualisierung des notwendig Vorausgesetzten erscheinen.[316] Für beide zeigt sich der Prozeß der Symbolisierung als „ein einheitlicher Lebens- und Gedankenstrom, der das Bewußtsein durchflutet, und der in dieser seiner strömenden Bewegtheit erst die Vielfältigkeit und den Zusammenhang des Bewußtseins, erst seine Fülle wie seine Kontinuität und Konstanz zuwege bringt". Und beide erkennen, „wie die Analyse des Bewußtseins niemals auf 'absolute' Elemente zurückführen kann",[317] wie Form und Stoff, Sinn und Sinnlichkeit immer schon als verbunden vorausgesetzt werden müssen, sollen sie nicht unüberwindbar getrennt bleiben.

Doch heißt dies keineswegs, daß die Unterscheidung zwischen Stoff und Form nivelliert würde. Vielmehr geht es darum, ihr den angemessenen Platz zuzuweisen: Sie ist Ergebnis der analytischen Bestimmung der vorgegebenen Verbindung, die deren Elemente aufzuweisen vermag, zwischen ihnen aber nicht noch einmal ein genetisches oder logisches Bedingungsverhältnis entdecken kann. „Was wir hier lernen [...] ist dies, daß wir die Strukturfrage nicht mit der Kausalfrage verwechseln dürfen, und daß wir die eine nicht auf die andere zurückführen können."[318] Sobald jedoch das falsche Verständnis der Unterscheidung zwischen Stoff und Form im Sinne eines Kausalverhältnisses abgewiesen ist, kann deren Notwendigkeit um so deutlicher betont werden. „So stark wir das 'Ineinander' gegenüber dem bloßen Beieinander auch betonen mögen, so kann doch dieses Ineinander niemals als vollständige Kongruenz und Koinzidenz gefaßt werden."[319] Denn dies käme dem „Rückfall in eine 'absolutistische' Identitäts-Logik"[320] gleich, die alle Probleme, die die kritische Erkenntnistheorie zu lösen imstande war, aufs neue entstehen ließe. Ermöglicht

---

[315] Cassirer spricht mitunter von einem „Erfahrungswissen" (SF 360), einer „natürlichen Einstellung" (WWS 214), dem „natürlichen Weltbild" (ECN I,5), die sich offenbar nur schwer einer der großen symbolischen Formen zuordnen lassen.

[316] So faßt STARK, Symbol 87, die natürliche Symbolik als „reine Potentialität", in der gleichwohl die Verknüpfungsregeln bereits angelegt sind, die in der künstlichen Symbolik aktualisiert werden (vgl. aaO.124).

[317] PsF III,235f.

[318] LKw 100. Zur Eigenart des Verstehens der symbolischen Formung vgl. auch AH 36-39; ECN I,36-38. Insofern erfaßt GRAESER, Cassirer 144, den Gedanken der symbolischen Prägnanz nicht, wenn er von Akten spricht, die das *hervorbringen*, „was als symbolische Prägnanz gilt." AaO 31.135-141 wird bereits sichtbar, daß GRAESER – gegen Cassirer – hinter die symbolische Prägnanz transzendental zurückzufragen sucht.

[319] WWS 223. Das Zitat stammt aus dem Zusammenhang WWS 212-223, in dem sich Cassirer mit dem Vorwurf Marc-Wogaus auseinandersetzt, hinter seiner Fassung des Symbolproblems verberge sich ein modifizierter Sensualismus.

[320] WWS 221.

es doch, wie bereits erwiesen, erst die Unterscheidung zwischen Form und
Geformtem, die Vielfalt wie die Objektivität der symbolischen Formen zu
verstehen.

Zweifellos übersteigt die Relevanz dieser Bestimmungen den Problemhorizont, von dem sie ihren Ausgang nahmen, erheblich. Denn hier zeigt sich die
systematische Mitte der Philosophie der symbolischen Formen. Insofern diese
„das Problem des Zeichens [...] in die konkrete Entfaltung und Ausgestaltung,
die es in der Mannigfaltigkeit der verschiedenen Kulturgebiete erfährt,"[321]
verfolgen will, setzt sie die problematische Verknüpfung von Zeichen und
Bedeutung voraus und ruht somit selbst auf dem Fundament, das für das
Bedeutungsproblem soeben gefunden wurde. Eine solche Philosophie ist nur
möglich, weil es das Phänomen der symbolischen Formen gibt. Sie kann dieses
Phänomen entdecken, in all seinen Dimensionen darstellen – aber sie kann es
nicht durch Herleitung erklären. Das „besagt nicht, daß wir hier an einer
absoluten Schranke unseres Wissens stehen, sondern vielmehr, daß nicht alles
Wissen in der Erkenntnis vom Entstehen aufgeht, sondern daß es daneben eine
andere Erkenntnisform gibt, die es, statt mit dem Entstehen, mit dem reinen
Bestand zu tun hat. Die Aporie entsteht erst, wenn man annimmt, daß die
Begriffe von Ursache und Wirkung die einzigen Wegweiser der Erkenntnis
seien, und daß es dort, wo sie uns im Stich lassen, nur Dunkel und Unwissenheit geben könne".[322]

Hier wird der Punkt ansichtig, an dem Cassirer sein Denken von der
Transzendentalphilosophie zu einer semiotisch orientierten Kulturphilosophie
„wendet":[323] Indem er die symbolische Prägnanz als die Bedingung der
Möglichkeit jeder Erfahrung aufdeckt, die der weiteren Reduktion weder fähig
ist noch bedarf, kann er den Blick umwenden, auf die mannigfaltigen Modi
schauen, in denen sich die Formungskraft realisiert. Zur Kennzeichnung dieses
Schlüsselgedankens greift Cassirer auf Goethes Begriff des „Urphänomens"
zurück: „Die Funktion der Sprache – und ebenso die der Kunst, der Religion
usf. – ist und bleibt ein 'Urphänomen' im goetheschen Sinne. Sie 'erscheint und
ist', ohne daß es an ihr noch etwas zu erklären gäbe".[324]

Die symbolische Prägnanz liegt – als Bedingung der Möglichkeit symbolischer Formung überhaupt – jeder der sich auseinander entfaltenden Symbolisierungsfunktionen voraus und zugrunde. Sie läßt sich deshalb nicht einer
einzelnen von ihnen zuordnen. In ihrem Charakter, ein je eigener Modus der
künstlichen Symbolisierung zu sein, gleichen sich alle Formen auf all ihren
Stufen. Die Einsicht in diesen Charakter und in die ihm als Bedingung der

---

[321] PsF I,41.
[322] LKw 100f.
[323] Zur semiotischen Transformation der Transzendentalphilosophie bei Cassirer vgl. vor allem
KROIS, Transformation; PAETZOLD, Realität 52-65; STARK, Symbol 62f. (dazu vgl. o. Anm. 311).
[324] LKw 99. Vgl. ebenso AH 39. Zur Problematik der Übertragung des Goetheschen Phänomenbegriffs in die Transzendentalphilosophie vgl. KNOPPE, Idee, vor allem 337-340.

Möglichkeit vorauszusetzende symbolische Prägnanz aber ist erst auf der Stufe der reinen Bedeutung zugänglich, weil erst hier der rein funktionale Charakter jeder symbolischen Formung bewußt und als solcher problematisierbar wird. Zu den dabei aufbrechenden Problemen gehören aber nicht nur die bereits bedachten der Objektivität und der Möglichkeit symbolischer Formung, sondern ganz wesentlich auch die Frage nach deren Subjekt. Ihr gilt es im Interesse der zur Debatte stehenden Geltungsfrage nun noch eigens nachzugehen.

c) Die Momente der Erkenntnis: Geist und Leben

Mit der Entdeckung der symbolischen Prägnanz als der Bedingung der Möglichkeit allen symbolischen Formens hat Cassirer der transzendentalphilosophischen Reflexion ihre Grenze gesetzt, hinter die sie nicht mehr sinnvoll zurückfragen kann, vor allem aber ihr die Aufgabe gestellt, die gegebenen Formen der Erfahrung näher zu analysieren. Dabei kann die erkenntnistheoretische Reflexion nicht auf Differenzierungen verzichten. Schon die Rede von der symbolischen Formung erzwingt die Unterscheidung von Formendem, Formung und Geformtem, will sie nicht der Sprachlosigkeit verfallen.[325] War vom Verhältnis zwischen Formung und Geformtem bereits ausführlich die Rede, gilt es nun, sich dem Formenden in seinem Verhältnis zu Formung und Geformtem zuzuwenden. Denn nur die genaue Bestimmung des Subjekts symbolischer Formung läßt die Dynamik der Formungen, die deren Vielfalt hevorbringt, verständlich werden. Diese nämlich sind aus der symbolischen Prägnanz allein nicht ableitbar, stellt sie doch lediglich das Bedeuten überhaupt als Möglichkeitsbedingung der Formung dar. Als solche aber bedarf sie der Aktualisierung, die ohne ein Aktualisierendes nicht denkbar ist.

Während Cassirer nun den Gegenstand der Formung mit ganz unterschiedlichen Begriffen faßt – er nennt ihn „sinnliches Zeichen", „fließenden Strom" oder, ganz allgemein, „Natur" oder „Leben" –, wird das Subjekt der Formungsakte nahezu ausschließlich als „Geist" bezeichnet.[326] Es ist der Geist, dessen Energie sinnliches Zeichen und geistige Bedeutung verbindet,[327] die symbolischen Formen sind „die Wege, die der Geist [...] in seiner Selbstoffenbarung verfolgt",[328] das Leben hat „keine andere Sprache, als die der Geist ihm leiht".[329] Mit besonderem Nachdruck schärft Cassirer immer wieder ein, daß auch diese Begriffe reine Funktionsbegriffe sind. Sie aus ihrem korrelativen Zusammen-

---

[325] Vgl. WWS 214; PsF III,231; AH 38f. Cassirer stellt die fundamentale Bedeutung dieser Trias in seinem Fragment über die „Basisphänomene" – das Ich, das Wirken und das Werk – heraus. Vgl. ECN I,111-192, und dazu SCHWEMMER, Cassirer 197-219.
[326] In PsF II,18, findet sich eine der wenigen Stellen, in denen der Geist ausdrücklich mit dem Subjektbegriff verbunden, als Subjekt der Formung benannt wird.
[327] Vgl. WWS 175.
[328] PsF I,9.
[329] GuL 34.

hang zu lösen, um dann einen von ihnen zu substantialisieren und zum Prinzip aller anderen zu erheben, war nach Cassirer der Grundfehler der klassischen Metaphysik.[330] Während Hegel den Geist metaphysisch als Quelle allen Lebens verstand[331], findet sich in der Lebensphilosophie von Klages, Scheler und Simmel die entgegengesetzte Zuordnung: Dem hypostasierten „Leben" wird der Geist in kulturkritischer Absicht als Kraft gegenübergestellt, die die Unmittelbarkeit des Lebens zerstört und deshalb überwunden werden muß.[332] Cassirer, den mit der Lebensphilosophie durchaus das Interesse an den vielgestaltigen Formen des Lebens verbindet, deckt zwei Aporien dieses Konzepts auf: Zum einen vermag es den Übergang vom Leben zum Geist nicht aufzuweisen, denn hier liegt eine echte „metabasis eis allo genos" vor.[333] Vor allem aber kann die wertende Gegenüberstellung von Leben und Geist selbst nur als geistige Leistung verstanden werden.[334]

Auch um der Gefahr zu entgehen, seine eigene Philosophie dem Vorwurf einer substantialisierenden Geistmetaphysik ausgesetzt zu sehen, benutzt Cassirer den Geistbegriff in immer neuen Brechungen, in ständiger Aufnahme und Kritik der philosophischen Tradition – ohne sich auf eine klare Definition festzulegen.[335] Hätte es aber, gerade vor dem Hintergrund seines Ausgangs vom Denken Kants, für Cassirer nicht viel näher gelegen, sich im Kontrast zu einer metaphysischen Theorie des Geistes der Ausarbeitung einer funktional orientierten Subjektivitätstheorie zu widmen? Wäre mit ihrer Hilfe die Frage nach dem Subjekt symbolischer Formung nicht klarer zu beantworten gewesen?

In der Tat fehlt es bei Cassirer nicht an Reflexionen über Subjektivität, Subjekt, Selbst- und Ich-Bewußtsein. Doch sie bleiben dem umfassenderen Geistbegriff untergeordnet. Cassirer nennt dafür vor allem einen Grund: Das

---

[330] Vgl. ECN I,11.151, und auch schon SF 313f.

[331] Vgl. ECN I,157f.

[332] Vgl. GuL 49.52; LKw 107f. Die Abgrenzung von der Lebensphilosophie ist ab den späten zwanziger Jahren ein durchgängiges Thema von Cassirers Philosophie. Vgl. dazu in einer hier nicht möglichen Ausführlichkeit ORTH, Erkenntnistheorie 26-43.

[333] PsF III,149. Vgl. auch GuL 40-44; ECN I,45.

[334] „Die Metaphysik des Lebens [...] muß sich der Rechtsprechung des Geistes, die sie verwirft, bedienen und sie damit mittelbar anerkennen" (ECN I,30). Vgl. aaO.22-32.210-212. ORTH, Erkenntnistheorie 27, kennzeichnet Cassirers treffend als „Lebensphilosophie gegen die Lebensphilosophie".

[335] Orths These von Cassirers „operativem Gebrauch der Begriffe" dürfte in besonderer Weise dessen Rede vom „Geist" charakterisieren. Orth greift hier auf eine Definition aus der Husserl-Interpretation E.Finks zurück, nach der solche Begriffe als operativ zu bezeichnen sind, „die mit 'intellektuellen Schemata' operieren, ohne diese eigens zu thematisieren – und das heißt letztlich, ohne sie eindeutig im voraus oder im Zuge einer gesamten Denkbewegung zu bestimmen; sie werden nicht 'zu einer gegenständlichen Fixierung' gebracht. Sie dienen eher als ein 'Begriffsmedium' 'in einem Begriffsfeld'" (ORTH, Erkenntnistheorie 104; bei den herausgehobenen Textbestandteilen handelt es sich um wörtliche Zitate von Fink). Eine solche Begrifflichkeit ist bei Cassirer, so Orth, „nicht nur eine persönliche Stileigenheit; vielmehr hängt sie mit sachlichen Erfordernissen seiner Philosophie selbst zusammen". Zur weitergehenden Begründung dieses eigentümlichen Begriffgebrauchs vgl.u. S. 148ff.

Selbstbewußtsein, die Gegenüberstellung von Subjekt und Objekt, könne nicht als Ursprung symbolischer Formung verstanden werden, weil es selbst sich ihr verdanke.[336] Es gibt in den symbolischen Formen des Mythos, der Sprache, der Kunst Epochen, in denen dem Menschen jedes Bewußtsein von Individualität und Subjektivität fehlt.[337] Die Sprache braucht Zeit, bis sie Satzformen entwickelt, in denen zwischen Subjekt, Prädikat und Objekt klare Unterscheidungen möglich sind, bis der Mensch sich selbst als „ich" bezeichnen kann[338] – und noch länger dauert es, bis der Mensch seine Anschauungen der Welt nicht mehr als Folge des äußeren Eindrucks, sondern als Gestalt seines tätigen Ausdrucks verstehen lernt.[339] Erst allmählich wächst aus dem Umgang des Menschen mit den Dingen seiner Welt, aus der Begegnung mit den anderen sein Selbstbewußtsein. Sogar die Unterscheidung des Gegenübers in Dinge und Personen ist erst Ergebnis einer langen Entwicklung. Das mythische Erleben ist ein Ausdruckserleben, das die gesamte ihm begegnende Welt für belebt hält.[340] Erst über den Werkzeuggebrauch entwickelt sich die Vorstellung von Gegenständen, erst im fortschreitenden Kulturprozeß differenzieren sich Ich und Du.[341] Im ausgebildeten Selbstbewußtsein aber vereinen sich Dingwahrnehmung und Ausdruckswahrnehmung wieder, insofern sich der Mensch als mit sich selbst identisches Subjekt seiner Wahrnehmung erfaßt.[342] Die nun möglichen korrelativen Begriffe von Subjekt und Objekt tragen selbstverständlich wiederum rein funktionalen Charakter, wollen und können die Substantialität weder des Subjekts noch des Objekts behaupten oder feststellen.

Dieser Prozeß wachsenden Selbstbewußtseins ist für Cassirer nicht zufällig: Seine Notwendigkeit gründet im Urphänomen symbolischen Formens, das nicht anders denn als Korrelation zwischen Wirkendem, Wirken und Werk verstanden werden kann und sich deshalb auf dieses Verständnis hin entwickeln muß.[343]

---

[336] Vgl. PsF I,25-27; EBK 214f. Dazu STARK, Symbol 91-95; PRECHTL, Philosophie 207f.

[337] Vgl. WWS 103f.; PsF II,209.

[338] Vgl. PsF I,212-225.

[339] Darin besteht, nach PsF I,12, das Ziel der gesamten menschlichen Weltgestaltung. In die gleiche Richtung zielen die massiven Abweisungen des Positivismus zugunsten einer das Individuum berücksichtigenden Kulturphilosophie in EBK 231-261, bes.244f.

[340] Vgl. PsF III,68-107. „Je weiter wir die Wahrnehmung zurückverfolgen, um so mehr gewinnt in ihr ihre Form des 'Du' den Vorrang vor der Form des 'Es'. [...] Das 'Verstehen von Ausdruck' ist wesentlich früher als 'Wissen von Dingen'" (aaO.73f.).

[341] Vgl. STS 55-61; ECN I,256-278.

[342] Weil im Selbstbewußtsein die beiden Wahrnehmungsweisen wieder zu der von Cassirer angezielten Einheit zusammenfinden, gewinnt die Frage nach dem Menschen und seiner Subjektivität im Spätwerk Cassirers zunehmend an Bedeutung. Vgl. FERRARI, Problem 127f.; ORTH, Erkenntnistheorie 267f.; auch die von TOMBERG, Begriff 20, eingeführte Unterscheidung zwischen einem bewußtseinsanalytischen, einem transzendentalphilosophischen und einem anthropologischen Zugang zum Symbolbegriff kann in dem letztgenannten zu einer Einheit finden.

[343] Vgl. zur entsprechenden Notwendigkeit in der Sprache PsF I,213. In ECN I,193-195, stellt Cassirer die Notwendigkeit einer transzendentalen Formanalyse zum angemessenen Verstehen menschlicher Werke heraus.

Ein zweites, weniger häufig genanntes Argument spricht laut Cassirer gegen eine an der Subjektivität sich orientierende Symbolphilosophie: Das individuelle Selbstbewußtsein bildet, so wenig wie es den Ausgangspunkt der symbolischen Formungen darstellt, auch nicht den Endpunkt der dargestellten Entwicklung. Im Blick auf die funktionale Begrifflichkeit der Naturwissenschaften formuliert Cassirer das ideale Ziel eines „Standpunkts von Niemand",[344] der von der notwendig eingeschränkten Perspektive jedes einzelnen Betrachters abgelöst ist. Ähnlich deutet Cassirer für kulturelle Phänomene die Möglichkeit eines „*über*persönlichen Sinnes"[345] an. Weil er sich aber der unaufhebbaren Subjektivität auch dessen, der einen solchen Standpunkt formuliert, bewußt ist, kann Cassirer das Ziel einer solchen über die Subjektivität hinausgehenden Entwicklung lediglich als regulative Idee bezeichnen.[346]

Es wird noch zu prüfen sein, ob die Einordnung des individuellen Selbstbewußtseins in den umfassenden Prozeß der vom Geist getragenen symbolischen Formung das einzige Motiv für den Ausfall einer explizierten Subjektivitätstheorie bei Cassirer bildet. Erst dann wird sich auch entscheiden lassen, ob seine Philosophie anschlußfähig ist für eine Theorie des Subjekts, die Begründungsdefizite im Entwurf seines Denkens überwinden könnte, oder ob sie eine solche verbietet. Zuvor aber soll Cassirers religionsphilosophisch bedeutsame Rekonstruktion der Entstehung des Selbstbewußtseins aus dem Mythos kurz nachgezeichnet werden.

d) Vom Mythos zur Religion II: Gottesbild und Selbstbewußtsein

Eine markante Bestätigung seiner Theorie von der Entstehung der Subjektivität findet Cassirer in der These Hermann Useners, Gottesbild und Selbstbewußtsein des Menschen hätten sich in wechselseitiger Abhängigkeit entwickelt. Mehrfach referiert und erweitert er deshalb Useners Theorie dieses Prozesses.[347]

Am Anfang des mythischen Weltbilds stehen die sogenannten „Augenblicksgötter", benannt mit den Schreckens- oder Verzückungslauten angesichts überwältigender Erfahrungen – Götter, die mit dem Verstummen des Lauts dem Verschwinden preisgegeben sind.[348] Auf Seiten des Menschen entspricht ihnen wohl ein (Er-)Leben im Augenblick, dem jedes Bewußtsein

---

[344] PsF III,560, in Aufnahme einer Formulierung von Edington, dann auch LKw 47. Ein inhaltlicher Bezug findet sich schließlich in AH 77f. Vorbereitet ist dieser Gedanke bereits in SF 419.

[345] ECN I,220.

[346] Vgl. PsF III,560; ECN I,109. Für eine Statusbestimmung der Philosophie der symbolischen Formen selbst wird dieser Gedanke noch eine zentrale Bedeutung erlangen. Vgl. dazu unten III.2.b, S. 185ff.

[347] Vgl. vor allem WWS 87-93.131-141; PsF I,239-261; VM 152f. Dazu STARK, Symbol 362-374.461-469. Wie bereits angedeutet (vgl.o. S. 79, Anm. 236), läßt sich der Prozeß wachsenden Selbstbewußtseins prägnant verfolgen an der Veränderung kultischer Opfervorstellungen, in denen er eine seiner Wurzeln hat.

[348] Nach WWS 127-134 geht in Form der Mana-Vorstellung sogar dem Stadium der Augenblicksgötter ein früheres voraus, in dem die Sprache jeder abgrenzenden Funktion noch entbehrt.

einer kontinuierlichen Identität fehlt. Erst durch Benennung, wiederkehrende kultische Verehrung, die Ausgrenzung heiliger, bestimmten Göttern geweihter Bezirke gewinnen die Götter Dauer und Kontur.[349] Auch dieser Schritt wird seine Parallele gehabt haben, indem Menschen sich und einander mit Namen belegten und so identifizierbar machten. Bedeutsam für den Fortgang der menschlichen Selbstbewußtwerdung dürfte des weiteren, so Cassirer, die mythische Gewohnheit gewesen sein, alle möglichen Tätigkeiten, ja sogar Werkzeuge bestimmten Göttern zuzuschreiben. Im Akt des Dankes und der Bitte gegenüber diesen Göttern entdeckt der Mensch jedoch bald die Werkzeuge und Tätigkeiten als die seinen.[350] Allerdings fallen in diesem Stadium die Vielheit der Götter wie die Pluralität menschlicher Tätigkeiten noch auseinander. Die Erkenntnis der eigenen Identität in der Mannigfaltigkeit der Tätigkeiten und die ihm entsprechende monotheistische Gottesvorstellung verdanken sich zwei voneinander abhängigen Entwicklungen: Zum einen der Frage nach dem gemeinsamen Ursprung allen Tätigseins,[351] zum anderen der Tendenz der Sprache zur Ausbildung vereinheitlichender Oberbegriffe.[352]

Am Ende der aufgezeigten Entwicklung steht ein reflektierter Monotheismus, dem das Bewußtsein des Menschen von seiner eigenen individuellen Subjektivität entspricht. „So bewährt sich immer wieder, daß der Mensch sein eigenes Sein nur soweit erfaßt und erkennt, als er es sich im Bilde seiner Götter sichtbar zu machen vermag. Wie er nur dadurch, daß er werkzeugbildend und werkbildend wird, das Gefüge seines Leibes und seiner Gliedmaßen verstehen lernt, so entnimmt er seinen geistigen Bildungen, der Sprache, dem Mythos und der Kunst die objektiven Maße, an denen er sich mißt und durch die er sich als einen selbständigen Kosmos mit eigentümlichen Strukturgesetzen begreift."[353]

War zunächst die Grenzscheide zwischen Mythos und Religion markiert durch das aufkommende Wissen um den Charakter der Gottesbilder als Formungen des menschlichen Geistes, lassen sich nun die Konsequenzen dieses Übergangs für das Gottes- und Selbstbild des Menschen erkennen. Wird die genaue Grenzziehung zwischen Mythos und Religion auch hier nicht möglich sein, so darf doch das Vorliegen eines mit der Einsicht in die menschliche

---

[349] Zur Bedeutung der Namensgebung vgl. LANGER, Philosophie 266-268.

[350] Eine Rekonstruktion dieser Entwicklung findet sich auch in STS 65-67 und WWS 124-127. Weil er dem Werkzeuggebrauch eine so hohe Bedeutung für die Entwicklung menschlichen Selbstbewußtseins zuschreibt, kann Cassirer der Technik die Funktion zusprechen, zur Befreiung des Menschen aus der Abhängigkeit von den sinnlichen Eindrücken beizutragen (vgl. STS 59 und dazu GRAESER, Cassirer 102).

[351] Vgl. PsF II,259f.

[352] Vgl. WWS 136. Das von Cassirer immer wieder problematisierte Verhältnis von Mythos und Sprache muß hier nicht näher entfaltet werden. Vgl. dazu LANGER, Philosophie 266-274; URBAN, Philosophie.

[353] PsF II,260f. STARK, Symbol 469, spricht in diesem Zusammenhang prägnant von einer „Theomorphie der Menschenbilder".

Subjektivität verbundenen Monotheismus als sicheres Indiz für ein religiöses, nicht mehr mythisches Weltverstehen gedeutet werden.

Besondere Tragweite erhält Cassirers Aufnahme der Grundannahmen Useners, weil er sie durch die Einschreibung in seinen transzendentalphiloso-phischen Reflexionsrahmen von ihrem Status befreit, möglicherweise nichts als die Nachzeichnung eines faktischen, aber gleichwohl zufälligen Entwicklungs-ganges zu sein. Vor dem Hintergrund von Cassirers These einer notwendigen Entstehung des Selbstbewußtseins innerhalb der symbolischen Formungen rückt die Behauptung, daß mit dieser auch die Ausbildung des Monotheismus einhergeht, in den Rang eines Kriteriums für den Dialog der Religionen. Spätestens dann aber wird sie sich kritischer Überprüfung zu stellen haben.

2. Form und Geltung

Die vorangegangene Darstellung der transzendentalphilosophischen Orientie-rung von Cassirers Kulturphilosophie ließ nicht zuletzt deren problematische Gestalt erkennen: Allzu oft verdeckt oder verhindert die materialreiche Phänomenologie der kulturellen Formen die Entfaltung der zugehörigen Geltungsfragen. Will die Interpretation den Gehalt von Cassirers Philosophie der symbolischen Formen angemessen erheben, hat sie deren oft kaum durchgeführten Ansätze aufzunehmen und weiterzuführen. In der Tradition der Transzendentalphilosophie legt es sich nahe, die folgende Rückfrage an den Leitbegriffen der Subjektivität und Objektivität auszurichten.

a) Unvollendeter Ansatz: Cassirers Beitrag zur Subjektivitätstheorie

In seiner Analyse des menschlichen Bewußtseins - und als solche will er, gerade auch in der Gestalt eines semiotisch gewendeten transzendentalen Denkens, die Philosophie der symbolischen Formen verstanden wissen[354] - unterscheidet, wie gezeigt, Cassirer vom Geist als formender Energie das Selbstbewußtsein, das sich im Prozeß der Formung entwickelt. Doch führt diese Differenzierung die Interpretation vor eine doppelte Schwierigkeit: Zum einen sagt die Unterschei-dung noch nichts aus über die Verbindung zwischen beiden Begriffen. Deren Aufdeckung aber wird - und darin liegt das zweite Problem - dadurch erschwert, daß Cassirer vom Geist in ganz anderer Weise als von der Subjektivi-tät spricht. Den Geist bestimmt er, in noch zu klärender Beziehung auf die als Apriori erhobene symbolische Prägnanz, als transzendentalen Funktionsbegriff, der die Bedingung der Möglichkeit aktiver Formung bezeichnet. Dagegen gibt die rein genetische Rekonstruktion des Subjektivitätsbegriffs keine Auskunft über dessen Status. Denn die Tatsache seiner historischen Genese beantwortet nicht die Frage nach der transzendentalen Bedeutung der in ihm zu Bewußtsein

---

[354] Vgl. PsF I,22.40; II,15f.; III,57.149.

kommenden Funktion.[355] Dies gälte in umgekehrter Richtung auch für den Geistbegriff: Die Aufdeckung seiner Genese – auf die Cassirer weit weniger Wert legt – würde seiner transzendentalen Bedeutung keinen Abbruch tun.

Von einer Interpretation, die sich den Ansätzen Cassirers verpflichtet weiß, zur Lösung der aufgebrochenen Fragen aber über diese hinausgehen muß, sind wesentliche Einsichten in den Prozeß des symbolischen Formens und der an ihn anzulegenden Kriterien zu erwarten. Läßt sich doch absehen, daß mit der Frage nach dem transzendentalen Status des Subjekts symbolischer Formung erneut das Problem des Unbedingten hinter den vielfach bedingten konkreten Weisen menschlichen Weltverstehens virulent wird. Dieses einer Lösung zuzuführen, die Cassirers Denken kritisch aufnimmt, ist das Ziel der folgenden Überlegungen. Sie setzen ein mit dem Versuch, eine transzendentale Subjektivitätstheorie im Anschluß an Cassirer zu entwerfen. Diese wird sodann kritisch konfrontiert mit Cassirers durchgängiger Unterscheidung von Geist und Subjektivität. Die so gewonnene Verhältnisbestimmung zwischen der Unbedingtheit und ihrer notwendig bedingten Ausdrucksgestalt wird schließlich im Hinblick auf den apriorischen Status der symbolischen Prägnanz bestätigt und präzisiert.

Die konkrete Vielfalt symbolischer Formen verdankt sich der formenden Energie des Geistes, der die mannigfaltigen sinnlichen Zeichen in verschiedene Sinnhorizonte stellt, indem er sie mit spezifischen Bedeutungen verknüpft. Im Akt solcher Formung richtet sich der Geist intentional auf „bestimmte Sachverhalte und Gegenstände".[356] Die als konkrete Formungen vorliegenden Ergebnisse dieser intentionalen Hinwendung lassen sich als „Objektivationen" des Geistes verstehen.[357] Doch dieser intentionalen Ausrichtung auf die Gegenstände der Erfahrung, die als solche keineswegs bewußt sein muß, steht eine zweite Bewegung entgegen, derer der Geist fähig ist: die Rückwendung auf sich selbst, in der der Geist seiner selbst als formender Energie ansichtig wird. „Denn eben dies bildet seine [des Geistes, M.B.] Eigenart und sein Vorrecht, daß er nicht nur in bestimmten Formen 'ist', sondern zugleich diese seine Bestimmung, seine Determination *weiß*. Aber wenn irgend ein Wissen, so wird ihm dieses nicht durch unmittelbare Intuition zu Teil, sondern erfordert die Aufbietung und die höchste Anspannung all seiner 'reflexiven' Kräfte."[358]

Die Nähe dieser Bestimmung des Geistes zu den transzendentalphilosophischen Bestimmungen der Subjektivität als des reflexiven Selbstbewußtseins ist unverkennbar und wird auch von Cassirer selbst hervorgehoben: „Wenn er [der

---

[355] Vgl. ORTH, Erkenntnistheorie 10.

[356] ECN I,51.

[357] So PsF III,64, in Anschluß an Natorp. Cassirer selbst spricht, z.B. aaO.65-67, häufiger von „Objektivierungen" als von „Objektivationen", wobei zwischen beiden Begriffen kein Bedeutungsunterschied zu erkennen ist. Cassirer verwendet mitunter gar den Begriff „objektiver Geist" zur Qualifizierung der symbolischen Formen (vgl. aaO.58-67.325), der wiederum als reiner Funktionsbegriff verstanden und so vor einem substantialisierenden Mißverständnis geschützt werden muß.

[358] ECN I,48; zum gesamten Zusammenhang vgl. aaO. 32f.,47-53.

Geist, M.B.], in den mannigfachen Richtungen seiner Form- und Sinngebung, auf bestimmte objektive Gebilde 'hinsieht' – so schließt doch eben diese 'Hinsicht' zugleich die Möglichkeit einer Umkehr in sich. [...] Und das eigentliche geistige Selbstbewusstsein entsteht erst, wo beide Momente sich wechselseitig bedingen und wo sie einander gleichsam die Waage halten.“[359] Es liegt nahe, in Aufnahme dieses Hinweises zu versuchen, die reflexionstheoretische Bestimmung der Subjektivität symbolphilosophisch zu reformulieren: Sich seiner Subjektivität bewußt werden bedeutet, sich selbst als Subjekt symbolischer Formung zu erkennen und zu ergreifen.[360] In diesem Akt wird sich der Geist seiner selbst als formender Energie, das Selbst als Geist bewußt. Die Subjektivität wird also verstanden als die Bedingung der Möglichkeit aktiver symbolischer Formung. Auch dieses Erkennen aber ist ein Akt symbolischer Formung: Den „Objektivationen des Geistes“, d.h. den Produkten der intentionalen, formenden Hinwendung des Geistes zu den sinnlichen Zeichen, diesen Objektivationen, die selbst wieder nur in sinnlichen Zeichen vorliegen, wird in der selbstreflexiven Wendung die Bedeutung gegeben, Ausdruck von Subjektivität zu sein. Und diese neue Verknüpfung gegebener Zeichen mit einer spezifischen Bedeutung bedarf wiederum der Zeichen, in denen sie ihren angemessenen Ausdruck findet – etwa der Entwicklung einer Sprache, die eines entsprechend starken Ich-Begriffs fähig ist.[361] Die freie Persönlichkeit, das Selbst, ist also „nur dadurch Form, daß sie sich selbst ihre Form gibt“.[362] Auf die Problematik des hier ansichtig werdenden Begründungszirkels wird noch einzugehen sein. Doch zunächst gilt es, ein anderes Problem zu beleuchten.

Das hier vorgetragene Verständnis der Subjektivität ist stark orientiert an den Einsichten Kants und Fichtes. Vor allem letzterer will die Subjektivität im Akt der Reflexion verstanden und begründet wissen. Auch die symbolphilosophische Reformulierung dieses Reflexionsaktes führt zunächst zu keinen wirklich weiterführenden Einsichten. Sie könnte allenfalls als eine erläuternde Bestätigung der Paralogismenlehre Kants gelesen werden, die ja bereits einem substanzhaften Verständnis des Subjekts wehren wollte.[363] So sehr eine solche Interpretation, wie gezeigt, Anhaltspunkte bei Cassirer finden kann, so groß ist die Gefahr, auf diesem Wege die Differenzierungen auszublenden, die im Anschluß an Cassirer in die Subjektivitätstheorie sich eintragen lassen. Deren

[359] ECN 51.
[360] Bezüglich des Aktes, in dem die Subjektivität sich selbst ergreift, verweist Cassirer mehrfach affirmativ auf Fichtes Bestimmung der Tathandlung. Vgl. ECN I,124.185f.
[361] Cassirer bezieht sich zustimmend auf Kants Bestimmung der erkenntnisbegleitenden transzendentalen Apperzeption, die für ihn allerdings einen Grenzwert der sprachlichen Entwicklung des Ich-Begriffs darstellt. Vgl. PsF I,232f. Die in PsF II,198.208 aufgezeigte Entfernung des mythischen Ich-Begriffs vom Begriff des Ich der transzendentalen Apperzeption macht auf die Untauglichkeit der mythischen Sprache für ein transzendentales Denken, nicht aber auf die Unmöglichkeit von deren transzendentaler Gründung aufmerksam: vgl. PsF III,12. 224-226.
[362] EBK 249.
[363] Vgl. KrV A 349-351. Anklänge daran finden sich bei Cassirer in ECN I,247f.

wichtigste dürfte Cassirers durchgängige, hier gerade fragliche Unterscheidung zwischen „Geist" und „Subjektivität" („Selbstbewußtsein", „Persönlichkeit") sein, die es nun allerdings weiter zu erhellen gilt.[364] Hierzu bieten sich drei mögliche Zugänge an, von denen allerdings nur der dritte Cassirers Intention ausreichend gerecht werden dürfte.

Die umfassendste und philosophiegeschichtlich wirkungsvollste Verhältnisbestimmung von Geist und Subjektivität legte zweifellos Hegel vor. Für ihn kommt der absolute Geist zu sich selbst, zu seinem An-und-für-sich-Sein, wenn die vereinzelte Subjektivität, in die er sich entäußert hat, ihre unwahre Vereinzelung überwindet, indem sie sich als das erkennt, was sie wahrhaft ist: als Moment im Prozeß des zu sich kommenden Geistes. Dieser Prozeß wiederum vollzieht sich in der Abfolge der Objektivationen des Geistes, in denen er sich die Gestalten gibt, an denen er erkennbar wird bzw. sich erkennen kann.[365]

Die Terminologie Cassirers ist unübersehbar von Hegel beeinflußt.[366] Und doch darf diese Nähe nicht dazu verleiten, Cassirers Verhältnisbestimmung von Geist und Subjektivität in das Modell Hegels einzuschreiben. Dem widerspricht nicht nur die von Cassirer stets abgelehnte metaphysische Gestalt von Hegels Geistbegriff, die er dem funktionalen Charakter menschlichen Weltverstehens für unangemessen hält. Vor allem liegt es, wie noch deutlich werden wird, Cassirer fern, die auch individuelle Vielfalt symbolischen Weltverstehens als Unwahrheit zu deklarieren, die es in eine höhere Einheit aufzulösen gälte. Vielmehr will er gerade diese Vielfalt in ihrer Geltung philosophisch anerkennen. Einer inhaltlich an Hegel orientierten Verhältnisbestimmung der von Cassirer unterschiedenen Begriffe von Geist und Subjektivität ist deshalb ungeachtet der terminologischen Parallelen eine deutliche Absage zu erteilen.

Ein zweiter Versuch, das gesuchte Verhältnis zu bestimmen, kann von der historisch-genetischen Entwicklung des Selbstbewußtseins seinen Ausgang nehmen. Er findet zahlreiche Anhaltspunkte in Cassirers eigenen Forschungen zur Entstehung des Subjektivitäts-Bewußtseins.[367] Es steht außer Frage, daß das reflexe Selbstbewußtsein eine sehr späte Stufe menschlichen Welt- und

---

[364] Zu dieser Unterscheidung vgl. z.B. die Definition des Geistes in GuL 337: „Wir sollten ihn in einem funktionellen Sinne gebrauchen als einen umfassenden Namen für alle jene Funktionen, die die Welt der menschlichen Kultur konstituieren und aufbauen". Sie läßt sich, wie zu zeigen sein wird, auf die Subjektivität so nicht übertragen, weil diese an funktionale Voraussetzungen gebunden bleibt, die außerhalb ihrer selbst liegen.
Die Interpretation der Subjektivitätstheorie Cassirers, die STARK, Symbol 271-280, vorlegt, vernachlässigt diese Unterscheidung und begibt sich so der von Cassirer bereitgestellten Differenzierungsmöglichkeiten.
[365] Vgl. Hegel, Phänomenologie 558-574; ders., Religion 187f.
[366] Vgl. BOESCH, Ursprung 489, und ausführlich STARK, Symbol 248-253.
[367] Neben den bereits dargestellten Wechselbeziehungen zwischen Subjektivitätsbewußtsein und Monotheismus vgl. PsF I,212-248 (für die Sprache); PsF II,185-277 (für den Mythos); WWS 182f. (für die Kunst).

Selbstverstehens darstellt. Da es allein in der reflexiv-abstrahierenden Besinnung auf die intentionalen Formungsakte ergriffen werden kann, und es ferner, wie besonders Cassirers Rekonstruktionen der Sprachentwicklung belegen, unangemessen wäre, die intentionale und die reflexive Bewegung des Geistes als in unmittelbarer Gleichzeitigkeit gegeben anzunehmen, ist von einer Vielzahl symbolischer Formungen auszugehen, in denen es an einem ausdrücklichen Selbstbewußtsein fehlt. Doch eine Analyse solcher Formungen kann, wie ebenfalls bereits gezeigt wurde, nicht darauf verzichten, ein aktiv formendes Moment in ihnen vorauszusetzen. Dieses – mit Cassirer – als „Geist" zu bezeichnen, kann zu terminologischer Klarheit beitragen: Wird doch so die Schwierigkeit behoben, die entsteht, wenn man bereits diese frühen Formungen als subjektive, allerdings nicht selbstbewußte Formungen zu verstehen sucht und deshalb den Begriff der Subjektivität über die Bedeutung des expliziten Selbstbewußtseins hinaus ausdehnen muß. In ähnlicher Weise ließe sich der Geistbegriff dann anwenden auf die angesprochenen „überpersönlichen" Weisen des Weltverstehens, kann doch auch in ihnen auf eine Bestimmung des aktiv formenden Moments nicht verzichtet werden.

Dieser zweite Vorschlag einer Verhältnisbestimmung kann für sich in Anspruch nehmen, Cassirers eigenen Einschränkungen des Subjektivitätsbegriffs gerecht zu werden. Wurden sie doch immer wieder mit dem Hinweis auf dessen lange Entstehungsgeschichte begründet. Transzendentallogisch aber trägt eine solche Unterscheidung zwischen einem weiteren Geistbegriff, der die formende Energie insgesamt bezeichnet, und einem Subjektivitätsbegriff, der auf das ausdrückliche Selbstbewußtsein zielt, nichts ein. Denn in dem Moment, in dem sich das Selbst als jene formende Kraft des Geistes bewußt wird, in dem die Subjektivität sich als aktives Moment der Formung ergreift, müssen ihr auch alle dieser Einsicht vorausliegenden Formungsakte als Akte ihrer selbst bewußt werden.[368] Die Subjektivität fungiert als Bedingung der Möglichkeit formender Aktivität nicht erst, wenn sie sich als solche erkannt hat. Gleiches gilt für jene Formungen, die den subjektiven Standpunkt zu überwinden trachten. Auch inter- und übersubjektive Phänomene oder physikalische Formeln, die den Standpunkt des Betrachters weitestmöglich eliminieren, können aus der Perspektive des Selbstbewußtseins nicht anders denn als in der Subjektivität als Bedingung ihrer Möglichkeit gründende Formungen gedacht werden. So erscheint Cassirers Unterscheidung von Geist und Subjektivität als allein in

---

[368] In besonderer Prägnanz stellt Kierkegaard diese Konsequenz des erwachenden Selbstbewußtseins dar: In dem Augenblick, in dem sich das Selbst wählt und damit zu seiner ethischen Bestimmung findet, ergreift es seine Vergangenheit in der Reue, d.h. im Bewußtsein, bisher zwar ohne Selbstbewußtsein, aber gleichwohl selbst gehandelt zu haben – und deshalb für sein Handeln haftbar gemacht werden zu können: Vgl. EO II,229-231, und dazu GREVE, Ethik 87-93. Die religiöse Problematisierung dieses Zusammenhangs, die Kierkegaards weitere Reflexionen prägt, ist bei dieser anthropologischen Erhellung der Selbstwahl noch nicht im Blick und deshalb mit dieser nicht als notwendig verbunden zu denken.

historisch-genetischer Hinsicht hilfreiche terminologische Differenzierung. Daß damit eine, vielleicht gar die wesentliche ihrer Intentionen benannt ist, sei nicht in Abrede gestellt. Dennoch bleibt zu fragen, ob sie nicht die Möglichkeit weitergehender Bedeutung in sich birgt, die eine über Cassirer hinausgehende Interpretation aufzudecken vermag. Und mit dieser Frage beschäftigt sich der folgende dritte Entwurf einer Verhältnisbestimmung.

Auch wenn die Frage nach der Selbstreflexivität des Geistes erst im Spätwerk Cassirers ausdrücklich thematisiert wird, gehört sie von Beginn an zu den notwendigen Implikationen seiner Philosophie. Denn die Dynamik der symbolischen Formen verdankt sich dieser Reflexivität, insofern sie durch die Frage nach dem Prinzip der Gestalten des Weltverstehens angetrieben wird und in der reflexiven Aufdeckung des Geistes als der formenden Energie zu ihrem Ziel findet. Je weiter die Selbstreflexion des Geistes angesichts seiner Objektivationen voranschreitet, desto deutlicher tritt die Unabhängigkeit des Formungsaktes von der unmittelbaren Gestalt der Sinneseindrücke ins Bewußtsein. Immer klarer erkennt der Geist die Gegenstände des Bewußtseins als eigene Formungen statt als Nachahmungen einer äußeren Wirklichkeit. Indem so diese Wirklichkeit nicht mehr als die alles bestimmende Vorgabe des Weltverstehens begriffen wird, als die sie dem unreflektierten Bewußtsein erscheinen muß, entdeckt der Geist sich in seiner Unbedingtheit. Die Energie des Geistes ist die transzendentale Bedingung der Möglichkeit zur aktiven Formung, die selbst nicht noch einmal bedingt ist. In dieser Unbedingtheit gründet die Geltung des von Cassirer formulierten Ziels aller symbolischen Formung, „die passive Welt der bloßen *Eindrücke*, in denen der Geist zunächst befangen scheint, zu einer Welt des reinen geistigen *Ausdrucks* umzubilden".[369]

Doch bei der Verfolgung dieses Ziels zeigt sich ein unaufhebbarer Widerstand: Die Wesenheit des Geistes „kann sich für uns nur dadurch darstellen, daß sie sich in der Gestaltung des sinnlichen Materials betätigt".[370] Diese konkreten Gestaltungen der sinnlichen Zeichen aber sind keineswegs unbedingt, sondern einer Vielzahl von Bedingungen unterworfen. Dies gilt hinsichtlich des intentional-formenden Zugriffs des Geistes auf die Welt, aber nicht weniger für seine Rückwendung auf sich selbst. Weil die Weise seines Selbstverstehens und der Versuch, sein Selbstverständnis zum Ausdruck zu bringen, auf sinnliche Vermittlung angewiesen sind, außerhalb derer kein Verstehen möglich ist, können sie keine Unbedingtheit für sich beanspruchen. „Das Allgemeine, das sich uns im Bereich der Kultur, in der Sprache, in der Kunst, in der Religion, in der Philosophie enthüllt, ist daher stets zugleich individuell und universell. Denn in dieser Sphäre läßt sich das Universelle nicht anders als in der Tat der

---

[369] PsF I,12.
[370] PsF I,21.

Individuen anschauen, weil es nur in ihr seine Aktualisierung, seine eigentliche Verwirklichung finden kann."[371]

Im Blick auf die hier von Cassirer angesprochene Individualität jedes Menschen und seiner Versuche, die Welt verstehend zu erfassen, liegen diese begrenzenden Bedingungen offen zutage. Jedem Menschen sind bestimmte Gestalten und Entwicklungsstufen symbolischer Formen vorgegeben, in denen er die Welt zu ordnen lernt und die er nur in sehr begrenztem Maße verändern kann, will er nicht diese Ordnung oder die Verständlichkeit seiner Äußerungen gefährden.[372] Eng begrenzt ist auch die Fähigkeit der einzelnen, die mögliche Fülle sinnlicher Zeichen zu überblicken und in ihrem Weltverstehen zu berücksichtigen. Genausowenig ist die Komplexität der entwickelten symbolischen Formen für den einzelnen zu erfassen – und dies gilt nicht erst im Zeitalter der unüberschaubaren Ausdifferenzierung der Wissensbereiche. In mannigfacher Weise begegnet der Mensch seiner Endlichkeit, aufgrund derer nicht nur sein Weltverstehen, sondern auch sein Selbstverständnis und dessen Ausdrucksformen notwendig kontingent bleiben. Doch auch wenn man den – aus der Perspektive einer Subjektivitätstheorie ohnehin fragwürdigen – Versuch wagte, den Geist als überindividuelles Wirken zu verstehen, wäre die Begrenztheit seines Ausdrucks nicht prinzipiell zu überwinden. Hat doch auch jede geistesgeschichtliche Epoche ihre je eigenen, unüberwindbaren Voraussetzungen und Begrenzungen des Verstehens und des Ausdrucks.[373]

Die aporetische Grundstruktur des Geistes erweist sich – zumindest für ein endliches Bewußtsein – als unauflösbar: Einerseits führt die Selbstreflexion den Geist bei konsequenter Aufklärung über sich selbst als formende Kraft zur Idee der eigenen Unbedingtheit. Andererseits steht er in seiner konkreten Formungsaktivität notwendig unter zahlreichen Bedingungen, ja kann sogar die Idee der eigenen Unbedingtheit nur in kontingenter Weise erfassen und ausdrücken. Die Pole dieser Aporie fallen jedoch nicht beziehungslos auseinander: Die je kontingenten Formungen haben sich, ist sie erst einmal erfaßt, an der Idee des Unbedingten zu orientieren und zu messen. Eine Formung etwa, in der der Geist sich selbst diese Unbedingtheit abspräche, stünde vor dem Problem des Selbstwiderspruchs, weil sie sich selbst dieser formenden Kraft verdankt.

Die hier entfaltete These von der aporetischen Struktur des Geistes in seinem stets bedingten Bezug zu seiner eigenen Unbedingtheit findet sich bei Cassirer allenfalls in Andeutungen. So etwa, wenn er von der Möglichkeit spricht, in einer ideellen Anstrengung die notwendige Bindung an die Relativität

---

[371] EBK 249f.

[372] Cassirer entfaltet diesen Zusammenhang am ausführlichsten für die symbolische Form der Sprache: Vgl. ECN I,15-18. In LKw 113-127 weitet er ihn vom Feld der Sprache auf den Kreis des gesamten (historischen) Kulturverstehens aus. Zum gleichen Spannungsfeld in der Naturwissenschaft vgl. LKw 47; ECN I,109.

[373] Vgl. dazu die erhellenden Ausführungen zum Verhältnis individueller Erkenntnisse und ihrer zeitgeschichtlichen Rezipierbarkeit bei WILLI, Ko-Evolution 231-237, bes.233.

aller konkreten Formungen zu überwinden. „Wir können ihn [den Zwang zur Symbolik, M.B.] nicht überwinden, indem wir die Hülle der Symbolformen von uns werfen und nun das 'Absolute' von Angesicht zu Angesicht schauen, sondern nur indem wir jedes Symbol an seiner *Stelle* begreifen u. es durch andere als begrenzt u. bedingt erkennen. Das 'Absolute' ist immer nur das vollständige, das durchgeführte u. systematisch überschaute Relative – u. besonders die Absolutheit des Geistes will u. kann nichts anderes sein."[374] Noch deutlicher formuliert wird diese Einsicht in Cassirers Rede von dem „funktionale[n] Wahrheitsideal".[375] Mit ihr hält er die Einsicht fest, daß die Einheit des Geistes nicht in einer möglichen, nur faktisch nicht gegebenen Homogenität seiner Formungen, sondern allein in der Energie seiner vielfältigen Hervorbringungen zu suchen ist.

Sich bewähren und seinen Wert aufweisen kann das hier entwickelte Verständnis von Subjektivität durch die von ihm ermöglichte Verhältnisbestimmung von Geist und Subjektivität. Eine entsprechende Subjektivitätstheorie nämlich läßt sich vor dem Hintergrund der erreichten Klärungen als eine spezifische Weise verstehen, der Unbedingtheit des Geistes gerecht zu werden und sie in angemessener, wenngleich kontingenter Gestalt zum Ausdruck zu bringen. Als ihr systematischer Kern zeigte sich der Akt symbolischer Formung, in dem – angesichts der in sinnlichen Zeichen vorliegenden Formungen – die Subjektivität als jene Fähigkeit zur Formung verstanden wird, die all diesen Formungen als Bedingung ihrer Möglichkeit zugrundeliegt. Realisiert wird die in dieser Fähigkeit liegende unbedingte Möglichkeit durch alle konkreten Subjekte, für deren Welt- und Selbstverstehen all jene kontingenten Voraussetzungen erfüllt sind, ohne die ein explizites Selbstbewußtsein nicht erreichbar wäre. Gegeben sein muß ein entsprechender Entwicklungsstand der Sprache, aber auch ein Mindestmaß an technischer, ökonomischer und personaler Unabhängigkeit.

Die freiheitsanalytische Subjektivitätstheorie, die bereits vorgestellt wurde, gelangte zu der wesentlichen Unterscheidung zwischen der formalen Unbedingtheit und der materialen Bedingtheit der Freiheit. Sie kam zur Anwendung in der Reflexion auf die konkreten Akte menschlicher Freiheit, die stets material bedingt sind, jedoch in der unbedingten Freiheit nicht nur die transzendentale Bedingung ihrer Möglichkeit, sondern auch den Geltungsgrund der Kriterien finden, an denen sie sich zu messen haben. Nun ist vorauszusetzen, daß diese Unterscheidung und Orientierung nicht nur im Feld der praktischen, sondern auch der theoretischen Vernunft Geltung beanspruchen kann: Realisiert sich die Freiheit doch nicht allein in intersubjektiven Hand-

---

[374] ECN I,265. Vgl. auch ECN I,109. Weitere Ausführungen dazu unten, III.2.b, S. 185ff.
[375] GuL 212. Zum gesamten Argumentationszusammenhang vgl. aaO.208–214.

lungszusammenhängen, sondern auch in jeder theoretischen Urteilsbildung.[376]
Vor dem Hintergrund der in Anschluß an Cassirer erreichten Erkenntnisse gilt
es nun, die Einsicht von der unaufhebbaren materialen Bedingtheit menschlicher Freiheit auch auf die Gestalt des transzendentalen Freiheitsdenkens selbst
anzuwenden. Es erscheint dann als eine vielfach bedingte Weise menschlichen
Selbstverständnisses, die gleichwohl in ihrer spezifischen Gestalt auf die Unbedingtheit des menschlichen Geistes nicht nur verweist und sie symbolisch
ausdrückt, sondern sich vor ihr auch zur Verantwortung ihrer selbst verpflichtet und fähig weiß. Eine freiheitstheoretisch begründete Subjektivitätstheorie
erscheint so als kontingente symbolische Formung, in der das Unbedingte zum
Ausdruck kommt und Geltung beansprucht.

In dieser Einsicht gründet die im folgenden zu bewährende Interpretationsthese, die an Cassirers Unterscheidung von Geist und Subjektivität herangetragen wird: Die in erkenntnis- und freiheitstheoretischer Perspektive entfaltete
Theorie des Selbstbewußtseins ist eine, aber nicht notwendig die einzige Form,
in der die ihm eigene Unbedingtheit, derer der Geist in der reflexiven Rückwendung auf sich selbst ansichtig wird, in bedingter Gestalt ergriffen und
ausgedrückt wird. Diese These läßt zwei der besonders problematisch erscheinenden Elemente von Cassirers Denken nicht nur in ihrer Berechtigung,
sondern sogar in ihrer Notwendigkeit erkennen. Erstens läßt sich sein Verzicht
auf eine bestimmte Entfaltung der Subjektivitätstheorie aus dem Anliegen
verstehen, der Vielfalt der Formungen des Geistes – und auch der Vielfalt seiner
Bezüge auf sich selbst – Raum zu geben. Um diesem Anliegen treu zu bleiben,
mußte Cassirer dann, zweitens, zum operativen Gebrauch des Geistbegriffs
greifen. Denn jede definierende Festlegung hätte wiederum die Kraft zur
strukturellen Erhellung der unterschiedlichen Formen menschlichen Welt- und
Selbstverständnisses reduziert. Wie hoch der Preis für einen solchen Verzicht,
das Unbedingte in einer konkreten Form zum Ausdruck zu bringen, ist, wird
sich jedoch spätestens zeigen, wenn das Problem ethischer Geltungsansprüche
zu diskutieren ist.

Als sinnvoll erweisen sich sowohl Cassirers methodische Beschränkung wie
die hier vertretene Interpretationsthese allerdings erst, wenn sich zeigen läßt,
daß in der Tat verschiedene Weisen denkbar sind, in denen sich das Unbedingte
des Geistes Geltung fordernd zum Ausdruck bringt. Der Hinweis auf die lange
Geschichte der symbolischen Formungen und ihrer vielfältigen Erscheinungs-
weisen kann hier nicht ausreichen. Zwar hat sich der Mensch schon früh
Forderungen gegenüber gesehen, denen zu entsprechen er sich verpflichtet
glaubte: der Gewalt sinnlicher Eindrücke, die ihm keine Wahl der Reaktion zu
erlauben scheinen; mythischen Ansprüchen auf eine bestimmte Weise des

---

[376] Zu dieser Einheit von theoretischer und praktischer Vernunft bei Cassirer vgl. u. IV.2.c, S. 234ff.
Die bei Pröpper, Freiheit 88, nur angedeutete theoretische Dimension des Freiheitshandelns wird
in der Wissensanalyse bei Krings, System 139-145, breiter entfaltet.

Weltverstehens; naturalen wie sozialen Erfordernissen. Und stets hat er im Rahmen seiner Möglichkeiten Antworten auf diese Forderungen formuliert und gelebt. Doch solange, dies legt Cassirer überzeugend dar, all diese frühen Verstehensweisen noch nicht der Forderung zur Selbstaufklärung genüge tun, sie sich noch nicht als Formungen des Geistes erkannt haben, können sie noch nicht als angemessene Ausdrucksformen der Unbedingtheit, die im Geist selber liegt, angesehen werden. So können diese Formungen im Blick auf die Bedingungen, unter denen sie entstanden, als zwar verständliche, aber dennoch zu überwindende Weisen, das Unbedingte zu erfassen, qualifiziert werden. Sie wären damit in die Vorgeschichte des europäisch-neuzeitlichen Subjektivitäts- und Freiheitsverständnisses eingeschrieben, diesem jedoch gerade nicht als angemessene Alternative gegenübergestellt.

Nun sieht Cassirer die Vielfalt menschlichen Selbstverständnisses ja nicht nur im Blick auf dessen historische Entwicklung gegeben, sondern geht davon aus, daß sich der Geist in den verschiedenen symbolischen Formen in durchaus unterschiedlicher Weise seiner selbst und damit seiner Unbedingtheit bewußt wird und diese zum Ausdruck bringt. Das Bewußtsein von der formenden Energie des Geistes findet in der Naturwissenschaft eine andere Ausdrucksgestalt als in der Kunst. Doch ist hier zunächst nicht auszuschließen, daß es sich lediglich um Wege handelt, in denen sich eine Subjektivität ausdrückt, die von einem philosophisch-reflexiven Denken als Movens all dieser Bewegungen aufgedeckt werden könnte – daß es sich also auch hier nicht um eine Alternative zum Subjektivitätsdenken handelt, sondern nur um dessen vielgestaltiges Erscheinen.[377]

Gleichwohl öffnet sich angesichts dieser Pluralität eine weiterreichende Perspektive: So wenig die Vielfalt ihrer Ausdrucksformen der Einheit der Subjektivität Abbruch tut, so wenig ist auszuschließen, daß der Geist Formen der Selbstreflexivität und des Bezugs auf die ihm eigene Unbedingtheit entwickelt, die sich nicht an der Subjektivität und Individualität des einzelnen orientieren. Der hypothetische Charakter einer solchen Öffnung ist dabei zunächst unvermeidlich. Denn aus der Perspektive eines Denkens, das so stark wie das hier vertretene auf die Subjektivität ausgerichtet ist, sind solche prinzipiellen Alternativen kaum zu entwerfen, ja sogar, wenn sie begegnen, nur schwer als solche zu erkennen. Und doch wird sich ein Denken, das sich der notwendig bedingten Form seines Bezugs zum Unbedingten bewußt ist, einem ihm völlig fremden Welt- und Selbstverstehen mit der Frage nähern können und müssen, ob in diesem nicht ein ebenso verantwortbarer Bezug auf das Unbedingte gedacht und gelebt wird. Diesen Nachweis jedoch wird ein Subjektivitätsdenken von der anderen Position auch erwarten müssen, weil nur so gewährleistet werden kann, daß die fremde Position die dem Geist mögliche und deshalb aufgegebene selbstreflexive Wendung vollzogen hat.

---

[377] Status und Rolle philosophischen Denkens gilt es noch eigens zu reflektieren. Dazu unten III.2.b, S. 185ff.

Die weiterführende Interpretation zeigt also, daß Cassirers Unterscheidung von Geist und Subjektivität die Möglichkeit eröffnet, selbst auf der Ebene der transzendentalen Begründung von Wahrheits- und Geltungsansprüchen eine Pluralität der Formen zu denken, ohne damit die notwendige Idee von der Einheit des Geistes und der Unbedingtheit seiner Formungs- und Reflexionsenergie aufzugeben. Daß Cassirer, der auf solche geltungstheoretischen Reflexionen weitgehend verzichtet hat, eine solche Denkmöglichkeit anzielte, wird z.B. deutlich in seiner Beschäftigung mit dem buddhistischen Selbstverständnis, das ein Subjektivitätsdenken europäischer Prägung ausdrücklich ablehnt.[378]

Steht aber diese an Cassirer herangetragene Interpretation der Unbedingtheit des Geistes, der sich in notwendig bedingter Weise als unbedingt erfaßt, nicht in eindeutigem Widerspruch zur These von der symbolischen Prägnanz, die Cassirer als ein „echtes Apriori"[379] verstanden wissen will? Indem Cassirer die symbolische Prägnanz als die stets vorauszusetzende Verbindung von Zeichen und Bedeutung aufdeckte, gelang es ihm, die Schwierigkeiten zu beseitigen, in die die Reflexion sich zwangsläufig verstrickt, wenn sie Stoff und Form als ursprünglich getrennte Wesenheiten annimmt und dann vergeblich nach der Möglichkeit ihrer Verbindung sucht. Doch als solche Bedingung der Möglichkeit des Bedeutens überhaupt kann die symbolische Prägnanz nicht für die Energie der Formung einstehen. Sie ist Voraussetzung, aber nicht Prinzip der konkreten Formungsakte. Sie liegt jeder Formung als Bedingung ihrer Möglichkeit zugrunde, stellt aber selbst nicht die unverzichtbare „forma formans"[380] dar. Als solche ist vielmehr die Energie des Geistes anzusehen, die die konkreten Formungen hervorbringt.[381]

Zugleich aber kann der Geist seinerseits nicht als Bedingung der Möglichkeit des Bedeutens überhaupt verstanden werden. Dies wird spätestens dann deutlich, wenn die Gestalt des Selbstbewußtseins symbolphilosophisch analysiert wird. Zeigte sich doch in ihr der Zirkelschluß, daß das Selbstbewußtsein als jene Formung verstanden werden muß, in der sich das Selbst als der Formung fähig erfaßt.[382] Dieser Zirkel löst sich auf, wenn man in ihn die

---

[378] Vgl. PsF II,293-296. Dazu ausführlich unten S. 242ff.

[379] PsF III,236.

[380] STS 125, dort im Zusammenhang mit der Suche nach dem Prinzip der Sprachbildung.

[381] Cassirer nimmt den Begriff des „Prinzips" als des unbedingten Anfangs aus der Philosophie Platons auf (vgl. PsF I,4). Doch wendet er ihn nicht auf den Geist oder die Energie des Geistes an, sondern bezeichnet als Prinzipien der Formung eher das Strukturgesetz ihrer jeweiligen Gestaltung (vgl. z.B. PsF I,4-6; ECN I,108; STS 125f.). Im Hintergrund dieser spezifischen Terminologie dürfte das Bemühen stehen, sowohl einer substantialisierenden Fehldeutung des Geistbegriffs wie einer allzu einengenden Bestimmung des Unbedingten im Prozeß jeder Formung zu entgehen.

[382] Dem Zirkelschluß, voraussetzen zu müssen, was allererst erklärt werden soll, entkommt keine rein reflexionstheoretische Bestimmung der Subjektivität. Darauf macht mit besonderem Nachdruck Henrich immer wieder aufmerksam: „Nehmen wir an – und diese Annahme läßt sich nur schwer vermeiden –, daß Reflexion ein Akt ist, der von einem Subjekt ausgeführt wird, so ist es klar, daß sie das seiner selbst mächtige Ich bereits voraussetzt" (HENRICH, Selbstbewußtsein 265; dazu MÜLLER, Studien 464f.). Die im folgenden angezielte Lösung der von Henrich aufgedeckten Selbstbewußt-

symbolische Prägnanz als transzendentale Voraussetzung einträgt. Denn dann erscheint das Selbstbewußtsein als die Formung, die unter Voraussetzung des Bedeutens überhaupt das Selbst versteht als jenes Prinzip, das diese gegebene Möglichkeit zur Formung in konkreten Formungsakten – zu denen nicht zuletzt die Selbstreflexion gehört – realisiert.

Daß das Ziel einer transzendentalen Rückfrage nach dem einheitlichen und unbedingten Möglichkeitsgrund und Prinzip menschlichen Erfahrens wie Erkennens mit einer solchen Fassung des Subjektivitätsproblems nicht verfehlt, sondern erreicht wird, läßt sich erkennen, wenn alle nun erreichten Bestimmungen zu einer transzendentalen Analyse des Formungsaktes zusammengefaßt werden: Die Energie des Geistes, die als Bedingung der Möglichkeit jeder Formung und als solche als unbedingt gedacht werden muß, aktualisiert die von ihr transzendentallogisch vorauszusetzende symbolische Prägnanz – das Bedeuten überhaupt – in der spezifischen Verwandlung der natürlichen in künstliche Symbole bzw. der Umformung künstlicher Symbole. Eine Form ihrer Selbsterfassung, die sich wiederum die Verbindung von Zeichen und Bedeutung voraussetzen muß, ist die Subjektivitätstheorie. Sie sieht im Akt des Erfahrens und Erkennens einen Akt der Freiheit, die unbedingt ist, wenngleich sie zu ihrer Verwirklichung aktualisierend auf das von ihr nicht hervorzubringende Bedeuten zurückgreifen muß.

Es zeigt sich also: Angesichts der Unbedingtheit der formenden Energie des Geistes sind die Wahrheitsansprüche, die die einzelnen Formungen erheben, verstehbar und in ihrer Geltung zu begründen. Und es muß dieser Begründungsfähigkeit keinen Abbruch tun, wenn sich die Wege der Geltungsaufweise, von denen die Subjektivitätstheorie einer ist, in ihren notwendig bedingten Formen möglicherweise unterscheiden. Denn sollten auch diese Wege pluriform sein: Zur Verantwortung vor seiner eigenen Unbedingtheit ist der Geist gefordert, weil er zu ihr fähig ist.

b) Diesseits des „Ding an sich"

Die Objektivität menschlichen Weltverstehens wird erreicht und garantiert durch die regel-gerechte Verknüpfung sinnlicher Zeichen zu Sinngefügen, welche in den Zeichen präsent werden. Dabei ist von einer Vielzahl möglicher

---

seinsproblematik weicht allerdings von der durch ihn vorgeschlagenen erheblich ab: Während Henrich eine präreflexive Vertrautheit des Selbst mit sich selbst einsetzt, um dem genannten Zirkel zu entkommen, ordnet der hier vorgeschlagene Weg das Subjektivitätsproblem ein in den größeren Zusammenhang des Bedeutungsproblems. Damit bleibt er Cassirers kulturphilosophischer Wendung von Kants Transzendentalphilosophie treu. Zum problematischen Verhältnis zwischen der Theorie Henrichs von einer vorreflexiven Vertrautheit des Menschen mit sich selbst und einer freiheitsanalytischen Subjektivitätstheorie vgl. STRIET, Sturz 268-286, bes.278-280. Striet erkennt das von Henrich aufgedeckte Problem des Reflexionszirkels durchaus an, schlägt aber – gegen Henrich und im Anschluß an Krings – eine freiheitstheoretische Fassung auch jener ursprünglichen Vertrautheit vor. Zu den bleibenden Voraussetzungen auch dieses Verstehensversuchs vgl.u. S. 296, Anm. 132.

Sinngestalten auszugehen, die zwar den gleichen Regeln folgen, diese aber in
unterschiedlicher Modalität zur Anwendung bringen. Diese Grundbestimmungen Cassirers wurden bereits entfaltet und begründet.[383]

Sein Beharren auf dem rein funktionalen Charakter aller Begriffe und auf
der symbolischen Prägnanz als der unhintergehbaren Bedingung der Möglichkeit des Bedeutens überhaupt führt Cassirer zu einer weiteren kritischen
Absetzung von Kant. Sie findet ihren Ausdruck wiederum in einer Veränderung
der Architektonik von dessen Vernunftkritik. Ähnlich wie beim Übergang von
der Kritik der Vernunft zu einer Kritik der Kultur, doch anders als in den
Fragen möglicher Rede von Gott und des Verständnisses der Subjektivität,
reflektiert und begründet Cassirer diese Abweichung ausführlich.

Zu diesem Zweck greift er häufig auf die Philosophie von Leibniz zurück.[384]
Was zunächst wie ein Rückschritt hinter die Errungenschaften einer umfassenden Vernunftkritik erscheinen mag, zeigt sich näherem Hinsehen als kritische
Aufhebung der Grenzen von Kants Entwurf. Vor dem Hintergrund einer
begründeten Abblendung der Monadenlehre von Leibniz, die er als metaphysisches Relikt kennzeichnet,[385] tritt Cassirers Wertschätzung für die von Leibniz
vollendete *„Mathesis universalis"* um so deutlicher hervor. Indem sie als Strukturprinzip menschlicher Erkenntnis eingeführt wurde, ist, so Cassirer, erstmals
deren funktionaler Charakter konsequent bedacht worden.[386] Auch wenn Descartes der Anstoß zu einem solchen System zu verdanken ist, bleibt es das Verdienst von Leibniz, die Logik der Erkenntnis aus den Grenzen der Geometrie
befreit zu haben.[387] Genau diesen Schritt aber sieht Cassirer bei Kant rückgängig
gemacht, wenn dieser die Anschauung an die Formen von Raum und Zeit gebunden sieht. Im Gesamtgebäude der „Kritik der reinen Vernunft" läßt sich auf
diese Festlegung nicht verzichten, bietet sie doch die Möglichkeit, über den Entwurf des transzendentalen Schematismus die Kluft zwischen der Anschauung
und den Kategorien des Verstandes zu überbrücken. Diese Kluft aber muß
Kant, so Cassirer, aufrechterhalten, weil er anders als über die Anschauung, in
der das der Erkenntnis unzugängliche „Ding an sich" auf die Sinne einwirkt, die
„Materie", das Sein des Erkannten nicht sichern zu können glaubt.[388]

Die Lösung, der Cassirer die hier ungeklärten Probleme zuführt, wurde
bereits dargestellt: Indem er die symbolische Prägnanz als das Apriori jeden
Bedeutens aufdeckt, denkt er die von Kant definierte Spannung von Anschauung und Begriff nicht mehr als eine der Erkenntnis vorausgehende und von ihr

---

[383] Vgl.o. II.1.b, S. 128ff.
[384] Vgl. zum folgenden besonders PsF III,534-538; ECN I,267-269, und dazu PÄTZOLD, Begriffslehre.
[385] Zur Leibniz-Kritik vgl. auch PsF I,76f.
[386] Vgl. VM 329.
[387] Zu Descartes' Begriff der Mathesis universalis vgl. CASSIRER, D 19-22. Die schon frühe
Gegenüberstellung von Descartes und Leibniz durch Cassirer stellt PAETZOLD, Einführung 24-30, in
ihrer Bedeutung für dessen weiteren Denkweg dar.
[388] Zu dieser Kritik an Kant vgl. ECN I,200, und auch schon PsF I,40.

zu überwindende Kluft, sondern als Korrelationsgefüge, das sich erst einer Analyse des Deutungsaktes zeigt.[389] Daraus aber ergeben sich die erwähnten prägnanten Abweichungen Cassirers von Kant: „Die *Trennung* von Empfindung (Anschauung) u. Verstandesbegriff ist daher sinnvoll bei Hume, aber sie ist es nicht mehr bei Kant."[390] So kann – vor allem in der Naturwissenschaft – „der Schematismus der Bilder [...] dem Symbolismus der Prinzipien" weichen.[391] Raum und Zeit gelten Cassirer nicht anders als „Substanz", „Ich" und „Welt" als Begriffe, die das Relationsgefüge der sinnlichen Zeichen konstituieren. Wie alle anderen Begriffe werden sie im fortschreitenden Prozeß symbolischer Formungen zunehmend deutlicher als reine Funktionsbegriffe erkannt und verwendet.[392] Zum anderen kann Cassirer – hierin dem Neukantianismus bleibend verbunden – auf Kants Konzeption eines „Ding an sich" endgültig verzichten. Denn schon die Rede von einem „Ding" setzt jenen Formungsakt voraus, dem die Welt geistiger Bedeutung, die die einzige Wirklichkeit für den Menschen ist, ihr Dasein verdankt. „Die Setzung eines solchen Dinges – eines absoluten Objekts, eines Dinges an sich – müßte, wenn sie nicht eine schlechthin willkürliche dogmatische Annahme bleiben soll, in irgendeiner Form *begründet* werden, und wie wäre Begründung möglich außer dadurch, daß wir uns in ihr auf eben dasjenige stützen, was hier prinzipiell verlassen und 'transzendiert' werden soll?"[393] Sieht Cassirer so die letzten Relikte eines „abstrakten Empirismus" in Kants Vernunftkritik überwunden, weiß er seine Philosophie der symbolischen Formen auch vor dem Vorwurf eines „abstrakten Idealismus" gefeit: Bleibt sie doch in ebenso spezifischer wie unverzichtbarer Weise an die Sinnlichkeit gebunden.[394]

Der Rückblick auf die enge und differenzierte Verbindung zwischen Cassirers Philosophie der symbolischen Formen und Kants Vernunftkritik fördert ein bemerkenswertes Phänomen zutage: Die Radikalisierung und Präzisierung der grundlegenden Anliegen Kants in Cassirers Rede vom rein funktionalen Status menschlicher Erkenntnis und vom Apriori der symbolischen Prägnanz führen zu einem wesentlich vereinfachten Konzept einer Vernunftkritik. Es macht nicht nur die Trennung zwischen der transzendenta-

---

[389] Vgl. ORTH, Erkenntnistheorie 151. Zur Einziehung der Unterscheidung von Anschauung und Wahrnehmung vgl. KAEGI, Cassirer 175, und ausführlich ders., Formen.
[390] ECN I,200. In diesem Zitat wird deutlich, daß Cassirer mit seiner Philosophie Kant besser zu verstehen glaubt als dieser sich selbst.
[391] PsF III,547; vgl. auch ECN I,109.
[392] Dieser Prozeß ist nur in Korrelation zur Entwicklung des Zahlbegriffs möglich, weil erst mit dessen Hilfe Raum und Zeit als reine, von der Gefahr substantialistischer Mißverständnisse befreite Funktionsbegriffe gedacht werden können. Deshalb muß Cassirer einen so hohen Wert auf die Genese des Zahlbegriffs legen. Vgl. PsF I,149-212; II,104-182; SF 35-147.
[393] EBK 203. Vgl. auch PsF I,48. Zur Vorbereitung dieser Einsicht vgl. bereits SF 367.
[394] Vgl. PsF I,47; GuL 211. Diese Rückbindung der für den Menschen nicht hintergehbaren Welt seiner geistigen Formungen an die sinnlich erfahrene, außergeistige Welt übersieht STARK, Symbol 127-134, wenn er eine Rückkehr zur Kants „Ding an sich" fordert.

len Ästhetik und Analytik hinfällig, sondern bringt auch, wie bereits ausgeführt wurde,[395] transzendentale Analytik und Dialektik in einen nochmals umfassenderen Zusammenhang. Gerade deshalb eignet sich dieses Konzept zur Ausweitung der „Kritik der Vernunft" auf eine „Kritik der Kultur".[396]

Geleitet vom Interesse an ihrer Objektivität, lassen sich nach diesen Klärungen an die konkreten symbolischen Formen nur noch zwei Fragen stellen: Sind ihre jeweiligen funktionalen Bestimmungen so differenziert und umfassend – oder wenigstens so differenzierungs- und erweiterungsfähig –, daß sie zur Verknüpfung aller gegebenen sinnlichen Zeichen in der Lage sind – unabhängig davon, ob diese Zeichen zufällig begegnen oder Resultate geplanter Experimente darstellen? Und welche Möglichkeiten haben sie entwickelt, das ihnen selbst zugrundeliegende Phänomen des Bedeutens zu analysieren und so sich selbst als symbolische Form zu verstehen? Nicht nur die Legitimität des Wahrheitsanspruchs, mit dem jedes Weltverstehen auftritt, läßt sich anhand dieser Fragen überprüfen. Sie helfen auch, die Motive zu eruieren, die zur Metamorphose der einzelnen symbolischen Formen oder gar zur Verabschiedung einer bestimmten von ihnen führen, und die Mittel aufzudecken, ohne die solche Änderungen nicht möglich wären.

Anders als in Verfolgung der beiden genannten Fragerichtungen läßt sich keine Auskunft erhalten über das Verhältnis verschiedener symbolischer Formen zueinander, das im Mittelpunkt der weiteren Interpretation Cassirers stehen wird.

3. Die Realität des Geglaubten

Der Glaube kann nicht auf die Frage verzichten, ob Gott, auf den er sich bekennend bezieht, wirklich existiert.[397] Doch die Frage nach der Wirklichkeit jenseits der symbolischen Formungen, zu denen auch das Christusbekenntnis zählt, ist nicht sinnvoll, weil nicht nur sie, sondern auch jede mögliche Antwort sich selbst wieder der Formung verdankt.

Angesichts dieser Gegenüberstellung der bisher erreichten Ergebnisse scheint nur noch eine Alternative offenzustehen: Entweder den Glauben aus der Perspektive der philosophischen Erkenntnis- und Kulturtheorie zu einem sinnlosen Versuch des Weltverstehens zu erklären;[398] oder, aus der Perspektive des Glaubens, jener Theorie die Fähigkeit abzusprechen, das Bekenntnis

---

[395] Vgl.o. I.2.b, S. 91.
[396] PsF I,11 und ORTH, Erkenntnistheorie 187-189.
[397] Vgl. KASPER, Wahrheitsverständnis 189f.
[398] So würde dem Sinnlosigkeitsverdacht, den die moderne Sprachphilosophie der religiösen Rede entgegenbringt (vgl. SCHAEFFLER, Gebet 13-24), eine weitere, diesmal transzendentalphilosophische Bestätigung zuteil.

angemessen zu analysieren.[399] Die letztgenannte Konsequenz hätte nicht nur für die Theologie Bedeutung. Sie würde auch die Schlußfolgerung nach sich ziehen, daß Cassirer an seinem eigenen Anspruch, mit der Philosophie der symbolischen Formen eine umfassende Erhellung der vielfältigen Formen menschlichen Weltverstehens ermöglicht zu haben, gescheitert wäre.

Daß diese Argumentation weniger zwingend, die Alternative weniger ausweglos ist, als es zunächst den Anschein hat, will der folgende Abschnitt nachweisen. Er zielt darauf, zu der genauen Analyse des Christusbekenntnisses und des religiösen Wirklichkeitsbezugs vorzudringen, die notwendig ist, um dem interreligiösen Dialog die gesuchte Orientierung zu geben. In vier Schritten soll der angestrebte Nachweis erbracht werden. Zunächst ist nach der möglichen Objektivität des Christusbekenntnisses zu fragen. Erst wenn sie erhellt ist, wird dessen eigentümlicher Wirklichkeitsbezug sichtbar. Daß im Vollzug und in der Ausformung des Bekenntnisses die beiden in der Analyse differenzierten Momente – der Glaubensakt und die Wirklichkeit, auf die er sich bezieht – in einem komplexen Wechselverhältnis stehen, bedarf einer eigenen Betrachtung, die im dritten Schritt angestellt wird. Unverzichtbar ist schließlich – die Cassirer-Interpretation zeigte es – die Frage nach dem Subjekt des Bekenntnisses.

a) Objektivität: Die Bewährung des Glaubens

Leben und Geschick Jesu Gott sind für das christliche Bekenntnis nicht ein mehr oder weniger beliebiges Faktum unter anderen, sondern jenes Ereignis, in dem sich Gott mit dem Anspruch auf Antwort und Gehorsam den Menschen selbst geoffenbart hat. Dies anzuerkennen fordert von denen, die sich dem Anspruch stellen, eine umfassende Umkehr, eine Neuorientierung nicht nur ihres theoretischen Weltverstehens, sondern vor allem ihres praktischen Weltverhaltens.

Eine mit solch hohem Einsatz verbundene Antwort aber ist nur verantwortbar, wenn das Wort, dem sie folgt, glaubwürdig ist. Deshalb gehört zum Bekenntnis notwendig die Frage nach der Wahrheit, nach dem objektiv erweisbaren Geltungsanspruch der Offenbarungsrede, auf die es sich bezieht.[400]

---

[399] Wer sich für diese Konsequenz entschiede, sähe den Verdacht bestätigt, daß die Philosophie Kants – und aller, die sich an ihm orientieren – zu einem angemessenen Verständnis des Glaubens unfähig ist. Vgl. z.B. BALTHASAR, Schau 447: „Jede noch so existentielle Form von Kantianismus in der Theologie muss das Phänomen [der objektiven Evidenz, M.B., vgl. dazu unten S. 164ff.] verfälschen und verfehlen". Ähnlich auch RATZINGER, Lage 367ff. Zur Auseinandersetzung mit Balthasars Abwehr des Kantianismus vgl. VERWEYEN, Wort 394-398.

[400] In der Forderung, das Christentum müsse seine Objektivität erweisen, ist deshalb Hegel uneingeschränkt zuzustimmen (vgl.o. S. 118f.). Mit solcher Zustimmung ist noch kein Urteil darüber gefällt, ob auf dem Weg des spekulativen Denkens, auf dem Hegel dieses Ziel zu erreichen sucht, die Objektivität des Christusbekenntnisses in angemessener Weise zu erfassen ist. Auch müßte noch genauer geprüft werden, ob Hegel mit seiner legitimen Abweisung eines bloß auf einem religiösen Gefühl gründenden Christentums die Argumentation Schleiermachers, gegen die dieser Angriff gerichtet ist, wirklich trifft – oder ob diese sich näherem Zusehen nicht ganz ähnlichen

Daß und warum sich solche Objektivität nicht beweisen läßt, muß hier nicht erneut dargelegt werden. Zu prüfen ist statt dessen, auf welchem Weg ihre ebenso mögliche wie notwendige Bewährung gesucht und gefunden werden kann.[401] Der einzuschlagende Weg, auf dem die Objektivität eines Verstehens bewährt werden kann, wurde von Cassirer in Anschluß an Kant aufgewiesen: Das einzelne sinnliche Zeichen, mit dem immer schon eine Bedeutung verknüpft ist, wird in den größeren Zusammenhang bisherigen Verstehens gestellt. Von dort her erfährt die ursprüngliche Bedeutungszuweisung ihre Legitimation oder ihre Korrektur. Ein Traumerlebnis etwa wird auf diesem Wege als solches erkannt. Und zugleich wird die von dem, der träumte, eventuell erhobene Behauptung der Geltung seines Erlebens im Bereich des faktisch Geschehenen oder der Naturwissenschaft zurückgewiesen.[402] So wird durch die regelgerechte Verknüpfung der Zeichen die Objektivität einer Weltdeutung erwiesen.

Doch eine derartige Bewährung durch Einordnung in vorgegebene Verstehenszusammenhänge ist, wie sich zeigte, für das Christusbekenntnis nur begrenzt und eher negativ möglich: Erwiesen sich doch sowohl in der Frühzeit des Christentums wie in seiner gegenwärtigen Begegnung mit fremden Kulturen die überkommenen Weisen des Weltverstehens als unfähig, das Bekenntnis umfassend zu begreifen und auszudrücken. Vielmehr wurde gerade in diesen Verstehensversuchen die Unausdenklichkeit jenes im Bekenntnis festgehaltenen Offenbarungsereignisses deutlich. Aufgrund dessen aber wurde dieses Bekenntnis zu Recht zum Mittelpunkt einer neuen, wiederum spezifischen symbolischen Formung. Zum Aufweis seiner Objektivität gilt es demnach, die Fähigkeit des Bekenntnisses unter Beweis zu stellen, ein Weltverstehen zu eröffnen, die Totalität möglicher sinnlicher Zeichen in einer konsistenten Weise zu verstehen.

Diese Forderung gilt nicht erst für die theologische Reflexion auf das Bekenntnis, sondern schon für alle, die ihren Glauben entschieden zu leben versuchen. Und so finden sich in Form und Inhalt des Gebets, im Mühen um eine angemessene Praxis, in der Suche nach einem lebbaren Weltverstehen zahlreiche Versuche, die Vielfalt des Begegnenden aus der Perspektive des Christusbekenntnisses als Einheit zu sehen und darin den je eigenen Platz zu

---

idealistischen Denkformen verhaftet zeigt wie Hegels eigenes Denken. Vgl. dazu SCHLEIERMACHER, Glaube § 4 (23-34), und mit Bezug darauf PRÖPPER, Bestimmung, bes.209-212.
[401] „Die Schwierigkeit einer Bestimmung des Wesentlichen des christlichen Glaubens aber liegt nun darin, daß sie [...] auf jeden Fall eine Interpretationsleistung darstellt und es sich darum um einen Verstehensentwurf handelt, der sich im hermeneutischen Zirkel bewegt und dessen Richtigkeit deshalb nicht eigentlich bewiesen und niemals abschließend sichergestellt, wohl aber auf objektive Weise geprüft und bewährt werden kann" (ESSEN, Aneignungsprobleme 172). In der Aufgabenstellung mit Essen einig, wird der folgende Lösungsentwurf sich von dessen Ansatz in einem wesentlichen Punkt unterscheiden: Die, hier wie dort transzendentalphilosophische, Bewährung der Objektivität des Glaubens wird von mir, anders als von Essen, noch einmal auf ihre eigene Bedingtheit hin kritisch befragt werden.
[402] Zur Bedeutung der Traumerlebnisse vgl. PsF II,48f.

finden.[403] Mag theologischer Reflexion manches allzu direkte Bittgebet, manch unbeholfen-liebevoller Weltverbesserungswille, manche religiöse Vorstellungswelt naiv und fragwürdig erscheinen: Ihnen kommt nicht selten eine Schlüsselfunktion zu in jenem Mühen um Einheit.

Theologischem Nachdenken aber ist die Bewährung der Einheit christlichen Weltverstehens, in der sich die Wahrheit des Christusereignisses zu erweisen hat, direkt aufgegeben. Und deshalb sucht es – mit den je vorgegebenen und eigenen Möglichkeiten – die Welt, die Geschichte und den Menschen zu verstehen von jenem Offenbarungsereignis her, auf das hin das Bekenntnis diese ausgerichtet sieht.[404] Ihren Gipfel erreicht solche Reflexion, wenn sie – von der Offenbarung in Christus ausgehend und auf ihr Verstehen zielend – der geheimnisvollen Wirklichkeit Gottes denkend sich zu nähern versucht. Die Trinitätstheologie erscheint so nicht als Spekulation, die den Boden des Bekenntnisses abstrahierend verläßt, sondern als der systematische Schlußstein von dessen Bewährung. Denn indem sie Gott als Liebe versteht, die in der Beziehung der göttlichen Personen zueinander lebt, vermag sie das Christusgeschehen zu deuten als jene Freiheitstat Gottes, in der sich der Vater im Sohn selbst offenbart, sich der Welt letztgültig und unüberbietbar zuwendet und ihr in seinem Geist verbunden bleibt.[405]

Versuchen, die Einheit des Weltverstehens denkend zu sichern, ist allerdings bereits aufgrund ihrer Intention das Drängen zu eigen, die konsistente Geschlossenheit der Welt und ihrer Geschichte aufzuweisen. Der Überblick über theologische Systemversuche von Augustinus über Leibniz bis zu Hegel zeigt, daß auch sie eine solche Abgeschlossenheit zu erreichen suchen. Doch an mindestens zwei Problemstellungen scheitert ein solches Mühen: an der Kontingenz alles historischen Geschehens und an der Frage nach der Vereinbarkeit des Glaubens an einen liebenden Gott mit der Erfahrung des Leidens.

Augustinus und die auf ihn sich berufende Tradition hofften noch, die rätselhafte Kontingenz des Geschehens durch den Gedanken göttlicher Prädestination einholen zu können.[406] Doch sobald die menschliche Freiheit in ihrer Geschichtsmächtigkeit aufgedeckt, des Menschen Fähigkeit, handelnd den Lauf des Geschehens zu beeinflussen, erkannt wird, muß ein solches Verste-

---

[403] So ist es nicht verwunderlich, sondern folgt einer inneren Notwendigkeit gläubigen Weltverstehens, wenn sich in kirchlich approbierten Benediktionale Segensgebete finden für die Inbetriebnahme einer Kläranlage oder einer Seilbahn (vgl. *Benediktionale*, 299.377). Wie sich der Versuch eines solch umfassenden Verstehens verhält zu den Bedingungen einer plural ausdifferenzierten Gesellschaft, die nicht mehr nach einheitlichen religiösen Sinnvorgaben strukturiert ist, bedarf einer eigenen Reflexion, deren Grundbedingungen ein Thema des folgenden Kapitels sein werden. Vgl. dazu GABRIEL, Christentum 163-192.
[404] Gerade darin weiß sich die Theologie als Wissenschaft und deren Maßstäben verpflichtet. Vgl. PANNENBERG, Wissenschaftstheorie 17.329-348; SECKLER, Theologie 190-195.
[405] Vgl. zusammenfassend z.B. WERBICK, Trinitätslehre 536-543.
[406] Zur Prädestinationslehre Augustinus vgl. HÄRING, Macht 105-136; FLASCH, Denken 36-43; zu ihren Auswirkungen LÖHRER, Prädestination.

hensmodell in Aporien führen. Denn menschliche Freiheit und göttliche Vorherbestimmung erscheinen als konkurrierender Gegensatz, solange die Prädestination nicht als Bestimmung zur Freiheit, sondern als Aufhebung von Kontingenz und Freiheit gefaßt wird.[407] Hegels Versuch, diese Aporien zu überwinden,
indem er die Kontingenz in den dialektischen Prozeß des zu sich kommenden
Geistes aufgehoben sieht, vermag zwar die Widersprüchlichkeit einer rein
extern gedachten Prädestination hinter sich zu lassen. Doch erkauft wird dieser
Gewinn erneut mit einer Desavouierung des Freiheitsbewußtseins, einer Depo-
tenzierung der subjektiv-individuellen Freiheit.[408]

Im Namen dieser Freiheit des Menschen, in der seine Würde begründet liegt,
muß auch Einspruch erhoben werden gegen alle Versuche, die Theodizeefrage
abschließend und konsistent zu beantworten. So ist es nicht vorrangig die
prinzipielle Unfähigkeit endlicher Vernunft, den Einklang von göttlicher Güte
und göttlicher Weltlenkung zu erfassen, die zum Scheitern aller Versuche der
Theodizee führen muß.[409] Vor allem kann die legitimierende Einschreibung der
leidvollen Mißachtung und Vernichtung von Menschen in einen angeblich
höheren Sinnzusammenhang der zynischen Verachtung menschlichen Leidens
nicht entgehen und muß schon aus moralischen Gründen zurückgewiesen
werden[410] – ganz abgesehen von der Unvereinbarkeit solchen Denkens mit dem
biblischen Gottesbekenntnis.[411]

Der theologischen Reflexion ist es deshalb aufgetragen, eingedenk der
leidvollen Kontingenz der Geschichte, die Objektivität und Wahrheit des
Christusbekenntnisses zu bewähren. Dies wird nicht anders gelingen können als
in einem Denken, das die Geschichte Gottes mit den Menschen in biblischer
Tradition als Freiheitsgeschichte zu verstehen sucht und dabei die Hoffnung
wachhält, daß dem faktischen Verlauf dieser Geschichte in ihrer eschatologi-

---

[407] Nur angedeutet werden kann hier, daß die Kontingenz des Geschehens nicht allein auf bewußte
Freiheitsakte sich zurückführen läßt. Die moderne Naturwissenschaft deckte jene Zustände labilen
Gleichgewichts auf, deren Auflösung rein zufällig und darin kontingent ist. Die genaue Verhältnisbestimmung zwischen solcher Zufälligkeit und menschlichem Freiheitshandeln ist mit zahlreichen
Problemen behaftet, doch ist die Identifizierung beider, wie sie etwa von RAHNER, Christologie,
und WEISSMAHR, Evolution, zu denken versucht wird, schon aus erkenntnistheoretischen Gründen
zurückzuweisen. Vgl. dazu BONGARDT, Freiheit 822-824.
[408] Zu den weitreichenden Problemen, die eine spekulative Aufhebung der Geschichte in die Vernunft für die Offenbarungstheologie nach sich zieht, vgl. bereits oben A.II.3.a, S. 40ff. Hegels Versuch, die Geschichte in den Begriff aufzuheben, führt dann auch dazu, die Freiheit in der Zustimmung zur Notwendigkeit des Geschichtsprozesses zum Ziel kommen zu sehen. Vgl. HEGEL,
Religion II,29f.
[409] Auf dieses Argument zielt Kants Auseinandersetzung mit der Theodizeefrage: Vgl. KANT,
Mißlingen A 210.
[410] So bereits die Sinnspitze der polemischen Zurückweisung der von Leibniz vorgelegten Theodizee
durch VOLTAIRE, Candid.
[411] Vor allem Metz fordert von der Theologie mit Nachdruck ihre bleibende „Theodizee-
Empfindlichkeit" (Vorwort 12): Vgl. bes. METZ, Theodizee; ders., Gott, bes.139-145.

schen Vollendung alle in Freiheit werden zustimmen können.[412] Unaufgebbar
ist jener eschatologische Vorbehalt, er verleiht theologischem Denken seinen
spezifischen Charakter: Es kann die konsistente Geschlossenheit seines Weltverstehens nicht beweisen, sondern nur als Hoffnung festhalten, die im Bekenntnis zu Gott, der sich als Liebe geoffenbart hat, ihren Grund hat.[413] Doch
das in solch vertrauender Hoffnung sich bewährende Weltverstehen kann die
gesuchte Objektivität und Wahrheit für sich beanspruchen: Erweist es sich doch
als ein Sinnganzes, in das sich die Totalität sinnlicher Zeichen nach nachvollziehbaren und einheitlichen Regeln einschreiben läßt. Damit erfüllt es die
Anforderungen, die mit Cassirer an ein objektives Weltverstehen zu stellen sind.

b) Offenbarung: Wirklichkeit für den Glauben

Es ist keineswegs unwichtig, daß theologische Reflexion ihre Aufgabe erfüllen
kann, die im Offenbarungsbekenntnis gründende Einheit christlichen Weltverstehens zu erweisen. Denn allein so läßt sich der Glaube an die Offenbarung als
objektive und damit verantwortbare Weise des Weltverstehens rechtfertigen.

Doch welchen Gewinn bringt dieser Nachweis für jene entscheidende Frage
nach der Wirklichkeit der Offenbarung, auf die der Glaube nicht verzichten
kann, deren Beantwortbarkeit aber in seiner fortschreitenden Analyse immer

---

[412] Wenn die von Gott eröffnete Geschichte konsequent als Freiheitsgeschichte geglaubt wird, kann
ihre Vollendung nicht anders denn als die freie Anerkennung und Verehrung Gottes durch alle
Menschen erhofft werden (vgl. bereits Phil 2,10f.; dann auch RAHNER, Profangeschichte 15f.). Dies
schließt die Zustimmung aller, auch aller Opfer, in den Vergebungswillen Gottes ein. So bezeichnet
Kierkegaard diese Vergebung durch die Opfer als eine „Zwischeninstanz, eine berechtigte, die nicht
übergangen werden darf" (ST 405). Damit aber kommt die Möglichkeit in den Blick, daß Menschen
diese Zustimmung verweigern und die Welt aufgrund dessen nicht das ihr von Gott gesetzte Ziel
erreichen wird. Daß eine solche Verweigerung denkbar ist, kann nicht bestritten werden, und sie hat
durch den Iwan Karamasow Dostojewskijs (vgl. DOSTOJEWSKIJ, Brüder 330f.) und den Don Camilo
Claudels (vgl. CLAUDEL, Schuh 230f., und dazu VERWEYEN, Wort 237) eindrucksvolle literarische
Gestalt gewonnen. STRIET, Versuch 66-73, wagt angesichts dieser radikalen Offenheit und im
Ausgang von der transzendentalen Freiheitsanalyse die Frage, ob sich die Freiheit nicht selbst
schuldhaft widerspräche, verweigerte sie endgültig die Vergebung. Blickt man auf die in der unbedingten Freiheit gründende Verpflichtung zur Anerkennung der fremden Freiheit, läßt sich dieser
Gedanke nicht abweisen. Doch darf er nicht in einen „Vergebungszwang" (aaO. 69) oder gar in
einen Anspruch der Täter auf Vergebung gewendet werden. Denn darin würden nicht nur die Opfer
ein weiteres Mal verachtet, sondern auch die Vergebung ihres freien Gewährtseins und damit ihres
Wesens beraubt. Alle Aussagen zur Eschatologie bleiben für den christlichen Glauben Ausdruck
einer Hoffnung – einer Hoffnung allerdings, zu der sich der Glaube durch das Christusgeschehen
verpflichtet weiß (vgl. RAHNER, Profangeschichte 14f.; BALTHASAR, Diskurs 42-50).
In dem Maße, in dem der Mensch mit seiner Freiheit in die Frage nach der Theodizee involviert ist,
wird auch die Frage nach den Möglichkeiten Gottes virulent, die menschliche Freiheit zum Guten
und zur Einstimmung in seinen Versöhnungswillen zu bewegen, ohne sie zu vernichten. Vgl. dazu
die Kontroverse zwischen Jonas und Jüngel, in der die Allmacht Gottes angesichts der in die Freiheit
entlassenen Welt problematisiert wird: JONAS, Gottesbegriff; JÜNGEL, Anfangen.
[413] Wird aber, „wie solche Hoffnung 'behauptet', sich Gott uns als Liebe erweisen, dann ist er der
Gott der Liebe auch jetzt und war es schon immer" (PRÖPPER, Fragende 67). Die Theodizeefrage
wird durch das Christusbekenntnis, das an der schon erwiesenen Liebe Gottes festhält, nicht
beantwortet, sondern erst in ganzer Radikalität gestellt: Vgl. PRÖPPER, aaO. 64-67.

fraglicher wurde? Diesbezüglich lediglich auf die Objektivität des Bekenntnisses zu verweisen, führt nicht zu einer Antwort – sondern in den Kreislauf einer *petitio principii*. Denn als Entfaltung des Bekenntnisses muß dessen theologische Bewährung sich selbst dieses Bekenntnis voraussetzen. Erneut bestätigt sich also die Grundeinsicht Cassirers in die Unhintergehbarkeit symbolischer Formung: Weder die Frage nach der Wirklichkeit, auf die sie sich bezieht, noch die möglichen Antworten können den Formungsakt, dem sich alles Verstehen verdankt, hinter sich lassen. Dies gilt für das gläubige Bekenntnis nicht anders als für jede andere Weise des Weltverstehens, und so fällt eine der beiden eingangs aufgezeigten Alternativen als Möglichkeit aus: Die Bestreitung, daß sich Cassirers Einsichten zu einer angemessenen Analyse des Glaubens heranziehen ließen. Möglich bleibt es, den christlichen Glauben, ja jede Religion wegen ihres Insistierens auf der Frage nach der Wirklichkeit als zwar eventuell konsistente, aber gleichwohl sinnlose Verstehensweise zu behaupten.

Man kann aber auch – und damit öffnet sich ein Weg, die Engführungen jener Alternative hinter sich zu lassen – die der Religion unverzichtbare Wirklichkeitsfrage gerade als die spezifische Eigenart dieser symbolischen Formung erkennen. Dann aber gilt es, zugleich die Weise zu beachten, in der die Religion diese Frage beantwortet: Sie *bekennt* die fragliche Existenz Gottes – und entspricht gerade so dem außergewöhnlichen Ziel und Gegenstand ihrer symbolischen Formung, dem Versuch, der Wirklichkeit Gottes gerecht zu werden. Außerhalb des gläubigen Bekenntnisses zu ihr nämlich können die Faktizität der Offenbarung und damit auch die Wirklichkeit Gottes nicht ansichtig werden, in ihm aber werden sie für die Glaubenden zur bestimmenden Wirklichkeit. „Auch das religiöse Bewußtsein bildet – so sehr es von der 'Realität', von der Wahrheit seines Gegenstandes überzeugt ist – diese Realität nur auf der untersten Stufe, nur auf der Stufe eines rein mythologischen Denkens, in eine einfache dingliche *Existenz* um. Auf allen höheren Stufen der Betrachtung dagegen ist es sich mehr oder minder deutlich bewußt, daß es seinen Gegenstand nur dadurch 'hat', daß es sich in einer durchaus eigenartigen, ihm allein zugehörigen Weise auf ihn bezieht. Es ist eine Art des Sich-Verhaltens, es ist die Richtung, die sich der Geist auf ein gedachtes Objektives gibt, in welcher hier die letzte Gewähr eben dieser Objektivität selbst enthalten ist."[414]

---

[414] PsF I,11f. Wenn die zentrale These meiner Arbeit über den spezifischen Wirklichkeitsbezug des Glaubens mit diesem Zitat aus der Einleitung in den ersten Band der „Philosophie der symbolischen Formen" erläutert wird, soll nicht verschwiegen werden, daß Cassirer, wenn er von einer besonderen „Art des Sich-Verhaltens" spricht, weniger ein inhaltlich bestimmtes Bekenntnis, gar ein Offenbarungsbekenntnis vor Augen hat. Er zielt damit vielmehr auf jenes ethische Gottesverhältnis, das er als die höchste Stufe der Religion ansieht (vgl.u. IV.1.d, S. 224ff.). Doch im Blick auf jene Einheit des Verstehens und Verhaltens, die jede symbolische Form auszeichnet, ist es m.E. legitim, auch das ausdrückliche Offenbarungsbekenntnis als eine spezifische „Richtung, die sich der Geist auf ein gedachtes Objektives gibt", zu qualifizieren.

So weit, wie es dem ersten, vielleicht irritierten Blick erscheinen mag, ist dieser besondere Bezug auf die Wirklichkeit, der das religiöse Bekenntnis auszeichnet, von anderen Weisen des Verstehens und Erkennens gar nicht entfernt. Zeigte sich doch in der Freiheitsanalyse eine ganz ähnliche Struktur: Die Wirklichkeit fremder Freiheit erschließt sich erst dem, der in deren Anerkennung auch die eigene Freiheit ergreift. Und die liebende Anerkennung, die ihm geschenkt wird, erkennt nur, wer es wagt, auf ihre Wirklichkeit zu vertrauen.[415] Wie die Freiheit nur der freien Anerkennung, die Liebe nur dem liebenden Blick, so ist die Wirklichkeit Gottes und seiner Offenbarung nur dem glaubenden Bekenntnis sichtbar.[416]

Einen ersten Rückhalt kann die vorgelegte These in einer christologischen Reflexion finden. „Meine Speise ist es, den Willen dessen zu tun, der mich gesandt hat".[417] Das Selbstverständnis Jesu, dem, wie bereits deutlich wurde, eine tragende Bedeutung für das Offenbarungsbekenntnis zukommt, ist geprägt von seiner Bezogenheit auf den Vater. Den Willen des Vaters zu ergründen und ihm gehorsam zu sein: Dieses Ziel gibt dem Reden und Handeln Jesu die Richtung vor. In dieser Hinordnung lebt Jesus als jene Gestalt gewordene Antwort, in die hineinzuwachsen alle Menschen berufen sind, ohne dieser Berufung je umfassend zu entsprechen. Als bis in die Todesbereitschaft vollkommene Antwort wird Jesus zur Offenbarung nicht nur des Wortes, dem er gehorsam ist, sondern auch dessen, der dieses Wort spricht.[418] „An der Antwort haben wir das Wort."[419] Die hier erkennbare Verwiesenheit des Wortes auf die Antwort darf nicht als exklusive Auszeichnung des Verhältnisses zwischen Jesus und dem Vater mißverstanden werden. Denn sie setzt sich fort und kehrt wieder in der Bezogenheit der Glaubenden auf den, den sie als Offenbarung Gottes bekennen, der in seiner Antwortgestalt für sie zum Wort

---

[415] „Liebe wird in ihrer inneren Wirklichkeit nur von Liebe erkannt" (BALTHASAR, Liebe 49).

[416] „Und wie in diesem Glauben der Geliebten an den Liebenden dieser erst wirklich zum Menschen wird – im Lieben erwacht wohl die Seele und beginnt zu sprechen, aber Sein, sich selber sichtbares Sein gewinnt sie erst im Geliebtwerden -, so gewinnt nun auch Gott erst hier, im Zeugnis der gläubigen Seele, von seiner Seite, diesseits seiner Verborgenheit die schmeck- und sichtbare Wirklichkeit, die er zuvor, jenseits seiner Verborgenheit, einst im Heidentum in andrer Weise besessen hatte" (ROSENZWEIG, Stern 202f.).
Vgl. auch PANNENBERG, Theologie I,77: Von der Erfahrung als „Basis" des Redens von Gott zu sprechen, „wäre nur dann plausibel, wenn man den Erfahrungsbegriff auf die Wahrnehmung im Unterschied zu ihrer späteren Verarbeitung beschränken könnte, aber gerade derartige Auffassungen haben sich als unhaltbar erwiesen, weil die Wahrnehmung als 'Gestaltwahrnehmung' selber schon eine Interpretation ist, die bereits weitergreifende geschichtlich und sozial vermittelte Verstehenszusammenhänge impliziert". Ebenso GRESHAKE, Gott 28-31; KASPER, Gott 108f.

[417] Joh 4,34.

[418] „In Jesus ist die Selbstmitteilung Gottes von einem Menschen in der Freiheit liebenden Vertrauens angenommen worden, und so sind die beiden Bewegungen der Selbstmitteilung Gottes an die Menschen und der menschlichen Selbsttranszendenz auf Gott zu zusammengekommen" (KESSLER, Christologie 434).

[419] BALTHASAR, Verbum 98; NEUNER, Glaube 52.

wurde. Anders als in ihrer Antwort, ihrem vertrauenden Bekenntnis „haben"
sie das Wort nicht, kann es ihnen nicht zur Wirklichkeit werden.

Bis an die Grenze des Paradoxen gesteigert findet sich diese Einsicht in
einem Satz aus der frühen rabbinischen Tradition: „Wenn ihr meine Zeugen
seid, Spruch JHWHs, bin ich Gott. Doch wenn ihr nicht meine Zeugen seid, so
(wenn man so sagen könnte) bin ich nicht JHWH".[420] Deutlicher vielleicht
noch als christlicher Glaube, der in der bleibenden Gefahr steht, sich in
Christus der Offenbarung und Wirklichkeit Gottes in unangemessener Weise
gewiß zu wähnen, weiß jüdischer Glaube um die Notwendigkeit des gelebten
Bekenntnisses, soll Gottes Wirklichkeit in dieser Welt nicht verlorengehen.[421]

---

[420] Pesikta de Rab Kahana XII,6 zu Jes 43,12 (Übersetzung durch Therese Hansberger, der ich für
ihre Nachforschungen im rabbinischen Schrifttum und ihre Erläuterungen dazu herzlich danke). Bei
der zitierten Pesikta handelt es sich um eine Sammlung von literarischen Kurzpredigten, die vermutlich im palästinischen Judentum des 5. Jahrhunderts entstand (vgl. STRACK, Einleitung 270-273; zur
Gattung dieser Predigt-Midraschim insgesamt vgl. aaO.222-230, u. STEMBERGER, Midrasch 21-26).
Rosenzweig zitiert diesen Satz des Talmud an der zentralen Stelle des zweiten Buchs im „Stern der
Erlösung", das der Offenbarung gewidmet ist (ROSENZWEIG, Stern 203). Die Offenbarung – nicht
als einmaliges, vergangenes Ereignis, sondern als je neue Erfahrung des Geliebt- und Gefordert-Seins
– ist für Rosenzweig das Geschehen, in dem der Mensch erst zum Menschen wird, zum liebenden
Geliebten. Unverkennbar ist hier die inhaltliche Nähe zu Cohens Korrelationsdenken. Cohen sieht
die Korrelation zwischen Gott und Mensch, die sich im ständigen Werden befindet, als Ziel der
Schöpfung, die ihren Grund im alleinigen Sein Gottes hat. Diese Korrelation aber muß gedacht
werden als ein echtes Freiheitsverhältnis. „Schon die Schöpfung des Menschen, als die der Vernunft
des Menschen, beläßt den Menschen nicht passiv, was dem Begriff der Korrelation widerspräche."
Dieser Gedanke wird von Cohen ausdrücklich im Blick auf die Offenbarung fortgeführt: „In der
Erkenntnis des Menschen von Gott tritt gemäß der Korrelation die Reziprozität ein. Es ist, als ob
das Sein Gottes erst in der Erkenntnis des Menschen aktuell würde. So gewaltig setzt sich die
Korrelation ins Werk. Der Mensch ist nicht mehr nur das Geschöpf Gottes, sondern seine Vernunft
macht ihn kraft seiner Erkenntnis und für dieselbe gleichsam wenigstens subjektiv zum Entdecker
Gottes" (beide Zitate COHEN, Religion 103). Für Cohen wie für Rosenzweig ist die menschliche
Vernunft, die zur Erkenntnis der Offenbarung fähig ist, stets zugleich theoretisches wie praktisches
Vermögen – weshalb sich die Korrelation zwischen Gott und Mensch ethisch zu realisieren hat (vgl.
COHEN, Religion 125f.). Cassirer wiederum ist in seinem Verständnis der Religion offensichtlich
beeinflußt von den Bestimmungen seines Lehrers Cohen. Schon seine Analysen des Opferkults
münden in die Darstellung des mystischen Verständnisses der Beziehungseinheit von Gott und
Mensch: „Was zuvor als rein physische oder ideelle *Vermittlung* erschien, das hebt sich jetzt in eine
reine *Korrelation* auf, in welcher sich der spezifische Sinn des Göttlichen wie der des Menschlichen
erst bestimmt" (PsF II,277). Noch deutlicher wird die Nähe zu Cohen, wenn Cassirer im Spätwerk
ausführlicher auf die ethische Bestimmung der Religion eingeht: Vgl. dazu unten S. 224ff.

[421] Bei Levinas findet sich eine Fortführung dieses Gedankens: „Seine [des Unendlichen, M.B.]
Transzendenz – seine Exteriorität, die weiter außen, extremer anders ist als alle Exteriorität des Seins
– *vollzieht sich* allein durch das Subjekt, das sie bekennt oder sie bestreitet. Umkehrung der
Ordnung: die Offenbarung geschieht durch denjenigen, der sie empfängt, durch das inspirierte
Subjekt." In diesen Sätzen deckt Levinas jenes doppelte Gesicht des Bekenntnisses auf, dessen auch
die christologische Reflexion ansichtig wird: Nur dem Bekennenden zeigt sich die Wirklichkeit der
Offenbarung, doch wird er im Bekenntnis selbst zum Offenbarenden, zum Mittler (zur christologischen Aufnahme dieser Einsicht vgl. WOHLMUTH, Geheimnis 44-62.105-114). Zugleich aber schärft
Levinas, hierin ganz der negativen Theologie verpflichtet, die Ungesichertheit jener Offenbarung,
die Untauglichkeit des Bekenntnisses, ein außerhalb seiner liegendes Wissen zu begründen, ein:
„Offenbarung des Jenseits-des-Seins, die zwar vielleicht nur ein Wort ist; aber dieses 'vielleicht'
gehört zu einer Doppeldeutigkeit, in der die Anarchie des Unendlichen der Eindeutigkeit eines

Doch entlarvt diese Zuspitzung, auf welche die hier vorgelegte Glaubensanalyse zielt, nicht deren Unangemessenheit? Wird in ihr nicht ein Irrtum offenbar,
der den entschiedenen theologischen Widerspruch fordert? Qualifiziert nicht
die These, nur dem Bekenntnis sei die Wirklichkeit Gottes zugänglich, den
Glauben als die Projektion menschlichen Wollens und Denkens, die zu sein ihm
so oft schon vorgeworfen wurde? Muß nicht eine Theologie, die sich diese
These zu eigen macht, – eventuell nach einem kurzen fideistischen Zwischen-
spiel – ins Lager der radikalsten Religionskritiker überlaufen, um gemeinsam
mit ihnen wehmütig, aber entschieden den Tod Gottes zu verkünden?

Doch solche Kritik verkennt Status und Anliegen der vorgelegten Analyse.
Denn über die Wirklichkeit Gottes und seiner Offenbarung wird hier ja gerade
nicht entschieden.[422] Diese Zurückhaltung nimmt vielmehr die Grundeinsicht
neuzeitlicher Erkenntniskritik ernst: Es ist endlicher Vernunft nicht möglich,
Gottes Existenz – oder Nicht-Existenz – zu beweisen. Was bleibt, ist die Frage
nach den Bedingungen der Möglichkeit, dennoch von Gott zu sprechen.[423] Und
in ihrer Beantwortung stellt sich heraus: Jede positive Aussage über die
Wirklichkeit Gottes setzt das Bekenntnis zu ihr bereits notwendig voraus[424] –
genauso wie jede Bestreitung einer Existenz Gottes, einer wirklich ergangenen
Offenbarung eine entsprechende negative Entscheidung zur Bedingung ihrer
Möglichkeit hat.

Vor dem Hintergrund dieser Einsicht läßt sich nun auch die Frage beantworten, die zum Gespräch mit Cassirer den Anstoß gab: die Frage nach dem
Schritt von der *Er*kenntnis der *Möglichkeit* zum *Bekenntnis* der *Wirklichkeit* der
Offenbarung in Christus. Dieser Schritt, so läßt die Analyse erkennen, wird
vollzogen in jener Freiheit, in der das Bekenntnis möglich ist. Er wird nicht
vermittelt durch eine Wirklichkeits*er*kenntnis, denn diese liegt dem *Bekenntnis*
nicht voraus, sondern wird durch dieses erst ermöglicht.[425] Das Christusbe-

---

Ursprünglichen oder eines Prinzips widersteht" (beide Zitate aus LEVINAS, Sein 341). Zur
grundlegenden Antwortgestalt jüdischen Denkens vgl. GRUNDEN, Freiheit 156-161.
[422] So ist bereits in dem zitierten Midrasch-Vers der formelhafte Einschub: „wenn man so sagen
könnte" von Bedeutung. Er markiert, lange vor den erkenntnistheoretischen Einsichten der
Neuzeit, den Unterschied zwischen einer ontologischen Aussage und der Reflexion auf die
Möglichkeitsbedingungen und Grenzen menschlicher Rede.
[423] Es wäre eine lohnende Aufgabe, die hier gewonnenen Einsichten anzuwenden auf die Diskussion
um das Verhältnis von immanenter und heilsökonomischer Trinität. Rahners ebenso bekannte wie
umstrittene Gleichsetzung beider (vgl. RAHNER, Gott 328, und auch Grundkurs, 141f.), läßt sich
von hier aus kritisch würdigen: Anders als in der auf das Heil des Menschen gerichteten Offenbarung ist Gott für den Menschen nicht erkennbar, nicht wirklich. Doch muß das Bekenntnis zu
dieser Offenbarung voraussetzen, daß Gott schon immer der ist, als der er sich zu erkennen gibt.
[424] „Auch die eigentliche 'Sache' des Glaubens gibt es, jedenfalls für uns, immer nur als schon
verstandene – eben dies Verstandensein ist ihre Bedeutung für uns" (PRÖPPER, Prinzip 173).
[425] „Die Gewißheit des Glaubens erwächst nicht aus einer fraglos vorausgesetzten substantialen
Festigkeit – dem immer schon von allen gekannten und irgendwie verehrten Gott, der Einsicht in
seine Handlungsmöglichkeiten usw. – auch nicht aus der alles in sich versammelnden, Logik, Natur,
Geschichte in die begriffliche Notwendigkeit fügenden transzendentalen Subjekthaftigkeit. Die
Festigkeit wächst gerade dadurch, daß Glaube sich auslegt als inhaltlich bestimmte Treue und

kenntnis als eigenständige symbolische Formung, die dem „sinnlichen Zeichen"
Jesus von Nazareth die „geistige Bedeutung" zuschreibt, Gottes Selbstoffenbarung als Liebe zu sein, verdankt sich der Entscheidung, auf die Wirklichkeit dieser Offenbarung zu bauen. Es stellt damit eine verantwortbare, in vieler
Hinsicht überzeugende, aber keine notwendige Weise des Weltverstehens dar.
Der Glaube bleibt ein Akt menschlicher Freiheit. Ob und wie es sich, wenn
schon nicht zwingend aufdrängt, so doch zumindest nahelegt, Leben und
Geschick Jesu als Offenbarung und nicht anders zu deuten, ist damit noch nicht
entschieden. Doch bevor dieser Problemstellung weiter nachgegangen werden
kann, gilt es, die nun erreichte Einsicht in den Wirklichkeitsbezug des
Bekenntnisses noch zu vertiefen.

c) Evidenz: Die Überzeugungskraft geglaubter Wirklichkeit

Bisher richtete sich das Interesse auf die fragliche Faktizität der Offenbarung,
auf die Wirklichkeit, die der Glaube bezeugt. Dabei wurde das Bekenntnis als
jene symbolische Formung erkannt, die dieser Wirklichkeit ansichtig wird,
indem sie sich bekennend auf sie bezieht. Doch damit ist noch keine hinrei-
chende Auskunft darüber gegeben, wie sich das Verhältnis zwischen dem
Glauben und der Wirklichkeit, auf die er baut, aus der Perspektive des Bekenntnisses, unter Voraussetzung der Wirklichkeit Gottes also, darstellt. Dieses
Selbstverständnis des glaubenden Bekennens muß im folgenden kritisch mit den
erreichten Ergebnissen konfrontiert und auf sie bezogen werden. Denn nur
wenn zwischen beiden ein Brückenschlag gelingt, können die im Gespräch mit
Cassirer gewonnenen Einsichten mehr sein als ein Blick von außen auf die Welt
religiöser Bekenntnisse: eine Orientierung, die sich der christliche Glaube im
Dialog der Religionen selbst zu eigen machen kann.

    Wenn in den vorausgegangenen Überlegungen vom Bekenntnis als der
Antwort auf das in der Offenbarung an den Menschen ergangene Wort
gesprochen wurde, stimmt eine solche Qualifizierung durchaus mit dem
Selbstverständnis des Glaubens überein: Er weiß sich als Antwort auf die
Offenbarung – allerdings als eine von dem sich offenbarenden Gott nicht nur
geforderte, sondern auch durch seine Gnade ermöglichte und getragene
Antwort.[426] Nach seinem bleibenden Ursprung und dem Grund seiner
Beständigkeit gefragt, antwortet der Glaube mit einem doppelten Hinweis. Er
verweist zum einen auf die dem Offenbarungsereignis innewohnende Überzeu-

---

unbedingte Hoffnung, darin aber die Freiheit des Geistes zur Liebe gewinnt" (HÜNERMANN,
Wissenschaft 259). Vgl. auch NEUNER, Glaube 59f.
[426] Zur Gnadenhaftigkeit des Glaubens vgl. BALTHASAR, Schau 238-241; RAHNER, Grundkurs 228-
230; PESCH, Frei sein 316-321.

gungskraft,[427] zum anderen auf die von Gott geschenkte Ermutigung, sich der in diesem Ereignis offenbar werdenden Wahrheit anzuvertrauen.

Mit seiner Rede von der „objektiven Evidenz"[428] will Balthasar jener für den Glauben fundamentalen Erfahrung gerecht werden, daß in der Begegnung mit Christus dessen Wahrheit in einer unmittelbaren, überzeugenden Weise einleuchtet. Der Versuch, diese Erfahrung in der Nachfolge Kants als die kategoriale Formung sinnlichen Materials, als Ergebnis einer vorausliegenden Synthesis-Leistung zu verstehen, wird ihr nach Balthasars Überzeugung nicht gerecht. Vielmehr gilt es, jener ursprünglichen Einheit von Inhalt und Form ansichtig zu werden, die als Schönheit erscheint. „Der Gehalt liegt nicht hinter der Gestalt, sondern in ihr. Wer die Gestalt nicht zu sehen und zu lesen vermag, der verfehlt ebendamit auch den Gehalt. Wem die Gestalt nicht einleuchtet, dem wird auch der Gehalt kein Licht werden."[429] Weil es um die Wahrnehmung der Gestalt geht, in der die Wahrheit erscheint, ist zur Erhellung jener Grunderfahrung des Glaubens in der Begegnung mit Christus die Ästhetik als Wahrnehmungslehre die prädestinierte Tradition.[430] Wenn Balthasar in deren Aufnahme die Unhintergehbarkeit der Verbindung von Gestalt und Gehalt hervorhebt, bewegt er sich in unmittelbarer Nähe zu Cassirers Insistieren auf der Ursprünglichkeit dieser Verknüpfung. Doch während Cassirer in der von ihm so genannten „symbolischen Prägnanz" die transzendentale Bedingung der Möglichkeit des Bedeutens und Wahrnehmens überhaupt sieht und deshalb an dem Nachweis interessiert ist, daß sie allen Weisen des Weltverstehens zugrundeliegt, wählt Balthasar einen anderen Weg. Die Rede von der objektiven Evidenz dient ihm dazu, Christus als die unüberbietbare Verwirklichung der Einheit von Gestalt und Gehalt darzustellen und so deren Wahrnehmung von aller anderen Wahrnehmung zu unterscheiden.

In der Kenosis des Sohnes, im Leben, Sterben und Auferstehen Jesu findet, so Balthasar, die Herrlichkeit Gottes die ihr angemessene Gestalt. In ihr wird unmittelbar ansichtig, was theologisches Denken, was vor allem die Trini-tätslehre erst in langem Ringen wird entfalten können: Gottes Sein als Liebe, die nicht bei sich selbst bleibt, sondern sich in der Schöpfung, in der darin

---

[427] EICHER, Offenbarung 22-25, spricht in diesem Zusammenhang von „‚Offenbarung' als Chiffre für das Fundament von Glaube".

[428] Balthasar entwirft den Gedanken der objektiven Evidenz besonders im ersten Band seines Werkes Herrlichkeit (BALTHASAR, Schau), dann aber auch in der Abhandlung „Glaubhaft ist nur Liebe". Hilfreiche Einblicke in Balthasars Denken verdanke ich der unveröffentlichten Diplomarbeit von Elija M. Timmermann: Die für sich selbst sprechende Liebe Gottes. Hans Urs von Balthasars Theorie der objektiven Evidenz der Offenbarungsgestalt, Münster 1996. Zur Auseinandersetzung mit Balthasar vgl. u.a. EICHER, Offenbarung 293-343; KUNZ, Glaubwürdigkeitserkenntnis 430-433; VERWEYEN, Wort 394-398.

[429] BALTHASAR, Schau 144.

[430] Vgl. BALTHASAR, Schau 31-42.166f.; ders., Liebe 33-35. Dazu KEHL, Balthasar 53f.

eröffneten Heils- und Erlösungsgeschichte nach außen wendet.[431] Entscheidend
dabei ist, so Balthasar: Der Glaube bringt diese Gestalt nicht hervor, sondern
verdankt sich ihr. „Hingerissen" von der Schönheit, die in ihr aufleuchtet,
überwältigt von ihrer Wahrheit, sieht der Glaube in ihr seinen Ursprung.[432]

So selbstverständlich es den derartig „Hingerissenen" auch sein mag, sich
dem Gott, dessen Wirklichkeit ihnen in der Gestalt Jesu offenbar wurde, anzuvertrauen, sich hinreißen zu lassen: Wendet man den Blick von jenen großen
Glaubenden, die Balthasar bei seinen Analysen vor Augen hat, den vielen zu,
die auf unzähligen Wegen und Umwegen sich dem Glauben mühsam nähern,
um ihn ringen, dann wird deutlich, daß weder dem Sehen der Gestalt noch dem
Akt des Vertrauens auf sie eine solche Selbstverständlichkeit eigen ist.[433] Und in
solches Mühen werden auch viele der einst Hingerissenen eingewiesen werden,
wenn es darum geht, das einmal gefundene Vertrauen durchzuhalten, der Einsicht auch dann noch treu zu bleiben, wenn ihnen nichts mehr sichtbar ist.
Gerade angesichts seiner Nicht-Selbstverständlichkeit wird ein Glaube, der vielleicht erst nach langem Zweifel erwacht, die Frage nach seiner eigenen Ermöglichung stellen – und erkennen, daß er sich nicht selbst hervorbrachte, nicht einfach die wohlverdiente Frucht des menschlichen Mühens ist. Der Glaube weiß
sich selbst als Geschenk, bekennt, daß er nicht nur seine Möglichkeit, sondern
auch seine Wirklichkeit der Gnade des Gottes verdankt, dem er sich anver-
traut.[434] Ein solches Wissen ist nicht allein den einzelnen Gläubigen zu eigen,
die staunend auf ihren Mut zum Vertrauen schauen und nach der ihn stützen-
den Ermutigung fragen. Auch die meist nüchternere Theologie wird die
Geschichte ihrer immer wieder neuen und nicht selten vertieften Erfassung des
Geheimnisses, dem sie nachdenkt, als nicht nur erarbeitete, sondern stets auch
geschenkte Erschließung verstehen.[435] Im Bekenntnis zum Geist Gottes, den der
Glaube in der individuellen Glaubensgeschichte wie in der Gesamttradition der

---

[431] Vgl. zu diesen Grundgedanken Balthasars deren kurze Zusammenfassung in BALTHASAR, Liebe
55-65. Dazu EICHER, Offenbarung 330-335.

[432] Zur Rede vom „Hingerissen-Sein" vgl. BALTHASAR, Schau, erstmals 30, dann durchgängig.

[433] Auf die Ungewöhnlichkeit solchen „Hingerissen-Seins" und „Sich-Hinreißen-Lassens" weist
BALTHASAR, Schau 246.288, selber hin. Scheint Balthasar an der erstgenannten Stelle das mangelnde
Überzeugtsein vieler Christen ganz deren Sündigkeit anzulasten, ist er an der zweitgenannten
interessiert, beide Weisen des Glaubens – das Hingerissen-Sein und das Mühen – in den Gesamtzusammenhang kirchlichen Glaubens zu stellen.

[434] Deshalb spricht die kirchliche Tradition zu Recht von der „Übernatürlichkeit" des Glaubens
(DH 3008; vgl. KUNZ, Glaubwürdigkeitserkenntnis 416-420; NEUNER, Glaube 56). Von besonderer
Bedeutung für eine entsprechende Glaubensanalyse bleiben – neben den frühen Ansätzen der
Barockscholastik – Newman, Blondel und Rousselot.

[435] Zu dieser – in den erkenntnistheoretischen Erörterungen zur Dogmengeschichte (vgl. o. S. 103f.)
bewußt ausgeklammerten – gläubigen Deutung des Prozesses, in dem sich das Bekenntnis entfaltet,
vgl. RAHNER, Geschichtlichkeit 768f.; SCHEFFCZYK, Dogmengeschichtserforschung 140f.

Kirche am Werk sieht, findet sein Wissen um seinen Ursprung und seine bleibende Ermöglichung seinen prägnantesten Ausdruck.[436]

Doch muß aus der Perspektive eines solchen Glaubensbewußtseins nicht eine Analyse zurückgewiesen werden, die, wie die oben vorgelegte, den Glauben als Freiheitsakt versteht? Muß, wo Glaube zu finden ist, nicht von göttlicher Fügung statt von menschlicher Tat gesprochen werden? Solche Rückfragen sind der Theologiegeschichte keineswegs fremd. Wo immer die Reflexion der Gefahr erlag, menschliches und göttliches Handeln, Freiheit und Gnade als Konkurrenzverhältnis zu denken, mündete sie, wenn nicht in den Atheismus, in eine Prädestinationslehre, die mit Entschiedenheit die maßgebliche Beteiligung des Menschen am Akt seines Glaubens zurückwies.[437]

Gegen ein solches Selbstverständnis des Glaubens aber spricht bereits das neutestamentliche Zeugnis – und mit ihm die breite Tradition des in ihm wurzelnden Bekenntnisses.[438] Schon das durchgängige Anliegen der Schrift, andere zum Glauben zu ermutigen und zu bewegen, wäre ohne jeden Sinn, fehlte ihm die Überzeugung, daß Menschen sich zum Vertrauen auf den bezeugten Gott entschließen können. Vor allem aber ist zu verweisen auf das dem Glauben eigene Freiheitsbewußtsein. Denn die Überzeugungskraft der Gestalt Jesu, die Erfahrung göttlicher Gnade werden gerade nicht als Aufhebung, sondern als unübertroffene Eröffnung der Freiheit erlebt.[439] Sie befreien aus der oft quälenden Ambivalenz und ermöglichen gerade so die ganz und gar freie Antwort auf das begegnende Wort Gottes. Mehr noch: Die im Neuen Testament geschilderten Begegnungen mit Jesus, die immer zum Staunen, aber keineswegs regelmäßig zum Glauben führen, bezeugen, daß erst in der Zustimmung zum Anspruch Jesu dessen Überzeugungskraft sichtbar wird.[440] Das bedeutet: Auch wenn nicht der Blick sie hervorbringen kann, sie sich nur

---

[436] So schon Röm 8,15: „Ihr habt den Geist empfangen, [...] in dem wir rufen: Abba, Vater". Bei Balthasar findet sich dieses Bekenntnis in einer ausdrücklich trinitätstheologischen Fassung: „Der Glaubende kann seine Antwort auf das Licht des Zeugnisses nicht als ein zweites selbständiges Wort neben dem Wort Christi auffassen, obwohl er sich noch nie so persönlich ernstgenommen und erfüllt gefunden hat, als da er dieses Wort sprach. Er weiss doch, dass er mitsamt seinem antwortenden Glaubenswort in das trinitarische Zeugnis (Joh 5,36f; 8,16-18) übernommen ist."

[437] Zu diesen Auseinandersetzungen, die im sog. Gnadenstreit einen dramatischen Höhepunkt fanden, vgl. GRESHAKE, Freiheit 34-90; PESCH, Frei sein 306-328; EICHER, Theologien 22-30.

[438] Selbst die vor allem von Johannes hervorgehobene Einsicht, daß sich der gleichwohl geforderte Glaube einer göttlichen Erwählung verdankt, wird als solche Einsicht in die eröffnete Freiheit zu lesen sein. Vgl. Joh 6,44 u.ö., dazu SCHNACKENBURG, Johannesevangelium II,328-335: „Aber so viel wird klar, daß Glauben nicht ohne Gottes 'Ziehen', also seine dem Menschen zuvorkommende Gnade, möglich ist und dennoch dem Menschen die eigene Entscheidung nicht erspart wird. Das Paradox der Gnadenlehre bleibt erhalten" (332).

[439] „Der Glaube ist *zugleich Grund* der Freiheit *und* deren fundamentale empirisch erneuernde *Wirkung*" (PESCH, Frei sein 322). Vgl. auch GRESHAKE, Freiheit 119-122. In besonderer Eindringlichkeit stellt Kierkegaard die erst im Glauben an die Vergebung für den Sünder zu gewinnende Freiheit zum Glauben heraus. Vgl. LARSEN, Paradoxbegriff.

[440] Vgl. z.B. Lk 4,22-24. Dieses biblische Zeugnis steht gegen die von VERWEYEN, Wort 397f., vertretene, allzu direkte Ableitung des Glaubens aus dem Staunen.

in eigener Vollmacht zeigen kann – allein der, der schauen *will*, erblickt die
Gestalt. Und selbst wenn die Fähigkeit zum Schauen, das in die glaubende
Zustimmung oder gar ins Hingerissen-Sein mündet, Geschenk ist – sie bleibt
wirkungslos, wenn sie nicht in Freiheit angenommen wird.

In diesem wechselseitigen Bedingungsverhältnis von Glauben und Schauen,
zwischen dem Bekenntnis, das die Wirklichkeit erschließt, und der Wirklichkeit, der sich das Bekenntnis verdankt, liegt der Möglichkeitsgrund für die
faktische Entwicklung der individuellen wie kirchlichen Glaubensgewißheit. An
deren Anfang muß nicht mehr stehen als die – vielleicht ebenfalls erst durch
einen Anstoß von außen geweckte – prinzipielle Offenheit, die mögliche
Wirklichkeit Gottes, ein Ereignis als möglicherweise faktische Offenbarung
anzuerkennen. Ein derart geöffneter Blick kann dann oft nur in ersten Schemen
die Offenbarungsgestalt als solche erkennen, in dieser Erkenntnis die Möglichkeit zum genaueren Schauen finden, das die Gestalt, von der es zunehmend
selbst erfaßt wird, immer deutlicher erfaßt.[441] Im Wechselspiel von empfangener
Ermutigung und ausgreifendem Mut, das wohl nur in Ausnahmefällen sich in
einem überwältigenden Bekehrungserlebnis konzentriert, findet der Glaube in
die ihm eigene Gewißheit: in die Gewißheit sowohl seiner Freiheit wie der
Wirklichkeit, der er sich verdankt.

Auch Balthasar versucht dieses Wechselverhältnis zu erfassen, indem er die
objektive Evidenz in Beziehung setzt zu der subjektiven Evidenz, in der dem
Glaubenden durch den Glauben die Gestalt Christi als Offenbarungsgestalt
einleuchtet. Daß aber Balthasar dieses Wechselverhältnis letztlich doch
gegründet sehen muß in der objektiven Evidenz, die die subjektive nur noch
ermöglichend aus sich entläßt, läßt sich aus der schon aufgezeigten Differenz zu
Cassirer verständlich machen.[442] Wenn er nämlich die – auch von Cassirer
betonte – Einheit von Gestalt und Gehalt unmittelbar christologisch, also
inhaltlich faßt, übersieht er, daß diese konkrete Formung der transzendental
vorauszusetzenden Einheit eben nicht unmittelbar aus dieser hervorgeht oder

---

[441] Zu dieser „Entwicklungsgeschichte" gläubiger Schau vgl. BALTHASAR, Schau 119; ähnlich auch
ders., Liebe 49f.; NEUNER, Glaube 61. Eindringlich dargestellt findet sie sich auch in der Perikope
von der „schrittweisen" Heilung des Blinden bei Mk 8,22-26.
[442] Stellt man die zahlreichen Versuche Balthasars, das Verhältnis von subjektiver und objektiver
Evidenz, von aktivem menschlichen Schauen und passivem Hingerissen-Werden von der Schönheit
der Gestalt nebeneinander, zeigt sich deren innere Spannung. Wird einerseits zugestanden, „dass man
die subjektiven Bedingungen der Möglichkeit dieses Einleuchtens mit kantischen Kategorien
beschreiben kann" (BALTHASAR, Schau 170), daß das Licht der Offenbarung dem Menschen „die
Freiheit der Antwort und damit auch die Möglichkeit der Ablehnung" (151) schenkt, bleibt auf der
anderen Seite das Übergewicht der objektiven Evidenz bestimmend: „Nicht ich ziehe für mich
meine Konsequenzen aus dem Geschauten, sondern das Geschaute, falls es wirklich in sich selber
gesehen worden ist, zieht seine Konsequenzen in mir" (467). „Aber hier liegt auch die scharfe
Grenze: die subjektive Bedingung der Möglichkeit des Ansichtigwerdens (die sehr umfassend sein
kann) darf nie und nimmer in die Konstitution der objektiven Evidenz des Gegenstandes
miteingreifen oder diese einfach bedingen und damit ersetzen; jede noch so existentielle Form von
Kantianismus in der Theologie muss das Phänomen verfälschen und verfehlen" (447).

abzuleiten wäre. Die konkrete Formung nämlich verdankt sich der Einordnung in einen bestimmten symbolischen Formzusammenhang, eine vorgegebene Sinntotalität. Diese Einordnung aber setzt eine nicht notwendig bewußte, jedoch ins Bewußtsein zu hebende Entscheidung voraus, die begegnende Gestalt· so und nicht anders zu verstehen. Weil Balthasar diesen Schritt in seiner Analyse nicht ausreichend berücksichtigt, ja leugnet, kann er den Glauben nicht mehr deutlich genug sehen als einen Akt jener menschlichen Freiheit, in der gerade der Glaubende sich von Gott, dessen Wirklichkeit und Offenbarung er bekennt, zur Antwort gefordert und – in dieser Hinsicht hat die Rede von der objektiven Evidenz ihre unverzichtbare Bedeutung – befähigt weiß.[443]

d) Personwerdung: Das Selbstverständnis der Glaubenden

War bisher vom Christusbekenntnis als symbolischer Form die Rede, standen das zu Formende und der Akt der Formung im Mittelpunkt des Interesses. Ging es doch vor allem um eine Analyse des christlichen Welt- und Gottesverstehens sowie um das darin zu verstehen Gesuchte, d.h. um Leben und Geschick Jesu, dann aber auch um die Gesamtheit möglicher sinnlicher Zeichen. Entsprechend allgemein und undifferenziert konnte deshalb auch stets nur von „dem Bekenntnis", „dem Glauben", „den Glaubenden" die Rede sein. Die umfassende Erhellung symbolischen Formens kann aber, wie sich in der Interpretation Cassirers zeigte, nicht darauf verzichten, auch präzise nach dem Subjekt der Formung überhaupt wie auch der je konkreten Formen zu fragen. So gilt es im folgenden zu prüfen, wer als Subjekt des Bekenntnisses anzusehen ist, und darüber hinaus zu fragen, ob und wie sich Glaubende ihrer selbst bewußt sind und als Subjekte des Glaubens verstehen.

Die Kirche hat nie einen Zweifel daran gelassen, daß der Glaube von den einzelnen gefordert ist und vollzogen werden muß.[444] Die Umkehr und das mit ihr verbundene, von dem oder der einzelnen gesprochene Bekenntnis zu Christus ist Voraussetzung für die Taufe.[445] Die vertrauende Hinwendung zu

---

[443] Wenn der Glaube dergestalt als Freiheitsakt analysiert wird, geht es nicht darum, „den Überstieg vom bloß approximativ Unbedingten zum Unbedingten selbst dem (gnadenhaft erleuchteten) wagenden Subjekt" vorzubehalten (VERWEYEN, Wort 391). Vielmehr soll die Konsequenz aus der Einsicht gezogen werden, daß das Unbedingte vom Menschen allein unter spezifischen Bedingungen erkannt und zum Ausdruck gebracht werden kann.

[444] Davon geben bereits die Berufungsgeschichten des NT beredtes Zeugnis. Doch auch der Umkehrruf Jesu richtet sich, wenngleich zur Menge gesprochen, an die je einzelnen. Nicht zuletzt ex negativo läßt sich die Beanspruchung des einzelnen herausstellen: Nur angesichts ihrer individuellen Verantwortlichkeit ist die Rede von einem Gericht, dem sich die einzelnen zu stellen haben, sinnvoll.

[445] Vgl. SCHNEIDER, Zeichen 73-75. Durch die schon früh eingeführte, aber stets umstrittene Praxis der Kindertaufe droht der Zusammenhang von Umkehr, Bekenntnis und Taufe der Vergessenheit anheimzufallen. In heutiger Tauftheologie wird die Kindertaufe als Zeichen der dem Glauben vorausliegenden Begnadung gerechtfertigt, ohne damit die von dieser Gnade geforderte Umkehr zu leugnen. Vgl. VORGRIMLER, Sakramententheologie 132-136; SCHNEIDER, Zeichen 99-103.

Gott, die darin gründende Erfüllung des Gebots der Nächstenliebe sind ureigene Vollzüge jeder und jedes einzelnen. Gleichwohl, und auch das ist der kirchlichen Tradition stets gegenwärtig, ist das Bekenntnis nicht Ausdruck und Quelle individueller Vereinsamung. Gerade im je eigenen Bekenntnis vollzieht sich die Eingliederung in die Gemeinschaft der Glaubenden, die bereits zu seinen wesentlichen Voraussetzungen zählt.[446] Christus als die Selbstoffenbarung Gottes zu bekennen bedeutet, wie bereits ausgeführt wurde, sich eine spezifische Weise des Weltverstehens zu eigen zu machen, in eine symbolische Form einzutreten – nicht ohne daß diese Aneignung auch modifizierende Rückwirkungen auf die vorgegebene Formung hätte.[447]

In diesem Wechselverhältnis von vorgegebener Formung und individueller Aneignung gewinnt jedoch nicht nur das spezifische Verstehen der Welt und Gottes seine Gestalt, sondern auch das Selbstverständnis der Glaubenden. Cassirers These, „daß der Mensch sein eigenes Sein nur soweit erfaßt und erkennt, als er es sich im Bilde seiner Götter sichtbar zu machen vermag",[448] läßt sich im Blick auf die Entwicklung des Selbstbewußtseins derer, die sich zu Christus bekennen, in doppelter Hinsicht bewähren. Ist doch diese Verbindung in den individuellen Biographien Glaubender nicht weniger deutlich zu beobachten als im Blick auf die theologie- und geistesgeschichtliche Entfaltung der Anthropologie.

Daß und wie das Bekenntnis zu Christus das Selbstverständnis des einzelnen Menschen zu entwickeln und zu verändern vermag, läßt sich nicht nur bei denen erkennen, die sich erst spät für das Christentum entscheiden. Auch Menschen, die im Raum christlicher Tradition aufwuchsen, können durch die Reflexion und allmähliche Erfassung des von ihnen Geglaubten sich ihrer eigenen, unverlierbaren Würde bewußt werden: Beinhaltet das Christusbekenntnis doch die Zusage, als je individueller Mensch von Gott angesprochen und anerkannt zu sein. Frucht dieses am Bekenntnis gewachsenen Selbstbewußtseins ist nicht selten der entschiedene Einsatz für die Würde und das Selbstbestimmungsrecht der Menschen: in politischen, ökonomischen und nicht zuletzt in kirchlichen Zusammenhängen.[449] Ein in solcher Bewährung sich

[446] Vgl. VORGRIMLER, Sakramententheologie 126-129.
[447] „Im hermeneutischen Akt des Glaubens wird [...] in eigenständiger Aneignung und verantwortlicher Auseinandersetzung mit dem Glauben der Kirche eine persönliche Glaubenshaltung gewonnen. [...] Glaube ist nie nur das Für-wahr-halten eines oder einer Anzahl von Glaubenssätzen, von Dogmen, sondern immer zugleich auch produktive Gestaltung einer Glaubenserkenntnis, in der subjektives Erkenntnisinteresse und objektive Glaubensaussage zu einer neuen hermeneutischen Ganzheit verschmelzen" (NEUNER, Glaube 63; zum gesamten Zusammenhang vgl. aaO.63-66).
[448] PsF II,260.
[449] Besonders deutlich läßt sich dieser Prozeß in der Geschichte der lateinamerikanischen Befreiungstheologie erkennen: Inmitten einer jahrhundertealten christlichen Tradition brach hier das Bewußtsein von der Würde des Menschen auf, das den Widerstand gegen die herrschenden Unrechtsstrukturen forderte. Vgl. GUTIÉRREZ, Theologie 91-130; BOFF, Theologie 127-152. Zur politischen wie kirchlichen Relevanz des neuzeitlichen Freiheits- und Subjektivitätsbewußtseins vgl. auch METZ, Glaube 29-43; ders., Gottespassion 39-46; PRÖPPER, Autonomie.

nochmals veränderndes Selbstverständnis wirkt dann seinerseits zurück auf das in der christlichen Tradition überlieferte Menschenbild, geht in die symbolische Form des Christusbekenntnisses modifizierend ein.[450]

Noch deutlicher wird der genetische Zusammenhang von menschlichem Selbstverständnis und Gottesbild, wenn der Blick nicht auf die zeitlich eng begrenzte Entwicklung eines einzelnen Menschen, der stets nur dem aktuell ausgeprägten Menschenbild der Tradition begegnet, sondern auf den umfassenderen theologiegeschichtlichen Prozeß gerichtet wird, in dem sich die Anthropologie entfaltet hat.

Auch wenn sich christliche Theologie in ihrem Nachdenken über den Menschen wesentlich an der geglaubten Christusoffenbarung orientiert, liegt in dieser nicht die alleinige Voraussetzung ihres Verstehens. Wiederum bildet die alttestamentlich-frühjüdische Weise der Weltdeutung den vorgegebenen Horizont, aus dem heraus sich die spezifische symbolische Form des Christentums erst entwickelt. In jenem Verstehen festgehalten ist Überzeugung von der Würde jedes einzelnen Menschen in seiner Einmaligkeit und Unersetzbarkeit, die im Glauben an die Schöpfungsmacht Gottes gründet.[451] Der geschaffene Mensch versteht sich als Gegenüber des Gottes, dem er sein Dasein verdankt. „Recht tun, Güte und Treue lieben, in Ehrfurcht den Weg gehen mit seinem Gott"[452] – dazu weiß der Glaubende sich fähig und verpflichtet.[453] Hier zeigt sich bereits ein Grundzug, der das biblische Bild des Menschen ebenso prägt wie das der nachfolgenden christlichen Tradition: Nicht im Behandeln eines beliebigen Gegenstands, nicht im Werkzeuggebrauch wird sich der Mensch seiner selbst als Subjekt und in die Freiheit gestelltes Wesen bewußt, sondern im Gegenüber zu einem ebenfalls als Subjekt und Freiheit geglaubten Gott. Nicht in der Beziehung zu etwas anderem, sondern in der Begegnung mit einem anderen findet der Mensch zum Wissen um sich selbst.[454]

---

[450] Zu den Wechselverhältnissen zwischen praktischem Engagement und christologischem Denken vgl. die zahlreichen Zeugnisse bei BUSSMANN, Befreiung; COLLET, Christus.

[451] Vgl. SCHREINER, Theologie 164-183, der überzeugend nachweist, daß der einzelne Mensch schon in den frühen Schriften des AT in seinem individuellen Gegenüber zu Gott gesehen wird. Die oft behauptete Vorordnung des Volkes vor dem Einzelnen läßt sich am biblischen Befund nicht überzeugend verifizieren.

[452] Vgl. Mi 6,8. Dazu die religionsphilosophische Deutung bei HEMMERLE, Gott.

[453] COHEN, Religion 192-207, fragt genauer nach der Genese des Individualitätsbewußtseins und deckt dafür zwei Quellen auf: zum einen die Wahrnehmung des Mitmenschen in Gestalt des Armen und Fremden, der zur Fürsorge verpflichtet (vgl. 131-166); zum anderen die Erkenntnis der Schuld, in der sich einzelne vor Gott findet und von Gott mit der Vergebung beschenkt weiß. In diesem Geschehen, so Cohen, wird der Allgemeinbegriff der Subjektivität, den die philosophische Ethik nicht zu überwinden vermag, auf ein konkretes Selbstbewußtsein hin aufgebrochen (vgl. 195f.).

[454] Cassirers Rekonstruktion der Genese des subjektiven Selbstbewußtseins deckte, wie gezeigt, zwei verschiedene Linien auf: zum einen die zunehmend ansichtig werdende Korrelation zwischen dem Subjekt und dem von ihm erfaßten, nicht zuletzt technisch bearbeiteten oder hervorgebrachten Objekt (zur allgemeinen Korrelativität von Subjekt und Objekt vgl. EBK 214.227; zur Bedeutung des Werkzeuggebrauchs für die Entwicklung des Selbstbewußtseins STS 64-67); zum anderen die Entdeckung des Ich am Du im Prozeß der Ausdruckswahrnehmung (vgl. LKw 53f.). Die

Daß und wie sich dieses biblisch vorgeprägte Verständnis des Menschen durch den Glauben an die Christusoffenbarung weiter wandelt, läßt sich in besonderer Prägnanz an dem sich entwickelnden Personbegriff verfolgen.[455] Gewinnt dieser Begriff, zunächst in einem ganz anderen Kontext beheimatet, doch zunehmende Bedeutung für den Versuch, dem Christusgeheimnis nachdenkend gerecht zu werden. Bis in Einzelheiten läßt sich am Gebrauch dieses Terminus nachweisen, wie das Selbstverständnis des Menschen ein Ausgangspunkt für die theologische Reflexion ist, zugleich aber von ihr wesentlich verändert wird.[456] Dabei ist die immer wieder hervorgehobene „Gegenläufigkeit"[457] der Verwendung des Personbegriffs in der Christologie einerseits, in der Trinitätstheologie andererseits von nicht zu überschätzender Bedeutung auch für die Selbstreflexion des Menschen. In der Christologie steht der Personbegriff für das einheitsstiftende, selbstmächtige Prinzip, das die Verschiedenheit der Naturen zu einen in der Lage ist.[458] In der Trinitätstheologie dagegen soll er innerhalb der einen göttlichen Natur die Differenzen benennen, ohne die Gott selbst nicht als Beziehung zu denken wäre.[459] Genauso wie die theologische Reflexion ihren Gegenstand zu verfehlen droht, sobald sie die Spannung zwischen Selbstand und Bezogenheit der einzelnen Personen nicht mehr durchhält, führt auch eine Anthropologie, die den Menschen nicht im Zugleich beider Pole versteht, in die Irre.

Von der Schwierigkeit, die genannte Polarität angemessen zu erfassen, gibt die Entwicklung des neuzeitlichen Selbstbewußtseins nach seiner Abwendung von religiös-theologischen Fundierungen beredtes Zeugnis. Aus den Wurzeln des biblischen, jüdisch wie christlich tradierten und entfalteten Menschenbildes wächst am Beginn der europäischen Neuzeit ein neues Bewußtsein des Menschen von seiner ihm eigenen Würde.[460] Im Namen dieser Würde erheben Menschen Einspruch gegen jede, auch gegen jede religiös begründete Abhängig-

---

Entwicklung des biblisch-religiösen Selbstbewußtseins muß zweifellos der zweitgenannten Linie zugeordnet werden.

[455] Eine entsprechende Untersuchung zeigt, „daß die christliche Trinitätslehre sich ausdrücklich oder unausdrücklich als treibende Kraft für ein tieferes Verständnis von Person im göttlichen wie im geschöpflichen Bereich erwies" (GRESHAKE, Gott 172). Vgl. dazu WERBICK, Person (Lit.); ders., Trinitätslehre 543-551; GRESHAKE, Gott 74-216; einen Überblick über die zahlreichen aktuellen Versuche, die theologisch-philosophische Entwicklung des Personbegriffs nachzuzeichnen, bietet ESSEN, Person.

[456] So muß etwa – um eines von vielen Beispielen herauszugreifen – das biblisch begründete Bewußtsein vom freien Willen des Menschen, sobald es in die Auseinandersetzung über die Person Christi Eingang findet, den Monotheletenstreit heraufführen, um zu einer klaren Aussage über den Willen Christi zu gelangen. Er findet im Freiheitsbegriff des Maximus Confessor eine Lösung, die nicht nur für die Christologie, sondern wiederum für das Selbstverständnis des Menschen und seiner Freiheit wegweisend wird. Vgl. HÜNERMANN, Jesus 179-182.

[457] Vgl. WERBICK, Person 195.

[458] Vgl. KESSLER, Christologie 350-354.

[459] Vgl. GRESHAKE, Gott 95-100.

[460] KOBUSCH, Entdeckung, weist eindrücklich nach, daß und wie die neuzeitliche Anthropologie aus ihren christlich-theologischen Vorgaben erwächst (vgl. zur Grundthese aaO.20).

keit und Unmündigkeit.[461] Sie entdecken die Unbedingtheit ihres Verstehens der Welt sowie ihres Verhaltens zu ihr und finden in der Entwicklung der freien Wissenschaften[462] wie in gesellschaftlichen und politischen Emanzipationsbewegungen[463] einen angemessenen Ausdruck dieses neuen Selbstbewußtseins. Es tut der so aufgedeckten Unbedingtheit, in der die Geltung und Legitimität des Anspruchs auf Achtung menschlicher Autonomie und Würde gründen, keinen Abbruch, daß sie unter den spezifischen Bedingungen der biblisch-europäischen Geistesgeschichte entdeckt wurde und auch nur in je bedingter Form zur Sprache zu bringen ist.[464] Dies zeigte sich in der weiterführenden Deutung der von Cassirer durchgehaltenen Unterscheidung von Geist und Subjektivität.

Doch steht ein solches Selbstbewußtsein einerseits stets in der Gefahr, die der transzendentalen Reflexion ansichtige Unbedingtheit menschlichen Urteilens und Handelns als solipsistische Autarkie mißzuverstehen. Das einzelne Subjekt wird dann zum konstituierenden Mittelpunkt nicht nur seines je subjektiven Verstehens und Verhaltens, sondern seiner gesamten Um- und Mitwelt. Einer imperialistischen Bemächtigung alles Fremden und Anderen, die schließlich die Selbstzerstörung zur Folge hat, ist mit einem solchen Verständnis der Boden bereitet.[465] Als Gegenbewegung zu dieser Fehlentwicklung erscheint andererseits der Versuch, die Subjektivität des Einzelnen ganz vom Anderen her zu bestimmen: Nicht der Selbstand, sondern die zur Geiselschaft potenzierte Bezogenheit auf den Anderen, der durch sein Dasein ganz und unbedingt einfordert, wird nun zum Ausgangspunkt menschlichen Selbstverstehens.[466] Verliert das erstgenannte Bewußtsein die Angewiesenheit des Menschen auf die

---

[461] Zur neuzeitlich-emanzipatorischen Religionskritik vgl.o. S. 31f.

[462] Vgl. VERWEYEN, Wort 14; PANNENBERG, Wissenschaftstheorie 11-18.

[463] Vgl. BONGARDT, Emanzipation (Lit.).

[464] Die Unterscheidung von Genese und Geltung gilt es in gleicher Weise durchzuhalten, wenn das je individuelle Selbstbewußtsein analysiert wird: Aus der Tatsache, daß ein Mensch in dieses Bewußtsein nur hineinfindet, wenn er von anderen als Person angesprochen wird (vgl. PANNENBERG, Anthropologie 151-235, mit zahlreichen Rückbezügen auf soziologische und psychologische Erkenntnisse), darf nicht gefolgert werden, daß die der Reflexion erreichbare und im Bewußtsein dann präsente Unbedingtheit menschlicher Freiheit und des in ihr gründenden Selbstbewußtseins ein Trug wäre (vgl., kritisch zu Pannenberg, PRÖPPER, Faktum 276f., bes. Anm.15). Die gleiche Spannung besteht, wie die Auseinandersetzung mit Cassirer bereits erkennen ließ, zwischen der Unbedingtheit menschlichen Verstehen- und Formen-Könnens und der unhintergehbaren Bedingtheit, in der dieses – z.B. im europäisch-neuzeitlichen Subjektdenken – seine selbstreflexive Ausdrucksform findet.

[465] Wird der Vorwurf des Solipsismus nicht selten, wenn auch zu Unrecht, bereits an Fichtes Philosophie herangetragen, findet er seine umfassendste Berechtigung im Blick auf die Gedanken Max Stirners.

[466] Vgl. LEVINAS, Sein 34-36. Subjektivität wird von Levinas auf den Wortsinn des Unterworfenseins zurückgeführt. Er stellt sich damit ausdrücklich gegen jene philosophische Tradition, die das Ich, das Sein des Ich zum Ausgangspunkt des Weltverstehens wählte (vgl. LEVINAS, Spur 103-119; ders., Sein 289-307). Ob Levinas mit dieser pauschalen Verurteilung der abendländischen Tradition als „Philosophie des Seins" deren Differenziertheit gerecht wird, darf zu Recht bezweifelt werden – nicht zu leugnen ist jedoch, daß ein den Anderen vernichtender Solipsismus nicht nur in einer möglichen, sondern auch in der faktischen Entwicklungslinie dieser Tradition liegt.

Begegnung mit anderem und anderen aus dem Blick, kann das letztgenannte
Verständnis nicht mehr die Frage beantworten, wer die unendliche Verantwortung, in die der Mensch gestellt ist, übernimmt, wie sich der Mensch seiner
selbst – als Geisel – bewußt wird.

Die bereits ausführlich dargestellte transzendentaldialogische Freiheitsanaly-
se weist einen Ausweg aus dem hier aufbrechenden Dilemma:[467] Läßt sie doch
erkennen, daß der Mensch gerade in der ihm zukommenden unbedingten
Freiheit, wenn diese Wirklichkeit gewinnen soll, notwendig auf die
Anerkennung fremder Freiheit und durch fremde Freiheit verwiesen bleibt. In
ihrem Selbstand ist die menschliche Person auf andere bezogen – und in ihrer
Beziehung zu anderen und zur Welt gewinnt dieser Selbstand seine konkrete
Realität.[468] Dieser Bestimmung des Menschen und Gottes als freier Personen
kommt, daran ist mit Cassirer festzuhalten, rein funktionaler Charakter zu.
Nicht um die Abbildung einer in sich stehenden oder gar materiell identifizier-
baren Substanz geht es ihr, sondern um die Reflexion auf jene vorauszusetzenden Bedingungen, die das beobachtete Geschehen und die geglaubte Wirklichkeit überhaupt erst als möglich denken lassen, um die Bestimmung von
Begriffen, die ein Verstehen der sinnlichen Zeichen eröffnen.

---

[467] Es ist vor allem das Verdienst von Heinrichs, die phänomenologisch überzeugenden Einsichten
der Dialogik Bubers und anderer so mit der transzendentalphilosophischen Tradition verbunden zu
haben, daß die geltungstheoretischen Defizite ersterer überwunden werden konnten. Vgl.
HEINRICHS, Fichte; ders., Sinn. Zu verweisen ist hier aber auch auf die genauen Analysen bei
THEUNISSEN, Der Andere.
[468] Dieses Spannungsverhältnis zu erfassen, ist nicht zuletzt Ziel von Greshakes trinitätstheologischer
Studie (vgl. GRESHAKE, Gott 172). Der Fokus seines Interesses liegt dabei auf der Herausstellung der
relationalen Verfaßtheit der Person, der Communio der göttlichen Personen (vgl. 179-216). Ansätze
dafür arbeitet Greshake – in Anlehnung an Hilberath – bereits in der frühesten Vätertheologie,
besonders bei Tertullian heraus (vgl. 90-94). Doch Greshakes Fassung des Communio-Begriffs
vermag nicht wirklich zu klären, wie die perichoretische Einheit der Personen in ihrem Selbstand zu
fassen ist. Diese Schwierigkeiten gründen darin, daß zwar – zu Recht – ein substanzhaftes
Verständnis der Person abgewiesen wird (181f., wobei zu fragen bleibt, ob mit dem verwendeten
Substanzbegriff die menschliche Subjektivität angemessen erfaßt ist), aber keine positive Bestimmung des freien Selbstandes der Person eingeführt wird.
Einen anderen Versuch, die Subjektivität des Menschen, sein Dasein als freie Person zu verstehen,
legt Pannenberg vor, wenn er – im Anschluß an die sog. Philosophische Anthropologie, vor allem
an Plessner – den Menschen als das Wesen versteht, das von Zentralität und Exzentrizität geprägt ist
(vgl. PANNENBERG, Anthropologie 78). Pannenberg bestimmt dabei die Freiheit des Menschen
nicht als transzendentale Möglichkeits- und Vollzugsbedingung dieses Spannungsverhältnisses,
sondern sieht den erbsündlich geprägten Menschen immer schon in der Zentralität gefangen und erst
durch die Gnade aufgefordert und befähigt, frei zu werden. Erst im Tun des Guten, in der Annahme
seiner Geschöpflichkeit gewinnt der Mensch die Freiheit, seiner Bestimmung zum Bild Gottes
gerecht zu werden (vgl. 101-116). Dieser Ansatz hat nicht nur weitreichende Folgen für das
Verständnis der Sünde, die zumindest als Erbsünde nicht mehr an die Freiheit rückgebunden und
folglich nicht mehr als Schuld qualifiziert werden kann, sondern auch für den Glauben, der nicht
mehr im Vollsinn des Wortes als Freiheitsakt zu verstehen ist (Zur Kontroverse um Pannenbergs
Freiheits-, Sünden- und Glaubensbegriff vgl. PRÖPPER, Faktum; DIETZ, Kierkegaard 285-290;
BONGARDT, Widerstand 183-190).

In dieser Unbedingtheit menschlichen Verstehenkönnens, des Vermögens zu symbolischer Formung, liegt nicht zuletzt die Bedingung der Möglichkeit des Glaubens. Menschen können sich in ihrer Freiheit, wie nicht nur die biblische und kirchliche Tradition bezeugen, im Gegenüber zu Gott verstehen. Sie können von Gott die der Unbedingtheit ihrer Freiheit einzig angemessene Anerkennung und Erfüllung erhoffen. Sie können – und in diesem Bekenntnis liegt das Spezifikum christlichen Glaubens – die unbedingte Anerkennung durch Gott als bereits verwirklicht glauben: In der Gestalt jenes Menschen, der in seiner auch ihm eigenen unbedingten Freiheit so uneingeschränkt als gehorsame Antwort auf das Wort Gottes lebte, daß er selbst die geschichtlich unüberbietbare Offenbarung dieses Wortes darstellte. Als unüberbietbar erscheint ihnen diese Offenbarung, weil nichts dem Menschen mehr entsprechen, seiner Freiheit umfassender gerecht werden kann als die ihm in menschlicher Gestalt begegnende unbedingte Anerkennung.[469] Indem Menschen sich ein solch glaubendes Verstehen aneignen, indem sie in die Tradition, in die symbolische Form des Christusbekenntnisses eintreten, beginnen sie sich als die Subjekte ihres Glaubens zu sehen, die sie in diesem Schritt bereits sind.[470] Sie entdecken, allen Bedingungen zum Trotz, unter denen das Christusereignis selbst sowie seine gläubige Erkenntnis stehen, die Unbedingtheit ihrer eigenen Freiheit und auch die Unbedingtheit der ihr entgegenkommenden, sie erfüllenden Zuwendung Gottes.

4. Die offene Frage: Formverhältnisse?

Struktur und Dynamik, Objektivität und Wahrheit, Wirklichkeitsbezug und Geltungsgrund menschlichen Weltverstehens, symbolischer Formung sind nun in Auseinandersetzung mit Cassirer erhellt worden. Es zeigte sich, daß das Christusbekenntnis selbst als eigenständige, objektive und in spezifischer Weise wirklichkeitsbezogene symbolische Form analysiert werden kann. In ihm werden Menschen der Selbstoffenbarung Gottes in Christus ansichtig. Es eröffnet ihnen nicht nur ein eigenständiges religiöses Verstehen der Welt, sondern auch ihrer selbst. Sie entdecken sich als Freiheitsbegabte, zur Verwirklichung ihrer Freiheit in der Anerkennung anderer Menschen wie Gottes Berufene.

Doch bei aller methodischen Beschränkung auf die interne Analyse einzelner symbolischer Formen, auf die gläubige Deutung von Leben und

---

[469] So die zentrale Argumentation zur Soteriologie bei PRÖPPER, Erlösungsglaube 195f.: „Denn es leuchtet ja ein, daß Gottes entschiedene Liebe, um Wahrheit für die Menschen zu werden, der Freiheit eines Menschen bedurfte, die sich ursprünglich von ihr bestimmen ließ und diese Bestimmung in der Gestalt seines Lebens darstellte; ebenso mußte er sich freilich als Mensch von Gott unterscheiden, wenn anders es *Gottes* Liebe sein sollte, die in ihm erschien."

[470] Der Glaube „ist personfundierend für das christliche Individuum, das durch Glaube zu dem wird, was es ist" (NEUNER, Glaube 52).

Geschick Jesu, wurde im Lauf der Untersuchung immer wieder deutlich, daß jede symbolische Form nur eine unter anderen möglichen ist. Die gekrümmte Linie kann ganz verschiedenen Sinntotalitäten zugeordnet werden – und wird es. Jesus von Nazareth kann ganz anders denn als die Selbstoffenbarung Gottes gedeutet werden – und wird es. Damit zeigt sich nun die Frage als unabweisbar, wie sich diese prinzipiell möglichen, in ihrer je eigenen Objektivität erkennbaren Weisen des Verstehens zueinander verhalten. Muß es zwischen ihnen nicht zwangsläufig zu widerstreitenden Geltungsansprüchen kommen? Und ist, wenn solche Konflikte auftreten, ein Urteil darüber möglich, welcher Weise der Verstehens mehr Legitimität zukommt? Oder läßt sich vielleicht eine Zuordnung zwischen ihnen denken, die nicht zum Konflikt führt, sondern auf eine ihnen zugrundeliegende oder als Ziel aufgegebene Einheit verweist?

Erneut werden diese Fragen zunächst an Cassirer gerichtet werden. Seine Antworten, die noch stärker als in den beiden ersten Gesprächsgängen auf kritische Erweiterung angewiesen sind, werden schließlich wiederum auf ihre mögliche theologische Rezeption und Fruchtbarkeit hin untersucht.

III. Vielfalt

1. Formenreichtum: Cassirers Interesse und Problem

Wirkmächtiges Symbol eines Schlangengottes? Sinuskurve? Ausdruck künstlerischer Kreativität? Physikalisches Meßergebnis? Anleitung einer Partitur? Oder nur eine beiläufig aufs Papier gekritzelte Linie?

Die Vielfalt der Gestalten, in der Menschen die Welt deutend zu verstehen suchen, motiviert Cassirer zur Entwicklung seines kulturphilosophischen Ansatzes. Indem er diese Gestalten als symbolische Formen zu verstehen lehrt, nimmt er ihre je eigenen Wahrheitsansprüche ernst, deckt ihren spezifischen Wirklichkeitsbezug auf und vermag ihre Vielfalt zu legitimieren. Doch die Anerkennung einer gerechtfertigten Vielfalt allein gibt noch keine Auskunft über das Verhältnis, in dem die einzelnen Formen zueinander stehen. Zu dessen Bestimmung sind grundsätzlich zwei Wege gangbar: Man kann nach einer alle Formen noch einmal umgreifenden Einheit fragen, in der die einzelnen Glieder zu vermitteln sind. Oder man untersucht die möglicherweise wechselseitige Bezogenheit oder gar Verwiesenheit der jeweiligen Gestalten aufeinander. Während Cassirer den letztgenannten Weg nur selten und ansatzweise geht, widmet er der Frage nach der Einheit der symbolischen Formen eine hohe Aufmerksamkeit und sucht sie in zwei gegensätzlichen, aber korrelativ aufeinander bezogenen Richtungen zu beantworten: Zum einen fragt er nach der historischen wie prinzipiellen Ursprungseinheit der Formen, zum anderen nach einem möglichen Ziel, in dem sie zusammenfinden können. Die Nachzeichnung der entsprechenden Argumentationen wird für das Grundanliegen meiner Arbeit hilfreiche Orientierungen zutage fördern, aber auch zu offenen Fragen führen, die sich erneut nur in einer mit Cassirer über Cassirer hinausführenden Interpretation werden beantworten lassen.

a) Ursprungseinheit: Mythos und Geist

Cassirer ist davon überzeugt, daß am Beginn menschlichen Verstehens und Deutens die Welt des Mythos stand.[471] Um aber die unüberschaubare Vielfalt mythischer Kulte, Erzählungen und Praktiken überhaupt als ursprüngliche

---

[471] Vgl. die prägnanteste Fassung dieser These in PsF II,VIIIf. Dann auch WWS 112; AH 85. Ist der Ursprung von Kunst, Religion und Wissenschaft im Mythos für Cassirer problemlos nachzuvollziehen, stellt sich hinsichtlich der Sprache die Verhältnisbestimmung komplizierter dar. Zwar geht Cassirer von einer möglichen vorsprachlichen Form des Mythos aus (so VM 126f.), doch läßt ihn die Einsicht in die enge Verbindung schon des mythischen Denkens mit der Sprache, die Abhängigkeit der Entwicklung des Mythos von den Möglichkeiten der Sprache auch von einer Gleichursprünglichkeit reden (so VM 171; WWS 102f.). Für den Fortgang meiner Argumentation ist dieses Problem nicht so fundamental, daß es hier ausführlicher diskutiert werden müßte.

Einheit sehen zu können, aus der sich die anderen symbolischen Formen entwickeln werden, bedarf es einer Perspektive, die solche Einheit erkennen läßt. Deshalb verzichtet Cassirer, wie gezeigt,[472] auf den Versuch, ein gemeinsames inhaltliches Moment aller Mythen zu eruieren. Er deckt statt dessen den Gestaltungsmodus der mythischen Welt auf. Sieht Cassirer in der Ur-Teilung zwischen Sakralem und Profanem deren grundlegendes Strukturprinzip,[473] ermöglicht ihm die Zuordnung mythischen Verstehens zur Ausdrucksfunktion einen Brückenschlag von der phylo- zur ontogenetischen Betrachtung. Denn die Befangenheit in einem Verstehen, dem die Unterscheidung zwischen Ich und Welt, zwischen der Wirklichkeit und dem Bild von ihr noch fremd ist, kennzeichnet den Anfang nicht nur der Geistesgeschichte der Menschheit, sondern auch des Denkens jedes Menschen.[474]

Doch ungeachtet seiner Kraft und historischen Beständigkeit birgt der Mythos selbst die Impulse zu der Bewegung, die aus ihm hinausführt. Die Antwort auf die Frage nach der Herkunft der mythischen Bilder und dem Subjekt ihrer Herstellung läßt aus dem Mythos die Religion hervorgehen.[475] In ähnlicher Weise läßt sich auch die Entstehung von Technik und Wissenschaft aus dem Mythos rekonstruieren. Angefangen mit den Versuchen, mittels magischer Praktiken zur Erfüllung seiner Wünsche zu gelangen, führt der immer differenziertere Werkzeuggebrauch den Menschen schrittweise zu einem technisch-wissenschaftlichen Begriff von Kausalität, der es ihm ermöglicht, die Welt nach seinem Willen zu gestalten.[476] Nicht zuletzt Sprache und Kunst entwickeln, haben sie sich erst einmal von ihrer mimetischen Phase getrennt, zunehmend ihre Autonomie gegenüber dem Mythos, in dem sie wurzeln.

Ließe sich die Ursprungseinheit der symbolischen Formen allein aus ihrer historischen Genese erheben, könnte jedoch von einer Einheit der Formen keine Rede mehr sein, sobald sie die volle Selbständigkeit gegenüber ihrem mythischen Usrprung gewonnen haben.[477] Deshalb richtet sich Cassirers Interesse weit stärker auf das bleibende Prinzip, in dem die symbolischen Formen gründen, als auf den historischen Anfang, von dem sie sich abstoßen.[478] „Wenn alle Kultur sich in der Erschaffung bestimmter geistiger Bildwelten, bestimmter symbolischer Formen wirksam erweist, so besteht das Ziel der Philosophie nicht darin, hinter all diese Schöpfungen zurückzugehen, sondern

---

[472] Vgl. o. S. 74.
[473] Vgl. PsF II,95f.
[474] Diesen Zusammenhang hebt Cassirer vor allem hinsichtlich der Sprachentwicklung immer wieder hervor: vgl. PsF III,140f.; ECN I,71f.; VM 60-69. Hinsichtlich des Verstehens des Formungsprozesses überhaupt wird der Zusammenhang ausführlich dargestellt in EP I,6f. und STS 143-147. Vgl. dazu FETZ, Cassirer, der interessante Parallelen zwischen Cassirer und Piaget bezüglich der Entwicklung der Symbolisierungsfähigkeit aufdeckt.
[475] Vgl. dazu ausführlich o. I.1.c, S. 77ff., und II.2.d, S. 138ff.
[476] Vgl. STS 57-67.
[477] Vgl. PsF II,30.
[478] Vgl. o. S. 150.

vielmehr darin, sie in ihrem gestaltenden Grund*prinzip* zu verstehen und bewußt zu machen. [...] Wenn es der Philosophie der Kultur gelingt, solche Grundzüge zu erfassen und sichtbar zu machen, so hat sie damit ihre Aufgabe, gegenüber der Vielheit der *Äußerungen* des Geistes die Einheit seines *Wesens* zu erweisen, in einem neuen Sinn erfüllt – denn diese letztere erweist sich eben darin am deutlichsten, daß die Mannigfaltigkeit seiner *Produkte* der Einheit seines *Produzierens* keinen Eintrag tut, sondern sie vielmehr erst bewährt und bestätigt."[479] Es muß hier nicht erneut ausgeführt werden, daß Cassirer unter dem so erhobenen Prinzip die transzendentalphilosophisch zu erhebende Bedingung der Möglichkeit symbolischer Formung und nicht eine – wie immer zu denkende – letzte Substanz versteht. Auch auf die erwiesene Notwendigkeit, mit der der Geist in all seinen Formungsakten sich die symbolische Prägnanz als Bedingung der Möglichkeit seines Formens voraussetzen muß, ohne damit seinen Status als formendes Prinzip zu verlieren, ist hier nicht nochmals ausführlich einzugehen.

Als Formungen des Geistes, in dem sie nicht anders als der Mythos ihr transzendentales Prinzip haben, bleiben die späteren symbolischen Formen untereinander und mit der Welt des Mythos, aus der sie historisch gewachsen sind, verbunden. Die Aufdeckung dieser doppelten Ursprungseinheit ermöglicht es Cassirer, die konkret gegebenen symbolischen Formen in der dargestellten Weise zu analysieren und zu legitimieren. Nicht zuletzt läßt sie ihn eine Zielperspektive entwickeln, auf die hin er alle Formungsprozesse ausgerichtet sieht.

b) Zieleinheit: Formung als Befreiung

Hinsichtlich eines möglichen gemeinsamen Ziels aller symbolischen Formungsprozesse finden sich bei Cassirer zwei Argumentationsreihen, die einander zu widersprechen scheinen. Zum einen entwirft er das Bild von einem „symbolischen Universum",[480] in dem die einzelnen Formen als je eigene Perspektiven ihr Recht und ihren Platz haben.[481] Zum anderen glaubt er einen Entwicklungsgang rekonstruieren zu können, demzufolge das naturwissenschaftliche Denken nicht nur die höchstentwickelte symbolische Form darstellt, sondern in die auch alle anderen Formen übergehen zu sollen scheinen, indem sie deren Modi der Gestaltung übernehmen.[482] Auf dem Boden der erreichten Einsichten über die Struktur und die Dynamik der symbolischen Formen aber läßt sich erkennen, daß die beiden Argumentationen nicht allein vereinbar, sondern sogar aufeinander bezogen sind.

---

[479] PsF I,51f. (erste Hervorhebung von mir), dazu HAMBURG, Philosophiebegriff 65f.
[480] VM 50.
[481] Vgl. z.B. PsF I,9; ECN I,58; VM 71.
[482] Vgl. z.B. PsF III,524; ECN I,262; VM 315.

„Das philosophische Denken tritt all diesen Richtungen [des Geistes M.B.] gegenüber [...] mit der Voraussetzung, daß es möglich sein müsse, sie auf einen einheitlichen Mittelpunkt, auf ein ideelles Zentrum zu beziehen. Dieses Zentrum aber kann, kritisch betrachtet, niemals in einem gegebenen Sein, sondern nur in einer gemeinsamen *Aufgabe* liegen. Die verschiedenen Erzeugnisse der geistigen Kultur [...] werden so, bei all ihrer inneren Verschiedenheit, zu Gliedern eines einzigen großen Problemzusammenhangs, – zu mannigfachen Ansätzen, die alle auf das eine Ziel bezogen sind, die passive Welt der bloßen *Eindrücke*, in denen der Geist zunächst befangen scheint, zu einer Welt des reinen geistigen *Ausdrucks* umzubilden."[483] Angesichts der Tatsache, daß jedes menschliche Weltverstehen symbolische Form und als solche Ausdruck des Geistes ist, gewinnt diese Zielbestimmung Cassirers ihren Sinn wiederum erst dann, wenn man sie auf den Grad des Bewußtseins bezieht, das die einzelnen Formen von sich als Formungen haben. Demnach zielt die Vielfalt der Formungsprozesse auf die umfassende Einsicht in den symbolischen Charakter menschlichen Bedeutens. Die Priorität, die Cassirer den modernen Naturwissenschaften gibt, wird von hier aus verständlich. Findet sich doch bei ihnen neben dem ausgeprägtesten Bewußtsein vom rein funktionalen Charakter ihrer Aussagen auch – in der mathematischen Formelsprache – die weitestmögliche Annäherung an eine Begrifflichkeit, die dieser Funktionalität zu entsprechen vermag.[484] So sieht sich Cassirer berechtigt, die drei symbolischen Ausdrucksdimensionen zur Gliederung auch der verschiedenen symbolischen Formen heranzuziehen, indem er den Mythos der Ausdrucks-, die Sprache der Darstellungs- und die Wissenschaft der reinen Bedeutungsfunktion zuordnet.[485]

Allerdings zieht Cassirer aus dieser Typisierung gerade nicht die Konsequenz, daß mit dem Aufkommen der Wissenschaft alle anderen symbolischen Formen ihre Legitimität einbüßten.[486] Vielmehr entdeckt er mit dem Charakter wissenschaftlicher Erkenntnis den funktionalen Status auch aller anderen symbolischen Formen, die gerade deshalb als andere anerkannt werden können. So vermag es zwischen den Naturwissenschaften und anderen symbolischen Formen zu einem produktiven Austausch zu kommen: Kunst, Religion und Sprache werden herausgefordert, sich selbst als symbolische Formen zu erkennen und angemessene Weisen zu suchen, diese Erkenntnis zum Ausdruck zu brin-

---

[483] PsF I,12.
[484] Vgl. bereits SF 356f., dann PsF III,383-416.
[485] Vgl. STS 11; PsF III,525. Zum gleichwohl eruierten internen Entwicklungsgang dieser drei Formen vgl.o. I.1.b, S. 75ff. POMA, Cassirer 98-102, sieht in der Anwendung des dreigestuften Entwicklungsschemas auf die Verhältnisbestimmung der Formen zueinander einen Bruch in Cassirers Philosophie, weil so die ursprünglich aufgestellte These von der Autonomie aller symbolischen Formen widerrufen werde. Doch übersieht dieser Vorwurf die bleibende Angewiesenheit aller symbolischen Formen (mit Ausnahme des Mythos) aufeinander, die Cassirer stets betont und die in der symbolischen Prägnanz die Bedingung ihrer Möglichkeit hat. Vgl. dazu FETZ, Cassirer 183f., und unten S. 187.
[486] Gegen NEUMANN, Cassirer 112.

gen.[487] Die Naturwissenschaften wiederum werden auf Bedeutungszusammenhänge aufmerksam, die zu erfassen jenseits ihrer methodischen Möglichkeiten liegt.[488] Angesichts dieser Vielfalt hat die systematische Philosophie, so Cassirer, „das *Ganze* der symbolischen Formen, aus deren Anwendung für uns der Begriff einer in sich gegliederten Wirklichkeit entspringt [...], zu erfassen und jedem Einzelnen in dieser Gesamtheit seine feste Stelle anzuweisen. Denkt man sich diese Aufgabe als gelöst, so wäre damit erst den besonderen Begriffs- und Erkenntnisformen wie den allgemeinen Formen des theoretischen, des ästhetischen und religiösen Weltverständnisses ihr Recht gesichert und ihre Grenze bezeichnet."[489] „Das Ganze dieser Formgebungen in ihrer inneren Mannigfaltigkeit und in ihrer spezifischen Besonderung, nicht aber eine einzelne unter ihnen konstituiert erst die 'Welt des Menschen'".[490] Mißverstanden wäre hier die Rede von der „Wirklichkeit", der „Welt des Menschen", wenn man von der Vielheit der Formen nun erwarten würde, was den einzelnen nicht möglich war: im Schnittpunkt ihrer Perspektiven schließlich doch einer Welt vor und jenseits aller formenden Sinngebung ansichtig zu werden. Eine andere Welt als die, die aus den vielgestaltigen Formungen hervorging, gibt es für den Menschen nicht. Und diese Welt kann und muß nicht als inhaltliche Einheit gedacht werden. Nicht zu übersehen sind in ihr „die Spannungen und Reibungen, die starken Kontraste und tiefen Konflikte zwischen den verschiedenen Kräften des Menschen. Sie lassen sich nicht auf einen gemeinsamen Nenner bringen. [...] Aber diese Vielfalt und Disparatheit bedeutet nicht Zwietracht oder Disharmonie. Alle diese Funktionen vervollständigen und ergänzen einander. Jede von ihnen öffnet einen neuen Horizont und zeigt uns einen neuen Aspekt der Humanität."[491]

Nicht zuletzt diesen Spannungen verdankt die Entwicklung der symbolischen Formen die Energie, mit der sie ihrem „ideellen Ziel" zustrebt. Je umfassender Menschen sich auf dem Weg dorthin des aktiv formenden Charakters ihres Weltverstehens bewußt werden, desto geringer wird der Zwang, dem sie sich durch die sinnlichen Eindrücke unterworfen glauben. Insofern kann Cassirer behaupten: „Im ganzen genommen könnte man die Kultur als den Prozeß der fortschreitenden Selbstbefreiung des Menschen beschreiben".[492]

Doch das Pathos dieser These, die Cassirers philosophisches Denken abschließt,[493] kann nicht über die offenbleibenden Fragen hinwegtäuschen.

---

[487] Zur philosophischen Vermittlung sowohl der Selbstreflexion symbolischer Formung sowie ihres gegenseitigen Austauschs vgl.u. III.2.b, S. 185ff.
[488] Zur Begrenztheit naturwissenschaftlicher Forschung vgl. vor allem LKw 87-102. Die Entwicklung von SF zu PsF zeigt, daß Cassirers eigener Denkweg der hier skizzierten Linie folgte.
[489] ZmP 110.
[490] ECN I,58; ganz ähnlich WWS 79f.
[491] VM 345f.
[492] VM 345; vgl. auch EBK 260f.; RKG 43.
[493] Sie ist den Schlußsätzen des „Essay on Man" (VM), des letzten der von Cassirer zu Lebzeiten veröffentlichten Werke, entnommen.

Denn daß sie dem Mythos als ihrer gemeinsamen Wurzel entspringen, sich dem
Geist als einheitlichem formenden Prinzip verdanken und Momente in der
Bewältigung der unabschließbaren Aufgabe menschlichen Weltverstehens sind:
All das sagt noch zu wenig aus über das Verhältnis der symbolischen Formen
zueinander, geht doch keine dieser Gestalten „schlechthin in der anderen auf
oder läßt sich aus der anderen ableiten".[494] Cassirers entprechende Andeutungen
können zwar die Richtung weisen, reichen aber nicht aus, die mögliche
gegenseitige Verwiesenheit synchron auftretender, voneinander unabhängig
scheinender Formen zu verstehen. Außerdem wird zu prüfen sein, ob und wie
die Rede von einer „Befreiung" den erkenntnistheoretischen Rahmen, in dem sie
zunächst ihren Platz hat, sprengt und ethische Maßstäbe impliziert oder gar zu
begründen erlaubt.

2. Zuordnungen

Für die theologische Verantwortung des Glaubens, erst recht für den Dialog der
Religionen, kommt der Bestimmung des Verhältnisses zwischen verschiedenen
symbolischen Formen eine entscheidende Bedeutung zu. Cassirers Ansätze dazu
weisen so deutliche Defizite auf, daß die Notwendigkeit einer weiterführenden
Interpretation nicht lange begründet zu werden braucht. Sie soll in drei
Schritten entfaltet werden. Die einleitende Überprüfung des Ertrags, den die
bereits entfaltete Subjektivitätstheorie für die fragliche Verhältnisbestimmung
erbringen kann, wird die Stellung des Einzelnen im Kontext pluriformer
Weltgestaltungen erkennen lassen. Sodann kann nicht länger auf die Klärung des
Status verzichtet werden, der der Philosophie der symbolischen Formen selbst
zukommt, denn wesentlich von ihm hängt ihre Relevanz für die Relationen
zwischen den symbolischen Deutungen der Welt und damit auch für den
Religionsdialog ab. Schließlich soll ein an Cassirer anknüpfender Versuch vorgestellt werden, sowohl die Eigenständigkeit wie die notwendige wechselseitige
Verwiesenheit der symbolischen Formen zu denken.

a) Einheitsquelle Subjektivität?

Ließe sich die Einheit der symbolischen Formen, die Cassirer in mehreren
Argumentationsgängen zu erweisen sucht, nicht viel klarer fassen, wenn man sie
in der Subjektivität dessen gründend dächte, der die Welt auf verschiedene
Weisen zu verstehen trachtet? In der Subjektivität, die dann zugleich für jeden
ihrer möglichen Perspektivenwechsel und damit für das Verhältnis der
symbolischen Formen zueinander einzustehen hätte? Cassirer selbst hat diese
Möglichkeit ins Auge gefaßt: „Alle diese verschiedenen Formen und Richtungen
der Kultur begegnen und durchdringen sich doch immer wieder in der

---

[494] PsF I,9.

schöpferischen Subjektivität selbst. [...] Die Einheit, die die fertigen Produkte uns versagen, scheinen wir daher unmittelbar zurückzugewinnen, wenn wir statt ihrer selbst vielmehr die Art ihres Produzierens, ihres Hervorgehens ins Auge fassen. [...] Die divergierenden Strahlen treffen sich wieder, sobald man sie auf diesen Focus, auf diesen Brennpunkt der Subjektivität bezieht und sie in ihm sich sammeln lässt."[495] Doch Cassirer weist diese mögliche Form einer Einheitsbestimmung ab, weil er in ihr nichts als einen „neuen Ansatz des Problems"[496] sieht, der mit einer doppelten Gefahr behaftet sei: Zum einen drohe so die Beziehung zwischen der Vielfalt der Formen und der Einheit des Formenden in den metaphysischen Gegensatz umgedeutet zu werden, den die Lebensphilosophie zwischen „Leben" und „Geist" aufdecken zu können glaubt.[497] Dann aber würde, und darin liege die zweite Gefahr, die Möglichkeit des Formens und Bedeutens überhaupt erneut zu einem unlösbaren Rätsel. Statt den Gedanken einer in der Subjektivität gründenden Einheit weiter zu verfolgen, greift Cassirer deshalb wiederum auf seine Einsicht in das Phänomen der symbolischen Prägnanz zurück, die sich in die Vielheit der symbolischen Formen hinein entfaltet.[498]

Doch diese Konsequenz wäre nur zwingend, wenn es einer Subjektivitäts-theorie unmöglich sein sollte, den von Cassirer zu Recht erinnerten Gefahren zu entgehen. Dieser Verdacht aber konnte bereits entkräftet werden, indem Subjektivität gedacht wurde als ein reflexives Sich-Ergreifen der formenden Unbedingtheit, wobei sich dieser deutende Akt die Möglichkeit des Bedeutens überhaupt voraussetzen muß. Insofern Subjektivität zudem als Aktualität verstanden wird, sie sich in der Einheit von „Abstraktion" und „Intention" vollzieht, ist sie vor jeder metaphysischen Substantialisierung geschützt.[499] Hält man schließlich an der Einsicht fest, daß die entfaltete Subjektivitätstheorie eine, aber nicht die notwendig einzige Form ist, in der der Geist sich auf sich selbst als das Unbedingte bezieht, spricht nichts dagegen, in einer so verstandenen Subjektivität den „Brennpunkt" zu sehen, in dem sich die „divergierenden Strahlen" der symbolischen Formen treffen – auch wenn eine solche Fokussie-rung faktisch erst möglich wird, wenn die symbolischen Formen die Mittel zu einem dergestalt reflektierten Selbstbewußtsein bereitgestellt haben. In umge-kehrter Richtung kann sich auch der seiner selbst bewußt gewordene Mensch als Ausgangspunkt seiner vielgestaltigen Deutungsakte verstehen. Denn sich selbst als Formenden zu erkennen, führt nicht nur zur Distanz gegenüber den

---

[495] ECN I,7.
[496] ECN I,7.
[497] Vgl. ECN I,7-13; EBK 222f. „Subjekt und Objekt sind, nach unserer Auffassung, weder metaphysische, noch sind es empirische *Dinge*, sie sind vielmehr logische *Kategorien*. Diese Kategorien dürfen mit irgendwelchen *Inhalten* nicht verwechselt und nicht selbst zu Gegenständen, seien ein empirisches oder metaphysische Gegenstände, gemacht werden" (EBK 223).
[498] Vgl. ECN I,13-15.
[499] Vgl.o. II.2.a, S. 140ff.

sinnlichen Eindrücken, sondern auch gegenüber dem Formzusammenhang, dem diese bisher als zugehörig betrachtet wurden. Aus dieser Distanz ist es möglich, sich verschiedener Formsysteme zu bedienen, auch als Einzelner aus mehreren Perspektiven die Welt zu verstehen. So sehr sich solch subjektives Deuten im Spannungsfeld von Übernahme und Modifikation vorgefundener Sinnzusammenhänge vollzieht, so notwendig es auf die Voraussetzung des Bedeutens überhaupt verwiesen bleibt, so wenig hindert daran, in der jeweiligen Subjektivität die konkreten Formungen und die mit ihnen verbundenen Geltungsansprüche gegründet zu sehen.

Anhaltspunkte für eine solche Verankerung der konkreten Vielfalt symbolischer Formen in der Subjektivität der Formenden finden sich auch bei Cassirer: Die Möglichkeit, die Perspektive, die symbolische Form zu wählen, innerhalb derer die sinnlichen Zeichen ihre spezifische Bedeutung gewinnen, bestätigt er mit seiner These, daß „auch alle unsere *Natur*erkenntnis – sofern es sich in ihr um Natur*erkenntnis* [...] handelt – zuletzt auf einem Akt der Freiheit, auf einem 'Standpunkt, den die Vernunft sich gibt', beruht."[500] Denn „es ist kennzeichnend für den Menschen, daß er nicht auf einen einzigen, spezifischen Zugang zur Wirklichkeit festgelegt ist, sondern seinen Blickwinkel selbst wählen und auf diese Weise von einer Ansicht der Dinge zu einer anderen wechseln kann."[501] Und einer Metaphysik des Willens, die im Anschluß an Nietzsche jede Form einer vom pragmatischen Willen „unabhängige(n) Wahrheit" ablehnt, hält er in affirmativem Bezug auf Descartes und Husserl das Selbstbewußtsein als Grund wahrer Erkenntnis sowie der Ethik entgegen.[502] „Als der Grundzug alles menschlichen Daseins erscheint es, daß der Mensch in der Fülle der äußeren Eindrücke nicht einfach aufgeht, sondern daß er diese Fülle bändigt, indem er ihr eine bestimmte *Form* aufprägt, die letzten Endes aus ihm selbst, aus dem denkenden, fühlenden, wollenden Subjekt herstammt."[503]

Ein dergestalt zur Deutung der Welt begabtes Subjekt aber hat dann den jeweiligen Wechsel seiner Perspektiven zu verantworten, seine Motive und Kriterien zu klären und zu begründen. Die Verhältnisbestimmung der verschiedenen symbolischen Formen liegt damit nicht mehr rein im Interesse einer Phänomenologie der Erkenntnis, sondern wird zur unverzichtbaren Aufgabe für den Menschen, der seine Welt zu gestalten hat.[504]

---

[500] PsF III,492. Vgl. auch ECN I,109.
[501] VM 261.
[502] Vgl. ECN I,181f.
[503] EBK 247. ORTH, Erkenntnistheorie 126, faßt Cassirers zwiespältiges Verhältnis zu einer ausgearbeiteten Subjektivitätstheorie prägnant zusammen, wenn er schreibt: „Von der bildenden Kraft des Menschen ist zwar auszugehen, ohne sich freilich auf ein Bild des Menschen festzulegen". Zugleich betont er immer wieder, z.B. aaO. 196f., die zunehmende Bedeutung der Anthropologie für Cassirers Denken. So auch PAETZOLD, Marburg 93.99, ders., Cassirer 79-94.
[504] Vgl. SCHWEMMER, Cassirer 130.

b) Philosophie als symbolische Form?

Eine Philosophie, die ihren Beitrag zur als Aufgabe übernommenen menschlichen Weltgestaltung leisten will, kann der Frage nicht ausweichen, welche Funktion ihr dabei zufallen kann, an welchem Ort sie selber steht. Für eine Philosophie der symbolischen Formen scheint sich die Antwort nahezu aufzuzwingen: Kann sie nicht selbst als eine unter anderen symbolischen Formen verstanden werden? Schließlich verbindet doch auch sie sinnliche Zeichen mit einer spezifischen geistigen Bedeutung, indem sie diese einander in einem von ihr entworfenen Bedeutungsrahmen zuordnet. Weil sie sich in der Regel auf Zeichen bezieht, die ihrerseits bereits Ergebnis symbolischer Formung sind – auf vorliegendes Wissen, auf Norm- und Zeichensysteme –, müßte sie als symbolische Form dem Feld der Geistes- und Kulturwissenschaften zugezählt werden. Zu klären bliebe dann lediglich noch, ob und wie die Philosophie sich auf andere symbolische Formen beziehen, zu deren Verhältnisbestimmung beitragen könnte.

Doch wenn es auch philosophische Entwürfe gegeben haben mag, die sich selbst der Errichtung eines umfassenden Weltverstehens verschrieben hatten – zu denken ist hier vor allem an metaphysische Systeme in all ihren Ausformungen –, weist Cassirer die Qualifizierung als symbolische Form zumindest für die kritische Philosophie entschieden ab.[505] Zwar ist auch sie als eine Form deutenden Verstehens auf symbolische Vermittlung angewiesen, aber „sie schafft nicht eine prinzipiell neue Symbolform, begründet in diesem Sinne keine neue schöpferische *Modalität*".[506] Kritische Philosophie, und als solche versteht sich auch die Philosophie der symbolischen Formen, baut kein System auf, das sie mit dem Anspruch auf Wahrheit vertreten würde, sondern als der „Selbsterkenntnis der Vernunft"[507] geht es ihr um die Möglichkeiten und Grenzen menschlichen Wissens und Verstehens überhaupt.[508] Sie will die verschiedenen symbolischen Formen über deren eigenen Charakter aufklären, d.h. sie dazu führen, ihren Bezug auf einen vermeintlich substantiellen „transzendenten Gegenstand" aufzugeben zugunsten des Wissens um den von ihnen

---

[505] Das oft beklagte Defizit einer selbstreflexiven Ortsbestimmung der Philosophie der symbolischen Formen ist durch den jüngst veröffentlichten, ebenso prägnanten wie kurzen Text über „Philosophische Erkenntnis" (ECN I,264f.) erheblich reduziert worden.

[506] ECN I,264. So spricht Cassirer statt von „der Philosophie" gern auch vom „philosophischen Denken" (z.B. PsF I,12), um dem Mißverständnis der Philosophie als eines geschlossenen Systems aus dem Weg zu gehen.

[507] ECN I,264.

[508] So bereits, vor der Ausdehnung seines Denkens zur Kulturphilosophie, Cassirer in FF 141f. Dem berühmten Programm von Kants Vernunftkritik, vgl. KrV A XI, weiß Cassirer sich durchgängig verpflichtet. Vgl. z.B. PsF III,7; LKw 18-20; ECN I, 193-195.199f. KROIS, Cassirer 81, sieht die Philosophie, obwohl sie keine symbolische Form im eigentlichen Sinne des Wortes ist, der gleichen Dynamik unterworfen wie die verschiedenen Formen: fragt sie zunächst nach dem Sein, findet sie über das Subjektivitätsproblem schließlich zur Frage nach der reinen Bedeutung.

geleisteten „aktiven geistigen *Aufbau* der Wirklichkeit",[509] des Wissens um ihre
Qualität als symbolische Form. Dabei ist die Philosophie, wie sich bereits
zeigte, in der Lage, die Wahrheits- und Objektivitätsansprüche der verschiedenen Formen nicht nur anzuerkennen, sondern auch zu begründen.[510]

In Verfolgung dieser ihrer Aufgabe steht die Philosophie notwendig in einer
eigentümlichen Spannung.[511] Einerseits hat sie die Idee einer symbolischen
Formung schlechthin, einer umfassenden, von allen Kontingenzen befreiten
Energie des Geistes zu entwickeln. An dieser Idee orientiert sie ihre kritische
Reflexion. Andererseits aber liegen ihr die symbolischen Formen nur in ihrer
faktischen und kontingenten Vielfalt vor, können dieser Vielfalt prinzipiell
nicht entbehren.[512] Der Idee der symbolischen Formung schlechthin kommt
deshalb der Charakter einer regulativen „'transzendentalen Idee' im Sinne
Kants"[513] zu. Als solche aber bleibt sie nicht nur inhaltlich, sondern auch formal
an die bestehenden Formen gebunden.[514] Ihre Aufforderung an diese Formen,
sich ihres eigenen Charakters bewußt zu werden und für die so erreichte
Erkenntnis angemessene Ausdrucksformen zu finden, wird die in den jeweiligen
Formen bereits entwickelten sprachlichen und gedanklichen Möglichkeiten stets
nur sehr begrenzt überschreiten können. Philosophisches Denken tritt nicht
von außen an die verschiedenen Weisen menschlichen Verstehens heran,
sondern ist ein Teil von ihnen: jene in den Formen selbst aufbrechende
Bewegung, die nach den Bedingungen der Möglichkeit der Formung fragt.
Wegen der Flexibilität eines solchen Denkens ist es auch nicht zwingend, in der
Subjektivitätstheorie die einzig mögliche Form kritischer Philosophie zu sehen.
Vielmehr wird ein derartiges Denken in der Lage sein, auch prinzipiell andere
Weisen der Selbstreflexion des Geistes als legitime, wenn auch bedingte Formen
des Bezugs auf die Unbedingtheit zu erweisen.[515]

Das so entstehende Wechselverhältnis zwischen dem anfangs unkritischen
Selbstverständnis der symbolischen Formen und dessen philosophischer
Infragestellung und Klärung führt in den verschiedenen Gestalten des Weltver-
stehens zu durchaus unterschiedlichen Ergebnissen. Der Mythos kann sich der
Kritik der Philosophie, die als Mythenkritik allererst entsteht, nicht stellen,

---

[509] ECN I,265. Die von den Herausgebern vorgenommene Veränderung des Manuskripts, vgl. dort
Anm.A, scheint mir an dieser Stelle nicht einleuchtend: Nicht die Philosophie, sondern die
symbolischen Formen sind als solcher „Aufbau der Wirklichkeit" zu begreifen. Eine ähnliche
Aufgabenbestimmung der Philosophie findet sich bereits in PsF I,14.
[510] Cassirers Bevorzugung eines „esprit systématique" gegenüber einem „esprit de système" (vgl. o. S.
70, Anm. 3) findet so ihre kritische Begründung.
[511] Vgl. SCHWEMMER, Cassirer 64-68, der Cassirers von mir zugrunde gelegte Bestimmung der
Philosophie allerdings nicht heranzieht.
[512] Vgl. zu dieser Spannung ECN I,265.108f.
[513] PsF III,560.
[514] Vgl. dazu HAMBURG, Philosophiebegriff 38-41, der betont, daß kritische Philosophie immer nur
eine Reflexion „post factum", hier des Faktums symbolischer Formung, sein kann.
[515] Zur Notwendigkeit eines solchen Nachweises vgl.o. S. 149.

ohne an ihr zu zerbrechen.[516] Die Religion wird durch die Philosophie stets aufs neue herausgefordert, ihre Begriffe und deren Gehalt zu überprüfen, und so zu einer tiefgreifenden Veränderung ihres Selbstverständnisses bewogen.[517] In den Naturwissenschaften entwickelt sich zwischen den je neuen Versuchen mathematischer Relationsbestimmungen und deren philosophisch-kritischer Durchdringung ein fruchtbarer Fortschritt.[518] Solche Aufklärung der symbolischen Formen stößt aber nicht allein deren je interne Entwicklung an. Sie ist auch in der Lage, die spezifische Begrenztheit jeder von ihnen aufzudecken und deren Verwiesenheit auf andere Perspektiven herauszustellen – wie dies an der Verhältnisbestimmung von Kultur- und Naturwissenschaften bereits expliziert werden konnte.[519] Um zu dieser Verhältnisbestimmung in der Lage zu sein – und in ihr sieht, wie sich zeigte, Cassirer eine ihrer wesentlichen Aufgaben[520] –, muß die Philosophie nicht als jenseits aller Formungen stehende Metatheorie gedacht werden. Denn sie kann als kritische Selbstreflexion innerhalb jeder Formung jene Verwiesenheit aufdecken. So kommt der kritischen Philosophie in doppelter Hinsicht eine orientierende Funktion im Prozeß menschlicher Weltgestaltungen zu, ohne daß sie selbst eine solche Gestaltung sein könnte oder wollte.[521]

c) Autonomie und Verwiesenheit

Die nun schon lange in Frage stehende Bestimmung des Verhältnisses zwischen verschiedenen symbolischen Formen wird ihren Ausgang nehmen müssen von deren je spezifischen Grenzen. Denn während die Bedingung der Möglichkeit eines Zusammenhangs der verschiedenen Formen in ihrem einheitlichen Prinzip liegt, als das die formende Energie des Geistes endeckt wurde, wird die Beziehung zwischen ihnen nur an den Grenzen konkret, durch die sie zugleich getrennt und verbunden sind.

Allerdings mag die Rede von einer Begrenztheit symbolischer Formen verwundern, wurden diese doch definiert als Sinnhorizonte, innerhalb derer jeweils sämtliche sinnlichen Zeichen mit einer geistigen Bedeutung zu verknüpfen sind. Und ihre transzendentale Analyse bestätigte diese ihnen zukommende Universalität, indem sie für jede der Formen aufzeigte, daß ihre spezifischen „Bedingungen der Möglichkeit der Erfahrung überhaupt [...] zugleich die Bedingungen der Möglichkeit der Gegenstände"[522] ihrer Erfahrung sind.

---

[516] Das gilt selbst dann, wenn eine tautegorische Interpretation des Mythos diesen in seinem Eigenrecht anzuerkennen sucht. Vgl. PsF II,3-22; MS 70-80.
[517] Vgl.o. I.1.c, S. 77ff., vor allem aber die Möglichkeit, auch den Begriff „Gott" rein funktional zu fassen: ECN I,99f.
[518] Vgl. schon SF, vor allem aber PsF III,538-560.
[519] Vgl. dazu o. S. 85.
[520] Vgl. ZmP 110, zitiert o. S. 181.
[521] Vgl. ORTH, Erkenntnistheorie 219f.; ders., Technikphilosophie 216.
[522] KrV A 158, B 197.

Angesichts der von ihnen konstituierten Gegenstände können symbolische
Formen also nicht auf ihre mögliche Begrenztheit aufmerksam werden, denn
diese Gegenstände liegen notwendig innerhalb ihrer Grenzen. Wird aber damit
die Rede von einer solchen Begrenztheit nicht sinnlos?

Immerhin zeigt sich im faktischen Nebeneinander der Formungen, daß jeder
von ihnen bestimmte mögliche Bedeutungen unzugänglich sind. Es lassen sich
Fragen an sie richten, die sie nicht zu beantworten in der Lage sind, weil schon
die Fragen, erst recht aber die möglichen Antworten Weisen des Bedeutens
voraussetzen, die ihnen fremd sind. Schon Kant zeigt in der Auflösung der
dritten Antinomie der reinen Vernunft dieses Problem auf: Die Ordnung der
Erfahrung nach Gründen der Notwendigkeit vermag weder die Wirklichkeit
einer Kausalität aus Freiheit zu erweisen noch deren Möglichkeit zu bestreiten.[523] Weil die Philosophie der symbolischen Formen über diese grundlegende
Unterscheidung hinaus eine Vielzahl möglicher Modalitäten der deutenden
Ordnung sinnlicher Zeichen aufgedeckt hat, wird auch die Begrenztheit der
Formen vielgestalter sichtbar. Über die dem Mythos ansichtige Heiligkeit
bestimmter Orte und Gegenstände vermag die Naturwissenschaft keine Aussage
zu treffen.[524] Ebensowenig ist sie, wie Cassirer herausstellt, in der Lage,
einmalige historische Ereignisse oder Kunstwerke als solche zu erfassen, denn
beide sind mit Hilfe allgemeiner, auf Wiederholbarkeit ausgerichteter Gesetze
allenfalls in ihrer Abhängigkeit von den Bedingungen, unter denen die Freiheit
ihrer Gestaltung stand, zu beschreiben.[525] Die mythische Deutung der Welt aber
wird es nicht erlauben, ein hochentwickeltes technisches Instrument, das seine
Entstehung naturwissenschaftlichen Kausalitätsbestimmungen verdankt, angemessen zu bedienen. Der Sprache wiederum gelingt die Ablösung von ihrem
Darstellungscharakter nicht in der Weise, die zur idealen Formulierung
naturwissenschaftlicher Gesetzmäßigkeiten erforderlich wäre.[526] Die Beispiele
ließen sich beliebig vermehren. Sie alle weisen darauf hin, daß die spezifisch
gefärbten Bedingungen der Möglichkeit von Erfahrung, die die einzelnen
symbolischen Formen auszeichnen, daß ihre je eigenen Ur-Teilungen und
modalen Fassungen der Kategorien nicht kompatibel oder gar transformierbar
sind.[527] Darin liegt die Leistungsfähigkeit der einzelnen Formungen ebenso
begründet wie ihre Begrenztheit.

Doch solange die Fragen, die zur Aufdeckung ihrer Begrenztheit führen, nur
von außen an die symbolischen Formen herangetragen werden, stehen diese
zwar vor der Möglichkeit, nicht aber vor der Notwendigkeit, sich ihnen zu
stellen. Das faktische Nebeneinander verschiedener Weisen des Weltverstehens

---

[523] Vgl. KrV A 557, B 585; KprV A 3f.
[524] Vgl. PsF II,291.
[525] Vgl. PsF III,477f.
[526] Vgl. PsF I,186; III,388f. Zum Weg der Sprache von der Darstellungs- zur Bedeutungsfunktion vgl.
GRAESER, Cassirer 62-64, und NEUMANN, Cassirer 129-131.
[527] Vgl. PsF I,9.

begründet noch nicht die Notwendigkeit ihres Zueinander.[528] Eine unaufhebbare wechselseitige Verwiesenheit ist erst einsichtig gemacht, wenn sich zeigen
läßt, daß in den Formen selbst Fragen aufbrechen, die zu beantworten sie nicht
mehr in der Lage sind. Daß solche Fragen nicht von den Gegenständen
angestoßen werden können, die allererst durch die Formen konstituiert werden,
wurde bereits deutlich. Doch sie stellen sich, sobald eine Reflexionsbewegung
einsetzt, die sich den Bedingungen der Möglichkeit der Gegenstandskonstitution
und damit der Formung selbst zuwendet.[529] Cassirer kann überzeugend
darlegen, daß sich eine derartige Reflexion auf Dauer nicht abweisen läßt.[530]
Angesichts des notwendig andauernden Fortgangs seiner Gestaltungen stellt sich
dem Mythos irgendwann die Frage nach dem Gestaltenden;[531] die Wirksamkeit
der in der mythischen Welt entwickelten Werkzeuge läßt sich ab einem
bestimmten Zeitpunkt durch einen naturwissenschaftlichen Kausalitätsbegriff
weitaus einfacher erklären als durch den überkommenen magischen.[532] Sobald
die Naturwissenschaften auf den funktionalen Charakter all ihrer Aussagen
stoßen, erblicken sie die Möglichkeit alternativer funktionaler Bestimmungen
und stehen damit vor der Schwierigkeit, ihren eigenen Verstehensansatz
verantworten zu müssen, ohne mit ihren Kategorien einen angemessenen
Begriff der Verantwortung entwickeln zu können.[533] Ähnlich geht es dem
Künstler, dem die Auffassung vom rein mimetischen Charakter seines Schaffens
zweifelhaft wurde. Und auch er sieht sich auf naturwissenschaftliche Formungen verwiesen, sobald er nach den technischen Möglichkeiten fragt, seinen
Intuitionen sichtbare Gestalt zu verleihen.

Wenn Cassirer die Dynamik solcher Fragen aufdeckt, die in den einzelnen
symbolischen Formen aufbrechen, ohne mit deren je spezifischen Mitteln
beantwortet werden zu können, geschieht dies in der Regel in dem Interesse, die
Motive zu erheben, die zur weiteren Entwicklung oder zum Zerbrechen einer
symbolischen Form führen. Doch der genaueren Analyse zeigt sich nun, daß
sich das Verhältnis der verschiedenen Formen zueinander nicht auf einen
solchen Entwicklungsgang reduzieren läßt. Vielmehr besteht zwischen ihnen
eine wechselseitige Verwiesenheit, die prinzipiell nicht zu überwinden ist.[534]
Denn keine der symbolischen Formen zeigt sich in der Lage, die ihr eigenen
Frageüberhänge zu beseitigen. Deshalb gilt es, von der Autonomie der
symbolischen Formen, ihrer je spezifischen Modalität regel-gerechter Verknüp-

---

[528] Vgl. STARK, Symbol 690-692.
[529] Vgl. ECN I,48.
[530] Vgl. dazu o. S. 82.
[531] Vgl. PsF II,285.
[532] Vgl. STS 60-68. Zur Regel, aus den immer vielen Möglichkeiten kausaler Verknüpfung die jeweils
einfachste auszuwählen, vgl. SF 344f.
[533] Vgl. die bereits oben, S. 184, zitierte These PsF III,492.
[534] Deshalb sind, wie GRAESER, Cassirer 52, verdeutlicht, „die in Rede stehenden Formen
irreduzibel" – ungeachtet ihrer historisch-genetischen Abhängigkeit vom Mythos.

fung, ihre mangelnde Autarkie zu unterscheiden.[535] Während letztere die
bleibende Bedeutung der Pluriformität menschlicher Weisen des Weltverstehens
begründet, liegt erstere einer differenzierten Verhältnisbestimmung zwischen
ihnen zugrunde.

Vor dem Hintergrund dieser Zuordnung zeigt sich nun eine weitere
Eigenart des Mythos. Untrennbar verbunden mit der Überzeugung, in seinen
Ausdrucksformen der Welt in ungeschiedener Ganzheit habhaft zu sein, zeigt er
sich unfähig, andere autonome Formen neben sich zu dulden oder gar auf sie
sich zu beziehen.[536] Seine Autonomie ist dergestalt mit seinem Autarkie-
Anspruch verbunden, daß sie gleichzeitig mit diesem zerbricht, sobald sich die
mythische Welt ausdifferenziert in die pluralen Formen der Weltgestaltung, die
sich als solche wissen.[537] Erst mit der Einsicht in den eigenen, autonomen
Formcharakter wird ein Weltverstehen fähig, auch seine mangelnde Autarkie
anzuerkennen.

Cassirers zuordnende Gegenüberstellung von Natur- und Kulturwissenschaften,[538] die sich deutlich von seinen Rekonstruktionen der Entwick-
lungsgänge symbolischer Formen unterscheidet, kann die Berechtigung der hier
vorgelegten weiterführenden Interpretation nicht nur bestätigen, sondern ihr
auch den nächsten Schritt weisen. Cassirer arbeitet zunächst die gegenseitige
Abgrenzung, die autonome Gestalt natur- wie kulturwissenschaftlicher Forschung heraus. Dabei aber wird er auch auf deren Verwiesenheit aufmerksam.
Die Kulturwissenschaften beantworten die Frage der Naturwissenschaften nach
ihrem eigenen Status, indem sie sie als spezifische Form menschlicher Weltgestaltung und damit selbst als kulturelles Phänomen verstehen lehren.[539] Auf die
Naturwissenschaften angewiesen bleiben sie, weil erst eine naturwissenschaftlich
orientierte Forschung das Material zutage fördert, das ihnen dann zur Deutung
vorgelegt wird.[540]

Die kulturwissenschaftliche Betrachtung rückt schließlich alle menschlichen
Formungen – einschließlich der Naturwissenschaft – in die Perspektive der
Freiheit des Menschen, die Welt in unterschiedlicher Weise zu formen. „Die
'Freiheit', die der Mensch sich zu erringen vermag, bedeutet nicht, daß er aus

---

[535] Diese begriffliche Klärung führt SCHAEFFLER, Gebet 92-96, im Anschluß an Cassirer ein. Bei
Cassirer selbst wird der Autarkie-Begriff nicht von dem der Autonomie unterschieden: vgl. PsF
III,544. Der von Schaeffler entfaltete Gedanke aber kann einen Anhalt finden in AH 119: „Wir
müssen versuchen, das Ineinandergreifen der einzelnen Objektivationsprozesse zu verstehen und
jedem von ihnen seine Stelle im Ganzen der Erkenntnis zuzuweisen."
[536] In PsF I,13 stellt Cassirer heraus, daß zunächst jede symbolische Form mit solchen Autarkie-
Ansprüchen auftritt, zwischen denen das philosophische Denken dann zu vermitteln vermag und
hat.
[537] Zum Ganzheitsverständnis der mythischen Welt vgl. PsF II,47-53.
[538] Vgl.o. S. 85ff.
[539] Vgl. die Parallelisierung der symbolischen Formen in LKw 27-33. Zur Angewiesenheit der
Naturwissenschaften auf kulturwissenschaftliche Formbegriffe vgl. LKw 91-97.
[540] Vgl. die Zuordnung von Werdens-, Werk- und Formanalyse in LKw 97.

der Natur heraustreten und sich ihrem Sein oder Wirken entziehen kann. Die organische Schranke, die ihm wie jedem anderen Lebewesen gesetzt ist, kann er nicht überwinden und durchbrechen. Aber innerhalb derselben, ja aufgrund ihrer, schafft er sich eine Weite und eine Selbständigkeit der Bewegung, die nur ihm zugänglich und erreichbar ist."[541] In dieser Freiheit muß und kann der Wechsel zwischen verschiedenen Perspektiven vollzogen und, unter Hinweis auf die mangelnde Autarkie der Formungen, verantwortet werden. Denn die symbolischen Formen „sind die eigentümlichen Medien, die der Mensch sich erschafft, um sich kraft ihrer von der Welt zu trennen und sich in eben dieser Trennung um so fester mit ihr zu verbinden."[542] So tritt erneut die Freiheit in den Mittelpunkt des Interesses, in der nicht nur die einzelnen Formen gründen, sondern, ist sie nach einer langen Entdeckungsgeschichte erst einmal bewußt geworden, auch die Möglichkeiten, sie verantwortet in ein Verhältnis zueinander zu setzen.[543] Sie wird es im letzten interpretierenden Rückgriff auf Cassirer noch genauer zu erhellen gelten. Zuvor aber sollen die bisher erreichten Einsichten in die Gestalt und Begründung der untersuchten Formverhältnisse theologisch aufgenommen und fruchtbar gemacht werden.

3. Das Bekenntnis: Ein Verstehen unter anderen

Der Mythos, die Wissenschaft, die Kunst, die Sprache – die vielfältigen Weisen des Weltverstehens unterscheiden sich nach Cassirer durch ihre je eigene Modalität der Formung. Das Verhältnis zwischen solchen symbolischen Formen konnte, über Cassirers Lösungsversuche hinausgehend, bestimmt werden im Ausgang von ihrer Autonomie, in der sie – aufgrund fehlender Autarkie – aufeinander verwiesen bleiben. Deshalb ist, wenn die erreichten Einsichten im folgenden theologisch aufgenommen werden, noch immer nicht das Problem des Religionsdialogs erreicht. Denn die Religionen als je spezifische Ausformungen der symbolischen Form „Religion" unterscheiden sich in der Modalität ihres Weltverstehens ja gerade nicht voneinander. Doch die nun zu erarbeitende Klärung des Verhältnisses zwischen dem Christusbekenntnis und anderen, nicht-religiösen Weisen der Weltdeutung stellt den letzten der notwendigen Schritte dar, die auf dem Weg zu der gesuchten Orientierung im Religionsdialog getan werden müssen.

Der lange und umstrittene Prozeß, dessen es bedurfte, bis das Christusbekenntnis neben sich andere symbolische Formen in ihrer Autonomie anerkannte, steht im Hintergrund, nicht im Mittelpunkt der folgenden Über-

---

[541] LKw 24f. mit erneutem Bezug auf die Verhaltensforschung Uexkülls.
[542] LKw 25.
[543] Damit steht Cassirer in der Tradition von Kants „Kritik der Urteilskraft", in der dieser im Begriff der Zwecksetzung die Einheit von theoretischer und praktischer Vernunft sichern zu können hoffte. Vgl. dazu KLL 290.

legungen und wird deshalb nur kurz in Erinnerung gerufen. Die Suche nach der
fraglichen Verhältnisbestimmung konzentriert sich sodann auf ein für das
christliche Weltverstehen zentrales Problem: auf die Vielfalt der Deutungen von
Leben und Geschick Jesu, die nicht nur das Offenbarungsbekenntnis zurückweisen, sondern nicht einmal ein religiöses Verstehen Jesu in Betracht ziehen.
Deren genauere Analyse wird nicht ihre prinzipielle Unangemessenheit,
sondern vielmehr die unaufhebbare Vieldeutigkeit der irdischen Gestalt Jesu
erkennen lassen. Infolgedessen wird sich das Interesse auf jenes Ereignis richten,
das in den Augen des christlichen Bekenntnisses jene Vieldeutigkeit in eine
endgültige Eindeutigkeit überführt: auf die Auferweckung des Gekreuzigten.
Doch auch die kritische Untersuchung dieses Bekenntnisses deckt erneut
Fraglichkeiten auf. Diese aber lassen die bis dahin geführte Diskussion schließlich in den Religionsdialog münden, nach den Kriterien fragen, die ihn leiten
können.

a) Freilassung: Glaube und autonomes Weltverstehen

Das durch das Christusbekenntnis eröffnete Verstehen der Welt, zu dem nicht
zuletzt das Selbstverständnis der Verstehenden gehört, verknüpft die Totalität
der sinnlichen Zeichen in bestimmter Weise mit geistigen Bedeutungen. Dabei
unterscheidet es sich nicht durch die von ihm angewandten Regeln, sondern
durch die Modalität ihrer Anwendung von anderen Weisen des Weltverstehens:
Um die kausale Verknüpfung wahrgenommener Ereignisse zu deuten, fragt der
Glaube nicht – wie die Naturwissenschaft – nach determinierenden Gesetzen,
sondern nach charakterisierenden Sinnbegriffen.[544] Denn nur so können Welt
und Geschichte als jenes Freiheitsgeschehen gedeutet werden, als die der Glaube
sie bekennt. Von der säkularen Geschichtswissenschaft unterscheidet sich die
glaubende Sicht auf die Welt, indem sie, der ihr zugrundeliegenden Ur-Teilung
von Profanität und Heiligkeit folgend, mit einem Handeln Gottes in der Welt
ausdrücklich rechnet. Ist sie darin dem Mythos verbunden, hat sie sich als
Formung, die sich ihres Formcharakters wie des formenden Subjekts bewußt
ist, dennoch von ihm getrennt.[545] Und von der Kunst, auch das wurde bereits
deutlich, unterscheidet sie sich durch ihr Festhalten an der Frage nach der
Wirklichkeit Gottes jenseits der Formungen, in denen von ihm die Rede ist.[546]
Mit der Sprache schließlich ist sie, wie jede andere symbolische Form, notwendig verbunden, ohne schlechthin in ihr und ihren Entwicklungen aufzugehen

---

[544] Vgl. LKw 72f. Der Unterschied zwischen naturwissenschaftlicher und glaubend-theologischer
Erkenntnis liegt also weniger, wie RAHNER, Naturwissenschaft 26-31, postuliert, darin, daß es in der
Naturwissenschaft – anders als in der Theologie – nicht um eine Ganzheit, um die Einheit der
Totalität sinnlicher Zeichen ginge, sondern vielmehr um die Weise, in der diese Totalität gedacht
wird: ob als universales Naturgesetz oder als Sinntotalität.
[545] Vgl. PsF II,286.
[546] Vgl. PsF II,311.

oder gefangen zu bleiben. In dieser knappen Zusammenfassung der bisher erreichten Ergebnisse wird deutlich: Weil es eine eigene, eigengesetzliche Weise des Weltverstehens ist, kann dem Christusbekenntnis Autonomie zugesprochen werden.[547] Diese ist die Autonomie der symbolischen Form „Religion", von deren anderen Aktualisierungen sich der christliche Glaube in später noch zu erläuternder Weise unterscheidet.

Findet in dieser Hinsicht die philosophisch erarbeitete Analyse im Blick auf das Christusbekenntnis eine Bestätigung, muß eine andere eben vertretene These angesichts der christlichen Theologiegeschichte revidiert werden. Zeigt sich doch hier, daß mit der Einsicht in den autonomen Formcharakter des eigenen Weltverstehens die Anerkenntnis von dessen mangelnder Autarkie keineswegs so fraglos einhergeht wie oben behauptet.[548] Denn spätestens nachdem der christlich-kirchliche Anspruch, die Wirklichkeit als ganze adäquat erfassen zu können, sich mit auch politischer Macht verbunden hatte, wurde die Eigenständigkeit alternativer Weisen des Weltverstehens energisch und nicht selten gewaltsam bestritten. Und selbst als sich nach langem Ringen die Autonomie der Naturwissenschaften, der Kunst und anderer Formungen nicht mehr abweisen ließ, wurde theologischer- wie kirchlicherseits der Anspruch noch nicht aufgegeben, das christliche Verstehen stelle, wenn schon nicht die einzige, so doch die abschließende und höchste Weise der Weltdeutung dar.[549] Und auch diese Hierarchisierung fand ihren entsprechenden Ausdruck in gesellschaftlichen, akademischen und politischen Strukturen. Erst ein neues und tieferes Erfassen jener Freilassung, die bereits den göttlichen Schöpfungsakt selbst auszeichnet, ebnete den Weg zu einer Neubestimmung des Verhältnisses zwischen dem Glauben und anderen Weisen des Weltverstehens. Denn nun wird es möglich, in ihnen die Aktualisierung der von Gott gegebenen Kreativität, und nicht mehr notwendig die usurpatorische Aneignung göttlicher Macht zu sehen.[550] Dann aber kann auch ein gläubiges Weltverstehen sowohl die gegenseitige Verwiesenheit der symbolischen Formen, denen es selber angehört,[551] als auch eine entsprechend plural differenzierte und demokratisch organisierte Gesellschaft

---

[547] Der Begriff „Autonomie" wird hier – im Sinne der von Schaeffler eingeführten Unterscheidung – noch im eingeschränkten Wortsinn als spezifische Eigengesetzlichkeit gefaßt. Inwieweit die Autonomie der Formen in der Autonomiefreiheit des Menschen, d.h. der Fähigkeit zur Selbst-Gesetzgebung wurzelt, wird noch genauer zu untersuchen sein. Vgl. dazu unten S. 234.

[548] Vgl. o. S. 190.

[549] Vgl. EICHER, Theologien 10-18. Zur Geschichte der Auseinandersetzungen mit den Naturwissenschaften vgl. PANNENBERG, Gott 483-491, der zu Recht darauf aufmerksam macht, daß die kirchlich-theologische Abwehr der Naturwissenschaften nicht zuletzt ein Reflex auf deren religions- und christentumskritische Intentionen ist.

[550] Das II. Vatikanum, GS 36 (DH 4336), spricht ausdrücklich von der „legitime[n] Autonomie der Wissenschaften", die schöpfungstheologisch begründet wird.

[551] Selbst wo diese Verwiesenheit bereits eingesehen wurde, muß, wenn auch nicht als Ziel, so doch als Faktum das Vorhandensein „noch nicht positiv versöhnter Überzeugungen oder Tendenzen, die durch die Pluralität der Wissenschaften im selben Subjekt induziert werden" unbefangen zugegeben werden (RAHNER, Naturwissenschaft 26).

anerkennen.[552] Dabei kann die Auseinandersetzung zwischen der Theologie und den anderen Weisen des Weltverstehens ideologiekritische Funktion haben und so, indem sie von fesselnden Weltbildern befreit, durchaus dem von Cassirer gesteckten Ziel der „fortschreitenden Selbstbefreiung" dienen.[553]

Die Naturwissenschaften erscheinen nun dem Glauben als eine unverzichtbare Hilfe, den im Bekenntnis festgehaltenen Auftrag zur Gestaltung und Bewahrung der Schöpfung zu erfüllen.[554] Nichts spricht dagegen, den methodischen Atheismus dieser symbolischen Form als eine notwendige Bedingung ihrer Möglichkeit anzuerkennen. Doch zeigt sich gerade in dieser methodischen Einschränkung die Angewiesenheit der Naturwissenschaft auf eine andere – etwa die christliche – Weise des Weltverstehens, sobald in ihr, spätestens in der Reflexion auf das eigene Formen, Sinnfragen aufbrechen.[555]

Die Kunst war lange nicht nur finanziell abhängig von ihren kirchlichen Auftraggebern. Auch inhaltlich fehlte ihr eine Selbständigkeit, solange sie sich auf die Darstellung des im Glauben Gewußten zu beschränken hatte.[556] Die neuzeitliche Ästhetik als Lehre von der eigengesetzlichen Wahrnehmung und Gestaltung überwindet diese Abhängigkeit und eröffnet damit einen spezifischen Raum der Erfahrung und des Verstehens. Die Kunst anzuerkennen als eine symbolische Form, die dem Glauben zu schauen und der Theologie zu denken gibt, was bisher nicht in deren Horizont fiel, stellt jedoch eine bis heute von der Theologie noch unzureichend wahrgenommene Aufgabe dar.[557] Daß umgekehrt die Kunst der steten Herausforderung auch durch die dem Glauben eigene Wirklichkeitsfrage bedarf, um nicht auf Dauer der Belanglosigkeit zu verfallen, steht nach den bisherigen Analysen, aber auch nach einem Blick auf die gegenwärtige Situation der Kunst wohl kaum in Frage.[558]

---

[552] Zu den Schwierigkeiten von Theologie und Kirche, die Pluralisierung und Säkularisierung der Gesellschaft positiv anzuerkennen, vgl. GABRIEL, Christentum, sowie die zahlreichen, um diese Anerkennung bemühten Veröffentlichungen von F.-X. Kaufmann.

[553] VM 345. Vgl. zu diesem Ziel des neuzeitlichen Wissenschaftsdiskurses unter Beteiligung der Theologie HÜNERMANN, Wissenschaft 253-261.

[554] Zum Verhältnis von Naturwissenschaften und christlichem Weltverstehen vgl. RAHNER, Naturwissenschaft; PANNENBERG, Gott; die Beiträge bei BRESCH, Gott, und schließlich, bereits in Anwendung der hier breiter dargestellten Kulturphilosophie Cassirers, BONGARDT, Freiheit.

[555] Vgl. RAHNER, Naturwissenschaft 29f.

[556] Nur eine solche „Darstellungskunst" erlaubte auch die Entstehung der christlichen Ikonographie. Vgl. STOCK, Kunst 130f.

[557] Vgl. STOCK, Kunst 132-135, der nach der Möglichkeit sucht, die Kunst als eigenen „locus theologicus" anzuerkennen. Vgl. auch WOHLMUTH, Geheimnis 223-231.

[558] Auf die Debatte, wie die gegenseitige Verwiesenheit von Kunst und Religion (einschließlich ihrer theologischen Reflexion) zu fassen ist, kann hier nicht ausführlich eingegangen werden. Sie wird sich bewegen zwischen den beiden Extremen, die in der heutigen Diskussion vertreten werden: Zwischen der These, „daß jede logisch stimmige Erklärung des Vermögens der menschlichen Sprache, Sinn und Gefühl zu vermitteln,[und damit auch der Kunst, M.B.] letztlich auf der Annahme einer Gegenwart Gottes beruhen muß" (STEINER, Gegenwart 13), und der Behauptung, in der Neuzeit seien Kunst und Religion schlechthin getrennt und unvereinbar (so BELTING, Bild). Zu dieser Auseinandersetzung vgl. NORDHOFEN, Engel 169-175; OELMÜLLER, Sprechen.

Das neuzeitliche Selbstverständnis der Geschichtswissenschaften zeichnet sich, wie in der Darstellung der transzendentalen Historik und von Cassirers Geschichtsverständnis deutlich wurde, durch die Einsicht aus, daß die Geschichte sich der menschlichen Freiheit verdankt: Nicht nur, weil die Geschichte wesentlich die Geschichte der menschlichen Freiheitsakte ist, sondern vor allem weil erst das in der Freiheit gründende Verstehen des Geschehenen die Geschichte als solche konstituiert. Zur Anerkennung dieses Verständnisses war das im Christusbekenntnis gründende Weltverstehen wiederum erst in der Lage, nachdem es die Freiheit allen menschlichen Weltverstehens anzuerkennen wußte. Denn zuvor mußten ihm die Forschungen der modernen Geschichtswissenschaft als illegitime Infragestellung des als Quelle der Heilsgeschichte geglaubten Handelns Gottes erscheinen. Ist aber die Entgegensetzung von Profan- und Heilsgeschichte überwunden zugunsten eines Verständnisses, das Gott gerade in der Geschichte und den freien Handlungen der Menschen am Werk sieht, werden Autonomie und Verwiesenheit auch dieser beiden Weisen des Weltverstehens ansichtig.[559] Denn nun wird das gläubige Verstehen zurückgreifen auf die Methoden und Ergebnisse der Geschichtsforschung, weil nur sie das Geschehen erheben können, dem der Glaube die Bedeutung zuspricht, Gottes Geschichte mit den Menschen zu sein. Können sich Glaube und Theologie vor der Vernunft doch nur verantworten, wenn sie ein solcher Forschung zumindest prinzipiell zugängliches Geschehen zum Ausgangspunkt ihres Deutens nehmen.[560] Umgekehrt aber wird die profane Geschichtswissenschaft zugestehen müssen, daß sie in ihrer Instanz zu keiner Aussage darüber fähig ist, ob ein Geschehen als Handeln Gottes qualifiziert werden kann oder nicht.[561]

---

[559] Wie dieses Verhältnis genauer zu fassen ist, muß hier nicht im einzelnen geklärt werden. Mag man – mit Rahner – in jedem Freiheitshandeln des Menschen dessen Bezug auf die unbegrenzte, sinnstiftende Transzendenz sehen (vgl. RAHNER, Profangeschichte 19-21); mag man – mit Werbick – im Blick auf Gottes Wirken in der Welt zu der Einsicht kommen, daß „Gott handelt, wo sein Wille geschieht" (WERBICK, Auferweckung 127; ders., Soteriologie 119-128; kritisch dazu ESSEN, Vernunft 430-436): Entscheidend bleibt die im Glauben eingesehene Möglichkeit, den in der Freiheit gründenden Handlungen des Menschen die Bedeutung zuzuschreiben, dem Willen Gottes zu entsprechen und ihn in der Geschichte zu realisieren. Zur möglichen Einordnung der Freiheitsgeschichte in den noch größeren Rahmen der Naturgeschichte vgl. RAHNER, Naturwissenschaft 59-62.
[560] „Daher sollte sich eigentlich keine christliche Theologie damit abfinden können, die Arbeit historischer Forschung als ein Fragen auf einer anderen geistigen Ebene zu betrachten, sondern wenn das historische Fragen als Ausdruck der Unwahrheit, in der der Mensch als Sünder lebt, zu verwerfen ist, dann muß seine Wahrheit irgendwie auf die Gottesgeschichte bezogen sein" (PANNENBERG, Heilsgeschehen 46). Vgl. auch KASPER, Jesus 38-44.
[561] „Wenn er [der 'reine Historiker', M.B.] aber unter den Perspektiven und mit den Mitteln, die seiner Wissenschaft zur Verfügung stehen, auf das Ganze der Geschichte blickt, dann muß er kapitulieren. Er kann den Sinn des Ganzen nicht finden" (RAHNER, Profangeschichte 11). Mit dieser These ist nicht prinzipiell abgestritten, daß historisches Verstehen als Bedingung seiner Möglichkeit, wie sich zeigte, des Ausgriffs auf einen umfassenden Sinnhorizont notwendig bedarf. Es wird aber sprachlos, sobald es über die Wirklichkeit des diesen Sinn zu verbürgen allein fähigen Gottes etwas aussagen sollte. Vgl. BAUMGARTNER, Philosophie 22-24; ESSEN, Geschichte, bes.332f.;

In besonderer Prägnanz läßt sich die hier nur skizzierte Wandlung des Verhältnisses der gläubigen zu anderen Weisen des Weltverstehens in den lehramtlichen Äußerungen verfolgen, die zu den Methoden der Schriftauslegung Stellung nehmen.[562] Wurden die Methoden natur-, geschichts- und literaturwissenschaftlicher Forschung zunächst als dem biblischen Text unangemessen zurückgewiesen, in ihrer schrittweisen Zulassung dann immer noch dem theologischen Verstehen untergeordnet, fanden sie schließlich Anerkennung als autonome und auch dem Glauben unverzichtbare Zugangsweisen zum richtigen Verständnis der Schrift.[563] Zugleich aber wird solchen Methoden der Hinweis der gegenseitigen Verwiesenheit entgegengehalten, sobald sie mit dem Anspruch angewandt werden, nun das gläubige Verstehen der Texte normieren zu können.[564] Der von der Kirche festgehaltene Sinn der Schrift ist nur verantwortet zu erheben, wenn sowohl die konkrete Gestalt und Genese der Schrift wie auch das von ihr berichtete Geschehen mit den verschiedenen wissenschaftlichen Methoden geprüft werden, ebenso aber das überlieferte gläubige Verstehen des Schriftzeugnisses angeeignet und zum aktuellen Verstehen herangezogen wird.[565]

Doch wenn sich auf diesem Wege auch das Offenbarungsbekenntnis als mögliches, dem christlichen Glauben sogar einzig angemessen scheinendes Verstehen des von der Schrift überlieferten Geschehens verantworten läßt, so ist diese Verantwortung nur um den Preis zu erreichen, daß auch andere Weisen, die Schrift und ihr Zeugnis zu verstehen, als möglich anerkannt werden. Damit spitzt sich die Frage nach dem Verhältnis der gläubigen zu anderen Formen des Weltverstehens zu.

b) Herausforderung: Der Mann aus Nazareth

In der bisherigen theologischen Rezeption der Einsichten Cassirers beschränkte sich der Blick allein auf jene Versuche, Leben und Geschick Jesu angemessen zu verstehen, die vom Bekenntnis zur Selbstoffenbarung Gottes in Jesus von Nazareth geprägt sind. Schon sie weisen – nicht allein theologiegeschichtlich,

---

PANNENBERG, Wissenschaftstheorie 278-298; ders., Erscheinung; ders., Heilsgeschehen, bes.25f.; ders., Hermeneutik 137-151.

[562] Vgl. die Zusammenstellung der entsprechenden Passagen lehramtlicher Texte bei DH, S.1483f. (A3be).

[563] So vor allem im jüngsten Dokument der Päpstlichen Bibelkommission: „Die Interpretation der Bibel in der Kirche" (1993), 30-60.

[564] „Um so minutiöser daher die 'historisch-kritische' Auslegung verfährt, desto stärker ist sie davon bedroht, den Bezug zum Ganzen des Verstehens zu verlieren, auf das letztlich jede Interpretation biblischer Texte aus sein muß, wenn sie nicht überflüssig werden will" (MÜLLER, Exegese 37). Es kann nicht verwundern, daß eine solche selbstkritische Betrachtung der modernen Exegese erst als Reaktion auf ihre weitgreifenden traditions- und dogmenkritischen Ansprüche, wie sie etwa bei BLANK, Jesus, noch engagiert zum Ausdruck kommen, möglich wurde.

[565] Zur Hermeneutik der Schrift vgl. BIBELKOMMISSION, Interpretation 64-94; MÜLLER, Exegese 38-40.

sondern auch gegenwärtig – eine Mannigfaltigkeit auf, angesichts derer nur eine immense hermeneutische Anstrengung fähig ist, die Identität des Bekenntnisses in der Vielzahl seiner Gestalten zu prüfen und sicherzustellen. Vollends unüberschaubar werden die Deutungen der Gestalt Jesu, die Bilder, die Menschen sich von ihm machen, wenn man auch all jene berücksichtigen will, die das christliche Bekenntnis nicht teilen, sondern ausblenden oder gar bestreiten.[566] Von der satirischen Zeichnung eines römischen Soldaten, auf der ein Kreuz mit einem Eselskopf zu erkennen ist, bis zu der aktuellen Jeans-Werbung, die persiflierend eine klassische Darstellung des Letzten Abendmahl aufnimmt; von der Beanspruchung Jesu als frühem Gewährsmann späterer Klassenkämpfer[567] bis zu seiner Hervorhebung als „erster neuer Mann";[568] von seiner Qualifizierung als „maßgebender Mensch"[569] bis zu seiner Beschreibung als Esoteriker, der sich meditierend in die Luft zu erheben vermag;[570] vom Bild des unbestechlich humanen, in dieser Welt aber zum Scheitern verurteilten Menschen[571] bis zur Gestalt des wundertätigen Heilers, der die, die ihm begegnen, zu einer neuen personalen Integrität zu bewegen vermag:[572] unterschiedlicher, gegensätzlicher könnten die Bezugnahmen auf eine historische Person kaum sein. Und mögen manche der angebotenen Deutungsversuche

---

[566] Angesichts dieser Unüberschaubarkeit haftet der Auswahl der folgenden Beispiele eine nicht zu überwindende Zufälligkeit an. Bewußt aber wird der Blick über historisch-kritische und philosophische Bezugnahmen auf die Gestalt Jesu hinaus ausgedehnt. Lassen sich doch auch etwa in der Alltagsästhetik, in der bildenden Kunst, in der Literatur Rückbezüge auf Leben und Wirkungsgeschichte Jesu finden, die für das theologische Verstehen relevant sind. Einige der Autorinnen und Autoren, auf deren Romane im folgenden verwiesen wird, verstehen sich und ihr Werk explizit als christlich. Wenn ihre Zugänge zu Jesus hier im Rahmen der Beschäftigung mit nichtchristlichen Jesusbildern herangezogen werden, ist damit keine inquisitorische Bestreitung dieses Anspruchs intendiert. Vielmehr werden solche Motive ihrer Darstellungen herausgegriffen, die das Bekenntnis zur Offenbarung Gottes in Christus nicht zur Voraussetzung haben. Zum Jesusbild in der aktuellen Literatur vgl. IMBACH, Jesus; KURZ, Projektionsgestalt; LANGENHORST, Kitsch; KUSCHEL, Jesus; ders., Ausdruck (auch mit Hinweisen zum Film); ders., Kontext; FRÜHWALD, Stunde; GARHAMMER, Bibel. Zur Präsenz der Gestalt Jesu in anderen Ausdrucksformen der Kunst vgl. ZWICK, Ressourcen (Film); ROMBOLD, Christus; KÖLBL, EntGegen (beide zur bildenden Kunst, vgl. zum letzteren auch STRIET, Rezension). Zur alltagsweltlichen Aufnahme der Jesusgestalt vgl. THULL, Sakralisierung.

[567] Vgl. z.B. KOLAKOWSKI, Geist 21-43. Hinweise auf entsprechende Bezüge in der Befreiungstheologie bei BUSSMANN, Befreiung 13-46.

[568] Jesus habe, so die Grundthese von ALT, Jesus, in einzigartiger Weise die männlichen und weiblichen Anteile seiner Person in einer integralen Einheit zu leben gewußt. Ähnliche Motive finden sich bereits in der feministisch-pazifistisch orientierten Darstellung der Jesusgestalt bei RINSER, Mirjam (vgl. z.B. 80f.). ALT, Frau, selbst stellt diesen Bezug her, wenn er seine Rezension zu Rinsers Roman betitelt: „Jesus – Frau im Mann".

[569] JASPERS, Philosophen 105.

[570] MESSADIÉ, Mensch 241f. In diesem Roman erscheint Jesus als Lehrling verschiedenster religiöser und esoterischer Bewegungen. Im Hintergrund dieser Gestaltung steht unübersehbar das Bemühen des Autors, angesichts der heutigen weltanschaulichen Pluralität und Verwirrung die Gestalt Jesu als mögliche Integrationsfigur herauszustellen.

[571] So z.B. AITMATOW, Richtplatz, in Aufnahme der Motive vieler älterer Darstellungen (vgl. IMBACH, Jesus 55-57).

[572] So etwa P. Roth in seiner auch literarisch herausragenden Novelle „Riverside".

nicht nur die befremden, die in der biblisch-kirchlichen Tradition zuhause sind – so zeugen sie doch eindrücklich davon, daß Jesus von Nazareth mit seinem Leben und seiner Wirkungsgeschichte wie kaum ein zweiter das Verstehen und die Stellungnahme derer herausfordert, die ihm bzw. dem Zeugnis von ihm begegnen.[573]

Vor dem Hintergrund der Einsichten Cassirers kann die hier zutage tretende Vielfalt kaum verwundern: Denn wieso sollten Leben und Geschick Jesu sowie das sich auf ihn beziehende Zeugnis weniger als andere sinnliche Zeichen mit ganz verschiedenen geistigen Bedeutungen verknüpft, unterschiedlichen symbolischen Formen und deren jeweiligen Sinntotalitäten eingeschrieben werden können? Daß jener, vermutlich in der staatstragenden Mythologie beheimatete Römer die Person Jesu anders deutet als die Angestellte einer postmodernen Werbeagentur; daß ihn die in der westlichen Wohlstandsgesellschaft mit zerbrechenden Lebensentwürfen konfrontierte, dem Christentum längst entfremdete Psychologin anders versteht als der Untergrundkämpfer gegen ein Regime, das sich vielleicht sogar christlich nennt: die Philosophie der symbolischen Formen läßt dies nicht nur als verständlich, sondern sogar als selbstverständlich erscheinen.

Aber ist die kulturphilosophische Einsicht in die Bedingung der Möglichkeit solcher Vielfalt gleichzusetzen mit der Legitimation jedes nur denkbaren Jesusbildes? Macht sie es unmöglich, um die Angemessenheit einer bestimmten Deutung der Person Jesu noch zu streiten, gar nach seiner Wahrheit zu fragen, die das Christusbekenntnis zu kennen behauptet und bezeugen will? Setzt die Gestalt Jesu selbst ihren Deutungen irgendeine benennbare Grenze – oder ist sie bis zur Auflösung ihrer letzten Konturen einem unendlichen Interpretationsprozeß ausgeliefert? All diese Fragen gründen letztlich in der Problemstellung, die in der Auseinandersetzung mit Cassirer nun erreicht ist: in dem fraglichen Verhältnis verschiedener symbolischer Formen zueinander.

Die erwähnte Werbeagentur hofft, durch die ironische Brechung einer Bildtradition, die als noch bekannt vorausgesetzt wird, für ihre Kunden eine Steigerung der Verkaufszahlen zu erreichen. Sie wird vermutlich nie den Anspruch erheben, durch ihre Darstellung zum angemessenen Verständnis der Person Jesu beizutragen. Doch auch in anderen, nicht lediglich an einem Überraschungseffekt interessierten Kontexten fungiert die Berufung auf den Menschen aus Nazareth vornehmlich als Chiffre oder als „Projektionsgestalt".[574] Dies gilt etwa für das engagierte philosophische Ringen um die Möglichkeit und Form authentischen Menschseins.[575] Wo diese gesehen werden im unbedingten ethischen Einsatz, in der Bereitschaft des Menschen, von seiner Zentrierung auf sich selbst abzusehen und die eigene, begrenzte Lebensgestalt zu transzendieren

---

[573] Darin ist die heutige Situation offenbar mit der Zeit Jesu verbunden: Vgl. Lk 11,23.
[574] KURZ, Projektionsgestalt 455.
[575] Vgl. zum folgenden PRÖPPER, Jesus.

– da liegt es in einem kulturellen Umfeld, in dem die christliche Tradition noch präsent ist, selbst für Nichtchristen und Atheisten nahe, Jesus als besondere Gestalt verwirklichter Humanität vorzustellen. Für eine solche Beanspruchung Jesu aber ist es unerheblich, ob er als historische Person diesen Vorstellungen entsprach: Es reicht aus, wenn das Bild von ihm, das aktuell abrufbar ist, die zu vermittelnden Intentionen aufnehmen und tragen kann.[576] Gleichwohl ist die theologische Auseinandersetzung mit derartigen Bezugnahmen auf die Gestalt Jesu keineswegs belanglos: Kann sie doch zum einen im Disput um das angemessene Verstehen des Menschen Einsichten finden und vertiefen, die in die theologische Verantwortung des Christusbekenntnisses werden einfließen müssen; und verhilft sie zum anderen zu einer Hellsichtigkeit für Züge der Gestalt Jesu, die die Tradition nie wahrnahm oder von ihr vergessen wurden.[577] Zugleich wird die Theologie in einem solchen Gespräch für das Christusbekenntnis sowie für dessen anthropologische Relevanz einstehen, die den nichtchristlichen Berufungen auf Jesus nicht zugänglich sind. Wenn sich auch in diesem Diskurs sowohl die Autonomie wie die gegenseitige Verwiesenheit der verschiedenen symbolischen Formungen zeigen, so trägt er doch, weil sie ausdrücklich ausgeklammert wird, nicht unmittelbar zur Lösung der Frage bei, welches Verstehen der Person Jesu dessen historischer Gestalt angemessen sein kann.

Deutungen indes, die als legitimes Bild von Leben und Geschick Jesu anerkannt werden wollen, können nicht darauf verzichten, sich an den auf verschiedenen Wegen erhebbaren Befunden über das damalige Geschehen zu orientieren und messen zu lassen.[578] Dabei wäre es, wie schon die an Cassirer orientierte Reflexion auf die historische Rückfrage erkennen ließ, ebenso sinnlos wie vergeblich, nach jenem „reinen Faktum" zu fragen, aus dem die Deutungen hervorgehen oder an das sie herangetragen werden.[579] Wie jedes andere sinnliche Zeichen begegnet auch Jesus von Nazareth stets nur verbunden

---

[576] Weil die Darstellungen der hier gemeinten „Jesusautoren" „vor allem die Absicht verfolgen, der unablösbar mit unserer Geschichte und Kultur verbundenen Jesusgestalt aktuelle Bedeutung abzugewinnen und sie als Symbol gegenwärtig sinnvollen Menschseins in Anspruch zu nehmen, können sie die historisch-exegetischen Probleme relativ großzügig behandeln und bisweilen sogar als unbedeutend einstufen" (PRÖPPER, Jesus 8, mit Bezug auf Gardavsky, Kolakowski und auch JASPERS, der allerdings, Philosophen 199-208.214f., auf die Schwierigkeiten, zu gesicherten Erkenntnissen über die historische Gestalt Jesu zu gelangen, ausführlicher eingeht).
[577] Vgl. PRÖPPER, Jesus 9.
[578] Die Bedeutung des Rückbezugs auf das irreversibel Geschehene für die Möglichkeit des Verstehens überhaupt läßt sich ex negativo an G.Vidals Roman „Golgotha live" erkennen: Der gealterte Bischof Timotheus erhält von Computerspezialisten des ausgehenden 20.Jahrhunderts, die mittels neuester Technik in die Antike zurückreisen können, den Auftrag, eine zuverlässige und dann verbindliche Biographie Jesu zu schreiben. Denn alles Wissen um diesen wurde mutwillig aus dem elektronisch verwalteten Wissen des 20.Jahrhunderts getilgt. Timotheus' Versuch, diesen Auftrag zu erfüllen, scheitert, weil die Technik es mittlerweile auch erlaubt, in das vergangene Geschehen verändernd einzugreifen. Folge dieser Aufhebung des linearen Zeitverlaufs ist die Unmöglichkeit jedes verbindlichen Verstehens und Wissens.
[579] Vgl.o. S. 108ff.

mit den ihm je schon zugesprochenen Bedeutungen.[580] Zu dieser ursprünglichen, d.h. ihm historisch immer schon vorausgehenden sowie transzendentallogisch vorauszusetzenden Einheit von Faktum und Bedeutung hat sich jedes aktuelle Verstehen zu verhalten.[581] Hinsichtlich der Person Jesu gilt es dabei – wie bei jeder anderen historisch wirkmächtigen Gestalt – noch genauer zu differenzieren zwischen der Deutung, die Jesus selbst seinem Leben gab, und der Wirkungsgeschichte seiner Botschaft und Gestalt. Beide sind einander zugeordnet. Denn das Leben, Geschick und Selbstverständnis Jesu sind der unverzichtbare Ausgangspunkt ihrer Wirkungsgeschichte, während diese die Möglichkeiten von Bedeutung zunehmend entfaltet, die in jenem Ursprungsgeschehen liegen.[582]

Indem sie sich auf Jesu Selbstverständnis berufen, um von dort her ihre Ablehnung des christlichen Offenbarungsbekenntnisses zu legitimieren, lösen zahlreiche Deutungen des Lebens Jesu diesen Zusammenhang, zumindest seine kirchlich-christliche Gestalt auf. Sie scheiden dann scharf zwischen dem Menschen Jesus, dessen Glauben an Gott sie keineswegs immer leugnen, und einer christlichen Tradition, in der Menschen an Jesus glaubten, ihn vergöttlichten und damit, so die Kritiker, verrieten.[583] Je überzeugender es aber der

---

[580] Vgl. PANNENBERG, Offenbarung 162.

[581] Vor allem Pannenberg hat die, seinerseits von Simmel übernommene Einsicht, daß „die Bedeutung, die wir die historische nennen, an dem Objekte selbst haftet" (PANNENBERG, Hermeneutik 125, als wörtliches Zitat von SIMMEL, Probleme 193; zu einer analogen Analyse jener Einheit von Geschehen und Sinn findet PANNENBERG, Heilsgeschehen 70f., in Anschluß an R.G. Collingwood), in die theologische Diskussion um Person und Bedeutung Jesu eingeführt (vgl. auch ders., Nachwort 130-132). Bewegt er sich damit durchaus in der Nähe von Balthasars These von der Einheit von Gestalt und Gehalt (vgl.o. S. 165f.), unterscheidet er sich durch die historisch-kritische Applikation seiner Grundthese von deren ästhetischem Gebrauch bei Balthasar. Verbunden bleiben beide allerdings darin, daß sie auf die im Anschluß an Cassirer mögliche und notwendige Unterscheidung zwischen der historisch-genetischen und der transzendentallogischen Berufung auf jene Einheit nicht ausreichend reflektieren (vgl.o. S. 168). Weil Pannenberg und, unter Berufung auf ihn, Essen die These von der Einheit von Faktum und Bedeutung vor allem in die Diskussion des Auferweckungsbekenntnisses fruchtbar einbringen, soll auch erst in diesem Zusammenhang näher darauf eingegangen werden. Vgl.u. S. 206, Anm. 604.

[582] Zu dieser Wechselbeziehung vgl. PANNENBERG, Hermeneutik 135f.

[583] Diese Trennung gehörte zu den Grundvoraussetzungen der kritischen Leben-Jesu-Forschung des vergangenen Jahrhunderts. Diese „löste die Bande, mit denen er [der historische Jesus, M.B.] an den Felsen der Kirchenlehre gefesselt war, und freute sich, als wieder Leben und Bewegung in die Gestalt kam" (SCHWEITZER, Geschichte 620). Die von dieser Trennung ausgehende und auf sie zielende Rückfrage konnte, mußte aber nicht eine grundsätzlich antikirchliche Tendenz haben (vgl. KASPER, Jesus 30-38).
Die gleiche Entgegenstellung der Person und der Wirkungsgeschichte Jesu findet sich – wenngleich mit völlig anderer Intention – bei Nietzsche. „Die Geschichte des Christenthums - und zwar vom Tode am Kreuze an - ist die Geschichte des schrittweise immer gröberen Missverstehns eines *ursprünglichen* Symbolismus. [...] Das 'Evangelium' *starb* am Kreuz. Was von diesem Augenblick an 'Evangelium' heisst, war bereits der Gegensatz dessen, was *er* gelebt: eine '*schlimme* Botschaft', ein *Dysevangelium*." (NIETZSCHE, Antichrist 209.211).
Und auch, um ein letztes, wiederum in ganz anderem Zusammenhang stehendes Beispiel für jene Entgegensetzung zu nennen, BUBER, Glaubensweisen, sieht in dem Schritt vom Glauben Jesu (z.B. 128) zum „Christusglauben" (49) eine „folgenreiche Umdeutung" (GRUNDEN, Freiheit 69).

Christologie gelingt, das Offenbarungsbekenntnis als legitime Explikation von Jesu eigenem Sendungsanspruch zu erweisen, desto fragwürdiger muß die Behauptung erscheinen, beide befänden sich im krassen Widerspruch zueinander. Zumindest als mögliche, wenngleich nicht als zwingende Deutung von Leben und Geschick Jesu wird das christliche Bekenntnis dann auch von jenen anzuerkennen sein, die es nicht teilen. Doch führt der genannte Nachweis zu einer zweiten, noch bedeutsameren Konsequenz: Jesu Sendungsanspruch, den er mit seinem außergewöhnlichen Gottesverhältnis begründet und dem er in seinem Reden und Handeln eine überzeugende Gestalt gibt, gehört offenbar zu jenem historischen Befund, der sich – unabhängig von ihrem eigenen Standpunkt – den ernsthaft Fragenden aus den Zeugnissen erschließt. Wer diese, in Jesu Selbstverständnis gründende Verbindung von Faktum und Bedeutung in seinem eigenen deutenden Zugriff auf die Gestalt Jesu unberücksichtigt läßt, wird deshalb schwerlich beanspruchen können, ihn angemessen zu verstehen.[584]

Doch stellte es eine unberechtige Überbeanspruchung dieser Verbindung und *Einheit* dar, würde man unter Berufung auf sie die *Eindeutigkeit* des Faktums behaupten. Denn ebensowenig wie das an Gesetzen orientierte naturwissenschaftliche Verstehen kann ein historisches Sinnverstehen solche Eindeutigkeit – und damit die eigene ausschließliche Richtigkeit – behaupten. Zwingt schon Cassirers Analyse symbolischer Formung zu dieser Einsicht, wird sie noch bekräftigt durch die freiheitstheoretische Rekonstruktion des Sinnverstehens: Um sich mitteilen zu können, ist die Freiheit auf symbolische Vermittlung angewiesen. Sie schreibt einem bestimmten sinnlichen Zeichen die Bedeutung zu, angemessener Ausdruck ihrer selbst und ihrer Anerkennung des anderen zu sein. Als dergestalt qualifiziertes Zeichen zielt sie auf die Anerkennung durch den anderen, kommt sie doch erst darin zu ihrem Ziel. Doch ist diese Anerkennung durch den anderen selbst wiederum Akt der Freiheit, der fremden Freiheit nämlich, die das fragliche Zeichen als Symbol der Anerkennung zu deuten fähig ist, ohne je dazu gezwungen werden zu können.[585] Die Gründe für und gegen eine solche Deutung abzuwägen, bleibt der unverfügbaren Freiheit des Adressaten aufgegeben. Mag ein bestimmtes sinnliches Zeichen

---

[584] „Wenn nun ein deutliches Verständnis dessen, was ein Mensch in der Gesamtheit seiner Äußerungen ausdrückte, zunächst in jedem Fall die Artikulation des ihm selbst zugehörigen Sinnhorizontes verlangt, wie er sich aus diesen Äußerungen selber und aus der Situation, in der sie geschahen, rekonstruieren läßt, dann darf auch *die* Interpretation *Jesu* als angemessenste gelten, welche zunächst alle erreichbare Jesustradition am umfassendsten berücksichtigt, sodann die Scheidung der Quellen und Traditionsschichten am exaktesten durchführt und schließlich die als authentisch eruierte Jesuüberlieferung am zusammenhängendsten aus sich selbst und (in ihren unausdrücklichen Implikationen) aus der Situation, in der Jesus auftrat, zu erschließen vermag" (PRÖPPER, Jesus 126f.; vgl. auch ders., Prinzip 180; KESSLER, Partikularität 131).
[585] „Daß ein Geschehen Intentionalität ausdrückt, daß damit jemand etwas gewollt, mitgeteilt, zum Ziel gebracht habe, das ist eine Behauptung, die sich an Einzelereignisse nicht einfach verifizieren läßt" (WERBICK, Auferweckung 114f.; zur Bedingung der Möglichkeit des Erkennens solcher „Überdetermination" vgl. ebd. 114-117).

es auch noch so nahe legen, es als Symbol frei geschenkter Anerkennung zu deuten: vom Wahrnehmungsgegenstand erzwungen werden kann eine solche Deutung nicht. Denn, so läßt die Erkenntniskritik einsehen, es ist ausgeschlossen, daß es ein eindeutiges, die Grundbedingungen menschlichen Verstehens außer kraft setzendes Faktum geben kann.

Das aber bedeutet angesichts der erhobenen Einheit von Faktum und Bedeutung, die sich im Sendungsanspruch Jesu wie in der auf ihn sich berufenden Verkündigung zeigt, daß sich jedes angemessene Verstehen seines Lebens und Geschicks auf sie wird beziehen, sie aber nicht notwendig als inhaltliche Norm wird anerkennen müssen. In verschiedensten symbolischen Formen, in denen Jesus und das christliche Offenbarungsbekenntnis zu verstehen gesucht werden, können gewichtige Gründe dafür sprechen, schon den Glauben Jesu, erst recht sein Selbstverständnis und das auf ihm gründende kirchliche Verstehen zurückzuweisen.[586] Diese Gründe werden sich – wie die Verteidigung des Christusbekenntnisses auch – angesichts kritischer Befragung verantworten müssen, und schon um dieser Verantwortung willen bleiben die verschiedenen symbolischen Formen aufeinander angewiesen. Doch Ergebnis einer solchen Auseinandersetzung wird die Anerkennung der legitimen Möglichkeit sein, Jesus von Nazareth in ganz verschiedenen, ja widersprüchlichen Weisen zu verstehen. Die bleibende Vieldeutigkeit seiner Gestalt ist aus erkenntnistheoretischen Gründen unhintergehbar und für einen Glauben, der sich als freie Antwort auf Gottes in Freiheit geschenktes Wort versteht, unverzichtbar.[587]

So muß es nicht verwundern, daß schon das Neue Testament an der Vieldeutigkeit Jesu keinen Zweifel läßt. Seine Forderung, der Deutung, die er seinem Leben und Handeln gibt, Glauben zu schenken, stößt keineswegs auf umfassenden Gehorsam. Jesus begegnet theologischem Widerspruch[588], politisch motivierter Infragestellung[589], ängstlicher Abwehr[590], höhnischer Verachtung[591]. Die Wahrnehmung seiner Gestalt kann keine dieser Reaktionen, keines dieser Verständnisse als unmöglich, als prinzipiell unangemessen erweisen. So ist es

---

[586] Auf diese Gründe, die vom methodischen Atheismus vieler Wissenschaften über den religiös begründeten Einspruch gegen Jesu Selbstverständnis bis zum atheistischen Mythologieverdacht gegenüber jeder religiösen Rede reichen können, wird im Zusammenhang der Auferweckungsdiskussion noch näher einzugehen sein. Vgl. dazu unten S. 207f.

[587] Vgl. KESSLER, Religionstheologie 169.

[588] Vgl. z.B. Mk 2,7 (Streit um die Vollmacht zur Sündenvergebung); Mk 3,1-6 (Streit um die Heilung des Sabbat); Lk 20,27-40 (Streit um die Auferstehungshoffnung). Mit der Anführung dieser wie der folgenden Beispiele soll nicht behauptet werden, es handele sich hier um die Schilderung historischer Ereignisse. Sie setzt aber wohl die begründete, weil nicht zuletzt von jüdischen Autoren geteilte Vermutung voraus, daß in den neutestamentlichen Zeugnissen tatsächlich aufgetretene und ausgetragene Konflikte ihren Niederschlag fanden.

[589] Vgl. Lk 23,2 (Anklage wegen politischen Aufruhrs) und dazu WERBICK, Soteriologie 108-113.

[590] Vgl. Lk 4,28f. (Meinungswandel der Menge in Kapharnaum); Lk 18,18-30 (vom Festhalten des Reichtums).

[591] Vgl. Lk 22,63-65 (Verspottung Jesu durch die Wächter); Lk 23,25f. (Verspottung des Gekreuzigten).

nur konsequent, daß auch heutige Exegese und Christologie an jener Vieldeutigkeit des irdischen Lebens Jesu nahezu einhellig festhalten. Die Berechtigung des Sendungsanspruchs Jesu blieb bis zum Ende seines Lebens fraglich. Durch seinen Tod am Kreuz gewinnt diese Fraglichkeit ein erdrückendes Gewicht.[592] Straft die augenscheinliche Gottverlassenheit des Manns aus Nazareth nicht seinen Anspruch Lügen, in ihm und seinem Wirken sei das Reich Gottes bereits angebrochen?

c) „Ist aber Christus nicht auferweckt worden": Bekenntnisgründe

Dem weitgehenden theologischen Konsens bezüglich der unhintergehbaren Vieldeutigkeit, die dem Leben und Geschick des irdischen Jesus anhaftet, entspricht die ähnlich umfassende Übereinstimmung in der These, daß durch die Auferweckung des Gekreuzigten jene Vieldeutigkeit in Eindeutigkeit überführt worden sei.[593] Hat sich Gott hier nicht als der unbedingt Liebende, als der Retter erwiesen, als den Jesus ihn verkündigte? Und legitimiert jener Machterweis Gottes nicht zugleich den Sendungsanspruch dessen, der sein Leben für die von ihm vollmächtig verkündete Botschaft einsetzte?[594] Das neutestamentliche Zeugnis scheint die theologische Rede von der nachösterlichen Eindeutigkeit zu rechtfertigen, gar zu fordern. Denn tatsächlich treten die Zeuginnen und Zeugen des Auferstandenen mit der unerschütterlichen Gewißheit von der Wahr-

---

[592] Vgl. z.B. KASPER, Jesus 145f.; KESSLER, Auferstehung 104-108; ders., Christologie 282f.; HÜNERMANN, Jesus 94; ESSEN, Vernunft 309-312; PRÖPPER, Erlösungsglaube 198; MOLTMANN, Gott 153. Umstritten unter Exegeten wie Systematikern bleibt Jesu Selbstverständnis angesichts des nahenden Todes und vor allem in seinem Sterben. Rechnen viele mit der Möglichkeit, daß Jesus selbst bereits seinem Tod eine Bedeutung für die Gottesherrschaft zusprechen konnte (vgl. VÖGTLE, Todesankündigungen; GNILKA, Tod; WERBICK, Soteriologie 113-116, und vor allem SCHÜRMANN, Jesus 157-240), wird man doch, nicht zuletzt vor dem Hintergrund des von Markus überlieferten Todesschreis Jesu (Mk 15,37), der Zurückhaltung Bultmanns ihr Recht nicht absprechen dürfen: „Ob oder wie Jesus in ihm [dem sinnlos scheinenden Schicksal, M.B.] einen Sinn gefunden hat, können wir nicht wissen. Die Möglichkeit, daß er zusammengebrochen ist, darf man sich nicht verschleiern" (BULTMANN, Verhältnis 12, vgl. dazu die kritische Aufnahme dieser These bei LEHMANN, Rede 110-113).

[593] Vgl., um die Argumentationen der in Anm. 592 genannten Autoren wieder aufzunehmen, KASPER, Jesus 169; KESSLER, Auferstehung 216-219; ders., Christologie 292; HÜNERMANN, Jesus 112; ESSEN, Vernunft 312; PRÖPPER, Erlösungsglaube 196; MOLTMANN, Gott 166-174. Die Behauptung der durch im Ostergeschehen gegebenen Eindeutigkeit wird besonders deutlich, wenn LEHMANN, Rede 116, festhält: „Das elementare Geschehen ist nicht das, was einzelne erlebt haben, sondern das, was – *mit unzweifelhafter Klarheit für alle Beteiligten* – im Blick auf Jesus geschehen ist" (Hervorh. von mir).

[594] „Für die Jünger geschieht beides in einem: *die Bestätigung Jesu* durch den Vater, der ihn zu sich nimmt und ihn neu unter den Glaubenden gegenwärtig sein läßt, sowie *das Offenbarwerden* eines Gottes, der die Hoffnung der Glaubenden angesichts der unüberwindlich scheinenden Macht der Sünde und des Todes rechtfertigt, da er seinen Sohn zum Erstling der Entschlafenen macht." So faßt WERBICK, Auferweckung 124, in Übereinstimmung mit zahlreichen anderen Autoren den theologischen Gehalt der Auferstehungserfahrung zusammen.

heit ihrer Botschaft auf.[595] Und sie berufen sich dabei ebenfalls auf die Auferweckung Christi, ohne die ihre Verkündigung ihren Grund und Halt verlöre.[596]

Muß also die Auferweckung Jesu als jenes eindeutige Faktum anerkannt werden, das den erkenntnistheoretisch begründeten Aufruf zur Selbstbescheidung aller Wahrheitsansprüche Lügen straft? Das ferner die Freiheitsanalyse, die diesen Aufruf in der hier vertretenen Weise aufnimmt, endgültig als unangemessenen Versuch qualifiziert, Struktur und Status des Glaubensaktes zu erfassen? Das besondere Gewicht, welches die theologische Reflexion seit ihren biblischen Anfängen der Auferweckung beimißt, macht es erforderlich, die gewonnene Einsicht in die Einheit von Faktum und Bedeutung an jenem außergewöhnlichen, ja analogielosen Ereignis noch einmal kritisch zu überprüfen.

Dabei führt schon der Versuch einer historischen Erhebung des fraglichen Faktums zu erheblichen Schwierigkeiten. Es fehlt nicht nur ein Bericht von der Auferstehung Jesu, der einer kritischen Überprüfung unterzogen werden könnte. Zwischen verschiedenen Weisen des Weltverstehens – den Naturwissenschaften, der Erforschung der Profangeschichte, den soziologischen und psychologischen Deutungsansätzen und nicht zuletzt dem Christusbekenntnis – ist es ja bereits strittig, ob und wie die Auferweckung überhaupt als ein Faktum betrachtet werden kann oder gar muß.[597]

Ganz gleich aber, aus welcher Perspektive versucht wird, das Geschehen nach dem Tod Jesu zu erhellen, stoßen all diese Rückfragen auf eine nicht ernsthaft zu bestreitende Tatsache: Obwohl sein Kreuzestod für seine Jüngerinnen und Jünger den Sendungsanspruch Jesu fraglich werden lassen mußte, werden der Mann aus Nazareth und seine Botschaft nicht vergessen, sondern schon kurze Zeit nach seinem Tod mit Anspruch auf gläubige Zustimmung verkündigt. Je stärker heutige Ausleger die Radikalität jener Infragestellung hervorheben, desto notwendiger müssen sie annehmen, daß ein Ereignis nach dem Tod Jesu diese Wende ausgelöst hat.[598] Denn wenn die Hinrichtung Jesu das Vertrauen und die Hoffnung der Seinen zerbrechen ließ, kann nicht im vorösterlichen Glauben der alleinige Ermöglichungsgrund dafür gesucht werden, daß „'die Sache' Jesu weitergebracht" wurde.[599]

---

[595] Vgl. neben dem Faktum, daß es überhaupt eine nachösterliche Verkündigung gab, vor allem die geprägten Bekenntnisformeln, die durchweg als Tatsachenbehauptungen firmieren. Dazu KESSLER, Auferstehung 110-117; KASPER, Jesus 147f.

[596] Vgl. 1 Kor 15,14.

[597] Während – in je unterschiedlichen Argumentationszusammenhängen, die hier nicht nachzuzeichnen sind – die einen die Rede von einer Faktizität der Auferstehung nicht für angemessen halten (z.B. BULTMANN, Verhältnis 26f.; MARXSEN, Auferstehung 14-24; KASPER, Jesus 166; WERBICK, Auferweckung 126f.), halten andere es für unverzichtbar, an dieser Rede festzuhalten (so PANNENBERG, Grundzüge 96). Auch hier entscheidet sich, wie die folgende Argumentation zeigen wird, alles am Begriff der Wirklichkeit und ihrer möglichen Erkenntnis.

[598] Vgl. stellvertretend für viele KESSLER, Auferweckung 141-144.211f.

[599] MARXSEN, Auferstehung 29. VERWEYEN, Sache 67, bezeichnet den hier dargestellten weitreichenden Konsens ironisch als „Dogma vom Ostergraben". Zu seiner kritischen Bestreitung dieser Deutungen des Ostergeschehens vgl.u. S. 209, Anm. 615.

Das Neue Testament gibt von jenem auslösenden Geschehen ein eindrückliches, wenn auch nicht einheitliches Zeugnis. Es verweist auf die Erscheinungen des Auferstandenen und, in einer anderen Traditionslinie, auf das leer aufgefundene Grab.[600] Diese Fakten, deren sinnliche Wahrnehmbarkeit nachdrücklich behauptet wird, können zwar den Beginn der nachösterlichen Verkündigung plausibel erscheinen lassen, sind aber zugleich selbst erklärungsbedürftig. Denn wie kann ein Toter unerwartet als Lebendiger erscheinen? Wie ein ordnungsgemäß bestatteter Leichnam aus einem zudem noch bewachten Grab sich entfernen? Die neutestamentlichen Zeuginnen und Zeugen schließen aus ihren Wahrnehmungen auf ein Handeln Gottes, auf ein den Erscheinungen und der Grabauffindung vorausliegendes Geschehen.[601] Sie enthalten sich jeder Darstellung dieses Geschehens als eines sinnlich wahrnehmbaren Ereignisses. Als einzig angemessene Sprache, dieses geglaubte Handeln Gottes zu verkünden, erscheint ihnen die in der eschatologisch-apokalyptischen Vorstellungswelt beheimatete Rede von der Auferweckung und Erhöhung der Toten. Und so verkünden sie den Selbsterweis bzw. das göttliche Erscheinen-Lassen des Auferweckten als das Ereignis, das ihren Osterglauben weckte; die Macht Gottes, an die sie glauben und auf die zu vertrauen sie mit ihrer Botschaft auffordern, hat also nach ihrem Zeugnis nicht nur den Gekreuzigten zum Leben gerufen, sondern auch ihren eigenen Glauben ermöglicht und Wirklichkeit werden lassen.[602]

So zeigt sich der Rückfrage nach dem Ostergeschehen – wie immer sie motiviert, von welcher Weise des Verstehens sie auch geprägt sein mag – die Einheit von Faktum und Bedeutung, die im Neuen Testament eine spezifische Gestalt fand, als äußerst komplexes Gefüge:[603] Zur Erklärung ihres Mutes und ihrer Gewißheit, in denen sie – durchaus überraschend – die Botschaft Jesu nach

---

[600] Zu diesen beiden Traditionslinien und zur Frage ihrer historischen Bewertung vgl. PANNENBERG, Grundzüge 85-103; KESSLER, Auferstehung 117-135; KASPER, Jesus 148-153.

[601] „Die Überzeugung von dem Ereignet-Sein der Auferstehung Jesu gründet also bei Paulus *nicht* in einem Widerfahrnis dessen, was er für ein Ereignis hält. Sie ist vielmehr das Ergebnis eines Schluß-Verfahrens" (MARXSEN, Auferstehung 18). Auch PANNENBERG, Grundzüge 95, stellt den aufgrund dieses Schluß-Verfahrens, das nicht nur bei Paulus, sondern bei allen Osterzeugen zu beobachten ist, eigentümlichen Charakter heraus, der der Faktizitätsbehauptung eignet: „In diesem Sinne also wäre die Auferweckung Jesu als ein historisches Ereignis zu bezeichnen: Wenn die Entstehung des Urchristentums, die abgesehen von anderen Überlieferungen auch bei Paulus auf Erscheinungen des auferstandenen Jesus zurückgeführt wird, trotz aller kritischen Prüfung des Überlieferungsbestandes nur verständlich wird, wenn man es im Lichte der eschatologischen Hoffnung einer Auferstehung der Toten betrachtet, dann ist das so Bezeichnete ein historisches Ereignis, auch wenn wir nichts Näheres darüber wissen."
Bemerkenswert scheint mir in diesem Zusammenhang, daß im NT nur im Rahmen der Bekenntnisaussagen, nicht aber in der offenbarenden Rede des Auferstandenen von der Auferweckung die Rede ist. Nur dem vorösterlichen Jesus wird in den – nachösterlich geprägten – Leidensweissagungen die Ankündigung seiner Auferweckung in den Mund gelegt.

[602] Hier gilt es zu unterscheiden zwischen den Erscheinungen als dem geschichtlichen Ursprung und der rettenden Macht Gottes als dem sachlichen Grund des Glaubens: Vgl. KESSLER, Auferstehung 237-239; WERBICK, Auferweckung 111; KASPER, Jesus 167.

[603] „Was geschichtlich zur Anschauung kommt, ist nämlich eine Ereignisfolge, darin sich der Glaube an den Auferstandenen zur Sprache bringt und durchsetzt" (LEHMANN, Rede 116).

dessen Tod verkünden, verweisen die Zeugen auf die Erscheinungen. Deren sinnliche Wahrnehmung deuten sie als Erweis, daß der Gekreuzigte lebt. Dieses Verstehen aber erfordert den Rückschluß auf ein Faktum, in dem der Tod überwunden wurde. Dieses – erschlossene, nicht sinnlich wahrgenommene – Geschehen wiederum deuten sie als Handlung Gottes und bringen es zur Sprache im Bekenntnis zur Macht Gottes, der die Toten aufzuerwecken und den Glauben zu begründen vermag.

Können, so ist nun angesichts dieser Einheit von Faktum und Bedeutung kritisch zu prüfen, die Fakten die von der theologischen Reflexion immer wieder insinuierte Eindeutigkeit beanspruchen?[604] Das Ergebnis dieser Prüfung

---

[604] Ob und inwieweit Pannenberg mit seiner zentralen These von der Einheit von Faktum und Bedeutung (vgl.o. S. 200, Anm. 581) eine solche Eindeutigkeit behaupten will, muß anhand des Textbefundes fraglich bleiben. Wenn er sein hermeneutisches Grundkonzept darlegt, demzufolge jedem Ereignis eine Bedeutung anhaftet, die sich aber erst im Lauf seiner Wirkungsgeschichte entfaltet, scheint die Möglichkeit offengehalten, historisch vorgegebene Bedeutungszuschreibungen zu modifizieren oder gar zu korrigieren. Aber wird diese Offenheit nicht aufgehoben, wenn das eschatologische Geschehen der Auferweckung Jesu als Vorwegereignis jenes Endes der Geschichte verstanden wird, in der die als Bedingung der Möglichkeit von Sinnverstehen angezielte Totalität aller Ereignisse und ihrer Bedeutung ansichtig wird? Zugleich aber gesteht Pannenberg zu, daß auch das Verstehen der Auferweckung als dieses Ende der Geschichte unter den gleichen Vorbehalten steht wie jedes andere Geschichtsverstehen (vgl. zum Argumentationszusammenhang z.B. PANNENBERG, Hermeneutik; zur Zirkelhaftigkeit der zuletzt genannten Verstehensschritte vgl. BERTEN, Geschichte 85). Der nicht endgültig geklärte Status der These über die Einheit von Faktum und Bedeutung läßt verstehen, daß sich in Pannenbergs Werk widersprüchliche Aussagen dazu finden: „Es ist doch nicht so, daß man deutungsfrei feststellbaren Fakten nachträglich je nach Belieben diese oder jene Bedeutung beilegen könnte, so daß neben andern auch möglichen Bedeutungen dann etwa auch eine Offenbarungsbedeutung zur Wahl stehen könnte. Vielmehr bringen die Ereignisse aus dem Zusammenhang, dem sie als geschehene übereignet worden sind, ihre ursprüngliche Bedeutung immer schon mit" (PANNENBERG, Einsicht 232); „Hier wird der zuvor erörterte Umstand wichtig, daß die Behauptung der Auferstehung Jesu als historisches Ereignis nicht bedeuten muß, daß ihre Faktizität über jeden Zweifel erhaben wäre. Sie ist vielmehr noch strittig, und weil die Auferstehung Jesu noch strittig ist, darum auch die Bedeutung Jesu als Offenbarung Gottes" (so ders., Nachwort 139, in Antwort auf entsprechend kritische Anfragen von Berten). Essen wendet die Rede von der Einheit von Faktum und Bedeutung, die er von Pannenberg aufnimmt, in einem klar benannten Interesse an: Er will der von ihm in der theologischen Diskussion um die Auferweckung mehrfach aufgedeckten Gefahr wehren, daß „die empirische Faktizität für das *Gegebensein* einer Bedeutung" keine „konstitutive Relevanz" mehr besitzt (ESSEN, Vernunft 436; auf die gleiche Gefahr macht PANNENBERG, Kerygma 82f., aufmerksam). Durch den Rückgriff auf die transzendentale Historik gelingt Essen dann ein Doppeltes: Er kann – zum einen – das faktische, historisch objektivierbare Geschehen als für die Vermittlung von Freiheit notwendiges Symbol herausstellen (aaO.438–440), zum anderen aber auch eine objektivierende Geschichtswissenschaft darauf verpflichten, die Deutung eines gewissen Geschehens als Freiheitsgeschehen zumindest nicht auszuschließen (ders., Geschichte 324f.). Wenn Essens Argumentation dabei immer wieder den Eindruck erweckt, sie ziele auf die These von der Eindeutigkeit historischer Fakten, liegt dies darin begründet, daß er eine weitere Einsicht der transzendentalen Freiheitsanalyse nicht mit der notwendigen Konsequenz anwendet: die Einsicht nämlich, daß nicht nur die Symbolisierung der freien Anerkennung, sondern auch das antwortende Verstehen des Symbols ein Freiheitsakt ist (vgl. PRÖPPER, Beitrag 314: „Liebe hat nur den Beweis ihrer situativen Evidenz; ihre Unbedingtheit wird nur wahrnehmen können, wer sich selber zu ihr entschließt."). So gewinnt die von ihm auch, aber eher beiläufig erwähnte Tatsache, daß die „symbolische Dignität [...] in einer *Zweideutigkeit* und *Strittigkeit*" verbleibt (ders., Vernunft 447), „daß erst im Akt des Glaubens die begegnende Wirklichkeit *als*

entscheidet nicht nur die über Angemessenheit der im Gespräch mit Cassirer entwickelten Analyse des Glaubens. Zeigte sich doch, daß die Rede von der Auferstehung den Zielpunkt der deutenden Durchdringung des sinnlich Wahrnehmbaren – der nachösterlichen Verkündigung, der Erscheinungen und des leeren Grabes – darstellt. Deshalb aber hängt vom Ausgang der erforderlichen Untersuchung auch ab, mit welchem Geltungsanspruch die Rede von der Faktizität der Auferweckung auftreten kann, ob und wie die Wirklichkeit der Auferweckung der Erkenntnis zugänglich ist.

Kann die nachösterliche Verkündigung nur im Rückgriff auf ein sie auslösendes Faktum verstanden werden? Müssen die Erscheinungen und das leere Grab, die vom Neuen Testament als dieses Faktum benannt werden, als eindeutiger Verweis auf ein ihnen vorausliegendes Geschehen angesehen werden? Ist deshalb endlich der nochmalige Rückschluß auf Gottes Handeln, die Auferweckung des Gekreuzigten zwingend?

Der Blick auf die fast zweitausendjährigen Auseinandersetzungen um die christliche Auferstehungsbotschaft läßt – vor jedem Urteil über ihre Angemessenheit – sofort erkennen, daß dem fraglichen Geschehen eine Fülle verschiedener, auch widersprüchlicher Deutungen zugeschrieben wird. Den Vorwurf, daß sich die urchristliche Verkündigung mit Hilfe eines Betrugs Geltung zu verschaffen suchte, überliefert bereits das Neue Testament.[605] Und keineswegs nur von antichristlicher Seite kommen Versuche, die nachösterliche Verkündigung als notwendige Fortentwicklung der Botschaft Jesu,[606] die Erscheinungen als subjektive Visionen,[607] die Rede von der Auferstehung als zu verabschiedendes Mythologem zu erweisen.[608] Selbstverständlich provozieren all diese Verstehensversuche die Auseinandersetzung um ihre jeweilige Plausibilität und Reichweite. Die inhaltlichen Ergebnisse dieser Diskussion sind für das fragliche Verhältnis von Faktum und Bedeutung weniger von Belang als die sich aus ihr ergebende Einsicht, wie voraussetzungsreich das Bekenntnis zur Auferweckung Jesu und die Behauptung seiner Notwendigkeit zur Erklärung der Osterereig-

---

die Selbstbekundung des Auferstandenen überhaupt *wahrgenommen* werden kann" (aaO. 446), in Essens Entwurf nicht die systematische Relevanz, die ihr m.E. beizumessen ist.
Indem die von mir vorgelegte Analyse bezüglich der These über die Einheit von Faktum und Bedeutung unterscheidet zwischen der transzendentallogisch der Möglichkeit von Verstehen überhaupt vorauszusetzenden Einheit (der „symbolischen Prägnanz", PsF III,222) und den historisch je schon vorliegenden konkreten Gestalten dieser Einheit (der „natürlichen Symbolik", PsF I,41, oder auch den in sinnlichen Zeichen ausgedrückten Ergebnissen vergangener Formungsprozesse; vgl. zu dieser Unterscheidung o. S. 130ff.), sollen die zweifellos wegweisenden Erkenntnisse Pannenbergs und Essens aufgegriffen, an ihren m.E. problematischen Punkten aber auch kritisch weitergeführt werden.
[605] Vgl. Mt 27,62-66; 28,13-15. Dazu KESSLER, Auferstehung 142f.
[606] Vgl.u. S. 209, Anm. 615.
[607] So am nachdrücklichsten D.F. Strauß. Vgl. dazu KESSLER, Auferstehung 161-173; PANNENBERG, Grundzüge 89-96; ESSEN, Vernunft 29-35.
[608] So BURI, Entmythologisierung 96, der Bultmann vorwirft, selbst dessen inhaltliche Fassung des Kerygmas sei noch der mythologischen Rede verhaftet.

nisse sind. Mindestens drei Voraussetzungen können als Bedingung von dessen Möglichkeit erhoben werden.

Zum ersten kann der neutestamentlich-christlichen Deutung des Ostergeschehens, insbesondere dem Bekenntnis zum Handeln Gottes an dem Gekreuzigten, nur zustimmen, wer zumindest prinzipiell mit der Möglichkeit eines Handelns Gottes in der Geschichte rechnet.[609] Nun kann eine solche Möglichkeit entweder methodisch oder grundsätzlich ausgeschlossen werden. In den Naturwissenschaften oder auch in der profanen Geschichtsforschung wird, wie gezeigt, aus methodischen Gründen darauf verzichtet, ein Handeln Gottes als mögliches Element kausaler Erklärung in Betracht zu ziehen.[610] Mit dieser Einschränkung aber muß das Eingeständnis einhergehen, daß das entsprechende Verstehen über die Wirklichkeit Gottes und seines Handelns keine Aussage machen kann. Es bleibt damit auch hinsichtlich des Auferweckungszeugnisses auf jene Weise des Verstehens, auf die symbolische Form angewiesen, die allein der Wirklichkeit Gottes ansichtig werden kann: auf das religiöse Bekenntnis, das, um sich als vernünftig verantworten zu können, selbst wieder auf den Diskurs mit jenen anderen Weisen des Verstehens verwiesen bleibt.[611] Anders aber als der methodische Atheismus einiger symbolischer Formen stellt sich die prinzipielle Leugnung der Wirklichkeit Gottes und damit seines möglichen Handelns dar. Sie unterscheidet sich inhaltlich, aber nicht in der Weise ihres Wirklichkeitsbezugs von der des gläubigen Bekenntnisses und steht deshalb nicht im Verweisungszusammenhang, sondern im direkten Widerspruch zu ihm.[612] Selbstverständlich muß es einem solchen Verstehen unmöglich bleiben, der christlichen Deutung der Ereignisse nach dem Tod Jesu, dem Rückschluß auf Gottes Auferweckungshandeln zuzustimmen.[613] Doch läßt es diese nicht etwa ungedeutet, sondern wird sie in eigener Weise mit einer geistigen Bedeutung verknüpfen.

Aber auch innerhalb des religiösen Weltverstehens, das die Wirklichkeit Gottes bekennt, kann das neutestamentliche Auferstehungszeugnis nicht als die einzig mögliche und deshalb zwingende Deutung jener Geschehnisse behauptet werden. Denn die Anerkennung der Wirklichkeit Gottes impliziert keineswegs, daß sein geschichtliches Handeln, gar sein Handeln in einer historischen Person, an einem einzelnen Toten als möglich angesehen wird.[614] Dies aber setzt die

---

[609] Vgl. WERBICK, Auferweckung 113, und auch ESSEN, Vernunft 445f. Zur möglichen „Entwicklungsgeschichte" des Glaubens bis hin zur „Schau der Gestalt" (Balthasar) vgl. o. S. 168f.
[610] Zu dieser methodischen Parallele beider Wissenschaften vgl., im zustimmenden Rückgriff auf Strauß, WERBICK, Auferweckung 93f.
[611] Nicht zuletzt diese Einweisung der profanen Geschichtswissenschaft in ihre Grenzen intendieren Pannenberg und auch Essen. Vgl. PANNENBERG, Nachwort 135; ESSEN, Vernunft 340f., und, in kritischer Aufnahme Pannenbergs, BERTEN, Geschichte 104.
[612] Vgl. NEUNER, Glaube 60f.
[613] So auch PANNENBERG, Grundzüge 95.
[614] Hingewiesen sei hier nur auf den jüdischen Einspruch gegen einen solchen Glauben. So weist BUBER, Glaubensweisen 101f., auf die Schwierigkeiten hin, den Glauben an eine leibliche Auferste-

Deutung der Erscheinungen als Begegnung mit dem Auferstandenen voraus. Die zumindest prinzipielle Einräumung einer solchen Möglichkeit bildet demnach die zweite notwendige Bedingung der Möglichkeit des Auferweckungsbekenntnisses.

Als dritte dieser Möglichkeitsbedingungen läßt sich schließlich die Zustimmung zu der These benennen, daß das nachösterliche Zeugnis eines erneuten Anstoßes bedurfte. Andernfalls kann bereits die kausale Verknüpfung des Zeugnisses mit den es auslösenden Ereignissen, die sich in der neutestamentlichen Deutung des Ostergeschehens nachweisen läßt, allenfalls als möglich, nicht aber als zwingend angesehen werden.[615]

Es zeigt sich also: So sehr das christliche Auferstehungsbekenntnis sich selbst als das den sinnlichen Zeichen einzig angemessene, durch sie überhaupt erst ermöglichte Verstehen weiß, so deutlich bleibt, daß nur dem Bekenntnis selbst ein solches Verständnis und Selbstverständnis möglich ist. Der Einheit von Faktum und Bedeutung, die in dem so voraussetzungsreichen neutestamentli-

---

hung mit der jüdischen Tradition zu verbinden. KLAUSNER, Jesus 498f., begnügt sich mit dem Hinweis darauf, daß die Visionen der Jünger wegen ihrer Ungesichertheit nicht als Fundament eines Glaubens dienen können. COHEN, Religion 344-392, ordnet den Glauben an eine individuelle Auferstehung dem Mythos zu und bezeichnet ihn als einen der Ethik unwürdigen Gedanken. Er ersetzt ihn durch die Vorstellung der Unsterblichkeit der Menschenseele in der Menschheit, durch die Rede vom „Fortbestand der Korrelation von Mensch und Gott" (aaO.392). Dagegen finden sich bei Flusser bemerkenswerte Brückenschläge zur christlichen Auferstehungsbotschaft: Vgl. GRUNDEN, Freiheit 57f.
[615] Verweyen ist weder der einzige noch der erste, der das „Dogma vom Ostergraben" (vgl.o. S. 204, Anm. 599) bestreitet. Zu erinnern ist hier an die Entwürfe von Bultmann, Marxsen, Schillebeeckx und Pesch, die alle in der vorösterlichen Tradition eine ausreichende, allenfalls durch eine gnadenerwirkte Bekehrung erneut ins Bewußtsein der Zeugen gelangte Grundlage sehen, den nachösterlichen Glauben und seine Bezeugung zu erklären.
Verweyen bestreitet die Ostererfahrungen der Jünger nicht, hält sie „allerdings nicht für notwendig, um das Scheitern von Jesu Mission, sondern nur, um das Scheitern eines kleinmütigen Glaubens zu überwinden" (VERWEYEN, Sache 76). Sie als Sachgrund des Glaubens an die Eindeutigkeit und „an die Letztgültigkeit der Selbstoffenbarung in Jesus" (ebd.) zu sehen, ist dagegen s.E. nur um den Preis möglich, die Offenbarungsqualität des Lebens und Sterbens Jesu zu nivellieren (vgl. aaO.70-72; ders., Wort 448-450). Doch ist eine solche Annahme, teilt man Verweyens Argumentationsvoraussetzungen, auch nicht notwendig: Wenn das Ziel menschlicher Freiheit darin liegt, ganz im Bild-Sein des Absoluten aufzugehen, dann findet das Leben Jesu als absolute Hingabe in der Tat bereits im Kreuzestod seine Vollendung (vgl. ders., Sache 73). Jede nachträgliche Rettung dieser individuellen Freiheit würde die letztgültige Offenbarung der Hingabe triumphalistisch konterkarieren (vgl. aaO.67, ders., Wort 279). Es ist vor dem Hintergrund dieses Freiheitsbegriffs kein Zufall, daß VERWEYEN, Sache 79, die eschatologische Ausrichtung der Forderung Jesu, schon jetzt entschieden auf die von Gott erhoffte Rettung zu setzen, ausklammert. Ist aber gegenüber diesem Verständnis des Menschen und seiner Bestimmung nicht festzuhalten an der biblischen Hoffnung auf Rettung der Verlorenen, auf die Erfüllung auch des je individuellen Menschen auf die seiner Freiheit angemessene, unbedingte Anerkennung? Vgl. zu dieser Kritik KESSLER, Auferstehung 442-463, und vor allem PRÖPPER, Begriff 286f. Im Hintergrund seiner dort formulierten Anfrage steht seine Überzeugung, daß „nicht wenig daran [hängt], daß man Liebe ursprünglich als glückende denkt und den faktischen Widerspruch zu ihr als zwar entschieden zu übernehmen, aber doch als nicht seinsollenden und zu überwindenden versteht" (ders., Erlösungsglaube 164). Verweyens Stellungnahme zu dieser Kritik läßt erneut die Differenz zwischen den hier vertretenen Freiheitsbegriffen zutage treten (vgl. VERWEYEN, Botschaft 71-76).

chen Bekenntnis zum Ausdruck kommt, können andere Weisen des Verstehens zur Seite gestellt, ja ablehnende Deutungen entgegengehalten werden.[616] Denn keinem der bezeugten Fakten kommt zwingende Eindeutigkeit zu. So stellt das Bekenntnis eine, keineswegs die einzige Möglichkeit des Verstehens dar; eine Möglichkeit, die, wo die Verstehensvoraussetzungen gegeben sind, in Freiheit ergriffen werden kann, die zu wählen aber nicht notwendig ist.

Diese erkenntniskritische Analyse des Osterglaubens behauptet nicht, daß denen, die aufgrund der Erscheinungen Christus als den auferweckten Gekreuzigten verkündigten, der Glaube, der ihr Erkennen ermöglichte, bewußt gewesen sein muß. Es ist nicht auszuschließen, daß ihnen die Bedeutung des ihnen Begegnenden so zwingend schien, daß ihnen ein anderes Verstehen entweder gar nicht in den Sinn kam oder aber als unangemessen erscheinen mußte.[617] Es ist sogar anzunehmen, daß Jesu eigenes apokalyptisches Weltverstehen ihnen die Deutung der Widerfahrnisse als Erweis der von Gott gewirkten Totenerweckung nahelegte. Gleichwohl deckt die transzendentale Reflexion auf den Glauben der Erstzeugen auf, daß auch er sich der Freiheit verdankt, in der sie auf die Wirklichkeit und das Handeln Gottes zu hoffen und die Ereignisse der Ostertage als solches Handeln zu verstehen wagten.[618] „Die ursprüngliche Ostererfahrung ist daher ebensowohl eine Erfahrung zum Glauben wie eine Erfahrung im Glauben."[619]

Und genausowenig wie sie das „Hingerissen-Sein"[620] der Erstzeugen leugnen muß, schließt die vorgelegte Analyse aus, daß sich der Abwägung der „Jünger zweiter Hand" gute, vielleicht sogar zwingend erscheinende Gründe zeigen, dem biblischen Auferstehungsbekenntnis zuzustimmen. Zu einer solchen Zustimmung könnte bereits das „Einfachheitskriterium", das auch in anderen erkenntnistheoretischen Entscheidungen zum Tragen kommt, bewegen.[621] Müssen doch vermutlich alle Versuche, das Ostergeschehen anders zu deuten als die neutestamentlichen Zeugen, auf weit kompliziertere und voraussetzungsreichere Rekonstruktionen zurückgreifen.[622] Die Fülle der bezeugten sinnlichen

---

[616] Vgl. WERBICK, Auferweckung 108f.

[617] „So ist die Selbstevidenz der Ostererfahrungen auch für die Jünger schon eine vermittelte, auch wenn dieses Vermitteltsein in der überwältigenden Unmittelbarkeit ihrer Begegnungen mit dem Auferweckten nicht als solches erfahren wurde" (WERBICK, Auferweckung 113).

[618] Zur Zirkelhaftigkeit des Glaubens auch der Auferstehungszeuginnen und -zeugen vgl. KASPER, Jesus 166f.; PRÖPPER, Jesus 131f.; WERBICK, Auferweckung 112f.; RAHNER, Grundkurs 238f.

[619] KESSLER, Auferstehung 246. Die von KESSLER, aaO.245-247, geleistete Verhältnisbestimmung entspricht den Einsichten in die Struktur und die Möglichkeitsbedingungen des Glaubens, die oben, S. 163, entfaltet wurden. Vgl. auch KESSLER, Partikularität 141f.

[620] BALTHASAR, vgl.o. S. 165f.

[621] Vgl. SF 344f. und dazu oben S. 189, Anm. 532.

[622] So stellen, wie im einzelnen gezeigt werden könnte, die Argumentationen, die sich z.B. bei KESSLER, Auferstehung 161-208, und PANNENBERG, Grundzüge 85-103, gegen die historisch-erklärenden Versuche, den Osterglauben der Jünger zu verstehen, finden, keine zwingenden Gegenbeweise dar. Sie erweisen letztlich nur, daß die Annahme der Auferweckung Jesu die Geschehnisse einfacher zu erklären vermag als eine Deutung, die auf diese Annahme verzichtet.

Zeichen kann sogar dazu führen, daß eine überkomme Weise des Weltverstehens zunehmend als inadäquat erscheint.[623] In Cassirers Analysen zeigten sich solche Situationen nicht nur in der dialektischen Auflösung des Mythos, sondern auch an der Grenzscheide zwischen Natur- und Kulturwissenschaften. So kann es angesichts des Auferweckungszeugnisses zu ganz unterschiedlichen Veränderungen des bisherigen Weltverstehens kommen. Eine natur- oder auch geschichtswissenschaftliche Deutung der sinnlichen Zeichen kann sich ihrer Unfähigkeit bewußt werden, eine Aussage über die Wirklichkeit der Auferstehung zu machen und so den Übergang in eine religiöse Weise des Verstehens motivieren. Innerhalb religiösen Weltverstehens besteht die Möglichkeit, daß es, wie der Ablösungsprozeß der jungen Kirche vom Frühjudentum belegte, zur Ausbildung neuer Gestalten kommt. Und zahlreiche Bekehrungen belegen, daß sich die prinzipielle Bestreitung der Wirklichkeit Gottes umzukehren vermag in das Bekenntnis zu seinem geschichtlichen Handeln.

Daß all diese Wandlungen des Verstehens verantwortet werden müssen und können, braucht nicht erneut entfaltet zu werden: Denn der Erweis der Verantwortbarkeit des Glaubens gehörte bereits zu den Ausgangsvoraussetzungen des Dialogs mit Cassirer. Solche Verantwortung aber kann sich nicht anders vollziehen als im Diskurs der verschiedenen Weisen des Verstehens von Leben und Geschick Jesu.[624] So wenig dabei die jedem Verstehen als Möglichkeitsbedingung zugrundeliegende Einheit von Faktum und Bedeutung je aufzulösen ist, so wenig wird die Eindeutigkeit eines Faktums behauptet werden können. Dies gilt, wie sich zeigte, nicht weniger als für jedes andere Geschehen für das irdische Leben Jesu – und auch für jene Ereignisse, die die Jüngerinnen und Jüngern zum Glauben an die Auferweckung führen. Um des Glaubens, um der Begegnung zwischen Gott und Mensch willen, die in der Freiheit beider grün-

---

[623] Schaeffler benennt – in deutlicher Abgrenzung zu Rahners gleichlautender Begrifflichkeit – solche „strukturverändernde Erfahrung" als „transzendentale Erfahrung" (SCHAEFFLER, Erfahrung 27). Es ist jedoch nicht einfach, die Bedingungen der Möglichkeit solcher Erfahrungen, deren faktisches Zustandekommen nicht zu leugnen ist, präzise zu bestimmen. Denn wenn innerhalb der einzelnen symbolischen Formen Kants Satz gilt, daß „die Bedingungen der Möglichkeit der Erfahrung zugleich die Bedingungen der Möglichkeit der Gegenstände der Erfahrung" sind (vgl.o. S. 127), scheint eine die jeweilige Form sprengende Erfahrung zunächst nicht denkbar. Doch wurde bereits die in den Formen aufbrechende Reflexion auf den Formungsakt selbst als eine Bewegung ansichtig, die zum Wechsel in eine andere Form bewegen kann (so auch SCHAEFFLER, Erfahrung 650-685). Im Blick auf das in sinnlichen Zeichen begegnende Auferweckungszeugnis bleibt es zudem denkbar, daß eine nicht-religiöse Weise des Weltverstehens ihre Unfähigkeit erkennt, über die dort bezeugte Wirklichkeit zu urteilen.
[624] Hier bleibt – neben den zahlreichen Aufforderungen, sich mit den Jesusbildern anderer, z.B. künstlerischer Weisen des Weltverstehens auseinanderzusetzen (vgl.o. S. 197, Anm. 566) – die von Essen und Pannenberg eingeschärfte Verpflichtung, den Glauben vor dem Forum der historischen Vernunft zu verantworten, deshalb besonders gewichtig, weil sich der christliche Glaube als geschichtlich vermitteltes Freiheitsgeschehen versteht.

det, muß die bleibende Vieldeutigkeit der bezeugten Ereignisse nicht bestritten, sondern gerade herausgestellt werden.[625]

4. Die offene Frage: Religionspluralismus?

Ist sie dem Mythos einmal entwachsen, zeigt sich die Welt des Menschen in einer Vielfalt symbolischer Formen. Inmitten dieser unterschiedlichen Weisen des Weltverstehens findet sich auch das Christusbekenntnis vor. Verschließt es davor nicht die Augen, werden ihm zwei Konsequenzen zu Bewußtsein kommen: Das Bekenntnis zur Selbstoffenbarung Gottes in Jesus Christus ist nur eine unter vielen Weisen, der Wirklichkeit ansichtig zu werden. Und auch Leben und Geschick Jesu, Anhalt und zentraler Inhalt christlichen Weltverstehens, sind als sinnliche Zeichen nicht jener Vieldeutigkeit enthoben, die allem eigen ist, was Menschen wahrnehmen können.

Mögen diese Einsichten zunächst den Schrecken der Ungesichertheit und ängstliche Abwehr hervorrufen, erkennt ein näheres Hinsehen in ihnen einen doppelten Gewinn. Angesichts der Vielfalt der Formen wird jene Energie erkennbar, die des Formens mächtig ist: der Geist, dessen sich der Mensch in und als Freiheit bewußt werden kann. Damit aber ist jene Grundbestimmung des Menschen aufgedeckt, die es erlaubt, sein Gottesverhältnis als die Begegnung von Freiheiten zu denken, von der die Bibel zeugt; den Glauben als freie Antwort auf das von Gott in Freiheit geschenkte Wort zu verstehen. Wo dieser Glaube die Auseinandersetzung mit den anderen Weisen des Weltverstehens nicht scheut, wird er wie jene die Autonomie und die mangelnde Autarkie jedes menschlichen Weltverstehens erfassen. Die Einsicht in die eigene Begrenztheit macht es dem glaubenden Bekenntnis möglich, andere Weisen des Weltverstehens – die Naturwissenschaften, die Kunst, die Kulturwissenschaften – in ihrer Eigenständigkeit und Leistungsfähigkeit anzuerkennen. Das Wissen um deren bleibende Grenzen wiederum erlaubt es ihm, für seine eigene Weise des Verstehens Anerkennung einzufordern, für die einzige Weise, die der Wirklichkeit Gottes ansichtig werden kann.

In solch produktiver Auseinandersetzung wird der Glaube jener Verantwortung seiner selbst vor der Vernunft der Menschen gerecht, zu der er sich verpflichtet weiß. Und ohne Zweifel leistet ein solches Gespräch, in dem sich der Mensch der Möglichkeiten und Schranken seines Wissens bewußt wird,

---

[625] Vgl. BAUMGARTNER, Philosophie 23f. Solche Vieldeutigkeit gesteht auch PANNENBERG, Nachwort 141, zu, führt diese – wegen seines anders gefaßten Freiheitsbegriffs – aber nicht auf die Freiheit des Menschen zurück.
Zum Abschluß dieser Überlegungen sei noch einmal der Bogen geschlagen zu einem ihrer Ausgangspunkte, zur literarischen Formung der Jesusgestalt. Die zur Entscheidung rufende Vieldeutigkeit von Leben und Geschick Jesu wird in eindrücklicher, zugleich von jedem unangemessenen missionarischen Pathos freier Weise in G. Fusseneggers Roman „Sie waren Zeitgenossen..." präsent.

einen Beitrag zu jener „fortschreitenden Selbstbefreiung", die Cassirer als Ziel allen Formens erkennen zu können glaubte.

Und doch läßt die so erreichte Verhältnisbestimmung zwischen den verschiedenen symbolischen Formen noch Fragen offen; Fragen, die sich am Rande der soeben abgeschlossenen Untersuchungen schon gelegentlich zeigten. Dies war immer dann der Fall, wenn die Auseinandersetzung mit anderen Weisen des Weltverstehens über die Grenzen hinausdrängte, die ihr zunächst gesetzt waren. War doch bewußt nur nach dem Verhältnis des Christusbekenntnisses zu jenen symbolischen Formen gefragt worden, die unter einer prinzipiell anderen Fragestellung, mit spezifisch unterschiedenen Formen der Verknüpfung und Deutungszuschreibung die sinnlichen Zeichen zu verstehen suchten. Das Verhältnis zwischen derart in ihrer Modalität unterschiedenen Formungen läßt sich in der Tat bestimmen anhand der Einsicht in ihre Autonomie wie in ihre wechselseitige Verwiesenheit. Doch kann dieses Ergebnis ohne weiteres übertragen werden auf die Beziehung unterschiedlicher Formungen ein und derselben symbolischen Form zueinander? Kann es in der Auseinandersetzung zwischen Verstehensweisen gleicher Modalität ein Urteil sprechen? Kann es, und auf diese Frage zielt ja die gesamte vorliegende Untersuchung, etwa den Dialog der Religionen orientieren?

Ohne Frage sind die erreichten Einsichten in diesem Feld fruchtbar zu machen. Die Anerkennung der jeweils anderen Weisen religiösen Weltverstehens, der Einblick in ihre je konkreten Formungsregeln ließe zumindest eine Atmosphäre entstehen, in der ein Gespräch möglich wird. Und wer wollte leugnen, daß das Kennenlernen der je anderen Sicht nicht zuletzt das Eigene neu zu sehen lehrt, daß auch ein religiöses Bekenntnis um der genaueren Erfassung seiner selbst auf die regelmäßige Kritik von außen angewiesen ist?

Und doch: Ein solcher Austausch scheint mit Notwendigkeit früher oder später sich in die gegenseitige Bestreitung zu wenden. Dies natürlich vor allem dann, wenn ein gläubiges Bekenntnis zur Wirklichkeit Gottes seiner atheistischen Ablehnung begegnet – die als spezifische Wirklichkeitsbehauptung ja selbst Bekenntnischarakter trägt. Doch auch der im engeren Sinne inter-religiöse Dialog ist von gegenseitigen Verneinungen in der Regel nicht frei. Die christliche Grundüberzeugung, daß in Jesus Christus Gott selbst sich gezeigt habe, vermögen andere Bekenntnisse nicht zu teilen. Und das Christentum beharrt auch dann auf der Einzigartigkeit, Unüberbietbarkeit und universalen Geltung der von ihm vertretenen Wahrheit, wenn es die Offenbarungsqualität der Erfahrungen in anderen Religionen nicht mehr prinzipiell leugnet.

Bleibt, wenn solche Unterschiedenheit und Gegensätzlichkeit einmal aufgebrochen ist, anderes, als solche Pluralität religiösen Weltverstehens fraglos anzuerkennen? Als zu hoffen, daß das mehr oder weniger desinteressierte Nebeneinander Bestand hat, und gleichzeitig stets zu fürchten, es könnte zum gewaltsamen Kampf der Weltanschauungen kommen? Soll dies nicht die letzte

Auskunft bleiben, gilt es nach Kriterien zu fragen, an denen sich selbst die Angemessenheit und Verantwortbarkeit religiöser Weisen des Weltverstehens noch einmal prüfen läßt. Dabei wird sich zeigen müssen, ob eine solche Kriteriologie notwendig dazu führt, eine Religion aus allen anderen hervorzuheben, oder ob sie auch die Möglichkeit einer gegenseitigen Anerkennung und Freilassung verschiedener Bekenntnisse eröffnet.

Fruchtlos bliebe eine solche Kriteriensuche, wenn sie darauf zielte, von außen einen Maßstab an die religiösen, aber auch die anderen symbolischen Formen heranzutragen. Denn dann ließe sich seine Geltung innerhalb der Formen nicht mehr begründen. So ist auf dem bereits beschrittenen Weg noch weiter zu gehen. Wenn überhaupt, werden sich nur aus der Reflexion auf die Möglichkeitsbedingungen symbolischer Formung jene Kriterien erheben lassen, auf deren Geltung die konkreten Weisen des Weltverstehens nochmals zu verpflichten sind. Die Suche nach solchen Kriterien, die auch den Religionsdialog zu orientieren in der Lage sind, läßt ein letztes Mal nach den Erkenntnissen fragen, zu denen Cassirer mit Hilfe seiner Philosophie der symbolischen Formen gelangte.

IV. Konkurrenz?

1. Ethik und symbolische Form

Wirkmächtiges Symbol eines Schlangengottes? Sinuskurve? Ausdruck künstlerischer Kreativität? Physikalisches Meßergebnis? Anleitung einer Partitur? Oder nur eine beiläufig aufs Papier gekritzelte Linie?

Orientiert man sich an der klassischen Unterscheidung der philosophischen Disziplinen, sind Cassirers bisher dargestellte Analysen der symbolischen Formen eindeutig dem Feld der theoretischen Vernunft, der Erkenntnistheorie zuzuordnen. Ging es ihnen doch um die Möglichkeitsbedingungen und Formen menschlichen Weltverstehens, das als deutende Formung von Wirklichkeit qualifiziert wurde. Und auch die im Anschluß an Cassirer erreichte Verhältnisbestimmung zwischen den symbolischen Formen bewegte sich noch in diesem Rahmen. Der Aufweis der Kategorien des Deutens, die in spezifischen Modalitäten zur Anwendung kommen, galt als Garantie für die Autonomie der Formungen. Ihre mangelnde Autarkie aber liegt darin begründet, daß die jeweilige Modalität, in der die Kategorien zur Anwendung kommen, den Zugang zur Universalität möglicher Bedeutungen einschränkt. Die Naturwissenschaft vermag in der gekrümmten Linie kein Notenzeichen, der Mythos in ihr kein Kunstwerk zu erkennen. Erst im Zusammenklang der Bedeutungen wird die gesamte geistige Welt des Menschen offenbar, und deshalb wurde die notwendige wechselseitige Verwiesenheit der verschiedenen Formungen betont. Nicht zuletzt die Rede von Freiheit blieb auf das Erkenntnisvermögen ausgerichtet. Als Freiheit definiert wurde die Distanzierung vom scheinbaren Zwang sinnlicher Eindrücke, die die Bedingung der Möglichkeit dafür darstellt, daß menschliches Verstehen sich als aktiver, selbstbewußter Ausdruck des Geistes vollziehen kann.[626]

In dieser Einschränkung auf eine kulturphilosophisch erweiterte Erkenntnistheorie ist der Grund dafür zu sehen, daß der Ertrag der bisherigen Analysen für eine Orientierung[627] des Religionsdialogs noch gering scheint. Denn die Religionen unterscheiden sich nicht in der Modalität, die ihrem Weltverstehen und ihren Wahrheitsansprüchen zugrunde liegen, sondern allein in der konkreten Ordnung der sinnlichen Zeichen. Nicht daß von Heiligkeit, göttlichem Wirken und Offenbarung gesprochen wird, trennt die Religionen,

---

[626] Vgl. VM 345 in Verbindung mit PsF I,12.

[627] Zu dem bereits häufig verwendeten Begriff der Orientierung vgl. ORTH, Orientierung. Orth macht hier, in unverkennbarer Anknüpfung an Cassirer, auf die unhintergehbare Kontingenz menschlichen Weltverstehens aufmerksam, die darin begründet liegt, daß jedes Sich-Orientieren bereits ein – zunächst präreflexives, leiblich verfaßtes und darin bedingtes – Orientiert-Sein voraussetzt. Eine verantwortete Stellungnahme im Religionsdialog wird sich dieser Kontingenz bewußt sein.

sondern allein ihre Antwort auf die Frage, welche Gegenstände der Wahrnehmung so qualifiziert werden.[628] Eine auf der mangelnden Autarkie einzelner, modal unterschiedener Formen aufbauende Verhältnisbestimmung, die deren wechselseitige Verwiesenheit aufdeckt, greift also hier nicht. Die Kriterien für den Dialog der Religionen und für religiöse Grundentscheidungen bedürfen deshalb einer anderen Begründung.

Der Punkt, an den die gesuchte Begründungslogik anknüpfen kann, zeigt sich allerdings bereits an den Grenzen der erkenntnistheoretischen Analysen Cassirers. Hier nämlich ist eine bemerkenswerte Bedeutungsverschiebung des Freiheitsbegriffs zu beobachten. Denn sobald Freiheit nicht mehr nur als Distanz zum Zwang sinnlicher Eindrücke verstanden, sondern sie in die Pflicht genommen wird, sich für ein bestimmtes Weltverstehen zu entscheiden und eine solche Wahl auch zu verantworten, stellt sich unabweisbar die Frage nach den Maßstäben solcher Verantwortung.[629] Angesichts der in ihrer Modalität unterschiedenen symbolischen Formen mag deren Leistungsfähigkeit für die Konstituierung von Wirklichkeit als Entscheidungskriterium genügen. Doch damit ist weder der Geltungsgrund solcher Entscheidungen erhoben, noch eine Orientierung für die nicht funktional differenzierten Formverhältnisse gefunden, wie sie etwa in der Vielfalt der Religionen vorliegen. Deshalb ist die Analyse der Freiheit zu vertiefen, denn insofern diese als Bedingung der Möglichkeit der symbolischen Formungen und ihrer Verhältnisbestimmungen benannt werden kann, sind auch aus ihr Geltungsgrund und Kriterien ihrer Akte zu erheben.[630] Es stellt sich also, um erneut die klassische Unterscheidung zu bemühen, die Forderung nach einer Berücksichtigung der praktischen Philosophie.

Mit diesem Ziel wird nun ein letztes Mal die Philosophie Cassirers befragt. Ausgegangen werden soll von dem Werk, in dem die Notwendigkeit einer ethischen Orientierung deutlicher zutage tritt als in jedem anderen – von seiner Analyse der Faschismus. Von dort her sind die Hinweise auf eine implizite ethische Theorie zu verfolgen, bevor die seltenen expliziten Reflexionen zu ethischen Fragen nachgezeichnet werden. Den Abschluß bildet ein Blick auf

---

[628] Vgl. PsF II,294f.

[629] Vgl. ORTH, Erkenntnistheorie 25: „Wenn diese These [daß der Mensch sich nur von seinen Leistungen her verstehen läßt, M.B.] nicht auf einen blinden, kulturanthropologischen Aktionismus hinauslaufen soll, der für alles Verständnis hat, dann muß sich zeigen lassen, daß im anthropologischen Prozeß der symbolischen Formungen so etwas wie ein Ethos am Werk ist und sich auch praktisch bewähren läßt. Cassirers Philosophie weist in diese Richtung."

[630] In ihrer bemerkenswerten Studie hat KAJON, Problem, nachweisen können, daß Cassirer im Anschluß an die Kant-Interpretation Cohens die Einheit des Bewußtseins bereits in seinen frühesten Schriften in der Freiheit und damit in der Ethik gegründet sah. Kajon zeigt so die durchgehend ethische Perspektive von Cassirers Werk auf, die auch dort leitend bleibt, wo sie nicht in den Vordergrund tritt. Wenn in meiner weiterführenden Interpretation die These entwickelt wird, daß der Ethik orientierende Funktion im Gesamt der symbolischen Formen zukommt, können die Hinweise Kajons belegen, wie nah diese Interpretation den Intentionen Cassirers auch dann bleibt, wenn sie dessen Denkweg an einigen Stellen verläßt.

Cassirers letzten und differenziertesten Versuch, das Verhältnis von Mythos und Religion zu bestimmen.

Der darstellende Durchgang wird zeigen, daß der Ausfall ethischer Fragestellungen im Werk Cassirers keineswegs so umfassend ist, wie gelegentlich behauptet und kritisiert wird. Gleichwohl wird sich erneut eine weiterführende Interpretation als notwendig erweisen. Doch sie wird nicht zum Widerspruch gegen Cassirer führen, sondern der vertieften Einsicht in dessen Überzeugung von der Freiheit und Würde des Menschen sowie in deren Geltungsansprüche dienen.[631] „Der 'Humanismus' Cassirers ist nicht ein Teilstück seiner Philosophie. Er ist in allen seinen Schriften wirksam, und er ist das Grundmotiv seiner Philosophie."[632]

a) Die Frage nach der Ethik

Schon die erkenntnistheoretische Analyse des Mythos führte zur Forderung nach dessen Überwindung. Sogar die von Cassirer vorausgesetzte methodische Prämisse, den Mythos als eigene symbolische Form zu erweisen, ist diesem Ziel verpflichtet. Denn des Mythos „echte Überwindung muß auf seiner Erkenntnis und Anerkenntnis beruhen: nur durch die Analyse seiner geistigen Struktur läßt sich nach der einen Seite sein eigentümlicher Sinn, nach der anderen seine Grenze bestimmen".[633] Seine Begrenztheit liegt zum einen in seiner Unfähigkeit, die Ergebnisse der in ihm aufbrechenden Reflexion auf die Bedingungen seiner Möglichkeit noch einmal in seine Form zu integrieren: Er zerbricht im Aufkommen des Form- und Selbstbewußtseins.[634] Zum anderen verschließt ihm sein Autarkieanspruch die Möglichkeit, in der Bezogenheit auf andere symbolische Formen die Beschränkungen seines Weltverstehens zu überwinden. Doch solange die Einsicht in die Grenze des Mythos nicht gewonnen ist, bleibt die unterschwellige Herrschaft seiner unaufgeklärten Voraussetzungen auch für andere symbolische Formen bestimmend. Deshalb gilt es ihn zu überwinden.[635]

Diese Forderung gewinnt in der Faschismus-Analyse Cassirers an Schärfe und Dringlichkeit.[636] Nahezu gleichzeitig mit dem „Essay on Man" entstanden,[637] belegt diese Studie eindrücklich, daß seine Systematisierung der

---

[631] Vgl. Cassirers weiten Begriff der Humanität in EBK 246f.
[632] GUTMANN, Zug 316.
[633] PsF II,XII.
[634] Vgl. PsF II,281-286, und dazu o. I.1.c, S. 77ff.
[635] Vgl. PsF II,XIf.
[636] Vgl. MS 390: „Die Welt der menschlichen Kultur [...] konnte nicht entstehen, ehe die Finsternis des Mythus besiegt und überwunden war. [...] Die Mächte des Mythus wurden durch höhere Kräfte besiegt und unterworfen. Solange diese Kräfte, intellektuelle und moralische, ethische und künstlerische, in voller Stärke stehen, bleibt der Mythus gezähmt und unterworfen. Aber wenn sie einmal ihre Stärke zu verlieren beginnen, ist das Chaos wiedergekommen. Dann beginnt mythisches Denken von neuem zu erheben und das ganze kulturelle und soziale Leben des Menschen zu durchdringen."
[637] „The Myth of State" (amerikan. 1946, dt. erstmals 1949 mit dem Titel „Der Mythus des Staates").

Geistesgeschichte, wie er sie in der Philosophie der symbolischen Formen vorlegt, Cassirer keineswegs in einen realitätsblinden Fortschritts-Optimismus geführt hat.[638] Außerdem stellt sie einen nochmals weiterführenden Beitrag zum Problem des Verhältnisses zwischen den symbolischen Formen dar, und allein als solcher soll sie im folgenden berücksichtigt werden.

Ihre verhängnisvolle Wirksamkeit verdanken die totalitären Regime des 20. Jahrhunderts nicht den rassistischen Ideologien oder idealistischen Staatstheorien, auch wenn diese zu ihren geistesgeschichtlichen Wurzeln zählen, sondern – so Cassirers Kernthese – der Wiederbelebung des Mythos, die sie mit technischen Mitteln erreichen.[639] Einer vor allem auf die modernen Massenkommunikationsmittel gestützten Propaganda gelingt es, die Bewegungen umzukehren, die den Menschen aus der mythischen Welt hinausführten:[640] Die Sprache wird so verändert, daß nicht mehr ihre Bedeutung, sondern ihre Wirkung, nicht mehr ihre semantische Darstellungs-, sondern ihre magische Ausdrucksfunktion zum Tragen kommen. Neue Riten bewirken, daß sich die Menschen wieder als Teil einer Masse verstehen, denen keine Individualität und Freiheit gegenüber dieser Einordnung mehr eignet. Infolgedessen verlieren alle in der Individualität gründenden Wertvorstellungen ihre Bedeutung. Und schließlich werden Welt und Geschichte vorgestellt als Ausdruck und Spielball dämonischer Schicksalsmächte, die zwar eine gewaltsame Selbstbehauptung, nicht aber einen frei gestaltenden Umgang mit der Geschichte erlauben. Sollten diese propagandistischen Bemühungen erfolgreich sein – und faktisch waren sie es in bestürzendem Ausmaß –, ersteht in der Tat die Welt des Mythos, wie Cassirer sie zu charakterisieren wußte, zu neuem Leben: Der Mensch verliert die Einsicht, daß seine geistige Welt sich seiner Formung verdankt, er fällt zurück hinter die Differenzierung von Ich und Welt, Ich und Du, sieht in den Ausdruckshandlungen, die er nicht mehr als die seinen erkennt, die Welt mächtig und unaufhaltsam auf sich wirken.[641] Ein solches Denken und Verhalten zeigt sich gegenüber einer rationalen Kritik von außen genauso immun wie jede andere mythische Weltauffassung.[642]

In doppelter Hinsicht erweist der Mythos nach seiner technischen Restituierung seine längst verloren geglaubte „Leistungsfähigkeit".[643] Den in ihn Zurückfallenden bietet er mit seiner „Reduktion von Komplexität"[644] einen willkommenen Ausweg aus einer bedrohlich unübersichtlichen Krisensituati-

---

[638] Vgl. KROIS, Aufklärung 122f.
[639] Vgl. MS 360f.
[640] Zu den folgenden vier Charakteristika einer technischen Revitalisierung des Mythos vgl. MS 368-385.
[641] Vgl. zu diesen Merkmalen der mythischen Welt PsF II,93-103; III,71-74.
[642] Vgl. MS 388.
[643] PsF III,542.
[644] Zur Bedeutung des hier aus der Systemtheorie übernommenen Begriffs vgl. LUHMANN, Vertrauen 23-28.

on.[645] Den Herrschenden, die sich des Mythos bedienen, sichert er eine schwer zu erschütternde politische Macht.

Wäre die funktionale Leistungsfähigkeit das einzige Kriterium für die Bewertung symbolischer Formen und der mit ihnen verbundenen Handlungen, ließe sich den modernen politischen Mythen wenig entgegensetzen. Allenfalls bliebe abzuwarten, daß auch sie – wie ihre Vorgänger in den frühesten Phasen menschlicher Geistesgeschichte – an ihrer Begrenztheit zerbrechen. Die Erkenntnistheorie aber kann keine anderen als funktionale Kriterien an die Weisen der Wirklichkeitskonstitution anlegen. Soll gegen die Leugnung menschlicher Freiheit und die Nivellierung von Individualität Einspruch erhoben werden können, gilt es eine Perspektive zu finden, in der die Freiheit umfassender ansichtig werden kann denn als Möglichkeitsbedingung der Erkenntnis – eine ethische Perspektive also.[646] Ist diese Perspektive erreicht, kann die erkenntnistheoretische Aufklärung über die Struktur des Mythos dessen erneute Überwindung zu betreiben helfen.[647] Wie aber, so gilt es nun Cassirer und über ihn hinaus zu fragen, ist eine solche ethische Perspektive zu finden und in ihrer Geltung zu begründen?

b) Ethische Implikationen

Betrachtet man Cassirers entschiedenes Eintreten für die Weimarer Verfassung, sein Wirken als Hochschullehrer und -rektor, seine Verweigerung jeglicher Kompromisse, die eine zunehmend nationalsozialistische Hochschulpolitik von ihm forderte, – dann kann am hohen Ethos seines politischen wie beruflichen Engagements kein Zweifel aufkommen.[648] Doch hat diese Ausrichtung seines Lebens nur einen erstaunlich marginalen Niederschlag in seinem wissenschaftlich-philosophischen Schaffen gefunden. Deshalb bedarf es zur Aufdeckung seiner Ansätze zu einer Ethik einer mitunter mühevollen Spurensuche.

Verteilt über sein ganzes Werk findet sich die wiederholte Berufung auf Kants Unterscheidung der theoretischen, praktischen und ästhetischen Vernunft, die bereits in Cassirers Kant-Buch deutliche Beachtung findet.[649] „In dieser Drei-Einheit der theoretischen, der praktischen und der aesthetischen Sinngebung enthüllt sich uns der Kosmos der 'Vernunft' in seiner Gliederung und Besonderung, wie in seiner Allgemeinheit und in seinem systematischen Zusammenhang.“[650] Vergeblich jedoch sucht man nach einer eindeutigen Einordnung der Philosophie der symbolischen Formen in dieses Raster. Scheint

---

[645] Vgl. MS 361-364.
[646] Schon früher hat Cassirer die Notwendigkeit ethischer Orientierung herausgestellt, als er sich mit dem möglichen Mißbrauch von Technik befaßte (vgl. STS 86-89).
[647] Vgl. MS 388 und das diesen Abschnitt meiner Arbeit einleitende Zitat PsF II,XII.
[648] Vgl. die eindrückliche Darstellung bei VOGEL, Philosoph, dann auch PAETZOLD, Marburg 106-126.
[649] Vgl. KLL 286.
[650] ECN I,3. Vgl. ähnlich SF 309; STS 89; ZmP 108; AH 75 u.ö.

sie Cassirer einmal ganz der theoretischen Vernunft zuzurechnen,[651] lassen
andere Hinweise vermuten, den von Kant getrennten Vermögen der Vernunft
entsprächen spezifische symbolische Formungen.[652] Diese Unklarheit entsteht,
wie sich zeigen wird, nicht zufällig. Denn Cassirers philosophischer Ansatz zielt
auf die Überwindung der problematischen Trennung, die Kant vornahm.

Doch zunächst bleibt Cassirer den Differenzierungen der Vernunft-Kritik
Kants verbunden, wenn er der Naturwissenschaft das praktische Vermögen, die
ethische Verpflichtung der Vernunft vor Augen hält und so der „eigentlichen
und höchsten Aufgabe" der Philosophie eingedenk bleibt, „das *Gewissen* der
menschlichen Kultur (zu) sein".[653] Dabei greift er auf die Einsichten zurück, die
Kant in der Auflösung der dritten Antinomie der reinen Vernunft gewann.
Weil die Naturwissenschaft über die Wirklichkeit und Möglichkeit von Freiheit
keine Aussage machen kann, hat die Ethik zu zeigen, „inwiefern die Freiheit
nicht *wider* die physikalische Kausalität behauptet zu werden braucht, sondern
sich auf ihrem eigenen Grunde erhebt und behauptet".[654] Als notwendig zeigt
sich ein solcher Verweis auf die Ethik nicht zuletzt angesichts der Ambivalenzen, die bei der Anwendung einer auf die Naturwissenschaften gründenden
Technik aufbrechen. „Durch den Werkzeuggebrauch hat sich der Mensch zum
Herrscher über die Dinge aufgeworfen. Aber diese Herrschaft ist ihm selbst
nicht zum Segen, sondern zum Fluch geworden. Die Technik, die er erfand, um
sich die physische Welt zu unterwerfen, hat sich gegen ihn selbst gekehrt."[655]
Doch – anders als eine pessimistische Kulturkritik[656] – sieht Cassirer durch die
Technik zugleich den Boden bereitet für eine Gestaltung der Welt in Freiheit
und Verantwortung,[657] weil sie dem Menschen Handlungsspielräume eröffnet,
seinen „Gesichtskreis" zum „Aktionskreis" ausweitet.[658] Gerade diese Freiheit
aber bedarf, wie sich schon wiederholt zeigte, ihrer ethischen Orientierung.

In der Welt des Mythos ist dieser Schritt in die Distanz zu den sinnlichen
Eindrücken, in die Freiheit der geistig-technischen Gestaltung noch nicht getan.
Dem Mythos ist deshalb eine eigene ethische Besinnung fremd: Er sieht den
Menschen eingebunden in die Totalität eines Wirkungszusammenhangs, der
nicht als Ergebnis eigenen Wirkens verstanden wird.[659] Das Verhalten, auf das er
dadurch festgelegt ist, weiß der Mensch in der frühen Phase des Mythos noch

---

[651] Vgl. ECN I,3f.
[652] Vgl. ZmP 108; ECN I,25, dazu PAETZOLD, Marburg 164f.
[653] LKw 27.
[654] ZmP 365. Vgl. zum gesamten Zusamenhang ZmP 357-365.
[655] LKw 27. Erinnert sei auch an die in MS 360 aufgedeckte verhängnisvolle Rolle der Technik in
totalitären Regimen.
[656] Zur Auseinandersetzung mit Klages und Simmel vgl. LKw 105f.; ECN I,26f.
[657] Vgl. STS 89f.
[658] Vgl. ECN I,74.214; STS 128.
[659] „Der Mensch faßt sich mit alldem zu einer Einheit des Wesens zusammen, wovon er unmittelbare
Wirkungen empfängt und auf das er unmittelbare Wirkungen ausübt" (PsF II,222). Vgl. zum
Gesamtzusammenhang PsF II,209-233.

nicht als sein Verhalten. Die in einer Welt differenzierter symbolischer Formen stets aufs neue fragliche Verbindung von Wissen und Handeln ist dem Mythos als Einheit von Denk- und Lebensform[660] noch kein Problem. Alles Wissen in dieser symbolischen Form ist stets auch Handlungswissen.[661]

Solange diese Einheit noch nicht dem Zweifel anheimfällt, solange die Form noch nicht als Formung, d.h. die Freiheit noch nicht entdeckt ist, zeigt sich menschliches Handeln einer ethischen Orientierung weder bedürftig noch fähig. Daß die Zeit solcher Fraglosigkeit vorbei und auch durch die technische Revitalisierung des Mythos nicht wiederzugewinnen ist, hat Cassirer deutlich gesehen und angemahnt. Beantwortet hat er die Frage nach einer möglichen Orientierung damit freilich noch nicht.

c) Explikationen zur Ethik

Die durch seine Tätigkeit im skandinavischen Exil angestoßene Auseinandersetzung mit dem schwedischen Philosophen Axel Hägerström nutzt Cassirer, seine „eigene Grundanschauung [...] schärfer zu fassen und sie auf neue Gebiete anzuwenden".[662] Vor allem die Voraussetzungen einer möglichen Moral- und Rechtsphilosophie, die er hier vorlegt, greifen frühere Ansätze nicht nur auf, sondern führen sie entscheidend weiter.

Hägerström tritt als Verfechter einer rein emotivistischen Ethiktheorie auf, die in den Wertsetzungen des Menschen nichts anderes als Extrapolationen seiner jeweiligen Affekte und Gefühle sieht. Deshalb kann er moralphilosophisch nur einen radikalen Relativismus vertreten, der die Möglichkeit objektiver Werte ausschließt und die philosophische Ethik auf eine lediglich phänomenologische Betrachtung faktischer Wertvorstellungen beschränkt.[663] In scharfer Absetzung von dieser Position will Cassirer die Werte „als eine selbständige, den theoretischen Objekten vergleichbare Gegenstandsklasse"[664] und die Moralphilosophie als eine Disziplin erweisen, die zeigen kann, „daß gewisse Regeln befolgt werden *müssen*".[665] Cassirers Intention zielt also genau auf den mehrfach angemahnten Nachweis, daß und wie die Geltung von Normen begründet werden kann.[666]

Gegen Hägerström setzt Cassirer nicht nur, wie bereits gegen Klages,[667] das angesichts eines radikalen Skeptizismus stets wohlfeile Retorsionsargument ein,

---

[660] Vgl. ECN I,39.

[661] KROIS, Cassirer 144-147, definiert deshalb die mythische Lebensform als „mimetische Phase der Sittlichkeit". Diese These beruht allerdings auf der, wie sich zeigen wird, fraglichen Bestimmung der Sittlichkeit als symbolischer Form. Vgl.u. B.IV.2.b, S. 231ff.

[662] AH 7.

[663] Vgl. AH 56-60.

[664] AH 56.

[665] AH 57 (Hervorh. v. mir).

[666] Zum folgenden vgl. die präzise Interpretation bei SCHWEMMER, Cassirer 131-143.

[667] Vgl. ECN I,30f., und dazu o. S. 136.

daß die negative Bewertung eines wertsetzenden Urteils selbst in einer Wertsetzung gründet.[668] Viel wichtiger für den weiteren Argumentationsgang ist die These, daß Hägerströms Deutung bereits der „Form ..., in der moralische Streitfragen im täglichen Leben aufgeworfen und behandelt zu werden pflegen,"[669] nicht gerecht werden kann. Denn hier geht es stets darum, einzelne Handlungen oder Entscheidungen an Prinzipien zu messen, die als geltend vorausgesetzt werden. Bedingung der Möglickeit einer solchen Messung aber ist eine reflexive Distanz zu den eigenen Gefühlen und Affekten, die aufzubauen das Subjekt fahig ist.[670] Ziel der Orientierung an den Prinzipien ist „eine Einheit, eine innere Konsequenz und Kohaerenz des Wollens".[671] Daß die moralische Bewertung bestimmter Verhaltensweisen in verschiedenen Kulturen unterschiedlich, ja sogar gegensätzlich ausfallen kann, läßt sich nicht als Argument für den ethischen Relativismus anführen, weil sich selbst derart differierende Urteile als Bemühen erkennen lassen, den gleichen Prinzipien zu folgen.[672]

Doch das Faktum der „Subsumption"[673] von Urteilen unter allgemeine Prinzipien, das auch Hägerström nicht leugnet, kann für die Geltung der Prinzipien nicht einstehen. Um Hägerströms Verdacht entkräften zu können, jede Orientierung an Werten verdanke sich einem „Aberglauben",[674] muß gezeigt werden, daß und wie sich die Objektivität jener Prinzipien erweisen läßt. Mit diesem Ziel klärt Cassirer zunächst den Objektivitätsbegriff unter Heranziehung früher gewonnener Einsichten. Im wissenschaftlichen Streben nach Objektivität geht es „nicht darum, ein 'Absolutes' jenseits der Erfahrungswelt zu ergreifen", sondern „die Erfahrungswelt selbst in ihrer Ganzheit als durchgängige Einheit unter universellen Gesetzen zu begreifen". Gleiches gilt, so Cassirer, für den Bereich der Ethik. Auch hier kann der Maßstab der Objektivität „nur in der Einheit und Universalität liegen; aber diese Universalität bezieht sich nicht auf das Vorstellen, sondern auf das Wollen."[675] Es gilt also, den funktionalen, Einheit und damit Objektivität allererst stiftenden Charakter der Begriffe auch im Bereich der moralischen Wertsetzungen anzuerkennen.[676] Ähnlich wie in der theoretischen Erkenntnis läßt sich auch in der Formulierung objektiv geltender Werte die zunehmende Entwicklung und Universalisierung

---

[668] Vgl. AH 80f.
[669] AH 66.
[670] Vgl. AH 64-66.
[671] AH 67.
[672] Vgl. das Beispiel der Behandlung und Verehrung von Toten, AH 67-69.
[673] AH 66.
[674] AH 63.
[675] Beide Zitate AH 78.
[676] Vgl. AH 83 und, im Bezug auf das Recht, 97f. Daß Hägerström, der sich in seiner Erkenntniskritik selbst einem solchen Objektivitätsverständnis verpflichtet weiß, dies im Bereich der Ethik nicht fortschreibt, sondern hier nach einem Etwas in Raum und Zeit fragt, kennzeichnet Cassirer als einen gravierenden Widerspruch innerhalb von Hägerströms Denken. Vgl. AH 70-74.

solch einheitsstiftender Begriffe beobachten: Die Begegnung mit neuen Kulturen, die Einsicht in bisher unbekannte Problemzusammenhänge führt zur Suche nach noch umfassenderen, erneut einheitssichernden Begriffen – einer Suche, die von der Idee der „Einheit des Willens" geleitet wird.[677]

Besondere Bedeutung für den die Ethik konstituierenden Akt der Willensbildung und Wertsetzung kommt, wie Cassirer bereits früher entdeckte, der Sprache zu. Denn sie „bildet nicht nur das Medium, in dem aller Gefühls- und Willensaustausch, wie aller Gedankenaustausch sich bewegt; sondern sie ist aktiv und konstitutiv an der Bildung des Willensbewußtseins beteiligt."[678] Doch nicht allein der individuelle Wille wird im Augenblick seines Sich-Aussprechens sich seiner selbst bewußt. Auch Rechtsnormen, in denen Werte ihre konkrete Anwendung finden, sind und bleiben auf ihre sprachliche Formulierung angewiesen. Erst wenn sie gefunden ist, erreicht das Rechtsbewußtsein eine Bestimmtheit, die es aus dem Bereich mythischer Rechtsauffassungen befreit.[679] Dabei ermöglicht und erfährt die Sprache eine Funktionsausweitung: Sie dient nun nicht mehr allein der Gliederung und Bestimmung gegebener sinnlicher Zeichen, sondern sie richtet sich auf die Zukunft. Denn das Aussprechen eines Rechtssatzes impliziert das Versprechen, ihm zu folgen.[680] Diese Ausrichtung auf die Möglichkeit künftigen Handelns zeichnet rechtliches und ethisches Reden vor anderen Weisen menschlichen Sprechens aus.[681]

Indem Cassirer den Spracherwerb des Kindes als „eines der wichtigsten und frühesten Beispiele für den Sinn der Norm *überhaupt*"[682] bezeichnet, deutet er die Möglichkeit an, das von Hägerström rein subjektivistisch aufgelöste Verhältnis von Subjektivität und Objektivität in der Ethik analog zum Verhältnis zwischen Individualität und Allgemeinheit in der Sprache zu denken. So wie die Sprache sich nur lebendig entwickelt, wenn die Sprechenden ihren Ausdruck in Anerkennung der vorgegebenen Regeln frei gestalten, bedürfen auch die objektiven Werte der subjektiven Anerkennung und modifizierenden Aneignung. Erneut wird so das korrelative Verhältnis von Subjektivität und Objektivität ansichtig.

Mit der dargestellten Argumentation hat Cassirer die Möglichkeit einer Moralphilosophie erwiesen, die verschiedene Wertsysteme nicht nur beschreiben, sondern auch eine wertende „Entscheidung zwischen ihnen"[683] herbeiführen kann. Er „führt die Elemente einer moralphilosophischen Grundlegung an.

---

[677] Vgl. AH 76-79.
[678] STS 134.
[679] Vgl. AH 103.
[680] Vgl. AH 104.
[681] Vgl. auch VM 98f. Vgl. dazu ORTH, Erkenntnistheorie 158, der den Zukunftsaspekt symbolischer Formung als Bedingung der Möglichkeit eines Ethos herausstellt, und SCHWEMMER, Cassirer 153-158, mit seiner eindringlichen Analyse der Zukunftsbezogenheit jeden Sprechens.
[682] STS 141.
[683] AH 58.

Er stellt die gleichermaßen sprach- wie handlungstheoretischen Bedingungen einer in Recht und Moral benötigten Normativität heraus."[684] Ausgeführt ist damit eine philosophische Ethik allerdings noch nicht. Und eine solche Entfaltung sucht man im Werk Cassirers vergeblich.[685] Wiederum erweist sich deshalb eine über Cassirer hinausgehende Interpretation als notwendig. Zuvor aber empfiehlt es sich, ein letztes Mal auf Cassirers Verhältnisbestimmung von Mythos und Religion zu schauen. Denn sobald diese aus einer ethischen Perspektive beleuchtet wird, lassen sich neben entscheidenden Orientierungen für den Religionsdialog auch für eine an Cassirer anschließende Ethik-Konzeption wichtige Hinweise gewinnen.

d) Vom Mythos zur Religion III: Der Weg zum ethischen Monotheismus

Die zunehmende Einsicht in den Formungscharakter allen menschlichen Weltverstehens und das Wechselverhältnis zwischen einem sich klärenden Selbstbewußtsein und einem monotheistischen Gottesbild: Das sind die bisher dargestellten Momente der Bewegung, die zum Zerbrechen des Mythos und seinem Übergang in die Religion führte. Mit den genannten geht aber noch eine dritte Veränderung einher, die für die Entstehung einer ethischen Handlungsorientierung und ihrer Begründung fundamental ist und deshalb erst einer moralphilosophischen Perspektive sich zeigt: Die Momente, durch die der Mensch sein Gottesverhältnis geprägt und entschieden sieht, erfahren einen folgenreichen Wandel.[686]

In der Welt des Mythos, jenem universalen Wirkungszusammenhang, sieht sich der Mensch einer Fülle verschiedener, teils sogar widersprüchlicher

---

[684] RECKI, Kultur 66.

[685] Daß Cassirer darin gleichwohl eine wesentliche Aufgabe der Philosophie sah, läßt sich unschwer belegen. In seiner Göteborger Antrittsvorlesung (1935) „Der Begriff der Philosophie und das Problem der Philosophie" (bisher nur englisch veröffentlicht in SMC 49-63) schreibt er der Philosophie die Aufgabe zu, der Frage nachzugehen, ob es „allgemeine verbindliche, überstaatliche, übernationale ethische Forderungen" gibt: „Are there general binding supra-individual, supra-state, supra-national ethical claims?" (SMC 61; vgl. auch GÜNZLER, Begegnung 315). Von der Kennzeichnung der Philosophie als „*Gewissen* der menschlichen Kultur" war bereits die Rede (LKw 27, vgl.o. S. 220). In dieser Aufgabenstellung philosophischen Denkens ist Cassirer Albert Schweitzer eng verbunden (vgl. dazu CASSIRER, Schweitzer; GÜNZLER, Begegnung; PAETZOLD, Marburg 155). Angesichts des bereits deutlich gewordenen ethischen Grundtons von Cassirers Gesamtwerk scheint die von Günzler herausgestellte „Geistesverwandtschaft" (aaO.318) das Verhältnis beider Denker zutreffender zu beschreiben als die These von PAETZOLD, aaO.155, „Albert Schweitzers Werk (habe) Cassirer die Augen geöffnet vor allem für die normativen Defizite der zeitgenössischen Literatur".

[686] Dieser Wandel, der in den Reflexionen von WWS und PsF nur am Rande beachtet wird, rückt in VM zum entscheidenden Kriterium der Differenzierung zwischen Mythos (hier mitunter auch „primitive Religion" genannt, z.B. 133) und Religion auf (vgl. PAETZOLD, Einführung 68f.). Selbst wenn man angesichts seines durchgängigen Interesses an ethischen Fragestellungen nicht von Cassirers „Wende zur Ethik" (so PAETZOLD, Marburg 157, kritisch dazu RECKI, Kultur 66) sprechen möchte, mag die Verschiebung als Indiz für eine veränderte Prioritätensetzung angesehen werden.

Forderungen ausgesetzt.[687] Ihren typischen Ausdruck finden sie in der Fülle der Tabu-Vorschriften.[688] Wer hierin bereits eine ethische Orientierung entdecken zu können glaubt, irrt, so Cassirer, aus einem doppelten Grund. Zum einen ist der Inhalt des Tabus nicht ethisch bestimmt, sondern durch das Gefühl: Tabuisiert wird nicht das Schlechte, sondern das Beängstigende – sei es ein Verbrechen oder die weibliche Menstruation. Und genausowenig wird angesichts einer Tabuverletzung nach einer möglichen Verantwortung dessen gefragt, der der Strafe, dem Ausschluß aus der Gemeinschaft verfällt: Auch ohne sein Zutun, z.B. durch eine Krankheit, kann ein Mensch ein Tabu verletzen. Und selbst unbeteiligte Verwandte eines Mörders verfallen dem Bann. Die Mindestvoraussetzungen, die erfüllt sein müssen, um von einer Ethik zu sprechen, sind also im Bereich des Mythos noch nicht erfüllt.

Doch die durch den Mythos, besonders durch die Magie angestoßene und ihn sprengende Entwicklung der Subjektivität, die nicht erneut rekonstruiert zu werden braucht,[689] führt hier zu einem Wandel. Wird der Mensch sich seiner „geistig-sittlichen Persönlichkeit"[690] bewußt, weiß er sich als Urheber seiner Taten auch für diese und ihre Folgen verantwortlich. Dieses neue Selbstbewußtsein hat tiefgreifende Folgen für das Gottesverhältnis, die in den monotheistischen Religionen mit zunehmender Klarheit erkannt werden. „Die ethische Bedeutung ist an die Stelle der magischen Bedeutung getreten und hat sie überlagert. [...] Nur durch Freiheit, durch eigenständige Entscheidung kann der Mensch mit dem Göttlichen in Berührung kommen. Durch eine solche Entscheidung wird der Mensch zum Verbündeten der Gottheit."[691] Verbunden mit dieser Wendung zu einem ethischen Gottesverhältnis ist notwendig die Frage nach der richtigen Orientierung des menschlichen Verhaltens, nach der Unterscheidung von Gut und Böse. Sie erfordert, wie Cassirers Hinweise zu einer Moralphilosophie einsehen ließen, eine Objektivierung durch Vereinheitlichung differierender subjektiver Wertsetzungen. Auch diesbezüglich kommt der Religion eine tragende Rolle zu: In der Vorstellung vom göttlichen Gesetz, von einem göttlichen Willen wird jene Einheit angeschaut, an der sich menschliches Handeln, das Gott gefallen will, orientieren muß.[692] Der Glaube

---

[687] Vgl. AH 93.

[688] Vgl. zum folgenden VM 163-165.

[689] Vgl.o. II.1.d, S. 138ff. Die gleiche Entwicklung beschreibt Cassirer erneut in VM 150-156 unter Einbeziehung von historischem Material, das in PsF noch keine Berücksichtigung fand.

[690] PsF II,260.

[691] VM 158f. Hier zeigen sich deutliche Rückgriffe Cassirers auf die Einsichten seines Lehrers Cohen. „Diese Entdeckung des Menschen durch die *Sünde* ist der Quell, auf den alle Entwicklung der Religion zurückgeht. Diese Erkenntnis wird als Selbsterkenntnis erdacht. *So scheidet sich die Religion von der Mythologie*, als in welcher der Mensch noch nicht der Urheber seiner Sünde, sondern vielmehr nur der Erbe seiner Ahnen und deren Schuld ist" (COHEN, Religion 23).

[692] Vgl. AH 94f. über die Einheit von göttlichem und menschlichem Recht in der römischen Rechtsauffassung.

an den Gott, der über Gut und Böse entscheidet, sichert dem Gesetz seine Objektivität.

Erst wenn diese Objektivität allgemein anerkannt ist, kann die Religion den Mythos ablösen. Denn erst dann vermag sie menschlichem Zusammenleben die notwendigen Sicherheiten zu bieten, die zuvor durch das Tabu-System gewährleistet waren.[693] Die hohe Bedeutung solcher Gewißheiten läßt die Anstrengungen verständlich werden, die mit dem Übergang vom Mythos zur Religion verbunden waren und die Cassirer an zahlreichen Beispielen belegt.[694] Und doch führen der von den Religionen aufgedeckte Druck des Tabus sowie dessen Unvereinbarkeit mit dem wachsenden menschlichen Selbstbewußtsein schließlich zum Sieg der ethischen Perspektive. „Alle höheren Religionen – die Religion der Propheten Israels, die Religion Zoroasters und das Christentum – stellen sich eine gemeinsame Aufgabe. Sie befreien von der unerträglichen Last des Tabu-Systems, und sie entdecken gleichzeitig ein tieferes Empfinden religiöser Verpflichtung, das nicht mehr Einschränkung oder Zwang ist, sondern Ausdruck eines neuen positiven Ideals menschlicher Freiheit."[695]

Dieses Ideal menschlicher Freiheit muß die aufgezeigte Entwicklung allerdings noch einen Schritt weitertreiben. Die Objektivität und Geltung der Werte kann auf Dauer nicht in der Vorstellung eines von Gott dekretierten Gesetzes gegründet gedacht werden. Vielmehr gilt es, auch sie als Produkt der formenden, objektivierenden Kraft menschlichen Gestaltens zu verstehen.[696] Für die Religion, für den Glauben des Menschen hat diese Einsicht in den Grundcharakter der Normen und ihrer Geltung weitreichende Folgen. An den ethischen Maßstäben, zu deren Entwicklung die Religion wesentlich beitrug, kann und muß nun auch sie selbst gemessen werden. Denn zur Verantwortung fähig zu sein heißt, sich verantworten zu müssen.[697]

Auch wenn die Fülle des herangezogenen historischen Materials dies zunächst zu verschleiern droht: Cassirers Nachzeichnung des Weges zum ethischen Monotheismus will auch in dieser spätesten Form zweifellos mehr sein als die Phänomenologie der faktischen und zugleich kontingenten Entwicklung der von ihm berücksichtigten Religionen. Es geht ihm – hier wie bezüglich jeder anderen symbolischen Form – um den Nachweis eines folgerichtigen Prozesses, einer „Evolution",[698] deren Motive bereits in den ersten Gestalten menschlichen Weltverstehens angelegt sind und dann historisch wirksam werden. Deshalb weist er mit solcher Entschiedenheit alle Deutungen ab, die Mythos und Religion voneinander trennen, auf verschiedene Quellen

---

[693] Vgl. VM 169.

[694] Vgl. VM 156-163; LKw 124f. Die entsprechende Darstellung in PsF II,287-299, ist noch stark an der Überwindung der substantialistischen Auffassung der Götterbilder orientiert.

[695] VM 170.

[696] Vgl. AH 83.

[697] Zu diesem Begriff der Pflicht vgl. AH 107f.

[698] VM 162.

zurückführen wollen.[699] Doch mit welchem Geltungsanspruch vertritt Cassirer die These einer dergestalt notwendigen Entwicklung? Nachdem der Verdacht eines geschichtsmetaphysischen Entwurfs abgewiesen werden konnte, schien bisher die erkenntnistheoretisch notwendig aufbrechende Frage nach der gestaltenden Kraft, nach dem Subjekt menschlichen Weltverstehens den Fortgang der einzelnen Formen voranzutreiben. Gewinnt aber nicht durch die Einbeziehung der ethischen Perspektive, die sich als unumgänglich erwies, die Rede von einer Notwendigkeit einen neuen Charakter, den Charakter der Pflicht? Sprengt also Cassirers Zielbestimmung aller Kultur, der „fortschreitenden Selbstbefreiung des Menschen"[700] zu dienen, doch den erkenntnistheoretischen Rahmen, in dem sie zunächst ihren Platz hatte?[701] Cassirers ebenso anregende wie unzureichende Hinweise zu einer Moralphilosophie, zu einer Neubestimmung des Verhältnisses von theoretischer und praktischer Vernunft weisen in eine solche Richtung. Von einer Interpretation, die sie aufnimmt und kritisch weiterzuführen sucht, ist deshalb Auskunft zu erwarten über den normativen Anspruch, mit dem Cassirers transzendentalphilosophisch orientierte Theorie der Kultur auftreten kann. Ihn zu erheben, ist nicht nur für eine angemessene Würdigung von Cassirers Denken, sondern auch für die gesuchte Orientierung im Dialog der Religionen unverzichtbar.

2. Begründungen

Je präziser und umfassender nach dem Verhältnis zwischen verschiedenen symbolischen Formen gefragt wurde, desto deutlicher zeichnete sich die Richtung ab, in der eine Antwort zu suchen war. Denn indem die Freiheit des Menschen, die Perspektive seines Weltverstehens zu wählen und zu wechseln, erkannt wurde, zugleich aber mit dem funktionalen Charakter aller Deutungen auch die Unmöglichkeit eingesehen werden mußte, die geistigen Bedeutungen an den sinnlichen Zeichen selbst abzulesen, gewann die Forderung nach einer Orientierung der Freiheit an sich selbst zunehmendes Gewicht. So wandte sich das Interesse unweigerlich der Ethik zu. Doch es zeigte sich, daß Cassirers entsprechende Hinweise defizitär bleiben. Um einen Ansatzpunkt für die notwendige weiterführende Interpretation zu gewinnen, soll im folgenden zunächst nach dem Grund für diesen, angesichts der Bedeutung des Themas überraschenden Befund gesucht werden. Ist er gefunden, läßt sich in einem zweiten Schritt nach der möglichen Stellung einer entfalteten autonomen Ethik im Gesamt der symbolischen Formen fragen. Dadurch wird der Blick frei für eine letzte fundamentale Veränderung, die der Architektonik von Kants Vernunftkritik in der Rezeption durch Cassirer widerfährt: Kants Trennung

---

[699] Vgl. VM 139-149.
[700] VM 345.
[701] Vgl.o. S. 182. KROIS, Cassirer 9, sieht einen solchen Wandel in Cassirers Spätwerk gegeben.

von theoretischer und praktischer Vernunft läßt sich mit Cassirer als Problem erkennen und überwinden. Den Abschluß des Abschnitts – und damit auch der philosophischen Cassirer-Interpretation – bildet eine kritische Rückfrage an den Geltungsanspruch seiner These, vom Mythos führe der Weg mit innerer Notwendigkeit zu einem ethischen Monotheismus. Im Lauf dieser Argumentation wird zugleich ein Dilemma offenbar werden, dem kein Entwurf einer philosophischen Ethik entkommen kann: Zwischen dem unbedingten Anspruch, mit dem die Forderung, das Gute zu tun, auftritt, und der unhintergehbar bedingten Form, in der sie erfaßt und ausgedrückt wird, besteht eine Spannung. Diese tritt in der ethischen Reflexion als Konflikt zwischen deren universaler Anwendbarkeit und inhaltlichen Bestimmtheit auf.

a) Zufälliger Ausfall?

Berücksichtigt man die Seltenheit, die Kürze und die mangelnde Konsequenz von Cassirers Äußerungen zu einer philosophischen Ethik, kann es kaum verwundern, daß ihnen sehr unterschiedliche, ja widersprüchliche Interpretationen zuteil wurden. Dennoch reichen die erhobenen Befunde aus, manche dieser Interpretationen als unangemessen zurückweisen zu können.

So hat die Rede von einem fehlenden Interesse Cassirers an ethischen Fragen nur dann eine Berechtigung, wenn sie sich allein auf den Ausfall einer entfalteten ethischen Theorie bezieht. Sobald sie in Gestalt eines pauschalen Vorwurfs auftritt, sind ihr die prägnanten Stellen entgegenzuhalten, an denen Cassirer seine Aufmerksamkeit für die Ethik unter Beweis stellt.

Andererseits kann auch die Leugnung der Defizite von Cassirers praktisch-philosophischen Ausführungen nicht überzeugen. Der Verweis auf die Zielbestimmung aller symbolischen Formen, der Selbstbefreiung des Menschen zu dienen, macht zwar auf deren ethische Konnotation aufmerksam, übersieht jedoch, wie ungeklärt ihr Status und Geltungsanspruch bleibt. Solange aber der Maßstab nicht erhoben und begründet wird, mittels dessen sich ein konkretes Deuten oder Handeln als Befreiung erweisen läßt, steht die Behauptung der Selbstbefreiung stets in der Gefahr, zur unkritischen Stabilisierung des Status quo mißbraucht zu werden. Und soll die Zustimmung zu einer bestimmten Weise des Weltverstehens nicht nur als Faktum festgestellt, sondern auch eingefordert werden können, bedarf diese Forderung ebenso einer Begründung.[702] Cassirer selbst verschließt sich, wie gezeigt werden konnte, solchen

---

[702] HABERMAS, Kraft 101, – und ähnlich auch SCHWEMMER, Cassirer 172-174 – sieht in Cassirers Rede von der Selbstbefreiung des Menschen als Ziel der symbolischen Formungen „einen moralisch-praktischen Gehalt ..., der die Ausarbeitung einer eigenständigen Ethik erübrigt". Vor dem Hintergrund seiner eigenen Theorie kommunikativen Handelns, die durchaus Parallelen zu Cassirers sprachphilosophischen Ansätzen einer Ethik aufweist, ist eine solche Deutung naheliegend, trägt aber in die Cassirer-Rezeption genau die Fragen ein, die sich auch an Habermas' eigenen Entwurf stellen. Vgl. dazu VERWEYEN, Wort 174-178, PRÖPPER, Begriff 277.

Geltungsfragen nicht, sondern untersucht die Möglichkeit ihrer Beantwortung. Doch mehr als einen Möglichkeitsaufweis stellen die Ergebnisse der Auseinandersetzung mit Hägerström nicht dar. Deshalb greift zu weit, wer sie als Cassirers praktische Philosophie zu lesen versucht.

Läßt sich also der Ausfall einer entfalteten ethischen Theorie bei Cassirer weder leugnen noch durch ein prinzipielles Desinteresse erklären, gilt es seinen Grund zu erforschen. Cassirers wiederholte und präzise Bezugnahmen auf Kants These von der Eigenständigkeit der praktischen Vernunft könnten der Suche eine Richtung weisen. Wäre es nicht denkbar, daß Cassirer eine ausführlichere Beschäftigung mit Geltungsfragen der Ethik nicht für nötig hielt, weil er sie von Kant bereits gelöst sah? Dann hätte die Cassirer-Interpretation lediglich Kants praktische Philosophie heranzuziehen, wo immer Cassirers Ausführungen Defizite aufweisen. Ob Cassirer seine Hinweise so verstanden wissen wollte, läßt sich anhand des bisher veröffentlichten Materials nicht entscheiden. Doch ohnehin stößt eine solche Deutung auf erhebliche Schwierigkeiten: Um den vielfältigen Weisen menschlichen Weltverstehens gerecht werden zu können, muß sich die Philosophie der symbolischen Formen von Kants Aufteilung der Vernunftkritik nach den drei Vermögen der Vernunft trennen.[703] Denn in der inneren Dynamik der Formungen sowie in deren wechselseitigem Verhältnis zeigen sich Probleme, die die strikte Trennung von theoretischer und praktischer Vernunft in Frage stellen und statt dessen auf deren innere Verwiesenheit, wenn nicht sogar ihren Einheitsgrund schließen lassen. Weil Kant es aber erst durch diese Trennung gelang, die Möglichkeit der Freiheit als Grundlage jeder Ethik zu sichern, kann ihre Problematisierung für die Rezeption von Kants praktischer Philosophie nicht ohne Folgen bleiben. Die Integration der von Kant entworfenen Ethik in das Konzept einer Philosophie der symbolischen Formen ist also nicht so nahtlos möglich, wie dies die entprechenden Hinweise nahezulegen scheinen.

Indes läßt sich ein anderer, weit weniger hypothetischer Grund für den konstatierten Ausfall einer ethischen Theorie bei Cassirer benennen: Cassirers Verzicht auf die Entfaltung einer Subjektivitätstheorie bzw. einer anderen, ihr funktional entsprechenden Weise, in der sich der formende Geist seiner selbst bewußt wird. Ohne einen klaren Begriff vom Subjekt des jeweiligen Handelns nämlich fehlt die Möglichkeit, von Entscheidung und Verantwortung, den konstituierenden Größen jeder Ethik, sinnvoll zu sprechen. Cassirer macht selbst auf diese notwendige Verknüpfung aufmerksam, wenn er bei seiner Rekonstruktion des wachsenden Ich-Bewußtseins in diesem Prozeß auch das sittliche Selbstbewußtsein sich entfalten und – umgekehrt – in der Entindividualisierung durch die politische Revitalisierung des Mythos die ethische Orientie-

---

[703] Darüber kann auch deren wiederholte Aufnahme durch Cassirer (vgl.o. S. 219f.) nicht hinwegtäuschen.

rung zerstört sieht.[704] Doch er verfolgt diese Argumentationslinie nicht
weiter.[705] Und darin zeigt sich ein grundsätzliches Dilemma seiner philosophischen Methode: Cassirers Ziel, die vielfältigen Weisen menschlichen Selbst- und
Weltverstehens zu erfassen, veranlaßt ihn zum Entwurf möglichst offener
Strukturgesetze symbolischer Formung. Dies verleiht seiner Philosophie die
Fähigkeit, nicht nur verschiedene Weltdeutungen, sondern etwa auch unterschiedliche Formen ethischer Geltungsbegründung zu erfassen und anzuerkennen. Jede konkrete Durchführung einer solchen Begründung aber müßte
angesichts jener Pluriformität bereits als eine spezifische und bedingte Form, in
der der Geist sich in seiner Unbedingtheit ergreift, verstanden werden. So sehr
sie auf die unbedingte Geltung ihrer Grundprinzipien verweisen könnte, so sehr
bliebe sie selbst an die Bedingungen ihrer konkreten Form geknüpft. Im
Interesse an einer möglichst großen Reichweite seiner Theorie dürfte ein Grund
dafür liegen, daß Cassirer die aufgewiesene Möglichkeit einer Geltungsreflexion
nie genutzt hat – wie er auch seine unbestimmte Rede vom Geist, aus dem
gleichen Grund, nicht in einer bestimmten Theorie der Subjektivität enfalte-
te.[706]

Führte diese Beschränkung bezüglich der Bedingung der Möglichkeit
symbolischer Formung lediglich zu einigen unbeantworteten Fragen, zeigt sich
nun, wie weitreichende Konsequenzen sie nach sich zieht. Weil sie die
Ausarbeitung eines konkreten ethischen Entwurfs unmöglich macht, hindert sie
Cassirer daran, seine Philosophie der symbolischen Formen zu einem überzeugenden Abschluß zu bringen, indem er sie in einer klaren ethischen Orientierung des wechselseitigen Verhältnisses der Formungen zueinander münden läßt.
So wird auch erst jetzt das Gewicht verständlich, das die vorliegende Interpretation auf die Möglichkeit einer an Cassirer anschließenden Subjektivitätstheorie
legte. Denn nachdem sie als gegeben erwiesen wurde, lassen sich nun vor dem
Hintergrund der erreichten Ergebnisse die Grundzüge einer ethischen Theorie
entwerfen, die sich dem Konzept der Philosophie der symbolischen Formen
einfügt und deren Defizite zu überwinden vermag. Allerdings gelingt eine
solche Konkretisierung, wie sich zeigen wird, nur, indem die universelle
Anwendbarkeit der Rahmentheorie Cassirers eingeschränkt wird. Daß damit
gerade für den Dialog der Religionen nicht nur Probleme gelöst, sondern auch
neue aufgeworfen werden, wird noch genauer zu bedenken sein. Doch zuvor
soll geprüft werden, ob und wie sich eine ausgeführte ethische Reflexion an
Cassirers Philosophie anschließen und in das Gesamt der symbolischen Formen
einfügen läßt. Daß zu diesem Zweck erneut auf die transzendentalphilosophische Freiheitsanalyse zurückgegriffen wird, liegt nahe: nicht nur, weil sie schon

---

[704] Vgl. PsF II,260. SCHWEMMER, Cassirer 170f., macht auf den Zusammenhang von Entindividualisierung und dem Verlust ethischer Orientierung aufmerksam, den Cassirer in MS diagnostiziert.
[705] Zu einer wichtigen Ausnahme vgl.u. Anm. 708.
[706] Vgl. zu dieser Interpretationsthese o. S. 150.

ausführlich dargestellt wurde, sondern auch, weil ihre Anschlußfähigkeit an Cassirers Denken bereits aufgezeigt werden konnte.

b) Autonome Ethik als symbolische Form?

Daß und wie eine transzendentale Analyse in der Lage ist, die Freiheit als ihrerseits unbedingte Bedingung der Möglichkeit menschlichen Handelns und Verstehens zu entdecken und die Subjektivität im freien Entschluß der Freiheit zu sich selbst gegründet zu sehen, braucht hier nicht erneut expliziert zu werden. Weitgehend unberücksichtigt aber blieb bisher die Bedeutung dieser Einsichten für eine philosophische Ethik. Sie zeigt sich darin, daß die transzendentalphilosophische Freiheitsanalyse genau die beiden Fragen zu klären vermag, die bei Cassirer keine ausreichende Antwort finden.[707] Zum einen erlaubt es die Rückführung menschlichen Sich-Verhaltens auf die Unbedingtheit der Freiheit, diese Freiheit als den Geltungsgrund für ihr eigenes, unbedingtes Sein-Sollen zu benennen. Als Möglichkeit, sich selbst frei zu wählen und zu bestimmen, hat die Freiheit wegen ihrer Unbedingtheit allein sich selbst als Maßstab dieses Aktes anzuerkennen und ist deshalb als autonom zu qualifizieren.[708] Zum anderen gelangt die Freiheitsanalyse bereits zu einer inhaltlichen Bestimmung des zunächst rein formal gefaßten Sollens, wenn sie die Anerkennung fremder Freiheit als den der Freiheit einzig umfassend angemessenen Gehalt erhebt. Eine Freiheit, die sich selbst Gesetz ist, wird diese ihre höchste Möglichkeit zugleich als ihre unbedingte Verpflichtung verstehen und all ihr Handeln an ihr orientieren.

Eine so gegründete Ethik läßt sich nicht nur als weiterführende Interpretation mit Cassirers philosophischem Ansatz verbinden, sondern kann, ähnlich wie bereits die Subjektivitätstheorie, selber von ihm konstruktive Klärungen erhoffen. Das Selbstbewußtsein, so ließ sich im Anschluß an Cassirer deutlich machen, verdankt sich einem Formungsakt, in dem der Mensch unter Voraussetzung des ursprünglich gegebenen Phänomens des Bedeutens überhaupt sich selbst als das Subjekt seines Verstehens und Handelns deutet. In diesem Akt erweist und versteht sich der Mensch als freies Subjekt. Dabei bleibt der rein funktionale Charakter der Begriffe „Subjekt", „Freiheit" und „Subjektivität" festzuhalten.[709] Sie alle dienen dazu, die wahrnehmbaren Äußerungen des Menschen einem Zusammenhang zuzuordnen, der durch deren deutende Rückführung auf die Kreativität des Menschen allererst konstituiert wird.

---

[707] Vgl. zum folgenden PRÖPPER, Autonomie 99-102.
[708] In MS 375f. findet sich ein entsprechendes Kant-Referat und damit eine der weiterführenden Äußerungen Cassirers zur Ethik. Ein ähnliches Verständnis von Autonomie findet sich in LKw 104.
[709] „Der Mensch wird hier [in der kritischen Philosophie, M.B.] nicht als einfache Substanz angesehen, die aus sich selbst existiert und aus sich selbst erkannt werden muß. Seine Einheit wird als *funktionale Einheit* aufgefaßt" (VM 337, Hervorh. von mir). Vgl. dazu ORTH, Erkenntnistheorie 21f.; GUTMANN, Zug 316.332.

Dieser funktionale Charakter eignet ebenso allen ethischen Bewertungen, geht es in ihnen doch stets darum, sinnlich wahrnehmbare Zeichen mit einer ethisch-moralischen Bedeutung zu verknüpfen. Welche Worte, welche Handlungen als Anerkennung der Freiheit anderer zu verstehen sind, geht weder aus diesen Zeichen selbst noch aus dem Gebot der unbedingten Anerkennung fremder Freiheit unmittelbar hervor. Hier bedarf es der stets neuen und kulturell denkbar vielfältigen deutenden Vermittlung, der symbolischen Formung.[710] Deshalb aber widerspricht es einer Ethik, die mit dem Anspruch auf unbedingte Geltung auftritt, nicht, „die schöpferische Individualität der anderen Menschen und die 'Form', die sie ihrem Leben gegeben haben, und damit auch eine bleibende Verschiedenheit der individuellen Überzeugungen und Lebensformen anzuerkennen und womöglich dann auch verstehen zu lernen".[711]

Cassirer hatte diesen Vermittlungsprozeß als „Subsumtion" unter Prinzipien bezeichnet. Und selbst diese Prinzipien, die vorauszusetzen sind, soll eine wertende Deutung überhaupt möglich sein, verdanken ihre Geltung einer nochmals weitergehenden Reflexion: Einer Reflexion, die den Akt des Wertens und die Freiheit als seine Möglichkeitsbedingung selbst zu deuten versucht, um so zu einer ethischen Orientierung zu gelangen. So sind schließlich auch die Prinzipien der Ethik, die Werte, die der Vielfalt kulturell geprägter Wertungen zugrundeliegen und diese noch einmal übersteigen, als reine Funktionsbegriffe zu qualifizieren. Deshalb gelten für sie auch die an jegliche Funktionsbegriffe anzulegenden Kriterien. Demnach kann es nicht darum gehen, sie mit einer wie immer gearteten „Wirklichkeit" jenseits ihrer selbst zu vergleichen.[712] Denn sie selbst ermöglichen und konstituieren erst die Wirklichkeit ethischer Orientierung. Als objektiv können sie gelten, weil und insoweit sie nach allgemein bekannten und nachvollziehbaren Regeln erhoben und zur Anwendung gebracht werden.

Dem nun naheliegenden Schluß, die Objektivität der Ethik als eine unter anderen zu verstehen, widerspricht deren Anspruch auf unbedingte Geltung. Dessen Legitimation gilt es deshalb noch genauer zu prüfen. Eine Ethik ist nur

---

[710] Wenn auch Pröpper in diesem Zusammenhang von der notwendig symbolischen Vermittlung der Anerkennung von Freiheit spricht, darf diese terminologische Übereinstimmung nicht über die sachlichen Differenzen hinwegtäuschen. Während die hier im Anschluß an Cassirer vertretene These vom symbolischen Charakter allen Verstehens und Handelns ausgeht, dient der Symbolbegriff bei Pröpper der Qualifizierung des eigentümlichen Charakters der freien Anerkennung. Sie wird symbolisch genannt, weil sie auf eine unbedingte Anerkennung zielt, für die endliche Freiheit in ihrer materialen Bedingtheit nicht aufzukommen vermag. Vgl. dazu PRÖPPER, Erlösungsglaube 108f.; Autonomie 102f. Zu einer ersten Kritik an diesem Verständnis vgl. BONGARDT, Widerstand 106.

[711] SCHWEMMER, Cassirer 150. Schwemmer sieht den „ethischen Universalismus", der solche Anerkennung ermöglicht, in der von Cassirer aufgedeckten Objektivität symbolischer Formen begründet und führt diese Begründung nicht noch einmal in einer transzendentalphilosophischen Freiheitsanalyse weiter. Statt dessen sieht er die Allgemeinheit einer Ethik gerade gegründet in der Vielheit ihrer individuellen Ausformungen (vgl. ebd.143-153).

[712] Vgl. AH 82f.

unter der Voraussetzung von Freiheit möglich und sinnvoll. Eine konsequente Ethik, die Anspruch auf universale Geltung erhebt, wird die Freiheit also als Ziel und als Voraussetzung allen menschlichen Handelns und Sich-Verhaltens verstehen. Die Geltung ihrer Ansprüche wird sie deshalb begründen in der Reflexion auf die selbst unbedingten Bedingungen der Möglichkeit solchen Verhaltens. Weil sie in dieser Analyse von allen materialen Bedingungen absieht, unter denen konkretes Handeln immer steht, kann sie für ihre Formungen nicht nur die allen symbolischen Formen eigene Objektivität, sondern unbedingte Geltung beanspruchen. Diesen Anspruch wird sie um so glaubwürdiger vertreten, je offener sie sich zur unhintergehbaren Bedingtheit ihres eigenen Verstehens und Forderns bekennt und je entschiedener sie diese an der Idee des Unbedingten kritisch zu messen und zu verantworten bereit ist.

Doch sprengt eine Konzeption, die der Ethik eine derart exklusive Stellung einräumt, nicht die Architektonik von Cassirers Philosophie der symbolischen Formen? Zerstört nicht die Behauptung unbedingter Geltung das Gefüge objektiver, gleichwohl vielfältiger Formungen? Auf den ersten Blick scheint die Interpretation hier nur zwei Wege gehen zu können: Entweder weist sie unter Berücksichtigung der unhintergehbaren Vielfalt von Formungen die Universalität beanspruchenden Forderungen der Ethik zurück; oder sie sieht in ihnen eine Weiterführung der von Cassirer nicht entfalteten Prämissen seiner Philosophie, die dann jedoch deren Aporetisierung und Verabschiedung zur Folge hätte. Doch zu einer solchen Alternative muß es nur kommen, wenn man die Ethik selbst als symbolische Form versteht, um ihr dann eine Sonderstellung im Kontext der Formungen zuzuschreiben. Und Cassirers hier verfolgte Hinweise für eine philosophische Ethik legen deren Charakterisierung als symbolische Form zunächst tatsächlich nahe. Wurden doch die Subjektivität, ethische Bewertungen wie die Werte selbst als funktionale Verknüpfungen von sinnlichen Zeichen mit geistigen Bedeutungen verstanden. Und tritt nicht die Ethik mit dem Anspruch auf, die gesamte Welt menschlichen Handelns und Verhaltens zu ordnen, orientiert an ihrer „Ur-Teilung" von Gut und Böse, die sie anhand ihrer Reflexion auf die Freiheit vornimmt?

Cassirer jedoch bezeichnet die Ethik nie, auch nicht nach seiner Hägerström-Studie und dem Verlassen des anfänglichen Entwurfs, der nur vier symbolische Formen kannte, als eine solche symbolische Form. Dies kann angesichts der aufgezeigten systematischen Defizite kein Beweis, aber doch immerhin ein Indiz sein, daß eine solche Qualifizierung der Eigenart ethischer Reflexion nicht gerecht würde. Diese Vermutung läßt sich erhärten durch die genauere Bestimmung des Charakters und Anspruchs ethischer Reflexion im Gesamt der symbolischen Formen: Sie zielt gerade nicht darauf, neben den vielfältigen Formwelten eine weitere zu etablieren, die sich dadurch auszeichnete, anders als die anderen explizit auf die menschliche Freiheit gegründet und gerichtet zu sein.[713] Ganz im Gegenteil: Sie findet ihren Anhalt in der Erkenntnis, daß sich alle Weisen des Weltverstehens der ursprünglichen Freiheit zur Formung verdanken. Und deshalb zielt die Ethik darauf, das Bewußtsein dieser Freiheit innerhalb der einzelnen Formungen zu befördern und so deren internen wie wechselseitigen Entwicklungsprozeß zu orientieren. Der Ethik eignet demnach der gleiche Charakter wie der kritischen Philosophie insgesamt: Sie initiiert und begleitet innerhalb der symbolischen Formen deren Selbstreflexion auf die Bedingungen ihrer Möglichkeit, die Reflexion also, die wiederum deren Entwicklung motiviert und vorantreibt. In dieser Funktion ist die Ethik von dem mit ihr verwandten Recht unterschieden. Denn dieses stellt ein in sich geschlossenes System von Deutungen dar, das als solches die anderen Formen in ihrer Vielfalt anerkennt und zugleich von ihnen anerkannt zu werden fordert. Die Ethik dagegen kann sich mit einem derart äußeren Verhältnis zu den verschiedenen Weisen des Weltverstehens nicht begnügen, weil es ihr nicht, wie dem Recht, um deren möglicherweise rein externe Steuerung, sondern um die orientierende innere Aufklärung geht. Diese aber kann nur gelingen, wenn sich das Verhältnis zwischen der Ethik und den symbolischen Formen als Entfaltung der Freiheit, des Einheitsgrundes allen menschlichen Weltverstehens erweisen läßt. Dessen Aufdeckung erlaubt es, Cassirers Konzept einer Philosophie der symbolischen Formen zu bestätigen und weiterzuführen.

c) Die Freiheit zur Formung

Vor dem Hintergrund dieser Verortung einer inhaltlich bestimmten Ethik im Gesamt der symbolischen Formen ist es nun schließlich auch möglich, Cassirers philosophischen Entwurf freiheitstheoretisch zu reformulieren – mit dem Ziel, ihn ethisch zu orientieren.

Die Welt des Menschen ist ein „symbolisches Universum".[714] Die Energie des Geistes verknüpft stets aufs neue sinnliche Zeichen mit geistigen Bedeutungen und läßt so Sinntotalitäten entstehen: die vielfältigen symbolischen Formen. Einen entscheidenden Schritt im so angestoßenen Entwicklungsprozeß stellt das Erwachen des menschlichen Selbstbewußtseins dar. Indem der Mensch sich als der Deutung fähig deutet, befreit er sich aus der Passivität, in der er sich durch die sinnlichen Eindrücke gefangen glaubte. Es eröffnet sich ihm die Welt des Ausdrucks, die er betritt, sobald er im Bewußtsein seiner Freiheit seine Welt zu

---

[713] KROIS, Cassirer 142-171, sieht in der Ethik eine symbolische Form. Wichtigstes Indiz dafür ist ihm der Nachweis, daß das sittliche Bewußtsein genau die Stufen durchläuft, die der Dynamik der symbolischen Formen entsprechen. Doch eine solche Entwicklung wurde von Krois auch in der Philosophie aufgedeckt, ohne daß er diese als symbolische Form bezeichnen zu müssen glaubte (vgl. aaO.81). Gegen die These von Krois spricht m.E. vor allem die Tatsache, daß eine kritische Ethik auf einer Selbstreflexivität zu gründen hat, die nicht als eigenständige symbolische Form den anderen gegenübersteht, sondern sich in ihnen selbst entwickelt. Daß dagegen ausgestaltete Rechtssysteme oder gelebte Formen der Sittlichkeit als eigene symbolische Formen gelten können, ist unbestritten.
[714] VM 50.

verstehen und zu gestalten beginnt.[715] Vorgegeben sind dieser Gestaltung nie allein die sinnlichen Zeichen, sondern stets auch die geschichtlich gewachsenen, konkreten Weltentwürfe. Sie muß jeder einzelne übernehmen, um verstehen und sich verständlich machen zu können, aber auch modifizieren, will er sich als Individuum ausdrücken und als solches wahrgenommen werden können. Die Freiheit zur Formung manifestiert sich jedoch nicht nur in solch individuellem Gebrauch einer vorgegebenen Form, sondern auch in der Wahl und im Wechsel verschiedener Formen.[716] Jede aus solcher Auseinandersetzung hervorgegangene Formung aber tritt mit dem Anspruch auf Anerkennung auf, will in der Freiheit, die ihr zugrundeliegt, von fremder Freiheit geachtet werden. Die Kriterien solcher Anerkennung stellt die Ethik bereit, die die Freiheit als Maß und Gesetz ihrer selbst verstehen lehrt.[717]

Die Freiheit, auf die die Ethik reflektiert und deren Anerkennung sie einfordert, ist also jene Freiheit zur Formung, der sich jedes menschliche Weltverstehen verdankt und die im Zuge der Frage nach den Bedingungen seiner Möglichkeit bewußt wird.[718] Und umgekehrt zeigte sich auch die Ethik selbst als Resultat solchen Deutens. Cassirers These von der zunehmenden Selbstbefreiung des Menschen muß deshalb in der Tat als ethische Forderung gelesen werden – und zwar als Forderung, die weder von außen an die verschiedenen Weisen des Formens herangetragen werden muß, noch inhaltlich leer bleibt. Als Freiheitsakt zielt jede Formung auf Anerkennung durch fremde Freiheit, die deshalb im Akt des Formens bereits implizit anerkannt sein muß, will dieser nicht einem Selbstwiderspruch verfallen. Die Anerkennung anderer symbolischer Formungen, die aus erkenntnistheoretischer Perspektive unter Verweis auf die mangelnde Autarkie jeden Weltverstehens angemahnt werden mußte, findet auf dem Wege der ethischen Reflexion eine in der Formung selbst liegende Begründung.

So entdeckt also die Analyse menschlichen Erkennens und Handelns angesichts der Spontaneität, der sich jede Formung verdankt, die Freiheit als Bedingung der Möglichkeit symbolischer Formung. Und diese Freiheit wird als Autonomiefreiheit gedeutet und übernommen, wenn die Ethik sie zum Krite-

---

[715] So bezeichnet Cassirer, EBK 235, die Welt der Kultur als „eine Welt der freien Tat".
[716] Vgl. STARK, Symbol 501f., der diese Freiheit zur Formung bereits bei Platon ausgedrückt sieht, wenn dieser den Glauben als den einzig möglichen Zugang zur Wahrheit definiert.
[717] Vgl. SCHWEMMER, Cassirer 146f., der hier auf die bereits dargestellten Einsichten zum Verstehen der Formungen fremder Freiheit verweist. Schwemmer sieht bei Cassirer eine „Normativität des Gestaltungsbegriffs" (aaO.180) gegeben, die darin gründet, daß jede subjektive Handlung auf objektive Geltung ausgerichtet ist. „Ethische *Anerkennung* und schöpferische *Formgebung* sind darum universell, weil sie unauflöslich miteinander verknüpft sind" (aaO.151). Damit legt Schwemmer einen beachtenswerten Versuch vor, Cassirers Philosophie als Reflexion auf den „moralischen Impuls" (aaO.175) zu verstehen – einen Versuch, der Normativität beansprucht, aber letzte Begründungsfragen ausklammert (vgl. aaO.172-177).
[718] Zu Recht betont SCHWEMMER, Cassirer 125, „daß 'Form' für Cassirer in ihrer letztlich ausschlaggebenden Bedeutung nicht eine ästhetische, sondern eine *ethische Kategorie* ist". Vgl. die parallele Argumentationsstruktur bei ORTH, Technikphilosophie 209f.

rium erhebt, an dem sich die einzelnen Formen zu messen haben. Die Freiheit zur Formung ergreift sich als ihr eigenes Gesetz, dem sie wiederum eine Form zu geben in der Lage und verpflichtet ist.[719]

Kants Unterscheidung der verschiedenen Vermögen der Vernunft wird mit Hilfe dieser Reflexion noch einmal auf den allen Differenzierungen vorausliegenden Einheitspunkt, auf die Freiheit zur Formung hin durchschaut.[720] Angesichts dieser Einheit können die theoretische, die praktische und die ästhetische Vernunft auch nicht bloß nebeneinander oder gar gegeneinander gestellt werden, sondern müssen verstanden werden als korrelativ aufeinander bezogene Weisen des Vernunftgebrauchs, die sich bereits innerhalb der einzelnen symbolischen Formen verschränken.[721]

Cassirer selbst bezeichnet die Trennung der Vernunftvermögen durch Kant als „metaphysisch".[722] Doch nicht nur dieser Hinweis kann belegen, daß die vorgelegte Freiheitsanalyse an Cassirers Denken nicht nur anschlußfähig, sondern auch in ihrem Ergebnis wesentliche seiner Intentionen aufzunehmen in der Lage ist. Als deutlichster Beleg dafür können die Passagen seines Werkes gelesen werden, in denen er jede Weise der Formung als ein Tun qualifiziert und so auch Vollzüge der sogenannten theoretischen Vernunft der Praxis, genauer: der Poiesis, zuordnet.[723] Und eine große Nähe zu dem hier entfalteten Argumentationsgang weist schließlich Cassirers These von der notwendigen Entwicklung der Religion zum Monotheismus auf. Wurde hier doch die Selbstbewußtwerdung des Menschen, der sich zunehmend als „geistig-sittliche Persönlichkeit"[724] versteht, so nachgezeichnet, daß ihre Ausrichtung auf die Autonomiefreiheit des Menschen vor Gott erkennbar wurde. Sie mußte bis zu

---

[719] Diese Verbindung von Spontaneität und Autonomie im Gedanken der Freiheit, die sich selbst zum Gesetz wird, entfaltet Cassirer bereits in seiner frühen Kant-Interpretation (vgl. FF 169f.). Die Gefahr, aufgrund dieser Verbindung nicht mehr zu einer konkreten Gestalt der Ethik zu finden, in der RECKI, Kultur 73-78, den Grund für den Ausfall einer expliziten Ethik bei Cassirer erkennen zu können glaubt, ist abgewendet, wenn der Autonomiebegriff in der oben entfalteten Weise gefüllt und zwischen der unbedingten Geltung der Anerkennungsforderung und ihrer kulturell-symbolischen Vermittlung unterschieden wird.

[720] Zur Bedeutung dieser Unterscheidung bei Cohen vgl. NEUMANN, Cassirer 105f.

[721] STARK, Symbol 632f., zeigt auf, daß bereits die phänomenologische Betrachtung zur Überwindung der Trennung verschiedener Vernunftvermögen zwingt, die in der hier vorgelegten Interpretation transzendentalphilosophisch sich als notwendig erwies.

[722] Vgl. AH 82f.; ähnlich auch EBK 247f. Cassirer sieht allerdings, dieser Kritik zum Trotz, bereits bei Kant die Einheit der Vernunft in der menschlichen Freiheit gegründet. Vgl. EP 759-762; FF 143.169f.; KLL 355. Selbst wenn er hier Kant über Kant hinaus interpretieren sollte, darf man in dieser recht frühen Systematik Cassirers eigenes Verständnis erkennen. Vgl. dazu auch KAJON, Problem 249-255.

[723] Vgl. ECN I,28; STS 121f. in Anlehnung an Kant. STARK, Symbol 402-409, stellt überzeugend den Handlungszusammenhang der Sprache dar. SCHWEMMER, Cassirer 28-68, bezeichnet es als Charakteristikum der Philosophie Cassirers, daß sie menschliches Weltverstehen und -verhalten als schöpferische Gestaltung, als poiesis erkennt. Dieses Gestalten bildet nicht nur den Einheitspunkt in der Vielfalt der Gestaltungen (vgl. ders., Vielfalt 44f.), sondern weist auch wichtige ethische Implikationen auf (vgl. ders., Cassirer 158-161).

[724] PsF II,260.

dem Punkt vorangetrieben werden, an dem die Religion nicht nur das Gottesverhältnis ethisch bestimmt, sondern sich selbst ethisch zu verantworten hat.
Denn, so läßt sich mit Hilfe der nun gewonnenen Bestimmungen formulieren,
eine Religion, die sich nicht auf die Freiheit verpflichten läßt, der sie selbst sich
verdankt, kann nicht länger als legitime symbolische Form anerkannt werden.

Da die Freiheit aber nicht nur Bedingung der Möglichkeit religiösen,
sondern jeden Weltverstehens ist, muß dieser Maßstab an alle symbolischen
Formen angelegt werden. So zeigt sich: Sobald Cassirers unbestimmte Rede
vom Geist als der formenden Energie subjektivitätstheoretisch näher bestimmt
und freiheitsanalytisch fundiert wird, läßt sich die Forderung einer ethischen
Orientierung allen menschlichen Weltverstehens und -verhaltens, die Cassirer
lediglich in ihrer Notwendigkeit und formalen Möglichkeit erwiesen hat, in
ihrer Geltung begründen. In Cassirers Spätwerk finden sich, wie gezeigt,
bedeutsame Hinweise auf die Angemessenheit einer solchen weiterführenden
Interpretation.

Und doch gilt es erneut den Blick auf den Preis zu richten, um den dieser
Gewinn erkauft worden ist. Indem nämlich die Frage nach den Bedingungen der
Möglichkeit des pluriformen menschlichen Weltverstehens eine so bestimmte,
d.h. einer spezifischen Gestalt der Selbstreflexion verpflichtete Antwort gegeben
wird, wächst die Gefahr, daß andere Weisen der Deutung und Reflexion von ihr
nicht mehr adäquat erfaßt werden können. Wird etwa ein entschieden athe-
istisches Weltverstehen seiner transzendentalphilosophischen Erhellung noch
zustimmen können, wenn diese in einer solchen Folgerichtigkeit wie Cassirers
These von der Entwicklung zum ethischen Monotheismus auf die Gottesfrage
hinausläuft? Oder wird ein Denken, das die formende Energie des Geistes
anders als subjektivitätstheoretisch zu fassen versucht, einer solchen auf die
subjektiv-individuelle Freiheit konzentrierten Reflexion ein Urteilsrecht über es
selbst einräumen können? Kurz gefragt: Wird nicht die präzisere Bestimmung
der von Cassirer offengehaltenen Begriffe und Fragen mit einem Verlust ihrer
Reichweite erkauft? Und wenn dies so sein sollte: Welche Geltung kann dann
die These von der Verpflichtung auf einen ethischen Monotheismus im Dialog
der Religionen noch beanspruchen?

Cassirer war sich dieser Problematik durchaus bewußt. Und er hat sie,
gerade im Blick auf die Religion, genauer zu erfassen gesucht. Die entsprechenden Reflexionen gilt es im Interesse der gesuchten Orientierung im Religionsdialog noch kritisch zu befragen.

d) Ethischer Monotheismus: Maßstab oder Anmaßung?

Wenn Cassirer im „Versuch über den Menschen" den ethischen Monotheismus
als Ziel der Entwicklung vom Mythos zur Religion beschreibt und, wie gezeigt
wurde, auch normativ einfordert, bleiben die möglichen weiteren Schritte dieses
Prozesses unberücksichtigt, die er in früheren Werken in den Blick nahm. Zum

einen bestimmte er dort den Übergang von der Religion zur Kunst. Dieser galt
ihm vollzogen, sobald der Mensch nicht mehr die Frage stellt, ob seine Begriffe
und Vorstellungen von Gott, die er als Produkte seiner Formung erkannt und
anerkannt hat, noch auf eine Wirklichkeit zielen – auf einen existierenden Gott,
den sie zwar nicht ergreifen können, dem sie sich aber verdanken. Versteht der
Mensch sein Denken über und sein Reden zu Gott nicht mehr als eine Weise,
sich zu Gott zu verhalten, hat die Religion ihr eigenstes verloren, der Mensch
die symbolische Form der Religion verlassen.[725] Dies gilt ausdrücklich nicht für
die zweite Entwicklung, die über den ethischen Monotheismus hinausführt.[726]
Sie ist dadurch gekennzeichnet, daß sie weder Gott noch Mensch als Person,
ihre Bezogenheit aufeinander nicht als personale verstanden wissen will.

Fraglich ist allerdings, ob Cassirer die beiden genannten möglichen Schritte
überhaupt noch im strengen Sinne als Fortentwicklungen des ethischen
Monotheismus verstanden wissen will und ob ein solches Verständnis möglich
ist. Zwar legen einige seiner Formulierungen eine solche Deutung nahe.[727] Auch
setzt sowohl die hier betrachtete Leugnung der Existenz Gottes wie die
Abweisung der Subjektivität logisch ein entwickeltes Verständnis der formenden Subjektivität voraus, wie es der ethische Monotheismus aufweisen kann.
Und schließlich lassen sich auch beide Schritte mit Cassirer als Weiterführung
der Richtung verstehen, die zum ethischen Monotheismus führte. Denn beide
können als Schlußfolgerungen aus der erkenntnistheoretischen Substanzkritik
gelesen werden, verzichten sie doch auf die Frage nach der Wirklichkeit Gottes
jenseits der Formung. Doch findet sich bezeichnenderweise bei Cassirer kein
Versuch, diese Schlußfolgerungen als notwendig zu erweisen.[728] Er stellt dem
Aufweis der „Dialektik des mythischen Bewußtseins"[729] kein entsprechendes
Kapitel über eine „Dialektik des religiösen Bewußtseins" an die Seite. Ist aber,
wie im folgenden noch näher belegt werden muß, eine solche Notwendigkeit
nicht zu erkennen, so werden der Atheismus eines ästhetischen Bewußtseins wie
die Formungen einer atheistischen Religion eher als grundlegende Alternativen
denn als Weiterentwicklungen des ethischen Monotheismus angesehen und nach
ihrer Legitimierbarkeit gefragt werden müssen.

Mit der unbestreitbaren Tatsache, daß beide Schritte, die von einem
ethischen Monotheismus wegführen, vollziehbar sind und vollzogen werden, ist
über deren Notwendigkeit und Berechtigung zunächst noch nichts entschieden.

---

[725] Vgl. PsF II,311 und dazu o. S. 83.
[726] Vgl. PsF II,295f. Auch einer „atheistischen Religion" kommt nach Cassirer der Status einer
Religion zu, solange und insofern in ihr eine Form der Sinngebung anzutreffen ist, die sich am
Maßstab von Wesentlichem und Nichtigem, von Profanem und Heiligem orientiert.
[727] „Der Buddhismus *geht* auch *über* diese letzte Schranke *hinaus*" (PsF II,293). „Das ästhetische
Bewußtsein *erst* läßt dieses Problem wahrhaft hinter sich" (PsF II,311; Hervorh. in beiden Zitaten
von mir).
[728] Gegen KUHN, Kulturphilosophie 427f.
[729] PsF 281.

Von einer notwendigen Entwicklung könnte im Anschluß an Cassirer zunächst allein in erkenntnistheoretischer Perspektive gesprochen werden. Aus der Vielgestaltigkeit und Dynamik menschlichen Weltverstehens bricht zwangsläufig früher oder später die Reflexionsfrage nach den Bedingungen der Möglichkeit jedes Verstehens hervor. Wird sie in transzendental-reduktiver Weise verfolgt, wird der Mensch sich des Funktions- und Formungscharakters all seines Verstehens und Erfahrens bewußt und auch des Geistes, der das aktive Moment aller Formungsprozesse ist. Daß sie alle diesem Prozeß der Selbstreflexion ausgeliefert sind und für seine Fragen wie für seine Antworten einen angemessenen Ausdruck finden müssen, steht für Cassirer außer Frage. Daß nicht jede symbolische Form eine solche Entwicklung produktiv aufzunehmen in der Lage ist, konnte Cassirer durch die Aufdeckung der Dialektik des mythischen Bewußtseins überzeugend nachweisen. Die weitergehende Reflexion auf die Unbedingtheit und Freiheit der Formung führte zu einer zweiten, nicht erkenntnistheoretisch, sondern ethisch begründeten Forderung an alle symbolischen Formen: In ihnen hat Freiheit sich in einer Weise zu realisieren, die nicht selbstwidersprüchlich ist.

Die erkenntnistheoretische Notwendigkeit und die ethische Verpflichtung zu einer inneren Entwicklung der symbolischen Formen sind also die Kriterien, an denen der ethische Monotheismus sowie die ihn verlassenden Formungen zu prüfen sind. Weist, so ist zum einen zu fragen, der ethische Monotheismus Defizite auf, die seine Überwindung notwendig oder gefordert erscheinen lassen? Und können sich, so die zweite Frage, die beiden Formen seiner Überwindung vor diesem Maßstab verantworten und somit, wenn nicht als notwendige, so doch zumindest als legitim mögliche Weisen menschlichen Weltverstehens erweisen lassen? Weil die Übergänge, die Cassirer als Übergänge in die Kunst und in eine „atheistische Religion"[730] analysiert, hinsichtlich des ihnen zugrundeliegenden Subjektivitätsbewußtseins diametral gegensätzlich sind, empfiehlt es sich, sie im folgenden einer getrennten Betrachtung zu unterziehen.

Genauso wie die Kunst, zeigt sich die Religion fähig, menschliches Weltverstehen als Produkt eines nicht mehr hintergehbaren Formungsaktes zu begreifen. Anders als der Mythos, muß die Religion nicht an der Einsicht zerbrechen, daß sie in ihrer Gottesrede den Gott, zu dessen Existenz sie sich bekennt, nicht ergreifen kann, daß sie der Wirklichkeit Gottes nie anders als in der Gestalt ihrer eigenen Formungen, im Bekenntnis begegnen kann. „In der prophetisch-monotheistischen Religion tritt, je deutlicher sich der religiöse Gedanke und der religiöse Affekt von allem bloß Dinglichen ablöst, um so reiner und energischer die Wechselbeziehung von Ich und Gott zutage. Die Befreiung vom Bild und von der Gegenständlichkeit des Bildes hat kein anderes

---

[730] PsF II,295.

Ziel, als diese Wechselbeziehung klar und scharf heraustreten zu lassen. An ihr findet daher die Negation zuletzt ihre feste Grenze: sie läßt den Mittelpunkt des religiösen Verhältnisses, sie läßt die Person und ihr Selbstbewußtsein unberührt."[731] Und die monotheistische Religion erkennt – wie Cassirer an anderer Stelle ausführt – die Person und ihr Selbstbewußtsein nicht nur an, sondern trägt zu deren Entwicklung maßgeblich bei. Der erkenntnistheoretischen Forderung, sich zum Bewußtsein der Formung zu erheben, seine Autonomie ebenso wie seine mangelnde Autarkie zu erkennen, wird der ethische Monotheismus auf der entsprechend reflektierten Stufe seiner Entwicklung demnach in einer Weise gerecht, die es unmöglich macht, mit Verweis auf die nötige Aufklärung seine Überwindung zu fordern.

Allerdings wird gerade auf dieser Stufe der Reflexion die Entscheidung ansichtig, vor der der Mensch steht, ohne ihr ausweichen zu können. Sie zeigt sich als Alternative, im vertrauenden und bekennenden Gebrauch der Gottesvorstellungen und Gottesnamen auf die geglaubte Existenz dieses Gottes zu setzen, sich in notwendig symbolischer Form auf diesen Gott zu beziehen – oder die Existenz dieses Gottes zu bestreiten, die religiöse Tradition als kulturelle Formung, ihr Bekenntnis zur Wirklichkeit Gottes aber als sinn-, weil gegenstandsloses Verhalten zu deuten. Die erkenntnistheoretische Reflexion kann angesichts dieser Alternative, die sich erst in ganzer Schärfe stellt, wenn der Mensch sich seiner subjektiven Freiheit zur Formung bewußt ist, nicht mehr zur Entscheidung herangezogen werden. Sie vermag keine der beiden Möglichkeiten als notwendig zu ergreifende zu erweisen. Der Leugnung Gottes und dem Bekenntnis zu ihm steht der Mensch als den äußersten Möglichkeiten seiner Freiheit frei gegenüber.[732]

---

[731] Vgl. PsF II,293, und den Hinweis auf die Radikalisierung dieses Gedankens durch Fichte in ECN I,99.

[732] In seiner großen religionsphilosophischen Studie zu Cassirers Philosophie der symbolischen Formen denkt Stark die Überwindung des Mythos durch die Religion in Anschluß an Platons philosophische Theologie und in einer an Hegel orientierten Dialektik, derzufolge die Religion die Überwindung des Mythos ist, in der der eigentliche Grund des Mythos erst ergriffen wird. Mit dieser Interpretation gelangt Stark zu der These, die Philosophie sei notwendig auf die Religion verwiesen, denn nur der Glaube kann, dieser Konzeption zufolge, die Einheit der pluriformen Logoi menschlichen Weltverstehens sichern (vgl. STARK, Symbol 499-506). Von diesem Zielpunkt her wird verständlich, daß Starks gesamte Cassirer-Interpretation von der These geleitet ist, die mythische Weltsicht sei nicht nur der genetische Ausgangspunkt der symbolischen Formen, sondern diese blieben auf Dauer angewiesen auf die religiöse Überwindung des Mythos. Denn nur durch den in ihr erreichten Transzendenzbegriff sei die Trennung von Zeichen und Bedeutung zu gewährleisten, der sich alle höher entwickelten symbolischen Formen verdanken (aaO.487-490).
Vor dem Hintergrund der von mir vorgelegten Cassirer-Interpretation muß es fraglich scheinen, ob eine solche, auf die Religion zugespitzte Lesart sich mit der kritischen Philosophie Cassirers vereinbaren läßt. Gerade weil, wie gezeigt, Wissenschaft, Kunst und andere symbolische Formen ihre eigenen Wege zur Überwindung des Mythos gehen (aaO.510f.), sind sie darin nicht auf die Religion angewiesen. Daß in ihnen allerdings Fragen aufbrechen, die eine religiöse Antwort finden können, aber nicht müssen, ist damit nicht ausgeschlossen. Doch sollte die von Cassirer ins Auge gefaßte Möglichkeit einer Überwindung der Religion nicht außer acht gelassen werden (gegen STARK, aaO.680-684). Diese Möglichkeit wird ansichtig, wenn man die unbedingte Geltung

Liegt aber nicht gerade in dieser Freiheit der Hinweis darauf, welche der beiden Möglichkeiten ihr wirklich entspricht? Läßt sich nicht eine der Alternativen als Widerspruch zu Freiheit erweisen und so als verantwortbarer Weg ausschließen? Kants These vom Dasein Gottes als einem Postulat der reinen praktischen Vernunft scheint in diese Richtung zu weisen.[733] Muß nicht der Mensch in seinem freien Handeln, vor allem in seiner Anerkennung fremder Freiheit, die Sinnhaftigkeit und daher die geschenkte, weil ihm nicht mögliche Erfüllung seiner Intention erhoffen und voraussetzen – und damit in seinem Handeln immer schon auf die Existenz eines Gottes bauen, der zu dieser Erfüllung fähig ist? Würde demnach ein Mensch, der sich in seinem Handeln zur Realisierung der Freiheit verpflichtet weiß, nicht sich selbst widersprechen, wenn er kraft dieser Freiheit die Existenz Gottes ausdrücklich leugnete? Ein solcher Selbstwiderspruch läge allerdings nur vor, wenn die Geltung der Forderung, der Freiheit in der unbedingten Anerkennung fremder Freiheit zu entsprechen, begründet läge in der faktischen Möglichkeit ihrer Erfüllung – möge diese Erfüllung nun vom Menschen geleistet oder nur als Geschenk angenommen werden können. Doch schon Kant weist für die autonome Ethik eine solche Begründung ab, die wegen der unüberwindbaren Aporetik menschlichen Freiheitshandelns auf einen göttlichen Gesetzgeber zurückgreifen zu müssen glaubt. Der Geltungsgrund ihrer Forderung liegt vielmehr in der Unbedingtheit der menschlichen Freiheit selbst.[734] Deshalb aber widerspricht sich nicht, wer um die Unbedingtheit der Forderung weiß, für die Freiheit einzutreten, und zugleich davon überzeugt ist, daß dieses Eintreten letztlich sinnlos, absurd ist, weil es außerhalb der Möglichkeiten des Menschen liegt, die Erfüllung zu gewähren, auf die die Freiheit ausgerichtet ist, und kein Gott da ist, der sie schenken könnte.[735]

Freilich bleibt zu fragen, ob ein letztlich hoffnungsloses Handeln vollziehbar ist, ob nicht jede frei geschenkte Anerkennung von Freiheit getragen ist von einer Hoffnung, die über die nüchtern zu erwartende Frucht solchen Handelns hinausgeht. Doch solche eher psychologischen Überlegungen sind als philosophische Argumente nicht tragfähig: Es bleibt denkbar, daß der Mensch eine

---

menschlichen Weltverstehens eben nicht – wie Stark, aaO.518 – in einem religiösen, auf die Transzendenz des Absoluten gerichteten Denken, sondern in der menschlichen Freiheit selbst gegründet sieht. In einer solchen Perspektive aber kommt, wie in meiner Interpretation durchgeführt, der Ethik, nicht, wie nach Stark, aaO.530f.679, der Religion die entscheidende Ordnungsfunktion in der Pluralität symbolischer Formen zu. Und nur wenn die Religion auf diese Weise von ihrer angeblich notwendigen Funktionalität befreit wird, ist ein Glaube denkbar, der, wie der biblische Offenbarungsglaube, an der Freiheit nicht nur des Menschen, sondern auch Gottes entschieden festzuhalten vermag.

[733] Vgl. KANT, KprV A 223f.

[734] Vgl. KprV A 232f. Vgl. auch PRÖPPER, Erlösungsglaube 269-271, dort in kritischer Wendung des gleichen Arguments gegen Rahners Freiheitsverständnis.

[735] „Wohl kann philos. Reflexion die Voraussetzung Gottes als Implikat vieler faktisch als sinnhaft vollzogener Akte der Humanität eruieren, nicht aber selbst diese Sinnhaftigkeit verbürgen. *Das Wagnis der Freiheit bleibt unabnehmbar*" (PRÖPPER, Erkenntnis 785).

„nutzlose Leidenschaft"[736] ist. Es bleibt eine Möglichkeit menschlicher Freiheit, sich selbst so zu verstehen. Und mag auch die Anerkennung fremder Freiheit die Pflicht implizieren, für den Anderen zu hoffen, so konkurriert diese mit der höheren Pflicht zur Redlichkeit, der sich auch der Hoffnungslose unterstellt sehen wird.

Mit seinem Hinweis auf das ästhetische Bewußtsein, welches das die Religion notwendig begleitende Problem der Existenz Gottes „wahrhaft hinter sich" läßt,[737] hat Cassirer die Möglichkeit des dezidierten Atheismus, der die Frage nach der Existenz Gottes hinter sich läßt, indem er sie negativ beantwortet, nicht ausführlich bedacht, vielleicht nicht einmal im Blick gehabt. Und doch lassen sich die nun erreichten Einsichten auf diesen Hinweis und damit auf die Ausgangsfrage zurückwenden: Der ethische Monotheismus als eine Religion, die von einem personalen Gottesverhältnis geprägt ist, kann als erkenntnistheoretisch aufgeklärte und ethisch verantwortbare symbolische Form gekennzeichnet werden. Von einer Notwendigkeit oder Pflicht seiner Überwindung kann deshalb nicht gesprochen werden. Doch zugleich wird der Atheismus als eine in der menschlichen Freiheit liegende, durch sie legitimierbare Weise des Weltverstehens deutlich. Angesichts dieser Alternative steht der Mensch vor der Aufgabe, kraft seiner Freiheit zur Formung sein Weltverstehen zu wählen und zu verantworten.

Läßt sich auch das Verhältnis des ethischen Monotheismus zu einer atheistischen Religion, als deren Paradigma Cassirer der Buddhismus gilt,[738] als solche Alternative fassen, in der beide Seiten sich zur gegenseitigen Anerkennung fähig und verpflichtet wissen können?

Der ethische Monotheismus verdankt sich der zunehmend deutlichen Gegenüberstellung von Gott und Mensch. Er versteht deren Beziehung zueinander als ethisch bestimmtes und zu verantwortendes personales Verhältnis, für dessen konkrete Gestalt das jeweilige Handeln des Menschen prägende Bedeutung hat. Im Lauf seiner Entwicklung erkennt der ethische Monotheismus die Formungen des Mythos als nichtige, zu überwindende Götzenbilder. Dem Buddhismus aber wird darüberhinaus „die Form des 'Ich' genau so zufällig und äußerlich, wie irgendeine bloß-dingliche Form. Denn seine religiöse 'Wahrheit' strebt nicht nur über die Welt der Dinge, sondern auch über die des Wollens und Wirkens hinweg."[739] Das buddhistische Gebot, die Subjektivität hinter sich zu lassen, sein Versprechen einer Erlösung „nicht

---

[736] SARTRE, Sein 770.
[737] PsF II,311.
[738] Die für den konkreten Dialog zweifellos unverzichtbare Frage, ob und inwieweit Cassirer mit seiner kurzen Darstellung dem Buddhismus gerecht wird, kann hier hintan gestellt werden. Denn im Zentrum des Interesses steht – wie bei Cassirer selbst – das Verhältnis verschiedener möglicher Subjektivitäts- und Religionsverständnisse. Dessen Klärung kann das direkte Gespräch zwischen den Religionen nicht ersetzen, aber orientieren.
[739] PsF II,295f.

[...] *des* individuellen Ich, sondern [...] *vom* individuellen Ich"[740] scheint der Ausrichtung der Wissenschaft auf den „Standpunkt von Niemand"[741] zunächst nahe. Dort ging es darum, aus der rein funktionalen Formung der wissenschaftlichen Weltsicht den subjektiven Standpunkt des Betrachters so weit wie möglich zu eliminieren. Die hier in Frage stehende religiöse Bestreitung der Subjektivität aber wurzelt tiefer und reicht weiter. Sie leugnet, daß dem Handeln und damit der Subjektivität des Menschen überhaupt eine bleibende Bedeutung zukommt, erklärt sie wegen des durch sie unvermeidbar verursachten Leidens für nichtig. Jedes menschliche Wirken, jedes aneignende Deuten verfällt ihrem Verdikt.

Eine solche Auffassung stellt die transzendental-philosophische Erkenntnistheorie vor weitgreifende Probleme. Schon die nicht aufhebbare Aporie, daß auch der „Standpunkt von niemand" von jemand formuliert werden muß, konnte sie nur lösen, indem sie jenes Ziel wissenschaftlicher Erkenntnis als regulative Idee verstand, an der das faktische Erkennen ausgerichtet bleibt, ohne ihr je entsprechen zu können. Die Aporie verschärft sich angesichts der behaupteten Nichtigkeit der Subjektivität: Verdankt sich doch auch diese Behauptung einer Formung, die die Energie des Geistes und damit auch die Subjektivität des Menschen zur Bedingung ihrer Möglichkeit hat. So wenig zu bestreiten ist, daß der Subjektivität der Weg offensteht, sich selbst zu leugnen, so ist er doch nur um den Preis der Aporie zu betreten.

Den gleichen Schwierigkeiten begegnet eine ethische Reflexion, die an der Freiheit zur Formung orientiert ist. Sie wird auch Mitglieder einer Religion, die die Subjektivität für nichtig erklärt, als freiheitsbegabte Subjekte ihres symbolischen Formens und Handelns ansehen. So kann und muß sie deren Freiheit als den Maßstab ansetzen, an dem sie das Handeln der anderen mißt – eine Freiheit, deren bewußte Übernahme von diesen verweigert wird, weil sie dem Bereich des als nichtig erkannten Handelns und Wirkens zugehört.

Eine philosophische Sicht, die die formende Energie des Geistes subjektivitätstheoretisch zu erfassen versucht und dabei die Unbedingtheit der Freiheit zum Ausgangspunkt der Erkenntnistheorie wie der ethischen Argumentation wählt, stößt hier also auf eine Position, die diesen Ausgangspunkt nicht etwa noch nicht erkannt hätte, sondern bewußt leugnet. Soll diese fundamentale Inkompatibilität nicht anhand von Kriterien, die den jeweils anderen nicht einsichtig sind, zur gegenseitigen Verurteilung führen, muß versucht werden, die Motive der fremden Position zu erheben und Wege zu entwickeln, diesen in der eigenen Formung Anerkennung zu schenken.

Hier wird erneut das Problem jedes philosophischen Konzepts deutlich, das der Vielfalt menschlichen Weltverstehens gerecht zu werden bemüht ist: das Problem, das an Schärfe gewinnt, je bestimmter ein solches Konzept formuliert

---

[740] PsF II,295.
[741] PsF III,560, vgl. dazu o. S. 134.

ist. Verdankt sich doch wie jede andere auch eine Philosophie, die sich den
transzendentalen Bedingungen kultureller Formung überhaupt zuwendet, in
ihrer konkreten Gestalt selbst sich nicht nur jener formal unbedingten
Bedingung der Möglichkeit des Verstehens überhaupt, sondern zugleich den
materialen, einschränkenden Bedingungen der ihr gegebenen Denk- und
Sprachmöglichkeiten. Wird aber damit der Geltungsanspruch ihrer Aussagen
nicht in einem Maße eingeschränkt, das sie zur Orientierung im interkulturellen
und also auch im interreligiösen Dialog untauglich scheinen läßt?

Als Ausgangspunkt für die Antwort eignet sich Cassirers Verortung der
Philosophie im Gesamt der symbolischen Formen.[742] Indem Cassirer nämlich
der Philosophie den Charakter einer eigenen symbolischen Form abspricht,
erkennt er damit einerseits die notwendige Eingebundenheit ihres Ausdrucks in
andere Formen an, spricht ihr andererseits aber auch eine form- und kultu-
rübergreifende Bedeutung zu.

Cassirers eigene Philosophie belegt eindrucksvoll ihre kulturelle Eingebundenheit und schöpferische Kraft: Sie lebt aus der breit referierten europäischen
Denkgeschichte, der Tradition der monotheistischen Religionen und nicht
zuletzt aus der Auseinandersetzung mit der Wissenschaft und anderen kulturellen Formungen der Moderne. Zugleich geht es Cassirer – vor allem in seinen
Mythos- und Sprachforschungen – darum, die Möglichkeiten und Begrenzungen
fremder kultureller Formungen zu erheben und zu achten.[743]

Doch so kontingent und vielfältig durch einen bestimmten Kulturkreis
geprägt seine Ausführungen auch sind: Cassirer vermag mit ihrer Hilfe zu
zeigen, daß die Einsichten, zu denen eine philosophische Reflexion führt, über
die Begrenztheit ihrer konkreten Gestalt hinaus Geltung beanspruchen können.
Kritische Philosophie nämlich fordert die verschiedenen symbolischen Formen
zu einer Selbstreflexion auf, die nach den Bedingungen der Möglichkeit der
jeweiligen Formung fragt. Eine solche Rückfrage aber ist verbunden mit der
Hoffnung, nicht in einen endlosen Regress zu verfallen, sondern auf jene nicht
mehr hintergehbare, weil unbedingte Bedingung der Möglichkeit der Formung
zu stoßen. Diese muß dann als unbedingte, transzendentale Bedingung auch
jeder anderen möglichen Formung gelten. Und deshalb darf ihre Entdeckung
unbedingte Geltung beanspruchen. Dieser Unbedingtheit tut es keinen
Abbruch, daß sie selbst wieder nur unter konkreten und verschiedenen
Bedingungen zur Sprache gebracht werden kann. So verdanken Cassirers Rede
von der Energie des Geistes und noch mehr deren hier vorgelegte, auf eine
Subjektivitätstheorie zielende Interpretation sich der europäischen Denktraditi-

---

[742] Vgl. ECN I,264f., und dazu oben S. 185ff.
[743] Cassirers Achtung vor dem Fremden hebt BLUMENBERG, Entgegennahme 165f., hervor, lehnt
aber, aaO.169, Cassirers Ausrichtung auf ein Telos der Geschichte, die Selbstbefreiung des
Menschen, ausdrücklich ab.

on und sind deshalb mit deren Begrenztheiten behaftet.[744] Doch kann Cassirer zugleich überzeugend aufweisen, daß die so ins Wort gebrachte unbedingte Bedingung der Möglichkeit symbolischer Formung nicht nur jeder Formung zugrundeliegt: Sie kommt auch in den verschiedensten Formungen auf je spezifische Weise ins Bewußtsein und zum Ausdruck, treibt die innere Dynamik der Formungen an.[745]

Dieser eigentümliche Charakter philosophischer Reflexion, in zwangsläufig bedingter Gestalt Einsichten zu gewinnen, die unbedingte Geltung beanspruchen können, muß auf seine Konsequenzen für den Dialog verschiedener Formungen – und speziell verschiedener Religionen – bedacht werden. Festzuhalten ist in einem solchen Gespräch an der Forderung, die die kritische Philosophie an alle Formungen stellt: An der Forderung zur Reflexion auf die Bedingungen ihrer eigenen Möglichkeit. Im Bereich religiösen Weltverstehens ist diese Forderung mit um so höherem Nachdruck zu vertreten, als sie hier oft allzu schnell für erfüllt gehalten wird, sobald man auf eine göttliche Offenbarung oder Inspiration verweisen kann. Die hier einzufordernde Rückfrage führt – wie in Aufnahme und Weiterführung der Einsichten Cassirers deutlich wurde – zu der Einsicht, daß der Mensch sein Verstehen der natürlichen wie der kulturellen Welt und sein Verhalten zu ihr gestalten kann und deshalb zu verantworten hat. Aus dem Zusammenhang von dieser Fähigkeit und der in ihr liegenden Verpflichtung ist eine Ethik zu entwickeln, vor der sich nicht zuletzt die religiösen Bekenntnisse zu verantworten haben.[746] Im Prozeß dieser Selbstreflexion werden die Religionen aber nicht allein ihr Verhältnis zu anderen symbolischen Formen verändern, sondern auch ihr internes Weltverstehen: Gewinnt die Einsicht in die Fähigkeit, sich zu verhalten, und damit die Ethik zentrale Bedeutung, so wird auch das Gottesverhältnis zunehmend von ethischen Kategorien bestimmt werden. Insofern findet sich Cassirers These von der notwendigen Entstehung eines ethischen Verständnisses der Religionen erneut bestätigt.

Die entsprechende These von der Entwicklung zum Monotheismus muß dagegen vor dem Hintergrund der nun erreichten Einsichten fraglicher scheinen. Zwar eignet der Rekonstruktion der wechselseitigen Entwicklung des

---

[744] „Auffallend ist jedoch, daß Cassirer einen eurozentrischen Standpunkt nie preisgegeben hat", sondern an einem „europäischen Rationalismus" gerade festgehalten hat (PAETZOLD, Einführung 126). Die Möglichkeit, den eigenen kulturellen Standpunkt zu verlassen, muß allerdings gerade vor dem Hintergrund der Einsichten Cassirers als sehr fraglich gelten.

[745] Vgl. STARK, Symbol 510, der allerdings offenläßt, was unter einer „analogen Weise" der Selbstreflexion zu verstehen ist.

[746] Es wäre zu prüfen, ob hier der Interpretationsvorschlag von SCHWEMMER, Cassirer 183-190, der Cassirers Ethik darauf beschränkt sieht, den „moralischen Impuls" (vgl. dazu oben S. 235, Anm. 717) in allem menschlichen Handeln und allen entwickelten Moralsystemen aufzudecken, nicht zu formal bleibt, um die auch von Schwemmer anzielte Anerkennungsethik begründen zu können. Soweit aber Schwemmers Argumentation lediglich auf die Zurückweisung von Moralsystemen mit einem „Regelungs-*Überschuß*" (aaO.188) abzielt, ist ihr uneingeschränkt zuzustimmen.

menschlichen Selbstbewußtseins und des Monotheismus eine hohe Stringenz. Auch ist nicht zu bestreiten, daß die westliche Religionsgeschichte darin zutreffend beschrieben wird. Doch ist damit über die Legitimität nicht-theistischer und damit auch des Monotheismus unfähiger Formungen noch nicht entschieden. Das Wissen um die Bedingtheit aller Weisen, jenes Unbedingte, das allem Formen zugrundeliegt und sein Ziel darstellt, zu erfassen, erlaubt es jedenfalls nicht, die Möglichkeit eines solch alternativen Denkens prinzipiell auszuschließen. Ob es ein religiöses Weltverstehen gibt oder geben kann, das, über sich selbst aufgeklärt, eine ethische, aber nicht monotheistische Gestalt gefunden hat, läßt sich aus der philosophischen Reflexion nicht erheben, muß sich im Dialog mit anderen Religionen zeigen. Cassirers Wertschätzung des Buddhismus weist in eine solche Richtung, auch wenn sie in seinem Spätwerk nicht mehr zu finden ist.

Bis in seine letzten Werke aber hat Cassirer die Möglichkeit offenzuhalten versucht, das menschliche Weltverstehen, die Unbedingtheit seiner Formkraft, die all seinen bedingten Gestalten vorauszusetzen ist, auch anders zu denken als die europäisch-neuzeitliche Tradition. Aus dieser Intention läßt sich seine Weigerung verständlich machen, seine Rede von der formenden Energie des Geistes subjektivitätstheoretisch zu präzisieren. So hoffte er, eine Theorie der Kultur entwickelt zu haben, die der Vielfalt menschlichen Verstehens und Verhaltens gerecht wird. Den Preis, auf die Geltungsfragen der Ethik und der in ihr gründenden Verhältnisbestimmung symbolischer Formen deshalb keine befriedigende Antwort mehr geben zu können, war Cassirer offensichtlich zu zahlen bereit. Daß es ihm so gelungen ist, der transzendentalphilosophischen Tradition die Augen zu öffnen für die Pluriformität menschlicher Erfahrung und Erkenntnis, steht außer Frage und bleibt das Verdienst seiner philosophischen Bemühungen. Und so steht am Ende dieses letzten interpretierenden Rückgriffs auf seine Philosophie die Frage an das Christusbekenntnis, ob und wie weit es im interreligiösen Dialog den von Cassirer gewiesenen Wegen folgen, dessen philosophische Grundentscheidungen teilen kann und will.

3. Glaube und Freilassung

Im nunmehr letzten Teil des Dialogs, dessen Interesse der theologischen Rezeption der Einsichten Cassirers gilt, wird es darum gehen, die erreichten Ergebnisse so zusammenzuführen, daß die angezielte Orientierung im Religionsdialog sichtbar wird. Daß dabei - neben der schon erarbeiteten symbolphilosophischen Analyse des Christusbekenntnisses - vor allem der soeben aufgedeckten „Freiheit zur Formung" sowie der in ihr gründenden Fähigkeit und Pflicht zur Verantwortung besondere Bedeutung zukommen wird, steht zu erwarten.[747]

Hinsichtlich der Verantwortbarkeit und konkreten Prüfung eines Weltverstehens gilt es zwischen drei zwar zusammenhängenden, aber nicht identischen Fragen zu unterscheiden: Zunächst ist zu klären, welche Kriterien eine symbolische Form als Maßstab anzuerkennen nicht nur in der Lage, sondern auch bereit ist, und wie sie sich vor dem so akzeptierten Anspruch verantwortet. Dieser Klärung dient die einleitende Reflexion auf die bereits dargestellte Weise, in der sich das Christusbekenntnis vor dem europäisch-neuzeitlichen Freiheitsbewußtsein zu legitimieren sucht (a). Damit aber ist noch nichts darüber ausgemacht, wie sich ein so verantworteter Glaube in den Dialog der Religionen einbringen kann. Denn dort wird er mit der Einsicht konfrontiert, daß nicht nur er selbst, sondern auch die konkrete Gestalt seiner fundamentaltheologischen Verantwortung auf entschiedenen Widerspruch stößt. Dessen Analyse läßt erkennen, daß sich das Christusbekenntnis in seiner Inhaltlichkeit, aber auch in seinen Legitimationsversuchen einer Vielzahl von Bedingungen verdankt, die von anderen weder geteilt noch zu erreichen gesucht werden. Nachdem auf diesem Wege die Bedingtheit der christlichen – wie jeder anderen – Rede vom Unbedingten ansichtig wurde, zeigt es sich als unvermeidlich, das Christusbekenntnis als eine bedingte Gestalt des Unbedingten zu qualifizieren (b). Daß dies – entgegen dem ersten Verdacht – nicht dazu führt, auf eine Kriteriologie verzichten zu müssen, an der sich die verschiedenen bedingten Gestalten noch einmal messen lassen können und müssen, läßt sich anhand der mit Hilfe Cassirers gewonnenen Bestimmungen erweisen. Der derart geforderte Nachweis geht einher mit der Formulierung jener Orientierung, auf die die gesamte Untersuchung zielt (c).

Die Frage, welche konkreten Konsequenzen aus den schließlich erreichten Ergebnissen für Möglichkeit und Formen eines interreligiösen Dialogs zu ziehen sind, wird nicht mehr im Rückgriff auf Cassirer zu beantworten sein, sondern zum Schlußteil meiner Untersuchung überleiten.

a) Das Bekenntnis: Verantworteter Glaube

Wie jedes andere, stellt auch jenes gläubige Weltverstehen, das vom Bekenntnis zur Selbstoffenbarung Gottes in Leben und Geschick Jesu seinen Ausgang nimmt, eine symbolische Formung dar. Verknüpft es doch in eigener Weise sinnliche Zeichen mit einer geistigen, genauer: einer religiösen Bedeutung. Eine

---

[747] Es wird, anders als bisher, im folgenden darauf verzichtet, auf die Erarbeitung der zusammenzuführenden Ergebnisse im einzelnen zurückzuverweisen, weil deren Aufnahme weitgehend dem Argumentationsgang der vorangegangenen Kapitel folgt. Statt dessen dienen die in den Fußnoten gegebenen Hinweise auf andere theologische Ansätze und Traditionen dazu, den hier erarbeiteten Lösungsvorschlag in der theologischen Diskussion zu verorten, soweit nicht auch dies bereits geschehen ist.

solche Analyse muß die Theologie nicht als unangemessenes Fremdverstehen des Glaubens zurückweisen. Weiß sie doch, daß Menschen der Wirklichkeit Gottes und seiner Offenbarung nicht anders ansichtig werden können, als in den Worten, Vorstellungen und Handlungen, in denen sie sich glaubend auf sie beziehen. Nur in der eigenen Antwort vernimmt der Glaubende das Wort Gottes, ohne seiner je habhaft werden zu können.

Als eine durch seinen spezifischen Inhalt bestimmte Gestalt religiösen Weltverstehens sieht sich das Christusbekenntnis anderen symbolischen Formen gegenüber. Will es mehr sein als ein Relikt jener mythischen Welt, aus der sich Naturwissenschaft, Kunst, Sprache, Kulturwissenschaften und andere Weisen des Weltverstehens entwickelt und die sie hinter sich gelassen haben, muß es sich in der Auseinandersetzung mit ihnen verantworten als eine legitime Deutung der Welt und des Menschen. In dem auf solche Verantwortung zielenden Diskurs wird sich das Christusbekenntnis einerseits seiner mangelnden Autarkie, seiner vielfältigen Angewiesenheit auf jene anderen symbolischen Formen bewußt. Andererseits kann es, im Blick auf die Begrenzung auch allen anderen Weltverstehens, die Anerkennung seiner Autonomie fordern, seines eigenständigen, den anderen Formen unmöglichen Bezugs auf die Wirklichkeit Gottes und seines darin gründenden Verständnisses von Welt und Menschen. Doch reichen die Erträge der Auseinandersetzung zwischen den symbolischen Formen weiter als bis zur Aufdeckung ihres durch Autonomie und Verwiesenheit geprägten Verhältnisses zueinander. Denn in ihr wird schließlich auch jene Unbedingtheit erkannt, die – unter Voraussetzung des im Bewußtsein stets schon gegebenen Bedeutens überhaupt – die transzendentale Bedingung der Möglichkeit menschlichen Weltverstehens und -verhaltens darstellt. Nur weil sie diese Unbedingtheit zu ihrer Voraussetzung haben, können die symbolischen Formen die fortschreitende Selbstbefreiung des Menschen aus dem vermeintlich passiven Ausgeliefertsein an die sinnlichen Eindrücke befördern.

Die Unbedingtheit der formenden Energie aber will selbst wiederum verstehend ergriffen werden. Dem Christusbekenntnis gelingt dies im Rückgriff auf die biblische Tradition, die im Glauben an Gottes Zuwendung zu seinem Volk und jedem Einzelnen das Bewußtsein von der unvertretbaren Einzigkeit und Würde jedes Menschen entwickelt und festhält. Vor dem Hintergrund dieses glaubenden Weltverstehens bildete sich der europäisch-neuzeitliche Personbegriff heraus. Er vermochte sich so weitgehend von seinen religiösen Wurzeln zu lösen, daß es auch unabhängig von ihnen möglich wird, die formale Freiheit als jene unbedingte Bedingung der Möglichkeit jedes menschlichen, individuellen Sich-Verhaltens zu denken. Mehr noch: Aus ihm lassen sich auch die Geltung der Forderung, fremde Freiheit unbedingt anzuerkennen, und das Recht der Hoffnung, von anderer Freiheit solche Anerkennung geschenkt zu bekommen, begründen. Vor der so verstandenen Unbedingtheit, die den symbolischen Formen als Möglichkeitsbedingung und Maßstab vorgegeben ist, weiß sich das Christusbekenntnis verpflichtet, sich als angemessene symbolische Form zu verantworten. Es wird also in der Reflexion auf die transzendentalen Bedingungen auch seiner Möglichkeit zu erweisen versuchen, daß es ihnen in seinem konkreten Verstehen Gottes, des Menschen und der Welt nicht widerspricht, sondern entspricht.[748] Dies gelingt der theologischen Reflexion, indem sie den Glauben als den Akt versteht, in dem der Mensch kraft seiner Freiheit und in Verantwortung vor anderen Weisen des Weltverstehens darauf baut, daß in Jesus Christus jene unbedingte Zuwendung Gottes zu den Menschen Wirklichkeit geworden ist, die der menschlichen Freiheit die Erfüllung schenkt, auf die sie immer schon ausgerichtet ist.

Diese Verantwortung des Glaubens kommt jedoch nicht einer Aufhebung der Religion in die Ethik, des Glaubens in humanes Wohlverhalten gleich.[749] Zwar wird das Gottesverhältnis ethisch bestimmt – am deutlichsten in der biblischen Einsicht in die Einheit von Gottes- und Nächstenliebe. Doch weiß der Glaube zum einen um die prinzipielle Angewiesenheit jedes Menschen auf die ihm entgegenkommende fremde Freiheit, zum anderen um die prinzipiellen Grenzen menschlicher Freiheitsverwirklichung und erkennt sie im Vertrauen auf die auch material unbedingte Freiheit Gottes an. Dieses Wissen entfaltet die theologische Reflexion in unterschiedlichen Richtungen.[750] Im Blick auf die bereits geschenkte, endgültige Offenbarung und deren eschatologische Vollendung wird nicht nur die Überzeugung festgehalten, daß allein Gott die Freiheit zu erfüllen vermag, sondern auch die Einsicht, daß nur ein solches in Freiheit gewährtes und – vom Menschen – in Freiheit angenommenes Geschenk als dieser Freiheit angemessene Erfüllung gedacht werden kann. Deshalb widerspricht schon jeder Versuch, sich die göttliche Gnade zu erwirken oder gar zu verdienen, bereits dem Ziel, das er erreichen will. Die soteriologische Perspektive nimmt, auch wenn sie nicht darauf beschränkt werden darf, Bezug auf die Situation zerstörerischen Mißbrauchs, schuldhafter Selbstverfehlung der Freiheit. Soll angesichts geschehener Schuld eine angemessene Verwirklichung der Freiheit, gegenseitige Anerkennung wieder möglich sein, muß auf eine Vergebung gesetzt werden dürfen, die schon bald das dem Menschen mögliche

---

[748] Ausgehend von Cassirers Qualifikation der „philosophischen Erkenntnis" (ECN I,264), wird man diese Verantwortung des Glaubens nicht verstehen als Auseinandersetzung zwischen zwei verschiedenen symbolischen Formen – einer christlich-religiösen und einer philosophischen, religiös neutralen -, sondern als eine spezifische, philosophisch-kritische Weise der Selbstreflexion gläubigen Weltverstehens. Dieses wird allerdings die im Glauben gründenden Bedingungen seiner selbst zunächst methodisch ausklammern, um so die Möglichkeit zu eröffnen, seine Legitimität zu erweisen (eine solche Verschränkung fordert auch PRÖPPER, Prinzip 175, für die Verantwortung des Glaubens – und hält zugleich an der notwendigen Grenzziehung zwischen philosophischem und theologischem Nachdenken fest).

[749] Vgl. zum folgenden die wichtigen Hinweise bei HILBERATH, Absolutheitsanspruch 122-137, der den christlichen Glauben sowohl von gnostischen wie von moralischen Selbsterlösungs-Ansprüchen abgrenzt.

[750] Vgl. zu den folgenden kurzen Hinweisen PRÖPPER, Prinzip 182.188f.

Maß überschreitet.[751] Aber nicht nur an den Grenzen ihrer Möglichkeiten sieht das theologische Nachdenken die menschliche Freiheit auf die Wirklichkeit Gottes bezogen. Versteht sich doch, wie besonders die Rechtfertigungslehre hervorhebt, der Glaube nicht nur in seiner Möglichkeit, sondern auch in seiner Wirklichkeit als Geschenk, wobei die Freiheit allerdings nicht als aufgehoben, sondern zum Glauben befreit gedacht werden muß. Ähnliches gilt schließlich für die Schöpfungslehre: Wenn der Glaube den Menschen und seine Freiheit in der schöpferischen Aktivität Gottes gegründet sieht, muß er deshalb nicht auf die Rede von der Unbedingtheit der menschlichen Freiheit verzichten. Vielmehr kann und muß die Allmacht Gottes als jenes Vermögen verstanden werden, das, anders als jede endliche Macht, von ihr selbst Unabhängiges zu schaffen, vollständige Freilassung zu gewähren vermag.[752]

Die kurzen Hinweise, deren jeder einer genaueren Entfaltung harrt, reichen an dieser Stelle aus. Sollen sie doch lediglich belegen, daß das Christusbekenntnis nicht nur die Unbedingtheit menschlicher Freiheit als jenen Maßstab, vor dem es sich zu verantworten hat, anerkennen kann, sondern eine solche Verantwortung auch zu leisten vermag, ohne deshalb die eigenständige Gestalt gläubigen Weltverstehens aufgeben zu müssen.[753]

Nun kann dieses Egebnis allerdings nicht sonderlich verwundern. Wurzeln doch die an den christlichen Glauben angelegten und von ihm anerkannten Kriterien sowie das ihnen zugrundeliegende Verständnis des jeder menschlichen Formung vorauszusetzenden Unbedingten wesentlich in der Tradition der Christusbekenntnisses. Von ihr bleiben auch jene Versuche geprägt, eine ethische Orientierung menschlichen Weltverstehens – unter Absehung von den Vorgaben des Glaubens – zu erfassen und in ihrer Geltung zu begründen, die zur Präzisierung von Cassirers Hinweisen herangezogen wurden.

Dagegen wurde der Verzicht Cassirers, sowohl seine Rede von der formenden Energie des Geistes als auch seine formalen Hinweise auf die mögliche Objektivität ethischer Prinzipien näher zu bestimmen, mit seinem Anliegen begründet, nicht nur der faktischen Pluralität symbolischer Formen gerecht zu werden, sondern auch den möglicherweise vielfältigen Wegen, die Möglich-

---

[751] Der Blick auf die Grenzen menschlicher Vergebungsmöglichkeiten, die spätestens dort erreicht sind, wo die Opfer im Tod verstummten, soll und darf nicht die dem Menschen mögliche Gewährung von Vergebung vergessen lassen. Vgl. dazu BONGARDT, Widerstand 321-331, unter Rückbezug auf WERBICK, Soteriologie 206f. Gleichwohl stellen die genannten Grenzen bereits philosophisch ein Problem dar: Wie soll, so die Grundfrage, ein in Schuld verstrickter Mensch zum Guten erneut fähig sein bzw. werden? Für Kant blieb die Frage nach der Bedingung der Möglichkeit der dazu nötigen „Revolution der Denkungsart" (vgl. Rel A 45-58, B 48-64) letztlich ungeklärt. Cohen sah deshalb das Vertrauen in eine die menschlichen Möglichkeiten übersteigende Vergebung als unverzichtbare Voraussetzung moralischen Handelns an (vgl. COHEN, Religion 250f.). Auf die gleiche Schwierigkeit macht SCHAEFFLER, Erfahrung 174-194, aufmerksam und sieht hier die Möglichkeit einer an Kant anknüpfenden „Pneumatologie", eines Vertrauens auf den Geist, der die Aporien des sittlichen Selbstbewußtseins versöhnend zu überwinden vermag.

[752] Vgl. KIERKEGAARD, LA 124f., und dazu PRÖPPER, Allmacht.

[753] Vgl. zu dieser Verantwortungspflicht und -möglichkeit PRÖPPER, Prinzip 171-176.

keitsbedingungen und Zielbestimmungen menschlichen Weltverstehens zu erheben. Blieb die Vermutung, daß es solche Alternativen zum neuzeitlichen Verständnis von Subjektivität und Freiheit wirklich gibt, bei Cassirer weitgehend hypothetisch – sieht man von seinen Anmerkungen zum Buddhismus ab –, findet sie im Dialog der Religionen ihre ebenso eindrucksvolle wie problematische Bestätigung. Hier wird die Angemessenheit der Kriterien, die das Christusbekenntnis anerkennt und vor denen es sich verantwortet, vielfach bestritten.[754] Und schon vor der Entscheidung, ob und inwieweit eine solche Bestreitung berechtigt ist, läßt sie eines deutlich werden: die zahlreichen Voraussetzungen und die umfassende Bedingtheit christlichen Weltverstehens und seiner Verantwortung. Welche Konsequenzen hat diese von Cassirer philosophisch begründete, im Religionsdialog konkret sichtbar werdende Bedingtheit, die unaufhebbar jedem Versuch anhaftet, das Unbedingte zu erfassen? Zerstört sie die Hoffnung, es könne eine Orientierung im Dialog der Religionen gefunden werden? Bleibt dem glaubenden Bekenntnis zur Offenbarung in Christus anderes, als entweder seine Bestimmtheit aufzugeben oder aber die Augen vor seiner eigenen Bedingtheit zu verschließen?

b) Das Bekenntnis: Bedingte Gestalt des Unbedingten

Die Wirklichkeit des Menschen ist nur als je schon geformte. Weil dieses „symbolische Universum" sich der vorgegebenen Möglichkeit des Bedeutens überhaupt und der unbedingten Energie des Formens verdankt, kann auch die – selbst geformte – Frage nach der Welt jenseits der Formungen keine Antwort finden, die nicht diesem Universum angehörte. Diese erkenntniskritische Grundeinsicht gilt wie für alle anderen auch für die symbolische Form, als die das Christusbekenntnis die Welt zu verstehen sucht. „Wenn ihr nicht meine Zeugen seid, so bin ich nicht JHWH": Die Wirklichkeit Gottes, die Wirklichkeit seiner Selbstoffenbarung in Christus wird nur in der Gestalt des Bekenntnisses ansichtig, und das heißt: in einer Gestalt, die nicht nur allererst in Freiheit gewählt werden muß, sondern auch unter einer Vielzahl sprachlicher, geistesgeschichtlicher, intellektueller und emotionaler Bedingungen steht.[755] So wie einst die Germanen, als Bonifatius die Donareiche fällte, dürften heute, wenn sie mit dieser kritischen Erkenntnis konfrontiert werden, all die erschrecken, die die Wirklichkeit Gottes für fraglos identisch halten mit den sinnlichen Zeichen, in denen sie ihren Glauben ausdrücken. Es wäre, wenn auch im Rückgriff auf Cassirers Bestimmungen möglich, so doch zu einfach, jenes Erschrecken lediglich als Indiz für die mythologischen Restbestände im christlichen Glauben zu diskreditieren und abzutun. Denn nicht nur für eine

---

[754] Vgl. hierzu z.B. die heftigen Angriffe gegen ein neuzeitlich-aufgeklärtes Christentum von seiten des Islam, die ZIRKER, Islam 256-271, referiert.
[755] Zur Bedingtheit wie Normativität religiöser Zeugnisse vgl. SCHAEFFLER, Zeugnis.

noch unmittelbare Frömmigkeit stellt der Nachweis, daß das Christusbekenntnis einen vielfach bedingten Zugang zur Wirklichkeit Gottes darstellt, eine weitreichende Infragestellung dar. Wird durch ihn nicht jede Rede von einem Unbedingten Lügen gestraft? Wie soll, wenn die Bedingtheit menschlichen Erkennens so weit reicht, noch von der Unbedingtheit gesprochen werden können, mit der sich Gott in Christus den Menschen zuwendet? Welche Bedeutung kann dann noch der Rede von der Unbedingtheit der Freiheit zukommen? Und muß nicht schließlich auch das Bewußtsein, unbedingt zu einer der Offenbarung entsprechenden Antwort gefordert zu sein, dem Eingeständnis weichen, nie genau wissen zu können, was denn zu tun sei? Und daß, wenn sich die Rede vom Unbedingten als Trug erweisen sollte, nicht nur nach der fundamentaltheologischen Verantwortung des Christusbekenntnisses, sondern auch nach der erhofften Orientierung des Religionsdialogs vergeblich gefragt würde, liegt auf der Hand.

Doch die von derart Fragenden befürchtete Verabschiedung der Rede vom Unbedingten ist gerade nicht die Konsequenz aus den mit Cassirer gewonnenen Einsichten.[756] Für ihn ist die Zufälligkeit sinnlicher Zeichen kein Hindernis, ihnen die Fähigkeit zuzusprechen, zum Ausdruck geistiger Bedeutung zu werden. Gleiches wiederholt sich auf den verschiedenen Reflexionsebenen im Feld geistiger Bedeutungen: Die Unbedingtheit der formenden Energie wird durch die Rede vom Geist als formendem Prinzip nicht notwendig verdunkelt, sondern findet in ihr eine mögliche Benennung; die Bedingtheit jeder symbolischen Form steht der Idee der symbolischen Formung nicht entgegen, sondern repräsentiert sie; die bleibende Verhaftung allen Verstehens an seine sinnlichen Zeichen führt die Vorstellung von der reinen Bedeutungsfunktion nicht ad absurdum, sondern kann auf sie verweisen.

Die transzendentale Freiheitsanalyse erfaßt dieses Verhältnis des Unbedingten zum Bedingten noch präziser: Die formal unbedingte Freiheit kann sich nicht anders als in symbolischer, d.h. notwendig bedingter Weise vermitteln.[757] Und fremde Freiheit kann nur wahrgenommen werden in der entsprechenden, wiederum freien Deutung ihrer Ausdrucksgestalten. Die bedingte Gestalt, die sich die Freiheit gibt in jeder ihrer Handlungen, in jedem ihrer Versuche, Welt zu verstehen und zu gestalten, ist also die notwendige Vermittlungsgestalt des Unbedingten, das anders für die Freiheit nicht Wirklichkeit würde. Und für die Reflexion auf dieses Verhältnis zwischen Bedingtem und Unbedingten gilt noch einmal gleiches: Sie wird, gerade indem sie in immer nur bedingter Gestalt zu einem Verstehen findet und darum weiß, für die Unbedingtheit, das heißt auch: für die Unfaßbarkeit des Unbedingten, einstehen.

---

[756] Vgl.o. S. 145f.
[757] Vgl. HILBERATH, Absolutheitsanspruch 127f., vor allem aber die – bereits dargestellten (vgl.o. S. 48f.) – entsprechenden Analysen Pröppers im Ausgang von ders., Erlösungsglaube 188f.

So wird die in Anwendung der transzendentalphilosophischen Kulturtheorie gewonnene Glaubensanalyse – ähnlich wie die Baumfällerarbeit des
Bonifatius – ein religiöses Weltverstehen zwar verändern können, aber nicht
zerstören müssen. Dem Christusbekenntnis eröffnet sie die Möglichkeit,
weiterhin von der unbedingten Zuwendung Gottes zum Menschen in Christus,
vom unbedingten Aufgefordertsein zu einer angemessenen Antwort und von
der Verantwortung dieses Glaubens vor der Idee der formal unbedingten
Freiheit Zeugnis zu geben, ohne die Augen verschließen zu müssen vor der
Bedingtheit seines Verstehens und Zeugnisgebens. Sind die Unauflöslichkeit und
der Wert dieses Spannungsverhältnisses anerkannt, ist auch die Christologie von
dem – zwangsläufig zum Scheitern verurteilten Versuch – befreit, in der
historischen Gestalt Jesu, der zweifellos in überzeugender Weise für den Gehalt
seiner Botschaft mit der Gestalt seines Lebens eintrat, selbst die materiale
Unbedingtheit der Freiheit Gottes aufweisen zu müssen: Als Mensch, als
vielfach bedingte historische Gestalt wird Christus geglaubt als die zur
Wirklichkeit kommende, unbedingte Liebe Gottes.[758]

Zwar ist die Gestalt, in der der Glaube die Wirklichkeit der Offenbarung
ergreift, in der er sich zeigt und zu verantworten sucht, eine vielfach bedingte.
Doch anders als in solch bedingten Gestalten kann der Mensch die Welt nicht
verstehen, vermag er nicht des Unbedingten ansichtig zu werden und es zum

---

[758] Hier gilt es, an der kirchlichen Überzeugung, daß Jesus Christus in allem den Menschen gleich
war, außer in der Sünde (vgl. DH 301 – Konzil von Chalkedon), entschieden festzuhalten. Die unbedingte Bedeutung Jesu in einer entsprechenden Unbedingtheit seiner historisch-menschlichen
Gestalt begründet sehen zu wollen, ist eine zwar verständliche, aber in doppelter Hinsicht zum
Scheitern verurteiltes Unterfangen frommer Vorstellungskraft. Nicht nur zu Zeiten Elijas und
Elischas gab es Hungernde, die nicht gesättigt, und Kranke, die nicht geheilt wurden (vgl. Lk 4,25-
27), sondern auch zur Zeit Jesu (vgl. Mk 1,38). Schon räumlich und zeitlich war sein Wirken eng
begrenzt. Und in dem Maße, in dem er seine Botschaft auf die freie Antwort der Hörenden aus-
richtet, steht ihre Wirksamkeit unter der Bedingung, von den Adressaten angenommen zu werden
(vgl. den Bericht von der Unmöglichkeit, in seiner Heimatstadt Wunder zu tun, Mk 6,5 par). Doch
auch hinsichtlich der Unbedingtheit, mit der Jesus für seine Botschaft eintritt und sie als vollmächti-
ges Wort Gottes behauptet, ist es nicht möglich, sie phänomenologisch eindeutig vom existentiellen
Einsatz anderer Menschen abzuheben: Es waren und sind ja keineswegs nur Schwärmer oder
Betrüger, die ihr Leben für ihre Überzeugung gaben und geben in der Gewißheit, darin dem Willen
Gottes zu folgen. Gleiches gilt schließlich für die christologisch oft beanspruchte Einzigkeit des
Gottesverhältnisses Jesu (vgl. WERBICK, Soteriologie 93-97; KESSLER, Christologie 276-278): Wie die
unbedingte Bedeutung von Leben und Geschick Jesu, ist auch sie allein dem Glaubenden sichtbar,
der in der Lebensgestalt Jesu die Selbstoffenbarung Gottes erkennt. „In der Endlichkeit Jesu und all
dessen, was mit seiner Gestalt gegeben ist und zusammenhängt, halten wir das Unendliche; durch
Jesu Endlichkeit hindurch und in ihre Tiefe hinein begegnen und finden wir es oder werden
vielmehr von ihm fortgerissen und gefunden; ja in der geheimnisvollen 'Aufhebung' seiner äußeren,
zeiträumlichen Endlichkeit, die die Bedingung für die Ankunft des Heiligen Geistes ist, *aber doch
nicht anders als in einer 'ewigen Endlichkeit'* des auferstandenen Fleisches Jesu wird uns alles Innere,
Unsichtbare, Geistige und Göttliche zugänglich" (BALTHASAR, Schau 147f., Hervorh. v. mir). Zur
Bedingtheit der Offenbarungsgestalt des Unbedingten vgl. auch KESSLER, Partikularität 119f.137;
ders., Religionstheologie 168f. Die von KESSLER, Religionstheologie 164, insinuierte These, kein
anderer Mensch sei mit „gleicher Eindeutigkeit" für die Unbedingtheit der Liebe Gottes eingetreten,
halte ich dagegen in dem dort herangezogenen historisch-phänomenologischen Kontext für fraglich.

Ausdruck zu bringen. Deshalb kann das Christusbekenntnis, das sich zum Eintreten für die von ihm bezeugte Wahrheit unbedingt verpflichtet weiß, in diesem Eintreten zugleich seine Bedingtheit anerkennen.[759]

Diese These gilt es allerdings noch zu präzisieren. Fordert sie lediglich, die Bedingtheit jedes *Erkennens* anzuerkennen und so zuzugestehen, daß Menschen nur unter bestimmten Umständen zur angemessenen Erkenntnis des Unbedingten gelangen können? Oder behauptet sie darüber hinaus die Bedingtheit auch jeder *Erkenntnis* des Unbedingten? Dann aber müßte, zumindest hypothetisch, die Möglichkeit offengehalten werden, daß es nicht nur unterschiedlich angemessene Weisen des Erkennens, sondern auch unterschiedliche, aber gleich angemessene Weisen dieser Erkenntnis gibt. Welch weitreichende Folgen die Entscheidung zwischen diesen Alternativen zeitigt, wird deutlich, sobald sie im Blick auf das Christusbekenntnis genauer expliziert wird.

Glauben zu können ist nicht selbstverständlich. Die Fähigkeit und die Bereitschaft, darauf zu vertrauen, daß sich Gott in Christus als unbedingt Liebender jedem Menschen zuwendet, sind voraussetzungsreich. Wie soll, wem nie ein verläßlicher und damit vertrauenswürdiger Mensch begegnete, auf die Vertrauenswürdigkeit Gottes zu setzen wagen? Wie könnte, wer stets nur auf seine Fehler und sein Versagen festgenagelt wurde, an unbedingte Vergebung und Freilassung glauben können? Wie wird, wer von Vertretern der Kirche nur Mißachtung und Unterdrückung erfuhr, ihrer Botschaft von der freilassenden, den Menschen in seiner Würde achtenden Gnade Gottes überzeugt werden können? – Schon die Voraussetzungen des grundlegenden Glaubensaktes erschöpfend benennen zu wollen, wäre ein aussichtsloses Unterfangen. Wieviel mehr gilt dies für dessen reflektierende Erhellung. Um von der Selbstoffenbarung Gottes als Liebe in Leben und Geschick Jesu sprechen zu können, gar zu der freiheitsphilosophischen Analyse und Verantwortung des Glaubensaktes zu gelangen, muß eine unübersehbare Fülle von Bedingungen gegeben sein. Sie reichen von den intellektuellen Fähigkeiten der Nachdenkenden über die gesellschaftlich-ökonomischen Voraussetzungen, die den zu solcher Reflexion

---

[759] BALTHASAR, Schau 182f., bestreitet, daß dem Glauben eine solche doppelte Perspektive möglich ist: Die Vernunft könne das Phänomen der Offenbarung nicht „gleichzeitig von aussen und innen betrachten" (aaO.183). Vielmehr müsse sie entweder skeptisch auf das Ansichtigwerden der Wirklichkeit Gottes oder gläubig auf dessen kritische Infragestellung verzichten. Im Blick auf eine mögliche innere Glaubensgewißheit haben diese Einwände zweifellos ihre Berechtigung, spätestens wenn das von Balthasar stets angeführte Phänomen des „Hingerissenseins" betrachtet wird. Doch sobald eine solche Gewißheit kritisch in Frage gestellt wird, ist sie zur Reflexion genötigt. Und indem die Reflexion die Notwendigkeit aufdeckt, in der sich das Unbedingte nur bedingt vermitteln kann und muß, wird die „Doppelperspektive" nicht länger als Bedrohung, sondern gerade als Möglichkeit erkennbar, den Glauben ebenso entschieden wie verantwortet zu vertreten. Vgl. dazu KÜNG, Theologie 78, der im Zusammenhalten beider Perspektiven eine Möglichkeitsbedingung jedes echten Religionsdialogs sieht. Zu Hinweisen Werbicks, die in eine ähnliche Richtung zielen, vgl. unten S. 281, Anm. 81.

nötigen Raum erst eröffnen, bis zu den in einer bestimmten geistesgeschichtlichen Tradition herausgebildeten Begrifflichkeiten und Denkformen.[760]

Nur wer die Augen verschließt vor diesen kontingenten Voraussetzungen, von denen der eigene Glaube und die eigene Theologie leben, den Voraussetzungen, die zum überwiegenden Teil nicht in der eigenen Verfügungsmacht stehen, wird anderen Weisen christlichen oder auch fremdreligiösen Verhaltens und Verstehens apodiktisch jede Berechtigung absprechen. Ist dagegen die Bedingtheit des eigenen Glaubens und Reflektierens erkannt und anerkannt, wird die Achtung vor jenen anderen Formen steigen.[761] Je deutlicher zu erkennen ist, daß sie die unter den dort gegebenen Bedingungen bestmögliche Weise sind, auf das Christusereignis zu antworten oder auch außerhalb des Christentums der Wirklichkeit Gottes ansichtig zu werden und das Leben menschenwürdig zu gestalten, desto nachdrücklicher wird ihre Anerkennung einzufordern zu sein. Das Ringen der christlichen Theologiegeschichte um die dem Glauben angemessenste Verstehens- und Ausdrucksform, das Mühen anderer Religionen, auf das Heilige, dessen sie gewahr werden, zu antworten, gilt es dabei in der Ernsthaftigkeit anzuerkennen, die allein der Freiheit dieser Anderen angemessen ist. Selbstverständlich steht die kritische Auseinandersetzung mit den fremden Weisen des Verstehens einer solchen Ernsthaftigkeit nicht entgegen, sondern ist notwendiger Teil von ihr. Nur so wird der Gefahr zu wehren sein, in jene großmütige Nachsicht mit den weniger Einsichtigen zu verfallen, die so schnell in deren hochmütige Geringachtung umschlägt.[762]

Eine solche Anerkennung der Bedingtheit allen Erkennens ist auch einem Verstehen möglich, das sich selbst für das angemessenste hält. Das Christusereignis für die endgültige, alles vor und außer ihm Liegende überbietende Offenbarung zu halten; die eigene Weise, dieses Ereignis zu verstehen und das Bekenntnis zu ihm zu verantworten, als die zu behaupten, die ihm so vollkommen wie nur möglich entspricht; in der Gewißheit zu argumentieren, das Unbedingte im glaubenden Bekenntnis so erfaßt zu haben, daß auch für das Bekenntnis selbst die Anerkennung unbedingt eingefordert werden kann: Eine solche Haltung macht es nicht unmöglich, jene anderen Verstehensweisen auf den genannten Wegen zu achten. Doch sie wird daran festhalten, daß sie alle nur defiziente Formen darstellen, die Wahrheit und Wirklichkeit des Unbedingten zu erkennen.[763] Wird das Christusbekenntnis mit dieser Überzeugung vertreten,

---

[760] Die Bedingungen, unter denen das Erkennen Jesu Christi als der Selbstoffenbarung des Vaters stehen, werden heute lehramtlich wie theologisch anerkannt und reflektiert. Vgl. z.B. UR 9; LG 16; PANNENBERG, Religionen 132f.; ESSEN, Aneignungsprobleme.

[761] Zu den entsprechenden Stellungnahmen des II. Vatikanums vgl. unten C.I.2, S. 276ff.

[762] Vgl. den Verdacht von KNITTER, Absolutheitsfrage 95: „Die freundliche Offenheit der Inklusivisten verhüllt nämlich nur eine Haltung, die den anderen Religionen herablassend wie 'armen Eingeborenen' begegnet".

[763] Vgl. so etwa die frühen Erwägungen Troeltschs zur Höchstgeltung des Christentums, die er später revidierte (vgl. TROELTSCH, Stellung, und dazu BERNHARDT, Absolutheitsanspruch 128-149); dann auch PANNENBERG, Religionen. Zum Problem des „Inklusivismus" vgl. u. C.I, S. 264ff.

werden, falls sie nicht vorschnell zu einer unverantwortbaren Mißachtung der
Anderen führt, alle Bemühungen darauf gerichtet sein, für jeden Menschen die
Voraussetzungen zu schaffen, die zur Erkenntnis und Anerkennung der
Offenbarung in Christus nötig sind.

Aber muß nicht, so ist im Anschluß an die mit Hilfe Cassirers gewonnenen
Einsichten zu fragen, die Bedingtheit menschlichen Erkennens noch radikaler
erfaßt und anerkannt werden? Muß sie nicht, statt auf den Akt des Erkennens
beschränkt zu werden, auch im Blick auf dessen Ergebnis, die je konkret erfaßte
und ausgedrückte Erkenntnis, festgehalten werden? Das hätte zur Konsequenz,
daß das Christusbekenntnis samt seiner Verantwortung, das eine solche
Konkretion darstellt, als eine spezifische – und, wie sich zeigen läßt, angemessene – Gestalt qualifiziert wird, in der das Unbedingte zur Erscheinung und damit
zur Wirklichkeit kommt; als eine Gestalt allerdings, die nicht mit dem
Anspruch auftreten kann, die einzig mögliche zu sein. Ohne die Überzeugung,
daß in Christus die unbedingte Liebe Gottes offenbar wurde und den Menschen
unbedingt einfordert, aufgeben zu müssen, wäre dann das Christusbekenntnis in
der Lage, auch andere Weisen menschlichen Weltverstehens anzuerkennen.
Mehr noch: Es könnte es prinzipiell für möglich halten, daß jene anderen dem
Unbedingten, auf das sie sich beziehen und an dem sie sich messen lassen
müssen, gleichermaßen gerecht werden.[764]

Betrachtet man die nun entfaltete Alternative, entweder nur das *Erkennen*
des Unbedingten oder aber auch jede konkrete Gestalt seiner *Erkenntnis* in
seiner Bedingtheit anzuerkennen, wird erneut das schon am Ende der Cassirer-
Interpretation aufgedeckte Dilemma deutlich, in dem jeder Versuch steht, die
Vielfalt menschlichen Weltverstehens angemessen zu erfassen. Nimmt er
zugunsten einer präziseren Bestimmung des Unbedingten die Gefahr in Kauf,
andere Weisen dieser Bestimmung nicht mehr als solche erkennen und
würdigen zu können, oder riskiert er, im Interesse einer solchen Offenheit, die
Orientierungslosigkeit einer relativistischen Position? Beide Gefahren gilt es
genauer zu untersuchen.

Ohne Zweifel kam es in der Geschichte des Christentums beschämend oft
zur gewaltsamen Mißachtung und Vernichtung Andersdenkender, fremder Religionen und Kulturen. Das Wissen darum motiviert die Suche nach anderen als
den traditionellen christlichen Weisen des Weltverstehens, die am Beginn dieser
Studie Beachtung fand. Doch zu kurz greift, wer diese Ereignisse als Beweis
dafür anführen zu können glaubt, daß die Überzeugung von der alles über-
bietenden, selbst aber nicht mehr überbietbaren Offenbarung in Christus

---

[764] Mit einer solchen Argumentation wird nicht die notwendige Unterscheidung zwischen Genese
und Geltung eines Wahrheitsanspruchs eingezogen: Auf die Kontingenz seiner Genese bezogen sich
die vorangegangenen Reflexionen über die Bedingtheit des Erkennens. Nun aber geht es darum, daß
die Weise, das Unbedingte zu erfassen, selbst von ihrer Bedingtheit so nachdrücklich geprägt bleibt,
daß die Geltungsbegründung in verschiedenen Gestalten auftreten kann.

notwendig in einem derartigen Imperialismus enden müsse. Denn sobald erkannt ist, daß jene unbedingte Zuwendung Gottes zum Menschen allein auf dessen freie Antwort zielt, wird auch klar, daß jede Mißachtung der Freiheit des Anderen einen krassen und schuldhaften Widerspruch zum zentralen Inhalt des eigenen Bekenntnisses darstellt.[765] Wenn darüber hinaus erkannt und anerkannt ist, welcher Vielzahl von Bedingungen sich das Erkennen der Offenbarung verdankt, kann an die Stelle gewaltsamer Unterdrückung anderer Religionen die Anerkennung von deren eigener Würde und Wahrheit treten – und das von kritischer Achtung getragene Bemühen, sie zur freien Zustimmung zum Christusbekenntnis zu bewegen. Dennoch: Wird die Überzeugung von der Unbedingtheit der im Bekenntnis festgehaltenen Wahrheit so vertreten, daß sie zwar die Bedingtheit des Erkennens der Wahrheit anerkennt, nicht aber die unaufhebbare Bedingtheit der eigenen Erkenntnis, in der die Wahrheit zu erfassen gesucht wird, bleibt das Christentum unfähig, ein anderes Weltverstehen als gleichermaßen adäquate Gestalt der Antwort auf das Unbedingte anzuerkennen.

Doch welche Folgen kann es zeitigen, wenn man die Möglichkeit einer solchen Pluralität anerkennt? Die erste Annäherung an die Entwürfe der pluralistischen Religionstheologie ließen bereits deren Unfähigkeit oder zumindest ihre mangelnde Bereitschaft erkennen, noch eine Kriteriologie zu entwickeln, anhand derer die Verantwortbarkeit einer Religion zu erweisen wäre. Die dort angeführten ethischen Maßstäbe blieben nicht nur in ihrer Inhaltlichkeit, sondern vor allem auch in ihrem Geltungsanspruch ungeklärt – nicht weniger als das „soteriologische Kriterium" oder die Rede vom „Real an sich". Damit aber büßen sie ihre behauptete Orientierungskraft weitgehend ein.[766]

Beide Versuche, das Verhältnis zu bestimmen zwischen der Bedingtheit, der jedes menschliche Verstehen ausgeliefert bleibt, und der Unbedingtheit, die es zu erfassen strebt, sind also mit spezifischen Gefahren verbunden. Auf diese aufmerksam geworden zu sein, kann die weitere Argumentation davor schützen, ihnen unbemerkt zu erliegen. Doch weiter trägt eine solche Gefahrenanalyse nicht: Sie kann nicht die Entscheidung darüber herbeiführen oder begründen, wie weit die Bedingtheit des Weltverstehens reicht. Darüber vermag allein die kritische Erkenntnistheorie Auskunft zu geben. Und diese läßt, wie Cassirer deutlich erkannt hat, keine Wahl: Weil jedes Verstehen sich einer symbolischen Formung verdankt, die in ihrer konkreten Gestalt niemals unbedingt sein kann, muß die Bedingtheit nicht nur des Erkennens, sondern auch jeder Erkenntnis anerkannt werden. Dies gilt, wie für jedes andere Verstehen, auch für das Christusbekenntnis, das sich selbst als ein Erfassen des Unbedingten, als angemessene und verantwortete Antwort auf das Unbedingte

---

[765] Vgl. dazu ausführlicher unten C.II.1, S. 283ff.
[766] Vgl.o. A.I.3, S. 25ff.

versteht. Und in der Tat kann das Bekenntnis als adäquate Weise erwiesen werden, der Wirklichkeit Gottes, der in seiner Offenbarung der menschlichen Freiheit die unbedingte Anerkennung schenkt, auf die sie ausgerichtet ist, ansichtig zu werden. Doch weil es in seiner Weise des Ausgriffs auf das Unbedingte stets bedingt bleibt, begegnet das Christusbekenntnis als eine bedingte Gestalt des Unbedingten; als eine Gestalt, die aus erkenntnistheoretischer Perspektive prinzipiell nicht als die einzig mögliche angesehen werden kann.[767]

c) Kriterien: Pluralität ohne Beliebigkeit

So sehr die Philosophie der symbolischen Formen – bis hinein in ihre eigene Gestalt – diesen unaufhebbaren Wesenszug nicht nur des christlichen, sondern jeden menschlichen Weltverstehens betont, so wenig mündet sie in eine orientierungslose Beliebigkeit, fragt man sie nach der Geltung und dem wechselseitigen Verhältnis verschiedener Formungen. Vielmehr lassen sich aus Cassirers Philosophie vier Kriterien erheben, an denen sich jedes Weltverstehen, das als verantwortbar und verantwortet anerkannt werden will, zu messen hat. Da sie sich nicht nur auf das Verhältnis symbolischer Formen unterschiedlicher Modalität anwenden lassen, kann und muß auch der Religionsdialog sich auf sie verpflichten lassen und an ihnen orientieren.[768]

---

[767] Das Ergebnis dieser theologischen Aneignung erkenntnistheoretischer Einsichten deckt sich weitgehend mit der theologischen Option, die R.Bernhardt in kritischer Auseinandersetzung mit der pluralistischen Religionstheologie entwickelt und in zahlreichen Veröffentlichungen bekannt gemacht hat. Vgl. dazu bereits die Schlußreflexionen in BERNHARDT, Absolutheitsanspruch 227-238; dann vor allem ders., Deabsolutierung 184-200. Bernhardt geht es – genau wie der hier vorgelegten Studie – darum, die Einsicht in die Bedingtheit des Christusbekenntnisses ernstzunehmen, ohne dessen unbedingten Verpflichtungscharakter aufzuheben: „Das Einzigartigkeitsbekenntnis hat den Status einer christentums-immanenten existentiell-unbedingten Wahrheit mit universalem Geltungsanspruch. Es kann und darf sich nicht zu einem erfahrungsunabhängigen, allgemeingültigen, ungeschichtlichen Dogma objektivieren und rationalisieren. Verstanden als eine in der christlichen Welt-Sicht geprägte existentiell-unbedingte Wahrheit mit universalem Geltungsanspruch wird sich das Christusbekenntnis nicht mehr exklusiv gebärden können. In einer solchen Besinnung auf die Eigenart konfessorischer Rede löst sich die oben beschriebene Spannung zwischen dem unbedingten Verpflichtungsanspruch des Christusbekenntnisses und dem Wissen um seine *faktische* Kontingenz auf" (BERNHARDT, Deabsolutierung 199f.). Während bei Bernhardt, anders als in den hier verfolgten Argumentationen, philosophisch-erkenntnistheoretische Reflexionen eine eher untergeordnete Rolle spielen, gewinnen bei ihm die konkreten Auseinandersetzungen mit anderen Weisen des Weltverstehens ein höheres Gewicht. Die in ihnen einzuübende Multiperspektivität läßt das Verpflichtetsein auf das eigene, kontingente Bekenntnis zwar erkennen – allerdings nicht in ihrem Geltungsgrund einsehen. So ist zu vermuten, daß die Verschränkung beider Ansätze ebenso notwendig wie chancenreich wäre.

[768] Kaspers Überlegungen zum christlichen Wahrheitsverständnis faßt PRÖPPER, Prinzip 171, zu einer Kriteriologie der Glaubensverantwortung zusammen. Die Bewährung der Glaubenswahrheit kann demnach auf eine dreifache Weise geleistet werden: „1. durch den Aufweis ihrer inneren Stimmigkeit, also durch die Darstellung des Zusammenhangs der Glaubensaussagen untereinander wie mit ihrem Zentrum und Fundament: dem in Jesus Christus sich selbst offenbarenden Gott [...]; 2. durch ihre Vermittlung und den Nachweis ihrer Übereinstimmung mit der profanen Wirklichkeitserkenntnis, die dadurch ihrerseits in einen umfassenden Sinnzusammenhang integriert wird; 3.

(1) Von jedem Weltverstehen einzufordern ist zunächst die kritische Selbstreflexion. Dabei geht es nicht um einen von außen an die symbolischen Formen herangetragenen Maßstab, sondern allein darum, die in den Formen selbst aufbrechende Frage nach der Herkunft und den Möglichkeitsbedingungen ihrer Gehalte zu verfolgen und zu beantworten. Jede Weise des Weltverstehens, die sich noch nicht als spezifische Verknüpfung sinnlicher Zeichen mit geistigen Bedeutungen durchschaut hat, noch nicht zu einem *Formbewußtsein* gefunden hat, wird deshalb auf den Weg der Selbstaufklärung verwiesen werden.

(2) Ist aber dieser Schritt aus der Welt des scheinbar passiven sinnlichen Eindrucks in die Freiheit des geistigen Ausdrucks getan, ist zum zweiten von jedem Verstehen ein *Objektivitätserweis* zu fordern. Er läßt sich – so ein wesentliches Ergebnis der Erkenntniskritik – nicht dadurch erbringen, daß nach einer unmittelbaren Identität zwischen den sinnlichen Zeichen und der ihnen zugeschriebenen Bedeutung, nach der Übereinstimmung des Verstehens mit einem „Ding an sich" gefragt würde. Möglich ist allein der Nachweis, daß in der jeweiligen Form die sinnlichen Zeichen nach einheitlichen Regeln, die in spezifischer Modalität zur Anwendung kommen, zu einer Totalität des Weltverstehens zusammengefügt werden.

Wenn nicht schon in der kritischen Selbstreflexion, wird spätestens in der Auseinandersetzung zwischen verschiedenen symbolischen Formen jene Unbedingtheit aufgedeckt, die als Bedingung ihrer Möglichkeit jeder Formung vorauszusetzen ist. Sie ist zu denken als jene Energie zur Formung, jenes formende Prinzip, das unter Voraussetzung der Gegebenheit des Bedeutens überhaupt die verschiedenen, je vielfach bedingten Formen menschlichen Weltverstehens hervorbringt. Aus der Einsicht in diese Unbedingtheit lassen sich die beiden weiteren Kriterien für die Bewertung und Verhältnisbestimmung symbolischer Formen ableiten.

(3) Weil kein menschliches Weltverstehen die Bedingungen, unter denen es steht, hinter sich lassen kann, ist keines berechtigt, sich selbst als unbedingt oder als umfassendes Ergreifen des Unbedingten zu behaupten. Dennoch ist von jedem Verstehen zu verlangen, daß es sich vor der Idee jenes Unbedingten, das die Bedingung seiner eigenen Möglichkeit darstellt, verantwortet. Es muß erweisen, daß und inwiefern es in seinem Verstehen des Menschen und der Welt diese Idee zu erfassen, sie zum Ausdruck zu bringen und ihr ge-

---

durch die Darstellung ihrer Entsprechung zur Frage nach dem Sinn und Ziel menschlicher Existenz sowie den Aufweis der Möglichkeiten, die menschliches Dasein durch sie gewinnt." Diese Forderungen an die Verantwortung des Glaubens lassen sich einschreiben in die im folgenden entwickelte Kriteriologie. Diese aber macht durch die Einordnung in die transzendentale Reflexion auf die Möglichkeitsbedingungen von Weltverstehen überhaupt außerdem deutlich, daß und warum sich nicht nur christlicher Glaube in dieser Weise verantworten kann, sondern sich jedes Weltverstehen an den erarbeiteten Kriterien zu messen hat. Damit wird zugleich die Tauglichkeit der folgenden Kriteriologie als Orientierung im Gespräch der Religionen erwiesen.

recht zu werden versucht. Diese *Verantwortung vor dem Unbedingten* wird
stets einen doppelten Weg zu gehen haben: Sie wird angesichts des Unbe-
dingten einerseits die Angemessenheit, andererseits die unüberwindbare
Unangemessenheit der bedingten eigenen Gestalt des Unbedingten heraus-
stellen müssen.[769] Handelt es sich bei der in Frage stehenden symbolischen
Form um ein religiöses Bekenntnis, ist zudem die Gestalt, in der es der
Wirklichkeit Gottes ansichtig zu werden behauptet, vor jenem unbedingten
Maßstab zu legitimieren.[770]

(4) Sind die Bedingtheit jedes Ausgriffs auf das Unbedingte sowie die jedem
Bemühen um Verstehen vorauszusetzende Unbedingtheit bewußt geworden, erhebt sich daraus unmittelbar die Forderung, prinzipiell jedes Weltverstehen als eine bedingte Gestalt jenes Unbedingten zu achten. Doch ist eine
solche *freilassende Anerkennung* fremder symbolischer Formungen nicht
gleichzusetzen mit einem kritiklosen Relativismus. Gerade die Anerkennung
kann und muß einhergehen mit der Forderung an jedes – auch das eigene –
Weltverstehen, den genannten Kriterien zunehmend zu entsprechen. Es
widerstreitet der unbedingt einzufordernden Achtung nicht, etwa dem

---

[769] Im Blick auf die „paradoxe Struktur der Moral", die darin besteht, daß die Pluralität je bedingter
ethischer Normen und Geltungsbegründungen zu der in jeder ihrer Formen behaupteten
unbedingten Geltung in einer unauflösbaren Spannung steht, kommt LÜTTERFELDS, Universalität
191-199, zu einer Lösung, die der hier vorgelegten sehr nahesteht. Auch Lütterfelds hält daran fest,
daß der Diskurs über die Ethik an der Idee einer objektiven, universal gültigen Moral festhalten
muß, diese Unbedingtheit aber nie anders als in bedingten, primär praktisch hervorgebrachten
Gestalten erfaßt werden kann. Für die Auseinandersetzung zwischen verschiedenen Auffassungen
der Ethik kommt er von dort aus zu folgendem Orientierungsmuster: „Bezieht man sich in
konträren moralischen Überzeugungen [...] immer auch auf sich selber, d.h. auf *die eigene Moral als
eine andere Konkretion des universalen Guten*, dann resultiert daraus die Pflicht zur symmetrischen
Akzeptanz und Anerkennung. Zugleich bleibt jedoch das Dissens- und Konfliktverhältnis als
moralische Konstante bestehen. Darin identifiziert jede der Überzeugungen nach wie vor
asymmetrisch ihr moralisches Verständnis mit der einen objektiven und universalen Moral. Dies hat
wiederum *die wechselseitige Verpflichtung zur Folge, den Anderen von der möglichen Unkorrektheit
seines Verständnisses zu überzeugen*, und sei es dadurch, dieses Einverständnis im Rückgang auf die
'sanfte[] Überzeugungskraft von Gründen' (Habermas) zu erreichen. Umgekehrt gilt es freilich
ebenso, dessen Überzeugungsversuche zu akzeptieren" (LÜTTERFELDS, aaO.198f., Hervorh. von
mir). Zu zahlreichen anderen, laut Lütterfelds unbefriedigend bleibenden Versuchen, die
Universalität und die Kontingenz der Moral denkerisch in ein angemessenes Verhältnis zu setzen,
vgl. den von LÜTTERFELDS, aaO.177-191, gewährten Überblick. Hier zeigt sich, daß die in der
Diskussion um eine Theologie der Religionen immer wieder neu diskutierten Aporien auf dem Feld
der Ethik in gleicher Weise auftreten. Zu den Aspekten dieses Problemzusammenhangs, die hier
nicht weiter entfaltet werden können, vgl. die erhellenden Beiträge in LÜTTERFELDS, Welt.
[770] Tillichs berühmt gewordene Bestimmung der Offenbarung als Erscheinung dessen, „was mich
unbedingt angeht" (TILLICH, Idee 408), enthält dieses Kriterium bereits. Denn es ist jeweils neu zu
erweisen, ob für das, was als unbedingt Angehendes behauptet wird, zu Recht der Anspruch auf
unbedingte Anerkennung erhoben wird. Es wird also an der Idee des Unbedingten zu messen sein.
Vgl. auch KASPER, Wahrheitsverständnis 190: In dem theo-logischen Charakter der theologischen
Wahrheit „steckt auch erhebliches kritisches Potential. Indem er nämlich alle geschichtlich bedingten
Ansprüche unter die Norm des einen Unbedingten der Wahrheit, die Gott selbst ist, stellt, kommt
ihm eine kritisch-befreiende Funktion gegenüber ideologischen Verabsolutierungen zu. Gerade als
theologische Wissenschaft ist Theologie kritische Wissenschaft".

mythischen Weltverstehen die Bewegung der kritischen Selbstreflexion zu-
zumuten, eine unaufgeklärt synkretistische Weltsicht auf ihre innere Inkonsistenz hinzuweisen, einer zu naiv-anthropomorphen Glaubensgestalt das
Bilderverbot vorzuhalten, einem intoleranten Fundamentalismus den Widerspruch zu seiner eigenen Möglichkeitsbedingung deutlich zu machen.
Es zeigt sich also, daß die Anerkennung der unhintergehbaren Bedingtheit jeden
Erkennens und jeder Erkenntnis nicht zur Orientierungslosigkeit führen muß,
sondern zur Orientierung helfen kann. Die formale Abstraktheit der genannten
Kriterien ist dabei unvermeidlich, weil selbst eine Konsequenz aus der zugrundeliegenden Einsicht. Je genauer sie inhaltlich gefaßt würden, desto stärker
würden sie ihre allgemeine Anwendbarkeit einbüßen. Gleichwohl ist jede
konkrete Verantwortung eines bestimmten Weltverstehens auf solche Präzisierungen angewiesen. Sie wird unter den je eigenen Bedingungen, in der ihr je
möglichen Sprache zu erweisen haben, daß und wie sie den Kriterien, die an
jede symbolische Form kritisch angelegt werden müssen, gerecht wird. Daß sich
eine Freiheitsanalyse, die auf eine Subjektivitätstheorie zielt, dazu eignet, eine
solch konkrete Verantwortung eines Weltverstehens zu leisten, konnte bereits
unter Beweis gestellt werden. Die erreichten Ergebnisse aber zwingen dazu, die
Möglichkeit prinzipiell offenzuhalten, daß es auch andere, gleichermaßen
angemessene Formen gibt, das Unbedingte zu erfassen, die göttliche Wirklichkeit als Ziel oder Gegenüber menschlichen Verstehen-, Gestalten- und Sich-
Verhalten-Könnens zu bekennen. Ob es ein solches Denken wirklich gibt, ob
ein fremdes religiöses Bekenntnis sich als angemessene Weise, der Wirklichkeit
und Unbedingtheit Gottes ansichtig zu werden, verantworten kann, ist mit dem
geforderten Offenhalten einer solchen Möglichkeit noch nicht entschieden.
Beantworten läßt sich diese Frage allein im Dialog der Religionen. In diesem
Dialog wird sich auch herausstellen müssen, ob und wie andere Weisen des
Weltverstehens die nun gewonnenen Kriterien anerkennen können.[771]
    Die hier zusammengefaßten, im Gespräch mit Cassirer gewonnenen
Einsichten öffnen auch für das Christusbekenntnis eine solche Möglichkeit.
Nicht nur, daß es selbst die genannten Kriterien anerkennen und sich vor ihnen
verantworten kann. Es zeigt sich am Ende dieser kritischen Selbstreflexion auch
fähig, mit Entschiedenheit für die unbedingte Wahrheit der Offenbarung, die es
im Bekenntnis zu Christus festhält, einzutreten, ohne vor der eigenen Bedingtheit die Augen verschließen zu müssen. Als bedingte Gestalt des Unbedingten
kann es sich einlassen auf die Auseinandersetzung um die Formen des Glaubens
und Bekennens, die der Freiheit am meisten gerecht werden, zu der es den
Menschen berufen glaubt.

---

[771] Auch wenn die konkrete Gestalt europäisch-neuzeitlicher Transzendentalphilosophie noch
einmal ihre eigene Bedingtheit in Rechnung stellen muß, gehen die hier vorgelegten Kriterien davon
aus, daß anders denn in einer transzendentalen Rückfrage der kritische Dialog verschiedener
Weltanschauungen nicht zu orientieren ist.

4. Die offene Frage: Anwendbarkeit?

Die Analyse des Christusbekenntnisses, die im Dialog mit Cassirer erarbeitet werden sollte, hat ihr Ziel erreicht: Es konnte nicht nur geklärt werden, welcher Status und Geltungsanspruch dem Schritt von der *Erkenntnis* der *Möglichkeit* zum *Bekenntnis* der *Wirklichkeit* der Offenbarung in Christus zukommt. Die Qualifizierung des Christusbekenntnisses als symbolischer Form, innerhalb derer jene Klärung möglich wurde, öffnete zudem den Blick auf die Möglichkeiten des interreligiösen Dialogs – nicht ohne Kriterien benennen zu können, an denen die Auseinandersetzung um die Angemessenheit der verschiedenen Weisen religiösen Weltverstehens orientiert werden kann.

Doch gerade angesichts des formal-abstrakten Charakters jener Kriterien stellt sich die Frage, ob sie ihre Formulierbarkeit nicht gerade der Abstraktion von den Mühen und Schwierigkeiten des konkreten Dialogs verdanken. Können sie in der vorgelegten Form dem direkt geführten Gespräch wirklich eine Hilfe sein? Die Antwort läßt sich nirgendwo anders als in der Begegnung mit Vertreterinnen und Vertretern anderer Religionen gewinnen, also nicht innerhalb, sondern erst jenseits der von mir vorgelegten Studie.

Aber wenigstens ein Schritt in Richtung der angezielten Dialogpraxis ist noch möglich und soll deshalb getan werden: Die gewonnenen Kriterien sollen zumindest dadurch auf ihre Anwendbarkeit geprüft werden, daß nach ihren Konsequenzen gefragt wird für das Selbstverständnis und die Zielperspektiven, mit denen das christliche Bekenntnis in jenen Dialog der Religionen eintreten kann. Dieser Prüfung ist der letzte Teil meiner Arbeit gewidmet.

C. Der Ertrag:
Christliches Selbstverständnis im Religionsdialog

Die Orientierungskraft, die die im Gespräch mit Cassirer gewonnenen Einsichten für den Dialog der Religionen haben können, läßt sich allein in diesem Dialog erweisen. Nur im Gespräch mit Vertreterinnen und Vertretern anderer Bekenntnisse und Weltanschauungen wird sich zeigen, ob ein christliches Selbstverständnis, das sich der kritischen Befragung durch Cassirers Kulturphilosophie aussetzte, in der Lage ist, sich in der geforderten Entschiedenheit wie Offenheit der Auseinandersetzung mit den anderen zu stellen; nur dort läßt sich erfahren, ob die anderen das Christentum zur theologischen wie praktischen Verantwortung auffordern und sich selbst dazu auffordern lassen; nur dort kann sich herausstellen, ob die Wege der anderen, sich zu verantworten, inhaltlich, strukturell oder zumindest intentional den entsprechenden Wegen christlicher Theologie gleich oder wenigstens vergleichbar sind, ob sie sich deshalb an den hier erarbeiteten Kriterien messen lassen wollen und können.

Liegt eine solche Bewährung ihrer Ergebnisse außerhalb der Möglichkeiten meiner Arbeit, soll im folgenden wenigstens skizziert werden, welche Früchte die kritische Rezeption der Philosophie Cassirers für das christliche Selbstverständnis im Dialog der Religionen tragen kann. Mit diesem Ziel wird zunächst eine kritische Stellungnahme erarbeitet zu jener Typologisierung religionstheologischer Standpunkte, in der sich die Anliegen der pluralistischen Religionstheologie kristallisieren (I.). Sodann wird versucht, die Verschiedenheit der möglichen Partner im interreligiösen Dialog ernstzunehmen, indem die Optionen, mit denen sich das Christusbekenntnis dem jeweiligen Dialog stellt, einer Differenzierung unterworfen werden (II.).

Wenn nun die genannten Linien gezeichnet werden, bilden zahlreiche Entwürfe einer christlichen Religionstheologie, die keineswegs ausschließlich in den letzten Jahrzehnten erarbeitet wurden, den Hintergrund, der nicht im einzelnen ausgeleuchtet werden kann.[1] Auch wäre es ein ebenso vermessenes

---

[1] Ähnlich wie bei BEER, Theologie 65-81, finden sich bei STUBENRAUCH, Dogma, zahlreiche Hinweise auf religionstheologische Ansätze oder gar Entwürfe in der christlich-kirchlichen Tradition. Schon die frühe Theologie sucht immer wieder nach Wegen, die Ablehnung des Heidentums mit dem erhofften Heilswillen Gottes auch für die Heiden zu verbinden. Eine besondere Aufmerksamkeit findet im europäischen Raum dann das Verhältnis des Christusbekenntnisses zu Judentum und Islam (vgl. z.B. ABAILARD, Gespräch). Lessings Ringparabel (LESSING, Nathan III, V.395-538) geht auf eine Vielzahl von Vorbildern zurück (diesen Hinweis verdanke ich einer unveröffentlichten Arbeit von R. Solbach). Einen ersten Einblick in die aktuellen religionstheologischen Entwürfe geben die Textsammlung bei KUSCHEL, Christentum, und der Überblick

wie hier nicht gefordertes Unterfangen, die überaus zahlreichen Beiträge zu einer pluralistischen Religionstheologie umfassend darstellen und würdigen zu wollen.[2] Indem diese Einschränkungen gleich zu Beginn genannt werden, sollen die möglichen Erwartungen an den letzten Teil meiner Arbeit auf ein realistisches Maß reduziert werden. Es geht hier nicht um den Entwurf einer eigenständigen Religionstheologie. Eher um die Prolegomena zu einer solchen.[3] Wenn dabei der Wert sichtbar wird, der Cassirers kulturphilosophisch gewendeter Erkenntnistheorie in religionstheologischer Hinsicht zukommen kann, ist das Ziel der folgenden Überlegungen bereits erreicht.

I. Entschiedene Bescheidenheit:
Plädoyer für einen kontingenzbewußten Inklusivismus

1. Die pluralistische Option: Ein aporetischer Lösungsvorschlag

Um den eigenen Standpunkt prägnant zu akzentuieren, aber auch um andere Optionen präzise erfassen zu können, hat die pluralistische Religionstheologie eine Typologie entwickelt, die in der aktuellen Diskussion eine kaum zu überschätzende Rolle spielt.[4] Die vielfältigen Weisen, das Verhältnis des

---

bei BERNHARDT, Absolutheitsanspruch. Verwiesen sei darüber hinaus auf HEISLBETZ, Gründe, eine Arbeit, die, während des Konzils entstanden, die Wende und Öffnung katholischer Religionstheologie deutlich erkennen läßt, sowie auf die oben erwähnte Studie von Stubenrauch.
[2] Die folgende kritische Befragung bezieht sich, wie bereits der erste Blick auf die pluralistische Religionstheologie (vgl.o. A.I.3, S. 25ff.) zeigt, vorrangig auf den Ansatz von Hick und dessen modifizierende Aufnahme durch Knitter. Es ist das unbestreitbare Verdienst Schmidt-Leukels, mit seinen zahlreichen Arbeiten die Position dieser Theologen im deutschen Sprachraum engagiert bekannt und der breiten Diskussion zugänglich gemacht zu haben. Zur kritischen Auseinandersetzung mit der pluralistischen Religionstheologie vgl., neben den in den folgenden Anmerkungen genannten Einzelstudien, vor allem die unterschiedlichen Stellungnahmen bei HICK, Myth; BERNHARDT, Horizontüberschreitung; MÜLLER, Christus; WAGNER, Christentum; SCHWAGER, Christus; BRÜCK, Weg; ESSEN, Wahrheit; SCHMIDT-LEUKEL, Theologie.
[3] Wenn es den folgenden Überlegungen – nicht anders als den vorausgegangenen – vor allem darum geht, die Frage zu beantworten nach den Bedingungen der Möglichkeit, der Wahrheit und Wirklichkeit der Offenbarung ansichtig zu werden und die entsprechenden Geltungsansprüche zu verantworten, liegen sie den eigentlich religionstheologischen Fragestellungen noch voraus. Letzteren geht es darum, aus der Perspektive des Christentums eine *theologische* Stellungnahme zu den fremden Religionen zu erarbeiten (vgl. STUBENRAUCH, Dogma 23-26, unter Rückbezug auf Seckler). Der Aufgabe, jede Religionstheologie noch einmal an diese erkenntnistheoretischen Voraussetzungen zurückzubinden und umgekehrt jene Voraussetzungen theologisch aufzunehmen, steht, wie mir scheint, ihre Lösung noch bevor. Auch meine abschließenden Hinweise lassen dieses Desiderat erkennen. Doch sollen sie die Perspektiven aufzeigen, die dessen künftige Bearbeitung leiten können.
[4] In die Diskussion eingeführt wurde die Typologie von A. Race (vgl. SCHMIDT-LEUKEL, Modell 357). Zu ihrer weiteren Präzisierung und Verbreitung vgl. SCHMIDT-LEUKEL, Klassifikation; ders., Theologie 65-236; KNITTER, Dialog; ders., Gott 57-89; HICK, Problems. LEUZE, Gott 42-45, verweist vor allem auf die Dynamik, die das Verstehen von einer exklusivistischen zu einer pluralistischen Haltung zu treiben scheint.

Christusbekenntnisses zu anderen Religionen zu bestimmen, lassen sich, so die These, je einem von drei Typen zuordnen:[5]

Als exklusivistisch sind sie zu bezeichnen, wenn sie das Christentum, eventuell gar in einer spezifischen konfessionellen Ausformung, für die einzig wahre Religion und alle anderen für falsch halten;[6] wenn sie, in der soteriologischen Fassung dieses Selbstverständnisses, Christus als die einzig wahre Offenbarung Gottes, die von der Kirche zur Verfügung gestellten als die einzig wirksamen Heilsmittel und das Leben in der Kirche als den einzig möglichen Heilsweg behaupten. Um nicht nur die Möglichkeit, sondern die Faktizität eines solchen Verständnisses zu belegen, wird in der Regel nicht nur auf fundamentalistische Gruppen, sondern auch auf das überkommene Selbstverständnis der römisch-katholischen Kirche verwiesen.[7]

Als inklusivistisch werden all jene Verhältnisbestimmungen bezeichnet, die mit der Möglichkeit oder gar der Faktizität weiterer Offenbarungen, alternativer Heilsmittel und -wege rechnen, den im eigenen Glauben ergriffenen aber eine bleibende Superiorität zusprechen: sei es, daß anderen Religionen lediglich der Besitz bestimmter Aspekte der Wahrheit, die allein vom eigenen Bekenntnis ganz erfaßt ist, zugestanden, sei es, daß der in der eigenen Religion eröffnete Weg als das erfüllende Ziel aller Religionen propagiert wird.[8] Als Paradigma eines solchen Verständnisses gilt die Erklärung des Zweiten Vatikanums zu den nichtchristlichen Religionen, deren Argumentationsweg sich in zahlreichen religionstheologischen Modellen der Gegenwart wiederfinden läßt.[9]

---

[5] Die Frage, inwieweit sich dieses Schema auf die religionstheologischen Standpunkte anderer Bekenntnisse übertragen läßt, wie dies etwa von D'COSTA, Impossibility, immer wieder beansprucht wird, muß hier nicht weiter verfolgt werden. Die abstrakt-logische Fassung der Typologie läßt allerdings eine solche Übertragbarkeit vermuten.

[6] Zu den Modifikationen innerhalb des Exklusivismus vgl. KNITTER, Gott 60-62; SCHMIDT-LEUKEL, Klassifikation 166f.

[7] Auf die entsprechenden fundamentalistischen Ansätze, vor allem im Raum der evangelikalen Kirchen, weist z.B. KNITTER, Gott 57-61, hin. Vgl. auch BEINERT, Fundamentalismus. Für die exklusivistische Haltung der katholischen Kirche wird mit Regelmäßigkeit auf die berühmte Formulierung „extra ecclesiam nullam esse salutem" (DH 3866) verwiesen. Die hier in der von Leo XII. (1949) vorgelegten Fassung zitierte Überzeugung findet sich bereits auf der 16. Synode von Toledo (693, vgl. DH 575), bei Innozenz III. (1208, vgl. DH 792) und im 4. Laterankonzil (1215, vgl. DH 802), dort unter Rückgriff auf Cyprian von Karthago. Vgl. dazu RUOKANEN, Doctrine 11-20. Die häufige Zuordnung der radikalen Religionskritik Barths zu einem exklusivistischen Denken ist sicher nicht völlig verfehlt, muß aber zwei wesentliche Aspekte der Theologie Barths berücksichtigen: zum einen die auch christentumskritische Abwehr jeder religiösen Werkgerechtigkeit, zum andern die veränderte Haltung Barths zu den anderen Religionen in seinem Spätwerk. Vgl. dazu BERNHARDT, Absolutheitsanspruch 149-174.

[8] Der philosophisch wirkungsvollste Entwurf einer solchen Zielperspektive bleibt Hegels Religionsphilosophie. Theologisch folgenreich zeigt sich dieses Denken bis heute, wenn das Verhältnis zwischen Judentum und Christentum mit Hilfe des Verheißungs-Erfüllungs-Schemas gedeutet wird. Vgl. dazu GRUNDEN, Freiheit 110-116; BREUNING, Dogmatik 85-89; RADFORD RUETHER, Christologie 88f.; MÜLLER, Konzept 110, weist in diesem Zusammenhang auf ein entsprechendes Denkmodell des II. Vatikanums in LG 9 hin.

[9] Dazu ausführlich unten S. 276ff.

Pluralistisch darf sich eine Auffassung nennen, die mit der Möglichkeit mehrerer gleichwertiger Heilswege in den verschiedenen Religionen rechnet. Zahlreiche Vertreter einer pluralistischen Position sehen eine solche Gleichwertigkeit bei den nachaxialen Weltreligionen als gegeben an. Dagegen ist mir keine Position bekannt, die von der Gleichwertigkeit aller sich als religiös bezeichnenden Heilsangebote ausgeht,[10] – sieht man ab von der religionskritischen Ablehnung aller, dann als gleichermaßen falsch gewerteten religiösen Auffassungen.[11]

Auf den ersten Blick eignet der vorgeschlagenen Klassifizierung durchaus erhellende Kraft. Wenn man die Untersuchung faktischer und möglicher religionstheologischer Standpunkte zum einen fokussiert allein auf die Bewertung der je anderen Religionen[12] und man letztere zum anderen rein formal als Angebote spezifischer Heilsmittel und -wege versteht,[13] muß die Typologisierung gar als logisch zwingend und erschöpfend angesehen werden.[14] Denn nach der entsprechenden Reduzierung der in die Beurteilung einfließenden Aspekte gibt es neben dem Ausschluß, der unterordnenden Integration und der anerkannten Gleichwertigkeit fremder Heilswege in der Tat keine weitere Möglichkeit, diese der eigenen Soteriologie zuzuordnen.

Doch der pluralistischen Religionstheologie liegt nicht allein an einer solchen Klassifizierung religionstheologischer Standpunkte, deren Reichweite wegen der notwendigen reduktionistischen Voraussetzungen zudem noch äußerst begrenzt ist. Vielmehr versteht sie sich als Aufforderung an das christliche Selbstverständnis, die Wende zu einer pluralistischen Option zu vollziehen.[15] Es sind nicht nur die gewaltgeprägte Missionsgeschichte und die

---

[10] Ausdrücklich abgelehnt wird ein solcher Relativismus z.B. von HICK, Religion 322; KNITTER, Absolutheitsfrage 88; SCHMIDT-LEUKEL, Vielfalt 15. Von daher wird man der Ausgangsthese von GÄDE, Gott 46, die pluralistische Religionstheologie behaupte, „alle Religionen sind grundsätzlich gleich wahr", den Vorwurf polemischer Verzeichnung nicht ersparen können.

[11] Die Einordnung der atheistischen Option in religionstheologischen Modelle bereitet durchaus Schwierigkeiten. Insofern sie erkenntnistheoretisch auf der gleichen Ebene steht wie religiöse Bekenntnisse, kann sie nicht einfach ausgeklammert werden (vgl. HICK, Religion 29.126-141). Weil und insofern sie aber die Heilsfrage für sinnlos erklärt, läßt sie sich zumindest in das hier vorgestellte Schema allenfalls als exklusivistische Leugnung aller Religionen aufnehmen. Für die weiteren Überlegungen ist es möglich und hilfreich, sie mit SCHMIDT-LEUKEL, Klassifikation 175f., beiseite zu stellen, weil sie „keine *theologische* Option darstellt" (Hervorh. v. mir).

[12] „Ich schlage daher vor, den Gesichtspunkt der Relationen zwischen den Religionen als den zentralen Gegenstand anzusehen, auf den sich die unterschiedlichen Optionen des Dreierschemas beziehen" (SCHMIDT-LEUKEL, Klassifikation 170).

[13] „Die vorgeschlagenen Definitionen kreisen um zwei Pole der *Heilsfrage*: (a) die Frage nach der Extension individueller Heilsmöglichkeit und (b) die Frage nach der Extension heilsvermittelnder Instanzen" (SCHMIDT-LEUKEL, Klassifikation 166).

[14] „In den folgenden Überlegungen möchte ich zeigen, daß dieses Dreierschema erstmals eine systematische Klassifikation bietet, die in logischer Hinsicht *umfassend* und *unausweichlich* und in theologischer Hinsicht *adäquat* ist" (SCHMIDT-LEUKEL, Klassifikation 163).

[15] Am deutlichsten wird diese Forderung von Hick erhoben, wenn er zum Nachvollzug der „kopernikanischen Wende" in der Religionstheologie aufruft. Vgl. z.B. HICK, Revolution (dazu

ökologisch-politischen Konsequenzen eines als Herrschaftslegitimation inter-
pretierten Wahrheitsanspruchs, die diese Wende unverzichtbar scheinen lassen.[16]
Die Notwendigkeit einer globalen, auf Gerechtigkeit, Frieden und Bewahrung
der Schöpfung ausgerichteten Praxis, die auf interreligiöse Zusammenarbeit
nicht verzichten kann;[17] die theologische Einsicht in die Unvereinbarkeit eines
exklusivistischen Standpunkts mit dem universalen Heilswillen Gottes;[18] die
philosophische Einsicht in die vielfache Bedingtheit jedes, auch jedes inklusivistischen Verstehens:[19] diese drei Motivkreise stehen hinter der Option für eine
pluralistische Fassung christlicher Religionstheologie.[20] Damit aber verändert
sich der Status der zunächst als Klassifizierungsraster eingeführten Typologie
religionstheologischer Standpunkte. Sie wandelt sich zu einem Maßstab, anhand
dessen exklusivistische und inklusivistische Ansätze nicht mehr nur beschrieben, sondern kritisiert werden sollen.

Vermag aber jene Typologie die zusätzliche Last zu tragen, die ihr der Wandel von der Phänomenologie zur Kriteriologie auferlegt?[21] Möglich wäre dies
allein unter zwei Voraussetzungen. Zum einen müßte gezeigt werden, daß
Eigenart und Anspruch religiösen Weltverstehens hinreichend erfaßt sind, wenn
man die Religionen abstrakt kennzeichnet als Verkündigung bestimmter Heilsmittel, als Eröffnung spezifischer Heilswege. Sollte sich eine solche Qualifizierung einer Religion als unangemessen erweisen, könnte auf ihr keine tragfähige
Theorie der gegenseitigen Zuordnung verschiedener Religionen aufgebaut werden. Zum anderen müßte die Möglichkeit des offenbar angezielten pluralistischen Standpunktes aufgezeigt werden. Daß eine bestimmte, für die eigene Per-

---

LEUZE, Gott 46f.); HICK, Religion 17.272f.; dann aber auch KNITTER, Absolutheitsfrage 88;
SCHMIDT-LEUKEL, Vielfalt 46.
[16] Zu dieser Motivation vgl. bereits o. S. 26f.
[17] Vgl. KNITTER, Religion 209f. Auf die Herausforderung der Religionen durch die globalen
Krisenphänomene macht mit besonderem Nachdruck KÜNG, Projekt, aufmerksam. Sein Aufruf
gründet in der Überzeugung, daß das für die Überwindung der gegenwärtigen Bedrohungen
erforderliche universale Ethos nicht ohne die Religionen erreicht werden kann. Denn, so KÜNG,
aaO.75, „eines kann der Mensch ohne Religion nicht, selbst wenn er faktisch für sich unbedingte
sittliche Normen annehmen sollte: die *Unbedingtheit und Universalität* ethischer Verpflichtung
begründen." Auch wer diese These nicht teilt, sondern – in Übereinstimmung mit Kant und der an
ihn anschließenden transzendentalen Freiheitsanalyse – den unbedingten Geltungsgrund ethischer
Normen in der unbedingten Freiheit des Menschen selbst gelegt sieht, wird dem Projekt Küngs seine
Bedeutung nicht absprechen: Denn wenn nicht für die Geltungsbegründung, so doch für die
Hoffnung auf den Sinn und die Erfüllung menschlichen Handelns kommt den Religionen eine
bedeutsame Funktion zu.
[18] Dieses Argument gegen den Exklusivismus, das natürlich nur Überzeugungskraft besitzt, solange
an einen allgemeinen Heilswillen Gottes geglaubt wird, stellt vor allem OGDEN, Religion 87-90,
heraus. Vgl. aber auch LEUZE, Gott 42f.; SCHMIDT-LEUKEL, Theologie 580.
[19] Vgl. neben HICK, Religion 23.266, und KNITTER, Gott 19-25, die Hinweise oben S. 26, Anm. 39.
[20] Diese dreifache Motivation für die Entwicklung der pluralistischen Hypothesen wird bei FICKER,
Zentrum 222-234, besonders deutlich.
[21] Vor allem SCHMIDT-LEUKEL, Theologie 237.582, betont zwar den hypothetischen Charakter der
pluralistischen Option, doch läßt auch er keinen Zweifel daran, daß er sie orientierend und
Maßstäbe setzend in den Religionsdialog einbringen will.

spektive entschiedene Weltsicht in der Lage ist, fremde Weisen des Weltverstehens anzuerkennen, kann nicht bestritten werden. Dafür steht bereits das sogenannte inklusivistische Modell ein. Doch ist es denkbar, daß ein Weltverstehen, zumal ein religiöses Weltverstehen, den eigenen Standpunkt aufgrund seiner erkannten Perspektivität dergestalt hinterfragt, daß sich seine Bestimmtheit in eine umfassende Relativität auflöst? Verfügte eine solche Position überhaupt noch über die prinzipielle Möglichkeit eines Verstehens? Sollte sich die grundsätzliche Vollziehbarkeit eines solchen pluralistischen Weltverstehens nicht erweisen lassen, würde auch seine religionstheologische Anwendung hinfällig.

Auf beide Voraussetzungen – die Angemessenheit des zugrundegelegten Religionsverständnisses und die Möglichkeit eines pluralistischen Standpunktes – reflektieren die Entwürfe zu einer pluralistischen Religionstheologie, soweit sie mir bekannt sind, überraschend wenig. Vor dem Hintergrund der in Auseinandersetzung mit Cassirer erreichten Erkenntnisse aber muß bestritten werden, daß auch nur eine der beiden gegeben wäre.

Denn zum ersten ist die Religion mehr als eine spezifische Weisung zur Heilserlangung. Wie jede andere symbolische Form ist sie darauf ausgerichtet, die Totalität der sinnlichen Zeichen so mit einer geistigen Bedeutung zu verknüpfen, daß sie zu einem konsistenten Verstehen alles zu Verstehenden findet.[22] Die spezifische Modalität des dazu nötigen regelgerechten Aufbaus gründet in der mythisch-religiösen Ur-Teilung zwischen dem Profanen und dem Sakralen;[23] ihre je eigene Form aber finden die Religionen erst auf der Grundlage ihres spezifischen Ausgangspunktes, wie er sich etwa im Christusbekenntnis zeigt.[24] Die so sich entfaltende symbolische Form, die sich keineswegs nur als theoretisches Weltverstehen begreift, sondern auf ein angemessenes praktisches Verhalten gegenüber der Welt und gegenüber Gott zielt,[25] wird tatsächlich in der Regel im Menschen das Bedürfnis wecken, sein Heil zu finden, und ihm Wege zur Erlangung dieses Ziels vor Augen führen. Doch läßt sich dieses Heilsinteresse nicht herauslösen aus dem Mühen um ein umfassendes Weltverstehen.

Zu der Fülle der zu deutenden sinnlichen Zeichen gehören aber auch diejenigen, die sich der Formung durch andere Weisen religiösen Weltverstehens verdanken: fremde Kultbilder, Riten, Lebensanschauungen und -weisungen.[26] Angesichts ihrer kann ein bestimmtes religiöses Verstehen nicht in dem Sinne „pluralistisch" werden, daß es die anderen Religionen und ihre Ausdrucksformen als schlechthin unverstandene, ja unverständliche Residuen neben sich

---

[22] Vgl. WWS 174f. BÜRKLE, Abseits 314, weist für verschiedene Religionen nach, daß in ihnen „*das Ganze von Welt und Mensch* [...] in den Blick kommt und damit einer pluralistischen theologischen 'Relativitätstheorie' widerspricht" (Hervorh. v. mir). Ähnlich auch BSTEH, Kirche 61.
[23] Vgl.o. S. 80f.
[24] Vgl.o. B.I.3.c, S. 114ff.
[25] Vgl. THEß, Religionstheologie 34f.
[26] Vgl. VM 267f. Zum Geschichts- und Kulturverstehen vgl.o. B.I.1.d, S. 83ff.

bestehen läßt. Vielmehr wird es sie verstehend einbeziehen in das Weltbild, das im je eigenen Bekenntnis wurzelt. Eine solche Einbeziehung kann durchaus einhergehen mit der würdigenden Hochschätzung jener fremden symbolischen Formen. Es ist nicht einmal ausgeschlossen, daß sich das eigene Verstehen durch sie befragen und verändern läßt. Es kann sich sogar dazu bekennen, zu deren angemessenem und umfassendem Verstehen (noch) nicht in der Lage zu sein. Nichtsdestotrotz kann, soll ein Verstehen überhaupt noch möglich bleiben, die Zielperspektive nicht aufgegeben werden, die Welt als ganze zu verstehen. Denn stets wird Verstehen heißen, die Mannigfaltigkeit der sinnlichen Zeichen durch die Zuschreibung von Bedeutung so zusammenzufügen, daß ein Bild erkennbar wird. Und ein im Christusbekenntnis gründendes Verstehen wird dieses Bild so gestalten, daß es auf die Selbstoffenbarung Gottes in Leben und Geschick Jesu hinweist und von ihr sein Licht empfängt.[27]

Damit ist jedoch nicht prinzipiell die Möglichkeit abgewiesen, zu einem pluralistischen Blick auf die verschiedenen Religionen zu finden, der in ihnen gleichwertige, mehr oder weniger unverbundene Weisen des Weltverstehens sieht.[28] Doch ein solcher Blick könnte weder aus der Perspektive einer bestehenden noch durch die Konstituierung einer neuen Religion gelingen: Im ersten Fall entkäme er nicht den Maßstäben des eigenen überkommenen Welt-verstehens, im zweiten Fall würde die Vielzahl möglicher religiöser Formen um eine weitere vermehrt, aber nicht umgriffen.[29] So bliebe eine die Pluralität als Pluralismus verstehende Verhältnisbestimmung einer Religionsphilosophie vorbehalten, die selbst auf jedes religiöse Bekenntnis verzichtet.[30] Doch auch sie entkäme nicht der Entscheidung für eine bestimmte, dann nicht mehr religiöse Weise des Verstehens, in der sie die Verschiedenheit in eine Totalität einholt, sie inklusiv zu erfassen sucht.

Deshalb muß, lenkt man das Interesse von der inhaltlichen Verhältnisbe-stimmung verschiedener Religionen auf die Möglichkeitsbedingungen und Strukturen religiösen Weltverstehens überhaupt, auch das sogenannte exklusivi-stische Modell als inklusives Verstehen qualifiziert werden: Stellt doch die

---

[27] Das jedes Verstehen prägende Wechselverhältnis von Präsentation und Repräsentation (vgl.o. S. 74) findet sich auch im christlichen Weltverstehen wieder. Die an bestimmten sinnlichen Zeichen abgelesene Offenbarung läßt umgekehrt die gesamte Welt von der Offenbarung her verstehen.

[28] HICK, Religion 17, spricht von einer „unparteiischen Basis", läßt aber offen, ob und wie diese innerhalb der religiösen Traditionen erreichbar sein soll. BERNHARDT, Pluralismuskonzepte 463, bezeichnet eine solche Position treffend als „relativistischen Atomismus".

[29] „Die Vielen werden Eines und damit um eins vermehrt." So KNITTER, Dialog 607, als Referat eines entsprechenden Axioms von Whitehead.

[30] Vgl. WERBICK, Heil 41. Zur Unterscheidung zwischen beschriebener „Pluralität und normieren-dem Pluralismus" vgl. BERNHARDT, Pluralismuskonzepte 462. Vor dem Hintergrund von Cassirers Qualifizierung des philosophischen Denkens als der selbstreflexiven Bewegung symbolischer Formen (vgl. ECN I,264f.) bleibt die Möglichkeit einer religionsunabhängigen Religionsphilosophie jedoch fraglich. Zur Möglichkeit einer „pluralistischen Religionsphilosophie" vgl. WALDENFELS, Einführung 168.

Ablehnung anderer Religionen ebenfalls deren spezifische Einordnung in das eigene Verstehen dar.

Aus der Reflexion auf die Bedingung der Möglichkeit von Verstehen folgt also: Ein Verstehen wird inklusivistisch sein, oder es wird gar nicht sein.[31] Ein christliches Verstehen – der Welt und damit auch anderer Religionen – wird am Christusbekenntnis als seinem Fundament festhalten, oder es wird nicht mehr christlich sein.[32] Und damit ist auch das Fehlen der zweiten Voraussetzung erwiesen, die erfüllt sein müßte, um der Forderung nach einem pluralistischen Verstehen der Religionsvielfalt nachkommen zu können, ohne das eigene Bekenntnis verlassen zu müssen.

Den Vorwurf, die Ansprüche auf ein umfassendes und wahres Verstehen der Welt nicht zu beachten, mit denen Religionen auftreten,[33] würden die maßgeblichen Vertreter der pluralistischen Religionstheologie allerdings zu Recht zurückweisen. Sie schenken den Forderungen nach Anerkennung der jeweils verkündeten Wahrheit durchaus ihre Aufmerksamkeit;[34] in Achtung vor diesen Ansprüchen weisen sie auch den Verdacht zurück, sie wollten die Angehörigen einer Religion ihrer jeweiligen Tradition entfremden. Ebenso wehren sie sich gegen die Vermutung, daß ihre pluralistische Option auf ein eigenes, religiöses oder metareligiöses, Weltverstehen ziele.[35] Doch diese Konzessionen an die Eigenart des menschlichen und deshalb auch des religiösen Wahrheitsverständnisses gewinnen bei ihnen keine systematische Relevanz.[36] Statt dessen halten sie den Totalitätsansprüchen religiösen Verstehens das theologische Wissen um die Unbegreiflichkeit Gottes sowie die philosophische Einsicht in die Bedingtheit jeder, auch jeder religiösen Rede entgegen. Die Pluralität der Religionen hat demnach ihre Wurzel in der Vielfalt kultureller, ökonomischer und politischer Rahmenbedingungen. Sie findet, so die pluralistische Religionstheologie, ihre theologische Legitimation in der Aufnahme von Elementen aus der Tradition der negativen Theologie und der Analogielehre.[37]

In ihrem Anliegen, die Pluralität menschlichen Weltverstehens zu achten und zu würdigen, sind sich diese theologischen Ansätze mit Cassirer durchaus einig. Und auch einzelne, durchaus zentrale Elemente von Cassirers Philosophie

---

[31] Vgl. WERBICK, Heil 32-36.

[32] Vgl. BERNHARDT, Pluralismuskonzepte 467. Und auch KNITTER, Religion 217, hält fest: „Wir können nicht aus unserer eigenen perspektivischen Haut schlüpfen und einen neutralen, universalen Standpunkt einnehmen. Das bedeutet, daß Christen unverbesserlich und unbekümmert christozentrisch bleiben."

[33] So etwa BÜRKLE, Abseits 314.

[34] Vgl. KNITTER, Gott 101-103; ders., Dialog 609f.; ders., Absolutheitsfrage 88; HICK, Religion 17.

[35] Vgl. HICK, Religion 407-409, und dazu auch FICKER, Zentrum 221.

[36] So macht SCHMIDT-LEUKEL, Vielfalt 14f., auf die Verschränkung der exklusivistischen, inklusivistischen und pluralistischen Perspektive durchaus aufmerksam, verzichtet aber unter dem Hinweis, dies sei „nicht intendiert", darauf, an ihr seine pluralistische Hypothese nochmals kritisch zu prüfen. Ähnlich auch KNITTER, Dialog 610.

[37] Vgl. HICK, Gotteserkenntnis 70f.; ders., Religion 259-262. Zum problematischen Verhältnis zwischen analoger und inhaltlich bestimmter Rede vgl.o. S. 120.

finden sich bei ihnen wieder:[38] die Einsicht in den Formungscharakter jeden menschlichen Verstehens, in die fehlende Eindeutigkeit sämtlicher sinnlicher Zeichen, in die vielfache Bedingtheit jeder konkreten Formung.

Doch sie verweigern die transzendentale Rückfrage nach den Bedingungen der Möglichkeit der so vielfältigen Formen, indem sie auf die unhintergehbare Bedingtheit auch jeder solchen Rückfrage verweisen. Diese Verweigerung hat weitreichende Folgen, die bereits zum Teil in der einleitenden ersten Annäherung an die pluralistische Religionstheologie ansichtig wurden.[39] Sie führt zum Verlust der Möglichkeit, jenes Unbedingten ansichtig zu werden, dem alles bedingte Verstehen sich verdankt, dem es verstehend gerecht zu werden versucht und vor dem es sich verantworten muß und kann. Die Gefahr dieses Verlustes wurde auch in der Auseinandersetzung mit Cassirers Philosophie an dem eigentümlichen Dilemma deutlich, in dem jeder Versuch, Pluralität zu denken, steht: Entweder sucht man nach einer spezifischen Bestimmung des ihr vorauszusetzenden Unbedingten und verschließt sich damit den Blick auf mögliche andere Weisen, es zu erfassen; oder man verzichtet zugunsten einer weitreichenderen Phänomenologie auf eine solche Bestimmtheit, kann aber dann einem Relativismus, der jede Möglichkeit konsistenten Verstehens zerstört, nicht mehr ausweichen. Manche Unklarheiten in Cassirers Denken konnten mit seinem vergeblichen Versuch erklärt werden, diesem Dilemma zu

---

[38] Hick, der von den hier berücksichtigten pluralistischen Religionstheologen der erkenntnistheoretisch interessierteste und reflektierteste ist, spricht – in Anlehnung an Wittgenstein – von der menschlichen Erfahrung als einem „Erfahren-als" (vgl. z.B. HICK, Religion 156; zur Position Wittgensteins vgl. BERNHARDT, Pluralismuskonzepte 469f.). Wenn Hick davon ausgeht, daß „alle Erfahrungen aus Begriffen aufgebaute Formen einer Interpretation sind" (ders., Religion 159), stimmt er mit Cassirers erkenntnistheoretischer Grundannahme überein. Damit eröffnet sich auch für ihn die Möglichkeit, alternative Deutungen gleicher Wahrnehmungen, gleicher sinnlicher Zeichen zu verstehen und anzuerkennen. Anders als Cassirer, der die symbolischen Formen in einem wechselseitigen Verweisungsverhältnis sieht, stellt Hick ein hierarchisches Modell verschiedener Deutungsmöglichkeiten vor: Er unterscheidet zwischen der physischen, der ethischen und der religiösen „Bedeutungs- oder Interpretationsebene" (HICK, Religion 28, ausführlicher 144-188). Vor diesem erkenntnistheoretischen Hintergrund kann er den Glauben als „Ausübung kognitiver Freiheit" definieren (aaO.178). „Ein natürlicher Sachverhalt drängt sich uns mit Notwendigkeit auf, während ein moralischer Sachverhalt unserer freien Anerkennung harren muß. [...] Die Freiheit der Reaktion, die, wie wir gesehen haben, in bezug auf unsere physische Umgebung sehr gering ist und in der Welt der Personen eine erheblich größere Rolle spielt, ist für unser Bewußtsein vom *Wirklichen* noch viel entscheidender" (aaO.168). Nicht dem Freiheitscharakter der Formung überhaupt, aber der hier eingeführten Unterscheidung zwischen den Freiheitsgraden verschiedener „symbolischer Formen" wird mit Cassirer zu widersprechen sein, wenn der unbedingte Möglichkeitsgrund allen Verstehens aufgedeckt ist.
Bezüglich der Vieldeutigkeit aller sinnlichen Zeichen vgl. HICK, Religion 141.144: „Eine realistische Analyse religiösen Glaubens und religiöser Erfahrung und jegliche realistische Verteidigung der Rationalität einer religiösen Überzeugung muß daher von dieser Situation einer systematischen Mehrdeutigkeit ausgehen. [...] Selbst wenn man für sich die Entscheidung gefällt hat, sie [die Welt, M.B.] religiös oder nichtreligiös zu verstehen und zu erfahren, behält sie für den Verstand ihre Mehrdeutigkeit".
Zur Bedingtheit jeder religiösen Interpretationen der Wirklichkeit HICK, Religion 245-252.
[39] Vgl.o. S. 27f.

entkommen. Die pluralistische Religionstheologie aber scheint dieses Dilemma hinter sich lassen zu wollen, indem sie auf eine nähere Bestimmung des Unbedingten zunehmend verzichtet.[40]

Am augenfälligsten zeigt sich diese Tendenz in der Gottesrede pluralistischer Theologen. Muß nicht, so ihre Frage, schon der Begriff „Gott" vermieden werden, weil er zu sehr einer theistischen Tradition verhaftet ist, um auch nicht-theistische Religionen erfassen zu können?[41] Selbstverständlich ist es möglich, einen Begriff zu finden, der auch diese Unterschiede nochmals umfaßt – etwa indem man von dem „Real an sich" spricht. Die damit notwendig verbundene Unbestimmtheit erlaubt es, z.B. personale wie impersonale Gottesvorstellungen als menschliche Antworten auf dieses „Real an sich" zu qualifizieren.[42] Wird aber jede Bestimmung des „Real an sich", des in sich Unbedingten abgelehnt, kann die Angemessenheit einer spezifischen Vorstel-

---

[40] „Bei Hick aber stellt sich unabweisbar der Eindruck ein, daß aus der Unbegreiflichkeit Gottes und seiner nichtsdestoweniger unüberbietbaren Eindeutigkeit eine Rätselhaftigkeit geworden ist, die der Mensch nur mühsam zu entschlüsseln vermag" (GÄDE, Gott 62). Die gleiche Kritik an Hicks Auflösung des genannten Dilemmas findet sich bei KREINER, Relevanz 38.40; WERBICK, Heil 32; ders., Pluralismus 148-151.

[41] Vgl. HICK, Religion 25-27; ders., Gotteserkenntnis 62f.

[42] Nicht nur bezüglich wesentlicher erkenntnistheoretischer Grundannahmen (vgl.o.), auch in der Qualifizierung des möglichen Erkennens von Offenbarung decken sich die Thesen der pluralistischen Religionstheologie über weite Strecken mit den in Auseinandersetzung mit Cassirer erarbeiteten Einsichten. Das „Real an sich", die Wirklichkeit des Göttlichen wird nicht anders ansichtig als in den Antworten, die der Mensch auf die geglaubte Wirklichkeit Gottes und seiner Offenbarung gibt (vgl. HICK, Gotteserkenntnis 61f.; ders., Religion 257-262, geht auch auf die Tatsache ein, daß den Religionen der Unterschied zwischen der göttlichen Wirklichkeit und dem Bild von ihr, in dem allein sie für den Menschen wahrnehmbar wird, in der Regel durchaus bewußt ist). Noch ausdrücklicher auf den Offenbarungsglauben wendet SCHMIDT-LEUKEL, Demonstratio 69-81, diese Erkenntnisse an. Er stellt heraus, daß die Rede von Offenbarung, auch von einer glaubensbegründenden Offenbarung, den Glauben bereits voraussetzt. „Alle menschliche Gotteserkenntnis als von Gott selbst ermöglicht und insofern als geoffenbart zu glauben, ist demnach *Ausdruck des Glaubens an die Souveränität Gottes*, wie sie in aller Regel im Gottesbegriff mitgedacht ist" (SCHMIDT-LEUKEL, Demonstratio 73; dazu WEß, Religion 26f.30f.).

Zur Unterscheidung zwischen personalen und impersonalen Antwortgestalten vgl. HICK, Religion 274-320, zusammenfassend ders., Gotteserkenntnis 76-80.

In einem merkwürdigen Kontrast zu dieser erkenntniskritischen Analyse des Offenbarungsglaubens steht Hicks Annahme, der Glaube verdanke sich einer unmittelbaren Einwirkung des Transzendenten auf den menschlichen Geist (vgl. HICK, Gotteserkenntnis 67f., mit Hinweis auf übersinnliche Wahrnehmungen. Ähnlich ders., Religion 317-320, in Beschäftigung mit mystischen Traditionen). Es bleibt unklar, welcher Status diesen Hinweisen in Hicks Erkenntnistheorie zukommt. Wollen sie eine „naturalistische" Reformulierung des Gottesbeweises aus Descartes' dritter Meditation sein, nach der die Vorstellung Gottes allein durch Gott in den Menschen eingepflanzt sein kann? Rechnen sie am Ende doch mit einer Aufhebung der Vieldeutigkeit aller sinnlichen Zeichen? Wäre aber damit nicht die – auch von Hick entschieden betonte – Freiheit des Glaubens wieder aufgehoben, die Freiheit, in der der Mensch geschichtliche Ereignisse, sinnliche Zeichen als Symbole der von Gott in Freiheit geschenkten Offenbarung bekennen kann? Selbst der von GÄDE, Gott 57, geäußerte Verdacht, „daß Hick – anders als Kant – die Wirklichkeit Gottes unter die Begriffe der empirischen Gegenstände subsumiert", läßt sich aufgrund dieser Unklarheit nicht mehr eindeutig zurückweisen.

lung von ihm weder geprüft noch begründet werden.[43] Kann doch jede Bestimmung, können sogar logisch einander ausschließende Bestimmungen dann als jeweilige Aspekte des vollkommen Unbestimmten behauptet werden.[44]

Soll der Wahrheitsanspruch, den Religionen stellen, durch diese Auflösung des Unbedingten ins Unbestimmte nicht hinfällig werden, bedarf der Wahrheitsbegriff einer neuen Fassung. Nicht mehr der – an dem prinzipiell unbestimmbaren Wirklichen, Göttlichen ohnehin nicht zu messende – Inhalt einer bestimmten Gottesrede kann als wahr oder unwahr benannt werden, sondern allein die Wirkung dieser Rede: Wenn sie den Menschen dem Heil näherbringt, darf sie Wahrheit beanspruchen, kann sie als „mythologisch wahr" anerkannt werden.[45]

Der sich hier anbahnende Wechsel von einer theoretischen zu einer praktischen Perspektive vollendet sich, wenn als einzig möglicher Maßstab zur Beurteilung religiösen Weltverstehens ein ethisch-soteriologischer angelegt wird. Eine Religion, so das postulierte Kriterium, darf als richtige oder wahre Antwort auf die letzte Wirklichkeit behauptet werden, wenn sie dem Heil des

---

[43] Hick destruiert die Möglichkeit einer solchen kritischen Prüfung religiöser Vorstellungen, wenn er auf deren Verhältnis zum „Real an sich", zum Unbedingten, die Kantische Unterscheidung von phenomenon und noumenon anwendet (vgl. HICK, Gotteserkenntnis 63-69; ders., Religion 262-269). Dieser oft kritisierte Rückgriff auf Kants Analyse der Gegenstandserkenntnis (vgl. zur Kritik z.B. GÄDE, Gott 52-55; KREINER, Relevanz 79f.; LEUZE, Gott 50-53) scheint der Selbstverständlichkeit zu entsprechen, mit der bei Cassirer – auch gegen Kant – von Gotteserfahrungen die Rede ist (vgl.o. S. 91ff.). Doch bei Cassirer, der damit lediglich auf die Möglichkeit aufmerksam macht, sinnliche Zeichen auch religiös zu deuten und religiöse Vorstellungen an sinnliche Zeichen zu binden, bleibt die Möglichkeit gewahrt, die in der Deutung gewonnene Gottesvorstellung an der Idee der Unbedingtheit, die der Wirklichkeit Gottes zugeschrieben werden muß, zu messen. Die freiheitsanalytische Aufnahme der Philosophie Cassirers konnte sogar noch einen Schritt weiter gehen: Sie deckte in der Unbedingtheit der formenden Energie, die sie als Freiheit verstand, jene Instanz auf, vor der sich jeder Glaube zu verantworten hat.
Bei Hick dagegen zeitigt die Anwendung der genannten Unterscheidung, die Kant allein auf die Gegenstandserkenntnis bezogen wissen wollte, ganz andere Folgen: Er hält an der Rede vom „Ding an sich" fest, um die Unerkennbarkeit der Wirklichkeit jenseits der menschlichen Erfahrung einzuschärfen. Doch anders als die – bei Kant davon deutlich unterschiedene – Idee des Unbedingten kann das „Ding an sich", wie es von Hick verstanden wird, keine kriteriologische Funktion erfüllen. Es verliert sich statt dessen im Dunkel der prinzipiellen Unbestimmtheit und Unbestimmbarkeit. Erst die Verabschiedung der Frage nach dem „Ding an sich", die Cassirer in Einigkeit mit früheren Kritikern Kants vollzieht, erlaubt es, in der Unbedingtheit des Verstehens jenes Kriterium zu sehen, an dem sich jedes Verständnis Gottes wie des Menschen zu messen hat. Es zeigt sich also, daß nicht Hicks strukturelle Parallelisierung von Gegenstands- und Gotteserkenntnis (so die Kritik von GÄDE, Gott 55-60), die sich auch bei Cassirer findet, sondern seine Ausblendung der – von Cassirer festgehaltenen – transzendentalen Rückfrage nach den letzten Bedingungen der Möglichkeit des Verstehens und Glaubens dazu führt, religiöse Vorstellungen nicht mehr auf ihre Angemessenheit überprüfen zu können (so auch LEUZE, Gott 52).
[44] Vgl. LEUZE, Gott 60f.
[45] „Mit diesem Postulat des *Wirklichen* an sich und mit diesem Mythosbegriff können wir nun die verschiedenen Systeme religiösen Denkens als komplexe Mythen bezeichnen, deren Wahrheit oder Unwahrheit in der Angemessenheit oder Unangemessenheit der praktischen Dispositionen besteht, die sie hervorrufen können" (HICK, Religion 379; zur Bestimmung des Begriffs der „mythologischen Wahrheit" vgl. aaO.374-387). Zur Ausblendung des Wahrheitsbegriffs in pluralistischen Konzeptionen vgl. KREINER, Relevanz, und HILBERATH, Absolutheitsanspruch 132f.

Menschen dienlich ist, wenn sie ihn von der Selbstzentriertheit zur Transzendenz führt.[46] Doch auch mit dieser gewandelten Argumentationsrichtung ist dem Grunddilemma nicht zu entkommen. So vielfältig wie die Gottesvorstellungen der Religionen sind die Auffassungen von dem, was als Heil verstanden wird, und die daraus folgenden Lebensregeln. Die Heilsfrage läßt sich von der Frage nach der Wahrheit nicht trennen.[47] Bleibt letztere unbestimmt, kann auch erstere nicht eindeutig beantwortet werden.[48] Nun muß, wie mit und im Anschluß an Cassirer aufgezeigt werden konnte, die Vielfalt faktischer Normen und gelebter Überzeugungen der Behauptung einer unbedingten Geltung ethischer Forderungen nicht widersprechen: Die Reflexion auf die Bedingungen der Möglichkeit jedes Handelns kann jene Unbedingtheit aufdecken, die nicht nur als Ermöglichung, sondern auch als Maß jedes bedingten Verhaltens und Urteilens zu erkennen und anzuerkennen ist.[49] Wenn die pluralistische Religionstheologie auch hier – mit dem erneuten Hinweis auf deren kulturelle Bedingtheit – eine solche Reflexion verweigert, bleibt ihr nur noch der unbefriedigende Weg, nach dem kleinsten gemeinsamen Nenner aller in den Religionen propagierten Heilsvorstellungen und Lebensweisungen zu suchen und diesen als soteriologisch-ethisches Kriterium zu postulieren.[50] Mehr noch: Ihr wird es auch unmöglich bleiben, jene Unbedingtheit als den transzendentalen Einheitsgrund zu erkennen, dem sich alle Formungen, d.h. nicht nur jedes Verhalten, sondern auch jedes Verstehen verdanken, vor dem deshalb nicht nur die ethischen Forderungen, sondern auch die religiös-theologischen Wahrheitsansprüche verantwortet werden können und müssen.[51]

So wendet sich die Unbestimmtheit ihrer Rede von Wahrheit und Heil, mit der allein die pluralistische Religionstheologie der Vielfalt der Religionen gerecht werden zu können glaubt, letztlich auch gegen diese selbst. Denn wenn theoretische wie praktische Geltungsansprüche nicht mehr begründungsfähig sind, wird auch die Forderung, sich einem pluralistischen Verständnis der Religionen zu verschreiben, zu einem nicht weiter legitimierbaren Postulat unter anderen, möglicherweise gegensätzlichen. Die häufig anzutreffende Rede vom „höheren Wert" der Vielfalt gegenüber der Einheitlichkeit kann dieses Defizit

---

[46] Vgl. KNITTER, Gott 194f.; ders., Religion 212f.; HICK, Religion 46-48.

[47] KREINER, Relevanz 37-39, macht auf diese notwendige Verbindung aufmerksam. Sein Vorschlag, ihm zu entgehen, indem man zwischen dem „Sein-in-der-Wahrheit" und dem „Haben wahrer Sätze" (aaO.41) unterscheidet, scheint mir allerdings erneut in dieses Problem zurückzuführen. Auch der an Lessings Ringparabel anknüpfende Versuch einer praktischen Grundlegung religiöser Wahrheitsansprüche, den WEß, Religionen 38-43, vorlegt, bleibt mit diesem Problem behaftet. Dagegen beharrt WERBICK, Heil 23-28, zu Recht auf der notwendigen Verbindung der Heils- mit der Wahrheitsfrage: „Die pragmatische Zuspitzung der Pluralismusthese auf Soteriozentrismus und Orthopraxie nimmt dem Pluralismusproblem seine theoretische und religiöse Schärfe; aber sie verkürzt es damit auch entscheidend" (aaO.28).

[48] Zur unlöslichen Verknüpfung von Orthodoxie und Orthopraxie vgl. RATZINGER, Lage 363-365.

[49] Vgl. AH 67-69, dazu oben S. 221ff.

[50] Vgl. KREINER, Relevanz 38.

[51] Zu dieser Verantwortungspflicht vor einem Absoluten, Unbedingten vgl. WERBICK, Heil 56-59.

nicht beheben.[52] Denn solange ihre Begründung verweigert wird, steht sie in der Gefahr, ein reines Geschmacksurteil zu bleiben. Ein solches aber führt entweder in die Beliebigkeit eines vollkommenen Relativismus, der den auch von der pluralistischen Religionstheologie anerkannten religiösen Geltungsansprüchen widerspricht und jede Beurteilung eines religiösen Verstehens ausschließt,[53] – oder in eine apodiktische Geltungsbehauptung in Form jener exklusivistischen Denkansätze, mit deren berechtigter Zurückweisung die pluralistische Option einsetzte.[54] Es zeigt sich also, daß der Versuch, der Pluralität der Religionen durch den Verzicht auf die Bestimmtheit religiöser Rede, durch die Einnahme eines pluralistischen Standpunkts gerecht zu werden, nicht zum Ziel führt, sondern in eine Aporie, in der sich dieser Standpunkt selbst aufhebt.

Den von der pluralistischen Religionstheologie vorgeschlagenen Weg aufgrund der ihm eignenden Widersprüchlichkeit nicht gehen zu wollen, heißt aber nicht, auch ihr Anliegen zu verabschieden. Ganz im Gegenteil: Um so dringlicher ist der Nachweis gefordert, daß ein Denken, das sich von der Einsicht in seine Bedingtheit nicht hindern läßt, eine angemessene Form zu suchen, auf das Unbedingte zu antworten, die Pluralität religiösen Weltverstehens achten und wertschätzen kann. Läßt sich, so lautet die entscheidende Frage, ein Inklusivismus denken, der zu einem freilassenden Verstehen in der Lage ist?[55] Wie ist ein Verstehen, das in dem Bekenntnis gründet, in Jesus

---

[52] Vgl. KNITTER, Dialog 606f.; vor allem aber SCHMIDT-LEUKEL, Vielfalt 46-49. Dazu FICKER, Zentrum 222.

[53] Worin, so wäre z.B. zu fragen, gründet die Höherstellung der nachaxialen Religionen (vgl. HICK, Religion 43-47)? Deren Orientierung an der menschlichen Individualität ließe sich doch selbst noch einmal als ein anthropologisches Modell unter anderen qualifizieren.

[54] D'Costa, der selbst an der Einführung der Typologie religiöser Standpunkte beteiligt war und sie lange entschieden verteidigte (vgl. ders., Theology, und ders., Impossibility 223), wendet sich aus diesem Grund neuerdings gegen die Möglichkeit eines pluralistischen Standpunkts: „I want to argue that *pluralism must always logically be a form of exclusivism and that nothing called pluralism really exists.* [...] One main purpose of this paper is to show that there is no high ground in the pluralist position for in principle its logic is no different from the exclusivist position. The only difference is in terms of truth claims and the criteria for truth employed by the practitioners“ (ders., Impossibility 225). D'Costas Argumentation stützt sich auf die Unfähigkeit des pluralistischen Standpunkts, seine eigene Geltung noch einmal zu begründen, die dazu führt, daß er auch seine Kriteriologie postulieren muß, statt sie begründen zu können. Vgl. die gleichlautende Kritik bei LEUZE, Gott 57, und OGDEN, Religion 94-96. Ganz ähnlich macht auch VERWEYEN, Weltkatechismus 106f., und neuerdings auch ders., Pluralismus, auf die Verwandtschaft von pluralistischen und fundamentalistischen Konzepten aufmerksam, die in der gemeinsamen Überzeugung wurzelt, eine verbindliche Verantwortung eines inhaltlich bestimmten Glaubens sei nicht möglich.
In eine ähnliche Richtung zielen die Argumente von Braaten, Heim, Baum u.a., die KNITTER, Religion 203-208, referiert. Wenn Knitter in seiner Erwiderung erneut seinen soteriozentrischen Ansatz erläutert, den Wunsch nach Befreiung als ein universales Anliegen kennzeichnet, gesteht er die damit verbundenen Schwierigkeiten durchaus ein: „Um den soteriozentrischen Kern herum wächst eine eigenwillige, reiche Pluralität – eine Pluralität, die nicht nur Vielfalt, sondern auch Gegensätze enthält“ (aaO. 216). Doch zieht Knitter daraus nicht die Konsequenz, sich mit der fraglichen Geltung ethischer Forderungen auseinanderzusetzen.

[55] „Es kommt darauf an, den eigenen Standpunkt zu wahren und zugleich das Andere als Anderes gelten zu lassen“ (LEUZE, Gott 64).

Christus habe sich Gott selbst in endgültiger, unüberbietbarer und universal bedeutsamer Weise geoffenbart, fähig, andere Religionen anzuerkennen?

2. Universalität in Begrenztheit: Ein verantworteter Inklusivismus

Vor dem Hintergrund der erkenntnistheoretischen Grundeinsicht in die Unhintergehbarkeit eines „inklusivistischen" Weltverstehens, die soeben zur Kritik der pluralistischen Option herangezogen wurde, wird nicht nur die Legitimität, sondern sogar die Notwendigkeit jener Weise offenkundig, in der das Zweite Vatikanum die Wirklichkeit der fremden Religionen zu erfassen suchte. „Nostra Aetate", die „Erklärung über das Verhältnis der Kirche zu den nichtchristlichen Religionen",[56] sieht die Religionen in konzentrischen Kreisen auf die Kirche hingeordnet,[57] in ihnen die vom Christentum erkannte Wahrheit stets unvollkommen, aber in unterschiedlicher Intensität aufbewahrt. Von der „gewisse[n] Wahrnehmung jener verborgenen Macht, die dem Lauf der Welt und den Ereignissen des menschlichen Lebens gegenwärtig ist" in den Anfängen religiöser Vorstellungen und Systeme, über die asiatischen Religionen – in denen „die Menschen das göttliche Geheimnis" erforschen, „das radikale Ungenügen der veränderlichen Welt"[58] anerkennen und nach Wegen der Erlösung suchen[59] – über den strengen Monotheismus des Islam[60] bis hin zum jüdischen Volk, durch das die Kirche „die Offenbarung des Alten Testamentes empfing und genährt wird von der Wurzel des guten Ölbaums":[61] „Die katholische Kirche lehnt nichts von alledem ab, was in diesen Religionen wahr und heilig ist".[62] Eine solche Wahrnehmung der anderen muß nicht einhergehen mit der überheblichen Attitüde dessen, der allein alles zu wissen glaubt. Sie kann vielmehr verbunden sein mit der Bereitschaft, sich im Dialog mit den anderen auch selbst belehren zu lassen über Aspekte der Wahrheit, die in der Christusoffenbarung zwar enthalten sind, aber in der kirchlichen Tradition bisher nicht ausreichend zur Geltung kamen.[63]

---

[56] NA (gekürzt wiedergegeben in DH 4195-4199).

[57] Noch deutlicher als in NA wird das Bild der konzentrischen Kreise in LG 16. Dort hat der Blick auf die anderen Religionen das Christusbekenntnis nicht als Zielperspektive, sondern als Ausgangspunkt, so daß die Darstellung mit der Erwähnung des Judentums beginnt. Vgl. KEHL, Kirche 415-417.

[58] Alle bisherigen Zitate aus NA 2.1.

[59] Zum Erlösungsverständnis des Buddhismus, das mit dem christlichen nur schwer vergleichbar ist, vgl. ENOMYIA-LASALLE, Heilsweg 16f.

[60] Vgl. NA 3.2.

[61] NA 4.2.

[62] NA 2.2.

[63] Diesen Aspekt des Lernens von den anderen benennt das Konzil, soweit ich sehe, nur im Blick auf die anderen christlichen Kirchen (UR 4;8;9;14), nicht auf die fremden Religionen. Doch muß, wenn man vom Wirken des Geistes auch außerhalb der Kirche (vgl. Apg 10,45f.) überzeugt ist, diese Möglichkeit auch für den interreligiösen Dialog angenommen werden. Vgl. KESSLER, Religionstheologie 170f.; PANNENBERG, Religionen 133: So „kann der interreligiöse Dialog wie alle anderen

Auch wenn sich manche Aussagen der Tradition anführen lassen, die man als ihre Wurzeln lesen kann,[64] muß die Erklärung des Konzils einschließlich der mit ihr verbundenen Aussagen in anderen Dokumenten als ein radikaler Wendepunkt im Verhältnis der römisch-katholischen Kirche zu den anderen Religionen angesehen werden.[65] Ihre hohe Bedeutung wird auch nicht dadurch geschmälert, daß sie sich – wie schon manche richtungweisende Entscheidung früherer Konzilien – in ihrer endgültigen Form nicht in erster Linie religiös-theologischen Impulsen verdankt. Der politische Widerstand arabischer Staaten und der im Nahen Osten lebenden Ostkirchen gegen die ursprünglich geplante Erklärung über das Verhältnis der Kirche zum jüdischen Volk motivierte allererst das ausführlichere theologische Nachdenken über die anderen Religionen;[66] ein Nachdenken allerdings, das sich auch aufgrund des zunehmend alltäglichen Kontakts der Christinnen und Christen zu Angehörigen anderer Religionen als unverzichtbar erwies.[67] Vor jeder ausführlicheren Diskussion über die Inhalte und Wahrheitsansprüche der fremden Weisen des Weltverstehens war es das erklärte Anliegen des Konzils, Wege zu einem achtungsvollen Dialog zu ebnen, zu dem nicht zuletzt die Auseinandersetzung um das als wahr Behauptete würde gehören müssen.[68]

Erfahrungsfortschritte durchaus dazu beitragen, daß der Christ das, was er glaubt, besser verstehen lernt als zuvor".

[64] Vgl. OESTERREICHER, Einleitung 453f., mit dem Zitat eines eindrucksvollen Textes von LUBAC, Katholizismus 190f.: „Ohne die Augen vor der Not all der Scharen zu verschließen, 'die im Schatten des Todes lagern', denken wir dennoch mit Irenäus, daß der Sohn seit Anbeginn und allüberall auf mehr oder minder verborgene Weise jedem Geschöpf den Vater offenbart und daß er auch 'jenen zum Heil werden kann, die abseits vom Wege geboren sind'. Wir glauben mit Cyprian, Hilarius und Ambrosius, daß die göttliche Sonne der Gerechtigkeit auf alle und für alle scheint. Mit Johannes Chrysostomos bekennen wir, daß die Gnade überall ausgegossen ist und daß sie keine Seele von ihrem Werben ausnimmt. Mit Hieronymus und Cyrill von Alexandrien leugnen wir, daß irgendein Mensch ohne Christus geboren wird. Mit Augustinus endlich, der doch von allen Vätern der strengste ist, sind wir anzunehmen geneigt, daß die göttliche Güte immerdar unter allen Völkern am Werke gewesen ist und daß sogar die Heiden ihre 'verborgenen Heiligen' und ihre Propheten gehabt haben" (zit. nach OESTERREICHER, aaO.454; zum Nachweis der zitierten Vätertexte s.dort).

[65] „Nostra aetate (NA), the declaration of the Second Vatican Council on the relation of the Church to non-Christian religions [...], marks an authoritative change in the Catholic approach to other religions" (RUOKANEN, Doctrine 7). Diese Einschätzung wird geteilt von PESCH, Konzil 303; OESTERREICHER, Einleitung 406; BSTEH, Kirche 51f; TÜRK, Konzil 15. Selbst LOBKOWICZ, Konzil, der es als eine der weitreichendsten negativen, wenngleich keinesfalls intendierten Folgen des Konzils sieht, daß die Wahrheit nicht mehr in der zuvor gekannten Klarheit und Einheitlichkeit verkündet wird, nennt die Öffnung zur Ökumene und zu den nichtchristlichen Religionen als positives Ergebnis des Konzils (vgl. aaO.25-27).

[66] Zu den dramatischen politischen Rahmenbedingungen der Konzilserklärung vgl. OESTERREICHER, Einleitung 458-470; PESCH, Konzil 294-303.

[67] Mit diesen Erfahrungen der veränderten Lebenswelt begründet die Erklärung selbst die gewachsene Aufmerksamkeit für die fremden Religionen. Vgl. NA 1.1.

[68] Es sei dahingestellt, ob das Schweigen über die konfligierenden Wahrheitsansprüche, das sich das Konzil auferlegte, dem Dialog wirklich hilfreich ist. ZIRKER, Islam 45-47, sieht dadurch, daß das Konzil z.B. keine Aussagen über die Bedeutung des Propheten Mohammed macht, „dem Islam gegenüber in besonderer Weise das Verständnis behindert" (aaO.45), erkennt aber gleichzeitig an,

So kann es nicht wundern, daß in religionstheologischer Hinsicht die Konzilserklärung nicht mehr ist als eine „bescheidene Initialzündung".[69] So maßgeblich die Weise eines inklusiven Verstehens der anderen auch bleiben wird: das Konzil läßt offen, wie die Hinordnung anderer Religionen auf die in Christus geoffenbarte Wahrheit theologisch zu denken ist, wie deren konfligierende Wahrheitsansprüche zu bewerten und zu bewältigen sind, welche Heilsbedeutsamkeit, welche Offenbarungsqualität ihnen zuzusprechen ist. Weil die katholische Theologie zu Zeiten des Zweiten Vatikanums auf diese Fragen erst allmählich aufmerksam wurde, konnte das Konzil nicht mehr leisten, als solches Nachdenken in Auftrag zu geben.[70] Weil dieser Auftrag inhaltlich nur wenig akzentuiert war, konnte und mußte die Theologie, die ihn übernahm, neue und eigene Wege gehen.

Ihren Ausgang können diese Wege durchaus bei klassischen Theologumena nehmen. Hielt doch die Tradition im Anschluß an die Aussagen des Römerbriefs stets fest an der Möglichkeit der natürlichen Gotteserkenntnis, die jedem, auch jedem Menschen außerhalb des Christentums möglich ist.[71] Allerdings begegnete diese Überzeugung in der Regel in einer individualistischen Engführung: Das Gewissen und die Einsicht der Einzelnen vermag zur Erkenntnis und zum Bekenntnis Gottes zu führen. Die Bedeutung der Religion, in der Menschen ihr je eigenes Weltverstehen entwickeln, wurde entweder gar nicht beachtet oder aber geleugnet.[72] Die gleiche Individualisierung scheint wiederzukehren, wenn Rahner – ebenso beachtet wie kritisiert – vom „anonymen Christen" spricht, von jenem Menschen, „der sich [in Ausrichtung auf jene Tranzendenz, die ihm als Bedingung der Möglichkeit seines Menschseins immer schon vorausliegt, M.B.] auf sein Heil zubewegt und es unter Umständen findet, ohne daß er von der Verkündigung der Kirche erreicht wird".[73] Doch Rahner

---

daß zu den Wirkungen des Konzils die Durchbrechung dieses Schweigens gehörte (vgl. aaO.47.158-160).
[69] PESCH, Konzil 305. Dagegen dürfte bereits die Behauptung von TÜRK, Konzil 29, das Konzil habe „einen Grundriß einer neuen Theologie der Religionen entworfen", an den Texten gemessen, zu weit gehen.
[70] Vgl. PESCH, Konzil 304.
[71] Vgl. Röm 1,20 und dazu VERWEYEN, Wort 58-61. Zur Frage der „natürlichen Gotteserkenntnis" vgl. bereits oben, S. 38, Anm. 90.
[72] In seiner präzisen Untersuchung der entsprechenden Texte kommt RUOKANEN, Doctrine, zu dem Ergebnis, daß auch das II. Vatikanum diese Sicht nicht überwindet: „It is important to note that when teaching of the possibility of salvation *extra Ecclesiam*, the Council refers to individual non-Christians" (aaO.117). Die Religionen werden – mit Ausnahme des Judentums (vgl. aaO.116) – allenfalls der natürlichen Gotteserkenntnis zugeordnet, nicht der Offenbarungswirklichkeit. Diese Beobachtung bestätigt ein weiteres Mal, daß das Konzil zu keinem neuen, eigenständigen religionstheologischen Entwurf fand. Doch Ruokanen gesteht zu, daß es eine solche Entwicklung nicht nur nicht ausschließt, sondern anstößt. AMSTUTZ, Religionen, geht, bei aller Bindung an die Konzilstexte, in seinen abschließenden religionstheologischen Aussagen auch bereits über diese hinaus.
[73] RAHNER, Christentum (II) 572. Rahner sieht das Recht, Menschen, die in dieser Weise auf ihr Heil hin leben, als anonyme *Christen* zu bezeichnen, in der theologischen Prämisse begründet, daß es

durchbricht diese Engführung, wenn er den Religionen eine Legitimität und wichtige Funktion zuspricht, die darin begründet liegen, daß sie ihren Mitgliedern ein Weltverstehen eröffnen, in dem ihnen die Ausrichtung ihres Lebens auf Gott möglich wird.[74]

Ist den Religionen aber erst einmal dieser Wert zugesprochen, stellt sich die Frage ganz neu, welchen Status christliche Theologie ihnen – samt ihren Wahrheitsansprüchen – zuschreiben kann. Sie wird kaum umhin können, nicht nur in der Kirche, sondern auch in den Religionen jene Gnade am Werk zu sehen, in der Gott die Welt zum Heil führen wird.[75] Ist ihnen als faßbaren Institutionen, in denen Menschen der Gnade begegnen, dann aber nicht sogar ein sakramentaler oder zumindest auf Sakramentalität hingeordneter Charakter zuzuschreiben?[76] Und in welchem Sinne kann von einer Offenbarung Gottes in und durch die Religionen gesprochen werden? Nie hat die Kirche die Offenbarung in Christus als Gottes einziges Erscheinen in der Welt behauptet.[77] Und vor dem Hintergrund des im Anschluß an Cassirer entwickelten Offenbarungsverständnisses ist prinzipiell mit der Möglichkeit zu rechnen, daß Menschen, indem sie spezifischen sinnlichen Zeichen Offenbarungsbedeutung zusprechen, darin

kein Heil gibt, das nicht das Heil Christi wäre. So berechtigt dieses Argument in christologischer Perspektive sein mag, ist es im Blick auf die Grundgestalt religiöser Bekenntnisse höchst problematisch. Denn in dieser Sicht gehört zum einen das ausdrückliche Bekenntnis zu Christus zu den unverzichtbaren Bedingungen des Christseins; zum anderen sehen Menschen anderer, bewußt nicht-christlicher Bekenntnisse, zu Recht die Gefahr, durch eine solche Qualifizierung vereinnahmt zu werden. Zur Diskussion um die Rede von den anonymen Christen vgl. die Beiträge bei KLINGER, Christentum. Dann auch WALDENFELS, Fundamentaltheologie 395-397; BERNHARDT, Absolutheitsanspruch 174-196.

[74] „Legitime Religion soll hier heißen: eine institutionelle Religion, deren 'Benützung' durch den Menschen zu einer bestimmten Zeit im ganzen als positives Mittel der richtigen Beziehung zu Gott und so zur Erlangung des Heiles angesehen werden kann" (RAHNER, Christentum (I) 148).

[75] AMSTUTZ, Allgegenwart, geht der entsprechenden „Umgestaltung der Theologie der Gnade" (81) in den Texten des Konzils im einzelnen nach. Vgl. auch KHOURY, Islam 231-234. Die Anhänger fremder Religionen „können das Heil erlangen trotz ihrer Religion und deren Irrtümer, aber auch *vermittels ihrer Religion und deren heilsbedeutender Grundelemente*" (aaO.233; Hervorh. v. mir).

[76] RUOKANEN, Doctrine 117, zielt auf eine solche Bestimmung der nichtchristlichen Religionen, wenn er im Blick auf das Konzil bemerkt: „The idea of sacramentalism was not extended to the Conciliar understanding of non-Christian religions, at least it was not implemented *expressis verbis*. On the other hand, there is no explicit refusal to extend the idea of sacramental universal grace to other religions". Damit geht er weiter als KEHL, Kirche 417-419, der eine „sakramental-eschatologische" Qualität allein der Kirche zuschreibt, die das Ziel aller Heilswege in der Welt realsymbolisch vermittelt. Allenfalls anderen christlichen Kirchen und kirchlichen Gemeinschaften, die er mit Hilfe einer Zusammenschau von UR und LG 14-16 in das Bild der konzentrischen Kreise einzeichnet, spricht er noch mögliche „sakramentale Strukturelemente" zu.

[77] Vgl. DV 2 und 4 in Anlehnung an und in Ausweitung von Hebr 1,1-2. Dabei ist es für das Konzil keine Frage, daß die Offenbarung ihren Höhepunkt und ihre endgültige Gestalt in Christus erreicht. Vgl. dazu AMSTUTZ, Allgegenwart 82-85; KESSLER, Religionstheologie 166: „Alle Geschichte ist potentielles Medium der offenbarenden und erlösenden Aktivität Gottes [...]. Nach christlicher Sicht ist die Selbstoffenbarung Gottes *konzentriert* in der Person Jesu, aber nicht auf sie begrenzt".

der Wirklichkeit Gottes ansichtig werden – auch außerhalb des biblischen Zeugnisses.[78]

Und doch: Soweit sie sich als christliche verstehen wollen, können alle religionstheologischen Verhältnisbestimmungen nicht darauf verzichten, aus der Perspektive des Christusbekenntnisses auf die Vielfalt der Religionen zu schauen. Sie werden daran festzuhalten haben, daß in Leben und Geschick Jesu Gott sich in endgültiger, für alle Menschen bedeutsamer Weise gezeigt hat. Denn anders – so die erkenntnistheoretische Einsicht – ist die Einheit des eigenen Weltverstehens, ohne die dieses unmöglich wäre, nicht zu sichern.

Deshalb sind bereits aus erkenntnistheoretischen Gründen jene Kritiker der pluralistischen Religionstheologie im Recht, die auf die im Christusbekenntnis erschlossene und in ihrer unbedingten Verbindlichkeit erkannte Wahrheit verweisen. Sie stehen dafür ein, daß anders denn in einem Verstehen, das vom Bekenntnis ausgeht und auf es hinzielt, das Verhältnis zu den anderen Religionen für die christliche Theologie nicht zu bestimmen ist.[79]

Sie werden aber problematisch, wenn sie nicht auch ihre eigene Position, ihre Wahrheitsansprüche und deren Geltungsgrund wie Verantwortung noch einmal kritisch befragen lassen.[80] Ohne eine solche gegenseitige Prüfung, ohne

---

[78] Die hier vorgelegten Bestimmungen des Offenbarungsbekenntnisses verstehen sich durchaus als Erfüllung der von TÜRK, Konzil 27, formulierten Aufgabe: Man muß „in einem *noch mehr zu klärenden Sinne* schon von Offenbarung und Gnade reden, wo neben dem Unzulänglichen und Bösen überhaupt etwas Richtiges und Gutes erscheint" (Hervorh. v. mir). Vgl. auch WALDENFELS, Einführung 155-163, vor allem aber BÜHLMANN, Gott 186-196. BÜHLMANN, aaO.195, kommt – nach der kritischen Einschränkung jedes substanzontologischen Offenbarungsverständnisses (vgl. aaO.189: Man kann als Antwort auf die Frage nach der Wirklichkeit der Offenbarung „keine Seinsaussage, sondern nur eine Glaubensaussage machen") und dem Überblick über die neuere offenbarungstheologische Diskussion – zu dem Schluß: „Bei allen Unterschieden zwischen biblischer und nicht-biblischer Offenbarung [...] können wir historische, übernatürliche, kategoriale Offenbarung bei den nichtchristlichen Religionen keineswegs mehr zum voraus ausschließen". Dabei hält er daran fest, daß Christen diese Offenbarungen in den Religionen allein von der Christusoffenbarung her verstehen und bewerten können (vgl. aaO.206-216).

[79] So – neben zahlreichen anderen – SCHEFFCZYK, Absolutheit 337f.; RATZINGER, Lage 368f; GÄDE, Gott 67f.; KÜNG, Theologie 79; WALDENFELS, Einführung 168; PANNENBERG, Religionen 133; HILBERATH, Absolutheitsanspruch 131. Auch Barths Verdikt gegen die Religionen ist hier einzuordnen: Vgl. BERNHARDT, Absolutheitsanspruch 162f.

[80] Zur entsprechenden Kritik an Barth vgl. BERNHARDT, Absolutheitsanspruch 169f. SCHEFFCZYK, Absolutheit 338, der die Absolutheit des Christentums erhebbar sieht „aus dem Grunde des Gott-Mensch-Seins Jesu Christi [...], welcher *der Absolute* ist", fordert die Erhebung und Anwendung von Kriterien für das „Anwesen des Absoluten" (aaO.340), ohne allerdings die Möglichkeit und Begründung dieser Kriterien näher einzugehen. RATZINGER, Lage 369, weist die Zuständigkeit der Erkenntnistheorie in der Tradition Kants für eine kritische Verantwortung des Bekenntnisses ausdrücklich zurück. GÄDE, Gott 69, dagegen deutet zumindest an, daß die Wirklichkeit der Offenbarung allein im Glauben ansichtig wird. Doch geht diese erkenntnistheoretische Grundeinsicht nicht in seinen religionstheologischen Entwurf ein. Dies gilt, soweit ich sehe, auch für seine ausführliche Habilitationsschrift. Gäde versteht seine kritische Abwehr der pluralistischen Religionstheologie ausdrücklich als christlich-religionstheologischen Entwurf (vgl. GÄDE, Religionen 27). Dieser verdankt sich wesentlich der Theologie Anselms und deren modifizierender Aufnahme durch P.Knauer. Jede Religion, so Gäde, müsse sich messen lassen am strengen Begriff Gottes, d.h. an der absoluten Transzendenz Gottes. Allein die christliche Trinitätstheologie aber sei

die Verantwortung des eigenen Standpunktes ist ein interreligiöser Dialog nicht denkbar. Und so wird ein zur Verantwortung seiner selbst bereites inklusivistisches Weltverstehen zu jener doppelten Einsicht kommen müssen, die bereits ausführlich erarbeitet wurde: Es wird sich – erstens – erweisen müssen und verstehen können als legitime Gestalt des Unbedingten, als bekennende Antwort, in der das Wort Gottes allererst zu vernehmen ist; doch die Reflexion auf die Möglichkeit einer solchen Antwort wird – zweitens – deren unhintergehbare Bedingtheit zutage fördern. Ein verantworteter Inklusivismus wird ein seiner eigenen Kontingenz bewußter sein. Im Wissen, daß anders als in einer inklusivistischen Weise menschliches Weltverstehen gar nicht erst möglich wäre, wird er beide genannten Einsichten zusammenhalten: Er wird sich als notwendig bedingte, gleichwohl in ihrer Geltung begründete Gestalt des Unbedingten verstehen.[81]

---

in der Lage, Offenbarung so zu denken, daß sie diesem Begriff Gottes nicht widerspricht. Nur von ihr her lasse sich deshalb auch in anderen Religionen von Offenbarung reden: vom Zur-Wirklichkeit-Kommen Gottes in der Welt. Erneut betont Gäde: „Den Gegenstand des Glaubens, näherhin die Wirklichkeit Gottes, kann man nur im Glauben 'haben'. Denn Gott begegnet nicht dem Unglauben!" (GÄDE, Religionen 363). Um so mehr verwundert es, daß er diese Einsicht nicht nochmals zur kritischen Besinnung auf die Wirklichkeitsbehauptung des christlichen Offenbarungs- und Trinitätsbekenntnisses anwendet. PANNENBERG, Religionen 132, schließlich bezieht die Bedingtheit menschlicher Erkenntnis der im Bekenntnis festgehaltenen Wahrheit explizit in seine Überlegungen mit ein.
Der Ausfall einer entsprechenden erkenntniskritischen Reflexion stellt auch den entscheidenden Mangel des – in theologischer Perspektive zweifellos weiterführenden – Beitrags zum interreligiösen Dialog dar, den Stubenrauch vorlegt. Der theologische Grundgedanke Stubenrauchs knüpft an die Glaubensüberzeugung von der in Christus offenbar gewordenen Kenosis Gottes an: „Als kenotisch auf die ganze Schöpfung bezogener und sie im Ganzen rettender Seinsgarant verzichtet der sich in der Auferstehung Jesu offenbarende Gott für einen Großteil der Menschheit auf seine Epiphanie in worthafter Wahrheit. Dafür ermöglicht er die Erfahrung alternativer Verlautbarungen seiner Heilsinitiative, indem er die *offenbare* Fülle der Wahrheit an die Geschichte bindet und sich einem Prozeß unterstellt, der erst am Ende der Zeit zur Vollendung kommt" (STUBENRAUCH, Dogma 43). Für das interreligiöse Gespräch fruchtbar kann die Rede von der Kenosis Gottes aber erst werden, wenn sie selbst noch einmal fundamentaltheologisch und erkenntniskritisch verantwortet wird. Wo dies, wie bei Stubenrauch, nicht geschieht, bleibt der Verdacht bestehen, daß es sich hier um eine rein apodiktische Wahrheitsbehauptung handelt.
[81] WERBICK, Pluralismus 153, benennt eine solche Option als „aufgeklärten Inklusivismus". Es ist, so WERBICK, Heil 49, für ein christliches Verstehen unverzichtbar, auf die unbedingte Wahrheit des Christusbekenntnisses zu setzen. Von ihr her hat der Streit um die Wahrheit zu beginnen. Zugleich aber gilt: „Will ich die andere Option wirklich *als andere* ernstnehmen [...], so *muß* ich mich auf perspektivenübergreifende Wahrheitskriterien beziehen, die ich für mich als verbindlich anerkenne, deren Verbindlichkeit mich zwingt, die Optionen der anderen nicht einfach nur als faszinierende Phänomene anzuschauen, sondern sie als Infragestellung zuzulassen". Doch die Berufung auf diese perspektiven-übergreifenden Wahrheitskriterien ist selbst noch einmal zu problematisieren: „Vorausgesetzt habe ich [...] die *eine* Vernunft, den Kohärenzanspruch der Vernunft. Allerdings ist meine Voraussetzung deshalb revisionsbedürftig, weil ich die *eine* Vernunft, die allumfassend sein soll, doch als *meine* – partikulare – Vernunft vorausgesetzt habe – als immer noch unvernünftige, weil eben nicht wirklich allgemeingültige Vernunft. Das erweist sich in der selbstkritischen Begegnung mit dem anderen, sofern ich auf die Begrenztheit meiner Begegnungsfähigkeit aufmerksam werde" (beide Zitate WERBICK, Pluralismus 155).

II. Herausfordernde Vielfalt:
Das Christusbekenntnis und die Religionen

Die Auseinandersetzung mit der pluralistischen Religionstheologie und die Anknüpfung an das Zweite Vatikanum haben die Ergebnisse des Dialogs mit Cassirer bewähren und fortführen können. Die symbolische Form des Christusbekenntnisses kann und muß sich verstehen als bedingte Gestalt des Unbedingten. Allein in einem kontingenzbewußten Inklusivismus vermag es die Welt und die anderen Religionen angemessen zu erfassen. Nachdem diese Bestimmungen erreicht sind, läßt sich die Frage nicht länger zurückstellen, welche Konsequenzen ein so gewonnenes Selbstverständnis für die Optionen hat, mit denen sich das Christusbekenntnis dem interreligiösen Dialog stellt. Auch sie läßt sich allerdings – zumindest im Rahmen dieser Arbeit – nicht erschöpfend beantworten. Deshalb geht es in dem nun folgenden Schlußkapitel allein darum, die aus den erreichten Ergebnissen resultierenden Möglichkeiten für ein christliches Selbstverständnis angesichts der Vielfalt der Religionen anzudeuten.

Nur unzureichend, so wird eingangs deutlich werden, wurden bisher die Motivationen herausgestellt, die das Christusbekenntnis zum Dialog mit den anderen Religionen bewegen. Vor dem Hintergrund ihrer genaueren, nicht zuletzt theologischen Bestimmung werden sich weitere Orientierungen für die angezielte Auseinandersetzung erheben lassen (1.). Sodann gilt es, einen scheinbar naheliegenden Versuch, der Bedingtheit des Christusbekenntnisses Rechnung zu tragen, kritisch zu prüfen: Die Reduktion christologischer Bekenntnisinhalte und mit ihnen verbundener Geltungsansprüche wird sich dabei als unvereinbar mit dem zentralen Gehalt christlichen Glaubens erweisen (2.). Um so wichtiger ist daraufhin der Nachweis, daß eine solche Reduktion auch nicht notwendig ist, um in der geforderten Offenheit in das Gespräch mit den anderen Religionen einzutreten. Er aber erfordert eine differenzierte Betrachtung jener fremden Weisen des Weltverstehens, die ja nicht als einheitliche Ganzheit dem Christentum gegenüberstehen. Wo die notwendige Unterscheidung getroffen wird, tritt eine bemerkenswerte Parallele zutage: Die Vielfalt der Religionen steht offenbar in einem unmittelbaren Zusammenhang mit den zahlreichen Voraussetzungen, die nicht zwangsläufig gegeben sind, aber gegeben sein müssen, um zum Christusbekenntnis zu gelangen. Diese Beobachtung darf nicht nur als weiteres Indiz für die Angemessenheit der erreichten Einsichten gewertet werden, sondern öffnet auch die Möglichkeit für eine Begegnung mit den fremden Religionen, in denen sich die Entschiedenheit für den eigenen Standpunkt mit der Offenheit für das Fremde verbindet (3.). Abschließend wird eine Zielperspektive für den Dialog zu entwerfen sein: Das Bild eines inklusivistischen Verstehens, dem die Bevormundung oder gar Einverleibung der anderen Religionen fremd ist (4.).

1. Auf die Freiheit verpflichtet: Der christliche Wahrheitsanspruch

Die bisherigen Überlegungen dieses Schlußteils meiner Arbeit setzten die Begegnung der Religionen als Faktum voraus und nahmen von dieser Gegebenheit ihren Ausgang. Gleiches gilt für eine Vielzahl von religionstheologischen Denkversuchen, nicht zuletzt für die entsprechende Konzilserklärung: Nach den Gründen für die Beteiligung des Christentums am interreligiösen Gespräch befragt, verweisen sie auf die aktuelle Situation. Sehen sich doch die Kirche, aber auch die einzelnen Glaubenden weit stärker als in früheren Zeiten konfrontiert mit der Gedankenwelt und Lebensweise, nicht zuletzt mit den Wahrheitsansprüchen und kritischen Anfragen anderer Religionen.[82] Falls angesichts dessen die Wahrheit des Christusbekenntnisses nicht lediglich apodiktisch behauptet werden soll, gilt es sie in Auseinandersetzung mit jener Kritik zu verantworten – ähnlich wie vor den autonomiebewußten Anfragen der neuzeitlichen Philosophie oder anderen, beispielsweise naturwissenschaftlichen Weisen des Weltverstehens.[83] Zum Erfolg wird ein auf solche Verantwortung zielender Dialog nur führen, wenn er sich auf Kriterien verpflichtet, die ihn zu leiten vermögen. Sie benennen zu können, war eine wesentliche Frucht der Rezeption von Cassirers Philosophie.

Der Wert einer derartigen Situationsvergewisserung für ein menschenwürdiges Zusammenleben der Angehörigen verschiedener Religionen soll in keiner Weise bestritten werden. Und doch bedarf sie einer kritischen Ergänzung. Denn wären die gegenwärtigen Umstände das einzige Motiv, sich christlicherseits dem Dialog mit den anderen Religionen zu stellen, ließe sich der Verdacht nicht ausräumen, die Dialogpflicht sei dem Christentum von außen auferlegt, werde allenfalls mehr oder weniger bereitwillig akzeptiert. Deshalb ist es unverzichtbar, jene dem Bekenntnis selbst impliziten Ansprüche zu erinnern, die das Gespräch mit den anderen als eine dem Glauben eigene Pflicht erkennen lassen.[84]

Zentraler Inhalt des Christusbekenntnisses ist die Überzeugung von der Unbedingtheit der Liebe Gottes – eine Überzeugung, die, wie etwa das Apathie-Axiom der antiken Gotteslehre zeigt, nicht notwendig mit dem Begriff Gottes

---

[82] Vgl.o. S. 277, Anm. 67. BSTEH, Kirche 53-55, sieht diese rein aktuelle Situierung theologisch aufgehoben im Bewußtsein der Sakramentalität der Kirche, die durch die hier initiierte Öffnung auf die Welt hin in ihre volle Geschichtlichkeit eintritt. Bsteh kommt zu dieser Bewertung der Konzilstexte, indem er die Erklärung zu den Religionen ganz von der Pastoralkonstitution „Gaudium et spes" her liest.
Zur in der aktuellen Situation wurzelnden Motivation religionstheologischer Entwürfe vgl. z.B. KNITTER, Absolutheitsfrage 87; ders., Gott 18-25; BERNHARDT, Absolutheitsanspruch 9-13; STUBENRAUCH, Dogma 13f.; ESSEN, Wahrheit 130.
[83] Vgl. KASPER, Wahrheitsverständnis 171f. ZIRKER, Islam 24, gibt den bemerkenswerten Hinweis, daß die Verantwortung des Glaubens vor religionskritischen Anfragen und der interreligiöse Dialog sich einander unterstützen und weiterbringen können. Einen ähnlichen Gedanken formuliert für die Begegnung zwischen Judentum und Christentum bereits BUBER, Glaubensweisen 175-178.
[84] Vgl. dazu bereits oben A.I.1, S. 17ff.

gegeben ist.[85] Ziel der liebenden Zuwendung Gottes zum Menschen, so das christliche Bekenntnis, ist jene unbedingte Anerkennung, in der dem Menschen die Erfüllung seiner Freiheit, das Heil geschenkt wird. Diese Zuwendung als unbedingt zu glauben bedeutet, von der Universalität des Heilswillens Gottes überzeugt zu sein.[86] Wie aber, so muß der Glaube und erst recht die ihn reflektierende Theologie daraufhin fragen, soll dieser Heilswille zum Ziel kommen angesichts der vielen, die dem Christusbekenntnis nicht zustimmen können? Unfähig dazu ist ja nicht nur jene überwiegende Mehrheit der Menschen, die nie von Christus hörte und hören wird.[87] Zu vergessen sind auch die nicht, denen es ihr Gewissen verbietet, das Christusbekenntnis zu teilen, weil sie sich der eigenen, verantworteten Tradition verpflichtet wissen.[88] Es widerspräche der Hoffnung, daß Gott sein Heil den Menschen nicht nur schenken will, sondern auch schenken wird, wollte die Kirche in der Begrenztheit ihrer Verkündigung lediglich ein fatales Verhängnis, im Unvermögen, sich zu Christus zu bekennen, nichts als sündige Verstockung sehen. Deshalb wird sie nicht nur bei den einzelnen Menschen, sondern auch in den fremden Religionen eine Hinordnung auf den Heilswillen Gottes zu entdecken suchen.[89] Im Dialog wird sie bemüht sein, zu erkennen und anzuerkennen, „was in diesen Religionen wahr und heilig ist",[90] die anderen Weisen religiösen Weltverstehens zu deuten als eigene Versuche, der Zuwendung Gottes zu antworten. Weil die Pflicht, in dieser Weise die Begegnung mit den anderen zu suchen, im Christus-

---

[85] „Was den monotheistischen Religionen in ihrem Gottesgedanken das Wesentlichste ist, kann nicht ohne weiteres in den Gottesgedanken der Metaphysik eingehen: Gott ist Weltschöpfer und in seiner Unendlichkeit wesentlich Intelligenz oder Person, und zwar: a. in seiner unendlichen Einheit von Verstand und Wille, b. ein Wille, der um den Menschen besorgt ist, so daß sich ihm der Mensch in Leid, Schuld und Dank zuwenden kann" (HENRICH, Begründung 13).
Diese Bruchstelle zwischen philosophisch-metaphysischem und theologischem Gott-Denken tritt zutage, wenn in theologischem Interesse philosophisch so argumentiert wird wie etwa von Leibniz in seiner Theodizee: Weil sich ohne die Überzeugung von der Güte Gottes die Theodizeefrage gar nicht erst stellt, der Begriff Gottes aber dessen Güte nicht notwendig impliziert, muß Leibniz voraussetzen, daß Gott unbedingt das Gute will (vgl. LEIBNIZ, Theodizee I,7; zur Überzeugung von der Güte Gottes als Voraussetzung der Theodizeefrage vgl. PRÖPPER, Beitrag 302f.).
[86] Vgl. BSTEH, Kirche 62-65.
[87] Vgl. die entsprechenden Aussagen des II. Vatikanum, z.B. LG 16.
[88] Vgl. dazu MUSSNER, Traktat 310-335. Mussner kann deutlich machen, daß und warum sowohl die jüdischen Zeitgenossen Jesu wie heutige Jüdinnen und Juden aus Treue zu ihrer Tradition die Zustimmung zum Christusbekenntnis verweigern.
[89] Die klassischen Versuche, diese Zuordnung zu denken, reichen von der Annahme einer „Uroffenbarung" (die z.B. von HENNINGER, Polytheismus 599, noch als „theologisch feststehende Tatsache" bezeichnet wird) über die bereits erwähnten Modelle natürlicher Theologie und Gotteserkenntnis (vgl.o. S. 278, Anm. 71) bis zur Vorstellung von der Begierdetaufe (vgl. WALDENFELS, Fundamentaltheologie 395) und der Funktionalisierung fremder Religionen für eine „praeparatio evangelii" (die aber, wie ZIRKER, Islam 43, zu Recht moniert, spätestens im Blick auf Religionen kaum überzeugen kann, die – wie der Islam – aus der Wirkungsgeschichte des Christentums entstanden sind). Zum Überblick über diese Versuche sowie ihre modifizierte Aufnahme in neueren religionstheologischen Entwürfen vgl. TÜRK, Konzil 18-28; RUOKANEN, Doctrine 11-35; BERNHARDT, Absolutheitsanspruch 94-123.
[90] NA 2.2.

bekenntnis selbst gründet, kann es nicht darum gehen, dieses um des Dialogs willen zu verlassen. Vielmehr gilt es, an ihm entschieden festzuhalten. Daß die Begegnung und die Konfrontation mit den anderen heute leichter als je, ja unumgänglich ist, wird dann nicht länger als ungeliebte Last zu verstehen sein – weit eher als Kairos, der ungeahnte Möglichkeiten eröffnet, vom befreienden Inhalt des eigenen Bekenntnisses Zeugnis zu geben.[91]

Doch nicht nur *daß*, sondern auch *wie* das Christusbekenntnis im Dialog mit anderen Religionen für seine Wahrheit einzutreten hat, läßt sich aus einer kritischen Selbstreflexion erhellen. Die Begegnung mit den anderen findet ihr Maß in der Weise, in der die Begegnung Gottes mit den Menschen geglaubt wird: nicht als fesselnde Vereinnahmung, nicht als gewaltsame Forderung, sondern als freilassende Einladung. In dieser Zuwendung schenkt Gott allererst die Freiheit, in der ihr zugestimmt, in der sie aber auch abgewiesen werden kann. Die Verkündigung des Bekenntnisses zu dem Gott, der sich in dieser Weise geoffenbart hat, wird in ihrer Form dem verkündeten Inhalt zu entsprechen haben. Sie darf nicht anders denn freilassend, wo nötig allererst freiheitseröffnend vom Wort Gottes sprechen, auf das zu antworten sie einlädt.[92]

Den im Bekenntnis wurzelnden Auftrag zur Verkündigung des Christusbekenntnisses, die in der Weise ihres Vorgehens dem Gehalt ihrer Botschaft stets gerecht zu werden hat, gilt es zu übernehmen: Und dies, wie die bisherigen Überlegungen fordern, in Form eines unhintergehbar inklusivistischen Verstehens der anderen und im Bewußtsein, nicht anders denn als bedingte Gestalt des Unbedingten den Anspruch auf Anerkennung erheben zu können.

2. Christologische Reduktion: Eine Hilfe für den Dialog?

Wie alle anderen sinnlichen Zeichen entbehren auch Leben und Geschick Jesu – bei aller Überzeugungskraft – einer zwingenden Eindeutigkeit. Es ist nicht zu beweisen, daß in diesem Menschen Gott selbst sich geoffenbart hat. Vielmehr, so wurde deutlich, verdankt sich das Christusbekenntnis einer Vielzahl von Bedingungen: allen voran der direkten oder durch das Zeugnis vermittelten Begegnung mit dem Mann aus Nazareth, sodann spezifischen Verstehensvoraus-

---

[91] Vgl. BÜHLMANN, Gott 196, der dort – wie in all seinen Werken – die Chancen der gegenwärtigen Situation mit besonderem Nachdruck hervorhebt.
[92] Vgl. NA 5.1: „Wir können aber Gott, den Vater aller, nicht anrufen, wenn wir irgendwelchen Menschen, die ja nach dem Ebenbild Gottes geschaffen sind, die brüderliche Haltung verweigern. Das Verhalten des Menschen zu Gott dem Vater und sein Verhalten zu den Menschenbrüdern stehen in so engem Zusammenhang, daß die Schrift sagt: 'Wer nicht liebt, kennt Gott nicht' (1 Jo 4,8)". Die hier anerkannte Freiheit des Menschen erstreckt sich nach Überzeugung des Konzils auch auf die Freiheit der Religionsausübung (DH 2). Diese Freiheit, die die Kirche auf gesellschaftlicher Ebene einfordert, darf aber nicht als Verabschiedung der Wahrheitsfrage mißdeutet werden. Vgl. BSTEH, Kirche 59. Das genaue Verhältnis von Wahrheit und Freiheit ist damit noch nicht bestimmt, sondern allererst problematisiert. Vgl. auch ESSEN, Wahrheit 138.

setzungen und schließlich dem in der Freiheit gründenden Entschluß, ihn so und nicht anders zu verstehen. Muß nicht diese Bedingtheit des Christusbekenntnisses, ist sie erst einmal erkannt und anerkannt, ihren Niederschlag finden in den christologischen Aussagen selbst? Muß vor dem Hintergrund dieser Einsicht nicht um der Redlichkeit willen darauf verzichtet werden, von einer unbedingten Bedeutung Jesu zu sprechen, um daraufhin auch den Anspruch auf die universale Anerkennung und Übernahme des Christusbekenntnisses aufgeben zu können?

Zahlreich – auch, aber nicht nur innerhalb der pluralistischen Religionstheologie verbreitet[93] – sind Vorschläge, die diese Konsequenz ziehen. Im Zentrum ihrer Kritik stehen meist die Theologumena der Inkarnation und der chalcedonensischen Christologie, also die Rede von der Gottheit und Menschheit Jesu.[94] Zwar seien diese Versuche, die Bedeutung Jesu zur Sprache zu bringen, in der Zeit ihrer Entstehung möglicherweise angemessen gewesen. Doch die substanzontologischen Implikationen solcher Rede, die Überzeugung, hier nicht nur über die Bedeutung, sondern auch über das Sein Christi unbedingt Gültiges auszusagen, zwängen dazu, heute auf sie zu verzichten. Allenfalls ihre „mythologische Wahrheit", ihre Fähigkeit, den Menschen in ein angemessenes Verhältnis zum Absoluten zu führen, sei noch zuzugestehen.[95] Als Aussagen über die Wirklichkeit des Absoluten selbst, die zu sein sie lange beanspruchten, aber dürften die christologischen Formeln nicht länger verstanden werden. Mit dieser Forderung wollen die Kritiker der klassischen Christologie weder das Recht, von einer Offenbarung zu sprechen, noch die zentrale Bedeutung des Offenbarungsbekenntnisses für die Christen bestreiten. Doch indem sie eine solche Rede ganz auf die Ebene des Bedeutens reduzieren und den von ihr behaupteten Wirklichkeitsbezug kritisch zurückweisen,[96] sehen sie den Raum

---

[93] Neben den entsprechenden Ansätzen der pluralistischen Theologie, die im folgenden Beachtung finden werden, ist vor allem an die Auseinandersetzungen um die Christologie im christlich-jüdischen Dialog zu denken, die sich von pluralistischen Optionen in der Regel entschieden distanzieren. Vgl. dazu WYSCHOGROD, Christologie 9; KOSCH, Jesus 76. Kritisch zu entsprechenden Ansätzen bei Marquardt, der sich zugunsten einer relational-funktionalen Christologie einer radikalen Metaphysik-Kritik verschreibt, vgl. HEGSTAD, Erlöser. Einer christologischen Reduktion verweigert sich z.B. KLAPPERT, Mose 638-640, ohne das festzuhaltende Ziel zu verraten, eine Christologie ohne anti-jüdische Konnotationen zu entwickeln.

[94] Vgl. HICK, Religion 173f.; SCHMIDT-LEUKEL, Vielfalt 38-46; RACE, Christus; KNITTER, Gott 101-152; ders., Dialog 609; OGDEN, Religion 97-100. Eine sehr prägnante Zusammenfassung der verschiedenen Reduktionsversuche gibt BERNHARDT, Deabsolutierung 151-184. Nicht nur seiner Darstellung, sondern auch den wesentlichen Inhalten seiner Kritik schließe ich mich im folgenden weitgehend an.

[95] Vgl. HICK, Religion 399f.; ausführlich SCHMIDT-LEUKEL, Theologie 493-576.

[96] Diese Reduktion wird am deutlichsten, wenn KNITTER, Gott 223f., die Bekenntnissprache mit der Sprache Liebender gleichsetzt – und damit ihren propositional-kognitiven Charakter einschränken will (kritisch dazu WERBICK, Heil 30f., und BERNHARDT, Deabsolutierung 131f.). HICK, Religion 189-198, und Gotteserkenntnis 73, stellt dagegen den Wirklichkeitsbezug religiöser Rede heraus: „Innerhalb jeder religiösen Tradition sehen wir das Objekt unserer Verehrung oder Kontemplation als real an" (ders., Gotteserkenntnis 73). Doch seine bereits kritisierte Weigerung, die Rede vom

geöffnet für die Anerkennung anderer Religionen. Denn, so die Argumentation, wenn nicht länger davon die Rede sei, daß Gott in Christus Mensch wurde, der Mensch Jesus Gott ist, wenn hier allein eine Form des Bezugs auf die nicht faßbare Wirklichkeit vorliege, dann müsse nicht länger auf der exklusiven Bedeutung Jesu bestanden werden, dann könnten auch andere Weisen dieses Bezugs als gleichwertig und gleichberechtigt neben dem Christusbekenntnis stehen.[97] Auch deren Bekenntnissen kann „mythologische Wahrheit" zukommen, auch sie sind als Bedeutungs-, nicht als Wirklichkeitsaussagen zu qualifizieren. Zumindest auf den ersten Blick scheint es, als könne eine solche Reduktion christologischer Wahrheitsansprüche den Dialog mit anderen Religionen vereinfachen, als ließe sich auf diese Weise das Christusbekenntnis mit der Anerkennung anderer Religionen verbinden. Doch statt nach den möglichen Auswirkungen einer solchen Neuformulierung der Christologie auf das interreligiöse Gespräch zu fragen, gilt es zuallererst, sie kritisch auf ihre Möglichkeit, d.h. auf ihre Vereinbarkeit mit dem Kerngehalt des Christusbekenntnisses, zu prüfen.

Gottes unbedingte Liebe gilt der Welt und dem Menschen, in seiner liebenden Zuwendung ist Gott er selbst. Dies ist die zentrale Einsicht, zu der das Christusbekenntnis gelangt. Und es sieht Leben und Geschick Jesu als jenes – selbst unvermeidlich kontingente – Geschehen an, in dem die Unbedingtheit der Liebe Gottes Wirklichkeit wird und auf Antwort drängt. Im Nachdenken über die Möglichkeitsbedingungen und die Implikationen einer solchen Offenbarung entwickelten und entwickeln sich die christologischen Aussagen. Sie suchen die unbedingte Bedeutung der Wirklichkeit Gottes und seiner Offenbarung in Christus zur Sprache zu bringen. Dabei kommt alles darauf an, diese Wirklichkeit nicht in der reinen Bedeutung eines Ereignisses aufgehen zu lassen, sondern sie bekennend festzuhalten und im Bekenntnis zu erkennen.[98] Nur wenn und weil Gott die Liebe *ist* und sich in Christus zeigte, nicht weil einem

---

Wirklichen nochmals an dieser Wirklichkeit bzw. der Idee von ihr zu messen, führt dazu, daß der Bezug dieser Rede zum „Real an sich" ungeklärt bleibt und damit der Beliebigkeit ausgeliefert wird (vgl. o. S. 273, Anm. 43).

[97] Klassisch wurde Hicks Formulierung, daß Jesus zwar „totus deus", nicht aber „totum dei" sei (vgl. HICK, God 159). Ähnlich auch KNITTER, Dialog 609f.; SCHMIDT-LEUKEL, Vielfalt 44f.

[98] KASPER, Wahrheitsverständnis 172: „Die Reduktion der Heilswahrheit auf eine Bedeutsamkeit, welche nicht nochmals in der Wahrheit der Wirklichkeit selbst begründet ist, setzt die Heilswahrheit wehrlos dem Illusions- und Ideologieverdacht aus". Vgl. auch PRÖPPER, Beitrag 312f.; ESSEN, Aneignungsprobleme. Auch Essen weist – darin mit den genannten pluralistischen Theologen einig – die Notwendigkeit auf, die hellenistisch geprägten Versuche der frühen Konzilien, dem Christusereignis gerecht zu werden, heute zu reformulieren, ihre zeitgebundene Ausdrucksgestalt zu überwinden. Doch er diskreditiert sie nicht mit dem Hinweis auf ihre prinzipielle Unvereinbarkeit mit dem biblischen Denken, sondern versucht, ihre gültig bleibende Aussageabsicht zu erheben, die gerade auf die fragliche Wirklichkeit der Offenbarung zielt. BERNHARDT, Deabsolutierung 162-165, kann deshalb zeigen, daß zahlreiche Rückbezüge der pluralistischen Religionstheologie auf Einsichten der frühen Kirche einer Überprüfung nicht standhalten, weil sie diesen Wirklichkeitsbezug ausklammern.

Ereignis die Bedeutung zugeschrieben wird, Zeichen einer – möglichen – unbedingten Liebe zu sein, kann an ihn geglaubt und auf ihn gesetzt werden. Darin liegt, wie sich zeigte, die unverzichtbare Eigenart religiösen, also auch christlichen Weltverstehens: Die Frage nach der Wirklichkeit dessen, auf den sich alle Deutungen beziehen, kann weder für irrelevant erklärt noch offengehalten werden, sondern muß ihre Antwort im Bekenntnis finden.

Selbstverständlich bleiben alle Versuche, die dem Glauben ansichtig gewordene Wirklichkeit zu erfassen und auszudrücken, vielfach bedingt und deshalb defizitär. Selbstverständlich muß, in Aufnahme der Optionen einer kontextuellen Theologie, stets neu um die jeweils angemessenste Sprachgestalt gerungen werden.[99] So wird auch den skizzierten Kritikern klassischer Christologie in ihrer Zurückweisung substanzontologischer Bestimmungen zuzustimmen sein.[100] Vor dem Hintergrund neuzeitlicher Erkenntniskritik gilt es in der Tat, die Begrenztheit aller menschlichen Wirklichkeitserfassung anzuerkennen und sich ihrer auch hinsichtlich christologischer Aussagen bewußt zu bleiben. Doch bliebe eine theologische Reflexion hinter der gläubigen Erkenntnis der bedeutsamen Wirklichkeit, die das Christusgeschehen darstellt, zurück, wenn sie auf die Aussage verzichtete, daß in jener historischen Gestalt Gott selbst sich offenbart hat, seine liebende Zuwendung zur Welt Wirklichkeit wurde und Antwort fordert.[101] Die vorgeschlagenen Reduktionen christologischer Aussagen sind deshalb um des wesentlichen Gehalts des Christusbekenntnisses willen zurückzuweisen.[102]

Allerdings muß sich auch diese kritische Argumentation gegen eine Reduktion der Christologie selbst noch einmal auf ihre Reichweite prüfen lassen. Sie kann begründen, warum die Reflexion auf das Christusbekenntnis eine Sprache finden muß, in der nicht nur die unbedingte Bedeutung des Geschehens, auf das sie sich bezieht, sondern auch die Wirklichkeit Gottes und seiner Offenbarung in diesem Geschehen ausgedrückt werden kann. Sie kann aber nicht ausschließen, daß Gott sich auch in anderen, gleichermaßen adäquaten Gestalten zeigen und seine unbedingte Liebe in ihnen wirklich werden kann. Eine Freiheitsanalyse, die Möglichkeit und Notwendigkeit einer

---

[99] Vgl.o. S. 104ff. Die in der oben kurz skizzierten Debatte erreichten Einsichten finden sich präzise zusammengefaßt bei BERNHARDT, Deabsolutierung 184-186.

[100] Zu erinnern wäre nicht nur an Cassirers frühe Kritik des antiken Substanzbegriffs. Theologisch wirkungsvoll war die Aporetisierung der Zwei-Naturen-Lehre durch PANNENBERG, Grundzüge 291-334, und Theologie II,406-440. Auch wenn man Pannenbergs Lösungsvorschlag nicht teilt, weil auch in ihm nicht ausreichend geklärt ist, wie die Einheit zwischen dem ewigen Logos und dem Menschen Jesus von Nazareth, der ganz dem Vater gehorsam war, gedacht werden kann, bleibt der Kern von Pannenbergs Kritik an einer substanzontologischen Fassung der Zwei-Naturen-Lehre davon unberührt.

[101] Hier greift auch der Vorschlag von OGDEN, Religion 99f., zu kurz: Er will das Christusereignis als rein „repräsentatives" Erscheinen der Liebe Gottes gedeutet wissen, deren Wirklichkeit von dieser Erscheinung aber unabhängig ist. „Denn Liebe, auch die Liebe Gottes zum Menschen, kann für den, den sie meint, überhaupt Wahrheit nur werden, wenn sie *geschieht*" (PRÖPPER, Beitrag 308).

[102] Vgl., unter Rückbezug auf Kasper, PRÖPPER, Prinzip 167.

symbolischen Vermittlung frei geschenkter Anerkennung aufdeckt, wird zumindest offenhalten müssen, ob nicht ein Liebender seiner Liebe mehrere, in ihrem Ernst und ihrer Aussagekraft gleichwertige Ausdrucksformen gibt.

Doch kann auch christliche Theologie, die vom Christusbekenntnis ausgehende Reflexion, eine mögliche Vielfalt von gleichermaßen angemessenen Offenbarungsgestalten für möglich halten und gar anerkennen? In jedem Fall wird sie eine solche Anerkennung an präzise bestimmte Kriterien binden: Versteht sie doch das Christusgeschehen im strengen Sinne als *Selbstoffenbarung*[103] Gottes. Die in ihm sich verwirklichende Liebe ist nicht eine Eigenschaft Gottes neben anderen, nicht eines seiner Gesichter unter vielen möglichen: Er selbst wird als diese unbedingte Zuwendung geglaubt. Daraus aber folgt, daß es dem Christusbekenntnis unmöglich wäre, ein als Offenbarung behauptetes Ereignis, in dem Gott sich nicht lediglich anders, sondern als ein anderer zeigte, als solches anzuerkennen.[104] Denn christlicher Glaube gäbe sich selbst auf, setzte er nicht auf Gottes Treue zu sich selbst, die sich nicht erst im Christusereignis, sondern bereits in der ihm vorangegangenen Offenbarungsgeschichte zeigte. Diese Treue aber fordert notwendig nur die Eindeutigkeit, nicht jedoch die Einmaligkeit ihrer symbolischen Vermittlung.[105] Deshalb wäre es zumindest prinzipiell möglich, ein Ereignis, in dem sich Gott erneut als unbedingt für den Menschen entschiedene Liebe zeigen würde, als eine dem Christusgeschehen gleichwertige Offenbarung zu verstehen, einem anderen sinnlichen Zeichen also die gleiche geistige Bedeutung zuzuschreiben.[106] Über die Faktizität eines solchen Ereignisses aber wird – wie über die Offenbarung in Christus selbst – nie ein eindeutiges Urteil zu fällen sein.[107]

Eine andere Frage ist, ob sich für die christliche Deutung anderer Religionen eine Notwendigkeit eruieren läßt, von solchen weiteren Offenbarungen auszugehen oder nach ihnen Ausschau zu halten. Innerhalb des Christentums wurde eine solche Notwendigkeit lange Zeit nicht gesehen. Zeugnisse mutiger Verkündigung, selbstloser Liebe und durchgehaltenen Gottvertrauens, die in ihrer sinnlich wahrnehmbaren Ausdrucksgestalt dem Lebenszeugnis Jesu

---

[103] „Jesus ist die reale Gegenwart der Liebe Gottes zum Menschen, also das geschichtliche Dasein des für den Menschen entschiedenen Gottes selbst, also im strengen Sinn Selbstoffenbarung Gottes" (PRÖPPER, Beitrag 307). Vgl. dazu oben S. 59f.

[104] Vgl. THEß, Religionstheologie 292f., und KESSLER, Religionstheologie 166-173.

[105] Vgl. PRÖPPER, Beitrag 310f.

[106] Also ist auch das hier als notwendig vorausgesetzte „inklusivistische Verstehen" anderer Religionen prinzipiell zur Anerkennung anderer Inkarnationen fähig. Darin liegt nicht, wie SCHMIDT-LEUKEL, Vielfalt 41, meint, „der entscheidende Streitpunkt zwischen Pluralismus und Inklusivismus".

[107] „Bei der Annahme von Heilswegen neben dem Jesus-Weg kann es sich nur um eine gewagte Unterstellung handeln. Allein im Rückgriff auf die biblische Überlieferung von Jesus Christus läßt sie sich nicht begründen [...]. Doch ist unser Erkenntnisstandpunkt nicht der des 1.Jhs, sondern der des 20.Jhs, der nicht nur mit zweitausendjährigem Abstand auf die Texte der Bibel blickt [...], sondern auch eine ungeheure Horizonterweiterung erfahren hat" (BERNHARDT, Deabsolutierung 193).

durchaus nahekamen, konnten stets vom Christusgeschehen her und auf dieses hin gedeutet werden, ohne dieses dadurch relativieren zu müssen.[108] Und auch den außerchristlichen Religionen mit ihren fraglos beeindruckenden Beispielen eines tief religiösen und überzeugend menschlichen Lebens und Sterbens müßte – aus der Perspektive des Bekenntnisses – nur dann notwendig ein solcher paralleler Offenbarungscharakter zugesprochen werden, wenn sich das Bekenntnis zur Einmaligkeit und Einzigartigkeit der Offenbarung in Christus unfähig zeigen sollte, sie in ihrer Eigenständigkeit und ihrem Wert anzuerkennen.

Doch zu solch freilassender Anerkennung ist es, wie nun gezeigt werden soll, eingedenk der eigenen Bedingtheit durchaus in der Lage – nicht obwohl, sondern weil es einer „christologischen Reduktion" wehren muß.

3. Wegscheiden

Im Bekenntnis zur unbedingten Liebe Gottes, die in Christus offenbar wurde, und im Wissen, dieses Bekenntnis vor der Unbedingtheit menschlicher Freiheit verantworten zu können, werden Christinnen und Christen im Dialog der Religionen entschieden für die Wahrheit der von ihnen verkündeten Botschaft eintreten. Im gleichzeitigen Wissen um die Bedingtheit nicht nur ihrer jeweiligen Ausdrucksformen, sondern auch ihrer im Bekenntnis erlangten Erkenntnis werden sie sich zugleich der Tatsache bewußt sein, daß auch andere Wege, der Wirklichkeit Gottes ansichtig zu werden, möglich und vor der menschlichen Vernunft verantwortbar sein können. Diese alternativen Wege trennen sich genau dort von Selbst-, Welt- und Gottesverstehen des Christusbekenntnisses, wo dessen kontingente Bedingungen zutage treten. So steht zu erwarten, daß das Gespräch mit den verschiedenen Religionen nicht nur den beteiligten Christen deutlicher werden läßt, welchen in Freiheit getroffenen Entscheidungen sie ihre eigene Gotteserkenntnis verdanken, sondern daß es sie auch befähigt, andere Religionen als Verwirklichungen dieser Freiheit anzuerkennen.

Im folgenden sollen jene Wegscheiden markiert werden. Wenn darüber hinaus Hinweise gegeben werden, mit welchen Optionen und Anerkennungsmöglichkeiten das Christentum mit den jeweils dort verorteten Religionen in ein Gespräch treten kann, ist diese Projektierung höchst voraussetzungsreich. Sie muß nämlich davon ausgehen, daß die oben erarbeiteten Kriterien für einen interreligiösen Dialog nicht nur anerkannt, sondern, zumindest in Ansätzen, schon erfüllt sind. Vorausgesetzt wird also, daß sich die Mitglieder der beteiligten Religionen des Formungscharakters ihres Weltverstehens bereits bewußt wurden und daß sie zum Erweis ihrer Objektivität ihre innere

---

[108] Vgl. dazu bereits die ebenso rätselhafte wie bedeutsame Stelle Kol 1,24: „Für den Leib Christi, die Kirche, ergänze ich in meinem irdischen Leben das, was an den Leiden Christi noch fehlt". Zur Exegese vgl. SCHWEIZER, Brief 81-87, dem eine Deutung gelingt, die mit den soteriologischen Grundaussagen des NT in Einklang bleibt.

Konsistenz unter Beweis stellen wollen; daß sie ferner die jeder Formung vorauszusetzende Unbedingtheit erkannt haben und ihr Verständnis Gottes, der Welt und des Menschen daran zu messen bereit sind. Wenn diese weitreichenden Bedingungen im folgenden als gegeben unterstellt werden, wird damit nicht behauptet, daß sie im Rahmen der ersten Annäherungsversuche zwischen den Religionen fraglos zu erreichen wären. Es muß sogar bis zum faktischen Erweis offen bleiben, ob dieser Grundkonsens überhaupt je zustande kommen wird.[109] Doch dürfte aus den bisherigen Reflexionen deutlich geworden sein und durch die folgenden Hinweise noch deutlicher werden, daß allein unter diesen Voraussetzungen ein Gespräch gelingen, die gegenseitig freilassende Achtung in verantworteter Weise geschenkt werden kann.

In der Hoffnung, daß sich nicht schon jene Vorbedingungen in den konkreten Dialogen als utopisch erweisen werden, gilt es nun, die erwähnten Wegscheiden in den Blick zu nehmen und Möglichkeiten der Anerkennung zu skizzieren.

a) Allheit oder Individualität: Im Gespräch mit nicht-theistischen Religionen

Es gibt Weisen des Verstehens, in denen die Wirklichkeit der Welt, des Menschen und – sofern davon überhaupt die Rede ist[110] – Gottes als zwar differenzierte, aber umfassende und letztlich einheitliche Ganzheit zu erfassen gesucht wird. Ihren reflektiertesten und prägnantesten Ausdruck finden solche monistischen[111] Systeme im ostasiatischen Denken, den fernöstlichen Religionen.[112] Daß sie auch im Westen eine zunehmende Anziehungskraft ausüben, ließ

---

[109] Vgl. ZIRKER, Islam 39. NASR, Sicht, beschreibt von islamischer Seite die Schwierigkeiten, sich auf einen Dialog mit dem Christentum, der auf gegenseitige Anerkennung zielt, einzulassen. Er kommt dabei allerdings zu einer optimistischeren Einschätzung als Zirker. Zu den Vorbehalten gegen einen Dialog von jüdischer Seite vgl. MÜLLER, Konzept 105, und, mit der gleichen Aufmerksamkeit für den jüdischen Verdacht, hier auf versteckte christliche Missionierungsbemühungen zu stoßen, GRUNDEN, Freiheit 107-109.

[110] Zur Schwierigkeit, vor allem den Buddhismus in seinem Verzicht auf eine Rede von Gott als Religion zu qualifizieren, vgl.o. S. 238, und SCHNEIDER, Buddhismus 57; ENOMYIA-LASALLE, Heilsweg 15-19. Letzterer faßt, aaO.32, den Ausfall der Gottesrede im Buddhismus nicht zuletzt als Aufforderung an das Christentum auf, eine zu antropomorphe Vorstellung von der Personalität Gottes zugunsten einer stärker negativen Theologie zu verlassen.

[111] Der Begriff „Monismus" wird im folgenden zur Benennung jener Weisen des Weltverstehens verwandt, die die umfassende Einheit und Ganzheit der Wirklichkeit festzuhalten versuchen (vgl. ENOMYIA-LASALLE, Heilsweg 16). Dieser Begriffsgebrauch ist zu unterscheiden von dem in der Diskussion um die pluralistische Religionstheologie gelegentlich anzutreffenden, wo als monistisch jene Verstehensweisen bezeichnet werden, die einen Alleingeltungsanspruch erheben (z.B. BERNHARDT, Pluralismuskonzepte 463).

[112] Wenn das Christusbekenntnis die Auseinandersetzung mit diesen Religionen sucht, kann es auf ein zunächst irritierendes Desinteresse stoßen: „Der Hindu vermag keine Situationen der 'Herausforderung' oder der 'Konfrontation' zu entdecken, wenn es sich um den Bereich der verschiedenen Verhaltensweisen Gott gegenüber handelt. [...] Nach hinduistischer Auffassung *ist das Christentum eine weitere Dimension der vielen Dimensionen, in denen Gott sich seinem Volk enthüllt*" (MUKERJI, Rolle 22.26). Ähnlich SIVARAKSA, Christentum 37: „*Es ist die Kraft, aber auch die Schwäche des Buddhismus, daß er dazu neigt, das Verbindende und Gemeinsame in anderen Religionen*

der einleitende Blick auf die transpersonale Psychologie erkennen. In jenen Religionen begegnet das Christusbekenntnis, das von einem personal verstandenen Gegenüber von Gott und den Menschen ausgeht, einem prinzipiell anderen Versuch, dem Unbedingten denkend und handelnd gerecht zu werden.[113] In der Auseinandersetzung mit ihnen könnte möglicherweise jene alternative Rationalität, deren Möglichkeit bisher nur aufgrund erkenntnistheoretischer Einsichten hypothetisch offengehalten werden konnte und mußte, konkret ansichtig werden.[114]

Zunächst mag die in der Begegnung sichtbar werdende Unterschiedenheit und Gegensätzlichkeit der beiden Weisen des Verstehens als mehr oder weniger zufälliges Nebeneinander erscheinen. Doch eine anthropologische Reflexion auf die Wurzel, aus der beide Zweige des Denkens und Deutens wachsen, läßt erkennen, daß bereits in ihr jene Differenzierung angelegt ist. Menschliches Dasein nämlich ist von einer eigentümlichen Zwiefältigkeit geprägt.[115] Jeder Mensch ist stets zugleich er selbst und Teil eines Ganzen.[116] In seiner Einzigkeit kann er sich als zu Verantwortung und Freiheit fähiges Subjekt erfahren. In seiner Einzelnheit dagegen wird er sich getragen und begrenzt wissen durch jenen Zusammenhang, dessen Teil er ist – ganz gleich, ob diese Ganzheit vorgestellt und erlebt wird in der überschaubaren Gruppe der Familie, des Stammes oder in der nicht mehr konkret faßbaren Totalität der Menschheit, der Welt, der Wirklichkeit. Beide Prägungen seiner Existenz erscheinen dem

---

herauszufinden. [...] Den Unterschieden wird kein großes Gewicht beigelegt". Diese Erfahrung macht einmal mehr die Begrenztheit der Perspektive deutlich, in der das christliche Dialoginteresse – und mit ihm auch seine hier erarbeitete Orientierung – steht. Nichtsdestotrotz: Es bleibt gerade für das Christusbekenntnis eine unverzichtbare Aufgabe, die eigenen Möglichkeiten für einen offenen Dialog auszuloten.
Zu den im folgenden nicht näher berücksichtigten hinduistischen und chinesischen Traditionen vgl. PANIKKAR, Christus; MUKERJI, Rolle; GREGORIOS, Herausforderung; BRÜCK, Zusammenarbeit; ders., Heil; LIU, Christentum; CHING, Herausforderung; HSIEN-CHIH, Koexistenz.

[113] Noch deutlicher als in anderen Weisen des Weltverstehens sind im religiösen Selbstverständnis praktisches und theoretisches Verhalten miteinander verknüpft: Denn der Mensch „muß dem, als was er sich in einem letzten Selbstverständnis begreift, Genüge tun und gerecht werden" (HENRICH, Selbstbewußtsein 100).

[114] „Da Sprache nicht nur ein Reden über die Wirklichkeit, sondern auch eine bestimmte Form ist, diese Wirklichkeit zu betrachten und zu erfahren, besteht die Herausforderung des Buddhismus gegenüber dem Christentum an erster Stelle darin, daß die Christen an die Existenz *anderer* berechtigter Wege zur Betrachtung und zur Interpretation der Wirklichkeit erinnert werden" (PIERIS, Buddhismus 42).

[115] Bewußt übernehme ich den Begriff aus Bubers Einleitungssätzen zu „Ich und Du": „Die Welt ist dem Menschen zwiefältig nach seiner zwiefältigen Haltung" (BUBER, Prinzip 7). Während jedoch dort das Verhältnis des Menschen zur Welt problematisiert wird, geht es im folgenden um die in seinem Dasein wurzelnde Selbstdeutung des Menschen. Diese aber weist ebenso wie das von Buber analysierte Weltverhältnis eine Verschränkung zweier Aspekte auf, die als „Pole" zu bezeichnen ich mit HENRICH, Selbstbewußtsein 103, für unangemessen halte, weil sie „der selbständigen Wirkung" fähig sind. Dagegen spricht TILLICH, Mut 65, ausdrücklich von der Polarität der von ihm aufgedeckten ontologischen Prinzipien.

[116] Vgl. zum folgenden TILLICH, Mut 65-112. Die Grundbestimmungen werden aaO. 65-68, eingeführt.

Individuum reizvoll und ängstigend zugleich. Die erstrebenswerte Möglichkeit zur Selbstbestimmung weckt die Angst, aus der tragenden Gemeinsamkeit in die Einsamkeit zu stürzen. Die einladende Geborgenheit des umfassenden Ganzen läßt dagegen befürchten, in der Masse unterzugehen. Deshalb bleibt es die in ihrem Gelingen stets gefährdete Aufgabe des Menschen, sich selbst in dieser Zwiefältigkeit seines Daseins zu verstehen, eine ihr angemessene Form des Lebens zu finden.[117]

Die bisher lediglich phänomenologische Erhellung jener eigentümlichen Struktur menschlichen Daseins läßt sich auf anderer Ebene fortführen. Die transzendentalphilosophische Reflexion auf die Bedingung der Möglichkeit menschlichen Selbstverstehens deckt nämlich eben jene Zwiefältigkeit bereits in der als notwendig vorauszusetzenden Möglichkeitsbedingung jedes Selbstverstehens auf – in jenem nicht einheitlichen „Grundverhältnis“, jener „elementaren Verfassung in unserem Weltverstehen“, von der jedes bewußte Verstehen ausgeht und mit der es verbunden bleiben muß.[118] Wie immer die bewußte Selbstdeutung beschaffen ist, zu der der Mensch – unter den oben ausführlich erörterten Voraussetzungen von Bedeutung überhaupt – gelangt: Nur als Einzelner unter vielen kann der Mensch sich selbst verstehen. Und nur indem er sich in seiner ihm gewissen Einzigkeit versteht, wird er sich als Einzelner sehen können.[119]

Aus dieser Zwiefältigkeit erwächst dem Verstehen des Menschen nun aber das Problem, das zur Unterschiedenheit der Weisen seiner Welt- und Selbstdeutung führt.[120] Verstehen muß, wenn es denn überhaupt möglich sein soll, von einer Einheit ausgehen, auf Einheit zielen. Deshalb wird das bewußte Verstehen je eine Seite jenes zwiefältigen Grundverhältnisses zum Ausgang nehmen

---

[117] Für Tillich steht fest, daß diese Aufgabe nur religiös zu bewältigen ist: Den Mut dazu, d.h. den „Mut zum Sein“ findet der Mensch allein im Glauben, im „Mut, sich zu bejahen als bejaht“ (TILLICH, Mut 113).

[118] HENRICH, Selbstbewußtsein 99. Zum folgenden vgl. neben jenem Aufsatz auch: ders., Begründung; dazu MÜLLER, Studien 553-559.574-580.

[119] Vgl. HENRICH, Selbstbewußtsein 113. Henrichs Theorie des Selbstbewußtseins enthält sich freiheitsanalytischer Momente, um dem Zirkel reiner Reflexionsmodelle der Subjektivität zu entgehen (vgl.o. S. 150, Anm. 382). Daß auch eine Theorie, die das Selbst in der Freiheit der Selbstwahl gegründet sieht, der von Henrich aufgedeckten Zwiefältigkeit ihrer Möglichkeitsbedingungen ansichtig wird, belegt KIERKEGAARD, EO II,229f.: „Er entdeckt nun, daß das Selbst, welches er wählt, eine unendliche Mannigfaltigkeit in sich trägt, sofern es eine Geschichte hat, eine Geschichte, in der er sich zu der Identität mit sich selbst bekennt. Diese Geschichte ist unterschiedlicher Art, denn in dieser Geschichte steht er in einem Verhältnis zu anderen Individuen des Geschlechts und zum ganzen Geschlecht, und diese Geschichte enthält etwas Schmerzhaftes, gleichwohl ist er der, der er ist, allein durch diese Geschichte. Darum gehört Mut dazu, sich selbst zu wählen; denn in eben der Stunde, da es scheint, daß er sich am allermeisten isoliere, in eben ihr senkt er sich am allertiefsten in die Wurzel, durch die er mit dem Ganzen zusammenhängt“.

[120] „Diese Verschiedenheit findet den Ansatz für ihre Erklärung in der eigenen Verfassung dessen, was auch sie [die letzten Lebensdeutungen, M.B.] verständlich machen wollen: Im Grundverhältnis des bewußten Lebens“ (HENRICH, Selbstbewußtsein 102).

müssen, von ihr her zur Erfassung der Wirklichkeit zu gelangen suchen.[121] Dieser Ausgangspunkt wird nicht zuletzt die Weise prägen, in der Menschen das Transzendente, Göttliche zu erfassen suchen: jenen Grund, aus dem sie sich herkünftig, jenes Ziel, auf das sie sich ausgerichtet wissen.[122]

Die europäisch-neuzeitliche Philosophie nimmt ihren Ausgang von der Gewißheit des Menschen, ein je einziger zu sein, die im ausgeprägten Bewußtsein der eigenen Subjektivität, des individuellen Selbst ihre reflexive Erhellung und entschiedene Übernahme findet. Nicht zuletzt weil es von ihm abkünftig ist, läßt sich dieses Selbstverständnis mit dem Gottes- und Menschenbild der biblischen Tradition verbinden. Versteht sich doch hier der Mensch in seiner Einzigkeit als Gegenüber eines Gottes, der ihm selbst als Person zugewandt ist.[123]

Anders die monistische Deutung der Welt und des Menschen: Sie sieht den Einzelnen wesentlich als Teil jener umfassenden Ganzheit, sein Bewußtsein als Teil eines umfassenden Bewußtseins und Selbstbewußtseins.[124] Ob und wie dann noch einmal eigens von einem Gott gesprochen, eine Unterscheidung zwischen dem Bewußtsein des Menschen und Gottes getroffen wird, wird im Ausgang von jener Ganzheit zur zweitrangigen Frage, denn schon diese Ganzheit wird ja erlebt als eine den einzelnen transzendierende Wirklichkeit.[125]

Angesichts der Zwiefältigkeit menschlicher Existenz, der bereits im Grundverhältnis gegebenen Differenz wird die Unterschiedenheit, ja Gegensätzlichkeit der Weisen des Weltverstehens, wie sie in den großen Religionen sich ausprägte, vom Verdacht der Zufälligkeit befreit. Es liegt sogar nahe, deren beiden Grundformen nicht nur als mögliche, sondern als einzig mögliche zu verstehen. Besteht doch, um dem menschlichen Verstehen und Deuten gerecht werden zu können, offenbar keine Notwendigkeit zu einer noch weitergehenden Differenzierung des Grundverhältnisses. Ungeklärt ist dagegen noch, wie das Verhältnis der so gegründeten Formen des Deutens und Verstehens zueinander zu bestimmen ist.

---

[121] Vgl. HENRICH, Selbstbewußtsein 115f.; TILLICH, Mut 114.

[122] Vgl. HENRICH, Selbstbewußtsein, 108.114. Zur folgenden Differenzierung der Religionen vgl. aaO.116-122.

[123] „Der Pol der Individuation drückt sich aus in der religiösen Erfahrung der persönlichen Begegnung mit Gott. Und der Mut, der daraus erwächst, ist der Mut des Vertrauens auf die persönliche Realität, die in der religiösen Erfahrung manifest wird" (TILLICH, Mut 116).

[124] „Der Buddhismus nimmt auch im Sinne dieses tiefsten Ich [hinter dem empirischen Ich, das zu transzendieren auch die christliche Tradition auffordert, M.B.] keine individuelle Person an, sondern erachtet es als identisch mit dem All" (ENOMYIA-LASALLE, Heilsweg 33).

[125] Auch PIERIS, Buddhismus 41f., sieht dem Menschen „zwei aufeinander nicht zurückführbare Sprachen des Geistes" gegeben und deutet diese Zwiefältigkeit als Grund der Verschiedenheit buddhistischen und christlichen Weltverstehens. Indem er aber die Dualität bestimmt als die Unterscheidung einer „Sprache der befreienden Erkenntnis" und einer „Sprache der befreienden Liebe", verfehlt er m.E. den Kernpunkt der Differenz. Denn beide Weisen, die Welt zu verstehen, sind durch eine wechselseitige Verwiesenheit von Erkennen und Handeln geprägt. Zu suchen ist also nach jener Zwiefältigkeit, die in Erkennen *und* Handeln zum Ausdruck kommt und gerade nicht im vermeintlichen Gegensatz beider.

So sehr der Ausgang von einem Aspekt des Daseins ein umfassendes Verstehen der Welt ermöglicht – denn dessen sind sich personalistisch-monotheistische wie monistische Ansätze gleichermaßen gewiß –, so wenig wird damit die genannte Zwiefältigkeit aufgehoben.[126] Deshalb bleibt es jedem Weltverstehen aufgegeben, auch den je anderen Aspekt wahrzunehmen und zu integrieren.[127] Daß es solche Versuche auf beiden Seiten in reicher Zahl gibt, wird nur eine allzu holzschnittartige Typologisierung übersehen können.[128] So zeigt sich ein monistisches Weltverstehen ja nicht schlechthin blind für die Individualität und Einzigkeit des Menschen, sucht sie vielmehr zu deuten.[129] Nicht zufällig kommt es in den monistisch geprägten Religionen, zumindest in deren volkstümlichen Denominationen, zur Ausbildung von Göttergestalten, in denen Menschen ein sie ansprechendes, ihren Fragen antwortendes Gegenüber erblicken. Doch solche Versuche, auch der unhintergehbaren Einzigkeit des Menschen gerecht zu werden, gilt es nach monistischem Verständnis noch einmal aufzuheben in das Bewußtsein der umfassenden Einheit, die alle Differenzierungen umgreift.[130] Auf der anderen Seite fehlt es im westlich-monotheistischen Weltverstehen nicht an der Einsicht, daß der Mensch in seiner unvertretbaren Einzigkeit immer auch Teil einer umfassenderen Ganzheit ist. Hier ist nicht nur auf das – im Gefolge der ökologischen Krisen gewachsene – Bewußtsein zu verweisen, der Schöpfung nicht fremd gegenüberzustehen, sondern ihr wesentlich verbunden und in sie eingebunden zu sein. Schon frühe mystische Traditionen bewegen sich in ihrem Erleben und Deuten auf jene Grenze zu, jenseits derer die Unterscheidung von Gott und Mensch, göttlichem und menschlichem Geist aufgehoben wird.[131] Aber das christliche Weltverstehen

---

[126] „Transzendieren des gegenläufigen Moments muß aber etwas ganz anderes heißen als es wegzuschaffen" (HENRICH, Selbstbewußtsein 115).

[127] MÜLLER, Studien 578, leitet aus dieser Aufgabe eine „Kriteriologie in bezug auf die Wahrheitsfrage" der Religionen ab: „Jede Religionsform, die entweder die Einzelheit von der nicht-objektiven Einmaligkeit absorbieren oder die umgekehrt die Einmaligkeit in der Einzelheit aufgehen ließe, erwiese sich nach diesem Parameter als defizitär".

[128] Vgl. zum folgenden HENRICH, Selbstbewußtsein 118f.

[129] SCHNEIDER, Buddhismus 61-65, zeichnet den Weg der indischen Philosophie zum Buddhismus nach: Die frühe Naturphilosophie verbindet das zyklische Denken mit einer „Hinwendung zum Menschen". Die Metaphysik sucht in der Folge nach dem Unbedingten hinter der Bedingtheit und Materialität alles Individuellen und entwickelt in der Lehre vom „Atman" einen Begriff, „der vielleicht am ehesten mit 'Ichbewußtsein' oder 'Selbst' [...] wiederzugeben ist". Indem aber „diese indischen Philosophen bei aller Differenzierung in einzelne Lebewesen an der (unleugbaren) Einheit der 'Lebewelt' festhielten, kamen sie folgerichtig zu der Annahme, daß die Scheidung des Atman in einzelne Individuen nur für die Erscheinungswelt (die empirische Welt) gilt, daß es jedoch in Wahrheit nur *einen* Atman gibt, der freilich gerade *nicht* der Erscheinungswelt angehört, sondern sie transzendiert" (SCHNEIDER, aaO.64). Zur Veränderung dieser Lehre durch Buddha, die sich vor allem durch die Hinwendung zur konkreten Welt auszeichnet, vgl. ebd. 65-71.

[130] Vgl. ENOMYIA-LASALLE, Heilsweg 17: Der Buddhismus hält fest an einer „Kausalität ohne Subjekt, aus der alles, was ist und was geschieht, oder alles, was nicht ist und was nicht geschieht, zu erklären ist". Vgl. auch SIVARAKSA, Christentum 37.

[131] Auf die Verwandtschaft buddhistischer und christlicher Mystik hat mit besonderem Nachdruck Enomyia-Lasalle hingewiesen, der die Zen-Meditation für den christlichen Raum erschlossen hat.

bleibt jener Grundüberzeugung des Eigenstandes vor Gott, des unaufhebbaren Gegenübers von Gott und Welt treu, versucht in sie das Wissen um die Einzelnheit des Menschen, um sein Dasein als Teil einzubinden.

So bleiben die beiden Weisen des Verstehens bei allem Mühen, der Zwiefältigkeit menschlicher Existenz gerecht zu werden, prinzipiell unterschieden. Wie und weil schon diese Zwiefältigkeit nicht auf eine letzte Einheit zurückgeführt werden kann, bleibt es auch unmöglich, eine der Weisen des bewußten Verstehens in die andere zu überführen. Zwar kann man das monistische Selbstverstehen in ein neuzeitlich-personales einzuholen versuchen, indem man es, einer transzendentalen Freiheitsanalyse folgend, selbst noch einmal als Verstehensleistung eines Subjekts deutet.[132] Aber diese Deutung verdankt sich ja bereits der Perspektive des eigenen Standpunktes – eines Standpunktes, zu dem es eine Alternative gibt, auch wenn man ihn nicht bewußt in Abgrenzung zu dieser anderen Weise des Verstehens gewählt hat; eines Standpunktes, dessen Wahl sich aber, ist sie einmal getroffen, durchaus verantworten läßt. Aus der Sicht jener Alternative, des Monismus also, läßt sich der westlich-personale Standpunkt ihrerseits einholen: Indem er gedeutet wird als subjektivistische Sichtweise, die es nochmals zu überwinden gilt. Ihrer Gebundenheit an ihre bleibend getrennten Standpunkte wegen werden die beiden Verstehensweisen sich nicht in eine höhere Einheit aufheben lassen.[133]

Ob es möglich ist, den ursprünglich eingenommenen Standpunkt zugunsten des entgegengesetzten zu verlassen, oder ob nicht alle derartigen Versuche lediglich von dem Bemühen zeugen, die Intentionen des jeweils anderen so weit wie möglich in die eigene Perspektive aufzunehmen, kann hier nicht weiter untersucht und entschieden werden. Für die Qualifizierung der transpersonalen Psychologie, die einen solchen Standpunktwechsel offenbar anstrebt, wäre diese Frage jedoch von erheblicher Bedeutung.

Vgl. ENOMYIA-LASALLE, Heilsweg 35-40; FRAMBACH, Identität 284-346.355-361. Bei Frambach, einem Schüler Lasalles, werden auch die Unterschiede beider Religionen kritisch beleuchtet. Auf sie wies bereits Cassirer, PsF II,289f., hin (vgl. dazu oben S. 83). Tillich hält diese Unterscheidung nicht so eindeutig fest, wenngleich auch er die mystische Erfahrung und die in ihr gründende Ermutigung zum Sein wesentlich den östlichen Religionen zuordnet. Aber „da alles, was ist, an der Macht des Seins partizipiert, kann das Element der Identität, auf dem die Mystik fußt, in keiner religiösen Erfahrung fehlen" (TILLICH, Mut 116).

[132] So, in Aufnahme von PRÖPPER, Freiheit Gottes 112, STRIET, Sturz 290f. Vgl. auch meine in die gleiche Richtung zielenden Anfragen oben S. 242.

[133] „Daß die großen Religionen nur als Versuche solcher Synthesen zu einer universalen Wirkung kommen können, läßt sich als zwangsläufig verstehen. Daß aber auf ihren Wegen eine solche Synthese wirklich gelingen könnte, muß bezweifelt werden. Ihr Weg ist der des Überstiegs über das Grundverhältnis kraft der Steigerung eines seiner Momente zum Absoluten" (HENRICH, Selbstbewußtsein 119). Ganz ähnlich von buddhistischer Seite SIVARAKSA, Christentum 38: „Ein Buddhist kann bloß aus buddhistischer Perspektive über das Christentum nachdenken – mehr kann er nicht tun".

Fraglos möglich ist es dagegen, denkend über die Unterschiedenheit hinauszugreifen.[134] Auch wenn selbst ein solcher Ausgriff immer an den Standpunkt, von dem aus er unternommen wird, gebunden bleiben wird: Die Rede vom Unbedingten, das in den verschiedenen Gottesvorstellungen Gestalt gewinnt, kann immerhin noch versuchen, den Gott jenseits aller Gottesbilder, einen „Gott über Gott",[135] zu benennen. Doch wird ein solches Unternehmen erneut jenem Dilemma verfallen, das bereits in Cassirers Philosophie aufgedeckt wurde. Jenem Begriff lassen sich seiner Unbestimmtheit wegen zwar alle möglichen Weisen der Gottesrede subsumieren, er ist vielleicht sogar noch in der Lage, sie auf ihre jeweilige Begrenztheit aufmerksam zu machen. Aber weil er vollkommen unbestimmt ist, fehlt ihm jede orientierende Kraft für ein mit Bestimmtheit geführtes Leben, einen in einem eindeutigen Bekenntnis ausgedrückten Glauben.

Nicht auf solche Auflösung ins Unbestimmte kann das Christusbekenntnis zielen, wenn es sich in den Dialog mit monistischen, nicht-theistischen Religionen und Weltverständnissen begibt. Es wird vielmehr in der Auseinandersetzung mit Bestimmtheit und dem Anspruch auf Zustimmung sein eigenes Weltverstehen vertreten. Doch zugleich birgt der Dialog die Chance, den Beteiligten die Augen zu öffnen für die Bedingtheit der eigenen Position, genauer: für die Bedingtheit der jeweiligen Erkenntnis. Vor dem Hintergrund dieser Einsicht wird das Christusbekenntnis zumindest mit der Möglichkeit rechnen, daß ihm in jenen Religionen eine prinzipiell andere Weise begegnet, das Unbedingte zu erfassen und ihm denkend wie handelnd gerecht zu werden.[136] Über die Angemessenheit beider Formen, dem Unbedingten zu antworten, wird dann die Auseinandersetzung zu führen sein – ein Streit, in dem Christinnen und Christen besonders auf die Achtung der Einzigkeit jedes Menschen drängen werden;[137] ein Streit, der in die Anerkennung der je anderen Weise des Weltverstehens münden kann.

---

[134] Vgl. HENRICH, Selbstbewußtsein 119-122.

[135] TILLICH, Mut 134. Tillich, der mit diesem Begriff vor allem auf eine Transzendierung des biblischen Theismus zielt, sieht bereits in der christlichen Tradition die Tendenz zu einem solchen Überstieg grundgelegt. Erst das Verhältnis zu diesem „Gott über Gott" bezeichnet Tillich im Vollsinn des Wortes als Glauben (vgl. aaO.114), gar als „absoluten Glauben" (aaO.124): „Glaube ist der Zustand des Ergriffenseins von der Macht des Seins-selbst, die alles transzendiert und an der alles partizipiert. Wer von dieser Macht ergriffen ist, kann sich bejahen, weil er weiß, daß er bejaht ist. Das ist der Punkt, in dem der mystisch und der personal begründete Mut zum Sein eins sind" (TILLICH, Mut 125).

[136] Es zeigt sich, „daß in diesen divergierenden Selbstdeutungen, sofern sie ganz und frei haben angeeignet werden können, notwendig die Möglichkeit beschlossen ist, andere Religionen zu verstehen, und zwar als frei angeeignet und aus den grundlegenden Erfahrungen des bewußten Lebens selbst" (HENRICH, Selbstbewußtsein 122). Zu bestreiten ist vor dem Hintergrund der mittlerweile erreichten Einsichten allerdings Henrichs These von der prinzipiellen Unfähigkeit der Religionen zu einer solchen freilassenden Anerkennung der anderen (vgl. aaO.123).

[137] In dieser konsequenten Ausrichtung auf die Einzelnen, im Eintreten für sie sieht MÜLLER, Studien 579f., Anliegen und Berechtigung einer christlichen Mission, die auch heute noch verantwortbar sein will.

b) Vielheit oder Einzigkeit: Im Gespräch mit polytheistischen Religionen

Warum sollte, was für den Monismus recht ist, für den Polytheismus nicht billig sein? Läßt nicht auch er sich als ein Weltverstehen, das einer alternativen Rationalität folgt, würdigen?

Vor der Beantwortung dieser Frage ist eine einschränkende Begriffsklärung vonnöten: Als polytheistische Religionen sollen im folgenden nur jene Weisen des Weltverstehens gelten, in der mehrere Götter als handelnde Wesen geglaubt werden, die der Welt gegenüberstehen, in ihr und auf sie zu wirken vermögen.[138] Ausgeblendet werden also jene Erscheinungsformen des Monismus, in denen ebenfalls mehrere Götter angebetet werden, und damit auch die Frage, wie diese Objektivationen eines personalen Verstehens in eine monistische Deutung der Welt zu integrieren sind. Eingegrenzt wird die Fülle polytheistischer Religionen demnach auf jene von ihnen, die in ihrer Grundüberzeugung, daß das Göttliche von der Wirklichkeit der Welt streng getrennt gedacht werden muß, mit dem Monotheismus enger verwandt sind als monistische Entwürfe. Sollte deshalb nicht auch ihre Anerkennung durch das Christusbekenntnis leichter fallen?

Gegen die Akzeptanz des Polytheismus als einer verantwortbaren Weise religiösen Weltverstehens spricht allerdings bereits seine offensichtliche historische Flüchtigkeit. Schon Cassirer berief sich ja auf entsprechende Rekonstruktionen der Religionsgeschichte, die deren Entwicklung zum Monotheismus nachzuzeichnen versuchten.[139] Zwei Tendenzen sind dabei von Belang: die Hierarchisierung der je eigenen Götterwelt sowie, vor allem im Verhältnis zu den Fremdreligionen, der Weg von der Monolatrie zum Monotheismus. Wo immer ein Pantheon geglaubt wird, läßt sich bald beobachten, daß eine Rangfolge unter den verschiedenen Göttern gesucht wird. An deren Spitze stehen wenige Gestalten, letztlich nur noch ein bestimmender Gott. Neben ihm verblassen die anderen zunehmend. Dabei kann es, schon bevor die Göttlichkeit der anderen dezidiert bestritten wird, zu monolatrischen Vorschriften kommen: zum Gebot, vorrangig oder ausschließlich den höchsten Gott zu verehren. Das Monolatrie-Gebot hat aber wohl seinen vorrangigen Ort im Verhältnis zu den je anderen Religionen: Deren Götter werden nicht von vornherein geleugnet, aber ihnen wird die Anbetung verweigert. Aus solcher Alleinverehrung wächst dann schließlich der Monotheismus, der Glaube an den eigenen als den einzigen Gott, als den Gott auch aller anderen Völker.[140]

---

[138] Zur genaueren Differenzierung des Polytheismus vgl. BERNER, Polytheismus.
[139] Zu den – insgesamt allerdings sehr umstrittenen – Infragestellungen dieser Auffassung vom Verlauf der Religionsgeschichte, die bis zur These von einem „Urmonotheismus" (W. Schmidt) reichten, vgl. BERNER, Polytheismus 35f.; STRÖM, Monotheismus 232-235.
[140] Zur Entwicklung des Monotheismus im Alten Testament vgl. DOHMEN, Bilderverbot; SCHMIDT, Monotheismus; sowie die Beiträge bei HAAG, Gott. So umstritten die Frage ist, wie lange in Israel noch die Existenz anderer Götter angenommen wurde, so eindeutig bleibt, daß alle auffindbaren Entwicklungslinien, soweit sie nicht abbrachen, auf einen strengen Monotheismus zulaufen.

Diese Entwicklung ist, wie religionsphilosophische Überlegungen erweisen können, nicht zufällig. Denn jede Religion, die sich zu personalen Göttern bekennt, wird bestrebt sein müssen, zwischen Göttern und Menschen streng zu unterscheiden. Mögen dafür zunächst Vorstellungen von wunderbaren, übermenschlichen Kräften der einzelnen Götter genügen, wird die Reflexion mehr und mehr darauf drängen, dem göttlichen Handeln Allmacht, Unbegrenztheit, Unbedingtheit zuzuschreiben. Je tiefer diese Notwendigkeit erkannt wird, desto widersprüchlicher wird die Annahme mehrerer Götter, die sich zwangsläufig gegenseitig begrenzen würden. So zeigt sich – selbstverständlich nur innerhalb der theistischen Perspektive – allein der Monotheismus als verantwortbare Position: das Bekenntnis zu dem einzigen Gott.[141] Ist diese Konsequenz gezogen, kann die zuvor geglaubte Vielfalt als Individuen geglaubter Götter rückblickend verstanden werden als eine defiziente Weise, die mannigfaltigen Formen zu erfassen, in denen der eine Gott handelt und sich zeigt.[142] Auf die Interdependenz dieser theologisch-religionsphilosophischen Entwicklung und des fortschreitenden menschlichen Selbstbewußtseins, die als wesentlicher Motor des skizzierten Prozesses angesehen werden darf, muß hier nicht erneut eingegangen werden.[143] Festzuhalten bleibt, daß der Polytheismus aufgrund seiner mangelnden inneren Konsistenz nicht als Ausdruck einer prinzipiell alternativen Rationalität anerkannt werden kann, ja sogar seine Objektivität wird aus dem gleichen Grund bestritten werden müssen.[144]

---

[141] „Der Monotheismus ist keine mathematische Reduktion von Göttern, bis nur noch einer übrig bleibt. Er besagt nicht, daß in Wahrheit nur *ein* Gott existiert, obwohl theoretisch mehrere Götter möglich wären". Mit dem richtigen Verständnis des Wortes Gott ist vielmehr gegeben, daß nur *ein* Gott existiert" (STAROBINSKI-SAFRAN, Monotheismus 249).

[142] „Dort ein verkehrter Monotheismus = Polytheismus, hier der wiederhergestellte Monotheismus. Dort in der Trennung seiner Potenzen sey Gott gleichsam außer sich gesetzt, exoterisch, außer seiner Gottheit, er verhalte sich selbst als bloße Natur; hier dagegen, in der Einheit seiner Potenzen, sey er esoterisch, der Gott an sich, der übernatürliche" (SCHELLING, Philosophie I,187). Eine solche, vom monotheistischen Standpunkt aus rückblickende, Qualifizierung des Polytheismus ist nicht an die Hypothese Schellings gebunden, das Bewußtsein des natürlichen Menschen sei der Offenbarung nicht bedürftig gewesen, weil es „mit dem göttlichen Seyn selbst verschmolzen" (aaO.188) gewesen sei.

[143] Vgl.o. B.II.1.d, S. 138ff. Bei SCHLEIERMACHER, Glaube § 8, S.51-58, findet sich eine am Selbstbewußtsein orientierte Verteidigung des Monotheismus, die in ihrer Sinnspitze der hier vorgestellten Argumentation entspricht. Der Polytheismus, der sich vom Animismus immerhin darin unterscheidet, daß er das Gegenüber der Götter zur Welt festhält, zeugt, so Schleiermacher, von einer noch nicht überwundenen „Verworrenheit des Selbstbewußtseins". „Ist aber das höhere Selbstbewußtsein in seiner Differenz von dem sinnlichen gänzlich entwickelt, so sind wir uns unserer [...] als schlechthin abhängig bewußt. Dieses Selbstbewußtsein kann nur im Monotheismus dargestellt werden" (aaO.53). Ausdrücklich betont SCHLEIERMACHER, aaO.55f., daß der Monotheismus Judentum, Islam und Christentum verbindet. Die darauf folgende Abwertung der beiden nichtchristlichen Religionen – wegen der „Beschränkung der Liebe des Jehovah auf den Abrahamitischen Stamm" im Judentum und des starken Einflusses der „Gewalt des Sinnlichen auf die Ausprägung der frommen Erregungen" im Islam – bleibt bei Schleiermacher allerdings von Klischees geprägt, die einer kritischen Überprüfung nicht standhalten.

[144] Es würde hier zu weit führen, auf die neueste Kritik des Monotheismus ausführlich einzugehen, wie sie sich philosophisch etwa bei MARQUARD, Lob, und theologisch z.B. bei MOLTMANN,

Vor dem Hintergrund dieser Einsicht gilt es deshalb zu klären, was es im Dialog mit polytheistischen Verstehensweisen für das Christusbekenntnis heißen kann, im Wissen um die eigene Bedingtheit unbedingt für die von ihm verkündete Wahrheit einzutreten. Sichtbar wird in einem solchen Dialog, wie voraussetzungsreich das eigene, also monotheistische Bekenntnis ist; hat es doch zur Bedingung seiner Möglichkeit ein hoch entwickeltes Subjektivitätsverständnis, die Überzeugung von der Einzigkeit und Freiheit handelnder Subjekte. So ist, der oben eingeführten Terminologie folgend, die Bedingtheit des Erkennens, nicht der Erkenntnis in Rechnung zu stellen, wenn die Auseinandersetzung mit dem Polytheismus gesucht wird. Demnach werden die Vertreterinnen und Vertreter des Christusbekenntnisses in der Begegnung mit den polytheistischen Religionen das Bewußtsein von Subjektivität zu vermitteln suchen, das dem Christusbekenntnis inhärent ist: praktisch in der Anerkennung der anderen als eigenständiger Personen, denen unbedingte Freiheit und Würde zukommt; theoretisch in der Aufdeckung jener aporetischen Grundstruktur des Polytheismus, die auf ihre Auflösung in einem monotheistischen Bekenntnis drängt. In solcher Auseinandersetzung, die zahlreiche Aspekte der polytheistischen Tradition eher modifizierend aufnehmen denn verwerfen wird, werden Christinnen und Christen der in ihrem Bekenntnis wurzelnden Verpflichtung gerecht, für die Einzigkeit Gottes und die unbedingt zu achtende Würde des Menschen einzutreten.

c) Erhofft oder empfangen: Im Gespräch mit monotheistischen Religionen

Unter nochmals grundlegend veränderten Voraussetzungen steht der interreligiöse Dialog, wenn das Christusbekenntnis auf ein monotheistisches, gar in der biblischen Tradition stehendes Weltverstehen trifft.[145] Die gemeinsame Basis, auf der das Gespräch geführt werden kann, ist ungleich breiter als in den bisher betrachteten Kontexten. Judentum, Christentum und Islam teilen nicht nur das monotheistische Bekenntnis zu einem Gott, sondern sind auch davon überzeugt, daß sie, wenn auch in zum Teil unterschiedlichen Traditionen, den gleichen Gott verehren.[146] Einmütig gehen sie vom Glauben an die Möglichkeit,

---

Trinität 144-168.208-220, findet. Sie gründet letztlich in dem Verdacht, daß ein Monotheismus folgerichtig in einen – wie auch immer sich zeigenden – Absolutismus münden muß; einem Verdacht, der, wie sich zeigte, als unbegründet zurückgewiesen werden kann, sobald der Glaube an den einen und einzigen Gott konsequent als Freiheitsgeschehen verstanden wird.
[145] Wenn im folgenden der Blick nahezu ausschließlich auf die Begegnung mit dem Judentum und dem Islam gelenkt wird, geht dies mit einer weitgehenden Ausblendung außerbiblischer Traditionen eines philosophischen wie religiösen Monotheismus einher (vgl. die Hinweise bei STRÖM, Monotheismus 236). Die Verhältnisbestimmung zu diesen bedürfte einer eigenen ausführlichen Erörterung, in der allerdings die in der „abrahamitischen Ökumene" gewonnenen Einsichten von erheblicher Bedeutung sein dürften.
[146] Für das Verhältnis des Christentums zum Judentum vgl. z.B. Mk 12,28-30 par.; für das Verhältnis des Islam zu Judentum und Christentum Sure 29,46. Naturgemäß können sich in den Hl. Schriften der Religionen keine Hinweise auf Bekenntnisse finden, die sich erst aus ihnen entwickelt haben.

mehr noch: an die Wirklichkeit göttlicher Offenbarung aus.[147] Sie sind davon überzeugt, daß Gott den Menschen im Lauf der Geschichte[148] die Augen für die Wahrheit geöffnet, ihnen seinen Willen gezeigt hat.[149] Bei so fundamentalen Gemeinsamkeiten der verschiedenen Bekenntnisse kann die Einigkeit in wesentlichen Aussagen der Anthropologie nicht verwundern: Alle drei Religionen verstehen den Menschen – als einzelnen wie als Teil des Volkes, der Kirche, der Glaubensgemeinschaft – in seinem Gegenüber zu Gott. Sie wissen ihn zur Antwort auf die Zuwendung Gottes fähig und gefordert – und darin verantwortlich für die Gestaltung seines Lebens und der Welt. Wie weit diese Verantwortung reicht, wieviel der Mensch aus eigener Kraft vermag, in welchem Maße in jedem guten Handeln die gnädige Mitwirkung Gottes vorausgesetzt werden muß: Diese Fragen sind nicht nur zwischen, sondern bereits innerhalb der einzelnen monotheistischen Religionen umstritten.[150] Die Unterschiedlichkeit der gegebenen Antworten muß sie deshalb nicht trennen, sondern kann sie verbinden.

Vor dem Hintergrund dieser umfassenden Übereinstimmungen kann selbst die theologische Verantwortung des Christusbekenntnisses für einige ihrer wesentlichen Aspekte auf Zustimmung hoffen. Wenn Gott geglaubt wird als der, der den Menschen als sein freies Gegenüber wollte und schuf, dann kann sich Offenbarung, wie schon die alttestamentliche Bundestheologie zeigt, nur als Freiheitsgeschehen ereignen.[151] Als solches aber bedarf sie der vermittelnden Gestalt, des Symbols, in dem die Zuwendung Gottes wie die menschliche

---

[147] Das Alte Testament ist durchzogen von Zeugnissen, die von dem Wort Gottes an die Menschen sprechen. Für den Islam vgl. KHOURY, Islam 84, mit Bezug auf Sure 7,172.

[148] Bezüglich der gläubigen Deutung der Geschichte ist zwischen Christentum sowie Judentum auf der einen und dem Islam auf der anderen Seite eine wesentliche Unterscheidung festzuhalten: Das biblische Verständnis einer Heilsgeschichte ist dem Islam fremd (vgl. ZIRKER, Islam 86f.). Zwar gilt es für die Muslim, in der Geschichte den Willen Gottes zu tun, aber deren Verlauf hat keine theologische Bedeutung (gegen PARET, Heilsbotschaft 51).

[149] Die zurückhaltende Formulierung ist mit Bedacht gewählt. Denn von einer Selbstoffenbarung Gottes kann der Islam wegen der festgehaltenen Überzeugung von der Unerkennbarkeit Gottes nicht sprechen, und er beschränkt seinen Offenbarungsbegriff deshalb auf die Mitteilung des Willens Gottes (vgl. ZIRKER, Islam 203).

[150] Vgl. KHOURY, Islam 99: „Es gibt eine Reihe von Versen [des Koran, M.B.], die für die Vorherbestimmung aller Werke des Menschen durch Gott sprechen. Andere Verse betonen die Entscheidungsmöglichkeit des Menschen und daher auch seine Verantwortung". So sehr der Islam den Vorsehungsglauben gegenüber der Überzeugung von der Freiheit des Menschen betont, so entschieden beharrt die jüdische Tradition auf der hohen Verantwortung des Menschen vor Gott, findet darin gar ein wesentliches Motiv zur Ablehnung der Christologie. Vgl. COHEN, Religion 240: „Nur der Mensch selbst kann die Selbstheiligung vollbringen; kein Gott kann ihm dabei helfen. Gott leistet schon viel dadurch, daß er das Gebot gibt; und er wird noch mehr leisten. [Hier ist an die erhoffte Vergebung zu denken, M.B.] Aber er darf der Arbeit, welche das Gebot vom Menschen fordert, nicht in die Speichen fallen sollen".

[151] Zur Vorstellung von der Freiheit des Menschen gegenüber Gott im Islam vgl. KHOURY, Islam 100f., mit der Schlußfolgerung: „Die gängige Theologie des Islams heute hält also an der menschlichen Freiheit und zugleich an der göttlichen Vorherbestimmung fest" (aaO.101). Für die jüdische Tradition sei stellvertretend an den Korrelationsgedanken Cohens erinnert: vgl.o. S. 162, Anm. 420.

Antwort darauf real werden. Daß Judentum und Islam sich in ihren jeweiligen Bekenntnissen auf solche Symbole beziehen, kann als weiteres Indiz für die weitgehende Verwandtschaft der drei Religionen gelten. Thora und Koran werden als Wort Gottes verstanden,[152] als Weisung, die, indem sie gegeben wird, den Menschen zugleich befähigt, sie zu befolgen.[153] Welche Vermittlungsgestalt göttlicher Anerkennung aber sollte dem Menschen und seiner Freiheit umfassender entsprechen als ein Mensch, der ganz zur Antwort an Gott und darin Gottes Wort an die Menschen wird?[154] Wenn die christologische Reflexion auf die besondere Dignität eines solchen Offenbarungsträgers verweist, kann und darf sie damit nicht den Ernst und die Eindeutigkeit leugnen wollen, die für die Glaubenden der anderen Religionen den schriftlichen Offenbarungszeugnissen eignen. Daß Gott sich an sein Wort gebunden hat, auf seine Treue dazu gebaut werden darf, steht für sie nicht weniger fest als für das Christusbekenntnis die Selbstbindung Gottes an Wort und Handeln Jesu. Die Priorität von Leben und Geschick Jesu gründet vielmehr allein in der existentiell-eschatologischen Beglaubigung des Gesagten, das damit nicht entwertet, sondern in höchstmöglicher Weise bestätigt und verwirklicht wird.

Diese anthropologisch verantwortete und christologisch gegründete Entfaltung einer Offenbarungstheologie kann – bei allen bleibenden Unvereinbarkeiten – im Gespräch mit dem Judentum und dem Islam durchaus an dort lebendige Traditionen anknüpfen. Zwar verbietet es diesen Religionen die Radikalität, mit der beide an der absoluten Transzendenz Gottes festhalten, eine Inkarnation für möglich zu halten oder gar die christliche Trinitätstheologie, in der sie den Monotheismus gefährdet sehen, zu teilen.[155] Gleichwohl findet sich auch bei ihnen die Überzeugung, daß dem Menschen, der das Offenbarungswort empfängt und beantwortet, eine besondere Bedeutung für die Wirklichkeit

---

[152] Für den Islam vgl. NAGEL, Koran 28. Hinsichtlich der Bedeutung der Thora für das Judentum spricht GRUNDEN, Freiheit 193f., gar von einer „Strukturanalogie" zwischen jüdischem und christlichem Offenbarungsverständnis.

[153] Vgl. ZIRKER, Islam 99-103; ders., Wegleitung 115-119. Die in christlicher Theologie verbreitete Entgegensetzung von jüdischer „Gesetzes"-Religion und christlichem Glauben an das Evangelium widerspricht dem jüdischen Selbstverständnis: Vgl. LEVINAS, Thora; COHEN, Religion 393-430. Vgl. auch LIMBECK, Gesetz 123-128, der allerdings wenig auf das jüdische Selbstverständnis eingeht und statt dessen aus ausschließlich christlicher Perspektive Engführungen der paulinischen Tradition zu überwinden sucht.

[154] Vgl. z.B. PRÖPPER, Beitrag 311f., und bereits oben S. 175.

[155] Vgl. STAROBINSKI-SAFRAN, Monotheismus 252f., mit Hinweisen zur rabbinischen Trinitätskritik. „Dem jüdischen Volk unserer Tage [...] kann er [Jesus, M.B.] natürlich weder ein Gott noch Gottes Sohn im Sinne des Trinitätsdogmas sein: beides ist für den Juden nicht nur blasphemisch, sondern auch unbegreifbar" (KLAUSNER, Jesus 573). Die frühjüdischen – und in der Folge weiter entfalteten – Theologumena von den Gegenwartsweisen Gottes in der Welt (Weisheit, Geist, schekinah Gottes) werden im Judentum nie zu einem dem Trinitätsglauben vergleichbaren Gottesbild weiterentwickelt. Vgl. THOMA, Messiasprojekt 78-84; WERBICK, Trinitätslehre 484-486. Zu ganz parallelen Gestalten der Ablehnung der Trinitätslehre im Islam vgl. Sure 112 und dazu ZIRKER, Islam 186-203; NASR, Sicht 6f.

der Offenbarung zukommt.[156] Und nicht zuletzt wird menschlichen Gestalten im Blick auf das eschatologische Ende der Welt ein hohes Gewicht gegeben. Ein Mensch wird, so die Überzeugung, zum Künder, wenn nicht gar zum Mittler des eschatologischen Heils.[157] Es ist hier nicht der Ort, genau zu prüfen, wie weitgehend die entsprechenden Traditionen miteinander vereinbar sind oder gar übereinstimmen. Es muß genügen, auf mögliche Brücken hinzuweisen, die vielleicht zahlreicher und tragfähiger sind als zunächst vermutet.

Doch wie weit der so zu erzielende Konsens über die mögliche und angemessene Gestalt einer endgültigen Offenbarung Gottes auch reichen mag: Zum entschiedenen Widerspruch der anderen wird es kommen müssen, sobald das Christentum die Wirklichkeit der Offenbarung in Jesus Christus bekennt und behauptet. Denn in deren Bestreitung sind sich, bei aller Hochachtung der Person Jesu,[158] Judentum und Islam einig.

In dem damit aufbrechenden Konflikt wird die dritte und letzte der Bedingtheiten des Christusbekenntnisses ansichtig und muß auf ihre Relevanz für den Dialog befragt werden. Das Zeichen, dem die Bedeutung zugeschrieben wird, Gottes endgültige Selbstoffenbarung als Liebe zu sein, ermangelt – wie jedes sinnliche Zeichen, wie auch Thora und Koran –, der Eindeutigkeit. Das Christusbekenntnis, das sich auf dieses Zeichen bezieht, wurzelt in der Entscheidung und damit in der Freiheit des Menschen, Leben und Geschick Jesu nicht anders denn als diese Offenbarung zu verstehen. Die *Er*kenntnis der Wirklichkeit der Offenbarung hat zur Bedingung ihrer Möglichkeit, wie sich zeigte, das *Be*kenntnis zu dieser Wirklichkeit. Beweisen läßt sich das Ergangensein der Offenbarung deshalb nicht – auch wenn es zahlreiche Möglichkeiten gibt, das Bekenntnis zu ihr rational zu verantworten, als angemessen zu erweisen.

Die Einsicht in diese Bedingtheit des Bekenntnisses, durch das sie sich unbedingt verpflichtet wissen, eröffnet denen, die es vertreten, die Möglichkeit, auch

---

[156] Bereits erwähnt wurde die These von Levinas, daß die Offenbarung durch den geschieht, der sie empfängt (vgl.o. S. 162, Anm. 421). Für den Islam vgl. ZIRKER, Islam 103-106; KHOURY, Islam 113-115.

[157] Der Islam erwartet sogar Jesus als Gestalt, die in der Endzeit wiederkehrt – selbstverständlich wiederum unter strikter Ablehnung aller christologisch-trinitarischen Bekenntnisinhalte. Vgl. ZIRKER, Islam 146f.; NASR, Sicht 6; KHOURY, Islam 93.121f. Zum nachbiblisch-jüdischen Messiasverständnis vgl. LEVINAS, Texte 58-103; THOMA, Messiasprojekt 161-173; POORTHUIS, Vernunft (zum Messianismus des Maimonides); COHEN, Religion 276-243. Cohen beschäftigt sich nicht mit dem Messias als einer Einzelperson, sondern mit der die Menschheit als ganze verändernden messianischen Idee. Damit greift er philosophisch eine Tendenz auf, die schon in der rabbinischen Messias-Literatur zu beobachten ist: weniger die Person des Messias denn die messianische Zeit in den Mittelpunkt des Interesses zu rücken.

[158] Zum Jesus-Bild des Islam vgl. ZIRKER, Islam 122-152; KHOURY, Islam 88-93. Zu den jüdischen Deutungen und der damit verbundenen Hochschätzung der Person Jesu vgl.o. S. 99, Anm. 168. In beiden Religionen ist die – ja auch innerchristlicher Kritik nicht fremde – Argumentationsfigur zu finden, die Jesu Wirken und Intention in der späteren kirchlichen Tradition verlassen, wenn nicht gar verraten sieht.

das jüdische und muslimische Weltverstehen als nicht nur möglich, sondern ebenfalls verantwortbar anzuerkennen.[159] Was sie selbst als bereits geschenkte Wirklichkeit erkannt haben und bezeugen,[160] halten jene mehr oder weniger deutlich als Hoffnungsgestalt fest: Verbunden bleiben die drei großen monotheistischen Religionen ohnehin in der Überzeugung, daß der eine Gott sich bereits auf vielfältige Weise den Menschen gezeigt und unter ihnen zur Sprache gebracht hat, sowie in der Hoffnung auf die noch ausstehende Erfüllung all dessen, was sie als Verheißung dieses Gottes bekennen, der Hoffnung, die bereits Abraham[161] geschenkt wurde.[162]

4. Befreiendes Verstehen

Die Reflexionen des vorangegangenen Abschnitts konnten die Wegscheiden religiösen Weltverstehens markieren. An diesen, so wurde deutlich, fallen Entscheidungen, die als kontingente Bedingungen alles weitere Denken und Handeln prägen. Diese Einsicht eröffnet die Möglichkeit, fremde Verstehensweisen anzuerkennen, ohne die eigene deshalb reduzieren oder gar verabschieden zu müssen.

Und doch kann dieses Ergebnis noch nicht umfassend befriedigen. Denn bisher ist nicht ausreichend geklärt, worauf die wiederholt formulierte Forderung nach „Anerkennung der anderen" zielt. Ginge es darum, das Fremde dem Feld des schlichtweg Unverstandenen und Unverstehbaren zuzuweisen, wäre die zuvor erarbeitete Erkenntnis des unhintergehbar inklusivistischen Charakters jedes Verstehens mißachtet. Das Ziel, die Totalität der sinnlichen Zeichen einem einheitlichen Bedeutungshorizont einzuschreiben, wäre aufgegeben – und

---

[159] Es wäre nicht nur zu wenig, sondern eine fragwürdige Vereinnahmung, eine solche Anerkennung allein darauf zu stützen, „daß der Islam [...] schon eine Teilkenntnis von Christus besitzt und unterwegs ist zur vollen Erkenntnis Christi" (so KHOURY, Islam 233). Vielmehr geht es um die Anerkennung der Bedingtheit des eigenen wie des fremden Offenbarungsbekenntnisses, die ZIRKER, Islam 38, anmahnt und die dem Islam gegenüber „sowohl differenzierte Möglichkeiten der theologischen Würdigung als zugleich auch kritische Anfragen an dessen Universalitätsanspruch und Geschichtsverständnis" eröffnet.

[160] Es ist sicher wichtig, auch im Christusbekenntnis das Wissen festzuhalten, daß die bereits als geschenkt geglaubte Erlösung noch auf ihre vollendende Erfüllung wartet. Insofern trägt auch die Christologie einen „proleptischen" Charakter (RADFORD RUETHER, Christologie 90). Doch kann dieser bewußt bleiben, ohne deshalb die Endgültigkeit der in Christus geschehenen Offenbarung bestreiten zu müssen (so gegen Radford Ruethers Konzeption mit PRÖPPER, Beitrag).

[161] Zur „abrahamitischen Ökumene" vgl. KHOURY, Islam 86f.; KUSCHEL, Streit 239-306. Kritisch zu diesem Projekt PARET, Heilsbotschaft 61: „Meiner Meinung nach kommt man mit einer so extremen Begütigungstaktik, auch wenn sie noch so gut gemeint ist, nicht zum Ziel". Und in der Tat kann, wie KUSCHEL, Streit 265f., in Fortführung der Thesen Zirkers betont, eine solche „Ökumene" nur fruchtbar sein, wenn die Beteiligten sich die Frage nach ihren nicht selten konfligierenden Wahrheits- und Geltungsansprüchen kritisch stellen.

[162] ZIRKER, Islam 33-38, sieht die drei großen monotheistischen Religionen dadurch verbunden, daß die jeweils späteren zur Wirkungsgeschichte der früheren gehören. Er konstatiert bei Judentum und Christentum allerdings ein theologisch nicht zu legitimierendes Desinteresse an diesen Früchten der eigenen Geschichte.

damit die Bedingung der Möglichkeit von Verstehen überhaupt. Und Folge
eines solchen Verzichts wäre nicht zuletzt die Unfähigkeit, die Kriterien zu
erheben, die den Religionsdialog zu orientieren vermögen; jene Unfähigkeit, die
der pluralistischen Religionstheologie nachgewiesen und vorgeworfen wurde.
Was aber bedeutet die geforderte und als möglich behauptete Anerkennung
fremden Weltverstehens, wenn gerade nicht dessen Verabschiedung in die
Beliebigkeit eines Pluralismus, der nichts mehr zu verstehen sucht? Wie ist,
anders gefragt, das Verhältnis zu bestimmen zwischen der Unbedingtheit, mit
der das Bekenntnis zu vertreten ist, und der Bedingtheit, der es nicht zu
entkommen vermag, die beide festzuhalten sind?

Es sind ja, wie sich zeigte, nicht nur die soeben erinnerten erkenntnistheoretischen Notwendigkeiten, die das Christentum dazu verpflichten, sich um ein
Verstehen, eine kritische Anerkennung anderer Religionen zu mühen. Der
Inhalt des Bekenntnisses selbst, der Glaube an die unbedingte Liebe Gottes,
fordert den Versuch, die Totalität möglicher sinnlicher Zeichen in ihrem Licht
zu verstehen. Es gilt, die gesamte Welt, die Menschen mit der Vielfalt ihrer
religiösen Vorstellungen und Ausdrucksformen als das Gegenüber zu verstehen,
dem sich Gott in Christus zugewandt hat und dem er zugewandt bleibt. Und so
werden christlicher Glaube und christliche Theologie – auf welchen Wegen
auch immer – die Religionen anerkennen, indem sie sie deuten als mehr oder
weniger angemessene Versuche der Menschen, auf Gott, der sich ihnen in
mannigfaltiger Weise zeigte, zu antworten. Aber diese hermeneutischen
Bemühungen werden nicht dazu führen, die Bestimmtheit der im eigenen
Bekenntnis ansichtig gewordenen Wirklichkeit Gottes aufzulösen oder auch nur
zu mindern: Es ist der in Leben und Geschick Jesu als Liebe offenbar gewordene
Gott, dem die Welt gegenübersteht und sich verdankt. In dieses für sie
unbedingt geltende Weltverstehen wird christliche Theologie alle Menschen und
auch alle Religionen einzuschließen versuchen.

Jedoch wird ein solcher, der Unbedingtheit Gottes und seiner Selbstoffenbarung verpflichteter Inklusivismus, sobald er sich der eigenen Bedingtheit
bewußt ist, zwar darauf hoffen, aber nicht damit rechnen können, daß sich
seinem Verstehen alle anderen anschließen wollen oder auch nur können.
Vielmehr wird davon auszugehen sein, daß das Gespräch der Religionen nicht
nur vorübergehend, sondern, zumindest innergeschichtlich, auf Dauer das
Gesicht eines wechselseitigen Inklusivismus tragen wird.[163] Denn jede, keineswegs allein die christliche Weise des Weltverstehens wird die je anderen zu
erfassen und – so bleibt zu hoffen – nach Möglichkeit anzuerkennen versuchen.

Um für einen solchen wechselseitigen Inklusivismus, der den je anderen
anerkennend freiläßt, ohne den eigenen Standpunkt aufzugeben, ein m.E.
besonders prägnantes Beispiel zu geben, soll hier auf zwei der viel zu seltenen

---

[163] Vgl. KHOURY, Islam 18.

Verständigungsversuche[164] zwischen Christentum und Judentum hingewiesen werden: auf die Reflexionen des Paulus in den entsprechenden Kapiteln des Römerbriefs[165] und die Überlegungen des Maimonides zur möglichen Bedeutung des Christentums.[166] Für Paulus stellt die für ihn schmerzhafte Tatsache, daß die Mehrheit seines Volkes das Christusbekenntnis nicht teilt, eines der bedrängendsten theologischen Probleme dar. Doch gerade sein Glaube an die in Christus erschienene Liebe Gottes macht es ihm unmöglich, an der Treue dieses Gottes zu dem Volk, an das er sich gebunden hat, zu zweifeln.[167] Und so muß das geschichtstheologische Ringen des Paulus ihn zu der Hoffnung führen, daß die Weigerung, sich zu Christus zu bekennen, einen von Gott vorgesehenen Sinn hat,[168] mehr noch: daß die neben der Kirche durchgehaltene jüdische Erwartung ihre eschatologische Erfüllung finden wird – eine Erfüllung aber, die sich Paulus nicht anders denn als eine durch Christus geschenkte vorzustellen weiß.[169] Maimonides, sein später jüdischer Gesprächspartner, sieht seinerseits das Christentum der jüdischen Messiashoffnung zugeordnet: Die christliche – und ebenso die islamische – Verkündigung bereitet, bei aller Abweichung von der Thora, die Welt außerhalb des Judentums auf das Kommen des Messias vor.[170] So finden beide, Paulus wie Maimonides, einen Weg, dem je anderen

---

[164] RADFORD RUETHER, Christologie 85, macht auf die Wechselbeziehung aufmerksam zwischen der jüdischen Ablehnung der Christologie und der Ausformung eines antijüdischen Christusverständnisses seitens der Kirche.

[165] Röm 9-11.

[166] MAIMONIDES, Mishne Tora, Hilhot Melakim, 11. Zu Text und Übersetzung vgl. POORTHUIS, Vernunft.

[167] Vgl. Röm 11,2.28. Paulus nimmt „in letzter Entschiedenheit ernst, daß Gottes erwählendes und verwerfendes Handeln in Israel *umschlossen* ist von einer Erwählung *ganz* Israels, – daß den leiblichen Nachkommen Abrahams insgesamt und ‚zuerst' die Zusage und Verheißung Gottes gilt, ‚Kinder Gottes' und ‚Erben der Verheißung' zu werden" (HOFIUS, Evangelium 306).

[168] Vgl. Röm 11,11. „Haben sie [die Juden, M.B.] Nein zum Evangelium gesagt, so kann das *nicht ohne Sinn* sein, weil Gott es so gewollt, ja geradezu provoziert hat" (THEOBALD, Kirche 16).

[169] Vgl. Röm 11,26f.36. Dazu HOFIUS, Evangelium 319f., und THEOBALD, Kirche 14: „Im Sinne des Paulus könnte man deshalb auch pointiert formulieren: Heil für alle nur durch Jesus Christus (solus Christus), aber im Falle Israels deshalb auch (und vielleicht nicht nur im Falle Israels): Heil an der Kirche vorbei!"

[170] Dazu POORTHUIS, Vernunft 47f. Vorgeformt ist dieser Gedanke in der Vision der Völkerwallfahrt zum Zion (vgl. HOFIUS, Evangelium 313; LOHFINK, Bund 75-103). Maimonides läßt trotz dieser positiven Verhältnisbestimmung keinen Zweifel daran, daß in jüdischer Sicht das Christentum dem strengen Monotheismus des jüdischen Glaubens untreu wurde.

MÜLLER, Konzept, zieht die Grenze, innerhalb derer Juden auf dem Boden der Halacha sich auf ein „brüderliches Gespräch" (NA 4.5) mit den Christen einlassen können, noch viel enger: Er verweist darauf, daß allein die noahidischen Gebote – entstanden in einer Verfolgungszeit, in der es für das Judentum darum ging, seine „unverzichtbaren essentials und identity markers zu definieren" (MÜLLER, aaO.109) – es den Juden ermöglichen, den Umgang mit Nichtjuden zu suchen: Vorauszusetzen ist dafür lediglich ein ethischer common sense. Das Konzept des Maimonides geht insofern über diese Auffassung hinaus, als es durch Christentum und Islam den Monotheismus, einen Glauben also verkündet sieht, den die noahidischen Gebote nicht verlangen (vgl. COHEN, Religion 384).

Bekenntnis innerhalb des eigenen einen Raum zu öffnen, in dem es anerkannt werden kann, ohne vereinnahmt zu werden.

Einen solchen wechselseitigen Inklusivismus wird auch das Christusbekenntnis anerkennen können – spätestens wenn es sich seiner eigenen Kontingenz und Bedingtheit bewußt geworden ist. Allerdings wird es diese Anerkennung davon abhängig machen, daß die beteiligten Partner sich auf die oben explizierten Kriterien verpflichten lassen. Denn nur deren Übernahme und Einhaltung vermag zu gewährleisten, daß das interreligiöse Gespräch weder in die gegenseitige Vereinnahmung noch in ein beliebiges Nebeneinander inkompatibler Positionen mündet. Begegnungen und Auseinandersetzungen aber, die sich an jenen – hier im Anschluß an Cassirer entwickelten – Kriterien orientieren, werden für alle Beteiligten fruchtbar sein. Werden sie doch dazu helfen, in Entschiedenheit und Offenheit das je eigene Bekenntnis zu vertreten und der kritischen Prüfung auszusetzen. Gemeinsam werden sich die Gesprächspartner an dem Ziel orientieren, immer angemessenere Weisen zu finden, der Welt und der Wirklichkeit Gottes bekennend und darin deutend gerecht zu werden.[171] Die Vielfalt der symbolischen Formen, die um ein solches Verstehen ringen, die Vielfalt auch der religiösen Bekenntnisse wird einem solchen Austausch zwischen den Religionen selbst noch einmal zum Zeichen werden: zum Zeichen jener Freiheit, die Cassirer als die Bedingung der Möglichkeit allen Verstehens und Verhaltens aufdeckte; jener Freiheit, die das biblische Bekenntnis als von Gott dem Menschen verliehene Begabung und Bestimmung erkennt.

---

[171] Es muß „im interreligiösen Dialog darum gehen, nach der 'Angemessenheit' der jeweiligen Zeugnisgestalten zu fragen – und so dem einen Logos auf der Spur zu bleiben, den man dabei als Kriterium in Anspruch nimmt, ohne über ihn verfügen zu können" (WERBICK, Heil 32).

GÖTZENKRITIK: EIN RÜCKBLICK MIT ANDEREN WORTEN

Glauben alle an den gleichen Gott?

Die Bibel stellt solch besänftigender Beliebigkeit das harte Nein ihrer Götzenkritik entgegen. Mit fast schon zynischem Spott wendet sie sich gegen die Religionen der Fremdvölker und gegen die Götzendiener im eigenen Volk: „Warum bezahlt ihr mit Geld, was euch nicht nährt, und mit dem Lohn eurer Mühe, was euch nicht satt macht?"[172] „Die Götzen der Völker sind nur Silber und Gold. Sie haben einen Mund und reden nicht, Augen und sehen nicht; sie haben Ohren und hören nicht, eine Nase und riechen nicht; mit ihren Händen können sie nicht greifen, mit den Füßen nicht gehen, sie bringen keinen Laut hervor aus ihrer Kehle."[173]

Wer klaren Auges sieht, woran Menschen über zweitausend Jahre nach diesen prophetischen Klagen ihr Herz hängen, wofür sie Zeit und Geld opfern, wovon sie Heil erhoffen, der wird weit entfernt davon sein, die Götzenkritik für überholt zu halten. Nur: Sie ist schwieriger geworden.

Die Propheten und mit ihnen nahezu alle biblischen Autoren sprechen und schreiben in der fraglosen Gewißheit, Gottes Wort empfangen zu haben und nun zu verkündigen, den einzigen Gott zu kennen und ihm zu dienen. Von diesem Standpunkt aus fällt es leicht, zu diskreditieren, was die anderen anbeten: es ist „ein Machwerk von Menschenhand".[174] Und diese Gewißheit scheint in den neutestamentlichen Schriften und in der frühen Kirche noch gesteigert. Ist denn nicht in Christus das „Ebenbild des unsichtbaren Gottes"[175] erschienen, der normative Höhepunkt der Offenbarung erreicht? Dann aber bleibt keine andere Wahl denn alle, die einen anderen oder anderes als Christus verehren, als Götzendiener zu entlarven.

Die Situation verändert sich am Beginn der europäischen Neuzeit. In der Reflexion über die menschliche Vernunft wird deren Eigenständigkeit und Freiheit erkannt. Vor der Freiheit, die sich selbst einziges und höchstes Gesetz ist, muß sich fortan verantworten, wer Anerkennung oder gar Gehorsam fordert, allen voran das christliche Offenbarungsbekenntnis. Auf Zustimmung des Menschen, der sich seiner ihn verpflichtenden Würde und Freiheit bewußt ist, darf nur hoffen, wer die biblische Botschaft als vernunftgemäß, den Glauben als moralisch vertretbare Lebenshaltung erweisen kann. Wo sie diese Heraus-

---

[172] Jes 55,2.
[173] Ps 115,4a.5-8.
[174] Ps 115,4b.
[175] Kol 1,15.

forderung nicht scheut, sondern sich ihr selbstbewußt stellt, kann die christliche Theologie die verlangte „Rechenschaft von ihrer Hoffnung"[176] in überzeugender Weise ablegen.

Die kritische Infragestellung des Offenbarungsbekenntnisses gewinnt ihre ganze Schärfe aber erst durch die Einsicht, daß es kein geschichtliches Ereignis, keine sinnliche Wahrnehmung gibt, die für den Menschen schlechthin eindeutig wären. Auch die Rede von einer Offenbarung Gottes, auch das Bekenntnis, in Leben und Geschick Jesu habe Gott selbst sich endgültig gezeigt, verdankt sich bereits einer bestimmten, aber nicht zwingenden Deutung der dafür beanspruchten Ereignisse. Mit einem Mal sieht sich die biblische Botschaft den gleichen Vorwürfen ausgesetzt, die sie zuvor allein gegen die Götzen richten zu können glaubte: Jede, auch die eigene Rede von Gott, jedes, auch das eigene Verhalten zu Gott ist durchschaut als ein „Machwerk von Menschengeist".

Wie soll dann noch sinnvoll von der Wirklichkeit Gottes, seinem offenbarenden Handeln gesprochen werden können? Und wie könnte, wenn dies nicht mehr möglich sein sollte, noch der Gottesdienst vom Götzendienst unterschieden werden? Unübersehbar fällt mit der Antwort auf diese Fragen die Entscheidung über die prinzipielle Möglichkeit oder Unmöglichkeit eines verantworteten Glaubens.

Einem unbeteiligten Beobachter, wenn es einen solchen überhaupt geben kann, wird die Wirklichkeit Gottes verborgen bleiben und nicht zu beweisen sein. Nur der glaubende Blick wird in dem, was er sieht, der unbedingten, ihn restlos angehenden Wirklichkeit Gottes ansichtig werden. Nur in der gesprochenen und gelebten Antwort wird das Wort Gottes hörbar. Allein das christliche Bekenntnis kann in Leben und Geschick Jesu die Selbstoffenbarung Gottes erkennen. Doch so entschieden die Glaubenden daran festhalten werden, daß sie sich sprechend und handelnd auf eine Wirklichkeit, nicht auf ein Machwerk ihrer sehnenden Phantasie beziehen: Stets werden sie, was sie bekennend ergreifen, als das Unbegreifbare, je Größere erleben und wissen. Und damit werden sie dem gerecht, was schon die menschliche Vernunft einfordern muß: daß nur Gott genannt werden darf, was jedes menschliche Begreifen übersteigt.

Vor der Wirklichkeit Gottes, auf die sich ihr Bekenntnis richtet, und vor der menschlichen Vernunft haben die Glaubenden aller Religionen die konkrete Gestalt ihres Bekenntnisses zu verantworten, wollen sie sich nicht dem Vorwurf des Götzendienstes ausgesetzt sehen. Sie haben zu erweisen, daß, was sie als Gott benennen, so genannt zu werden verdient und daß das durch ihr Bekenntnis geprägte Handeln dem entspricht, was als das Gute anzuerkennen ist. Wissend, daß sie der Wirklichkeit Gottes nicht anders als im menschlichen Verstehen ansichtig werden können, werden sie entschieden für Gehalt und

---

[176] Vgl. 1 Petr 3,15.

Form ihres Bekenntnisses eintreten. Denn andernfalls würden sie verlieren, was sie im Glauben an die Offenbarung als Selbstbestimmung Gottes erkannt haben, der sie verpflichtet bleiben. Wissend, daß jede Rede von Gott unzulänglich bleibt, werden sie auch die Grenzen der eigenen Erkenntnis anerkennen, ohne den bestimmten Inhalt ihres Bekenntnisses zu leugnen.

Die Reflexion auf diese Grenzen läßt christliche Theologie erkennen, wie wenig selbstverständlich auch das Bekenntnis zu Christus ist. Möglich ist es nur aufgrund zahlreicher historischer und kultureller Voraussetzungen, die dem Einflußbereich des Einzelnen, aber auch der Religionsgemeinschaft weitgehend entzogen sind. Vor allem aber gründet es in folgenreichen, keineswegs zwingenden Entscheidungen, die Welt, den Menschen und die Wirklichkeit Gottes so und nicht anders zu verstehen. Ist diese Bedingtheit des Christusbekenntnisses, das gleichwohl die Glaubenden unbedingt in die Pflicht nimmt, erkannt, öffnet sich eine neue Möglichkeit, anderen Religionen zu begegnen: Sie werden nicht mehr von vornherein als götzendienerisch zu diskreditieren sein. Vielmehr ist zumindest nicht auszuschließen, daß in ihnen eine fremde, aber gleichermaßen angemessene Weise begegnet, der Wirklichkeit Gottes in Freiheit ansichtig und gerecht zu werden.

Der konkrete Dialog mit den Glaubenden anderer Religion erscheint so mit einem Mal als Chance, dem biblischen Auftrag zur Götzenkritik auf unerwartete Weise gerecht zu werden. Wenn die verschiedenen Religionen das Wagnis der Begegnung und Auseinandersetzung eingehen, wenn sie sich als voraussetzungsreiche Weisen menschlichen Weltverstehens wissen und in gegenseitiger Achtung bereit sind, sich der kritischen Prüfung ihrer Bekenntnisinhalte zu unterziehen – dann wird das Gespräch allen Beteiligten helfen, auf die ihnen begegnende Wirklichkeit Gottes immer angemessener zu antworten. So kann der interreligiöse Dialog zur Selbstbefreiung des Menschen beitragen, für die Cassirer so entschieden eintrat: hilft er doch, jene Ideologisierungen und falschen Absolutsetzungen zu durchschauen und zu verabschieden, die den Kern jedes Götzendienstes bilden. Je umfassender dies gelingt, desto klarer wird auch zu erkennen sein, welche erfüllende Befreiung Menschen nicht selbst zu gewähren, sondern allein zu erhoffen vermögen. Sie kann nur erwartet werden von der einen göttlichen Wirklichkeit, von dem einen Gott, an den alle, die dem Götzendienst entkamen, glauben: in unterschiedlicher Weise und doch gemeinsam.

Literaturverzeichnis

1. Werke Cassirers

Eine geschlossene Ausgabe der Werke Cassirers liegt noch nicht vor, befindet sich aber in Vorbereitung. Die herangezogenen Monographien und Aufsatzsammlungen zitiere ich in der Regel ohne Autorennamen mit den üblich gewordenen Siglen, die im folgenden in alphabetischer Reihenfolge aufgeführt sind. Bei Monographien ist in Klammern das Jahr der ersten Veröffentlichung angegeben. Die benutzten Aufsätze, die noch nicht in dieser Form vorliegen, sind im Anschluß daran genannt.

AH	Axel Hägerström. Eine Studie zur schwedischen Philosophie der Gegenwart, in: Göteborgs Högskolas Arsskrift 45, 1939, 1-110.
D	Descartes. Lehre – Persönlichkeit – Wirkung = PhB 475, Hamburg 1995 (1939).
EBK	Erkenntnis, Begriff, Kultur, hgg.v. R.A. Bast = PhB 456, Hamburg 1993.
ECN I	Ernst Cassirer. Nachgelassene Manuspkripte und Texte, Bd.1: Zur Metaphysik der symbolischen Formen, hgg.v. J.M. Krois, Hamburg 1995.
EP I-IV	Das Erkenntnisproblem in der Philosophie und Wissenschaft der neueren Zeit, Nachdruck der 3. bzw. 2.Aufl., Darmstadt 1973f. (1906-1950).
FF	Freiheit und Form. Studien zur deutschen Geistesgeschichte, 5.Aufl., Darmstadt 1991 (1916).
GuL	Geist und Leben. Schriften zu den Lebensordnungen von Natur und Kunst, Geschichte und Sprache, hgg.v. E.W. Orth, Leipzig 1993.
KLL	Kants Leben und Lehre, Darmstadt 1994 (1918).
LKw	Zur Logik der Kulturwissenschaften. Fünf Studien, Darmstadt, 6.Aufl., 1994 (1942).
MS	Der Mythus des Staates. Philosophische Grundlagen politischen Verhaltens, Frankfurt 1985 (1946, engl.).
PsF I-III	Philosophie der symbolischen Formen. 1.Teil: Die Sprache (1923); 2.Teil: Das mythische Denken (1925); 3.Teil: Phänomenologie der Erkenntnis (1929), 9. bzw.10., unveränd.Aufl., Darmstadt 1994.

RKG   Rousseau, Kant, Goethe, hgg.v. R.A. Bast = PhB 440, Hamburg 1991.

SMC   Symbol, Myth, and Culture. Essays and Lectures of Ernst Cassirer 1935-1945, hgg. v. D.P. Verene, New Haven/London 1979.

SF   Substanzbegriff und Funktionsbegriff. Untersuchungen über die Grundfragen der Erkenntniskritik, 7., unveränd.Aufl., Darmstadt 1994 (1910).

STS   Symbol, Technik, Sprache. Aufsätze aus den Jahren 1927-1933, hgg.v. E.W. Orth und J.M. Krois = PhB 372, Hamburg 1985.

WWS   Wesen und Wirkung des Symbolbegriffs, 8., unveränd.Aufl., Darmstadt 1994.

VM   Versuch über den Menschen. Eine Einführung in eine Philosophie der Kultur, 2.Aufl., Frankfurt 1990 (1944, engl.).

ZmP   Zur modernen Physik, Darmstadt 1957.

CASSIRER, ERNST, Die *Idee* der republikanischen Verfassung. Rede zur Verfassungsfeier am 11. August 1928, in: Dialektik 1 (1995), 13-29.

 – *Kant* und das Problem der Metaphysik, in: Kant-Studien 36 (1931), 1-26.

 – Albert *Schweitzer* as Critic of Nineteenth-Century Ethics, in: Roback, A.A. (Ed.), The Albert Schweitzer Jubilee Book, Cambridge 1946, S.241-257.

2. Sonstige Quellen

Biblische Texte werden, falls nicht anders angegeben, zitiert nach:
Einheitsübersetzung der Heiligen Schrift, Stuttgart 1980.
Texte des 2. Vatikanums werden – mit den entsprechenden Siglen – zitiert nach:
LThK² 12-14.
Alle anderen lehramtlichen Texte folgen in Numerierung und Übersetzung:
DENZINGER, HEINRICH, Enchiridion symbolorum definitionum et declarationum de rebus fidei et morum. Kompendium der Glaubensbekenntnisse und kirchlichen Lehrentscheidungen. Lateinisch-Deutsch, hgg.v. P.Hünermann, Freiburg/Basel/Rom/Wien 1991 (=DH).
Grundlage für die Übersetzung der Pesiqta Rab Kahana war die kritische Textausgabe:
MANDELBAUM, B., Pesikta de Rav Kahana, acc. to an Oxford Manuscript with Variants ... With Commentary and Introduction, 2 Bde., New York 1962.

3. Literatur

In den Anmerkungen wird auf die verwendete Literatur mit dem Autorennamen und dem Kurztitel des zitierten Werkes verwiesen. Ausgenommen von
dieser Regel sind lediglich Werkausgaben, für die eine andere Zitation wissenschaftlich üblich ist (Kant, Kierkegaard). Den Kurztitel bildet das erste undekli-
nierte Substantiv des Haupttitels, falls der Sinn oder die notwendige Eindeutigkeit nicht eine andere Benennung erfordern. Im folgenden Literaturverzeichnis
sind die Kurztitel durch *Kursivdruck* hervorgehoben. Mehrere Werke des gleichen Autors sind in der alphabetischen Reihenfolge der Kurztitel aufgeführt.
Alle Hervorhebungen in zitierten Texten sind, wenn nicht ausdrücklich anders
vermerkt, aus dem jeweiligen Original übernommen.

ABAILARD, PETER, *Gespräch* eines Philosophen, eines Juden und eines Christen,
    Frankfurt/Leipzig 1995.
AITMATOW, TSCHINGIS, Der *Richtplatz*, Zürich 1991.
ALT, FRANZ, Jesus – *Frau* im Mann. Luise Rinsers Buch "Mirjam", in: Die Zeit
    vom 16.03.84, S.52.
- *Jesus* – der erste neue Mann, 4.Aufl., München 1990.
ALTHAUS, PAUL, Die *Inflation* des Begriffs der Offenbarung in der gegenwärti-
    gen Theologie, in: ZSTh 18 (1941), S.134-149.
AMERY, CARL, Das *Ende* der Vorsehung. Die gnadenlosen Folgen des Christen-
    tums, Reinbek 1972.
AMSTUTZ, JOSEF, Über die *Allgegenwart* der Gnade, in: NZMiss 38 (1982),
    S.81-109.
- Über die *Religionen*. Nostra Aetate, Art.1 und 2, in: NZMiss 29 (1973), S.81-92.
ANSELM VON CANTERBURY, *Proslogion*: Untersuchungen, lateinisch-deutsche
    Ausgabe, hgg. v. Franciscus Salesianus Schmitt, Stuttgart 1984.
AREVALO, CATALINO G., Was ist kontextuelle *Theologie*?, in: ders. (Hrsg.), Den
    Glauben neu verstehen, Freiburg 1981, S.20-34.

BALTHASAR, HANS URS VON, Kleiner *Diskurs* über die Hölle, Ostfildern o.J..
    - Glaubhaft ist nur *Liebe*, Einsiedeln 1975.
    - Herrlichkeit. Eine theologische Ästhetik, Bd.1: *Schau* der Gestalt, 2.Aufl.,
    Einsiedeln 1961.
    - *Verbum* Caro. Skizzen zur Theologie I, Einsiedeln 1960.
BALZ, HEINRICH, Art. *Mission*, Missionstheologie, in: EKL³ 3, S.425-444.
BARTH, KARL, Das *Wort* Gottes als Aufgabe der Theologie (1922), in: Molt-
    mann, Jürgen (Hrsg.), Anfänge der dialektischen Theologie, Teil I, 5.Aufl.,
    München 1995, S.197- 218.
BAUMGARTNER, HANS MICHAEL, *Freiheit* als Prinzip der Geschichte, in: ders.
    Prinzip, S.299- 322.

- Kants "*Kritik* der reinen Vernunft". Anleitung zur Lektüre, 3.Aufl., Freiburg/München 1991.
- *Philosophie* – Wissenschaft – Religion. Dimensionen des endlichen Wahrheitsgeschehens, in: Oelmüller, W. (Hrsg.), Wahrheitsansprüche der Religionen heute = Kolloquien zur Gegenwartsphilosophie Bd.8, Religion und Philosophie Bd.2, Paderborn 1986, S.13-25.
- (Hrsg.), *Prinzip* Freiheit. Eine Auseinandersetzung um Chancen und Grenzen transzendentalphilosophischen Denkens. Zum 65. Geburtstag von Hermann Krings, Freiburg/München 1979.
- *Thesen* zur Grundlegung einer transzendentalen Historik, in: ders., Seminar: Geschichte und Theorie. Umrisse einer Historik, Frankfurt 1982, S.274-302.
- *Wahrheit*/Gewißheit. A.Aus philosophischer Sicht, in: NHThG 5, erw. Neuausgabe, S.230- 241.

BEER, PETER, *Bausteine* kontextueller Theologie. Eine systematisierte Auswahlbibliographie, in: TG 86 (1996), S.181-194.
- Kontexuelle *Theologie*. Überlegungen zu ihrer systematischen Grundlegung = Beiträge zur ökumenischen Theologie, Bd.26, Paderborn/München/ Wien/Zürich 1995.

BEINERT, WOLFGANG, Christlicher *Fundamentalismus*. Formen und Bewertung, in: Anzeiger f.d. Seels. (1996), S.3-8.55-60.
- Die *Rezeption* und ihre Bedeutung für Leben und Lehre der Kirche, in: ders., (Hrsg.), Glaube als Zustimmung. Zur Interpretation kirchlicher Rezeptionsvorgänge = QD 131, Freiburg/ Basel/Wien 1991.

BELTING, HANS, *Bild* und Kult. Eine Geschichte des Bildes vor dem Zeitalter der Kunst, München 1990.

BEN-CHORIN, SCHALOM, *Bruder* Jesus. Der Nazarener in jüdischer Sicht, 9.Aufl., 1986.

BENEDIKTIONALE, Studienausgabe für die katholischen Bistümer des deutschen Sprachgebietes, Freiburg 1981.

BERNER, ULRICH, *Polytheismus*, in: TRE 27, S.35-39.

BERNHARDT, REINHOLD, Der *Absolutheitsanspruch* des Christentums. Von der Aufklärung bis zur pluralistischen Religionstheologie, Gütersloh 1990.
- *Deabsolutierung* der Christologie?, in: Brück, Weg, S.144-200.
- *Horizontüberschreitung*. Die Pluralistische Theologie der Religionen, Gütersloh 1991.
- Philosophische *Pluralismuskonzepte* und ihre religionstheologische Rezeption, in: Risse, Günter (Hrsg.), Wege der Theologie an der Schwelle zum dritten Jahrtausend. FS für Hans Waldenfels, Paderborn 1996, S.461-479.

BERTEN, IGNACE, *Geschichte* – Offenbarung – Glaube. Eine Einführung in die Theologie Wolfhart Pannenbergs, München 1970.

BETZ, OTTO, Art. *Mission*, III.Neues Testament, in: TRE 23, S.23-31.

BIBELKOMMISSION, PÄPSTLICHE, Die *Interpretation* der Bibel in der Kirche. Ansprache Seiner Heiligkeit Johannes Paul II. und Dokument der Päpstlichen Bibelkommission, hgg. vom Sekretariat der Deutschen Bischofskonferenz, Bonn 1993.

BICK, ROLF, Transpersonale *Psychologie* und christlicher Glaube – Schnittmengen und Abgrenzungen, in: Merten, Rolf u.a. (Hrsg.), Auf der Suche nach der verlorenen Dimension. Spiritualität in Therapie, Pädagogik, Seelsorge. Dokumentation der Münchener Gestalt-Tage 1994, Eurasburg 1994, S.215-228.

BLANK, JOSEF, Der *Jesus* des Evangeliums, München 1981.

BLUMENBERG, HANS, Ernst Cassirers gedenkend bei der *Entgegennahme* des Kuno-Fischer-Preises der Universität Heidelberg 1974, in: Revue Int.d.Phil. 28 (1974), S.456-463.

BOESCH, MICHAEL, *Pluralität* und personale Referenz in Ernst Cassirers Philosophie der symbolischen Formen, Manuskript, Paderborn 1997.

– Der kultische *Ursprung* der Kultur. Zum Opferbegriff in Ernst Cassirers "Philosophie der symbolischen Formen", in: ThGl 86 (1996), S.488-502.

BOFF, CLODOVIS, *Theologie* und Praxis. Die erkenntnistheoretischen Grundlagen der Theologie der Befreiung, München/Mainz 1983.

BONGARDT, MICHAEL, Art. *Emanzipation*, II.Systematisch-theologisch, in: LThK³ 3, S.620f.

– Die *Freiheit* des Menschen als Frage nach Gott. Die Gottesfrage im Gespräch zwischen Theologie und Naturwissenschaft, in: StZ 12 (1996), S.818-831.

– *Glaubenseinheit* statt Einheitsglaube. Zu Anliegen und Problematik kontextueller Theologien, in: Müller, Klaus (Hrsg.), Fundamentaltheologie – Fluchtlinien und gegenwärtige Herausforderungen, Regensburg 1998, S.243-260.

– Der *Widerstand* der Freiheit. Eine transzendentaldialogische Aneignung der Angstanalysen Kierkegaards, Frankfurt 1995.

BRAUN, HANS-JÜRG, HOLZHEY, H., ORTH, E.W. (HRSG.), Über Ernst Cassirers *Philosophie* der symbolischen Formen = stw 705, Frankfurt 1988.

BRESCH, CARSTEN (HRSG.), Kann man *Gott* aus der Natur erkennen? = QD 125, Freiburg/ Basel/Wien 1990.

BREUNING, WILHELM, *Dogmatik* im Dienst der Versöhnung, hgg.v. E.Dirscherl = Bonner Dogmatische Studien, Bd. 21, Würzburg 1995.

BRÜCK, MICHAEL VON, *Heil* und Heilswege im Hinduismus und Buddhismus – eine Herausforderung für christliches Erlösungsverständnis, in: ders., Weg, S.62-106.

– Die *Zusammenarbeit* zwischen Christen und Hindus – dargestellt am Beispiel Indien, in: Conc 22 (1986), S.33-36.

– , WERBICK, JÜRGEN (HRSG.), Der einzige *Weg* zum Heil? Die Herausforderung des christlichen Absolutheitsanspruchs durch pluralistische Religionstheologien, Freiburg/Basel/Wien 1993.

BSTEH, ANDREAS, *Kirche* der Begegnung. Zur Öffnung der Kirche im Zweiten Vatikanum für einen Dialog des Glaubens mit den nichtchristlichen Religionen, in: Schwager, Christus, S.50-82.

BUBER, MARTIN, Zwei *Glaubensweisen*, Zürich 1950.

– Das dialogische *Prinzip*, 5., durchges.Aufl., Heidelberg/Darmstadt 1984.

BÜHLMANN, WALBERT, Wenn *Gott* zu allen Menschen geht. Für eine neue Erfahrung der Auserwählung, Freiburg/Basel/Wien 1981.

BULTMANN, RUDOLF, Das *Verhältnis* der urchristlichen Christusbotschaft zum historischen Jesus, 4.Aufl., Heidelberg 1965.

BURI, FRITZ, *Entmythologisierung* oder Entkerygmatisierung der Theologie, in: Bartsch, Hans Werner (Hrsg.), Kerygma und Mythos. Ein theologisches Gespräch, Bd.II = Theologische Forschungen 2, Hamburg 1952, S.85-101.

BÜRKLE, HORST, Das Absolute im *Abseits*. Zu einer "Regelwidrigkeit" pluralistischer Religionstheologien., in: Comm 25 (1996), S.310-321.

– Art. *Mission*, VII.Systematisch-theologisch, in: TRE 23, S.59-68.

BUSSMANN, CLAUS, *Befreiung* durch Jesus? Die Christologie der lateinamerikanischen Befreiungstheologie, München 1980.

CAMUS, ALBERT, Der erste *Mensch*, Hamburg 1995.

– Der *Mythos* von Sisyphos. Ein Versuch über das Absurde, Hamburg 1959.

CHING, JULIA, Die *Herausforderung* der chinesischen Religion (Taoismus), in: Conc 22 (1986), S.54-58.

CLAUDEL, PAUL., Der seidene *Schuh*, Salzburg 1939.

CLAYTON, JOHN, *Gottesbeweise*, II. Mittelalter und III. Systematisch /religionsphilosophisch, in: TRE 13, S.724-784.

COHEN, HERMANN, Der *Begriff* der Religion im System der Philosophie, Giessen 1915.

– *Religion* der Vernunft aus den Quellen des Judentums, 2.Aufl., Darmstadt 1966.

COLLET, GIANCARLO, Der *Christus* der Armen. Das Christuszeugnis der lateinamerikanischen Befreiungstheologen, Freiburg/Basel/Wien 1988.

– "Keine aufdringliche *Rechthaberei*". Fragen zum heutigen Missionsverständnis an Giancarlo Collet, in: HerKorr 49 (1995), S.649-654.

CROUZEL, HENRI, Art. *Bild* Gottes, II.Alte Kirche, in: TRE 6, S.499-502.

D'COSTA, GAVIN, The *Impossibility* of a Pluralist View of Religions, in: RelStud 32 (1996), S.223-232.

– *Theology* and Religious Pluralism, Oxford 1986.

DESCARTES, R., *Meditationen*, in: ders., Philosophische Schriften, hgg.v. R.Specht u. E.Cassirer, 3.Auflage, Hamburg 1992.

DIERSE, U., LOHFF, W., Art. *Offenbarung*, I.-III., in: HWP 6 (1984), S.1114-1121.

DIETZ, WALTER, Sören *Kierkegaard*. Existenz und Freiheit = athenäums monografien Philosophie 267, Frankfurt 1993.

DOHMEN, CHRISTOPH, Das *Bilderverbot*. Seine Entstehung und seine Entwicklung im Alten Testament, 2., durchges.Aufl., Bonn 1986.

DOSTOJEWSKIJ, FJODOR M., Die *Brüder* Karamasow = dtv 2043, 3.Aufl., München 1981.

DREWERMANN, EUGEN, *Strukturen* des Bösen. Teil I: Die jahwistische Urgeschichte in exegetischer Sicht; Teil II: Die jahwistische Urgeschichte in psychoanalytischer Sicht; Teil III: Die jahwistische Urgeschichte in philosophischer Sicht, München/Paderborn/Wien 1977f.

– Der tödliche *Fortschritt*. Von der Zerstörung der Erde und des Menschen im Erbe des Christentums, Regensburg 1981.

DRUMM, JOACHIM, *Dogmenentwicklung*, in: LThK³ 3, S.295-298.

DUBACH, PHILIPP, "Symbolische *Prägnanz*" – Schlüsselbegriff in Ernst Cassirers Philosophie der symbolischen Formen?, in: Rudolph, Enno, Küppers, B.-O. (Hrsg.), Kulturkritik nach Ernst Cassirer = Cassirer-Forschungen, Bd.1, Hamburg 1995, S.47-84.

EBELING, H., Das *Subjekt* in der Moderne. Rekonstruktion der Philosophie im Zeitalter der Zerstörung, Hamburg 1993.

EICHER, PETER, *Offenbarung*. Prinzip neuzeitlicher Theologie, München 1977.

– Neuzeitliche *Theologien*. A. Die katholische Theologie, in: NHThG 4, erw. Neuausgabe, S.7-46.

ENOMYIA-LASALLE, HUGO MAKIBI, Der *Heilsweg* des Buddhismus und das Christentum, in: Molinski, Waldemar (Hrsg.), Die vielen Wege zum Heil. Heilsanspruch und Heilsbedeutung nichtchristlicher Religionen, München 1969, S.15-40.

ERNE, PAUL THOMAS, *Lebenskunst*. Aneignung ästhetischer Erfahrung. Ein theologischer Beitrag zur Ästhetik im Anschluß an Kierkegaard, Kampen 1994.

ESSEN, GEORG, *Geschichte* als Sinnproblem. Zum Verhältnis von Theologie und Historik, in: ThPh 71 (1996), S.321-333.

– Art. *Geschichtstheologie*, in: LThK³ 4, S.564-568.

– Historische *Vernunft* und Auferweckung Jesu. Theologie und Historik im Streit um den Begriff geschichtlicher Wirklichkeit, Mainz 1995.

– Die *Wahrheit* ins Spiel bringen... Bemerkungen zur gegenwärtigen Diskussion um eine Theologie der Religionen, in: Pastoralblatt für die Diöz. Aachen, Berlin, Essen, Hildesheim, Köln 44 (1992), S.130-140.

- "Und diese *Zeit* ist unsere Zeit, immer noch". Neuzeit als Thema katholischer Fundamentaltheologie, in: Müller, Klaus (Hrsg.), Fundamentaltheologie – Fluchtlinien und gegenwärtige Herausforderungen, Regensburg 1998.
- , PRÖPPER,THOMAS, *Aneignungsprobleme* der christlichen Überlieferung. Hermeneutische Vorüberlegungen, in: Laufen, Rudolf (Hrsg.), Gottes ewiger Sohn. Die Präexistenz Christi, Paderborn 1997, S.163-178.

ETTELT, WILHELM, Der *Mythos* als symbolische Form. Zu Ernst Cassirers Mythosinterpretation, in: Philosophische Perspektiven IV (1972), S.59-73.

FERRARI, MASSIMO, Das *Problem* der Geisteswissenschaften in den Schriften Cassirers für die Bibliothek Warburg (1921-1923), in: Braun, Philosophie, S.114-133.

FETZ, RETO LUZIUS, Ernst *Cassirer* und der strukturgenetische Ansatz, in: Braun, H.-J., Philosophie, S.156-190.

FICHTE, JOHANN GOTTLIEB, Versuch einer *Kritik* aller Offenbarung, 1792, in: Werke, hgg.v. I.H. Fichte, Bd.V, Berlin 1971, S.12-172.

FICKER, RUDOLF, Im *Zentrum* nicht und nicht allein. Von der Notwendigkeit einer Pluralistischen Religionstheologie, in: Bernhardt, Horizontüberschreitung, S.220- 237.

FLASCH, KURT, Das philosophische *Denken* im Mittelalter. Von Augustin zu Machiavelli, Stuttgart 1986.

FLUSSER, DAVID, *Jesus*, Hamburg 1968.

FRAMBACH, LUDWIG, *Identität* und Befreiung in Gestalttherapie, Zen und christlicher Spiritualität, Petersberg 1994.

FRANKE, URSULA, Art. *Kunst*, Kunstwerk. III.Der K.-Begriff ausgehend von der Mitte des 18.Jh. bis zum Anfang des 20.Jh., in: HWP 4, S.1378-1404.

FREDE, DOROTHEA, SCHMÜCKER, REINOLD (HRSG.), Ernst Cassirers *Werk* und Wirkung. Kultur und Philosophie, Darmstadt 1997.

FREI, FRITZ, *Inkulturation*, in: Collet, Giancarlo (Hrsg.), Theologien der Dritten Welt. EATWOT als Herausforderung westlicher Theologie und Kirche, Immensee 1990, S.162-182.

FRIEDLI, RICHARD, Art. *Inkulturation*, in: Wörterbuch des Christentums, S.514f.

FRÜHWALD, WOLFGANG, Die neunte *Stunde*. Passionsthematik in der deutschen Gegenwartsliteratur, in: Achleitner, Wilhelm, Winkler, U. (Hrsg.), Gottesgeschichten. Beiträge zu einer systematischen Theologie. FS Gottfried Bachl, Freiburg/Basel/Wien 1992, S.140-152.

FUSSENEGGER, GERTRUD, Sie waren Zeitgenossen und sie erkannten ihn nicht. Roman, Stuttgart 1995.

GABRIEL, KARL, *Christentum* zwischen Tradition und Postmoderne, Freiburg/Basel/Wien 1992.

GÄDE, GERHARD, *Gott* und das Ding an sich. Zur theologischen Erkenntnislehre John Hicks, in: ThPh 73 (1998), S.46-69.

– Viele *Religionen* – ein Wort Gottes. Einspruch gegen John Hicks pluralistische Religionstheologie, Gütersloh 1998.

GALUSKA, JOACHIM, *Ich*, Selbst und Sein, in: Transpersonale Psychologie und Psychotherapie I/1 (1995), S.38-54.

GARHAMMER, ERICH, *Bibel* und moderne Literatur. Zur Methode der Verfremdung von Tradition, in: Backhaus, Knut, Untergaßmair, F.G. (Hrsg.), Schrift und Tradition. FS für Josef Ernst zum 70. Geburtstag, Paderborn/ München/Wien/Zürich 1996, S.458- 468.

GNILKA, JOACHIM, Das *Evangelium* nach Markus = EKK II/1+2, Zürich/ Neukirchen-Vluyn 1978/79.

– Zum *Gottesgedanken* in der Jesusüberlieferung, in: Klauck, Monotheismus, S.144- 162.

– *Jesus* von Nazareth. Botschaft und Geschichte, Freiburg/Basel/Wien 1990.

– Art. *Jesus Christus*, I.Neues Testament, in: LThK³ 5, S.804-815.

– Wie urteilte Jesus über seinen *Tod?*, in: Kertelge, K. (Hrsg.), Der Tod Jesu. Deutungen im Neuen Testament= QD 74, Freiburg 1976, S.13-50.

GOETHE, JOHANN WOLFGANG, Einfache *Nachahmung* der Natur, Manier, Stil, in: ders., Schriften zur Kunst I.= dtv Gesamtausgabe, Bd. 33, München 1962, S.34-38.

GÖLLER, THOMAS, Ernst *Cassirer* über Geschichte und Geschichtswissenschaft, in: ZPhF 45 (1991), S.224-248.

GOLLINGER, HILDEGARD, *Heil* für die Heiden – Unheil für die Juden? Anmerkungen zu einem alten Problem mit dem Matthäusevangelium, in: Marcus, M., Stegemann, E. W., Zenger, E. (Hrsg.), Israel und Kirche heute, Freiburg/Basel/Wien 1991, S.201-211.

GRAESER, ANDREAS, Ernst *Cassirer* = BsR Denker 527, München 1994.

GREGORIOS, PAULOS MAR, Die *Herausforderung* des Hinduismus. Was kann das Christentum von ihm lernen?, in: Conc 22 (1986), S.27-32.

GRESHAKE, GISBERT, Geschenkte *Freiheit*. Einführung in die Gnadenlehre, Neuausgabe, Freiburg/ Basel/Wien 1992.

– Der dreieine *Gott*. Eine trinitarische Theologie, Feiburg/Basel/Wien 1997.

GREVE, WILFRIED, Kierkegaards maieutische *Ethik*. Von "Entweder-Oder II" zu den "Stadien", Frankfurt/M. 1990.

GRUNDEN, GABRIELA, Essayistisches *Denken* als Denken des Bilderverbotes, in: Jb Politische Theologie 2 (1997), S.165-172.

– Fremde *Freiheit*. Jüdische Stimmen als Herausforderung an den Logos christlicher Theologie, Münster, Wien 1995.

GÜNZLER, CLAUS, Späte *Begegnung*: Ernst Cassirer und Albert Schweitzer, in: ZphF 49 (1995), S.312-320.

GUTIÉRREZ, GUSTAVO, *Theologie* der Befreiung. Mit einem Vorwort von Johann Baptist Metz, 5.Aufl., München 1980.

GUTMANN, JAMES, Der humanistische *Zug* in der Philosophie Cassirers, in: Schilpp, Cassirer, S.316-334.

HAAG, ERNST, *Gott*, der einzige. Zur Entstehung des Monotheismus in Israel = QD 104, Freiburg/Basel/Wien 1985.

HABBEL, THORSTEN, Die im *Antlitz* zurückgelassene Spur. Bilderverbot im Denken Emmanuel Levinas, in: Jb Politische Theologie 2 (1997), S.156-164.

HABERMAS, JÜRGEN, Die befreiende *Kraft* der symbolischen Formgebung. Ernst Cassirers humanistisches Erbe und die Bibliothek Warburg, in: Frede, Werk, S.79-104.

HAHN, FERDINAND, Christologische *Hoheitstitel*. Ihre Geschichte im frühen Christentum, 3., unveränd. Aufl., Göttingen 1966.

– Die *Verwurzelung* des Christentums im Judentum. Exegetische Beiträge zum christlichjüdischen Gespräch, Neukirchen 1996.

HAMBURG, CARL H., Ernst Cassirers *Philosophiebegriff*, in: Schilpp, Cassirer, S.28-66.

HÄRING, HERMANN, Die *Macht* des Bösen. Das Erbe Augustins, Zürich/Köln/Gütersloh 1979.

HAUSCHILD, WOLF-DIETER, *Dogmengeschichtsschreibung*, in: TRE 9, S.116-125.

HEGEL, GEORG WILHELM FRIEDRICH, *Phänomenologie* des Geistes = stw 8, 3.Aufl., Frankfurt 1977.

– Vorlesungen über die Philosophie der *Religion*, 2 Bde. = stw 616f., Frankfurt/M. 1986.

HEGSTAD, HARALD, Der *Erlöser* der Heiden oder Israels Messias? Zur Frage der theologischen und christologischen Bedeutung des Judeseins Jesu, in: KuD 40 (1994), S.32-46.

HEINRICHS, JOHANNES, *Fichte*, Hegel und der Dialog. Ein Bericht in systematischer Absicht, in: ThPh 47 (1972), S.90-131.

– *Sinn* und Intersubjektivität. Zur Vermittlung von transzendentalphilosophischem und dialogischem Denken in einer "transzendentalen Dialogik", in: ThPh 45 (1970), S.161-191.

HEISLBETZ, JOSEF, Theologische *Gründe* der nichtchristlichen Religionen = QD 33, Freiburg/ Basel/Wien 1967.

HEMMERLE, KLAUS, Wandern mit deinem *Gott* – religionsphilosophische Kontexte zu Mi 6,8, in: Deissler, Alfons (Hrsg.), Der Weg zum Menschen. Zur philosophischen und theologischen Anthropologie, Freiburg/Basel/Wien 1989, S.234-250.

HENNINGER, JOSEPH, *Polytheismus*, in: LThK² 8, S.598-600.

HENRICH, DIETER, Eine philosophische *Begründung* für die Rede von Gott in der Moderne? Sechzehn Thesen, in: Henrich, Dieter, Metz, J.B., Hilberath,

B.J., Zwi Werblowsky, R.J. (Hrsg.), Die Gottesrede von Juden und Christen unter den Herausforderungen der säkularen Welt: Symposion des Gesprächskreises "Juden und Christen" beim Zentralkomitee der deutschen Katholiken am 22./23. November 1995 in der Katholischen Akademie Berlin, Münster 1997, S.10-20.

- Das *Selbstbewußtsein* und seine Selbstdeutungen. Über Wurzeln der Religionen im bewußten Leben, in: ders., Fluchtlinien. Philosophische Essays, Frankfurt 1982, S.99-124.

HICK, JOHN, *God* and the Universe of Faith, 1975.

- *Gotteserkenntnis* in der Vielfalt der Religionen, in: Bernhardt, Horizontüberschreitung, S.60-80.

- *Problems* of Religious Pluralism, London 1985.

- *Religion*. Die menschlichen Antworten auf die Frage nach Leben und Tod, München 1996.

- The Copernican *Revolution* in Theology, in: ders., God and the Universe of Faiths. Essays in the Philosophy of Religion, London 1973, S.120-132.

- , KNITTER, P., The *Myth* of Christian Uniqueness, Maryknoll, New York 1987.

HILBERATH, BERND JOCHEN, Ist der christliche *Absolutheitsanspruch* heute noch vertretbar?, in: ders. (Hrsg.), Erfahrung des Absoluten – absolute Erfahrung? Beiträge zum christlichen Offenbarungsverständnis. Josef Schmitz zum 65. Geburtstag, Düsseldorf 1990, S.105-131.

- , SCHNEIDER, THEODOR, Art. *Jesus* Christus/Christologie. B.Systematisch, in: NHthG² 3, erw. Neuausgabe, S.20-37.

HILPERT, KONRAD, *Inkulturation*. Anspruch und Legitimation einer theologischen Kategorie, in: Hilpert, Konrad, Ohlig, K.-H. (Hrsg.), Der eine Gott in vielen Kulturen. Inkulturation und christliche Gottesvorstellung, Zürich 1993, S.13-32.

HÖFFE, OTFRIED, Immanuel *Kant* = BsR Denker 506, 4., durchges. Aufl., München 1996.

HOFIUS, OTFRIED, Das *Evangelium* und Israel. Erwägungen zu Römer 9-11, in: ZThK 83 (1986), S.297-324.

HOMOLKA, WALTER, SEIDEL, ESTHER (HRSG.), Nicht durch *Geburt* allein. Übertritt zum Judentum, München 1995.

HSIEN-CHIH, WANG, Die *Koexistenz* zwischen Christen und Nichtchristen auf Taiwan, in: Conc 22 (1986), S.59-62.

HÜNERMANN, PETER, *Jesus* Christus. Gottes Wort in der Zeit. Eine systematische Christologie, Münster 1994.

- *Wissenschaft*/Glaubenslehre, in: NHThG 5, erw. Neuausgabe, S.250-262.

IMBACH, JOSEF, *Jesus* – Die geheime Bezugsgestalt. Ein Überblick über das Jesusbild in der modernen Literatur, in: Diak 23 (1992), S.54-58.

JACOBI, KLAUS, Art. *Möglichkeit*, in: HphG 4, Studienausgabe, S.930-947.

JASPERS, KARL, Die grossen *Philosophen*. Bd.1, 6.Aufl., Berlin/Tübingen 1991.

JONAS, HANS, Der *Gottesbegriff* nach Auschwitz. Eine jüdische Stimme, Frankfurt 1987.

JÜNGEL, E., Gottes ursprüngliches *Anfangen* als schöpferische Selbstbegrenzung. Ein Beitrag zum Gespräch mit Hans Jonas über den "Gottesbegriff nach Auschwitz", in: Deuser, H. (Hrsg.), Gottes Zukunft – Zukunft der Welt. FS für J. Moltmann zum 60. Geburtstag, München 1986, S.265-275.

KAEGI, DOMINIC, Ernst *Cassirer*: Über Mythos und symbolische Form, in: Rudolph, Enno (Hrsg.), Mythos zwischen Philosophie und Theologie, Darmstadt 1994, S.167-200.

–   Jenseits der symbolischen *Formen*. Zum Verhältnis von Anschauung und künstlicher Symbolik bei Ernst Cassirer, in: Dialektik 1 (1995), S.73-83.

KAJON, IRENE, Das *Problem* der Einheit des Bewußtseins im Denken Ernst Cassirers, in: Braun, Philosophie, S.249-273.

KANT, IMMANUEL, Werke, hgg.v. W.Weischedel, Studienausgabe, Darmstadt 1983.

KÄSEMANN, ERNST, Das *Problem* des historischen Jesus, in: ders., Exegetische Versuche und Besinnungen, 1. Bd., Göttingen 1960, S.187-214.

KASPER, WALTER, Art. *Dogma*/Dogmenentwicklung, in: NHThG 1, erw. Neuausgabe, S.292-309.

–   Der *Gott* Jesu Christi, 3.Aufl., Mainz 1995.

–   *Jesus* der Christus, 7.Aufl., Mainz 1978.

–   Das *Wahrheitsverständnis* der Theologie, in: Coreth, Emmerich (Hrsg.), Wahrheit in Einheit und Vielheit, Düsseldorf 1987, S.170-193.

KEHL, MEDARD, Die *Kirche*. Eine katholische Ekklesiologie, Würzburg 1992.

–   , LÖSER, WERNER, In der Fülle des Glaubens leben. Hans Urs von *Balthasar* – Lesebuch, Freiburg/Basel/Wien 1980.

KELLERMANN, ULRICH, *Jesus* – das Licht der Völker. Lk 2,25-33 und die Christologie im Gespräch mit Israel, in: KuI 7 (1992), S.10-27.

KESSLER, HANS, Sucht den Lebenden nicht bei den Toten. Die *Auferstehung* Jesu Christi in biblischer, fundamentaltheologischer und systematischer Sicht, Neuausgabe, Würzburg 1995.

–   Die theologische *Bedeutung* des Todes Jesu, Düsseldorf 1970.

–   *Christologie*, in: Schneider, Theodor (Hrsg.), Handbuch der Dogmatik, Bd.1, Düsseldorf 1992, S.241-442.

–   *Partikularität* und Universalität Jesu Christi. Zur Hermeneutik und Kriteriologie kontextueller Christologie, in: Schwager, Relativierung, S.106-155.

– Pluralistische *Religionstheologie* und Christologie. Thesen und Fragen, in: Schwager, Christus, S.158-173.

KHOURY, ADEL TH., Der *Islam*, Freiburg 1996.

KIERKEGAARD, SÖREN, Gesammelte Werke, hgg.v. E.Hirsch u. H.Gerdes = gtb 600-630, Gütersloh 1980ff. Daraus:

– Entweder/Oder II = gtb 602f. (*EO II*).

– Philosophische Brocken = gtb 607 (*PB*).

– Stadien auf des Lebens Weg = gtb 610f. (*ST*).

– Unwissenschaftliche Nachschrift zu den Philosophischen Brocken = gtb 612f. (*UN I/II*).

– Eine literarische Anzeige = gtb 614 (*LA*).

KLAPPERT, BERTOLD, "*Mose* hat mir geschrieben". Leitlinien einer Christologie im Kontext des Judentums. Joh 5,39-47, in: Blum, E., Machholz, C., Stegemann, E. W. (Hrsg.), Die Hebräische Bibel und ihre zweifache Nachgeschichte. Festschrift für Rolf Rendtorff, Neukirchen 1990, S.620-640.

KLAUCK, HANS-JOSEF, *Einführung*, in: ders., Monotheismus, S.9-16.

– (Hrsg.), *Monotheismus* und Christologie. Zur Gottesfrage im hellenistischen Judentum und im Urchristentum = QD 138, Freiburg/Basel/Wien 1992.

KLAUSNER, JOSEF, *Jesus* von Nazareth, 3., erw.Aufl., Jerusalem 1952.

KLIBANSKY, RAYMOND, CONLEY, PATRICK, Die *Grenzen* des akademischen Lebens sprengen. Ein Gespräch über Ernst Cassirer und die Bibliothek Warburg, in: Merkur 50 (1996), S.274-277.

KLINGER, ELMAR (HRSG.), *Christentum* innerhalb und außerhalb der Kirche = QD 73, Freiburg/ Basel/Wien 1976.

KLUXEN, WOLFGANG, Art. *Analogie* I., in: HWP 1, S.214-227.

KNAUER, PETER, Der *Glaube* kommt vom Hören, 2.Aufl., Frankfurt/M. 1982.

KNITTER, PAUL F., Nochmals die *Absolutheitsfrage*. Gründe für eine pluralistische Theologie der Religionen, in: Kuschel, Christentum, S.86-101.

– Wohin der *Dialog* führt. Grundfragen zu einer Theologie der Religionen, in: EvKomm 23 (1990), S.606-610.

– Ein *Gott* – viele Religionen. Gegen den Absolutheitsanspruch des Christentums, München 1988 (New York 1985).

– *Religion* und Befreiung. Soteriozentrismus als Antwort an die Kritiker, in: Bernhardt, Horizontüberschreitung, S.203-219.

KNOPPE, THOMAS, *Idee* und Urphänomen. Zur Goethe-Rezeption Ernst Cassirers, in: Rudolph, Enno, Küppers, B.-O. (Hrsg.), Kulturkritik nach Ernst Cassirer = Cassirer-Forschungen, Bd.1, Hamburg 1995, S.325-352.

– Die theoretische *Philosophie* Ernst Cassirers. Zu den Grundlagen transzendentaler Wissenschafts- und Kulturphilosophie, Hamburg 1992.

KOBUSCH, THEO, Die *Entdeckung* der Person. Metaphysik der Freiheit und modernes Menschenbild, Freiburg/Basel/Wien 1993.

KOLAKOWSKI, L., *Geist* und Ungeist christlicher Traditionen, Stuttgart 1971.

KÖLBL, A., *Entgegen*. ReligionGedächtnisKörper in der Gegenwartskunst, Ostfildern-Ruit 1997.

KOLLBRUNNER, FRITZ, Art. *Mission*, in: Wörterbuch des Christentums, S.811-814.

KORFF, WILHELM, *Norm* und Sittlichkeit. Untersuchungen zur Logik der normativen Vernunft, Mainz 1973.

KOSCH, DANIEL, *Jesus* der Jude – Zehn Thesen, in: KuI 7 (1992), S.74-82.

KREINER, ARMIN, *Ende* der Wahrheit? Zum Wahrheitsverständnis in Philosophie und Theologie, Freiburg/Basel/Wien 1991.

– Die *Relevanz* der Wahrheitsfrage für die Theologie der Religionen, in: MThZ 41 (1990), S.21-42.

KRINGS, HERMANN, *System* und Freiheit. Gesammelte Aufsätze, Freiburg/ München 1980.

KROIS, JOHN MICHAEL, Cassirer: *Aufklärung* und Geschichte, in: Frede, Dorothea, Schmücker, Reinold (Hrsg.), Ernst Cassirers Werk und Wirkung. Kultur und Philosophie, Darmstadt 1997, S.122-144.

– *Cassirer*. Symbolic Forms and History, New Haven 1987.

– *Problematik*, Eigenart und Aktualität der Cassirerschen Philosophie der symbolischen Formen, in: Braun, Philosophie, S.15-44.

– Semiotische *Transformation* der Philosophie: Verkörperung und Pluralismus bei Cassirer und Peirce, in: Dialektik 1 (1995), S.61-71.

KUHN, HELMUT, Ernst Cassirers *Kulturphilosophie*, in: Schilpp, Cassirer, S.404-430.

KULD, LOTHAR, *Glaube* in Lebensgeschichten. Ein Beitrag zur theologischen Autobiographieforschung, Stuttgart/Berlin/Köln 1997.

KÜNG, HANS, Existiert *Gott*?, München 1978.

– *Projekt* Weltethos, München 1990.

– Zu einer ökumenischen *Theologie* der Religionen, in: Conc 22 (1986), S.76-80.

KUNZ, ERHARD, *Glaubwürdigkeitserkenntnis* und Glaube (Analysis fidei), in: HFTh IV, S.414-449.

KURZ, PAUL-KONRAD, Identifikations- und *Projektionsgestalt* Jesus. Neue literarhistorische Studien und Romane, in: GuL 68 (1995), S.455-469.

KUSCHEL, KARL-JOSEF, *Ausdruck* der Kultur – Protest gegen die Kultur. Das Jesus-Paradox in Filmen und Romanen der Gegenwart, in: Conc 33 (1997), S.4-13.

– *Christentum* und nichtchristliche Religionen. Theologische Modelle im 20. Jahrhundert, Darmstadt 1994.

– *Christologie* – unfähig zum interreligiösen Dialog? Zum Problem der Einzigartigkeit Christi im Gespräch mit den Weltreligionen, in: ders., Christentum, S.135-154.

- *Jesus* in der deutschsprachigen Gegenwartsliterartur, Zürich/Gütersloh 1978.
- Jesus im *Kontext* der Dichter. Große Jesus-Romane des 20. Jahrhunderts im interkulturellen Vergleich, in: Schwager, Relativierung, S.9-29.
- Der *Streit* um Abraham. Was Juden, Christen und Muslime trennt – und was sie eint, München 1994.

LANGENHORST, GEORG, *Kitsch* oder Kunst? Romane beschäftigen sich mit der Gestalt Jesu, in: HerKorr 48 (1994), S.315-319.

LANGER, SUSANNE K., Cassirers *Philosophie* der Sprache und des Mythos, in: Schilpp, Cassirer, S.263-280.

LAPIDE, PINCHAS, Hat das *Judentum* einen Missionsauftrag?, in: Homolka, Geburt, S.10-21.

LARSEN, KRISTOFFER OLESEN, Über den *Paradoxbegriff*, in: ders., Sören Kierkegaard. Ausgewählte Aufsätze, Gütersloh 1973, S.10-74.

LEHMANN, KARL, *Gegenwart* des Glaubens, Mainz 1974.

- Zur theologischen *Rede* über Tod und Auferstehung Jesu Christi, in: Kasper, Walter (Hrsg.), Christologische Schwerpunkte, Düsseldorf 1980, S.108-134.

LEIBNIZ, GOTTFRIED WILHELM, Die *Theodizee* = PhB 71, 2.Aufl., Hamburg 1968.

LESSING, GOTTHOLD EPHRAIM, Über den *Beweis* des Geistes und der Kraft, in: ders., Werke VIII, hgg.v. K.Eibl, München 1979, S.9-14.

- *Nathan* der Weise, in: ders., Werke II, hgg.v. K.Eibl, München 1971, S.205-348.
- Die *Erziehung* des Menschengeschlechts, in: ders., Werke VIII, hgg.v. K.Eibl, München 1979, S.489-510.

LEUZE, REINHARD, *Gott* und das Ding an sich – Probleme der pluralistischen Religionstheologie, in: NZSTh 39 (1997), S.42-64.

LEVINAS, EMMANUEL, Jenseits des Seins oder anders als *Sein* geschieht, Freiburg/München 1992.

- Die *Spur* des Anderen. Untersuchungen zur Phänomenologie und Sozialphilosophie, 3.Aufl., Freiburg/München 1992.
- Messianische *Texte*, in: ders., Schwierige Freiheit. Versuch über das Judentum, Frankfurt 1992, S.58-103.
- Die *Thora* mehr lieben als Gott, in: ders., Schwierige Freheit. Versuch über das Judentum, Frankfurt a. M. 1992, S.109-113.

LIMBECK, MEINRAD, Das *Gesetz* im Alten und Neuen Testament, Darmstadt 1997.

LIU, SHU-HSIEN, Das *Christentum* in der Sicht der chinesischen Religion, in: Conc 22 (1986), S.49-53.

LOBKOWICZ, NIKOLAUS, Was brachte uns das *Konzil*?, München 1986.

LOEWENICH, WALTHER VON, Art. *Bilder*, V/2. Mittelalter, im Westen; VI.Reformatorische und nachreformatorische Zeit, in: TRE 6, S.540-557.

LOHFINK, NORBERT, Der nie gekündigte *Bund*. Exegetische Gedanken zum christlich-jüdischen Dialog, Freiburg 1989.

LÖHRER, MAGNUS, *Prädestination*/Erwählung, in: NHThG 4, erw. Neuausgabe, S.248-257.

LÖNING, KARL, *Auferweckung* und biblische Apokalyptik, in: Conc 29 (1993), S.422-427.

– *Erinnerung* und Erkenntnis. Zu den offenbarungstheologischen Leitmotiven der lukanischen Ostererzählungen, in: Peters, Tiemo R., Pöpper, Th., Steinkamp, H. (Hrsg.), Erinnern und Erkennen. Denkanstöße aus der Theologie von Johann Baptist Metz, Düsseldorf 1993, S.74-84.

LUBAC, HENRY DE, *Katholizismus* als Gemeinschaft, Einsiedeln 1943.

LUHMANN, NIKLAS, *Vertrauen*. Ein Mechanismus der Reduktion sozialer Komplexität, 3., durchges.Aufl., Stuttgart 1989.

LÜTTERFELDS, WILHELM, Sind *Universalität* und Kontingenz der Moral miteinander verträglich?, in: ders., Welt, S.177-202.

– , MOHRS, THOMAS (HRSG.), Eine *Welt* – Eine Moral? Eine kontroverse Debatte, Darmstadt 1997.

MAGONET, JONATHAN, HOMOLKA, WALTER, *Seder hat-tefillot*. Das jüdische Gebetbuch. 2 Bde., Gütersloh 1997.

MAKKREEL, RUDOLF A., *Cassirer* zwischen Kant und Dilthey, in: Frede, Werk, S.145-162.

MARION, JEAN-LUC, Der *Prototyp* des Bildes, in: Stock, Alex (Hrsg.), Wozu Bilder im Christentum?, St. Ottilien 1990, S.117-135.

MARQUARD, ODO, *Lob* des Polytheismus. Über Monomythie und Polymythie, in: ders., Abschied vom Prinzipiellen, Stuttgart 1981, S.91-116.

MARX, WOLFGANG, Cassirers *Philosophie* – ein Abschied von kantianisierender Letztbegründung, in: Braun, Philosophie, S.75-88.

MARXSEN, WILLI, Die *Auferstehung* Jesu als historisches und als theologisches Problem, in: ders. u.a. (Hrsg.), Die Bedeutung der Auferstehungsbotschaft für den Glauben an Jesus Christus, 2.Aufl., Gütersloh 1966, S.9-39.

MASLOW, ABRAHAM, Die Psychologie des Seins, München 1973.

MCNAMARA, WILLIAM, Die mystische *Tradition* des Christentums und die Psychologie, in: Tart, Psychologie, S.487-540.

MERKLEIN, HELMUT, Die *Gottesherrschaft* als Handlungsprinzip. Untersuchung zur Ethik Jesu= forschung zur bibel 34, 2.Aufl., Würzburg 1981.

MERTON, THOMAS, Der *Berg* der sieben Stufen. Eine Autobiographie eines engagierten Christen, Zürich 1990.

MESSADIÉ, GERALD, Ein *Mensch* namens Jesus, München 1989.

METZ, JOHANN BAPTIST, *Einheit* und Vielheit: Probleme und Perspektiven der Inkulturation, in: Conc 25 (1989), S.337-348.

- *Glaube* in Geschichte und Gesellschaft. Studien zu einer praktischen Fundamentaltheologie, 5.Aufl., Mainz 1992.

- Wohin ist *Gott*, wohin denn der Mensch?, in: Kaufmann, F.-X., Metz, J. B. (Hrsg.), Zukunftsfähigkeit. Suchbewegungen im Christentum, Freiburg/Basel/Wien 1987, S.124-147.

- Theologie als *Theodizee*?, in: Oelmüller, W. (Hrsg.), Gott vor Gericht?, München 1990, S.103-118.

- , PETERS, TIEMO RAINER, *Gottespassion*. Zur Ordensexistenz heute, Freiburg/Basel/Wien 1991.

MOLTMANN, JÜRGEN, Der gekreuzigte *Gott*. Das Kreuz Christi als Grund und Kritik christlicher Theologie, 3.Aufl., München 1976.

- Gott in der *Schöpfung*. Ökologische Schöpfungslehre, München 1985.

- *Trinität* und Reich Gottes. Zur Gotteslehre, München 1980.

- Der *Weg* Jesu Christi. Christologie in messianischen Dimensionen, München 1989.

MUCK, OTTO, RICKEN, FRIEDO, *Gottesbeweise*, in: LThK³ 4, S.878-886.

MUKERJI, BITHIKA, Die *Rolle* des Christentums im hinduistischen Denken, in: Conc 22 (1986), S.22-26.

MÜLLER, KARL, PRAWDZIK, WERNER, Ist *Christus* der einzige Weg zum Heil?, Nettetal 1991.

MÜLLER, KARLHEINZ, Art. *Apokalyptik*/Apokalypsen, III.Die jüdische Apokalyptik. Anfänge und Merkmale, in: TRE 3, S.202-251.

- *Exegese*/Bibelwissenschaft, in: NHThG 2, erw. Neuausgabe, S.23-44.

- "Nostra Aetate" und das halachische *Konzept* der "Sieben Noachidischen Gebote", in: Senner, Walter, u.a. (Hrsg.), Omnia Disce. Kunst und Geschichte als Erinnerung und Herausforderung. Willehad Paul Eckert OP zum 70. Geburtstag und Goldenen Profeßjubiläum, Köln 1996, S.104-110.

MÜLLER, KLAUS, Wenn ich "ich" sage. *Studien* zur fundamentaltheologischen Relevanz selbstbewußter Subjektivität, Frankfurt a. M. 1994.

MUSSNER, FRANZ, *Traktat* über die Juden, München 1988.

NAGEL, TILMANN, Der *Koran* – das Wort Gottes, in: Haarmann, Maria (Hrsg.), Der Islam: Ein historisches Lesebuch, München 1995, S.27-31.

NASR, SEYYED HOSSEIN, Die islamische *Sicht* des Christentums, in: Conc 22 (1986), S.5-11.

NEUMANN, KARL, Ernst *Cassirer*: Das Symbol, in: Speck, J. (Hrsg.), Grundprobleme der großen Philosophen. Philosophie der Gegenwart II, 2.Aufl., Göttingen 1981, S.102-145.

NEUNER, PETER, Der *Glaube* als subjektives Prinzip der theologischen Erkenntnis, in: HFTh IV, S.51-68.

NIETZSCHE, FRIEDRICH, Der Fall Wagner. Götzen-Dämmerung. Der *Antichrist*. Ecce Homo. Dionysos-Dithyramben. Nietzsche contra Wagner = KSA 6, 2.Aufl., München/Berlin/New York 1988.

NORDHOFEN, ECKHARD, Der *Engel* der Bestreitung. Über das Verhältnis von Kunst und negativer Theologie, Würzburg 1993.

OELMÜLLER, WILLI, Philosophisches *Sprechen* über Kunst in Traditionen des Bilderverbots und der negativen Theologie. Zur Debatte über zwei Bücher von Steiner "Von realer Gegenwart" und Belting "Bild und Kult", in: PhJ 101 (1994), S.116-138.

OESTERREICHER, JOHANNES, Erklärung über das Verhältnis der Kirche zu den nichtchristlichen Religionen. Kommentierende *Einleitung*, in: LThK² 13, S.406-478.

OGDEN, SCHUBERT M., Gibt es nur eine wahre *Religion* oder mehrere?, in: ZThK 88 (1991), S.81-100.

OLLIG, HANS-LUDWIG, Aporetische *Freiheitsphilosophie*. Zu Hermann Cohens philosophischem Ansatz, in: Holzhey, Helmut (Hrsg.), Hermann Cohen = Auslegungen Band 4, Frankfurt 1994, S.293-310.

ORTH, ERNST WOLFGANG, Von der *Erkenntnistheorie* zur Kulturphilosophie. Studien zu Ernst Cassirers Philosophie der symbolischen Formen, Würzburg 1996.

– *Orientierung* über Orientierung. Zur Medialität der Kultur als Welt des Menschen, in: ZphF 50 (1996), S.167-182.

– *Phänomenologie* in Ernst Cassirers Philosophie der symbolischen Formen, in: Dialektik 1 (1995), S.47-59.

– *Technikphilosophie* und Kulturphilosophie. Eine unbewältigte Alternative im Bild des Menschen, in: Riebel, Alexander, Hiltscher, R. (Hrsg.), Wahrheit und Geltung. FS für Werner Flach, Königshausen & Neumann 1996, S.201-216.

PAETZOLD, HEINZ, Ernst Cassirer zur *Einführung*, Hamburg 1993.

– Ernst Cassirer. Von *Marburg* nach New York. Eine philosophische Biographie, Darmstadt 1995.

– Die *Realität* der symbolischen Formen. Die Kulturphilosophie Ernst Cassirers im Kontext, Darmstadt 1994.

PANIKKAR, RAIMUNDO, Der unbekannte *Christus* im Hinduismus, Mainz 1990.

PANNENBERG, WOLFHART, *Anthropologie* in theologischer Perspektive, Göttingen 1983.

– *Einsicht* und Glaube, in: ders., Grundfragen systematischer Theologie: ges. Aufsätze, 3.Aufl., Göttingen 1979, S.223-236.

– *Erscheinung* als Ankunft des Zukünftigen, in: ders. (Hrsg.), Theologie und Reich Gottes, Gütersloh 1971, S.79-91.

- *Gott* und die Natur. Zur Geschichte der Auseinandersetzungen zwischen Theologie und Naturwissenschaft, in: ThPh 58 (1983), S.481-500.
- *Grundzüge* der Christologie, 7.Aufl., Gütersloh 1990.
- *Heilsgeschehen* und Geschichte, in: ders., Grundfragen systematischer Theologie: ges. Aufsätze, 3.Aufl., Göttingen 1979, S.22-70.
- Über historische und theologische *Hermeneutik*, in: ders., Grundfragen systematischer Theologie: ges. Aufsätze, 3.Aufl., Göttingen 1979, S.123-158.
- *Kerygma* und Geschichte, in: ders., Grundfragen systematischer Theologie: ges. Aufsätze, 3.Aufl., Göttingen 1979, S.79-90.
- *Nachwort*, in: Berten, Ignace, Geschichte – Offenbarung – Glaube. Eine Einführung in die Theologie Wolfhart Pannenbergs, München 1970, S.129-141.
- *Notwendigkeit* und Grenze der Inkulturation des Evangeliums, in: Müller-Fahrenholz, G. u.a. (Hrsg.), Christentum in Lateinamerika. 500 Jahre seit der Entdeckung Amerikas, Regensburg 1992, S.140-154.
- Die *Offenbarung* Gottes in Jesus von Nazareth, in: Robinson, James M., Cobb, J.B. (Hrsg.), Theologie als Geschichte = Neuland in der Theologie III, Zürich 1967, S.135-169.
- Die *Religionen* in der Perspektive christlicher Theologie und die Selbstdarstellung des Christentums im Verhältnis zu den nichtchristlichen Religionen, in: Kuschel, Christentum, S.119-134.
- Systematische *Theologie*, 3 Bde., Göttingen 1988ff.
- *Wissenschaftstheorie* und Theologie, Baden-Baden 1987.
PARET, PETER, *Heilsbotschaft* und Heilsanspruch des Islam, in: Molinski, Waldemar (Hrsg.), Die vielen Wege zum Heil. Heilsanspruch und Heilsbedeutung nichtchristlicher Religionen, München 1969, S.41-64.
PASCAL, BLAISE, *Pensées*. Über die Religion und über einige andere Gegenstände, übertr. u. hgg. v. E.Wasmuth, Heidelberg 1946.
PÄTZOLD, DETLEV, Cassirers leibnizianische *Begriffslehre* als Grundlage seiner kulturhistorischen Symboltheorie, in: Dialektik 1 (1995), S.97-107.
PERELMUTER, HAYIM G., Art. *Mission*, II.Judentum, in: TRE 23, S.20-23.
PERPEET, WILHELM, Ernst Cassirers *Kulturphilosophie*, in: ZphF 36 (1982), S.252-262.
PESCH, OTTO HERMANN, *Frei sein* aus Gnade. Theologische Anthropologie, Freiburg 1983.
- Das Zweite Vatikanische *Konzil*. Vorgeschichte, Verlauf, Ergebnisse, Nachgeschichte, 2.Aufl., Würzburg 1994.
PETER, ANTON, *Inkulturation*, kontextuelle Theologie, Befreiung. Ein Verstehensversuch, in: Fornet-Betancourt, Raul (Hrsg.), Für Enrique Dussel. Aus Anlaß seines 60. Geburtstags = Concordia-Reihe Monographien, Aachen 1995, S.121-147.
PETERS, ALBRECHT, Art. *Bild* Gottes, IV.Dogmatisch, in: TRE 6, S.506-515.

PETUCHOWSKI, JAKOB J., Art. *Absolutheitsanspruch*, in: ders., Lexikon, S.9-13.

–   , Art. Noachidische *Gebote*, in: ders., Lexikon, S.267-272.

–   , THOMA, CLEMENS, *Lexikon* der jüdisch-christlichen Begegnung, Freiburg 1989.

PEUKERT, HELMUT, *Wissenschaftstheorie* – Handlungstheorie – Fundamentale Theologie. Analysen zu Ansatz und Status theologischer Theoriebildung = stw 231, 2.Aufl., Frankfurt/M. 1988.

PICKER, RICHARD, Österreichisch-katholisch. Ein *Priester* verliert sein Amt und gewinnt seinen Glauben, Wien 1990.

PIERIS, ALOYSIUS, Der *Buddhismus* als eine Herausforderung für die Christen, in: Conc 22 (1986), S.40-44.

POMA, ANDREA, Ernst *Cassirer*: Von der Kulturphilosophie zur Phänomenologie der Erkenntnis, in: Braun, Philosophie, S.89-113.

POORTHUIS, M. J. H. M., Zwischen *Vernunft* und Wahnsinn: Maimonides und der Messias, in: Conc 29 (1993), S.42-48.

PRECHTL, PETER, Cassirers "*Philosophie* der symbolischen Formen"- Eine kritische Auseinandersetzung mit dem Realismusproblem, in: Perspektiven der Philosophie. Neues Jahrbuch 21 (1995), S.199-213.

PRÖPPER, THOMAS, Art. *Allmacht*, in: LThK³ 1, S.412-417.

–   *Autonomie* und Solidarität. Begründungsprobleme sozialethischer Verpflichtung, in: Arens, E. (Hrsg.), Anerkennung des Anderen. Eine theologische Grunddimension interkultureller Kommunikation, Freiburg 1995, S.95-112.

–   Erstphilosophischer *Begriff* oder Aufweis letztgültigen Sinnes? Anfragen an Hansjürgen Verweyens "Grundriß der Fundamentaltheologie", in: ThQ 174 (1994), S.272-287.

–   "Daß nichts uns scheiden kann von Gottes Liebe ...". Ein *Beitrag* zum Verständnis der "Endgültigkeit" der Erlösung, in: Angenendt, A., Vorgrimler, H. (Hrsg.), Sie wandern von Kraft zu Kraft: Aufbrüche, Wege, Begegnungen; Festgabe für Bischof Reinhard Lettmann, Kevelaer 1993, S.301-319.

–   Schleiermachers *Bestimmung* des Christentums und der Erlösung. Zur Problematik der transzendental-anthropologischen Hermeneutik des Glaubens, in: ThQ 168 (1988), S.193- 214.

–   Art. *Erkenntnis* Gottes, in: LThK³ 3, S.781-786.

–   *Erlösungsglaube* und Freiheitsgeschichte. Eine Skizze zur Soteriologie, München 1988, 2., wesentl. erw. Auflage.

–   Das *Faktum* der Sünde und die Konstitution menschlicher Identität. Ein Beitrag zur kritischen Aneignung der Anthropologie Wolfhart Pannenbergs, in: ThQ 170 (1990), S.267-289.

–   *Fragende* und Gefragte zugleich. Notizen zur Theodizee, in: Peters, T.R., Pröpper, Th., Steinkamp, H. (Hrsg.), Erinnern und Erkennen. Denkanstöße aus der Theologie von Johann Baptist Metz, Düsseldorf 1993, S.61-72.

–   Art. *Freiheit*, in: NHThG 2, erw. Neuausgabe, S.66-95.

- *Freiheit Gottes*, in: LThK³ 4, S.108-113.
- Freiheit als philosophisches Prinzip theologischer *Hermeneutik*, in: Bijdragen 59 (1998), S.1-21.
- Der *Jesus* der Philosophen und der Jesus des Glaubens, Mainz 1976.
- Freiheit als philosophisches *Prinzip* der Dogmatik. Systematische Reflexionen im Anschluß an W.Kaspers Konzeption der Dogmatik, in: Schockenhoff, E., Walter, P. (Hrsg.), Dogma und Glaube. Bausteine für eine theologische Erkenntnislehre. FS W.Kasper, Mainz 1993, S.165-192.

RACE, ALAN, *Christus* und das Skandalon der Partikularitäten, in: Bernhardt, Horizontüberschreitung, S.137-150.

RADFORD RUETHER, ROSEMARY, *Christologie* und das Verhältnis zwischen Juden und Christen, in: Conc 29 (1993), S.85-93.

RAHNER, KARL, Das Christentum und die nichtchristlichen Religionen (zit. als *Christentum I*), in: ders., Schriften V, S.136-158.
- Christentum und nichtchristliche Religionen (zit. als *Christentum II*), in: Hampe, Johann Christoph (Hrsg.), Die Autorität der Freiheit. Gegenwart des Konzils und Zukunft der Kirche im ökumenischen Disput, München 1967, S.568-573.
- *Christologie*. Die Christologie innerhalb einer evolutiven Weltanschauung, in: ders., Schriften V, S.183-221.
- Der dreifaltige *Gott* als transzendenter Urgrund der Heilsgeschichte, in: MySal 2, S.317- 398.
- *Grundkurs* des Glaubens. Einführung in den Begriff des Christentums, 12.Aufl., Freiburg/ Basel/Wien 1982.
- *Natur* und Gnade, in: ders., Schriften IV, S.209-236.
- *Naturwissenschaft* und vernünftiger Glaube. Theologische Perspektiven zum Dialog mit den Naturwissenschaften, in: ders., Schriften XV, S.24-62.
- *Profangeschichte* und Heilsgeschichte. Eingrenzungen und Voraussetzungen der Fragestellung aus der Sicht des christlichen Glaubens, in: ders., Schriften XV, S.11-23.
- , LEHMANN, KARL, *Geschichtlichkeit* der Vermittlung, in: MySal 1, S.727-787.
- , LEHMANN, KARL, *Kerygma* und Dogma, in: MySal 1, S.622-707.

RATZINGER, JOSEPH, Zur *Lage* von Glaube und Theologie heute, in: Comm 25 (1996), S.359-372.

RECKERMANN, A., *Kunst*, Kunstwerk. II.Der K.-Begriff vom Hellenismus bis zur Aufklärung., in: HWP 4, S.1365-1378.

RECKI, BIRGIT, *Kultur* ohne Moral? Warum Ernst Cassirer trotz der Einsicht in den Primat der praktischen Vernunft keine Ethik schreiben konnte, in: Frede, Werk, S.58-78.

RENDTORFF, ROLF, *Israel*, die Völker und die Kirche, in: KuI 9 (1994), S.126-137.

RINSER, LUISE, Mirjam, 7.Aufl., Frankfurt 1984.

ROMBOLD, GÜNTER, SCHWEBEL, HORST, *Christus* in der Kunst des 20. Jahrhunderts. Eine Dokumentation mit 32 Farbbildern und 70 Schwarz-weiß-Abbildungen, Freiburg/Basel/Wien 1983.

ROSENZWEIG, FRANZ, Der *Stern* der Erlösung, Frankfurt 1988.

ROTENSTREICH, NATHAN, *Schematism* and Freedom, in: Revue Int.d. Phil.28 (1974), S.464-474.

ROTH, PATRICK, *Riverside*. Christusnovelle, Frankfurt 1991.

RUOKANEN, MIIKKA, The Catholic *doctrine* of non-Christian Religions according to the Second Vatican Council, Leiden 1992.

SALMANN, ELMAR, Der geteilte *Logos*. Zum offenen Prozeß von neuzeitlichem Denken und Theologie, Rom 1992.

SARTRE, JEAN-PAUL, Das *Sein* und das Nichts, Reinbek bei Hamburg 1962/1989.

SATTLER, DOROTHEA, SCHNEIDER, THEODOR, *Gotteslehre*, in: Handbuch der Dogmatik 1, S.51-119.

SCHAEFFLER, RICHARD, *Ent-Europäisierung* des Christentums?, in: ThGl 86 (1996), S.121-131.

- *Erfahrung* als Dialog mit der Wirklichkeit. Eine Untersuchung zur Logik der Erfahrung, Freiburg/München 1995.

- Das *Gebet* und das Argument. Zwei Weisen des Sprechens von Gott. Eine Einführung in die Theorie der religiösen Sprache, Düsseldorf 1989.

- Die religiöse Erfahrung und das *Zeugnis* von ihr. Erkundung eines Problemfeldes, in: Hilberath, Bernd J. u.a. (Hrsg.), Erfahrung des Absoluten - absolute Erfahrung? Beiträge zum christlichen Offenbarungsverständnis. Josef Schmitz zum 65. Geburtstag, Düsseldorf 1990, S.13-34.

SCHEFFCZYK, LEO, Zur *Absolutheit* des Christentums, in: Comm 25 (1996), S.329-341.

- Katholische *Dogmengeschichtserforschung*: Tendenzen - Versuche - Resultate, in: Löser, Werner, Lehmann, K., Lutz-Bachmann, M. (Hrsg.), Dogmengeschichte und katholische Theologie, Würzburg 1985, S.119-147.

SCHELLING, FRIEDRICH WILHELM JOSEPH, *Philosophie* der Offenbarung, 2 Bde., Darmstadt 1990.

SCHELLONG, DIETER, Neuzeitliche *Theologien*. B.Die evangelische Theologie, in: NHThG 4, erw. Neuausgabe, S.47-62.

SCHILLEBEECKX, EDWARD, *Glaubensinterpretation*. Beiträge zu einer hermeneutischen und kritischen Theologie, Mainz 1971.

SCHILPP, PAUL ARTHUR (HRSG.), Ernst *Cassirer*, Stuttgart/Berlin/Köln/Mainz 1949.

SCHLEIERMACHER, FRIEDRICH, Der christliche *Glaube*. Nach den Grundsätzen der evangelischen Kirche im Zusammenhange dargestellt. Teil 1+2, Berlin 1960.

SCHLIER, HEINRICH, Die *Markuspassion*, Einsiedeln 1974.

SCHMIDT, WERNER H., Art. *Monotheismus*, II.Altes Testament, in: TRE 23, S.237-248.

SCHMIDT-LEUKEL, PERRY, *Demonstratio* christiana, in: Döring, Heinrich, Kreiner, A., Schmidt-Leukel, P. (Hrsg.), Den Glauben denken. Neue Wege der Fundamentaltheologie= QD 147, Freiburg/ Basel/Wien 1993, S.49-146.

- Zur *Klassifikation* religionstheologischer Modelle, in: Catholica 47 (1993), S.163-183.

- Das pluralistische *Modell* in der Theologie der Religionen. Ein Literaturbericht, in: ThRv 89 (1993), S.353-364.

- *Theologie* der Religionen. Probleme, Optionen, Argumente, Neuried 1997.

- Religiöse *Vielfalt* als theologisches Problem. Optionen und Chancen der pluralistischen Religionstheologie John Hicks, in: Schwager, Christus, S.11-49.

SCHNACKENBURG, RUDOLF, *Christologie* des Neuen Testaments, in: MySal 3/1, S.227-388.

- Gottes *Herrschaft* und Reich. Eine biblisch-theologische Studie, Freiburg 1959.

- Das *Johannesevangelium* II = HThK IV/2, Freiburg/Basel/Wien 1985.

- Die *Person* Jesu Christi im Spiegel der vier Evangelien = HthK, Suppl.1, Freiburg/Basel/Wien 1993.

SCHNEIDER, GERHARD, Die *Apostelgeschichte* I = HThK V/1, Freiburg/Basel/ Wien 1980.

SCHNEIDER, THEODOR, *Zeichen* der Nähe Gottes. Grundriß der Sakramententheologie, 3.Aufl., Mainz 1982.

SCHNEIDER, ULRICH, Der *Buddhismus*. Eine Enführung, 4.Aufl., Darmstadt 1997.

SCHOLTZ, G., Art. *Offenbarung* IV.Von Kant bis zur Gegenwart, in: HWP 6 (1984), S.1121-1130.

SCHREINER, JOSEF, *Theologie* des Alten Testaments = Die neue Echter Bibel. Ergänzungsband 1 zum Alten Testament, Würzburg 1995.

SCHREITER, ROBERT J., *Abschied* vom Gott der Europäer. Zur Entwicklung regionaler Theologien, Salzburg 1992.

- The New *Catholicity*. Theology between the Global and the Local, New York 1997.

- Art. *Inkulturation*, IV.Systematisch-theologisch, in: LThK³ 5, S.509f.

SCHROER, SILVIA, *Jesus* Sophia. Erträge der feministischen Forschung zu einer frühchristlichen Deutung der Praxis und des Schicksals Jesu von Nazareth, in: Strahm, Doris, Strobel, R. (Hrsg.), Vom Verlangen nach Heilwerden.

Christologie in feministisch-theologischer Sicht, 2.Aufl., Luzern 1993, S.112-128.

SCHÜRMANN, HEINZ, *Jesus*. Gestalt und Geheimnis, Paderborn 1994.

SCHWAGER, RAYMUND (HRSG.), *Christus* allein? Der Streit um die pluralistische Religionstheologie = QD 160, Freiburg 1996.

– *Relativierung* der Wahrheit? Kontextuelle Theologie auf dem Prüfstand = QD 170, Freiburg 1998.

SCHWEITZER, ALBERT, *Geschichte* der Leben-Jesu-Forschung = gtb 77f., 3.Aufl., Gütersloh 1977.

SCHWEIZER, EDUARD, Der *Brief* an die Kolosser = EKK XII, Zürich/ Einsiedeln/Köln 1980.

– Art. *Jesus* Christus, I.Neues Testament, in: TRE 16 (1987), S.670-726.

SCHWEMMER, OSWALD, Ernst *Cassirer*. Ein Philosoph der europäischen Moderne, Berlin 1997.

– Die *Vielfalt* der Symbolischen Welten und die Einheit der Vernunft. Zu Ernst Cassirers Philosophie der Symbolischen Formen. Ein Kommentar in Thesen, in: Dialektik 1 (1995), S.37-45.

SCHWÖBEL, CHRISTOPH, Art. *Monotheismus*, IV.Systematisch-theologisch, in: TRE 23, S.256- 262.

SECKLER, MAX, *Aufklärung* und Offenbarung, in: CGG 21 (1980), S.5-78.

– *Glaube*, in: NHThG 2, erw. Neuausgabe, S.232-252.

– *Theologie* als Glaubenswissenschaft, in: HFTh IV, S.180-241.

– , KESSLER, MICHAEL, Die *Kritik* der Offenbarung, in: HFTh II (1985), S.29-59.

SEIDENGART, JEAN, Das Empirische und das Rationale als transzendentale *Korrelation*, in: Dialektik 1 (1995), S.133-143.

SEIFERT, THEODOR, Verwirrt von 1000 Dingen. Ethisches Handeln, on-line mit dem Selbst, in: Transpersonale Psychologie und Psychotherapie III/1 (1997), S.19-31.

SELLIN, GERHARD, *Gotteserkenntnis* und Gotteserfahrung bei Philo von Alexandrien, in: Klauck, Monotheismus, S.17-40.

SIMMEL, GEORG, Die *Probleme* der Geschichtsphilosophie, 4.Aufl., München/ Leipzig 1922.

SIVARAKSA, SULAK, Das *Christentum* in der Sicht des Buddhismus, in: Conc 22 (1986), S.37-39.

SMITH, JOHN E., Some *Comments* on Cassirer's Interpretation of Religion, in: Revue Int. d. Phil. 28 (1974), S.475-491.

SÖLL, GEORG, *Dogma* und Dogmenentwicklung = HDG I/5, Freiburg/Basel/ Wien 1971.

STARK, THOMAS, *Symbol*, Bedeutung, Transzendenz. Der Religionsbegriff in der Kulturphilosophie Ernst Cassirers, Würzburg 1997.

STAROBINSKI-SAFRAN, ESTHER, Art. *Monotheismus*, III.Judentum, in: TRE 23, S.249-256.

STEINER, GEORGE, Von realer *Gegenwart*. Hat unser Sprechen Inhalt?, München/Wien 1990.

STEMBERGER, GUENTER, *Midrasch*. Vom Umgang der Rabbinen mit der Bibel. Einführung, Texte, Erläuterungen, München 1989.

STEPHENS, I. K., Cassirers *Theorie* des Apriori, in: Schilpp, Cassirer, S.92-117.

STOCK, ALEX, Poetische Dogmatik: *Christologie*. Bd 1: Namen; Bd 2: Schrift und Gesicht, Paderborn 1995f.

– Keine *Kunst*. Aspekte der Bildtheologie, Paderborn 1996.

STRACK, HERMANN L., STEMBERGER, GUENTER, Einleitung in Talmud und Midrasch, 7.Aufl., München 1982.

STRIET, MAGNUS, *Rezension* zu: Kölbl, A., Entgegen. ReligionGedächtnisKörper in der Gegenwartskunst, in: Pastoralblatt für die Diöz. Aachen, Berlin, Essen, Hildesheim, Köln 50 (1998), S.123-125.

– Das Ich im *Sturz* der Realität. Philosophisch-theologische Studien zu einer Theorie des Subjekts in Auseinandersetzung mit der Spätphilosophie Friedrich Nietzsches, Regensburg 1998.

– *Versuch* über die Auflehnung. Philosophisch-theologische Überlegungen zur Theodizeefrage, in: Wagner, Harald (Hrsg.), Mit Gott streiten. Neue Zugänge zum Theodizee-Problem, Freiburg/Basel/Wien 1998, S.48-89.

STRÖM, AKE V., Art. *Monotheismus*, I.Religionsgeschichtlich, in: TRE 23, S.233-237.

STUBENRAUCH, BERTRAM, Dialogisches *Dogma*. Der christliche Auftrag zur interreligiösen Begegnung = QD 158, Freiburg 1995.

TART, CHARLES T., *Einführung*, in: ders., Psychologie, S.11-19.

– Einige *Postulate* der orthodoxen Psychologie in der westlichen Welt, in: ders., Psychologie, S.99-178.

– (Hrsg.), Transpersonale *Psychologie*, Olten/Freiburg 1975 (New York 1975).

– *Wissenschaft*, Bewußtseinszustände und spirituelle Erfahrungen: Die Notwendigkeit bewußtseinszustands-orientierter Wissenschaften, in: ders., Psychologie, S.21-98.

THEOBALD, MICHAEL, *Gott*, Logos und Pneuma. "Trinitarische" Rede von Gott im Johannesevangelium, in: Klauck, Monotheismus, S.41-87.

– *Kirche* und Israel nach Röm 9-11, in: Kairos 29 (1987), S.1-22.

THEUNISSEN, MICHAEL, *Der Andere*. Studien zur Sozialontologie der Gegenwart, 2., um eine Vorrede vermehrte Aufl., Berlin/New York 1977.

THESS, BURKHARD, Erhöht die pluralistische *Religionstheologie* die Plausibilität des christlichen Glaubens?, in: ZMiss 80 (1996), S.287-293.

THOMA, CLEMENS, Art. *Judenmission*, in: Petuchowski, Lexikon, S.187-192.

- Das *Messiasprojekt*. Theologie jüdisch-christlicher Begegnung, Augsburg 1994.

THULL, MARTIN, *Sakralisierung* des Profanen. Wie Religion und Kirchen im Fernsehen vorkommen, in: HerKorr 48 (1994), S.300-304.

THÜMMEL, HANS GEORG, Art. *Bilder*, IV.Alte Kirche; V/1. Mittelalter, Byzanz, in: TRE 6, S.525- 540.

THÜSING, WILHELM, Die neutestamentlichen *Theologien* und Jesus Christus. Bd.1: Kriterien, Düsseldorf 1981.

TILLICH, PAUL, Die *Idee* der Offenbarung, in: ZThK NF 8 (1927), S.403-412.

- Der *Mut* zum Sein, Stuttgart 1953.

TOMBERG, MARKUS, Der *Begriff* von Mythos und Wissenschaft bei Ernst Cassirer und Kurt Hübner, Münster 1996.

TOULMIN, STEPHEN, *Kosmopolis*. Die unerkannten Aufgaben der Moderne, Frankfurt 1991.

TROELTSCH, ERNST, Über historische und dogmatische *Methode* in der Theologie (1898), in: ders., Gesammelte Schriften II, Tübingen 1913, S.729-753.

- Die *Stellung* des Christentums unter den Weltreligionen, in: Kuschel, Christentum, S.23-38.

TÜRK, HANS J., Was sagt das *Konzil* über nichtchristliche Religionen, Mission, Toleranz?, Mainz 1967.

URBAN, WILBUR M., Cassirers *Philosophie* der Sprache, in: Schilpp, Cassirer, S.281-315.

VERWEYEN, HANSJÜRGEN, *Botschaft* eines Toten? Den Glauben rational verantworten, Regensburg 1997.

- *Pluralismus* als Fundamentalismusverstärker?, in: Schwager, Christus, S.132-139.

- Die *Sache* mit den Ostererscheinungen, in: Broer, Ingo, Werbick, J. (Hrsg.), "Der Herr ist wahrhaft auferstanden" (Lk 24,34). Biblische und systematische Beiträge zur Entstehung des Osterglaubens= SBS 134, Stuttgart 1988, S.63-80.

- Der *Weltkatechismus*. Therapie oder Symptom einer kranken Kirche?, Düsseldorf 1993.

- Gottes letztes *Wort*. Grundriß der Fundamentaltheologie, Düsseldorf 1991.

VIDAL, GORE, *Golgatha* live, Hamburg 1993.

VOGEL, BARBARA, *Philosoph* und liberaler Demokrat. Ernst Cassirer und die Hamburger Universität von 1919 bis 1933, in: Frede, Werk, S.185-214.

VÖGTLE, ANTON, *Todesankündigungen* und Todesverständnis Jesu, in: Kertelge, K. (Hrsg.), Der Tod Jesu. Deutungen im Neuen Testament= QD 74, Freiburg 1976, S.51-113.

VOLTAIRE, *Candid*, Stuttgart 1990.

VORGRIMLER, HERBERT, *Sakramententheologie*, Düsseldorf 1987.

WAGNER, HARALD (HRSG.), *Christentum* und nichtchristliche Religionen, Paderborn 1991.

WALDENFELS, HANS, Art. *Absolutheitsanspruch* des Christentums, in: LThK³ 1, S.80-82.

- *Einführung* in die Theologie der Offenbarung, Darmstadt 1996.

- Kontextuelle *Fundamentaltheologie*, Paderborn/München/Wien/Zürich 1985.

- Das *Offenbarungsverständnis* im 20. Jahrhundert, in: HDG I/1b, Die Offenbarung. Von der Reformation bis zur Gegenwart (1977), S.108-208.

- Kontextuelle *Theologie*, in: Lexikon missionstheologischer Grundbegriffe, hgg. v. K. Müller, S.224-230.

- Gottes *Wort* in der Fremde. Inkulturation oder Kontextualität?, in: Pankoke-Schenk, Monika, Evers, G. (Hrsg.), Inkulturation und Kontextualität. Theologien im weltweiten Austausch. FS Ludwig Bertsch, Frankfurt 1994, S.114-123.

- , unter Mitarbeit von LEO SCHEFFCZYK, Die *Lehre* von der Offenbarung in der Zeit der Aufklärung und der theologischen Erneuerung des 19. Jahrhunderts, in: HDG I,1b, Die Offenbarung. Von der Reformation bis zur Gegenwart (1977), S.56-107.

WALSH, ROGER, Die Transpersonale *Bewegung* – Geschichte und derzeitiger Entwicklungsstand, in: Transpersonale Psychologie und Psychotherapie I/1 (1995), S.6-21.

WEISER, ALFONS, Die *Apostelgeschichte*, 2 Bde. = ÖTK 5, Gütersloh 1981.

WEISSMAHR, BÉLA, *Evolution* als Offenbarung der freiheitlichen Dimension der Wirklichkeit, in: Bresch, Gott, S.87-101.

WELTEN, PETER, Art. *Bilder*, II.Altes Testament, in: TRE 6, S.517-521.

WENDEL, SASKIA, *Absenz* des Absoluten. Die Relevanz des Bilderverbots bei Jean-Francois Lyotard, in: Jb Politische Theologie 2 (1997), S.142-155.

WERBICK, JÜRGEN, Die *Auferweckung* Jesu – Gottes eschatologische Tat?, in: Broer, Ingo, Werbick, J. (Hrsg.), "Der Herr ist wahrhaft auferstanden" (Lk 24,34), Stuttgart 1988, S.81-122.

- *Heil* durch Jesus Christus allein? Die "Pluralistische Theologie" und ihr Plädoyer für einen Pluralismus der Heilswege, in: Brück, Weg, S.11-61.

- *Person*, in: NHThG, erw. Neuausgabe, 4, S.191-204.

- Der *Pluralismus* der pluralistischen Religionstheologie. Eine Anfrage, in: Schwager, Christus, S.140-157.

- *Prolegomena*, in: Handbuch der Dogmatik 1, S.1-48.

- *Soteriologie* = Leitfaden Theologie 16, Düsseldorf 1990.

- Art. *Trinitätslehre*, in: Handbuch der Dogmatik 2, S.481-576.

WEß, PAUL, Sind alle *Religionen* gleich wahr? Eine Antwort auf die Pluralistische Religionstheologie, in: ZMiss 80 (1996), S.26-43.

WIEDENHOFER, SIEGFRIED, Art. *Offenbarung*, in: NHThG 4, erw. Neuausgabe, S.98-115.

WIEDENMANN, LUDWIG, *Missionswissenschaft* oder kontextuelle Theologie? Orientierungen des Missionswissenschaftlichen Instituts Missio in Aachen, in: Pankoke-Schenk, Monika, Evers, Georg (Hrsg.), Inkulturation und Kontextualität. Theologien im weltweiten Austausch. FS Ludwig Bertsch, Frankfurt 1994, S.231-240.

WILBER, KEN, Die vier *Gesichter* der Wahrheit. Ein erkenntnistheoretischer Überblick zu transpersonalen Studien, in: Transpersonale Psychologie und Psychotherapie III/1 (1997), S.4-17

WILLI, JÜRG, *Ko-Evolution*. Die Kunst gemeinsamen Wachsens, Reinbek bei Hamburg 1985.

WOHLMUTH, JOSEF, *Bild* – Sprache – Nähe. Zu E.Levinas, in: Stock, Alex (Hrsg.), Wozu Bilder im Christentum?, St. Ottilien 1990, S.155-160.

– Im *Geheimnis* einander nahe. Theologische Aufsätze zum Verhältnis von Judentum und Christentum, Paderborn 1996.

WÖLLER, HILDEGUNDE, Sophia (*Weisheit*), in: Kassel, Maria (Hrsg.), Feministische Theologie. Perspektiven zur Orientierung, 2., veränd. Aufl., Stuttgart 1988, S.45-58.

WYSCHOGROD, MICHAEL, *Christologie* ohne Antijudaismus?, in: KuI 7 (1992), S.6-9.

ZENGER, ERICH, *Jesus* von Nazareth und die messianischen Hoffnungen des alttestamentlichen Israel, in: Kasper, Walter (Hrsg.), Christologische Schwerpunkte, Düsseldorf 1980, S.37-78.

ZIRKER, HANS, *Islam*. Theologische und gesellschaftliche Herausforderungen., Düsseldorf 1993.

– *Wegleitung* Gottes oder Erlösung durch Christus? Zum Heilsverständnis und Geltungsanspruch von Christentum und Islam, in: Brück, Weg, S.107-143.

ZUNDEL, EDITH, FITTKAU, BERND (HRSG.), Spirituelle *Wege* und Transpersonale Psychologie = Innovative Psychotherapie und Humanwissenschaften, Bd.47, Paderborn 1989.

ZWICK, REINHOLD, Die *Ressourcen* sind nicht erschöpft. Die Jesusfigur im zeitgenössischen Film, in: Herkorr 49 (1995), S.616-620.

Personenregister

Sachregister

Zur Reihe Ratio Fidei

Als G.K. Chestertons „Father Brown" seinen ersten Fall löste und einen Straftäter überführte, der sich als Priester verkleidet hatte, da fragte ihn dieser, wodurch er ihm denn auf die Schliche gekommen sei. „'Sie haben die Vernunft angegriffen', sagte Father Brown. ‚Das ist schlechte Theologie.'" Aufzuklären, warum das so ist, und zu zeigen, wie es anders geht, dazu ist die Reihe „Ratio fidei" gedacht.

Die unter diesem Titel erscheinenden Studien kommen unter den Bedingungen von heute der bereits neutestamentlich fixierten christlichen Selbstverpflichtung nach, bereit zu sein, Rechenschaft über die Gründe der Hoffnung zu geben, die die Glaubenden beseelt (vgl. 1 Petr 3,15). Rechenschaft über Gründe gibt es nur vernunftförmig und also unter Bezug auf die Philosophie. Schon zu Zeiten eines Anselm von Canterbury war das klar (und nicht zufällig zitiert dieser gleich im ersten Kapitel seiner Schrift „Cur deus homo?" die eben erinnerte Petrusbrief-Stelle). Mit Beginn der Neuzeit, die im wesentlichen durch eine fundamentale Krise der christlichen Tradition aufkommt, wird dieser Philosophiebezug des theologischen Diskurses für diesen so konstitutiv, daß sich nicht wenige der Großen aus der philosophischen Szene als die (im Vergleich zu den kirchlich-orthodoxen Repräsentanten) „besseren" Theologen verstehen. Die nachfolgende Epoche eines prinzipiellen Verdachts gegen Vernunftansprüche und -leistungen, klassisch gespurt durch Feuerbach, Nietzsche, Freud und Heidegger und gegenwärtig flächendeckend durch Wortmeldungen präsent gemacht, die sich „postmodern" nennen, bringt die Theologie vor eine überraschende Frage: Ob, wie und inwiefern sie sich denn nun selbst in die Pflicht genommen sieht, aus eigenen Ressourcen ebenjener Vernunft zur Hand zu gehen, kraft derer sie bis dato als vernunftverpflichtete und darum nicht zuletzt auch universitäre Disziplin gilt. „Ratio fidei" versteht sich als Forum für eine affirmative Antwort auf diese Frage und speist sich dafür aus tief in die Tradition zurückgreifenden Denkformanalysen nicht weniger als aus kritischen Fühlungnahmen zu neuesten Trends in der Philosophie. Wenn dabei etwas von jener Weite zur Geltung kommt, die zum ursprünglichen Sinn des Attributs „katholisch" gehört, liegt das nicht außerhalb der Absicht der Herausgeber.

Münster 1998
Klaus Müller / Thomas Pröpper

Magnus Striet

Das Ich
im Sturz
der Realität

Philosophisch-theologische
Studien zu einer
Theorie des Subjekts in
Auseinandersetzung
mit der Spätphilosophie
Friedrich Nietzsches

Reihe: ratio fidei, Bd. 1
332 Seiten, kart.
DM 78,-/sFr 74.-/öS 569,-
ISBN 3-7917-1624-7

Beiträge zur philosophischen Rechtfertigung der Theologie **ratio fidei**

Rudolf Langthaler

Gottvermissen –
Eine theologische
Kritik der
reinen Vernunft?

Die neue Politische Theologie
(J.B. Metz) im Spiegel
der kantischen Religionsphilosophie

Reihe: ratio fidei, Band 3
220 Seiten, kart.
DM 58,-/sFr 55.-/öS 423,-
ISBN 3-7917-1696-4

Verlag Friedrich Pustet
D-93051 Regensburg - www.pustetverlag.de